Richard Bletschacher

APOLLONS VERMÄCHTNIS

Vier Jahrhunderte Oper

Ueberreuter

Die Deutsche Bibliothek – CIP-Einheitsaufnahme

Bletschacher, Richard:
Apollons Vermächtnis : vier Jahrhunderte Oper / Richard
Bletschacher. – Wien : Ueberreuter, 1994
   ISBN 3-8000-3498-0

AU 265/1
Alle Rechte vorbehalten
Redaktionelle Betreuung durch Prof. Dr. Theophil Antonicek
Umschlaggestaltung unter Verwendung einer Abbildung der Agentur
Interfoto/ Transglobe, Wien
Copyright © 1994 by Verlag Carl Ueberreuter, Wien
Druck und Bindung: M. Theiss, 9400 Wolfsberg
Printed in Austria
5 4 3 2 1

INHALT

Vorwort 9

I VON PERI BIS PURCELL

Die Vorläufer der Oper 17
Die Camerata Fiorentina und die Geburt der Oper 23
Der erste Dichter der Oper – Ottavio Rinuccini 33
Rom, die Stadt der rappresentazione sacra, der geistlichen Oper und des Oratoriums 35
Die Madrigalkomödie 43
Claudio Monteverdi 47
Der Einzug der Oper in Venedig und die Bühnenwerke Francesco Cavallis 51
Zwei spanische Intermedien am Wiener Kaiserhof 55
Zur Geschichte der Wiener Opernhäuser im 17. und 18. Jahrhundert 61
Die ersten Spuren der deutschsprachigen Oper 67
Die Hamburger Oper am Gänsemarkt 72
Die Oper am Hofe Ludwigs XIV. 77
Die masque und die ersten englischen Opern 81
Lehrer und Schüler: John Blow und Henry Purcell 84
Das Rezitativ 88
Kastraten und Hosenrollen 93

II VON HÄNDEL BIS MOZART

Von der Entstehung, der Blüte und dem Verfall der opera seria 103
Georg Friedrich Händel, der einsame Riese 108
Die erste Wiener Opernreform durch Pietro Pariati und Apostolo Zeno 114
Johann Joseph Fux, der kaiserliche Hofkapellmeister 119
Pietro Metastasio, der Paradiesvogel Maria Theresias 127
Giovanni Battista Pergolesi und die Komödien in Neapel 133
Die Oper am Hofe Friedrichs des Großen 138
Jean-Philippe Rameau und die Ballettoper in Frankreich 143
Zur Geschichte der opéra comique in Paris 146
Christoph Glucks Lehr- und Wanderjahre 148
Gluck in Wien 154

»La rencontre imprévue« – Das französische Hoftheater in Wien	159
Gluck in Paris	165
Glucks letzte Jahre	169
Zur Geschichte des Wiener Singspiels	171
Joseph Haydns Opernschaffen zwischen Metastasio und Mozart	176
Vom Finale der opera buffa	181
Gluck und Mozart	186
Mozart in Mailand	192
»Die Entführung aus dem Serail«	196
Die Personen der Handlung in »Figaros Hochzeit«	200
Donna Annas Geheimnis	207
La necessità del cuore	210
Mozart und Schikaneder	214
Anmerkungen zum Textbuch der »Zauberflöte«	222
Die »clemenza imperiale« und die »porcheria tedesca«	228
Mozarts letzter Librettist	231
Luigi Cherubini	234

III VON BEETHOVEN BIS PUCCINI

»Fidelio«	241
Eine Lektion durch den Kapellmeister Kreisler	244
Eine Vermutung zur Entstehungsgeschichte des »Freischütz«	248
Wenn es Rossini nicht gäbe …	250
»Il barbiere di Siviglia«	253
Bellinis singende Seele	257
Donizetti in Wien	260
»L'elisir d'amore«	265
Le Grand Opéra – Eugène Scribe und Giacomo Meyerbeer	268
Alexander Sergejewitsch Puschkin und die russische Oper	272
Richard Wagners erste Oper »Die Feen«	277
Das Blut der Venus	280
Von der Einsamkeit der himmlischen Boten	283
»Frau Minne will: Es werde Nacht!«	288
Lachen war ihre Sünde – Zur Gestalt der Kundry	293
»Wer ist der Gral?«	297
Viermal Nebukadnezar	301
»La Traviata« – die Verirrte	306
Riccardo, Gouverneur von Boston, oder Gustavo, König in Stockholm?	313
Schillers »Don Karlos« und Verdis »Don Carlo«	316
Zur musikalischen Gestalt des »Don Carlo«	320
Von der Befreiung durch das Gelächter – Verdis »Falstaff«	323
Wer war Arrigo Boito?	328
Das kurze Leben des Modest Petrowitsch Mussorgskij	334

Zum historischen Hintergrund des »Boris Godunow« 339
Was hat die Musik mit der Wirklichkeit zu schaffen? –
    Zum Realismusbegriff in Mussorgskijs Musikdramen 344
Vom Glück und seiner Unerreichbarkeit – Tschaikowskijs »Eugen Onegin« 350
»Was ist das Leben? Ein Spiel!« – Tschaikowskijs schwarze Oper »Pique Dame« . 354
»Carmen – Carmencita, comme tu voudras.« 357
Die Operette 363
Zum Textbuch von »La Bohème« 367
Massenets »Werther« oder Das Parfum der Empfindsamkeit 371
»Andrea Chénier«, Umberto Giordanos Oper vom Sterben eines Dichters 374

IV VON STRAUSS BIS NONO

Gustav Mahler als Dramaturg 381
»E lucevan le stelle« – Analyse einer Tenorarie 387
Zum imaginären Stammbaum dessen zu Lerchenau 390
Hans Pfitzners »Palestrina« oder Der letzte Stein 394
Ferruccio Busoni oder Die Ästhetik der Tonkunst und die Pragmatik der Bühne .. 398
Igor Strawinskys »Histoire du Soldat« 401
Eine Lanze für Janáček 404
Alban Berg und die Literaturoper 406
Egon Wellesz und Hugo von Hofmannsthal 412
»Coq et Harlequin« – Cocteau, Satie, Strawinsky und »Les Six« 417
Das religiöse Musiktheater des 20. Jahrhunderts 423
Brecht und Weill und Weill und Brecht 428
Paul Hindemith zwischen dem »Neuen vom Tage« und der »Harmonie der Welt« ... 431
Madeleine vor dem Spiegel 437
Ernst Krenek, Wanderer zwischen den Welten 442
Das Musical 447
Carl Orffs Volks- und Welttheater oder Die Rückkehr des Dionysos 452
Alberto Ginasteras Musiktheater der Grausamkeit 456
Bernd Alois Zimmermanns »Soldaten« 462
Gottfried von Einem, der Komponist von »Dantons Tod« 465
Luigi Nono, der Träumer als Kämpfer 470
Räume und Zeiten – Von der Geschichte und der Zukunft der Opernhäuser 475
Ausblick 481

Register 483

Vorwort

Apollon, so erzählt eine griechische Sage, habe eines Tages, um die Hände für den Kampf mit der Pythonschlange zu befreien, seine Leier an einen Baum gelehnt. Dort habe sein Sohn Orpheus, im Wald umherstreifend, sie gefunden und mit ihrer Hilfe sich selbst im Gesang unterwiesen, was ihm so wohl gelang, daß er Steine und Pflanzen, Tiere der Wildnis, die Herzen der Menschen und endlich sogar den unerbittlichen Sinn der Götter der Unterwelt zu rühren vermochte.
Dieser Gesang, in welchem Wort und Ton sich zu einem Neuen vereinen, ist Apollons, des Musenführers, Vermächtnis. Er war lange vergessen, ehe er im Zeitalter der Renaissance mit neuem Atem belebt wurde. Und durch eine wundersame Fügung geschah es, daß die ersten Sänger der Monodie eben in den Rollen des Gottes Apollon und seines sterblichen Sohnes Orpheus die Bühne der neuen Kunst betraten.
Und wenn uns eine andere Sage berichtet, daß der thrakische Sänger nach seiner Rückkehr aus dem Hades, an den er seine Gattin Eurydike verloren hatte, von einer Horde wütender Mänaden zerrissen wurde, so erscheint uns auch heute das Schöne und das Schreckliche nirgends so sehr verbunden wie in der Katharsis, dem heilenden Schmerz, des Musiktheaters. Noch immer werden durch den Gesang auch die Mächte der finsteren Triebe entbunden. Das abgetrennte Haupt des Orpheus aber soll, wenn man der Sage folgt, den Fluß Hebron hinab und singend ins Meer getrieben sein, während über ihm, von Apollon den Mänaden entrissen, am Himmel die Leier als Sternbild erglänzte. In Lesbos rollte das Haupt auf den steinigen Strand und barfüßige Mädchen trugen es in den Tempel des weissagenden Vaters, um es dort zur Ruhe zu betten.

Die Kunstform der Oper entstand vor nunmehr vierhundert Jahren in Florenz. Den Namen hat sie vom venezianischen Dichter Gian Francesco Busenello, der im Jahre 1640 das Wort »opera« als erster in seinem von Francesco Cavalli vertonten Textbuch »Gli amori di Dafne e di Apollo« verwendete. Zuvor trug die neue Kunstform wechselnde Bezeichnungen und erschien in den unterschiedlichsten Gewändern. In Venedig erst wurden ihr jene Logentheater mitsamt dem Orchestergraben, dem Vorhang und der Kulissenbühne geschaffen, die ihrer Bestimmung lange Zeit so vollkommen angemessen waren, daß man noch heute das Gebäude wie das darin gespielte Werk mit demselben Namen Oper benennt. In der Zeit des monarchischen Absolutismus erschien die Oper als wichtigster Bestandteil höfischer Kunstbemühung und festlicher Repräsentation. Durch Gluck, Mozart und Beethoven wurde sie als künstlerische Darstellungsform irdischen Schicksals und menschlicher Würde in einen Rang erhoben, wie er zuvor nur dem Theater des perikleischen und des elisabethanischen Zeitalters gegeben war. In der Epoche der Romantik fand die Oper fruchtbarste Inspiration und breiteste Popularität, indem sie zu den Bereichen der Sage und der Geschichte das weite Land der Märchenphantasie und die enge Welt des bürgerlichen Lebens hinzugewann. Als Nationaloper förderte sie die Indentitätsfindung der europäischen Völker und entging dabei doch nicht der Gefährdung durch chauvinistischen Mißbrauch. Im 20. Jahrhundert hat sie sich nach tiefgreifenden Krisen und Wandlungen über die meisten Länder der Welt ausgebreitet und sucht nun auf unterschiedlichen Wegen nach neuer ästhetischer Form und neuem gesellschaftlichem Auftrag. Es ist jedoch nicht zu leugnen, daß aus dem äußeren Glanz ein innerer Zweifel entsprungen ist. Mag sein, daß das eine das andere bedingt.

Doch noch immer und immer wieder aufs neue scheint die Oper mit all ihren hinzuwachsenden und absterbenden Nebenformen mehr als jede andere Kunstgattung befähigt, die emotionale und intellektuelle, die technische und gesellschaftliche, die ethnische und religiöse, die ideelle und imaginative Vielfalt menschlicher Selbstdarstellung zu einer allgemein verständlichen, völkerverbindenden Botschaft zu formulieren. Musik und Dichtung, Bild und Bewegung, Licht und Gedanke, Mensch und Maschine sind ihr zu Diensten. Ihr ist noch immer die Macht gegeben, nach Hofmannsthals Worten »alle Arten von Mut zu versammeln«. Und wenn sie nun in das fünfte Jahrhundert ihrer Geschichte eintritt, so tut sie dies als Botin einer großen Vergangenheit, die noch einen weiten Weg vor sich hat. Mögen diesem majestätischen Strom alle guten Gewässer menschlichen Fühlens, Denkens und Schaffens zufließen, um ihn zu mehren.

Dieses Buch ist notgedrungen nichts anderes als ein Stückwerk. Denn um den ganzen Kreis des Musiktheaters, in dessen Mitte der singende Mensch steht, auszuschreiten, reichen hundert Kapitel nicht aus. Und auch mit zweihundert wäre es nicht getan. Wie wollte man auch die mehr als zwanzigtausend bekannten Werke auf solche Weise erfassen? Nicht einmal den kaum mehr als dreihundert bekannten Repertoirestücken kann man auf so engem Raum gerecht werden.

Als ich zum ersten Mal von einem Verlag auf ein solches Projekt angesprochen wurde, entzog ich mich der verlockenden Aufgabe mit dem Hinweis, daß es dabei unter einer Ausgabe in vier Bänden, für jedes der vier Jahrhunderte einen, nicht abginge. In behutsamer Einschätzung meiner Kräfte und der mir gegebenen Zeit überlegte ich immerhin, welchen der vier Bände ich in einem solchen Fall mir selbst zu schreiben zuweisen würde, und konnte mich für keinen entschließen, da ich dafür die anderen aufgeben mußte. Denn wenn es für die ersten beiden Jahrhunderte galt, vergessene Meisterwerke neu zu entdecken und die zahlreichen Quellen des großen Stromes zu erforschen, so mußte im dritten allzu Bekanntes aus neuen Perspektiven gedeutet und endlich in unserer eigenen Epoche, dem 20. Jahrhundert, der Beweis angetreten werden, daß allen herbeigeredeten Krisen zum Trotz von einem Versickern der kostbaren Gewässer noch lange keine Rede sein kann, auch wenn es durch Sümpfe und über Staumauern nicht mehr so fröhlich dahingeht wie vordem in abschüssigerem Gelände.

Doch ließ mich der einmal spielerisch ergriffene Gedanke nicht mehr los. Bei jedem Vortrag, jeder Rundfunksendung, jedem Programmheftbeitrag, zu denen ich gebeten wurde, dachte ich an den größeren, umfassenderen Zusammenhang und legte die Manuskripte zu einem über die Jahre hin langsam wachsenden Berg von Papieren zusammen. Und so ist dieser Band wohl aus verschiedenen Versuchen einer Annäherung an ein großes Thema zu einer geplanten Einheit gediehen und darf dennoch, wie ich hoffe, als ein kursorischer Überblick gelten über die Geschichte des europäischen Musiktheaters von den Anfängen bis zur Gegenwart, in dem trotz aller Lücken die wichtigsten Linien und Strömungen sichtbar werden.

Es gibt in der Kunstbetrachtung keine überparteiliche, ausgleichende Gerechtigkeit. Jedes Kunstwerk will unsere ungeteilte Aufmerksamkeit. Mit Wertungen und Vergleichen ist ihm und uns nicht gedient. Dies zu erkennen war mir nicht schwer. Und so habe ich Werke, denen ich nicht gerecht zu werden vermochte, beiseite gelassen. Nichts liegt mir ferner, als zu allem und jedem nur irgendeine Meinung zu sagen. Aber die Fülle des Stoffes hat mich auch gezwungen, vieles von dem unberührt zu lassen, was mir am Herzen liegt. Und so ist es mir nicht gelungen, alle die Werke hier zu besprechen, die ich unter die größten Kostbarkeiten rechne. Es war mir doch vor allem darum getan, einer jeden Epoche annähernd gleichen Raum in diesem Band zu verschaffen und nicht, wie dies in den meisten sogenannten Opernführern geschieht, das allseits Bekannte noch bekannter zu machen und damit zur Verödung unserer Spielpläne unnötig beizutragen.

Ehe mir einer zuvorkommt, der es besser weiß, will ich einbekennen, daß es leicht eine zweite Inhaltsangabe zu entwerfen gäbe, deren Kapitelüberschriften nicht schlechter in dieses Buch passen würden als die von mir gewählten. Nur einige wenige seien hier auch genannt. Da wäre etwa mit einer eingehenden Analyse von Monteverdis »Incoronatione di Poppea« zu beginnen, einem der großartigsten und eigenwilligsten Werke der gesamten Literatur; danach müßte eine Darstellung der szenischen Ausstattung von Cestis »Pomo d'oro« durch Ludovico Burnacini aus Anlaß der Wiener Kaiserhochzeit von 1668 folgen; auch sollte man endlich einmal die Bedeutung der spanischen autos sacramentales für das Musiktheater untersuchen und mit ihnen Calderóns Texte für die ersten spanischen Opern. Im 18. Jahrhundert fehlt ein Abriß der Geschichte der englischen ballad opera, die keineswegs mit »The Beggar's Opera« beginnt und mit »Polly« endet. Auch vermisse ich eine Würdigung von Johann Adolf Hasse, dem berühmtesten Komponisten seiner Zeit, und von Carlo Goldoni, einem der fruchtbarsten Dichter für das heitere Musiktheater. Gerne hätte ich auch ein Kapitel über Schuberts so wenig bekanntes Opernschaffen geschrieben und aufgezeigt, daß ziemlich genau die Hälfte aller von ihm geschriebenen Musik für das Theater gedacht war. Vielleicht findet sich im bevorstehenden Schubertjahr 1997 der Anlaß, das Versäumnis nachzuholen. Danach sind die Lücken, die das Übergehen der frühen russischen Opern von Glinka und Dargomyschkij, der tschechischen Opern von Smetana und Dvořák und der französischen Opern von Auber, Thomas, Berlioz, Gounod, Offenbach und Debussy läßt, ganz besonders empfindlich. Im 20. Jahrhundert werden mit Zemlinsky, Schreker und Schönberg drei Wiener stiefmütterlich behandelt, was mir hierzulande gewiß nicht verziehen wird. Übergangen werden Prokofiew und Schostakowitsch, die russischen Meister. Am ärgsten verübeln werden mir die lebenden Komponisten und Autoren, daß ich die Werke der jüngsten Gegenwart zu wenig berücksichtigt habe. Aber wie würden erst die Gefäße des Zorns überfließen, wenn man erführe, welche Werke es sind, die ich schätze, und bei welchen mich mein so oft bekundeter guter Wille verläßt. Ich weiß, ich bin nicht gerecht, auch wenn ich es aufrichtig zu sein versuche.

Wie die meisten von uns bin ich mit vielen Stricken gebunden, kenne manchen Komponisten und Textdichter persönlich und habe als Juror oder Dramaturg schon viel zuviele Partituren beurteilen müssen. So habe ich mich entschlossen, nur über Verstorbene zu schreiben – und diesen Entschluß doch wieder mit einer einzigen gewichtigen Ausnahme durchbrochen.
Was die Fehlstellen bei der Behandlung der früheren Jahrhunderte anlangt, so kann ich zumindest auf die von mir herausgegebene Reihe »dramma per musica« verweisen, in der ich selbst einen Band über das geistliche Musiktheater am Wiener Kaiserhof und einen Band mit Operntexten aus dem 17. Jahrhundert publiziert habe. Dort finden sich Kapitel über Autoren wie Busenello, Sbarra, Minato und Nahum Tate und über Komponisten wie Draghi, Ziani, Conti und Caldara. Die darin enthaltenen Kapitel über Monteverdi, Purcell, Fux, Pariati und Zeno habe ich für das vorliegende Buch neu redigiert und ergänzt. Auch zum Thema Mozart habe ich mehr geschrieben, als ich hier vorlegen kann. Ich hoffe aber demnächst einen Band mit meinen Übersetzungen der da-Ponte-Opern zu veröffentlichen. Dort wird man finden, was hier fehlt. Zuletzt muß ich gestehen, daß ich mich zu sehr befangen fühlte, um meine eigenen Begegnungen und gemeinsamen Arbeiten mit Komponisten wie Peter Ronnefeld, Iván Eröd, Kurt Schwertsik, Francis Burt, Heinz Karl Gruber, Erich Urbanner, Franz Thürauer und Alfred Schnittke zu schildern und diese Namen, die mir viel bedeuten, neben die der großen Meister der Geschichte zu setzen. Wenn mir in späteren Jahren noch etwas Zeit und Tinte übrigbleiben sollte, um meine persönlichen Erfahrungen mit diesen und anderen Freunden im Dienst des Musiktheaters niederzuschreiben, soll es in bescheidenerem Rahmen geschehen. Dort mögen auch die theoretischen und handwerklichen Aspekte des Opernschaffens Erwähnung finden, die hier im historischen Kontext notwendig beiseite gelassen werden mußten.

Daß solch eine Arbeit nicht ohne die Hilfe einer umfangreichen Fachliteratur bewältigt werden kann, versteht sich von selbst. Ich habe dabei nicht nur meine eigene Bibliothek, sondern auch die Handbücherei der Wiener Staatsoper mit all den einschlägigen Lexika, Enzyklopaedien und Programmheften verwendet. Man wird mir, denke ich, verzeihen, wenn ich mich bei deren Autoren als einer Reihe von stummen stets zuverlässigen Helfern bedanke, ohne ein Literaturverzeichnis anzuschließen, das viele Seiten umfassen müßte und doch in anderen, wissenschaftlicheren Werken ebensogut zu finden wäre. Auch die zahlreichen Handschriften, Partituren und Klavierauszüge, die ich in der Musiksammlung der Österreichischen Nationalbibliothek oder der Biblioteca Marciana von Venedig studiert habe, wird man hier nicht in einem Quellenverzeichnis aufgelistet finden. Das Ziel dieses Buches ist weder die Vollständigkeit noch die Nachprüfbarkeit, sondern die aus persönlicher Erfahrung und Erkenntnis erwachsene Darstellung meines Themas.
Das veranlaßt mich, all jenen zu danken, denen ich über viele Jahre in gemeinsamer künstlerischer Arbeit verbunden war: den Sängern, Schauspielern, Dirigenten, Korrepetitoren, Instrumentalisten, Bühnen- und Kostümbildnern, vor allem aber den Komponisten, die sich dem Theater verschrieben haben. Ohne sie wären alle Bemühungen um die Bewahrung und Neubelebung der alten Meisterwerke bald am Ende. Denn diese können nur überdauern, wenn neue Werke geschrieben werden und so die Kunst am Leben erhalten, der wir alle dienen. Zuletzt und ganz besonders herzlich seien die Freunde und Kollegen

bedankt, die dieses Buch mit Rat und Hilfe begleiteten, allen voran Prof. Dr. Theophil Antonicek vom musikwissenschaftlichen Institut der Universität Wien, der sich die nicht geringe Mühe des Lektorats gemacht hat, aber auch den Professoren Harald Goertz, Wolfgang Greisenegger, Bernhard Klebel und Marcel Prawy, die jeweils einzelne Kapitel mit kritischen Augen lasen, eh sie in Druck gingen. Dem Verlag und seinen Mitarbeitern gilt mein Dank, vor allem Frau Sabine Wimmer für den Mut der Unternehmung und Herrn Johann Vysek für die wohlabgestimmte Zusammenarbeit bei der Verwirklichung. Möge dieses Buch sein Glück machen in den Händen und Köpfen seiner Leser.

Wien, im Oktober 1993   *Richard Bletschacher*

I

Von Peri bis Purcell

Die Vorläufer der Oper

Im Zeitalter der Renaissance, als man versuchte, die Kunst der Antike neu zu beleben, sich aber aus den wenigen erschlossenen Quellen noch kein klares Vorbild zur Nachahmung machen konnte, da kam es zu einigen fruchtbaren Mißverständnissen. Es mußte wohl, nach so langen Jahren der Abkehr vom Ideal der griechischen Kunst und von der heidnischen Götterwelt, aus der sie gewachsen war, zu falschen Deutungen kommen. Hält doch ein jeder Nachahmer sich zuerst an den äußeren Anschein, ehe er die innere Notwendigkeit begreift. Aber kann man den Kult des Dionysos beiseite schieben, wenn man einen griechischen Tragiker übersetzt und das so gewonnene italienische Theaterstück den Bürgern Vicenzas in einem Saal mit perspektivisch flüchtenden Dekorationen vordeklamiert? Nach vielen Jahrhunderten gelehrter Forschung wissen wir selbst heute noch nicht genau, welchen Anteil die Musik an den Aufführungen der antiken Tragödien hatte. Sicher erscheint, daß der Chor tanzend auftrat und zwischen den Akten das Geschehene und Gesehene singend kommentierte. Aber wie deklamierten die Schauspieler ihre Rollen? Skandierten sie die vorgegebenen Rhythmen, sangen sie ariose Passagen? Verstärkten die Masken den Ton, oder verzerrten sie ihn? Als Schöpfer des Dramas galt damals der Dichter. Bestimmte er die Musik? Oder den Musiker als seinen Helfer? Warum, wenn schon die Notationen verloren sind, sind auch die Namen der Komponisten vergessen? Man kennt doch sogar das Instrumentarium, in dem der schalmeiartige, doppelröhrige Aulos die wichtigste Partie zu spielen hatte. Daneben waren Kithara, Lyra, Salpinx und verschiedene Schlaginstrumente wie Tympanon, Kymbala und Krotola – das sind Pauken, Zymbeln und Kastagnetten – in Gebrauch. Als einziges aus einer griechischen Tragödie stammendes Musikfragment ist uns heute ein Bruchstück aus einem Chor der »Oresteia« des Euripides bekannt, dessen Echtheit umstritten ist und dessen Datierung eher in die hellenistische Zeit weist. Man vermutet heute eine Identität von Dichter und Musiker im Perikleischen Zeitalter und die Herausbildung eines Standes von Berufsmusikern erst im 4. vorchristlichen Jahrhundert. Was sollten aber nun die Theoretiker des Renaissance-Zeitalters von all dem erraten, was uns heute noch nicht hinreicht, um an Rekonstruktionen zu denken?

Einer der frühesten und interessantesten Versuche, die gemacht wurden, um dem gesprochenen Theater die Musik wiederzuschenken, war die Aufführung des Sophokleischen »Ödipus« zur Eröffnung des von Palladio erbauten Teatro Olimpico in Vicenza im Jahre 1585. Orsatto Giustiniani wurde mit der Übersetzung betraut. Der venezianische Patrizier unterzog sich der schwierigen Aufgabe mit großen Skrupeln, wenn man dem Vorwort seiner im Aufführungsjahr in Venedig erschienenen Publikation glauben darf, zumal er sich um die getreue Erhaltung von Rhythmus und Vers des griechischen Originals bemühte.

Im selben Jahr komponiert wurden die Chöre der Tragödie durch seinen Landsmann Andrea Gabrieli, zum Druck gelangten sie drei Jahre später. Der homophone Satz ist wechselnd zwei- bis sechsstimmig, nur an sechs kurzen Stellen, darunter in den drei ersten Takten, singt eine solistische Stimme. Hierin unterscheidet sich des Organisten von San Marco Gabrieli Musik in keiner Weise von der Tradition des zeitgenössischen Madrigals. Die archaische Gewalt der Dichtung aber scheint, bewußt oder unbewußt, in seine Musik eingedrungen zu sein. Von der Anrufung der Götter bis zur Klage über den Verlust des Augenlichts haben die Töne des 74jährigen Meisters jene einfache Größe, die das Wort des Sophokles mit steinerner Wucht zur Geltung bringen. Hier am Ende eines erfolgreichen Musikerlebens steht der Meister der Motetten und Madrigale, der Psalmen, Canzonen und Toccaten vor einem Tor zu neuen Wegen. Vergessen sind alle kontrapunktischen Umwege und Verzweigungen. Das Werk, am Ende der einen und am Beginn der anderen Epoche entstanden, hat nicht seinesgleichen. Es überschreitet jedoch nicht die Schwelle zur Oper, wenngleich es schon weit hinaus ist über alles höfische Unterhaltungstheater. Die griechische Tragödie war ohne den Kult der alten Götter nicht nur als ästhetische Form wiederzuerwecken. Es mußte ein Weg gesucht werden, um die Gesellschaft des eigenen Zeitalters einzubinden in das Experiment. Daß aber die Zeit reif geworden war für den Auftritt des singenden Menschen auf der Bühne, das hatte sich an vielen Orten schon auf unterschiedlichste Weise angekündigt.

Da ist zum Beispiel die Pastorale, die in ihren verschiedenen literarischen und musikalischen Formen aus der Antike über das Mittelalter sich erhält, bis sie eben im Renaissancezeitalter zu neuer lebhafter Blüte gelangt. Daß der Hirtengott Pan die Nymphe Syrinx liebt und die sich seiner Umarmung entzieht, indem sie sich in ein Schilfrohr verwandelt, aus dem der enttäuschte Liebende eine Flöte schnitzt, um seinem Kummer Töne zu verleihen, ist eine jener alten Sagen, in denen alle Motive der frühen Oper auf ähnliche Art sich verbunden zeigen wie in den Mythen von Apollon und Daphne oder von Orpheus und Euridike, lange ehe die Florentiner Monodisten sich ihrer entsinnen. In der antiken Pastoraldichtung ist Liebe, freie Natur, Gesang, Tanz, Flöten- und Saitenspiel, himmlisches und irdisches Leben, Sehnen und unaussprechlicher Schmerz, der Trost und Hilfe sucht in der Musik. In den arkadischen Idyllen eines Theokrit findet sich das alles schon beisammen, allzu friedlich vielleicht, um auf die Bühne zu drängen. Im hohen Mittelalter begegnet uns bei provençalischen Troubadours und französischen Trouvères zuerst die lyrische Schäferszene der Pastourelle. Adam de la Halle hat für seinen König Charles d'Anjou im eben den Staufern abgewonnenen Neapel ein kurzes, kaum eine Viertelstunde dauerndes Stück Musiktheater geschrieben und komponiert, das »Jeu de Robin et de Marion«, das eine ländliche Liebesszene zwischen einem Bauernmädchen, ihrem Liebsten und einem abgewiesenen Ritter zeigt. Diese Dreiecksgeschichte erscheint, vielfach variiert, in vielen Liedern und Tänzen zu jener Zeit, meist mit verteilten Rollen erzählt, nirgends aber sonst so ausdrücklich als ein unterhaltendes Spiel bezeichnet. Wer weiß aber schon, was die improvisierenden Spielmänner sonst für unterschiedliche Formen fanden, um ihre Lieder unter die Leute zu bringen? Folgen für das Theater hat dieses Stück nicht weiter gehabt. Aber die meist fröhliche, gelegentlich auch derbe und satirische Pastourelle oder Pastorale fand in den geistlichen Spielen vom »Guten Hirten« ein religiöses Gegenstück. Auch die

Szene der Hirten auf dem Feld, die vom Engel des Herrn die frohe Nachricht von Christi Geburt erfahren, wurde in den Weihnachtsspielen des ausgehenden Mittelalters gesungen und – das weisen viele Handschriften nach – durch Instrumente begleitet.

Mit Boccaccios »Ninfale d'Ameto« beginnt dann um die Mitte des 14. Jahrhunderts die Tradition des Schäferromans, dessen Prosa mit zahlreichen Liedern durchmischt ist. Das Schäferspiel mit Lied und Tanz jedoch erreicht mit Polizianos »Orfeo« 1480 einen ersten Höhepunkt und seine Vollendung in Tassos »Aminta« von 1573 und Guarinis »Il pastor fido« von 1585. Damit stehen wir unmittelbar vor den entscheidenden Jahren der Geburt der Oper im Florenz der Medici. Denn Pastoralen sind alle die ersten Opern der Monodisten bis hin zum frühen Monteverdi, Pastoralen und keine Tragödien nach dem Vorbild der griechischen Klassiker. Hirtenchöre und Nymphenreigen begleiten die ersten Sänger auf die Opernbühne: Apoll, den Gott mit der Leier, und Orpheus, seinen Sohn. Die Mänadentänze und Bocksgesänge des Dionysos sind noch fern und haben keinen Zutritt zum arkadischen Garten. Wenn man die »Erfindung der Oper« allein dem gelehrten Versuch einer Neubelebung des griechischen Theaters zuschreibt und sie einen glücklichen Irrtum nennt, übersieht man die anderen Wurzeln, von denen die Pastorale keineswegs die unwichtigste ist. Denn kein antikes Drama wurde in jener Zeit, die wir die Epoche des Manierismus nennen, mit monodischer Musik für die Protagonisten versehen. Kein Opernbuch wurde geschrieben, das in Form oder Inhalt einem Stück der drei großen Tragiker oder eines ihrer Epigonen nachgebildet worden wäre. Auf lieblicheren Pfaden kam das dramma lirico aus Arkadien und Thessalien in die musenfreundliche Toskana. Und es währte wohl einige Jahrzehnte, bis heroische, sagenhafte oder gar historische Themen die pastoralen Idyllen verdrängten.

Die Brücke, über welche die Oper die Bühne betrat, auf welcher bisher das gesprochene Schauspiel allein über die dienenden Künste des Tanzes, des chorischen Gesanges und der bildnerischen Maskierung, Verkleidung und Verwandlung geherrscht hatte, war das Intermedium. Die Intermedien sind eine Erfindung des frühen Renaissance-Zeitalters. Nach den Regeln des Aristoteles, dessen Poetik zu jener Zeit wieder in Geltung kam, durften um der Einheit des Ortes willen zwischen den einzelnen Akten eines Dramas keine Verwandlungen, das heißt keine Umbauten der Dekorationen, stattfinden. So blieb dem Vorbild des griechischen Theaters entsprechend auch in den gedeckten Häusern Italiens die Szene vorerst unverändert, obwohl dies von der Architektur keineswegs mehr im selben Maße erzwungen wurde. Man konnte nun aber, da die Stücke weiterhin der klassischen Regel folgend in fünf Akte unterteilt blieben, keineswegs vier Pausen eintreten lassen, ohne dem meist aristokratischen Publikum Unterhaltung zu bieten. Im antiken Theater hatte in den Zwischenakten der Chor das Wort ergriffen und Kommentare oder dramaturgische Überleitungen gegeben. Da man wohl wußte, daß dies mit Tanz und Gesang einhergehen mußte, fand man vorerst keinen Zugang zu diesem Mittel. Der Vorhang aber wurde erst in der frühen Barockzeit erfunden. So verfiel man unter anderem auf die Hilfe der Musik. Seit dem letzten Viertel des 15. Jahrhunderts etwa wurden, zuerst bei festlichen Anlässen und dann immer häufiger auch im Theateralltag, die gesprochenen Dramen in den Aktpausen durch musikalische Darbietungen unterbrochen. Dabei konnten die Sänger dieser Zwischenspiele oder Intermedien entweder unsichtbar hinter der Bühne bleiben oder aber in Kostümen auftreten, die sehr verschieden von denen des Hauptwerkes sein mußten, und sich während des Gesanges in wechselnden Gruppierungen ordnen. In der comedia erudita wurden solche musikalischen Einlagen bald zu einem wesentlichen Bestandteil der Aufführung. Waren es zu Beginn meist vier, so wurden es später durch Hinzufügung eines Prologs und eines Epilogs meist sechs musikalische Intermedien, die mit der eigentlichen Handlung des Theaterstückes keinen Zusammenhang hatten und oft auch untereinander verschieden waren. Es kam schließlich dahin, daß im 16. Jahrhundert für die Intermedien nicht nur eigene Kostüme, sondern auch Bühnenbilder entworfen wurden, so daß den schaulustigen Augen der Komödienbesucher an den italienischen Fürstenhöfen all die Pracht und Abwechslung geboten wurde, die ihnen das gelehrte und moralische Schauspiel vorenthielt. Die für das griechische Freilichttheater konzipierte Theorie von den drei Einheiten der Zeit, des Ortes und der Handlung wurde durch solche Intermedien bald in allen Punkten durchbrochen. Die Intermedien nämlich entfernten sich sowohl in der Gestaltung des Schauplatzes als auch in der Wahl der Epoche und in kontrastierenden Handlungen vom eigentlichen Anlaß der Theateraufführung, der gesprochenen Komödie. Man konnte da als Draufgabe zu einem ernsten Schauspiel neben der einleitenden Begrüßungsszene und der verabschiedenden Huldigung an den Fürsten einen Gesangswettstreit, einen Schönheitsbewerb oder gar kleine Aktionen aus dem griechischen Mythos sehen und hören von der Dauer einer Viertelstunde und mehr. Und es kam schließlich dahin, daß am Ende des 16. Jahrhunderts der Komödiendichter Antonfrancesco Grazzini, genannt Il Lasca, sich darüber beklagen konnte, daß man nun Komödien für die Intermedien zu dichten hätte und nicht, wie ehedem, Intermedien für die Komödien.

Sehr bald schon spielt der Tanz auch in den Intermedien eine bedeutsame Rolle. Da er im Schauspiel nicht zugelassen war, fand er hier eine Hintertüre, um auf die Bühne zu gelangen, ohne die er sich künstlerisch nicht hätte entwickeln können. Durch seine Bewegung sorgte er für den belebenden Kontrast zu den in jener Epoche oft recht gelehrten Deklamationen des Dramas. Die damals sehr beliebten maurischen Tänze (italienisch »moresche«) wurden später sogar als Bestandteile in die frühen Opern übernommen, wenn es sich auch nur irgendwie dramaturgisch motivieren ließ, wie etwa in Monteverdis »Orfeo« oder in Cavallis »La Didone«. Die Verkleidungsszenen der Intermedien, die zu allerhand heiteren Verwechslungen Anlaß gaben, machten sich bald als sogenannte »mascherate« vornehmlich in der Karnevalszeit auf der Bühne selbständig.

Die Oper wurde auf solche Weise schon in ihren frühesten Anfängen mit dem Tanz vermählt, wenn auch auf durchaus andere Weise, als dies im griechischen Theater, als dem vorgegebenen Muster, der Fall gewesen war. Der Tanz gehört in allen Formen zu den zeugenden Kräften des Musiktheaters und ist im Falle der frühen Oper ebensowenig wegzudenken wie in der griechischen Tragödie oder Komödie oder in vergleichbaren Kunstformen anderer Kulturtraditionen.

Die Intermedien des Renaissance-Zeitalters waren mit keinerlei dramaturgischen oder musikästhetischen Theorien befrachtet und konnten jeder Art von Spektakel als willkommene Auflockerung dienen. Bald konnte man ihnen nicht nur in den Komödien des Plautus oder des Terenz, sondern auch in Pastoralen, bei Banketten, Wettkämpfen oder Turnieren begegnen. Hatten sie zuerst der Gliederung der Dramen oder der Ablenkung von Geräuschen beim Auf- und Abbau von Maschinen in Stücken mit großem technischem

Aufwand und der Überbrückung der Umkleidezeit für die Schauspieler gedient, so wurden sie bald schon zum unterhaltenden Selbstzweck. Waren zu Beginn die intermedi non apparenti, das heißt die rein musikalischen Intermedien, die Regel gewesen, so wurden sie bald die Ausnahme gegenüber den intermedi apparenti, in denen Schauspieler, Sänger, Tänzer und Musikanten um den Applaus der Zuschauer wetteiferten.

Die Fürstenhöfe von Ferrara und Florenz waren die Orte, an denen die Intermedien zu ihrer höchsten Blüte gelangten. Im Jahre 1487 werden erstmals bei der Aufführung eines Schauspiels, und zwar der mythologischen Fabel »Cefalo« von Niccolò da Coreggio, in Ferrara Intermedien erwähnt. Ebenfalls am prunkliebenden Fürstenhof der Este wurden 1496 Intermedien zur »Danae« von B. Taccone gegeben. Zu Beginn des 16. Jahrhunderts kam die neue Kunstform auch am Hofe Cosimo de'Medicis in Florenz in Gebrauch, und ebendort erreichte die Tradition ihren Höhepunkt in den glanzvollen Hoffesten der folgenden Dekaden. Zumal bei den meist machtpolitisch motivierten Fürstenhochzeiten der zweiten Jahrhunderthälfte waren die aufsehenerregenden Intermedien ein unverzichtbarer Bestandteil.

Zu besonderer, bahnbrechender Bedeutung für die Entwicklung der Oper gelangten hier die Intermedien zu Girolamo Bargaglias Komödie »La Pellegrina«, die im Jahre 1589 aus Anlaß der Hochzeit von Ferdinando de'Medici mit Christina von Lothringen in Florenz aufgeführt wurden. Denn an ihnen beteiligten sich als Komponisten und Dichter die Mitglieder der Camerata Fiorentina. Die Texte wurden verfaßt von Giovanni de'Bardi, Ottavio Rinuccini, Giambattista Strozzi und Laura Guidiccioni-Lucchesini, die Musik von Antonio Archilei, Cristofano Malvezzi, Luca Marenzio, Giovanni de'Bardi, Giulio Caccini, Jacopo Peri und Emilio de'Cavalieri. Hier haben sich fast alle großen Namen versammelt, deren Trägern wir bald darauf auch die ersten Schritte auf dem Weg zur Oper zu danken haben werden, um der kunstsinnigen Familie Medici in einem gemeinsamen Werk zu huldigen. Die sechs Intermedien zur »Pellegrina« sind heute historische Dokumente von ganz besonderer Bedeutung, während Bargaglias Komödie gänzlich vergessen ist. Es hat sich der in der Geschichte nicht seltene Fall ereignet, daß die Saat sich einen Nährboden im Abseits suchte, um aufzugehen, daß der Baum verdorrte und die Mistel blühte. Untereinander sind die sechs Stücke in Handlung und Aufbau sehr verschieden. Keines nimmt auf das andre Bezug. Einzelne Intermedien bestehen sogar aus Texten oder Musik von mehreren Autoren, so etwa das dritte, »Der Kampf Apollons mit dem Drachen Python«. Hier hat zu Rinuccinis Text Malvezzi eine sinfonia komponiert und Marenzio die dramatische Handlung in einem 12stimmigen Chor darzustellen versucht. Er hat, als einer der älteren Komponistengeneration, den entscheidenden Schritt noch nicht gewagt, dem siegreichen Drachentöter eine eigene solistische Stimme zuzuteilen. Die Szene sollte aber von Rinuccini in seiner ersten Oper »Dafne« noch einmal aufgegriffen werden und diesmal im monodischen Stil. Im 5. Intermedium begegnen wir zum ersten Mal dem Dichter und dem Komponisten dieser ersten Oper bei einer gemeinsamen Arbeit. Ottavio Rinuccini und Jacopo Peri haben sich die Klage des legendären Arion von Lesbos, der, im Meer ausgesetzt, sich verloren glaubt und endlich doch von einem Delphin gerettet wird, zum Thema gesetzt. Und hier ist nun die Stimme des berühmten Dichters, Sängers und Kitharoden zu vernehmen, wie sie sich frei und einsam über die wiegenden Wellen des Ägäischen Meeres erhebt, bis sie sich mit ihrem eigenen Echo zu einem Duett verbindet. Hier sind wir dem

Ursprung des monodischen Gesanges und zugleich dem des Zwiegesangs wunderbar nahe. Und es ist nicht ohne tieferen Sinn, daß es die Macht der Musik ist, die hier besungen und beschworen wird und die dem klagenden Sänger die Rettung bringt. Im sechsten und letzten Intermedium wirkt ein Liebespaar zusammen, die Dichterin Laura Guidiccioni-Lucchesini und der Komponist Emilio de'Cavalieri. Sie bringen mit einer abwechselnd chorischen und solistischen Huldigung einen tänzerisch heiteren Ausklang im eher traditionellen, festlichen Stil. Solistischen Gesang bringt auch der Beitrag Giulio Caccinis, der eine Zauberin dem jungvermählten Paar prophetisch glückliche Vorzeichen künden läßt und damit auch zugleich in vollem Bewußtsein des bedeutsamen Augenblicks den kommenden Ereignissen auf der Bühne des Musiktheaters entgegenblickt. Cristofano Malvezzi hat auf Rinuccinis Worte den 30stimmigen Schlußchor komponiert, der den folgenreichen Theaterabend beendet mit dem Ausruf: »O fortunato giorno!«

Daß auch, nachdem die neue Kunstform der Oper längst erfolgreich etabliert war, weiterhin Intermedien verfaßt und aufgeführt wurden, beweist deren Lebenskraft und allgemeine Beliebtheit. Claudio Monteverdi hat sich zum Beispiel in Mantua zusammen mit Gagliano und Gastoldi an der Komposition der Intermedien zu Guarinis Komödie »Idropica« von 1609 beteiligt. Er hat auch für seinen in diesen Jahren entstandenen »Orfeo« das Instrumentarium verwendet, das in den Intermedien gebräuchlich war und das außer den Instrumenten der Lauten- und der Gambenfamilien auch Flöten, Schalmeien und Tamburin neben dem obligaten Cembalo verwendete. Noch lange blieb es üblich, nicht nur bei Schauspielaufführungen, sondern auch bei großen Opern in den Pausen Intermedien, später auch Intermezzi genannt, zu bieten. Die Opernreform Apostolo Zenos verbannte sie in Wien zu Beginn des 18. Jahrhunderts von der Bühne. In Neapel aber gelangten die heiteren Intermezzi mit geringem szenischem Aufwand und populärer Thematik zu neuer Blüte, der, vor allem durch Pergolesis Genie, die opera buffa ihre Belebung verdankt.

Daß aus all diesen – und einigen anderen, hier ungenannten – Bestrebungen endlich die Oper entstehen sollte, überstieg in jenen Jahren gewiß die Vorstellungskraft von Musikern, Dichtern und Theaterleuten. Von vielen Händen wurde der Boden bereitet, in den der fruchtbare Same fallen sollte: das Vermächtnis Apollons, des Herrn der Musen, und seines Sohnes Orpheus, des Sängers, dem Gewalt gegeben war über die Herzen der Menschen.

Die Camerata Fiorentina und die Geburt der Oper

Die Oper oder – wie die Italiener auch heute noch schön und zutreffend sagen – das dramma lirico, ist als die vollkommenste Durchdringung und wechselseitige Ergänzung zweier Künste nicht aus einem einzigen Kopf entsprungen. Viele Gedanken haben sich in ihr zu einem klingenden Bau gefügt, und an der Grundlegung der Fundamente waren viele Hände beteiligt.
Soweit sich dies heute rückblickend erkennen läßt, wurde der erste Schritt getan mit der Eröffnung eines Briefwechsels zwischen dem aus Florenz stammenden Altphilologen Girolamo Mei, der sich nach Aufenthalten in Lyon und Padua um 1559 in Rom in Diensten des Kardinals von Montepulciano niedergelassen hatte, und seinem in Florenz verbliebenen Schüler Vincenzo Galilei, dem Vater des berühmten Naturwissenschaftlers. Girolamo Mei gilt als der erste Theoretiker der neuen Kunst. Er hat in zahlreichen Briefen von 1572 bis 1581 Licht auf die im Dunkel der Vergessenheit liegende Musik der alten Griechen zu werfen versucht und die Frage nach ihrer Funktion in der antiken Tragödie gestellt. In seinen Schlußfolgerungen hat er sich dabei auf die Schriften von Platon, Plutarch, Aristoxenes und Boethius berufen und seinen komponierenden Briefpartner angeregt, die so gewonnenen Erkenntnisse durch die Vertonung klassischer Texte zu überprüfen. Ein Teil dieser bedeutsamen Korrespondenz wurde in Venedig 1602, einige Jahre nach Meis und Galileis Tod, von P. del Nero unter dem Titel »Discorso sopra la musica antica e moderna« herausgegeben. Dieser »Discorso« bildet zusammen mit der bereits 1581 von Galilei in Florenz publizierten Schrift »Dialogo della musica antica et della moderna« eine der wichtigsten Quellen zur Erforschung des Ursprungs der Monodie. Während der »Discorso« die theoretischen Überlegungen Meis in Briefform darlegt, ist der »Dialogo« als ein Gespräch zwischen dem Grafen Giovanni de'Bardi und den Komponisten Piero Strozzi und Vincenzo Galilei konzipiert. In ihm wird die zeitgenössische polyphone Musik eine »lasterhafte, freche Dirne« genannt und dem Kontrapunkt die Schuld an der Unverständlichkeit des vertonten Textes gegeben. Im Anhang der Schrift werden von Galilei die 1565 wiederentdeckten Hymnen des Mesomedes in antiker Notenschrift abgedruckt zusammen mit dem Einbekenntnis, daß es nicht gelungen sei, diese Chiffren in ein lesbares neuzeitliches System zu übertragen.
Während wir von Piero Strozzi nur wenige Nachrichten und noch weniger Noten haben und nur vermuten können, daß er dem alten Florentiner Patriziergeschlecht gleichen Namens entstammte und der Vater oder Onkel des bekannten Dichters Giulio Strozzi war, wissen wir mehr über den dritten Teilnehmer der Dialoge.
Giovanni dei Bardi war als Conte di Vernio mit der regierenden Familie der Medici ver-

schwägert und bekleidete am großherzoglichen Hof die Funktion eines Beraters in Kunstfragen. Er war Mitglied der Akademien della Crusca und degli Alterati, Schriftsteller, Komponist und der Doyen einer illustren Runde von Künstlern und Gelehrten, die sich etwa ab dem Jahre 1576 in seinem Hause versammelten. Zu den ersten Mitgliedern dieses als »camerata« bezeichneten Kreises gehörten außer Strozzi und Galilei auch der Graf Jacopo Corsi und der Musiker Giulio Caccini, etwas später dürften der jüngere Sänger und Organist Jacopo Peri und der mit ihm gleichaltrige Dichter Ottavio Rinuccini hinzugekommen sein, danach der aus Rom gerufene und neubestellte Intendant der Künste Emilio de'Cavalieri und dessen Geliebte, die Dichterin Laura Guidiccioni, und als jüngster und letzter endlich der Komponist Marco da Gagliano. Nahegestanden hat der Gruppe gewiß auch der Dichter Gabriello Chiabrera.

In der Vorrede zu seiner 1602 edierten Sammlung monodischer Vokalstücke beschreibt Giulio Caccini diese Camerata, an die er sich wie an etwas Unwiderbringliches erinnert, mit den nostalgischen Worten: »Zur Zeit, da in Florenz die noble Akademie des hochangesehenen Herrn Giovanni Bardi aus dem Geschlecht der Grafen von Vernio in Blüte stand, nahm ich häufig teil an diesen schönen Begegnungen, zu denen nicht nur ein Teil der Aristokratie sich gesellte, sondern auch die bedeutendsten Musiker, die ausgezeichnetsten Männer, die besten Dichter und Philosophen der Stadt, und ich erkläre offen und ehrlich, daß ich in diesen gelehrten Gesprächen mehr gelernt habe als in dreißig dem Studium des Kontrapunkts gewidmeten Jahren.«

Und die Ziele der Florentiner Camerata beschreibt Caccini auf folgende Weise: »Diese gelehrten Kenner haben mich stets verpflichtet ... der von Platon und anderen Philosophen vielgepriesenen Tradition zu folgen, welche die Elemente der Musik nach ihrer Bedeutung in der folgenden Rangordnung reiht: zuerst das Wort, danach der Rhythmus und an letzter Stelle der Ton.«

Dies ist wohl in dem Sinne zu verstehen, daß hier mit Musik, sei es im Lied, im Epos oder im Drama, der rhythmisierte und gesungene Vortrag von Werken der Dichtkunst gemeint war. Der Tanzmusik haben, soweit sie unter die hohen Künste gerechnet werden konnte, andere Gesetze gegolten. Man wird dadurch sehr deutlich daran erinnert, daß die abendländische Tonkunst aus der Vokalmusik hervorgegangen ist und daß die wortungebundene Instrumentalmusik sich in späteren Jahren erst zu unabhängigem Leben zu entwickeln begann.

Die Richtlinien, welche die Camerata ihren neuen Bestrebungen gab, lassen sich in folgenden Punkten kurz zusammenfassen:
- Die Worte müssen im Gesang verständlich bleiben.
- Die Deklamation muß dem Sinn des Textes und dem natürlichen Tonfall der Sprache folgen.
- Die Begleitung soll nur von wenigen Instrumenten durch einfache Akkorde ausgeführt werden.
- Kontrapunktische Künsteleien sind zu vermeiden.
- Die Melodie muß dem Gefühlsgehalt einer ganzen Phrase entsprechen und darf nicht einzelne Wörter oder gar Silben durch Verzierung oder Dehnung hervorheben.
- Tempo und Harmoniewechsel werden vom Affekt der vorzutragenden Phrase bestimmt.

– Der Anfangs- und der Schlußton einer solchen Phrase müssen in Konsonanz mit dem Baß stehen, dazwischen aber sind dissonante Durchgangstöne erlaubt.
– Stets aber muß der lebendige dramatische Ausdruck das Richtmaß sein und nicht eine leblose, pedantische Regel.

Im Jahre 1582 wagte Vincenzo Galilei einen weiteren entschlossenen Schritt auf das immer deutlicher umschriebene Ziel. Rückblickend beschreibt das der Sohn des Grafen Bardi in seinem Tagebuch auf folgende Weise: »Galilei fand in der Camerata Aufmunterung, neue Dinge zu versuchen, und setzte 1582 mit Hilfe meines Vaters die ersten Melodien für eine einzelne Stimme, indem er jene ergreifende Klage des Grafen Ugolino aus Dantes ›Inferno‹ vertonte und diese auch selbst zur Begleitung von vier Violen sehr wohlgefällig sang.« Diesem Versuch ließ Galilei bald einen zweiten folgen mit der Komposition der Klagen des Propheten Jeremias nach den lateinischen Worten der Heiligen Schrift. Diese ältesten monodischen Gesänge sind uns verloren zusammen mit manchen anderen Versuchen, von denen etwa Caccini berichtet. Es fällt uns darum schwer, ihre historische Bedeutung für den monodischen Stil und die dramatische Deklamation nachzuprüfen, deren musikalische Verwirklichung wohl weder Galilei noch Caccini, weder Peri noch Cavalieri allein, sondern ihnen allen gemeinsam zugeschrieben werden sollte.

Giulio Caccini detto Romano trug offenbar mit Stolz seinen Beinamen als Hinweis auf seine Heimatstadt Rom. Dennoch gibt es begründete Vermutungen, die auf das nur wenige Meilen davon entfernte Städtchen Tivoli als auf seinen Geburtsort hinweisen. Er muß zwischen 1545 und 1550 dort als Sohn eines Michelangelo Caccini zur Welt gekommen sein. Im Jahre 1565 gelangte er nach Florenz und trat, offenbar noch sehr jung, in die Dienste des großherzoglichen Hofes. Sein jüngerer Bruder Giovan Battista, dessen Geburtsdatum in Tivoli mit dem 24. Oktober 1556 sehr genau dokumentiert ist, folgte ihm später in die Stadt am Arno und schuf sich dort als Bildhauer und Architekt in der Schule des Manierismus einen bedeutenden Namen. Giovan Battista brachte es zu öffentlichen Aufträgen und hohem Ansehen; doch wünschte man sich, er hätte anstelle seiner meist der Bibel oder der Sagenwelt entnommenen Motive nur einmal seinen berühmten Bruder Giulio als Modell einer seiner Skulpturen gewählt. Aber wer weiß, vielleicht hat er ein Bildnis des großen Sängers und Komponisten geschaffen, das wir heute im antiken Kostüm nicht mehr erkennen.

Giulio Caccini wurde in Rom von Giovanni Animuccia und in Florenz von Scipione della Palla im Gesang und vermutlich auch im Spiel von Laute, Viola da braccio und Harfe ausgebildet. Dem jungen Künstler wurden von Zeitgenossen sängerische Brillanz, Ehrgeiz und unternehmerische Ambition attestiert, Eigenschaften, die gelegentlich wohl auch Rivalität hervorriefen. Als Mitglied der Camerata war Caccini gewiß ein Mann der ersten Stunde und hat sich möglicherweise zu Beginn vor allem als Sänger an der Entwicklung der Monodie beteiligt. Im Jahre 1579 trug er aus Anlaß der Hochzeit Francesco de'Medicis mit Bianca Capello, als Allegorie der Nacht gekleidet, zwei einstimmige Gesänge vor, deren Musik von Piero Strozzi komponiert worden war: »Fuor de l'umido nido« und »Questi saggi guerrier« sang er und spielte dazu auf der Viola. Begleitet wurde er dabei auf Streichinstrumenten von mehreren auf einem geschmückten Wagen postierten Musikern. Der erste Hinweis auf eine Anstellung Caccinis auch als Komponist stammt aus dem Jahre 1588. Sein Salair »im Haus des Ferdinando de'Medici, Kardinal und Großherzog« betrug damals 16 Dukaten im Monat.

Jacopo Peri, sein jüngerer Konkurrent, wurde am 20. August 1561 in Rom als Sproß eines alten Patriziergeschlechts geboren. In jungen Jahren gelangte er als Schüler des berühmten Hofkapellmeisters der Medici, Cristofano Malvezzi, nach Florenz. Er scheint sich durch eine lange rotblonde Haartracht auffällig gemacht zu haben, denn er erhielt den Beinamen »Zazzarino«, zu deutsch »der Zottelkopf«. Ab 1588 war er als Sänger in Diensten des Großherzogs Ferdinando engagiert. Daneben bekleidete er auch das Amt eines Organisten. Vielleicht war diese Tätigkeit nicht ganz ohne Bedeutung für die Konzeption und Niederschrift des bezifferten basso continuo in seinen Opernpartituren. Denn die Orgelspieler in den italienischen Kirchen waren seit je das Improvisieren über einer festgeschriebenen Baßstimme gewöhnt. Als Komponist trat Peri vor seinem 28. Lebensjahr nach unserer Kenntnis nicht in Erscheinung. Mag sein, daß er sich vorerst vor allem seiner Fortbildung als Sänger widmete, die ihm später von großem Nutzen sein sollte.

1590 gelangten zwei Schäferspiele des Generalintendanten Cavalieri zur Aufführung, die uns, da sie verschollen sind, heute einige Räsel aufgeben. Es gilt als zweifelhaft, ob sich die Musik zu den Pastoralen von Laura Guidiccioni »Il Satyro« und »La disperazione di Fileno« bereits in die Bereiche des »recitar cantando« vorwagte, wenngleich Jacopo Peri seinem vorgesetzten Kollegen daraufhin den Primat unter den Musikern der »Camerata« zusprach. Und dasselbe darf für das Schäferspiel Cavalieris »Il gioco della cieca« nach einem Text von Gabriello Chiabrera von 1595 gelten.

Im Jahre 1592 unternahm Giulio Caccini gemeinsam mit dem Grafen de'Bardi, dessen Privatsekretär er geworden war, eine Reise nach Ferrara, wo er am Hof der Fürsten von Este als Komponist und Interpret neuer Arien großen Erfolg errang. Als der Graf noch im selben Jahr Florenz endgültig verließ und nach Rom übersiedelte, um dort das Amt eines Oberkämmerers des aus der Toskana stammenden Papstes Clemens VIII. anzutreten, folgte ihm Caccini und gab unter anderem im Hause des Signor Nero Neri, eines Verwandten des heiligen Filippo Neri, Proben seiner Kunst als Komponist und Sänger des neuen Stils. Er trug sich in jener Zeit mit dem Gedanken, Florenz zu verlassen und wieder in seiner Heimatstadt Rom seinen Wohnsitz zu nehmen, um, wie er im Vorwort zu seinen »Nuove musiche« schreibt, »seinen Neidern zu entgehen«.

Zum Glück scheint er sich jedoch anders besonnen und diesen Plan, der gewiß, nach Bardis Abgang, die Auflösung des Florentiner Künstlerkreises bedeutet hätte, nicht ausgeführt zu haben. Spätestens 1597 ist er wieder an den Aktivitäten der Camerata beteiligt, deren Führung unterdessen der Graf Jacopo Corsi übernommen hatte. Ganz ohne Eifersucht und Kränkung wird es in diesen Jahren, da die Frucht so langer Mühen zur Reife kommen sollte, nicht abgegangen sein. Und es mag wohl sein, daß Graf Corsi und Emilio de'Cavalieri dem Protégé ihres Vorgängers weniger Wohlwollen entgegenbrachten als dem jüngeren und vielleicht auch liebenswürdigeren Peri.

Der machte sich nämlich nun unter ihrer Obhut daran, die favola pastorale Ottavio Rinuccinis »La Dafne« in Musik zu setzten und damit das erste Werk zu schaffen, das man mit Fug und Recht als Oper bezeichnen kann. Diese Beurteilung stützt sich auf seinen eigenen Bericht, den er im Vorwort seiner zweiten Oper gegeben hat, und auf das Zeugnis seiner Zeitgenossen. Wenn Peri von seiner fortgesetzten Bemühung um dieses Werk seit dem Jahre 1594 (»fin l'anno 1594«) spricht, so ist darunter wahrscheinlich zu verstehen, daß in diesem Jahr Rinuccinis Buch und wohl auch Peris Komposition entstanden sind und daß,

nach weiteren Verbesserungen und probeweisen Aufführungen im engen Freundeskreis, erst drei Jahre später, genau: im Karneval des Jahres 1597, die öffentliche Uraufführung im Palazzo des Grafen Corsi stattgefunden hat. Die Beteiligten an diesem Ereignis waren sich der Bedeutung des Augenblicks bewußt. Lange genug hatten sie den Boden bereitet für die Pflanzung des neuen Wunderbaums. Und die Wahl des Themas, das von der Herabkunft des Lichtgottes Apollon, seinem Sieg über die Schlange Python und seiner Liebe zu Daphne, der Tochter des Flußgottes Peneios, und deren Flucht vor der Umarmung und Verwandlung in einen Lorbeerbaum handelt, war nicht ohne sinnhafte Bedeutung für den Ursprung und das fernere Schicksal der neuen Kunst. Apollons unerfüllte Liebe zu dem keuschen irdischen Mädchen deutet auf den himmlischen Ursprung des Gesanges, den er den Menschen lehrte zum Klang seines Saitenspiels. Die ewig tönende, unstillbare Liebesklage ist sein Vermächtnis, und die Verwandlung der sterblichen Daphne in einen immergrünenden Baum ist die Antwort der Menschen. Und wenn in Rinuccinis zweitem Buch Orpheus, der Sohn des Apollon, das Reich des Todes betritt, um durch die vom Vater ererbte Macht des Gesanges seine Gattin zu retten und zurück auf die Erde zu führen, so schließt sich damit der Sagenkreis von der Geburt der Musik aus dem Geist der Liebe, der die irdischen mit den über- und unterirdischen Mächten versöhnt.
Marco da Gagliano, der jüngste Komponist des Florentiner Kreises und damals noch nicht ganz sechzehn Jahre alt, hat der Aufführung beigewohnt oder vielleicht auch selbst im Chor mitgewirkt. Er hat den Rinuccinischen Text so bewundert, daß er ihn viele Jahre später noch einmal vertonte. Im Vorwort seiner gedruckten Komposition gedenkt er der historischen Stunde und schreibt: »Die Freude und das Erstaunen lassen sich nicht schildern.« Auch wenn Gagliano mit der Zeitbestimmung »il carnevale dell'anno 1597« eine sehr präzise Angabe macht, so bleibt für uns doch die Frage offen, ob damit nach unserer Rechnung die Monate Januar und Februar 1597 oder 1598 gemeint sind. Es wurde nämlich in jenen Jahren in Florenz die Anweisung des Tridentiner Konzils noch nicht befolgt, daß das neue Jahr am 1. Januar und nicht mehr, wie bisher seit der Antike üblich, mit dem 1. März zu beginnen habe. Damit sollte der neue Gregorianische den alten Julianischen Kalender ablösen. Und nachdem das erste Opernlibretto der Geschichte, Rinuccinis »Dafne«, im Jahre 1598 gedruckt wurde, scheint es wahrscheinlich, daß nach heutiger Rechnung die Uraufführung der ersten Oper auf den Jahresbeginn 1598 zu datieren ist. Weitere Aufführungen sind durch Rinuccinis Zeugnis für den 18. und 21. Januar 1599, für den August 1600 und für den Oktober 1604 gesichert, und dies findet seine Übereinstimmung mit Peris Bericht vom Herbst 1600, in dem er von wiederholten Aufführungen der »Dafne« während dreier Jahre schreibt: »Per tre anni continui che nel carnevale si rappresentò.«

Dann kam, im Oktober des Jahres 1600, jene berühmte Hochzeit zwischen dem französischen König Heinrich IV. und Maria de' Medici, der Tochter des Großherzogs Ferdinando, die in Abwesenheit des Bräutigams zwar nur per procurationem geschlossen, aber mit allem Stolz des endlich zur höchsten Anerkennung aufgestiegenen regierenden Hauses gefeiert wurde. Zwei Opernaufträge wurden zu diesem Anlaß vergeben: einer an Jacopo Peri und Ottavio Rinuccini, die den Mythos von Orpheus und Eurydike, das Hohelied der ehelichen Liebe, zum Thema wählten; ein anderer an Giulio Caccini und Gabriello Chiabrera, deren Wahl auf die Sage von der Liebe der Göttin der Morgenröte Eos oder Aurora zu dem

Hirten Kephalos fiel. Am 6. Oktober 1600 gelangte Peris »Euridice« im Palazzo Pitti vor der großherzoglichen Familie, den Abgesandten des Königs von Frankreich und den illustren Gästen aller verwandten oder verschwägerten Fürstenhöfe Italiens zur Uraufführung. Und das Werk erwies sich allen Erwartungen überlegen. Kein schöneres Geschenk hätte die musikliebende Medici-Tochter erhoffen können. Die Berichte der Zeitgenossen waren voll des Lobes und der Bewunderung für die vermeintlich wiederentdeckte musikalische Darstellungsform der antiken Tragödie, die sich bald schon als die neugeborene Kunst des abendländischen Musiktheaters erweisen sollte, gezeugt durch die Vereinigung von Dichtung und Musik. Ottavio Rinuccini wußte um die Größe des Augenblicks und legte im Prolog seines unerhörten Spiels der Allegorie der Tragödie die folgenden Worte in den Mund:

> Hor s'avverà, che le cangiate forme
> non senza alto stupor la terra ammiri,
> tal ch'ogni alma gentil ch'Apollo inspiri
> del mio nuovo cammin calpesti l'orme.
>
> Vostro, Regina, fia cotanto alloro
> qual forse anco non colse Atene o Roma,
> fregio non vil su l'onorata chioma,
> fronda Febea fra due corone d'oro.

Und das lautet in musikgerechter deutscher Übersetzung:

> Heut wird es offenbar, daß selbst die Erde
> voll Erstaunen das neue Spiel bewundert,
> denn so neu ist der Weg wie dies Jahrhundert,
> den ich im Dienste Apolls beschreiten werde.
>
> Königin, Euch soll Lorbeer reich belohnen.
> Rom und Athen durft' ich damit nicht krönen,
> Euch ganz allein soll er die Stirn verschönen:
> Laub des Apollon umschlingt zwei gold'ne Kronen.

Der Komponist selbst hatte die Tenorpartie des Orfeo übernommen. Wir besitzen eine Federzeichnung, die Peri im Kostüm mit Leier und Lorbeerkranz darstellt und ihn, ganz ohne Pathos, bei seinem Spottnamen »Zazzarino« – Zottelkopf – nennt. Die Titelpartie der Euridice wurde von Vittoria Archilei gesungen, einer berühmten Sängerin, die der stets höfliche Peri als die »Euterpe unserer Epoche« bezeichnete. Sie hielt es offenbar für angebracht, die schlichte Linie ihrer Gesänge zu verzieren, »mehr um der Gewohnheit unserer Zeit zu gehorchen, als weil sie geglaubt hätte, daß darin die Schönheit und Kraft unserer Kunst läge«, merkt dazu der Komponist leicht resignierend an. Hier haben wir ein allererstes Beispiel für einen der allem musikalischen Theater offenbar eingeborenen Keime zu späteren Konflikten. Im übrigen mußte sich Peri mit der vielleicht etwas eigenwilligen Interpretation der ersten Primadonna umso leichter zufriedengeben, als die Gesänge der Euridice ebenso wie einige Passagen der Chorführer und drei der Chöre von Giulio Caccini vertont worden waren, was Peri in der Vorrede zur gedruckten Ausgabe kenntlich macht zusammen mit dem Hinweis, daß dies notwendig erschienen war, weil die Interpreten dieser Musik Personen waren, die unter Caccinis Einfluß standen (»persone dipendenti da lui«). Ob hier Intrigen oder kollegiale Gefälligkeit am Werke waren, das läßt sich nur raten, nicht erkennen.

Peris Musik wurde im Jahr nach der Uraufführung unter dem Titel »Le musiche sopra L'Euridice del Signor Ottavio Rinuccini« in Florenz gedruckt. Diesem glücklichen Umstand verdanken wir ihre Erhaltung. Eine zweite Ausgabe erschien in Florenz 1608. Die Spielvorlagen der damaligen Zeit bestehen, wie man weiß, nur aus der Singstimme und dem bezifferten Baß, der je nach den Erfordernissen des Ausdrucks und wohl auch im Verhältnis zur Größe des Raumes, in dem die Aufführung stattfand, nach tradierten Regeln improvisierend ergänzt wurde. Durch Peris Zeugnis sind uns die Instrumentalisten der Premiere bekannt: Jacopo Corsi, der Mäzen und Mentor der Camerata, spielte das Gravicembalo, Don Garzia Monalvo den Chitarrone, Giovanni Battista Jacomelli abwechselnd die Violine und eine große Lyra und Giovanni Lapi eine große Laute. Von diesen Künstlern ist uns, außer dem Grafen Corsi, nur Jacomelli bekannt. Er war unter den ersten, die, durch Vermittlung und Empfehlung der Vittoria Archilei, Einblick nehmen konnten in Peris Versuche der monodischen Komposition. Ihm auch dürfte es zu verdanken sein, daß die bis dahin nicht sonderlich hoch geschätzte Geige, als deren ältester Virtuose er gerühmt wird, von Anbeginn Eingang fand in das Instrumentarium des Opernorchesters, was eine allmähliche Verdrängung der bis dahin höher geschätzten Violen zur Folge hatte.

Am 9. Oktober desselben Jahres, also nur drei Tage später, gelangte Caccinis musikdramatischer Beitrag zu den Hochzeitsfeierlichkeiten zur Aufführung. Schauplatz der Premiere von »Il rapimento di Cefalo« war diesmal der große Saal der Uffizien, in welchen nicht weniger als viertausend Gäste geladen wurden. Musik- und Theatergeschichte haben von diesem Ereignis, an dem über hundert Musiker teilnahmen, wenig Notiz genommen, denn leider ist die Partitur dieser vermutlich größten Ausstattungs- und Ballettoper der Zeit, zu der auch Piero Strozzi, Venturo del Nibbio und Ludovico Bati Musiknummern beigetragen haben, verloren gegangen. Erhalten geblieben ist jedoch neben Peris Vertonung der »Euridice« auch Caccinis Komposition desselben Textbuchs von Rinuccini, die erst 1602 in Florenz auf die Bühne gebracht wurde und verständlicherweise ohne den äußeren Glanz einer Fürstenhochzeit kein vergleichbares Aufsehen erregte.

Als Komponist verleugnet Caccini nicht, daß er der Lehrer einer anerkannten Singschule, in der neben anderen auch der Kastrat Magli für die Oper ausgebildet wurde, und der Leiter eines berühmten Ensembles ist. Er stattet vor allem die Chöre, die Rinuccini mit Vorliebe an das Ende der Szenen setzt, mit reichen Harmonien und differenzierten Stimmführungen aus. Er läßt seine Chorsänger einmal im unisono rezitieren wie die Solisten, ein andermal Tanzlieder singen, wie sie aus Maskeraden und Intermedien bekannt waren, ein drittes Mal flicht er ihre Stimmen wie in Madrigalen kontrapunktierend ineinander und bietet so einmal kunstreiche Unterhaltung, das andre Mal aber dramatische Anteilnahme am Geschehen.

Während Caccini auf solche Weise gern einen melodischen Umweg um einer gefälligen Wendung willen in Kauf nimmt, sucht Peri stets den kürzesten Weg zum Sinn des zu vertonenden Wortes und zum Gefühlsgehalt der Situation. Wenn Caccini gefallen will, will

Peri erschüttern. In den beiden Temperamenten stehen sich der singende Musiker und der mitfühlende Dramatiker gegenüber. Hier haben wir schon in der ersten Stunde die beiden Wege vor uns, die sich im Verlauf von vierhundert Jahren Operngeschichte oftmals trennen und wiedervereinigen werden: »Wort oder Ton? Wer soll entscheiden?« Im einen Fall mag die neu entdeckte Kunst des »recitar cantando« kompromißloser ausgeprägt sein, im anderen aber sind ihre Mittel vielfältiger ausgebreitet. Man sieht, bei näherem Befassen, daß hier nicht einfach Wahrheit des Ausdrucks und Schönheit des Vortrags einander entgegengesetzt werden, es werden auch heilender, »kathartischer« Schrecken, mitleidender Ernst, heiteres Spiel und Tanz und ein versöhnliches Ende eingebunden. Denn in einem sind sich die Musikdramatiker der ersten Jahre alle einig: die Werke, die ihre Entstehung festlichen Anlässen verdanken, müssen in einem glücklichen Ende, einem »lieto fine«, ausklingen und so die bestehende Ordnung der irdischen Dinge und die göttliche Lenkung des Schicksals bejahen und rühmen. Hierin ist nicht der einzige, aber der wesentlichste Unterschied zur griechischen Tragödie zu sehen, deren bedeutendste Handlungsmotive nicht zuletzt aus diesem Grund von der Oper noch lange Jahre – im Grunde bis hin zu Christoph Gluck – gemieden wurden. Ottavio Rinuccini hat diese Haltung in seinem Prolog zur »Euridice« durch den Mund der allegorischen Tragödie vorhergesagt mit den Versen:

> Lungi, via lungi pur da regii tetti
> simulacri funesti, ombre d'affanni.
> Ecco i mesti coturni, e i foschi panni
> cangio, e desto nei cor più dolci affetti.

> Fort aus diesem Palast mit all diesen Schrecken,
> mit den Zeichen des Unheils, fort mit dem Trauern!
> Bannt die schwarzen Kothurne aus diesen Mauern!
> Ich will süße Gefühle heute erwecken.

Peris Vertonung von Rinuccinis favola pastorale »La Dafne« ist verschollen, durch einen glücklichen Umstand wurden in Belgien im Jahre 1888 immerhin vier kleine Fragmente gefunden, zwei davon von Peri und zwei von Jacopo Corsi komponiert. Und doch ist uns eine Oper aus dem Florentiner Kreis über dieses älteste Libretto erhalten. Marco da Gagliano, der jüngste Musiker der Camerata, 1582 in Florenz geboren, Schüler von Ludovico Bati und dessen Nachfolger im Kapellmeisteramt von San Lorenzo, komponierte den leicht abgewandelten Text im Jahre 1607 auf Wunsch des Herzogs Francesco Gonzaga noch einmal und brachte sein Werk im folgenden Jahr aus Anlaß von dessen Hochzeit mit Margherita von Savoyen in der Mantovaner Residenz zur Aufführung. Monteverdi hat zum selben Fest Rinuccinis »Arianna« vertont, wobei ihm Jacopo Peri die rezitativischen Passagen geschrieben haben soll. Und eben dieser Peri, der der Premiere von Gaglianos »Dafne« im Spiegelsaal des herzoglichen Palastes beiwohnte, schrieb danach an den Kardinal Gonzaga nach Rom: »Gaglianos Dafne ist mit außerordentlichem Kunstsinn komponiert und überragt zweifellos alle anderen Kompositionen dieser Oper, denn Signor Marcos Art, Gesangsmusik zu schreiben, ist die am besten geeignete und kommt dem Sprechton viel näher als die eines anderen ausgezeichneten Tonsetzers.« Mit diesen anderen Tonsetzern kann der offenbar sehr höfliche oder sehr selbstlose Peri nur Giulio Caccini und sich selbst gemeint haben. Und wenn man einen Blick in Gaglianos gedruckte Komposition wirft, so muß man eingestehen, daß hier ein ganz bezauberndes Beispiel der frühen pastoralen Monodie vorliegt, das eine größere Beachtung unserer oft so phantasiearmen Theaterleiter und Interpreten verdiente. Wie bühnenwirksam ist doch gleich zu Beginn der Auftritt des Gottes Apollon, der die Hilferufe und Wehklagen der Hirten erhört, aus den Wolken tritt und vom Himmel herabsteigt, indem er ihre Anrufungen durch ein immer näher kommendes Echo beantwortet, um endlich den Boden Thessaliens zu betreten und den alles verwüstenden Drachen Python zum Kampfe zu stellen. Hier kann man erkennen, wie weit der Weg ist, der zurückgelegt wurde seit Marenzios madrigalesker Vertonung desselben Drachenkampfes in den Intermedien von 1589. Nach der Verwandlung der Daphne, die in traditioneller Manier durch einen Botenbericht geschildert und nicht auf der Bühne gezeigt wird, offenbar weil die technischen Mittel für eine solche Szene noch nicht entwickelt waren, folgt ein zu Herzen gehender Klagegesang der Nymphen und Schäfer, an das sich das große Lamento des Apollon anschließt, der als Zeichen der Trauer um Daphne einen Zweig von dem geliebten Lorbeerbaum bricht und ihn sich um die Schläfen windet. Dieses Lamento mündet nach einem ausgedehnten Rezitativ in eine dreiteilige Form, die man als eine der ältesten Arien bezeichnen kann.

Um diese Zeit waren Girolamo Mei, Vincenzo Galilei, Piero Strozzi, Emilio de'Cavalieri und Jacopo Corsi längst gestorben. Der Graf Bardi lebte zurückgezogen in Rom. Und Florenz begann seine Vorrangstellung an Rom und Mantua zu verlieren, da außer Gagliano sich auch Caccini, Peri und Rinuccini immer wieder anderen Städten und Aufführungsorten zuwandten. So fand die Camerata ihr Ende. Der nun schon fast sechzigjährige Caccini trat im Jahre 1604 eine achtmonatige Reise nach Paris an, auf der ihn seine Familie begleitete, deren Mitglieder von ihm alle als Sänger ausgebildet worden waren. Er empfing für diese Unternehmung das großzügige Honorar von 450 Dukaten. Diese Ehrung, die auch schon dem Dichter Rinuccini zugefallen war, mag von Maria de'Medici, der jungen Königin von Frankreich, als Kompensation für die frühere Bevorzugung des Jacopo Peri gedacht worden sein. Caccini, der seinem Freund, dem Dichter Michel Angelo Buonarotti, in einem Brief die Eindrücke dieser Reise schilderte, machte unterwegs Station in Ferrara, Mailand, Turin und Lyon und bot mit seinem »concerto« den herrschenden Familien dieser Städte jeweils eine Probe seiner neuen Musik. So wurde durch seine und Rinuccinis Vermittlung die Monodie bereits in ihren frühesten Jahren nach Frankreich getragen, wo sie in der Königin eine freundliche Beschützerin fand.

Als Claudio Monteverdi gegen Jahresende 1613 auf einer Reise von Mantua nach Rom in Florenz Aufenthalt nahm, besuchte er den von ihm verehrten Caccini in dessen Haus. In ebendiesem Jahr erschien in der Stadt der Buchdrucker, Venedig, eine Sammlung von Madrigalen und Arien Caccinis unter dem Titel »Fuggilotio musicale«, und 1614 folgte eine zweite Ausgabe der »Nuove musiche«, in deren Vorwort der Komponist nähere Angaben über die Aufführung seiner ersten Oper »Dafne« im Hause des Grafen Corsi vor der großherzoglichen Familie macht. In seinen letzten Lebensjahren scheint der weithin berühmte Komponist in den Adelsstand erhoben worden zu sein. Dies läßt sich aus einem nun dem Familiennamen vorangestellten »D« oder »de« schließen. Caccinis älteste Tochter Francesca wurde von ihrem Vater nicht nur in der Kunst des Gesanges, sondern auch in der Komposition unterwiesen und trat bald in Florenz als erste weibliche Opernkom-

ponistin hervor. Sein Sohn Pompeo war als Schüler seines Onkels Giovan Battista als Maler, Bildhauer und Bühnenbildner tätig und schuf unter anderem eine Büste Gabriello Chiabreras, des Dichters des »Rapimento di Cefalo«.
Am 10. Dezember 1618 starb Giulio de Caccini detto Romano in seinem Florentiner Haus und wurde in der Kirche Santa Annunziata beigesetzt.

Eigenartigerweise wird mit der Uraufführung seiner »Euridice« in fast allen Berichten Jacopo Peris Laufbahn für abgeschlossen oder doch nicht weiter erwähnenswert erklärt und dabei außer acht gelassen, daß er danach noch eine Reihe durchaus bemerkenswerter Werke hervorbrachte. »Il natale d'Ercole« auf einen Text des Dichters Michel Angelo Buonarotti wurde am 20. Oktober 1605 im Florentiner Palazzo Medici gespielt. Für den Hof in Mantua komponierte Peri 1608 die Oper »Tetide« auf einen Text von Cini. Im selben Jahr und vermutlich zum selben Anlaß der Fürstenhochzeit teilte er mit Monteverdi und Rinuccini den triumphalen Erfolg der »Arianna«. 1613 kam im Palazzo Pitti in Florenz das »Balletto della Cortina«, wiederum nach einem Libretto von Buonarotti, zur Aufführung; dem folgte im selben Jahr die Musik zur »Mascherata di Ninfa de Scursa« von Ottavio Rinuccini. »La veglia delle Grazie, comedia per musica« nannte Gabriello Chiabrera das Stück, zu welchem Peri für den Carneval 1615 die Musik schrieb. Wenige Wochen nach dessen Uraufführung kam in Florenz »La guerra d'amore« nach Andrea Salvadori auf die Bühne. Gemeinsam mit Lorenzo Allegri komponierte Peri den »Ballo rusticale«, der im Palazzo Pitti im Carneval 1616 getanzt wurde, und gemeinsam mit Marco da Gagliano 1619 die rappresentazione in musica »Lo sposalizio di Medoro e di Angelica«. In Poggio gelangte das Kampfspiel »La precedenza delle dame« auf eine Dichtung Andrea Salvadoris am 10. Februar 1610 zur Premiere. Und das letzte Werk, an dem Peri, nun schon im Alter von 67 Jahren, beteiligt war, scheint die Ballettoper »La Flora« gewesen zu sein, zu welcher er wiederum gemeinsam mit dem befreundeten Marco da Gagliano die Partitur schrieb, die bald danach in einem zeitgenössischen Druck veröffentlicht wurde und so zu den wenigen Zeugnissen seines Schaffens gehört, die uns erhalten blieben.
Jacopo Peri hatte in seiner Wahlheimat Florenz seit 1591 das Amt eines »principale direttore della musica e dei musici« inne, das vermutlich die höchste musikalische Position am Hofe war. Er trug ab 1618 den ehrenvollen Titel eines »camerlingo generale dell'Arte della Lana«. Hochgeschätzt starb der ebenso liebenswürdige wie berühmte Mann im Jahre 1633 wenige Tage vor der Vollendung seines 72. Lebensjahres in Florenz.
Zehn Jahre später folgte ihm Marco da Gagliano als letzter Zeuge der großen Epoche der Florentiner Camerata.

Der erste Dichter der Oper – Ottavio Rinuccini

Ottavio Rinuccini war gewiß der bedeutendste Dichter der frühen Monodie und wurde auch in den folgenden Jahrzehnten einzig von Giovanni Francesco Busenello, dem Autor der »Incoronatione di Poppea«, an Kraft und Wirkung übertroffen. Rinuccini wurde am 20. Januar 1562 in Florenz geboren. Die adelige Abstammung der Familie läßt sich bis ins 13. Jahrhundert zurückverfolgen. So war es naheliegend, daß der junge Mann zum Höfling erzogen wurde. Seine ersten Verse von 1579 lassen jedoch vermuten, daß er sich bald schon seinen künstlerischen Interessen zugewandt hat. Rinuccini wurde Mitglied zweier Akademien, kulturellen Vereinigungen, die in der Epoche der Renaissance gegründet worden waren, um Künstlern und Gelehrten die Möglichkeit zu bieten, sich gegenseitig in Diskussionen zu schulen und überregionale Kontakte zu finden. In der Accademia degli Alterati erhielt Rinuccini seltsamerweise den Zunamen »Il Sonnacchioso« – der Schläfrige. Könnte es sein, daß er für die dort gebotenen Vorträge nicht allzu große Begeisterung zu zeigen vermochte? Im Jahre 1589 scheint er jedoch bereits eine Vorzugsposition unter seinen literarischen Kollegen erlangt zu haben, denn aus Anlaß der Hochzeit Ferdinando I. de'Medici wurde ihm die Erstellung der meisten und wichtigsten Texte zu den Intermedien übertragen. Hier findet bereits eine erste nachweisbare Verbindung Rinuccinis zu den führenden Komponisten der Florentiner Camerata statt.

Zur Vermählung Maria de'Medicis mit dem französischen König Henri IV. wurde im Oktober 1600 die Uraufführung von Rinuccinis »L'Euridice« in der Vertonung Jacopo Peris angesetzt. Im gleichen Jahr und aus dem gleichen Anlaß entstand die Vertonung Giulio Caccinis, die jedoch erst 1602 zur Aufführung kam. Für Claudio Monteverdi schrieb Rinuccini den Text zur Oper »Arianna«, die 1608 in Mantua mit großem Erfolg auf die Bühne gelangte, und im Anschluß daran auch noch den Text für die gesungene Ballettszene »Ballo delle ingrate«. Seinen Operntext »Narciso« hat Monteverdi nach einigen Bemühungen aus unbekannten Gründen nicht mehr vertont. Möglicherweise liegt die Ursache dafür in der 1613 erfolgten Übersiedlung des Komponisten nach Venedig. Rinuccini scheint das besondere Vertrauen Maria de'Medicis besessen zu haben, denn er reiste zwischen 1600 und 1604 nicht weniger als viermal im Auftrag des Florentiner Hofes nach Paris und berichtete über das dortige gesellschaftliche und kulturelle Leben. Neben Intermedien- und Operntexten verfaßte Rinuccini auch noch eine Reihe von Sonetten, Kanzonen und Madrigalen, von welchen der von Monteverdi vertonte »Lamento della ninfa« das bekannteste ist. Er starb als einer der bedeutendsten Dichter seiner Zeit hochangesehen am 28. März 1621 in seiner Heimatstadt Florenz im Alter von 59 Jahren.

Sujet und Handlung aller vier von ihm verfaßten Operntexte entnahm Ottavio Rinuccini den »Metamorphosen« des Ovid, in welchen die verstreuten griechischen Sagen in lateinischer Sprache ihre Zusammenfassung und klassische Form gefunden haben. Wie man allein schon aus dieser Tatsache erkennt, ist es eine irrige Überlieferung, die da behauptet, die Mitglieder der Camerata Fiorentina hätten vor allem die griechische Tragödie durch ihre Vertonungen wiederbeleben wollen. Es war ohne Zweifel Rinuccini selbst, der sich sowohl in Florenz als auch in Mantua für die Pastoraldichtung als Quelle seiner Operntexte entschied. Der außerordentliche Erfolg von bukolischen Theaterstücken wie Torquato Tassos »Aminta« von 1573 und Giambattista Guarinis »Pastor fido« von 1589 mag dabei nicht ohne Bedeutung gewesen sein. Rinuccinis Wahl entsprach vor allem seinem lyrischen Temperament und der allgemeinen Vorliebe der Spätrenaissance für alles Idyllisch-Ländliche.

Nach Guarinis Definition hat die favola pastorale mehr melancholische Empfindungen zu erregen als Furcht und Mitleid. Und so hat auch Rinuccini seine Opern jeweils mit einem heiteren, versöhnlichen Ende beschlossen, obwohl die Wendung ins Tragische durchaus eher der klassischen Tradition der gewählten Sujets entsprochen hätte. Auf solche Art erwies sich die Oper schon in ihrer Geburtsstunde als lyrisches Theater, wie sie auch heute in Italien noch mit guten Gründen genannt wird. Denn es ist unter allen literarischen Gattungen eben die Lyrik der Musik am nächsten verschwistert.

Das Verdienst Rinuccinis liegt darüber hinaus in seiner Entscheidung für eine Versform, die sich auf besondere Weise für das »recitar cantando« eignet. Er wählte einen Vers, der meist in freier Folge zwischen sieben und elf Silben wechselt. Paarweise Reime sind dabei die Ausnahme gegenüber gekreuzten, die oft in zwangloser Weise auch mehrere Zeilen überspringen. Reimlose Verse sind durchaus keine Seltenheit. Und so entsteht der Eindruck einer losen, spielerisch gewundenen Girlande von Versen, die dennoch wohlabgestimmt sich aneinanderfügen. Bis zum Beginn des 19. Jahrhunderts blieb dieser so wohlgelungene Rinuccinische Vers das Vorbild aller Rezitative der italienischen Oper.

Rom, die Stadt der Rappresentazione sacra, der geistlichen Oper und des Oratoriums

Als der Graf Giovanni de'Bardi im Jahre 1592 zum Kammerherrn und Gardeoffizier des Papstes ernannt wurde und von Florenz nach Rom übersiedelte, traf er in der Stadt Palestrinas auf ein bewegtes musikalisches Leben. Hier lebte und wirkte noch bis zu seinem Tode im Juni 1594 der berühmte Altphilologe Girolamo Mei, der auf die Bestrebungen der Camerata großen Einfluß genommen hatte und der Bardi bestens bekannt oder gar befreundet war.

Rom war zu jener Zeit das Zentrum aller geistlichen Musik, wenn auch die Unterhaltung in den Palästen der Kirchenfürsten keineswegs verpönt war. Die Prälaten der Kurie entstammten doch meist den großen italienischen Adelsfamilien und wollten auch nach ihrer Übersiedlung nach Rom nicht auf die gewohnten höfischen Vergnügungen verzichten. So etwa ließ der Kardinal Barberini, der wie Bardi und Mei ein geborener Florentiner war, in seinem römischen Palast ein eigenes Theater errichten, das allen Ansprüchen szenischer Darbietung von Schauspielen, Intermedien, Balletten und bald auch von Opern gerecht wurde.

Die Nachfolger Petri haben für uns durch die Annahme hieratischer Namen nach ihrer Wahl die Identität ihrer Herkunft aus regionalen und gesellschaftlichen Bindungen oft gänzlich verloren. Es mochte auch gelegentlich geschehen, daß das Amt den Mann, der es trug, bis zur Unkenntlichkeit veränderte. Und doch erschließt die Kenntnis eines Familiennamens dem Historiker manches Geheimnis vom irdischen Walten eines Stellvertreters Gottes. So ist es nicht ohne Interesse zu erfahren, daß die Päpste der in Rede stehenden Epoche von 1592 bis 1670 vor ihrer Wahl die Namen Aldobrandini, Medici, Borghese, Barberini, Pamphili, Chigi und Rospigliosi getragen haben. Drei von ihnen, Aldobrandini, Medici und Barberini, stammten aus Florenz, Chigi aus dem toskanischen Siena, Rospigliosi aus dem nachbarlichen Pistoja. Nur der Borghese-Papst Paul V. und Giovanni Battista Pamphili als Innozenz X. waren gebürtige Römer. Wer wollte da zweifeln, daß der Boden bereitet war für den Einzug der Oper?

Emilio de'Cavalieri, ein um 1550 in Rom geborener Aristokrat, ist eine der Schlüsselfiguren für die weltliche wie auch für die geistliche Oper, die beide etwa zur selben Zeit um die Wende des 16. zum 17. Jahrhundert aus theoretischen Überlegungen zu theatralischer Wirklichkeit gelangten. Jacopo Peri hat Cavalieri sogar das größte Verdienst in der Entwicklung der Monodie zugeschrieben, was sich heute nur mehr schwer verifizieren läßt, da die drei pastoralen Spiele, die er auf einen Text seiner Freundin, der Dichterin Laura Guidiccioni, vertonte, verlorengegangen sind. Keinesfalls könnte man diese vermutlich sehr kurzen Werke, »Il Satyro« von 1590, »La disperazione di Fileno« aus demselben Jahr und »Il gioco della cieca« von 1592, schon als Opern bezeichnen, dasselbe gilt für seine musikalischen Beiträge zu den Intermedien zu dem Schauspiel »La Pellegrina« von 1589. Wie aus diesen Daten zu erkennen ist, war Cavalieri um 1588 von Rom nach Florenz übersiedelt, um dort die Funktion eines Generalintendanten aller künstlerischen Bereiche zu übernehmen. Es mag dabei zu einer beabsichtigten oder unbeabsichtigten Zurücksetzung des Grafen Bardi gekommen sein, denn dieser hat wohl noch an den Feierlichkeiten anläßlich der Fürstenhochzeit von 1589 teilgenommen, muß aber kurz darauf dem erfolgreicheren neuen Mann das Feld geräumt haben, um einem Ruf des Papstes zu folgen. Daß aus der von ihm begründeten Camerata unter der Ägide seines Nachfolgers die ersten Opern hervorgingen, wird ihn mit Stolz und Bitterkeit zugleich erfüllt haben. In Rom wird Bardis mäzenatisches Wirken für die Künste nur mehr mit undifferenzierter Anerkennung gewürdigt. Er hat sein einflußreiches Amt bis 1605 bekleidet und ist 1612 im 78. Lebensjahr gestorben. Von seinen Erinnerungen an Florenz hätte man gern mehr erfahren. Außer einem vierstimmigen und einem fünfstimmigen Madrigal und nicht sehr erheblichen textlichen und kompositorischen Beiträgen zu den Intermedien der »Pellegrina« hat Bardi keine künstlerischen Spuren hinterlassen. Sein kurzer Traktat »Discorso mandato a Caccini sopra la musica antica« wurde erst viele Jahre nach seinem Tod von Giovanni Battista Doni, dem Florentiner Chronisten der Monodie, in seine Textsammlung aufgenommen und erst weitere hundert Jahre später publiziert. Er gehört, neben Meis und Galileis Korrespondenz und den Vorworten der Komponisten Peri, Caccini, Gagliano und Monteverdi zu ihren gedruckten Werken, zu den Primärquellen der Gründerjahre der Oper.

Gegen Ende des 16. Jahrhunderts war in den Bethäusern des Oratorianer-Ordens, die den römischen Kirchen angeschlossen waren, eine Bewegung im Geiste des heiligen Filippo Neri entstanden. Bei diesen geistlichen Versammlungen wurden Gesänge nach dem Vorbild der franziskanischen Lauden verbunden mit Meditationen in der Form gesprochener Dialoge vorgetragen. Dieser Tradition begegnete Emilio de'Cavalieri, der im Dienst des Großherzogs von Toskana mehrmals in seine Heimatstadt Rom zurückkehrte. Und er, der bisher vor allem den weltlichen Künsten sein Interesse zugewandt hatte, entschloß sich nun für die Hauptstadt der katholischen Kirche auch geistliche Werke zu komponieren. Neben den »Lamentationes Hieremiae Prophetae« für Solostimmen, Chor und Orgel schrieb er unter dem Titel »L'ascensione del nostro Salvatore« eine Kantate, die man wohl schon als frühes Oratorium bezeichnen könnte. Da deren Entstehungsjahr jedoch nicht genau zu eruieren ist, läßt sich nicht mit Bestimmtheit sagen, ob wir in ihm das erste Werk seiner Gattung vor uns haben.
Als erstes Werk einer ganz eigenen Prägung jedoch erscheint im Jahre 1600 die »Rappresentazione di anima e di corpo«, die seit ihrer Wiederentdeckung für die Salzburger Festspiele 1968 durch Bernhard Paumgartner und durch eine nachfolgende Schallplatteneinspielung unter Ernst Märzendorfer allseits berühmt geworden ist. Unklarheit besteht hier allerdings in der Frage der Autorschaft dieses ganz und gar einzigartigen Werkes. In einer handschriftlich überlieferten Lebensbeschreibung des Oratorianerpaters Dorizio Isorelli wird nämlich dieser als der eigentliche Komponist der »Rappresentazione« bezeichnet. Da Isorelli den adeligen Herrn Cavalieri von Rom nach Florenz begleitete, als dieser dort sein ehrenvolles Amt als arbiter elegantiarum antrat, könnten auch Stilvergleiche zwischen den

florentinischen Werken Cavalieris wenig Aufschluß darüber geben, inwieweit Isorelli eventuell an Cavalieris Partituren beteiligt war. Da von Isorelli aber keine anderen Kompositionen bekannt sind, ist man geneigt, Cavalieris Urheberschaft bis zum Beweis des Gegenteils gelten zu lassen. Er muß ohne jeden Zweifel ein Mann von außerordentlicher künstlerischer Wirkungskraft und Autorität gewesen sein.

Der Dichter der »Rappresentazione«, die im Februar 1600 zweimal mit großem Erfolg im Oratorio della Vallicella aufgeführt wurde, war der Oratorianermönch Agostino Manni. Sein Verdienst hat niemand seither bestritten. Denn bereits in den Jahren 1577 und 1583 hatte er Dialoge zwischen den Allegorien der Seele und des Körpers zum Druck gebracht. Diese Gespräche hatten geistliche Meditationen über die Hinfälligkeit der irdischen Freuden zum Inhalt. Ein großer Teil der gedruckten Dialoge ging wörtlich in das Textbuch der »Rappresentazione« ein, ein anderer Teil wurde dem Werk als gesprochene Einleitung vorangestellt.

In Florenz hatte Cavalieri sich vertraut gemacht mit den traditionellen Intermedien und den revolutionären Ideen der Camerata. Er hatte sich nicht nur die kompositorischen Voraussetzungen der neuen szenisch-musikalischen Kunstform erworben, sondern auch in den Kirchen des Großherzogtums die seit dem späten Mittelalter gepflegten geistlichen Spiele der sacra rappresentazione in ihrer überwiegend gesprochenen und doch auch von Musik und Chorgesang begleiteten Form kennengelernt. Nach Rom zurückgekehrt, fand er in den allegorischen Dialogen des Oratorianerpaters Agostino Manni die geeignete Textvorlage für sein revolutionäres Werk. Er vertonte Mannis wenig dramatische Dichtung im neuen monodischen Stil, nicht ohne Anleihen bei den musikalischen Formen der Intermedien. Auch wenn im überlieferten Druck die Angaben zur Instrumentation fehlen, so ist man doch gut beraten, wenn man sich bei einer heutigen Realisation an eine Orchesterfassung hält, welche die damals in solchen Intermedien üblichen Instrumente hält. Neben Gamben, Violen und Violinen unterschiedlichster Stimmgattungen sind dabei Lauten, Gitarren, Cistern sowie Flöte, Dulzian, Trommeln und Tamburin zu verwenden.

Die Dialoge Mannis befassen sich, nicht immer ohne Weitschweifigkeit, mit der Hinfälligkeit aller irdischen Freuden. Doch werden diese in Cavalieris Musik recht augenfällig und ohrenschmeichelnd beschworen, etwa in der Szene, wenn die Allegorie des Vergnügens mit zwei leichtsinnigen Kumpanen singend daherkommt, um den Körper des Menschen in Versuchung zu führen. Erst am Ende eines langen Wettstreits fällt der Sieg an die Seele des Menschen und dessen Schutzengel, der ihm in der großen Bedrängnis durch die Sinne hilfreich zur Seite steht.

Das Werk ist schwer einzuordnen. Es ist weder eine Oper noch ein Oratorium in dem Sinne, in dem sich diese beiden Kunstgattungen in den folgenden Jahrzehnten entwickeln sollten. Hier in der »Rappresentazione di anima e di corpo« finden sich beide noch wie Zwillinge nahe beisammen. Neben meditativen Zwiegesprächen, Klagegesängen, Gebeten und Ankündigungen, die oft nicht weit entfernt sind vom Tonfall einer Predigt, finden sich auch theatralische Effekte wie etwa der Auftritt der Allegorie des Vergnügens, die, von zwei buntscheckigen Gefährten begleitet, zum Klang von Tanzinstrumenten singend daherkommt, um den Körper des Menschen in Versuchung zu führen. So verbinden sich Schaueffekte mit Kontemplationen, eine wirkliche Handlung jedoch findet nicht statt. Und so ist es kein Wunder, wenn die Möglichkeiten dieser Kunstform sich bald erschöpften. Hier wird in einer großen und nicht wiederholbaren Vision die mittelalterliche Tradition der florentinischen »rappresentatione« verbunden mit den neuen Formen des monodischen Singens. Es vereinigen sich eine Musik in überwiegender Dur-Moll-Harmonik mit mascherata-Tänzen und szenischen Effekten einer Himmel und Hölle in Bewegung setzenden Bühnenmaschinerie. Auch die Verwendung von Echostimmen gehört, vermutlich erstmals aus Florenz nach Rom übertragen, zu den Stilmitteln von Cavalieris geistlichem Theater. Er mag diese wirkungsvolle und folgenreiche Idee in Rinuccinis »Dafne« zum erstenmal gesehen und gehört haben. Dieser neue Effekt erwies sich dann als am meisten überzeugend, wenn überirdische Erscheinungen ins Bühnengeschehen eingriffen. Durch das aus der Ferne hereintönende Echo wurde nicht nur der Klangraum um eine Dimension erweitert, sondern es wurde das Wunderbare angekündigt und das war zu allen Zeiten auf der Bühne willkommen. Ein eindrucksvolles Beispiel findet sich dafür im Echochor der »Rappresentazione di anima e di corpo«, wenn sich am Ende der Himmel öffnet und die Heerscharen der Engel sichtbar werden, um die Gott suchende Seele des Menschen endlich doch vor der Versuchung zu retten.

Als erste geistliche Oper kann der »Sant'Alessio« von Stefano Landi bezeichnet werden. Diesem dreiaktigen Werk liegt ein Libretto des Marchese Giulio Rospigliosi zugrunde, eines der einflußreichsten römischen Kirchenfürsten. Rospigliosi wurde im Jahre 1600 in Pistoja bei Florenz geboren, war apostolischer Nuntius in Spanien und wurde als Kardinalstaatssekretär zur Krönung seines den schönen Künsten nicht minder als dem Ruhm der Kirche gewidmeten Lebens 1667 zum Papst gewählt. Zwei Jahre leitete er unter dem Namen Clemens IX. die Geschicke der katholischen Kirche. Giulio Rospigliosi ist sicher eine der bedeutendsten Erscheinungen in der frühen Operngeschichte. Ihm wird, außer der Autorenschaft mehrerer geistlicher Opern, auch die Begründung der opera buffa durch das Libretto zu der von Mazzocchi und Marazzoli vertonten Oper »Chi soffre, speri« zugeschrieben, das 1639 in eben jenem Theater des Kardinals Barberini uraufgeführt wurde, welches vermutlich durch die Premiere des »Sant'Alessio« 1632 eröffnet worden war. Von diesem Theater wird berichtet, seine Bühnenmaschinerie habe bis zu fünfzig Verwandlungen bewerkstelligen können und sein Zuschauerraum habe dreitausend Zuschauern Platz geboten. Dies setzt uns doch ein wenig in Erstaunen, da in Italien heute nur die Mailänder Scala mit einem solchen Fassungsraum aufwarten kann.
»Il Sant'Alessio« erzielte einen solchen Erfolg, daß das Werk zwei Jahre später aus Anlaß des Staatsbesuchs des polnischen Prinzen Alexander noch einmal überarbeitet und in Dekorationen des berühmten Architekten Lorenzo Bernini neu inszeniert wurde. Diese zweite Fassung des »Sant'Alessio« wurde mit kostbaren Kupferstichen veröffentlicht, und diesem Umstand verdanken wir eine genauere Dokumentation der Aufführung wie auch des Theatergebäudes. Rospigliosi scheint durch seinen längeren Aufenthalt in Madrid mit dem dort in höchster Blüte stehenden Theater Calderón de la Barcas und Lope de Vegas in Berührung gekommen zu sein. Und so wundert es uns nicht, wenn wir in seinen Stücken ebenso wie wenig später in denen seines Venezianer Kollegen Busenello deutliche Spuren spanischer Bühnenkunst erkennen.
Der Komponist Stefano Landi stammt aus Rom. Sein genaues Geburtsdatum ist nicht festzustellen, doch kann man vermuten, daß er einige Jahre vor der Jahrhundertwende zur

Welt gekommen sein muß. Neben einem Studium der Rhetorik und der Philosophie – was damals nichts weiter besagen wollte als eine vorbereitende Schulbildung für den Besuch der Universität – wurde er zum Sänger ausgebildet. Psalmen und Messen, Madrigale und Arien sind von ihm in Handschriften erhalten. Aufsehen zu Lebzeiten und neue Zuwendung in unserer Zeit schufen ihm seine beiden Opern. Die erste, 1619 uraufgeführt, ist die früheste bekannte weltliche Oper in Rom. Sie schildert den tragischen Tod des Orpheus und seine Apotheose. Von ihren florentinischen und mantovanischen Vorbildern unterscheidet sie sich unter anderem durch einen großen Anteil des Chores.

Weitaus bekannter durch die Aufführungen bei den Salzburger Festspielen ist uns heute der »Sant'Alessio«, der auch als eines der seltenen Beispiele religiösen Musiktheaters in seiner Epoche besonderes historisches Interesse beansprucht. Da die Handlung nicht als bekannt vorausgesetzt werden kann, sei sie hier in fünf Sätzen skizziert:

Alexius, der Sohn eines begüterten römischen Ratsherrn, hat seine Eltern verlassen, um an einem Feldzug teilzunehmen. Vergeblich erwartet ihn seine Familie nach dem Ende des Krieges zurück und ahnt nicht, daß er, dem sich die Eitelkeit der irdischen Geschäfte offenbart hat, schon als Bettler auf den Stufen ihres Palastes hockt. Dort wird Alexius unerkannt von den jungen Pagen des Hauses belästigt, und dort erscheinen ihm sogar die Dämonen der Hölle, um ihn zu versuchen. Er muß mit ansehen, daß seine Braut sich aufmacht, um ihn in fremdem Land zu suchen, doch ehe er sich endlich zu erkennen gibt, erscheint ihm ein Engel vom Himmel und verkündet ihm die Erlösung durch den nahen Tod. Zu spät erkennen seine Lieben in dem verstorbenen Bettler den lang Vermißten, lesen seine letzten Zeilen und beweinen seinen Tod, während der Chor der Engel seine Seele in das Reich der ewigen Freuden aufnimmt.

Die Partie des Alessio wurde bei der Uraufführung durch einen Kastraten gesungen. Dies ist eines der frühesten Beispiele einer Tradition, die bald die Aufführungspraxis der Oper des Barockzeitalters nachhaltig beeinflussen sollte. In der komödiantischen Szene der Pagen begegnen wir einem der ersten Duette in der Oper. Die Entwicklung arioser Formen ebenso wie die Ausbildung von Terzetten, Quartetten und Quintetten ist ohne den römischen Beitrag nicht zu denken. Zugleich handelt es sich bei dieser Pagenszene um die Einführung komischer Elemente, was bei der folgenden Teufelsszene noch ins Groteske gesteigert wird. Die Kontrastierung einer ernsten Handlung durch komische oder derbe Szenen, wie es in England oder in Spanien längst gebräuchlich war, sollte nun auch im dramma per musica ein bestimmendes Formelement werden. Ungewöhnlich für die Epoche sind auch die Zwischenspiele, die die drei Akte des »Sant'Alessio« von einander trennen. Wenn man auch das Verdienst, das erste Opernfinale komponiert zu haben, Giulio Caccini, dem Römer in Florenz, zuschreiben muß, so bildete doch Landi gemeinsam mit Rospigliosi dieses später so bedeutsame Formelement zu einem ersten Höhepunkt aus. Es mag sein, daß er hier von Vorbildern in den Intermedien geleitet wurde. Ein voll ausgeformtes Finale findet sich am Ende des zweiten Aktes im »Sant'Alessio«, wenn der Heilige, getröstet von der himmlischen Erscheinung einer Allegorie der Religion, dem Tod entgegensieht und ein Chor seiner römischen Mitbürger, noch ohne den Fremden als einen der Ihren zu erkennen, die berührende Szene beschließt.

Der 1597 in Torremaggiore in Apulien geborene Luigi Rossi wurde als Lautenist und Sänger ausgebildet. 1635 wurde er gemeinsam mit seiner Gattin, der Harfenistin Costanza de

Ponte, vom Herzog Ferdinando II. de'Medici zu einem Gastspiel nach Florenz eingeladen. Ohne Zweifel hat er von dort bedeutsame Anregungen mit nach Hause bekommen. Nach Rom zurückgekehrt, trat er in die Dienste des Kardinals Antonio Barberini. In dessen Theater wird 1642 Rossis erstes Bühnenwerk, die Zauberoper »Il palazzo incantato« nach einer Episode aus Ariosts Epos »Orlando furioso«, aufgeführt. Zeitgenössische Berichte sprechen von einem beispiellosen Erfolg dieser weltlichen Oper und erwähnen, daß die neuen Bühnenmaschinen und die kunstreichen Verwandlungen der Szene dabei eine wichtige Rolle spielten. Das Libretto hatte wiederum Kardinal Rospigliosi verfaßt.

Als die Familie der Barberini nach dem Tod des aus ihr hervorgegangenen Papstes Urban VIII. ins Exil gehen mußte, wurde sie von Kardinal Mazarin, dem Regenten Frankreichs, in Paris aufgenommen. Mazarin, selbst ein geborener Florentiner, hatte den Entschluß gefaßt, die Kunst der Oper, die einst aus Anlaß der Hochzeit des französischen Königs mit der Mediceer-Tochter so glanzvoll begründet worden war, in seine neue Heimat einzuführen, und erteilte darum dem Musiker im Gefolge der Barberini, Luigi Rossi, den Auftrag, ein Probestück zu komponieren. Der wählte als Sujet der Handlung noch einmal die Orpheus-Sage und brachte seinen »Orfeo« im Jahre 1647 in Paris zur Uraufführung. In italienischer Sprache wurde der Text des römischen Abbate Francesco Buti gesungen, ein Entgegenkommen der selbstbewußten Franzosen, das bald keine Selbstverständlichkeit mehr sein sollte. Die Partitur dieses interessanten Werkes wurde vor einigen Jahren an der Mailänder Scala neu inszeniert. Damals wie heute war das eine kostspielige Sache, die nur hochdotierte Häuser zu bewältigen vermochten. Im Personenverzeichnis dieser dreiaktigen tragischen Oper stehen neben Chor und Ballett immerhin dreißig Solorollen. Außer Göttern und Menschen werden auch Geister der Unterwelt bemüht, und außer ernsten Helden werden auch Komödianten gefordert. Den jungen Sonnenkönig scheint die von Jacopo Torelli ausgestattete Aufführung so sehr beeindruckt zu haben, daß er sie dreimal zu sehen wünschte. Und das sollte nicht ohne Folgen bleiben für Rossis italienische Nachfolger Cavalli und Lully.

Aus Genua stammte der im Jahre 1602 geborene Geiger Michel Angelo Rossi, der mit Luigi Rossi vermutlich nicht verwandt war. Er studierte in Rom bei Frescobaldi Komposition und wurde durch sein Geigenspiel so bekannt, daß er den Künstlernamen »Il Violino« zugeteilt bekam. Er komponierte die beiden Opern »Erminia sul Giordano«, 1633, und »Andromeda«, 1638, die vermutlich beide in Rom uraufgeführt wurden. Nach Aufenthalten in Turin, Modena und Forli starb er in Rom im Jahre 1656.

Bedeutung erlangten auch die Brüder Domenico und Virgilio Mazzocchi, die 1592 bzw. 1597 in Città Castellana geboren, in Rom durch die einflußreichen Kirchenfürsten der Familien Aldobrandini und Barberini zu wichtigen Positionen im geistlichen Musikleben gelangten. Domenicos Oper »La catena d'Adone« von 1626 ist eines der ersten Werke dieser Gattung in der Stadt des Papstes. Virgilios Oper »Chi soffre, speri«, deren Text, wie schon erwähnt, von Kardinal Giulio Rospigliosi stammt und deren Musik er gemeinsam mit seinem römischen Kollegen Marco Marazzoli komponiert hat, wird wegen einiger Dialoge in der römischen Dialektsprache und komischer Verkleidungsszenen als erste opera buffa bezeichnet. Interessant ist hier die Tatsache, daß Marazzoli zu diesem überwiegend heiteren Werk auch ein heiteres Intermezzo mit dem Titel »La fiera di Farfa« komponiert hat, was die gelegentlich geäußerte Behauptung widerlegt, Intermedien seien nur für Schauspiele oder ernste Opern gebräuchlich gewesen.

Marazzoli war im übrigen auch der Komponist zweier Oratorien, deren genaue Entstehungsjahre nicht bekannt sind, die jedoch zu den frühesten Beispielen ihrer Gattung gezählt werden müssen. Die beiden Werke mit den Titeln »Per il giorno della resurrezione« und »San Tommaso« sind wegen ihrer an die venezianische Schule gemahnenden Chöre bemerkenswert.

Im Gegensatz zur Oper läßt sich der Zeitpunkt der Geburt des Oratoriums nicht mit einem bestimmten Werk verbinden. Es können an dieser Stelle nur einige Linien seiner verschlungenen Entwicklungsgeschichte aufgezeigt werden. Anders als in der eigentlichen liturgischen Kirchenmusik herrschten keine kanonischen Gesetze in der Musik der Bethäuser. Lauden, Lamenti und Kantaten mit geistlichen Texten wuchsen in den ersten Dekaden des 17. Jahrhunderts zu größeren Formen zusammen. Die Bezeichnung »oratorio« findet sich zum ersten Mal in dem posthum im Jahre 1646 publizierten Textvorlagen »Il trionfo« und »La fede« des römischen Dichters Francesco Balducci. Daneben bestehen noch andere Benennungen wie »dialogo«, »melodramma sacro«, »dramma spirituale« oder »historia« für einige Zeit weiter. War ursprünglich das Lateinische die Sprache der Lauden, so dringt mit der Aufnahme von Madrigalmusik auch die Volkssprache des Italienischen in die Texte der Oratorien ein. So unterscheidet man bald zwischen dem »oratorio latino« und dem »oratorio volgare«. Da die verwendeten Sujets meist dem Alten Testament oder auch der Legendendichtung des Mittelalters entstammten und eine szenische Darstellung nicht angestrebt wurde, hatte oft ein Erzähler – narrator oder textus genannt – den Inhalt zu vermitteln, eine Tradition, die sich in den Evangelisten der Passionsmusiken bis ins 18. Jahrhundert erhalten hat.

Um 1640 tritt dann in Rom ein Mann hervor, der das Oratorium auf einen ersten Gipfel führt, noch ehe seine formalen Gesetze so recht stipuliert wurden. Die Rede ist von Giacomo Carissimi, der 1605 in Rom geboren wurde und als Kapellmeister am Collegium Germanicum, dem römischen Jesuitenkolleg, tätig war. Carissimi hat Rom kaum jemals verlassen. Er hat seine Aufgabe darin gesehen, hier im geistlichen Mittelpunkt der christlichen Welt für seine musikalischen Ziele zu wirken. Opern hat er keine geschrieben, wohl aber 16 Oratorien, die er meist noch als »historia« oder »componimento sacro« bezeichnete. Er führte manches dieser Werke im Oratorio del Crocefisso der Bruderschaft des Filippo Neri auf und gewann dadurch auch die Unterstützung der kunstliebenden schwedischen Königin Christine, die nach ihrer Abdankung in Rom Residenz bezogen hatte. Gesichert sind die Oratorien in lateinischer Sprache, ungewiß jedoch ist die Zuschreibung zweier italienischer Werke. Sie alle zeichnen sich aus durch prägnante Kürze. Sein berühmtestes Werk, »Jephte«, hat eine Spieldauer von etwa einer halben Stunde. Matheson hat seinen römischen Kollegen einmal als »musikalischen Redner« bezeichnet. Dies gründet auf der wortbetonten, stark affektgeladenen Kompositionsweise Carissimis. So liegt auch, der monodischen Tradition folgend, das Hauptgewicht bei diesen Oratorien auf dem Vokalpart, wobei der Chor keinen geringeren Anteil am dramatisch erzählten Geschehen nimmt als die wenigen Solostimmen. Der Instrumentalpart wird von Carissimi nur mit dem bezifferten Baß notiert. Dies hat unter anderem in unseren Tagen den Opernkomponisten

Hans Werner Henze dazu animiert, den »Jephte« neu zu instrumentieren. Carissimi starb hochgeachtet 1674 in Rom. Er ist zu den bedeutendsten Komponisten seines Jahrhunderts zu rechnen, und es ist zu bedauern, daß er seine große Kunst nicht auch dem weltlichen Musiktheater zugewandt hat.

Der prominenteste Vertreter des römischen oratorio volgare ist Alessandro Stradella, aus adeliger Familie in Rom geboren und ebenso wie der ältere Carissimi Mitglied des Collegium Germanicum und zeitweise in Diensten der Königin Christine, die alle auffälligen musikalischen Talente um sich sammelte. Stradella hat sich durch geistliche Musik ebenso wie durch einige Opern einen Namen gemacht. Größeres Aufsehen jedoch erregte der lebensfrohe jugendliche Mann durch seine zahlreichen, oft recht riskanten Amouren. Die letzte sollte ihm 1682 in Genua das Leben kosten. Unter Stradellas Oratorien ist nach seinem eigenen Urteil »San Giovanni Battista« das beste. Es behandelt den Tod des Täufers in der Gefangenschaft des Herodes und wurde in unseren Tagen durch szenische Aufführungen etwa in St. Gallen und Bern und eine Schallplattenaufzeichnung wieder ins Gedächtnis der Musikwelt gehoben.

Die Madrigalkomödie

Das Madrigal als zuerst literarische und bald danach auch musikalische Form entstammt dem frühen 14. Jahrhundert. Der Name dürfte abzuleiten sein vom cantus matriculis, dem Gesang in der Muttersprache. In seinem Ursprungsland bezeichnet er ein Gedicht nicht in lateinischer, sondern in italienischer Sprache mit amourösem Inhalt. Petrarca und Boccaccio gehören zu den ersten Dichtern von Madrigalen. Landino ist der älteste der bekannteren Komponisten. Die ursprüngliche Versform des Madrigals ist die von mehreren sieben- oder elfsilbigen Terzinen mit einem Schlußritornell oder Refrain. Spätestens bei Adriaen Willaert, dem flämischen Kapellmeister von San Marco, dienen auch klassische Sonette als Textvorlage für Madrigalkompositionen. Um 1550 wird die anfangs überwiegende Vierstimmigkeit von der Fünfstimmigkeit abgelöst. Es werden aber weiterhin Madrigale für drei, vier oder sechs Stimmen komponiert. Als Textautoren gewinnen nun Torquato Tasso, Pietro Bembo, Ludovico Ariosto und Giovanni Battista Guarini Bedeutung. Ihre Madrigaldichtungen behalten zwar die sieben- oder elfsilbigen Verszeilen bei, lösen sich aber von einem festen Reimschema und zeigen in der Länge und Gruppierung der Strophen immer größere Freiheit.

Das Madrigal als die wichtigste Musikform der italienischen Renaissance war ausschießlich für Aufführungen in Sälen gedacht, wie jene Zeit sie geschaffen hat, und demnach nur für eine begrenzte Anzahl von Zuhörern bestimmt. Dem entspricht die solistische Besetzung jeder einzelnen Stimme. Waren die frühen Madrigale als Vertonungen von Gedichten reine Vokalmusik, so wurden mit Beginn des 17. Jahrhunderts auch instrumentale Sätze üblich, und es konnte durchaus einmal eine Komposition von Sängern und ein anderes Mal von Instrumenten vorgetragen werden. Monteverdi schließlich zeigt in seinen acht Madrigalbüchern zwischen 1583 und 1638 die ganze Entwicklung vom a-capella-Madrigal bis zum Madrigalkonzert mit Begleitung des Gesanges durch mehrere Instrumente.

Es sei am Rande erwähnt, daß auch in Deutschland, den Niederlanden und vor allem in England Madrigale in der jeweiligen Landessprache komponiert wurden. Unter anderem von Schütz, Sweelinck und Byrd. Das eigentliche Zentrum dieser Kunst blieb jedoch stets Italien, wo sich auch zahlreiche aus dem Norden zugewanderte Musiker als große Meister erwiesen. Die berühmtesten Namen neben dem alles überstrahlenden Monteverdi sind hier die des Carlo Gesualdo, Fürsten von Venosa, des Florentiners Luca Marenzio, der beiden Gabrieli aus Venedig, Onkel Andrea und Neffe Giovanni, sowie der beiden geborenen Niederländer Cipriano de Rore und Adriaen Willaert.

Um die Zeit nun, als die Monodisten in Florenz und Rom die Wiedergewinnung der Musik für das Drama erstrebten, versuchten sich einige der bekanntesten Madrigalkomponisten in Bologna, Modena und vor allem in Venedig in einer neuen Form, welche die traditionelle Polyphonie auch für die Bühne nutzbar machen sollte. Die »prima prattica« des mehrstimmigen Gesanges, welche von der Camerata des Grafen Bardi für untauglich befunden wurde, den Bedürfnissen des Theaters zu genügen, suchte ihre Vorherrschaft gegen die »seconda prattica«, den rezitativischen Stil, zu verteidigen. Und so kam es für eine kurze Epoche zu einem Nebeneinander der beiden Schulen. Während die Monodisten sich hierbei an das Vorbild der antiken Tragödie und an die Mitwirkung der Pastoraldichtung hielten, machten die Madrigalisten die commedia dell'arte für ihre Zwecke nutzbar.

Vielleicht war Alessandro Striggio der erste, der mit seinem »Cicalamento delle donne al bucato«, die Plaudereien der Wäscherinnen zu mehrstimmigen Dialogen formte. Man kann aber dieses kurze heitere Werk aus dem Jahre 1567 noch ebensowenig als Komödie bezeichnen wie seinen »Gioco della primiera« von 1569 oder die Dialoge, die Orlando di Lasso, damals Kapellmeister in München, zwischen den Commedia-Figuren des Pantalone und des Zanni in Madrigalform komponierte. Aber spätestens die »Mascherate« des Giovanni Croce und vor allem der »Amfiparnasso« des Orazio Vecchi von 1594 erfüllen schon alle Merkmale einer »comedia musicale«, bis auf die eine, sehr wesentliche: die szenische Darstellung.

Was Vecchi mit seinem abendfüllenden Werk, das einen Prolog und drei Akte umfaßt, im Sinn hatte, das kann man am besten seinem Vorwort zur 1597 in Venedig gedruckten Partitur des »Amfiparnasso« entnehmen. Darin schreibt er:

»Die Handlung (meiner commedia musicale) ist darum etwas kürzer, als sie sein sollte, weil ich mich, da das bloß Gesprochene sich schneller abspielt, als der Gesang mit Worten vereint, nicht gut auf gewisse Einzelheiten der Fabel einlassen konnte, um das Gehör nicht zu ermüden, bevor diese zum Schluß gelangte; und dies umso weniger, als die Musik nicht unterstützt wird durch das Vergnügen des Augenscheins, so daß der eine Sinn nicht stets belebt wird durch die Abwechslung mit dem anderen . . . Im allgemeinen aber hoffe ich, falls in meinem Werke einige Dinge sein sollten, welche die Kenner nicht zufriedenstellen, daß diese solche Unvollkommenheiten durch ihre eigene Vollkommenheit ergänzen mögen, umso mehr als es, weil diese Vereinigung von Komödie und Musik bisher von niemandem noch gemacht oder erdacht wurde, leichtfallen wird, nun andere Dinge zu ihrer Vervollkommnung beizutragen.«

Diese etwas umständlich gewundenen Sätze bieten uns einige interessante Informationen. Man erfährt erstens, daß sich der Autor und Komponist dieses frühen Werkes bereits der Notwendigkeit bewußt war, im musikalischen Theater zu einer größeren formalen Konzentration zu gelangen als im Sprechtheater, und darum alles Unwesentliche beiseite ließ; zweitens, daß die Madrigalkomödie sich nur an den Gehörsinn und nicht auch an den Gesichtssinn wendet, daß also, um es mit heutigen Worten zu sagen, an eine Inszenierung dieser comedia musicale nie gedacht war; und drittens erfährt man endlich, daß Orazio Vecchi den Anspruch erhebt, als Erfinder dieser neuen Kunstform, der Madrigalkomödie also, zu gelten. Dies wird ihm von Adriano Banchieri, seinem erfolgreichsten Nachfolger, gerne bestätigt.

Es versteht sich, daß eine Madrigalkomödie nicht allein aus einer Aneinanderreihung von Madrigalen besteht. Diese, vor allem die ernsten, poetischen »echten« Madrigale, welche nach wie vor die Liebe und ihre Leiden zum Gegenstand haben, bilden gewiß den inneren Kern, um den sich volkstümliche und tänzerische Formen gruppieren. Zu diesen gehören etwa die Giustiniana, ein ursprünglich dreistimmiges venezianisches Scherzlied, die Villanella, ein volkstümlich italienischer, und die Moresca, ein maurischer Tanz, sowie das Capriccio und die Canzonetta. Nicht minder reichhaltig ist das Arsenal an szenisch-literarischen Bestandteilen. Um einen Einblick in die Vielfalt der Formen eines Madrigalspiels zu geben, seien hier die Titel der einzelnen Nummern des »Festino« von Adriano Banchieri aus dem Jahre 1608 genannt.

Es beginnt mit einer Begrüßung der Gäste, danach folgen eine Giustiniana der Greise aus Chioggia, ein Liedchen, das die eitle Selbstbespiegelung einer ländlichen Schönen zum Gegenstand hat, ein Maskenspiel hübscher Bäuerinnen, d. h. eine Villanella; danach kommt ein Madrigal auf eine süßkehlige Nachtigall, eine mascherata und eine moresca verliebter junger Leute, ein Liebesmadrigal und eine Canzonette; darauf erzählt die alte Tante Bernardina eine drollige Geschichte, die von Zwischenrufen ihrer Zuhörer unterbrochen wird; nach einer kurzen Grillenweise folgt eine der damals sehr beliebten Tierstimmenimitationen unter dem Titel »Bestialischer Kontrapunkt aus dem Stegreif«; dem folgt wieder ein Madrigal der leichtsinnigen Brüder und nach einem Zwischenspiel der Spiegelverkäufer wird ein Zungenbrecher geprobt und ein Pfänderspiel daran angeschlossen; »eine Arie geträllert von Eselsstimmen versucht den Parnaß zu erklimmen«; und zum Abschluß folgen Trinksprüche und ein Narrenscherz der Schwefelholzweiber, ehe das Ensemble »Diletto musicale« den Gästen Lebewohl sagt und alle – Zuschauer offenbar ebenso wie Künstler – zum gemeinsamen Festmahl des »Giovedì grasso« einlädt.

Man kann sich nach dieser Aufzählung unschwer vorstellen, mit welchen Späßen Banchieri etwa seine Madrigalkomödien von der Torheit des Alters –»La pazzia senile« – oder von den Abenteuern einer Schiffsreise – »Barca di Venetia per Padova« – würzt. Und man fragt, wie bei einer solchen Fülle komödiantischer Mittel diese so typisch venezianische Kunstform neben der aufstrebenden Oper sich nur einige Jahrzehnte lang zu behaupten vermochte. Die Gründe dafür dürften vor allem im Verzicht auf szenische Darstellung, aber auch im Fehlen einer nacherzählbaren Handlung liegen. Die Mehrstimmigkeit brachte es auch mit sich, daß eine gewisse Gleichförmigkeit nicht zu vermeiden war, weil sich das Interesse nicht auf das Schicksal einer oder zweier Personen konzentrieren und diesen einen Chor von vielen Stimmen gegenüberstellen konnte. Es mag sein, daß die Elemente der klassischen Dramaturgie nicht immer die wichtigsten Anliegen der Komödie waren und daß sie sich eben aus diesen Gründen dem Musiktheater in seinen Anfängen fernhielt. Sie mußte erst neue Wege entdecken, um sich und ihre Vorzüge auch auf der Opernbühne zu präsentieren, ohne, indem sie die neue strengere, musikgebundene Form hinzugewann, das unverzichtbare Alte, nämlich die bunte Vielfalt der Charaktere, die volkstümliche Sprache, die freie Meinungsäußerung, die Kritik durch Übertreibung und die Anonymität der schützenden Maske, darüber zu verlieren.

Im Sommer 1625 hat, so wird in Wiener Urkunden berichtet, noch die Aufführung einer nicht näher bezeichneten Madrigalkomödie für die Kaiserin Eleonora, eine geborene Gonzaga, »im großen Saal« der Hofburg stattgefunden. Danach verliert sich das Spiel dieser eigenwilligen Kunstform.

Will man ein solches Werk zu einer szenischen Darstellung bringen, so wäre anzuraten, dafür eine kleinere Bühne zu wählen. Die schwierigen musikalischen Aufgaben der Sänger erlauben keine raschen Bewegungen, darum sollten die notwendigen Aktionen einer Gruppe von Tänzern oder Pantomimen übertragen werden. Das Instrumentalensemble sollte ebenso wie das der Vokalisten solistisch besetzt sein. Für die oberen Stimmen empfehlen sich dabei Geigen, Violen oder Blockflöten, für die tieferen Gamben oder Flöten in der Alt- und Tenorlage. Wichtig erscheint, daß der musikalische Leiter eine solche Aufführung vom Cembalo aus dirigiert und sich abseits vom Mittelpunkt der Aufmerksamkeit hält. Dann könnten, vielleicht, wie Orazio Vecchi es sagt, die Sinne des Hörens und des Schauens einander wohltuend ergänzen.

Claudio Monteverdi

Claudio Monteverdi ist die herausragende Erscheinung unter den Komponisten seiner Epoche. In seinem Schaffen begegnen sich alle musikalischen Himmelsrichtungen, die Monodie ebenso wie die Sakralmusik, der Tanz ebenso wie der Madrigalgesang. Monteverdi stand in Diensten des herzoglichen Hofes in Mantua und in Diensten der Kirche von San Marco in Venedig; er komponierte für aristokratische Zirkel und für die öffentlichen Opernhäuser der Serenissima, und all dies in der gleichen unverwechselbaren persönlichen Handschrift und technischen Meisterschaft. Sein Name ist einer der klangvollsten in der europäischen Musikgeschichte, und die Tatsache, daß seine Werke fast dreihundert Jahre lang weder in Kirchen noch auf Konzertpodien, noch gar in Opernhäusern gespielt wurden, erscheint uns heute schier unbegreiflich. Das Urteil der Nachwelt ist oft nicht weniger willkürlich als das Urteil der Zeitgenossen. Doch eben darum ist es auch veränderbar. Oft bringt ein einziges Lob oder Verdikt die Wertmaßstäbe einer Generation ins Wanken. Und spätestens mit den Feiern zur vierhundertsten Wiederkehr seines Geburtstages wurde im Jahre 1967, zu einem glücklichen Zeitpunkt, das Werk eines der größten Genies der Musik wieder ins allgemeine Bewußtsein gehoben.

Claudio Monteverdi wurde am 15. Mai 1567 in der lombardischen Stadt Cremona geboren, die in der Geschichte des Geigenbaus eben in diesen Jahren durch das Wirken der Familie Amati eine führende Rolle zu spielen begann. Sein Vater, Baldassarre, der von Beruf Arzt war, gab ihn schon in frühen Jahren beim Kapellmeister der Cremoneser Kathedrale, dem berühmten Madrigalkomponisten Marco Antonio Ingegnieri in die musikalische Lehre. Mit fünfzehn Jahren publizierte der junge Musiker eine Sammlung von dreistimmigen »sacrae cantiunculae«, es folgten 1583 die vierstimmigen »madrigali spirituali« und 1584 die »canzonette a tre voci«. Monteverdis erstes weltliches Madrigalbuch erschien 1587 als erstes in einer Reihe von acht Büchern – ein neuntes erschien nach seinem Tode –, die seinen Ruhm in Italien und weit über dessen Grenzen hinaus begründen sollten.

Im Jahre 1590 trat Monteverdi in die Dienste des Herzogs Vincenzo Gonzaga zu Mantua. Als Violaspieler und Sänger war er Mitglied der herzoglichen Kapelle und reiste im Gefolge des prachtliebenden Fürsten unter anderem nach Österreich, Ungarn und Böhmen sowie nach Flandern. Als sicher kann angenommen werden, daß er auf solche Weise auch an den befreundeten Hof der Medici nach Florenz gelangte und unter den Mantuaner Gästen bei der Uraufführung von Peris »Euridice« war. 1594 wurde Monteverdi zum »Cantore«, 1602 zum »Maestro di musica« ernannt. Auf solche Art in Mantua zu Amt und Ehren gekommen, ehelichte er Claudia Cattaneo, die ihm zwei Söhne und eine Tochter gebar. Im Jahre 1607 wurde im Palazzo Gonzaga Monteverdis erste Oper uraufgeführt, »Orfeo«, auf einen

Text von Alessandro Striggio. Der Dichter dieser »favola in musica« war der Sohn des gleichnamigen berühmten Madrigalisten und bekleidete als Sekretär des Herzogs eine angesehene Stellung am Hof. Als lebenslanger Freund Monteverdis blieb er auch nach dessen Übersiedlung nach Venedig mit dem Komponisten stets in Verbindung und verschaffte ihm manchen musikalischen Auftrag.

Der Erfolg des »Orfeo« war so außerordentlich, daß nicht nur die Partitur mit allen ausgeschriebenen Stimmen gedruckt wurde, was im 17. Jahrhundert durchaus ungewöhnlich war, sondern daß auch in Turin, Florenz und Cremona eigene Aufführungen des Werkes veranstaltet wurden. Und schon im Mai des folgenden Jahres folgte Monteverdis zweite Oper »Arianna«, diesmal auf einen Text des Florentiners Ottavio Rinuccini. Leider gelangte dieses Werk nicht zum Druck, und so blieb von Monteverdis Musik nur das berühmte »Lamento di Arianna« durch eine separate Publikation von 1623 und in einer mehrstimmigen Madrigal-Fassung sowie in einer lateinischen Neutextierung als »Pianto della Madonna« von 1614 bzw. 1641 erhalten. Die Oper »Arianna« war von Rinuccini im Gegensatz zu allen älteren monodischen Werken als »tragedia« bezeichnet und vom Hof aus Anlaß der Vermählung des Erbprinzen Francesco Gonzaga mit Margherita von Savoyen in Auftrag gegeben worden. Für dieselben Festlichkeiten, die sich über Wochen hin erstreckten, komponierte Monteverdi ein weiteres Werk auf einen Text Rinuccinis, das unter dem Titel »Ballo delle ingrate« am 4. Juni 1608 uraufgeführt wurde. Dieses aus Rezitativen, Monologen, einem Ensemble von Frauenstimmen und einem Tanz bestehende kurze Stück war für eine Aufführung vor einem kleineren Kreis von aristokratischen Zuhörern ersonnen und von Monteverdi im Gegensatz zur aufwendig bunten Partitur des »Orfeo« für ein Streichensemble mit Cembalo und Lauten komponiert worden.

Nach dem 1612 unerwartet erfolgten Ableben des Herzogs Vincenzo zog sich Monteverdi, erschöpft von der unablässigen Arbeit und verbittert über die allzuoft erfolglosen Bemühungen um eine rechtzeitige und angemessene Gehaltszahlung durch den sonst recht verschwenderischen Mantuaner Hof, in seine Geburtsstadt Cremona zurück. Dort, im Hause seines Vaters, erreichte ihn der Ruf in die begehrteste musikalische Position Italiens: die Prokuratoren von San Marco in Venedig trugen ihm die Leitung ihrer berühmten Musikkapelle an. Monteverdi, durch den frühen Tod seiner Gattin und bittere Erfahrungen mit dem Hochmut der Fürsten zum Abschied von Mantua bewogen, willigte in das geistliche Amt und übersiedelte in die Lagunenstadt. Dort musizierte, komponierte und unterrichtete er über dreißig Jahre bis zu seinem Tode.

Nach dem noch in Mantua fertiggestellten »Vespro della beata Vergine« widmete er sich auch in Venedig zunächst der Komposition von geistlichen Werken und Madrigalen. Ab 1616 jedoch entstanden im Auftrag auswärtiger Fürstenhöfe wiederum mehrere Bühnenwerke. Leider ist von diesen Opern, deren Anzahl von manchen Autoren auf Grund des erhaltenen Briefwechsels wohl überhöht mit zehn beziffert wird, keine Note erhalten. Nachdem Monteverdi die Komposition eines »Narciso« von Rinuccini unvollendet abgebrochen hatte, dürfte die vielzitierte »Finta pazza Licori« das Stück sein, dessen Verlust am meisten zu bedauern ist. Im Gegensatz zu diesen abendfüllenden Opern hat sich jedoch ein sehr ungewöhnliches kleineres Bühnenwerk in Monteverdis achtem Madrigalbuch »madrigali guerrieri ed amorosi« erhalten: »Combatimento di Tancredi et Clorinda«. Dieses ganz und gar unvergleichliche Werk wurde sowohl als Ballett wie auch als Pantomime, weltliches Oratorium, szenische Kantate und epische Kammeroper bezeichnet und aufgeführt. Es wurde von Monteverdi einem bestimmten Anlaß entsprechend konzipiert und hat seither viel Bewunderung, aber keine Nachahmung mehr gefunden. Die Umstände der offenbar sehr erfolgreichen Uraufführung im Palazzo Mocenigo zu Venedig im Jahre 1624 werden in der Vorrede des Komponisten geschildert. Der Text ist fast unverändert dem Epos »Gerusalemme liberata« von Torquato Tasso entnommen und schildert den tragischen Zweikampf des Kreuzritters Tankred mit seiner in männliche Rüstung gehüllten Geliebten Clorinda. Im »Combatimento« ist ebenso wie im »Ballo« noch keine Rede von dem später in Venedig obligatorischen »lieto fine«. Der Tod der Heldin beschließt das kurze, spannungsreiche und erschütternde Werk, ihr letzter Seufzer ist auch der letzte Ton der Musik.

Erst nach der Eröffnung des ersten öffentlichen Opernhauses in Venedig durch Benedetto Ferrari im Jahre 1637 fühlte auch der inzwischen bereits siebzig Jahre alte Meister von San Marco sich wiederum angeregt, aus seiner nunmehr dreißigjährigen Erfahrung mit der neuen Kunstform einen Beitrag zu deren neuer Blüte zu liefern. So wurden 1640 »Il ritorno d'Ulisse in patria« auf ein Libretto von Giacomo Badoaro und 1642 »L'incoronatione di Poppea« nach einer Dichtung von Giovanni Francesco Busenello uraufgeführt. Veranlaßt wurde diese späte Rückkehr zum Musiktheater vermutlich durch den großen Erfolg einer Wiederaufführung der »Arianna«, die 1639 als eine der ersten Opern in Venedig auf die Bühne gelangt war und in dem greisen Komponisten die Hoffnungen wachgerufen hatte, die er in jüngeren Jahren einst in diese Kunst gesetzt hatte. Monteverdis letzte Opern begründeten neben dem von seinen frühen Bühnenwerken allein erhaltenen »Orfeo« seinen Ruf als einer der größten Meister der Operngeschichte. Alle drei Stücke gehören heute, nach langer Zeit der Vergessenheit, wieder zum Bestand des internationalen Repertoires. Vor allem »Die Krönung der Poppea« ist, nicht zuletzt durch das Verdienst des Dichters Busenello, zu den bedeutendsten Werken der Gattung zu rechnen.

Die drei kleineren Stücke, der »Lamento«, der »Ballo« und der »Combatimento«, lassen sich zwanglos zu einem abwechslungsreichen dreiteiligen Abendprogramm zusammenfügen, in welchem Tanz, Gesang und dramatische Szene ihren gerechten Platz haben. Sie geben so die Gelegenheit, die geniale Kunst des großen Opernkomponisten auch in kleinerem Rahmen zur Geltung zu bringen mit Werken, die an musikalischem und dichterischem Wert ihren großen Schwestern keinesfalls nachstehen.

Claudio Monteverdi, der 1632 die Priesterweihen empfangen hatte, starb in seiner Wahlheimat Venedig am 29. November 1643 im Alter von sechsundsiebzig Jahren.

Viel ist seither gerätselt worden über seine Rolle als Erfinder, Umwälzer und Vollender, viel ist debattiert worden über die Frage, ob nun das Pizzicato und das Tremolo des Orchesters in seinen Partituren zum ersten Mal vorgeschrieben wurden; ob er es war, der in der Partitur des »Orfeo« zum ersten Mal die Violine in den Klangkörper des sonst von Violen bestimmten Orchesters aufnahm; ob es seine Tat war, die zuerst nur von einzelnen Instrumenten hinter der Szene begleitete florentinische Monodie durch das farbenreiche, umfängliche Intermedienorchester und durch Einfügung von Ritornellen und Sinfonien zu einer auch musikalisch ausgewogenen Oper zu erweitern. Der Umstand, daß viele größere Werke Cavalieris, Peris, Giulio und Francesca Caccinis und Marco da Gaglianos heute als verschollen gelten müssen, konzentriert die Aufmerksamkeit der Historiker vielleicht allzu ausschließlich auf Monteverdis »Orfeo«. Es fällt jedoch hier wie bei aller Kunst nicht so sehr das historische wie das ästhetische Verdienst ins Gewicht. Erheblich ist bei dessen Beurteilung, daß Monteverdi bereit und in der Lage war, alle ihm von einer großen Tradition in die Hand gegebenen Mittel, ebenso wie manche neuerfundene, zur Erreichung der angestrebten Ziele einzusetzen. Und so entstand durch ihn, mehr als durch jeden anderen, das umfassende Kunstwerk des Musiktheaters, in welchem die vielen Quellen jener erfindungsreichen Zeit zusammenflossen. In Monteverdis Werk begegneten sich die Stile der Spätrenaissance und des Frühbarock. Er kann als der Vollender der »prima prattica«, des mehrstimmigen lyrischen Madrigals, und als Meister der »seconda prattica«, der wortbetonenden, dramatischen Monodie, gleicherweise angesprochen werden. Der Schlüsselsatz seiner theoretischen Überlegungen steht im Vorwort zu seinem 5. Madrigalbuch zu lesen und lautet: »L'oratione sia padrona del armonia e non serva«, und es ist durch diesen Dienst die Musik um nichts ärmer geworden, sondern hat immer neue Formen des Ausdrucks gefunden, die sich ihr als Spiel im beziehungslosen, abstrakten Raum nicht erschlossen hätten. Mit Monteverdis Werk beginnt die große Tradition des sprechenden Klanges, der vieldeutigen und tieflotenden Sprache des reinen Gefühls. Er hat eine der Wegmarken der abendländischen Musik aufgerichtet, auf die es sich immer wieder zu besinnen gilt, wenn die wahren Ziele außer Sicht zu geraten drohen.

Der Einzug der Oper in Venedig und die Bühnenwerke Francesco Cavallis

Die Bedeutung, welche die Stadt Venedig für die Geschichte der Oper im 17. Jahrhundert erlangt hat, ist kaum zu ermessen. Wohl ist die neue Kunst in Florenz entstanden und zunächst am Hofe der Herzöge von Mantua und in den römischen Adelspalästen zu ihrer ersten Blüte gelangt, doch erst in der republikanischen Weltstadt an der Adria hat die allgemeine Begeisterung aller Bevölkerungsschichten, sowohl des Adels wie auch der bürgerlichen Kaufherrn und des einfachen Volkes, den großen Aufschwung gebracht, der aus gelehrten Experimenten und höfischen Vergnügungen die zentrale Kunstform des Barockzeitalters werden ließ.

Claudio Monteverdi, der im Jahre 1612 aus Mantua gekommen war, hat mehrmals als Einzelgänger versucht, dem stile rappresentativo in seiner neuen Heimat Venedig die Tore zu öffnen, etwa durch die Aufführung des »Combatimento di Tancredi e di Clorinda« 1624 im Palazzo Mocenigo oder durch die verschollene Oper »Proserpina rapita« aus dem Jahre 1630, deren Aufführungsort unbekannt geblieben ist. Als aber dann eine Gruppe von Musikern, Sängern und Tänzern um den Dichter Benedetto Ferrari und den Komponisten Francesco Mannelli, aus Rom kommend, in Venedig die erste öffentliche Opernbühne im Teatro San Cassiano errichtete und dort im Jahre 1637 die Oper »Andromeda« zur Aufführung brachte, war mit einem Mal der Bann gebrochen.

In den folgenden Jahren und Jahrzehnten machten einander oft mehr als ein Dutzend Opernhäuser in der Stadt Konkurrenz, und es entstand bald eine solche Fülle von Werken, daß heute die Wissenschaft noch bei weitem nicht zu Rande gekommen ist mit der Sichtung und Wertung dieser Schätze, von denen doch nur ein Bruchteil erhalten geblieben ist. Selbst die Werke der berühmtesten Komponisten dieser fruchtbaren Epoche, Monteverdi, Cavalli, Cesti, Legrenzi, Lotti und Ziani, sind uns nicht ungeschmälert überliefert worden. Ihre in viele Hunderte gehende Zahl läßt sich nicht einmal schätzen. In den jüngst vergangenen Jahren kommen aber allmählich musikdramatische Meisterwerke ans Licht, die allenthalben Verblüffung und Bewunderung auslösen und die es kaum verständlich erscheinen lassen, daß so viele Jahrhunderte vergehen mußten, ehe sich die europäischen Opernhäuser dieses herrlichen Erbes – wenn auch noch immer zögernd – bewußt werden. Außer den beiden grandiosen Spätwerken des nun schon hochbetagten Claudio Monteverdi, »Il ritorno d'Ulisse in patria« von 1640 und »L'incoronatione di Poppea« von 1642, sind die zahlreichen Opern Francesco Cavallis vor allen anderen zu nennen. Die Überlieferung seiner Partituren stellt einen außergewöhnlichen Glücksfall dar für eine Epoche, die allzu sorglos mit der Fülle ihrer Meisterwerke umging. Siebenundzwanzig Partituren sind uns erhalten von einem Œuvre, das möglicherweise dreiundvierzig Bühnenwerke umfaßte, deren kompositorische Vollendung jedoch nicht in allen Fällen als gesichert angesehen werden kann.

Marco Contarini, ein Musikfreund aus einer der angesehensten Patrizierfamilien Venedigs, hat die Partituren, die der Komponist seinem Schüler G. Caliari hinterlassen hatte, in seinen Besitz gebracht. Diese Sammlung wertvollster Autographen und Kopien gelangte durch eine Erbverfügung schließlich im Jahre 1843 an die Biblioteca Marciana. Und aus deren Beständen kommen nun in unserem Zeitalter der Wiederentdeckungen die Werke Cavallis nach und nach hervor und bestätigen auf eindrucksvolle Weise seinen Rang als einer der bedeutendsten Komponisten seines Jahrhunderts und würdiger Nachfolger des großen Monteverdi.

Francesco Cavalli wurde in der oberitalienischen Stadt Crema als drittes von neun Kindern des Musikers Giovanni Battista Caletti di Bruno und der Vittoria Bertolotti geboren und am 14. Februar 1602 in der Pfarrei von San Benedetto auf die Namen Pietro Francesco getauft. Der Vater, der an die vierzig Jahre als Kapellmeister an der heimatlichen Domkirche diente, wird wohl auch der erste Lehrer des jungen Francesco gewesen sein. Aus Dankbarkeit gegenüber seinem Förderer Federico de'Cavalli, dem venezianischen Gouverneur in Crema, der ihn zur Ausbildung nach Venedig brachte, nahm der junge Musiker den Künstlernamen Francesco Cavalli an. Dies entsprach einer Sitte, der in späterer Zeit unter anderem auch Lorenzo da Ponte sich fügte. Am 18. Oktober 1616 trat Cavalli als Sopranist in die Kapelle von San Marco ein, von der er ein Jahresgehalt von 90 Dukaten bezog. Neben dieser Tätigkeit fungierte er von 1620 bis 1630 auch als Organist an der Basilika von SS Giovanni e Paolo, wofür er 30 Dukaten jährlich erhielt. Im Jahre 1630 heiratete er Maria Sozomeno, die im September 1652 kinderlos verstarb. Am 23. Januar 1639 wurde Cavalli zum zweiten Organisten von San Marco ernannt. Sein Gehalt wurde mit dieser Beförderung von inzwischen 140 auf nunmehr 200 Dukaten im Jahr gesteigert.

In seinen jüngeren Jahren scheint Cavalli vornehmlich als Sänger und Orgelspieler sich einen Namen gemacht zu haben. Ein Zeitgenosse schreibt hierzu noch 1655: »Francesco Cavalli hat in der Tat in ganz Italien nicht seinesgleichen, sowohl was die Vorzüglichkeit seines Gesanges als was die Kunst seines Orgelspiels anlangt.« Im Jahre 1630 wütete in Venedig die Pest und forderte unzählige Todesopfer in der lebensfrohen Stadt. Nach kurzen Jahren des erschrockenen Besinnens wandten sich die Überlebenden, von denen ein jeder Verwandte oder Freunde verloren hatte, erneut und entschlossener denn je, den Freuden des Daseins zu. Auf dem dunklen Hintergrund des großen Sterbens leuchteten die Feuerwerke der Carnevalsfeste und der triumphale Einzug des Musiktheaters. Francesco Cavalli war unter den ersten, die sich der neuen, aufblühenden Kunstform zuwandten, und dies mit einer Ausschließlichkeit und einer schier unerschöpflichen Energie, die bis dahin ohne Vorbild waren und die bei einem in der Kapelle eines geistlichen Hauses erzogenen Musiker Erstaunen erregen mußten. Mit seiner Oper »Le nozze di Teti e di Peleo« war er im Carneval 1639 ein Mann der ersten Stunde. 1640 und 1641 folgten die beiden Busenello-Opern »Gli amori d'Apollo e di Dafne« und »La Didone«, die ihn bereits auf der vollen Höhe seiner melodischen und dramaturgischen Meisterschaft zeigen. Der Komponist war um diese Zeit fast vierzig Jahre alt und hatte sich in der Schule Monteverdis offenbar sorgfältig auf seine Bühnenlaufbahn vorbereitet, so daß von tastenden Jugendwerken hier nicht mehr die Rede sein kann.

Busenellos Bedeutung ist bisher nicht im vollen Umfang erkannt worden, auch wenn Forscher wie Arthur Livingstone und Literaten wie Romain Rolland seine Verdienste um die frühe venezianische Oper sehr eingehend würdigen. Unter dem Schwarm konventioneller Autoren dieser Epoche ist Busenello eine ganz und gar unverwechselbare Erscheinung. Als Verfasser des genialen »Poppea«-Textes ist er in den jüngstvergangenen Jahrzehnten vielen ein Begriff geworden. Es handelt sich hier gewiß um eines der sprachmächtigsten und bühnenwirksamsten Operntextbücher, die je geschrieben wurden.

Um nicht viel geringer sind die beiden unmittelbar davor entstandenen Texte für Cavalli zu achten. Wenn die bukolische Handlung von der Liebe des Apollon und der Daphne neben die berührendsten Liebesszenen wahrhaft groteske Komik stellt und am Ende nach einem von trauervoll tragischer Leidenschaft durchglühten Lamento des Apoll unter dem singenden Lorbeerbaum in einen tröstlichen Zwiegesang mit Pan, dem Gott der ungezähmten Natur, mündet, so werden hier alle Register einer großen Theaterepoche gezogen. Und dies geschieht nicht minder in Busenellos eigenwillig phantastischer Version der »Dido«-Sage, wenn hier die trojanische Königstochter Kassandra vergeblich vor dem Untergang ihrer Stadt warnt, wenn Hekuba klagt oder der von einem Altkastraten zu singende Hetulerkönig Jarbas vergeblich um die dem Aeneas verbundene Dido wirbt, dem Wahnsinn verfällt und am Ende doch die verlassene Königin von Karthago vor dem Selbstmord bewahrt durch seine unwandelbare, alles bezwingende Liebe, so daß die so tragisch sich entrollende Handlung in einem glücklichen Ende sich selbst und alle besserwissenden Erwartungen überschlägt.

Hintergründig und schillernd sind Busenellos Gestalten. Sie handeln nie aus einem Anlaß allein, sondern aus einem Geflecht vielfältiger Motive. Es mag wohl sein, daß Busenello in seinen ersten beiden Dichtungen sich oftmals von rhetorischer Emphase, von barocker Antithetik oder einer allzu ängstlichen Begründung der sichtbaren Handlung zu Weitschweifigkeiten verleiten läßt – hier mögen einige kräftigende Striche durchaus anzuraten sein –, aber spätestens bei der »Incoronatione« hat er das rechte Maß gefunden. Ein schmerzlicher Pessimismus durchzieht das Werk des Dichters und hat mehr als einmal zu Vergleichen mit seinem großen Zeitgenossen Shakespeare verleitet. Es scheint jedoch, daß Busenello wichtige Anregungen weit eher aus Spanien bezogen hat, auf dessen dramatische Tradition er sich einmal ausdrücklich beruft. Giovanni Francesco Busenello ist eine der großartigsten und eigenwilligsten Künstlerpersönlichkeiten, die die junge Kunstform der Oper in ihrem Mutterland Italien hervorgebracht hat, und seine Zusammenarbeit mit Claudio Monteverdi und Francesco Cavalli ist einer der allzu seltenen Glücksfälle der Operngeschichte, in denen Wort und Ton einander in vollkommener Entsprechung begegnen.

Nach 1643 scheint jedoch eine zeitweise Entfremdung zwischen Cavalli und Busenello eingetreten zu sein, denn zu dem großartigen Textbuch »Giulio Cesare Dittatore«, das der Dichter für ihn und das Teatro Grimano geschrieben hat, läßt sich heute weder eine Note Musik noch ein Aufführungsdatum finden. Danach führte die beiden nur mehr die Arbeit an der exotischen Intrigenoper »La Statira« zusammen, in welcher sie künstlerisch nicht mehr an ihre früheren Erfolge anzuschließen vermochten. Cavalli verband unterdessen eine langjährige Zusammenarbeit mit Giovanni Faustini, aus der Jahr für Jahr eine Oper hervorging. Von diesen elf gemeinsamen Werken scheinen »Giasone« von 1649, »La Calisto« von 1651 und »L'Erismena« von 1655 besonders erfolgreich gewesen zu sein. Nach dem frühen Tode des hochbegabten Faustini hielt Cavalli weiterhin enge berufliche Kontakte zu dessen Bruder, dem Impresario Marco Faustini. Aus dem Briefwechsel geht hervor, daß Cavalli finanzielle Anteile an den von diesem geführten Theatern San Cassiano und San Apollinare besessen hat, ebenso vielleicht an dem kleinen Theater von San Moisè. In Venedig wurden Cavallis Opern außer an diesen drei genannten Häusern auch in den Theatern Novissimo, Grimano dei SS Giovanni e Paolo und San Salvatore aufgeführt, was seine außerordentliche Popularität ebenso anschaulich macht wie die blühende Vielzahl der Opernunternehmungen dieser Epoche.

Doch auch über die Grenzen des Veneto und Italiens verbreitete sich bald der Ruhm des Komponisten. Und so ist es nicht zu verwundern, daß die Wahl auf ihn fiel, als der Kardinal Mazarin, ein gebürtiger Florentiner, sich anschickte, der von ihm sehr geliebten Kunst der Oper auch in Frankreich eine Heimstätte zu schaffen. Cavalli, der schon im 57. Lebensjahr stand, zögerte lange, ehe er die Einladung annahm. Im April 1660 jedoch sagte er zu und erhielt Urlaub von den Prokuratoren von San Marco. Über Innsbruck und München, wo er bei Hofe seine Musik in Konzerten hören ließ, reiste er nach Paris und traf dort im Juli ein. Das neue Theatergebäude aber war um diese Zeit noch weit von seiner Fertigstellung, und so gab man vorerst in der Bildergalerie des Louvre Cavallis Oper »Xerse«, ein Werk, das in Venedig bereits 1654 uraufgeführt worden war. Die auftragsmäßig neukomponierte Oper »Ercole amante« fand bei ihrer verspäteten Uraufführung am 7. Februar 1662 im Tuilerien-Theater keinen großen Erfolg. Cavalli, der in Paris den konkurrierenden Widerstand des aufstrebenden Lully zu spüren bekommen hatte, reiste verbittert zurück nach Venedig.

Nach der Heimkehr des alternden Komponisten scheint dessen Schaffenskraft gebrochen. Die letzten oft allzu monumentalen historischen Opern, die er gemeinsam mit den Dichtern Aurelio Aureli und Nicolò Minato, dem späteren Wiener Hofpoeten, schuf, konnten nicht an die früheren Erfolge anschließen. Als Marco Faustini im Jahre 1667 von der Leitung seiner letzten Bühne, des Teatro SS Giovanni e Paolo, zurücktrat, blieb Cavallis »Eliogabalo« unaufgeführt liegen. Es ist wohl auch denkbar, daß der zynisch grausame Text über den wahnsinnigen römischen Imperator Heliogabal dem veränderten Geschmack des venezianischen Publikums nicht mehr entsprach. Am 20. November 1668 wurde Cavalli im Alter von 66 Jahren zum Kapellmeister von San Marco ernannt. Damit übernahm er das Amt, das sein großer Lehrmeister Monteverdi bis 1643 bekleidet hatte. Dies war ein letzter Höhepunkt in dem an äußeren Ereignissen nicht eben reichen Lebenslauf eines der bedeutendsten Komponisten des 17. Jahrhunderts. Francesco Cavalli starb reichbegütert, aber einsam am 14. Januar 1676 in Venedig und wurde in der Kirche von San Lorenzo begraben. In seinem Testament hatte er eine Donation für San Marco und San Lorenzo ausgesetzt, die jeweils eine jährliche Aufführung seiner großartigen achtstimmigen »Missa pro defunctis« zur Auflage machte.

Zwei spanische Intermedien am Wiener Kaiserhof

Als im Juli 1657 der siebzehnjährige Leopold als zweitgeborener Sohn des verstorbenen Kaisers Ferdinand III. die Krone des Heiligen Römischen Reiches empfing, begann für die Residenzstadt Wien nach den Bedrängnissen des Dreißigjährigen Krieges eine Epoche der kulturellen Erneuerung. Diese gelangte nach der Entsetzung des belagerten Wien und der nachfolgenden Befreiung Slawoniens, Ungarns und Siebenbürgens vom Joch der Türken zur vollen Blüte und machte um die Wende zum 18. Jahrhundert Wien zur Metropole der abendländischen Musik und zu einem der schönsten Stadtbilder barocker Baukunst. Dem tiefgläubigen und musisch begabten Prinzen war eine geistliche Laufbahn bestimmt gewesen, und allein der vorzeitige Tod seines älteren Bruders, der als Ferdinand IV. schon zum König von Rom gekrönt worden war, brachte ihn unversehens in die Rolle des Thronfolgers. Seine Erziehung hatte bisher den musischen Fächern mehr Bedeutung als den politisch-historischen zukommen lassen, und so geschah es, daß mit ihm ein Künstler den habsburgischen Thron bestieg, der nicht nur im Spiel von Klavichord, Geige und Flöte wie ein Berufsmusiker ausgebildet war, sondern auch als Komponist schon eine Sammlung von eigenen Werken in einer Handschrift (!) vorgelegt hatte. Seine Lehrer waren der Wiener Domorganist Wolfgang Ebner und der italienische Hofkapellmeister Antonio Bertali gewesen, die ihren talentierten Schüler sowohl in geistlichen wie in weltlichen Kompositionsformen mit höchstem Verantwortungsbewußtsein unterrichtet hatten. Der Erfolg dieser Bemühungen sollte sich später in einem umfangreichen kompositorischen Œuvre des Monarchen dokumentieren, in dem neben Messen, Motetten, Psalmen, Oratorien und sepolcri auch weltliche Werke wie Opern, Singspiele, Serenaden, Tänze, Madrigale und Canzonetten stehen.

Als nun der Kaiser im zehnten Jahr seiner Herrschaft endlich ans Heiraten dachte und als Braut seine eben erst 16jährige Cousine, die spanische Infantin Margarita Teresa, nach Wien führte, war dort nach seinem Wunsche für eine nicht enden wollende Reihe von glanzvollen Festen gesorgt, bei welchen der Musik eine besondere Bedeutung zukam. Man kennt die zahlreichen Bilder des berühmten Roßballetts, zu welchem der Kaiser an der Spitze seiner Kavaliere zur Musik von Heinrich Schmeltzer in den Burghof eintritt. Man kennt auch die in Kupfer gestochenen 24 Bühnenbildentwürfe Ludovico Ottavio Burnacinis zur Festoper »Il pomo d'oro« von Francesco Sbarra und Antonio Cesti, für deren Aufführung auf der Cortina nahe der Burg ein eigenes Theater erbaut werden mußte. Aber wenige nur wissen, daß der Kaiser seiner jungen Gattin, der er offenbar mehr als nur protokollarisch zugetan war, neben all den großmächtigen Huldigungsfestspielen auch ein künstlerisches Geschenk von ganz persönlicher Art gemacht hat: Er komponierte zwei heitere Intermedien in ihrer spanischen Muttersprache und überraschte damit Margarita Teresa bei ihrem ersten Besuch in der kaiserlichen Gemäldegalerie im Gebäude der Stallburg. Mit diesen beiden bescheidenen und doch kostbaren Werken hat es eine eigene Bewandtnis, und es soll an dieser Stelle nur von ihnen gehandelt werden und nicht von den oft beschriebenen Opern, Balletten, Schauspielen und Feuerwerken, die, wie Augenzeugen berichten, alle anderen theatralischen Ereignisse der Epoche an Pracht übertrafen.

Durch ein Dokument, das Herbert Seifert in seiner umfangreichen Habilitationsschrift über »Die Oper am Wiener Kaiserhof« vorgelegt hat, wird uns nähere Auskunft über eine jener Feiern im innersten Kreis der kaiserlichen Hofgesellschaft, von denen wir sonst nur selten erfahren. Da schreibt der venezianische Gesandte Pietro Guadagni, der unter den geladenen Gästen war, an seinen Dogen: »Am Donnerstag abend gegen fünf, als Ihre Majestät, die kaiserliche Braut, zum ersten Mal die Gemäldegalerie betreten wollte, wurde sie im letzten Raum vom Kaiser mit einem erlesenen Mahl von Süßigkeiten, Früchten und unzähligen anderen Leckerbissen geehrt. Die beiden durchlauchtigsten Erzherzoginnen und die Mutter des Kaisers, welche an jenem Tage unpäßlich war, nahmen nicht daran teil. Sobald man sich zu Tisch begeben hatte, erklang eine wundersame sinfonia, und danach begann man verschiedene Kompositionen des Cavaliere Cesti zu singen. Dieser ließ (auf einen Wink des Kaisers, mit dem er zuvor das Konzert geprobt hatte) eine Türe öffnen, durch welche, zum Erstaunen der durchlauchtigsten Braut, die davon nicht unterrichtet war, mehrere Darsteller nacheinander hereintraten; von diesen wurde in spanischer Sprache das Werk aufgeführt, welches ich Ihnen beiliegend übersende, weil ich gewiß sein kann, daß mein erhabener Gebieter sich freuen wird über die Kopie eines Werkes, das durch die Musiknoten des allergnädigsten Kaisers ausgezeichnet wurde ...«

Nun wird zwar der Titel des aufgeführten Schauspiels nicht genannt, aber immerhin erfährt man, daß der Kaiser dazu Musik komponiert und daß die Aufführung in spanischer Sprache stattgefunden hat. Die Musiksammlung der Österreichischen Nationalbibliothek birgt als einen ihrer größten Schätze die bibliotheca cubicularia, die Schlafzimmerbibliothek Kaiser Leopolds. In weißen, goldgeprägten Lederbänden stehen dort die Meisterwerke der im 17. Jahrhundert am Wiener Kaiserhof tätigen Komponisten und unter diesen auch die Kompositionen des Kaisers. Einer der Bände vereinigt zwei kurze Werke unter dem Titel »Entremeses en Música representados en la Comedia ›Fineza contra fineza‹«. Entremés ist das spanische Wort für Intermedium oder Intermezzo und bezeichnet auch heute noch ein kleines kulinarisches Zwischengericht, das zwischen zwei Hauptgängen eines festlichen Mahls gereicht wird und mehr dem Zeitvertreib als der Sättigung dient. Im Spanien des 17. Jahrhunderts, dem siglo de oro, haben viele bedeutende Dichter ihren Beitrag geleistet zu einem theatralischen Genre, das diesen Namen trägt. Cervantes, Tirso de Molina, Quevedo und Calderón gehören zu ihnen. Von Luís Quiñones de Benavente, der 1651 starb, heißt es bei Perez de Montalbán: »Der Magister Luís de Benavente hat keine Komödien geschrieben, aber er hat so viele bailes und entremeses für Komödien verfaßt, daß wir überzeugt sein können, daß ihm die Pflege und Vollendung von vielen und die Ausschmückung und Verzierung aller entremeses zu verdanken sind.«

Seit Benavente unterscheidet man in Spanien zwischen gesprochenen und gesungenen entremeses. Das kurze gesungene entremés nennt man baile und das längere entremés cantado. Es gab zweierlei Arten von solchen Zwischenspielen während der Pausen gesprochener Komödien. Die erste hatte adelige Herrschaften oder Gestalten der klassischen Sage zu Protagonisten und gab diese in komischen Situationen dem Gelächter preis. Zu dieser Gattung ist das von Kaiser Leopold vertonte entremés »Orfeo y Euridice« zu rechnen. Die zweite Art bringt Vertreter des einfachen Volkes und mit ihnen auch Gauner und Huren auf die Bühne. Hierzu zählt das zweite vorliegende Stück, das den Titel trägt »La nobia barbuda«, zu deutsch »Die bärtige Braut«. Da die Handlung dieses letzteren Stücks gänzlich und die des »Orfeo« wegen einiger überraschender Wendungen zum Teil unbekannt sein dürften, sollen hier zum besseren Verständnis die beiden Inhaltsangaben folgen.

»ORFEO Y EURIDICE« (ORPHEUS UND EURYDIKE)

Eurydike, die leichtlebige Gattin des Musikanten Orpheus, hat einen Fehltritt getan und ist dabei auf einen Skorpion getreten. Orpheus versucht, da keine Medizin zur Hand ist, die Wehklagende durch sein Geigenspiel zu besänftigen. Doch da treten schon die drei Parzen auf, zerschneiden Eurydikes Lebensfaden und führen sie auf der Barke des Charon über den Acheron in die Unterwelt. Vergebens bittet der Sänger, seine Frau begleiten zu dürfen. Er wird abgewiesen, denn es gibt, so heißt es, im Hades schon Musikanten mehr als genug. Von den Klagegesängen des Orpheus entnervt, erscheint Pluto, der Herr der Unterwelt, und entläßt Eurydike, an der offenbar auch er Gefallen gefunden hat, aus seiner Gewalt unter der einen Bedingung: daß Orpheus auf dem Weg zurück zur Erde sich nicht nach ihr umwendet. Ein grobes Schimpfwort Eurydikes verleitet den liebenden Gatten jedoch, das Gebot zu brechen, und Eurydike eilt in Plutos Arme zurück. Dem als Witwer heimkehrenden Orpheus bieten sich drei Bacchuspriesterinnen zur Ehe an. Als er jedoch ablehnt, wird er von den erzürnten Damen zu Tode gesteinigt. So ist nun endlich die Welt vom unerträglichen Gesang des Orpheus befreit.

»LA NOBIA BARBUDA« (DIE BÄRTIGE BRAUT)

In diesem Intermedium wird man als Gast in ein Bordell geladen. Camueso, das einzige Kind der Kupplerin Papanduja, ist zu deren Mißvergnügen ein Sohn und keine Tochter, mit der man reiche Freier anzulocken vermöchte. Also steckt Papanduja auf den Rat der Göttin Venus den einfältigen Burschen in Mädchenkleider, und schon tauchen vier heiratslustige, aber wenig ansehnliche und offenkundig nur auf ihren eigenen Profit bedachte Freier auf. Camueso, der sich nun Phyllis nennt, weist alle Anträge ab und setzt den einarmigen, den hinkenden, den rothaarigen und den altersschwachen Freier resolut vor die Türe. Als jedoch als fünfter ein buckliger Freier erscheint und die bärtige Braut durch sein stürmisches Werben arg in Bedrängnis bringt, wirft Phyllis die Mädchenkleider von sich und verwandelt sich vor den staunenden Augen der Männer wieder in Camueso. Enttäuschung und Zorn lösen sich am Ende in ein befreiendes Lachen.

Man versteht, daß die Damen der kaiserlichen Familie, offenbar vorgewarnt, sich für unpäßlich erklärten, und staunt über die freizügigen Scherze, die sich der Kaiser mit seinem »Bäsle«, das ja auch seine durchlauchtigste Gemahlin war, gestattete. Den gebotenen Ausgleich dürfte jedoch die von Kavalieren und Damen des Gefolges der Infantin und Angehörigen der spanischen Gesandtschaft aufgeführte Komödie Calderóns gebracht haben, deren Titel in deutscher Übersetzung etwa lauten müßte: »Eine Liebenswürdigkeit ist der anderen wert.« Es handelt sich dabei vermutlich um das neueste Werk aus der Feder des spanischen Hofdichters Pedro Calderón de la Barca, dessen Ruhm bereits weit über die Grenzen Spaniens hinausgedrungen war. Das dreiaktige Stück wurde vom Dichter im Band IV seiner Komödien im Jahre 1672 publiziert. Da der dritte Band 1664 erschienen ist, kann man annehmen, daß es in den Jahren 1665 bis 1772 geschrieben wurde. Die Trauungszeremonie des Kaiserpaares fand in Bestätigung der schon in Madrid erfolgten Eheschließung per procurationem am 8. Dezember 1666 in der Augustinerkirche statt. Man kann also vermuten, daß Entstehung und Aufführung der Komödie Calderóns und der Intermedien Leopolds mit dem Jahre 1666 zu datieren sind.

Ob Calderón auch der Autor der beiden entremeses ist, läßt sich nach den bisher vorliegenden Dokumenten nicht entscheiden. Der Name des Textdichters fehlt auf dem Notenmanuskript des Kaisers. Zwar ist im »Orfeo« mehrfach von der Barke (la barca) die Rede, welche Eurydike in die Unterwelt führt und in der neben ihr und dem Ruderer Charon auch noch die Parzen (las parcas) hocken, die über ihr Schicksal entscheiden; aber diese offensichtliche Anspielung auf den Namen des Autors muß nicht von ihm selbst, sondern kann auch von einem anonymen Literaten aus dem Gefolge der Infantin stammen. Hier ist Raum für Spekulationen, die vielleicht einmal von einem Romanisten durch eine Untersuchung in spanischen Quellen beendet werden können. Möglicherweise hilft die Überprüfung eines entremés von Benaventa mit dem Titel »Los quatros galanes« dabei auf die Spur.

Was die Musik des jungen Kaisers anlangt, so sind von ihr dem Brauch der Zeit entsprechend nur die Singstimmen und der, nicht immer bezifferte, Baß notiert. Ausnahmen bilden die beiden Ritornelle im »Orfeo«, welche für drei Stimmen, die beiden oberen im Violin-, die untere im Baßschlüssel, ausgeschrieben wurden. Zwei weitere Ritornelle sind nur zweistimmig ausgeführt. Die Vokalstimmen stehen in den damals gebräuchlichen Sopran-, Alt-, Tenor- und Baßschlüsseln. An musikalischen Formen werden Rezitative, Ariosi, Arien, zweistimmige als coros bezeichnete Ensembles, Ritornelle und Estribillos – das sind kurze, geradtaktige, rhythmisch akzentuierte Sätze mit volkstümlichem Tanzcharakter – verwendet. Selten sind instrumentale Überleitungen oder Nachspiele. Sie sind dann meist nur zwei Takte lang, mit einer fünftaktigen Ausnahme in der »Nobia barbuda«. In diesem Stück fehlen allerdings die Ritornelle. Wenn im »Orfeo« die drei Parzen gemeinsam, als coro, zu singen haben, so wird Lachesis, die als Sopran angegeben ist, die Oberstimme, und Atropos und Cloto, die im Altschlüssel singen, die Unterstimme zu übernehmen haben. Es fällt dabei auf, daß die drei Bacchantinnen, die doch gewiß von denselben Damen dargestellt wurden, im coro nur eine gemeinsame Stimme haben. In »La nobia barbuda« sind die Partien der fünf Galane in einer Sopran-, zwei Alt-, einer Tenor- und einer Baßstimme gesetzt, was darauf schließen läßt, daß entweder Kastraten, Falsettisten oder Frauen in Hosenrollen an der Aufführung beteiligt waren.

Bei genauerer Analyse der Kompositionen kann man größere Formen entdecken, sogenannte Tonadas, in welchen Rezitativ, Arioso und coro zusammengefaßt und in mehreren Strophen wiederholt werden. Die Arien im »Orfeo« sind gelegentlich zweiteilig mit einem Ritornell in der Mitte. Verzierungen im Wiederholungsteil sind nicht ausgeschrieben, werden sich allerdings in Grenzen gehalten haben, da der Komponist dort, wo er es für richtig hielt, seinerseits einige Melismen und Koloraturen notiert hat. Größere Formeinheiten schließen oft bis zu zehn kürzere Teile in sich: Estribillos, Rezitative, Ariosi, Arien, coros und Ritornelle. In dieser wie auch in anderer Hinsicht erscheint der »Orfeo« als das anspruchsvollere Werk. Die derbkomische Wirkung der »Nobia barbuda« läßt ebenso wie ihre Stellung in der gebundenen Partitur eine Reihenfolge empfehlen, in welcher zuerst der »Orfeo« und zuletzt die »Nobia« gespielt wird.

Was die Anforderungen an die Sänger betrifft, so werden im »Orfeo« zumal von den Hauptdarstellern vielfältige künstlerische Ausdrucksmittel verlangt. Es gibt in diesem Werk neben satirischen Dialogen einige solistische Stellen von großer Gefühlsintensität, welche gelegentlich den komödiantischen Rahmen überschreiten. Hier zeigt sich die eigentliche und unverwechselbare Begabung des kaiserlichen Komponisten für tiefempfundene, melancholische Melodik, wie sie dann in dem nur ein Jahr später entstandenen sepolcro »Il lutto dell' universo« ihren schönsten Ausdruck finden sollte. Man versteht, daß von Leopold I. gesagt wurde, das Erfinden »trauriger Melodien« sei seine liebste Beschäftigung gewesen.

Die beiden Stücke haben in ihrer Originalgestalt jeweils eine Aufführungsdauer von einer knappen halben Stunde. Das entspricht ihrer ursprünglichen Funktion als Pausenfüller einer Komödie, die ihrerseits gewiß auch eine Dauer von zwei Stunden oder mehr gehabt haben mag. Will man sie heute aufführen, so bieten sich zwei Möglichkeiten an: Entweder man gesellt ein drittes Stück hinzu, wie zum Beispiel das »Ballett von der Galleria« des Johann Heinrich Schmelzer, das aus derselben Zeit stammt und vermutlich ebenfalls für eine Aufführung in der Gemäldegalerie geschaffen wurde, oder man erweitert die beiden allzu kurzen Werke durch Musikstücke aus der Feder Kaiser Leopolds um einige Minuten, so daß, mit einer zwanzigminütigen Pause, ein Abend von etwa anderthalb Stunden zustande kommt.

Im zweiten Fall empfiehlt es sich, eine kürzlich beim Wiener Musikverlag Doblinger publizierte Fassung im spanischen Original oder in der von mir erstellten deutschen Übersetzung zu verwenden. Hierin wurden vom musikalischen Bearbeiter Peter Skorpik einige von Leopold komponierte Tanzsätze zu einer Suite vereinigt und als musikalische Introduktion dem »Orfeo« vorangestellt; einige Ritornelle wurden etwas verlängert, der coro in der Barke wurde mit variiertem Text wiederholt und die Szene der Steinigung des Orpheus durch ein Instrumentalstück Leopolds in ihrer Wirkung gesteigert. In der »Nobia« wurde für Auftritte und Abgänge der Freier durch instrumentale Reprisen Raum geschaffen, und die abschließende Lacharie des Camueso wurde durch einen kurzen Ensemblesatz, an dem sich alle Personen beteiligen sollten, zu einem kleinen Finale erweitert. Überdies wurde die Orchesterbesetzung, für welche notfalls im kleinen Rahmen auch zwei Geigen oder Violen, ein Cembalo und ein Violoncello oder eine Viola da gamba genügten, durch das Hinzufügen einiger Bläserstimmen – eine Flöte, ein Zink, zwei Posaunen und ein Fagott – sowie einer Laute und eines Regals auf ein Ensemble von einem Dutzend Spielern ergänzt. Bei chorischer Streicherbesetzung sollte man darauf achten, daß der intime Charakter dieser beiden Intermedien nicht überlastet wird, und es bei einer Besetzung von höchstens dreißig Musikern belassen. Wechselnde Instrumentationen waren im 17. Jahrhundert durchaus eine Selbstverständlichkeit. Es wurde dadurch auf die Größe des Saales, das verfügbare Instrumentarium und die Anzahl der Zuhörer Rücksicht genommen. Dies ist einer der Gründe, warum so selten eine vollständig ausgesetzte Partitur aus dieser Epoche zu finden ist.

In der Geschichte der spanischen Oper dürfte diesen beiden Intermedien des Kaisers, der als Sohn einer spanischen Infantin seiner »Muttersprache« vollkommen mächtig war, wie sich an der korrekten Prosodie klar erkennen läßt, eine bisher noch kaum beachtete Bedeutung zukommen. Nach den beiden Calderón-Opern »La púrpura de la rosa« mit Musik von P. de Torrejón y Velasco und »Celos, aún del aire matan« mit Musik von J. Subira, die um 1660 entstanden sind, gehören diese beiden Werke zu den ältesten erhaltenen Beispielen des heiteren spanischen Musiktheaters.

Die Intermedien »Orfeo y Euridice« und »La nobia barbuda« wurden in der genannten Neuedition bisher zweimal in deutscher Sprache inszeniert, das erstemal von Studenten und ehemaligen Studenten der Wiener Musikhochschule, das zweitemal von professionellen Künstlern im Rahmen des Hellbrunner Festes 1992 in einer Freilichtaufführung in jenem berühmten Steintheater, in welchem im Jahre 1627 eine der ersten Opernaufführungen nördlich der Alpen stattgefunden hatte. Es wäre zu wünschen, daß nun auch in Spanien das Interesse an diesen historischen Kostbarkeiten erwacht.

Zur Geschichte der Wiener Opernhäuser im 17. und 18. Jahrhundert

Die besondere Verbundenheit der Wiener mit ihrem Operntheater kommt nicht von ungefähr. Sie währt nun schon über dreihundertfünfzig Jahre. Es gibt kaum eine zweite Stadt, in welcher die Kunst des Musiktheaters eine ebenso glanzvolle wie ungebrochene Tradition hätte wie in Wien. Mag in Florenz, in Mantua und in Rom um einige Jahrzehnte früher begonnen worden sein, menschliche Schicksale und göttliche Fügungen durch Gesang darzustellen, mag Venedig den Vorrang in der Popularisierung der ursprünglich aristokratischen Kunst beanspruchen; nachdem jedoch die kaiserliche Residenzstadt einmal Gefallen gefunden hatte an der neuen, aus Italien, vor allem dem verschwägerten Mantua, importierten Kunst, ließ sie sich von keiner anderen Stadt mehr übertreffen in ihrer unwandelbaren Begeisterung für die Oper.

In den zwanziger Jahren des 17. Jahrhunderts, nicht lange nachdem Kaiser Matthias den Hof von Prag wiederum nach Wien verlegt hatte, wurden in den restaurierten Räumen der Hofburg die ersten musikdramatischen Werke aufgeführt. Man spielte zu jener Zeit noch in gewöhnlichen Tanz- oder Festsälen des Schweizertraktes, zuweilen sogar in den Privatgemächern des Kaiserpaares, in dem später als Amalienburg bezeichneten Gebäude, das der Kaiserinwitwe zugeteilt war, oder auf Wagen, die vor die Fenster der Majestäten in den Inneren Burghof gefahren wurden. Da die Bezeichnungen der musikalischen und theatralischen Veranstaltungen noch vielfältig wechselten und die einzelnen Gattungen noch keine kanonische Gestalt angenommen hatten, läßt sich aus den zeitgenössischen Berichten nicht immer mit Gewißheit erkennen, ob es sich dabei um konzertante oder szenische Vorstellungen handelte, ob dabei gesprochen, gespielt, getanzt oder gesungen wurde. Unzweideutig ist erst die Nachricht von einer composizione rappresentativa »La Maddalena« aus dem Jahre 1629, deren Text von Giovanni Battista Andreini erhalten blieb, deren Musik, die vermutlich von Ferdinands II. Hofkapellmeister Giovanni Valentini stammte, jedoch verlorenging. Es folgten nun in immer dichteren Abständen weitere musikdramatische Darbietungen, die vor allem durch die Kaiserin Eleonora, eine geborene Prinzessin Gonzaga, gefördert wurden. Im März 1631 fand, da der vom Kaiser schon 1629 in Auftrag gegebene Bau eines Tanzsaals noch nicht vollendet war, die Uraufführung der Oper »La caccia felice« im Großen Saal des Niederösterreichischen Landhauses statt. Dieser prächtige im Renaissancestil erbaute Raum, dessen Fenster auf den Minoritenplatz blicken, ist noch heute in seiner historischen Form weitgehend erhalten.

Spätestens im März 1633 war der neue von Giovanni Battista Carlone entworfene und ausgeführte Fest- und Tanzsaal auf dem »Tummelplatz« an der Stelle der heutigen Redoutensäle fertiggestellt und diente seit dieser Zeit den größeren theatralischen Veranstaltungen des Hofes, also vor allem Opern und Balletten, als Rahmen. Im selben Jahr noch wurde darin – möglicherweise als Eröffnungsvorstellung – die tragicomedia in musica »Il Sidonio« mit dem Text von Urbano Giorgi und der Musik von Lodovico Bartolaia gespielt. Dieser erste Tanzsaal, der vermutlich wie die meisten Theater der damaligen Zeit aus Holz gebaut war, genügte schon bald den rasch wachsenden Ansprüchen nicht mehr. Und so ließ, nach Beendigung des Dreißigjährigen Krieges, Kaiser Ferdinand III. im Jahre 1651 durch den aus Venedig herbeigerufenen Theatralarchitekten Giovanni Burnacini an seiner Stelle – am früheren Tummel- und heutigen Josefsplatz – ein neues Theatergebäude errichten, das am 8. Januar 1652 mit der Oper »La gara« von Antonio Bertali eröffnet wurde. In den folgenden Jahren wurden in diesem neuen Hoftheater während der Wintermonate, die die eigentliche Theatersaison bildeten, jährlich mehrere neue Werke herausgebracht. Festliche Anlässe wie Krönungen, Hochzeiten oder Geburts- und Namenstage wurden von der kaiserlichen Familie stets auch mit Opernaufführungen gefeiert. Die musikalischen und darstellerischen Aufgaben übernahmen dabei die professionellen Instrumentalisten und Sänger der Hofkapelle, bei den Balletten wirkten oftmals die Erzherzoginnen, gelegentlich aber auch der Thronfolger oder der Kaiser persönlich als Tänzer mit. Leopold I. ritt selbst an der Spitze seiner Kavaliere zum Roßballett auf dem Burghof ein. Den Höhepunkt der höfischen Festlichkeiten bildete die Hochzeit Kaiser Leopolds mit der spanischen Infantin Margarita Teresa, der Tochter Philipps IV., deren Kinderbildnisse von Velasquez zu den schönsten Porträts der Epoche gehören. In dem eigens für diesen Zweck errichteten neuen Opernhaus »auf der Cortina« – dem Stadtwall neben der Hofburg, an der Stelle des heutigen Bibliothekhofs – wurde am 12. und 14. Juli 1668 die Festoper »Il pomo d'oro« von Francesco Sbarra und Antonio Cesti uraufgeführt. Das Werk, das der Architekt des Theaters Lodovico Ottavio Burnacini mit dreiundzwanzig grandiosen Dekorationen ausgestattet hatte, mußte an zwei Abenden gegeben werden, da es eine Spieldauer von etwa acht Stunden hatte. In diesem Theater sind möglicherweise nur wenige besonders aufwendige Werke gespielt worden, ehe es während der Türkenbelagerung 1683 abgerissen werden mußte. Es bestand zur Gänze aus Holz und hätte allzu leicht in Brand geschossen und dadurch der nahen Hofburg zur Gefahr werden können. Über den Fassungsraum des Zuschauerraumes, dessen Innenansicht durch einen Kupferstich überliefert ist, ist man sich heute nicht mehr recht schlüssig. Sbarra behauptet, daß der Aufführung fünftausend Zuschauer beigewohnt hätten, was nach der Darstellung auf dem Kupferstich kaum glaubhaft erscheint.

Da der Wiener Hof auch während der Fastenzeit, in der die öffentlichen Theater geschlossen bleiben mußten, nicht auf seine musikalischen Unterhaltungen verzichten mochte, wurden durch das festengagierte Ensemble der Hofkapelle in der Augustinerkirche konzertante Oratorien und in der Hofburgkapelle szenische rappresentazioni aufgeführt. Besondere Bedeutung hatten vor allem die letzteren, da durch sie mit den sogenannten sepolcri eine eigene Wiener Tradition geistlichen Musiktheaters begründet wurde, die Werke von hoher künstlerischer Bedeutung in großer Fülle hervorbrachte. Es wurde hierbei im Altarraum der Burgkapelle ein Heiliges Grab aufgebaut und mit solistischen Darstellern, meist ohne Chor, ein Grablegungs- oder Trauerspiel nach den Passionen des Neuen Testaments inszeniert. Die bedeutendsten Dichter und Musiker des Kaiserhofes wie Sbarra und Minato oder Draghi, Schmeltzer und Ziani, aber auch Kaiser Leopold selbst, wirkten hierbei zusammen. Das vielleicht schönste dieser Werke, Kaiser Leopolds »Lutto dell' universo« wurde kurioserweise nicht in Wien, sondern bei einem Aufenthalt des Hofes in Wiener Neustadt 1668 in der dortigen Schloßkapelle uraufgeführt.

Wenn der Hof sich im Sommer in den Schlössern vor den Toren Wiens aufhielt, so folgte ihm dorthin das Ensemble der Musiker und Sänger. Manche der Sommerresidenzen hatten eigene Theater mit festinstallierten Bühnen, wie etwa »La Favorita«, Laxenburg oder später auch Schönbrunn. Sonst aber wurde etwa im Augartenpalais oder in Kaiserebersdorf in größeren Sälen oder im Garten gespielt. Besonderer Luxus wurde hierbei vor allem im Garten von »La Favorita« entfaltet, wo auf künstlichen Teichen Seeschlachten mit Musik und Feuerwerken inszeniert wurden, wofür die Künstler der Familie Galli-Bibiena die prunkvolle Ausstattung lieferten.

Aus den Jahren zwischen 1622 und 1700 sind uns etwa fünfhundertfünfzig musiktheatralische Werke nach ihren Titeln bekannt. Eine fast ebenso große Zahl aufgeführter Werke kann nicht näher nach ihrer Gattung und ihrem Umfang bezeichnet werden. Es finden sich darunter Opern, Komödien, Oratorien, rappresentazioni sacre, sepolcri, Ballette, feste musicali, favole, serenate, scherzi scenici, intermezzi, capricci per musica, burlesche, commedie dell' arte und andere mehr. Bei fast allen spielten Musik, Tanz und Gesang eine wichtige Rolle, aber nicht von allen haben sich Textbücher oder Partituren erhalten. Dennoch gehört die Musiksammlung der kaiserlichen Bibliothek zu den bedeutendsten Beständen der musikdramatischen Literatur des 17. Jahrhunderts.

Nicht alles davon läßt sich heute wieder beleben. Denn das Musiktheater des Kaiserhofes diente vor allem der höfischen Unterhaltung. Außer den Mitgliedern der kaiserlichen Familie, den Kammerherrn und Hofdamen, der hohen Aristokratie, den Hofbeamten und der Geistlichkeit wurden nur die Gesandten befreundeter Staaten, vor allem Spaniens und Venedigs, und gelegentlich auch reisende Gäste zugelassen. Bei wiederholten Aufführungen hatten später dann auch ausgewählte Bürger, Militär und Hoflieferanten Zutritt. Es wurde ihnen jedoch – wie etwa bei der Wiederholung des berühmten Roßballetts im Äußeren Burghof im Jahre 1668 – bedeutet, ihre Plätze keinesfalls an Lakaien weiterzugeben.

Öffentlich hingegen war das Jesuitentheater. Wie in anderen Städten schuf sich auch in Wien der 1534 gegründete Orden des heiligen Ignatius von Loyola seine eigene Theatertradition. Bis 1650 wurden vor allem im Jesuitenkolleg am Hof lateinische Sprechstücke mit Chören, Arien und Balletten aufgeführt. Nach der Neugestaltung der Aula in der Alten Universität im Stubenviertel, einem Ort, an dem schon um 1500 akademische Aufführungen in lateinischer Sprache stattgefunden hatten, erreichten die »ludi cesarei« mit der Inszenierung von Nikolaus von Avancinis »Pietas victrix« ihren Höhepunkt. Der junge, eben auf den Thron gelangte Kaiser Leopold wohnte 1659 dieser Aufführung bei. Der Theatersaal besteht noch heute in seinen alten Umrissen. Er wurde bis 1773 regelmäßig bespielt und hat einen Fassungsraum von etwa 1000 Personen. Nach langer Zweckentfremdung soll er nun endlich restauriert und seiner ursprünglichen Bestimmung als Fest- und Theatersaal zurückgegeben werden. Er ist das älteste erhaltene Theater Österreichs und eines der ältesten in Europa.

Das schon erwähnte Hoftheater am Tummelplatz, das seit der ersten Planung stets in einen großen und einen kleinen Saal unterteilt war, wurde in den Jahren 1659 und 1660 durch Ludovico Ottavio, den Sohn des Giovanni Burnacini, neu instand gesetzt und nach den Hochzeitsfeierlichkeiten von 1667/68 noch einmal renoviert. Am 17. Juli 1699 aber gerieten während neuerlicher Bauarbeiten der große Saal und einige Räume des angrenzenden Hofburgtraktes in Brand. Als letzte Vorstellungen in dem nunmehr zerstörten Haus waren am 25. Februar die Hochzeitsoper zur Vermählung des römischen Königs Joseph mit Amalia Wilhelmina von Hannover und am 21. April die Geburtstagsserenata der jungen Königin gegeben worden. Unmittelbar nach dem Brand erteilte Kaiser Leopold dem Bologneser Architekten Francesco Galli-Bibiena den Auftrag, das Theater mit einem im hochbarocken Stil konzipierten Zuschauerraum neu zu errichten. Das wahrhaft prachtvolle neue Haus wurde schon am 28. Januar 1700 mit der Uraufführung der Oper »L'Alceste« von Donato Cupeda und Antonio Draghi eröffnet. Draghi, der langjährige Hofkapellmeister und Lieblingskomponist Kaiser Leopolds, starb am 16. Januar, wenige Tage vor der Premiere. Nach der Inszenierung eines weiteren Werkes, der komischen Oper »Le risa di Democrito« von Nicolò Minato und Francesco Pistocchi, mußte das neue Theater wegen der Hoftrauer um den verstorbenen König Carlos II., den letzten Habsburger auf dem spanischen Thron, wieder für ein ganzes Jahr geschlossen werden. Danach aber blieb es in Funktion, bis Maria Theresia an seiner Stelle die Redoutensäle errichten ließ. Die letzte Vorstellung in dem traditionsreichen Hoftheater, in dem die Werke der kaiserlichen Hofkomponisten Fux, Conti und Caldara und der Dichter Zeno, Pariati und Metastasio gespielt worden waren, galt der Uraufführung der Oper »L'Ipermestra« von Pietro Metastasio und Johann Adolf Hasse im Jahre 1744.

In einem Nebengebäude des Schönbrunner Schlosses, dem sogenannten Hietzinger Kavalierstrakt, wurde vermutlich von Nikolaus von Pacassi im Zuge der Umgestaltung der Anlage Fischer von Erlachs ein »neues theatrum zu Schönbrunn« errichtet. Der Bau wurde um 1742 begonnen und am 4. Oktober 1747 mit einem französischen Schauspiel mit dem Titel »Le dissipateur« eröffnet. Der Zuschauerraum dieses Schönbrunner Schloßtheaters, das heute der Hochschule für Musik und darstellende Kunst als Studiobühne dient und in dem während der Sommermonate noch immer Opernaufführungen stattfinden, bietet Platz für etwa 300 Personen. Er war einst nur den Mitgliedern der kaiserlichen Familie und der Hofgesellschaft vorbehalten. 1766/67 erfolgte ein Umbau des Theaters nach Plänen des Architekten Johann Ferdinand Hetzendorf von Hohenberg, der sich vor allem auf die Innenausstattung des Zuschauerraums bezog. Die Bühne mit einer Tiefe von zwanzig und einer Portalbreite von neun Metern war mit fünf Kulissenpaaren ausgestattet und damit für die Aufführung von Opern, Singspielen und Balletten unter anderem von Gluck, Bonno, Gaßmann und Salieri durchaus geeignet. Dennoch wurden bei besonderen Anlässen auch andere Räumlichkeiten des Schlosses für musiktheatralische Aufführungen genutzt, so etwa fand die Uraufführung von Metastasios und Glucks Oper »La corona« 1765 im Spiegelsaal statt, wobei Erzherzog Joseph ein Ensemble von adeligen Sängern, in dem auch zwei seiner Schwestern mitwirkten, vom Cembalo aus dirigierte.

Im Januar 1786, wenige Monate vor der Uraufführung des »Figaro«, veranstaltete Kaiser Joseph II. ein Fest besonderer Art in Schönbrunn. Eine auserwählte Gesellschaft versammelte sich an diesem Wintertag in der Wiener Hofburg und wurde von dort mit zahlreichen Kutschen unter Fackelbeleuchtung nach Schönbrunn eskortiert. Dort war im ebenerdigen Gewölbe der Orangerie eine Festtafel angerichtet. Nach dem Mahl wurden die Tische entfernt, die Stühle umgruppiert und die Gäste eingeladen, der Aufführung einer einaktigen italienischen opera buffa von Casti und Salieri mit dem Titel »Prima la musica, poi le parole« beizuwohnen. Danach wurden die Sitze noch einmal gewendet, und den Zuschauern wurde auf einer zweiten Bühne an der gegenüberliegenden Schmalseite des langgestreckten Raumes Mozarts deutsches Singspiel »Der Schauspieldirektor« auf einen Text von Stephanie dem Jüngeren geboten. Der Vergleich soll, wenn sich dergleichen überhaupt verallgemeinernd beurteilen läßt, zugunsten des geistreicheren Textbuches des Abbate Casti ausgefallen sein.

Kaiser Joseph I. hatte bald nach seinem Regierungsantritt der Stadt Wien ein Theaterprivileg erteilt. Diese ließ daraufhin zwischen dem Alten Bürgerspital und dem Kärntnertor durch den kaiserlichen Architekten Antonio Beduzzi ein »Comödihaus« erstellen, das am 30. November 1709 von einer italienischen Operntruppe eröffnet wurde. Dieses erste Theater am Kärntnertor wurde jedoch ab 1712 vornehmlich von Wiener Volkstheatertruppen bespielt, unter anderen von der des Erfinders des Hanswursts, Josef Anton Stranitzky. Nachdem das Gebäude am 3. November 1761 abgebrannt war, kaufte der Hof das Grundstück und ließ ein neues Theater errichten. Nach der Wiedereröffnung am 9. Juli 1763 behielt der Hof die ständige Oberaufsicht über die dortigen theatralischen Unternehmungen, auch wenn das Haus in Intervallen immer wieder an bürgerliche oder adelige Pächter vergeben wurde.

Im Jahre 1741 gründete Maria Theresia ein weiteres Hoftheater, das auf dem Michaelerplatz in unmittelbarem baulichem Zusammenhang mit der Hofburg in dem seit einiger Zeit unbenützten Hofballhaus eingerichtet wurde. Das Ballhaus war nicht, wie man heute vermuten würde, ein Gebäude, in welchem Ballfeste veranstaltet wurden, sondern eine Halle, die dem Ballspiel gewidmet war, einer Unterhaltung, die an allen Fürstenhöfen seit der Renaissancezeit vor allem von der jüngeren Generation mit Leidenschaft betrieben wurde. Dieses neue Hoftheater nächst der Burg, kurz Burgtheater genannt, kam bis 1776 unter die Leitung adeliger Pächter, unter anderem auch der Loprestischen Kavaliersgesellschaft. Nach umfänglichen Adaptionsarbeiten wurde es mit der Uraufführung von Pietro Metastasios und Christoph Glucks Oper »La Semiramide riconosciuta« feierlich eröffnet. Von 1755 bis 1765 wurde Gluck als Komponist der »Theatral- und Akademiemusik« an das Burgtheater verpflichtet. Seine Reformopern »Orfeo ed Euridice«, »Alceste« und »Paride ed Elena« wurden in diesem Haus 1762, 1767 bzw. 1770 erstmals aufgeführt.

Am 23. März 1776 erließ Kaiser Josef II. eine Verordnung, welche das Burgtheater zum deutschen Nationaltheater bestimmte. In der Folge wurden dort auch eine Reihe deutschsprachiger Opern herausgebracht, unter ihnen Salieris »Rauchfangkehrer«, Glucks deutsche Fassung der »Iphigenie auf Tauris« in der Übersetzung von Alxinger und Mozarts »Entführung aus dem Serail«. Da sich aber nicht genügend geeignete Werke fanden, erhielt bald wieder die italienische Oper die Oberhand. Mozart war auch hier dabei, und seine buffa-Opern »Le nozze di Figaro« und »Così fan tutte« gelangten im alten Burgtheater 1786 beziehungsweise 1790 zum ersten Mal auf die Bühne.

Seine nächste deutsche Oper, »Die Zauberflöte«, mußte Mozart dann jedoch an das 1790 gegründete und von Schikaneder geleitete bürgerliche Freihaustheater auf der Wieden vergeben, da in den Hoftheatern nur mehr Aufführungen in italienischer Sprache gespielt wurden. Die deutsche Oper konnte sich erst mit Ludwig van Beethovens »Fidelio«, 1805 im Theater an der Wien und 1814, in der zweiten, endgültigen Fassung, im Hoftheater am Kärntnertor, gegen die italienische Konkurrenz behaupten.

Mit einem von Kaiser Franz I. erlassenen Dekret vom September 1810 wurden den beiden Hoftheatern verschiedene Aufgabenbereiche zugewiesen. Das Hofburgtheater wurde ausschließlich zur Sprechbühne bestimmt, und dem Theater am Kärntnertor wurde das gesamte Opern- und Ballettrepertoire anvertraut. Beide Theater erfüllten diese Aufgaben, bis sie abgerissen und durch die neuen Häuser am Ring ersetzt wurden.

Die ersten Spuren der deutschsprachigen Oper

Mehr als Spuren sind es nicht, verstreut über weit auseinanderliegende Länder des Reiches. Erst als im letzten Viertel des 17. Jahrhunderts in Hamburg das bürgerliche Opernhaus am Gänsemarkt seine Tore öffnete, gelang für einige Jahrzehnte so etwas wie eine zusammenhängende Tradition deutschen Musiktheaters. Zuvor aber war das italienische Vorbild zu mächtig. Wo immer an deutschen Fürstenhöfen ein Orchester gegründet und Sänger engagiert wurden, da geschah dies in Nachahmung vor allem der venezianischen Oper. Dorthin reisten die aristokratischen Liebhaber. Von dorther holten sie, einander in Angeboten überbietend, die berühmten Kastraten und Primadonnen. Und wenn sie selbst nicht zu reisen vermochten, so ließen sie sich durch Korrespondenten ihres Vertrauens die Namen nennen, die man kennen mußte, wenn man mitreden wollte. So kamen auch bald die ersten italienischen Dichter und Komponisten über die Alpen, wohin ihnen die Baumeister schon vorangegangen waren, um Theater zu errichten und sie mit Gesang und Musik zu beleben. Nach Innsbruck kamen Antonio Cesti aus Arezzo und Giovanni Bonaventura Viviani aus Florenz, nach Wien Giovanni Valentini aus Venedig, Antonio Bertali aus Verona, aus Rom kam Giovanni Felice Sances, und ihnen folgte der spätere Hofkapellmeister Antonio Draghi, der in Rimini geboren und in Venedig ausgebildet worden war; in München wurde der Römer Giuseppe Bernabei ansässig und machte der weitumherreisende Venezianer Agostino Steffani erstmals in Deutschland Station. Den finden wir wieder, inzwischen zum Bischof und päpstlichen Vikar für Deutschland ernannt, in Düsseldorf und Hannover und am Ende seiner künstlerischen und geistlichen Mission in Frankfurt am Main, predigend, vermittelnd und komponierend. Sein Landsmann Antonio Sartorio ging ihm als Hofkapellmeister in Hannover voraus. Damit sind nicht alle, aber doch die wichtigsten Boten der italienischen Oper im nördlichen Nachbarreich genannt. Die Höfe in Stuttgart, Dresden und Braunschweig gehörten mit unter die ersten, die sich der neuen Kunst öffneten. Und auch die böhmische Hauptstadt Prag, die zu den ältesten Heimstätten der Oper im Reich gehört hatte, solange die Habsburgischen Kaiser noch dort residierten, ergab sich, zögernd nach dem furchtbaren Schock des Dreißigjährigen Krieges, wieder dem tröstenden Zauber des musikalischen Theaters.

In die karge Landschaft der Werdejahre der ersten deutschsprachigen Opern erhalten wir heute einen unvermuteten und doch scharfsichtigen Einblick von einer Seite, auf der wir ihn nicht gesucht hätten. Günter Grass, der Chronist der Nachkriegsjahre, beschreibt in seiner brillanten Erzählung »Das Treffen in Telgte« ein imaginäres Symposion der bekanntesten deutschen Dichter im Jahre 1647, also gegen Ende des Dreißigjährigen Krieges,

der nicht anders als der letzte Weltkrieg aus einem blühenden Land eine kulturelle Wüste gemacht hat. Unter dem Vorsitz von Simon Dach, dem Verfasser des »Ännchens von Tharau«, haben sich aus allen Gauen, vor allem aber aus dem damals von der Poesie gesegneten Schlesien, Männer wie Andreas Gryphius, Paul Gerhard, Johann Rist, Georg Greflinger, Georg Philipp Harsdörfer, Friedrich von Logau, Christian Hofmann von Hofmannswaldau, Christoffel von Grimmelshausen und Angelus Silesius eingefunden und müssen nun zu ihrer Verwunderung mit anhören, wie ihnen der allseits verehrte Heinrich Schütz bittere Vorhaltungen macht, daß er so lange schon vergebens nach einem geeigneten Text für eine deutsche Oper suchen müsse, weil die Dichter hierzulande nicht wüßten, wie Verse beschaffen sein müßten, um sich in eine Vereinigung mit der Musik zu fügen. Günter Grass, der sich sonst zu musikalischen Dingen kaum je vernehmen läßt, scheint mir eine nicht alltägliche Einsicht in die Probleme des Zusammenwirkens von Wort und Ton zu haben, und darum möchte ich an dieser Stelle einige von den klugen Sätzen, die er dem alten Heinrich Schütz in den Mund legt, in größerer Ausführlichkeit zitieren:
»Weiterhin«, so redet Schütz, »wolle er nicht verkennen, daß die Buhlliedchen des Herrn Greflinger, von denen ihm übrigens ähnliche aus der Ariensammlung seines Vetters Albert bekannt seien und an denen er – bei soviel Frevel ringsum im Vaterland – keinen sittlichen Anstand nehmen könne, zumindest jene Qualität hätten, welche beim Schreiben von Madrigalen benötigt werde. Diese Kunst sei, wie er leidvoll wisse, in Deutschland kaum einem Poeten geläufig. Wie gut habe es da der Monteverdi gehabt, dem Guarini die schönsten Stücklein geschrieben, desgleichen Marino. Er wolle, um in die Gunst solcher Vorlagen zu kommen, dem jungen Mann raten, sich des deutschen Madrigals anzunehmen, wie es vormals der selige Opitz versucht hätte. Dergleichen lockere und nicht strophige Verse dürften heiter, klagend, streitbar, sogar scherzhaft widersinnig und der Tollheit verschrieben sein, wenn sie nur Atem trüge, damit Raum bleibe für die Musik.«
Es sei an dieser Stelle nur unterbrochen, um sicherzustellen, daß alle von der schreibenden Zunft die Ohren nicht auf die Denkerfaust stützen. Wenn er offene Ohren findet, kann Schütz fortfahren mit seiner Rede an die Autoren.
»Diesen Raum finde er leider nicht in den gehörten dramatischen Szenen ... Da könne sich keine ruhige Geste entfalten. Niemandes Trauerlaut könne in solchem Gedränge verhallen oder sein Echo finden. Da werde zwar alles dicht bei dicht deutlich gesagt, doch die eine Deutlichkeit lösche die andere, so daß eine überfüllte Leere entstehe. Es bleibe alles, so heftig die Wörter stürmten, ganz unbewegt. Wollte er solch ein Schauspiel in Töne setzen, müßte er einen wahren Fliegenkrieg entfesseln. Ach und nochmal ach! Wie habe der Monteverdi es gut gehabt, daß ihm der Meister Rinuccini mit fügsamen Libretti zur Hand gewesen sei. Lob und Preis jedem Poeten, der es verstünde, ihm einen Text zu liefern, schön wie das Lamento der Arianna. Oder etwas gleich der bewegten Szene, die, nach den Worten des Tasso, als Kampf des Tancredi mit Clorinda aufregend zu Musik gekommen sei.«
Und nun kommt der alte Herr resignierend zum Ende.
»Doch so viel gewünscht, heiße zu viel verlangen. Er müsse sich bescheiden. Wo das Vaterland darniederliege, könne die Poeterei kaum in Blüte stehen.«
Heinrich Schütz hat sein Wissen aus langer Erfahrung gewonnen. Aber besser als Grass hätte er selbst es kaum formulieren können. Zweimal, 1609 bis 1613 und 1627 bis 1628, hat er in Venedig Aufenthalt genommen, um dort zuerst bei Giovanni Gabrieli zu studie-

ren und dann mit Claudio Monteverdi Erfahrungen auszutauschen. Er hatte nämlich als letztes Werk vor seiner zweiten Reise eine Oper mit dem Titel »Daphne« geschrieben, und zwar in einer deutschen Fassung von Martin Opitz nach dem Vorbild des berühmten Rinuccini-Textes. Diese Oper war auf Schloß Hartenfels bei Thorgau an der Elbe als Festvorstellung zur Vermählung der sächsischen Prinzessin Luise mit dem Landgrafen Georg von Hessen-Darmstadt uraufgeführt worden. Daß uns die Musik dieser ersten deutschen Oper verlorengegangen ist, hat viel Anlaß zu musikologischen Lamenti gegeben. Immerhin ist uns das Textbuch erhalten, das seither in den Archiven liegt, nutzlos wie ein Schiff ohne Segel.
Heinrich Schütz hat nach dem zweiten Aufenthalt in Venedig keinen weiteren Versuch mehr gemacht, eine Oper zu schreiben. Er hat offenbar einzusehen gelernt, daß er unter den deutschen Dichtern seiner Zeit keinen Partner finden würde, der hätte verstehen können, was ihm nottat. Vielleicht hat er gar eine Komposition der »Daphne« mit auf die Reise genommen und sie in Venedig vernichtet. Anders vermag man es sich kaum vorzustellen, daß eine so wichtige Partitur des zu Lebzeiten so hochgeschätzten Meisters spurlos verschwunden wäre. Die »Judith« jedenfalls, ein für Musik bestimmtes heroisches Theaterstück des Breslauer poeta laureatus, fand keinen Komponisten. Unter den Autoren des imaginären »Telgter Kreises« hat einzig Andreas Gryphius sich mit geringem Erfolg auf dem Theater versucht. Der Nürnberger Georg Philipp Harsdörfer aber publizierte unter dem Titel »Frauenzimmergespräche« im Jahre 1644 in Nürnberg ein Buch, dem der Organist Theophil Staden einen Text entnahm, den er mit recht unklaren Vorstellungen vom Wesen eines weltlichen Theaterstückes in Musik zu setzen versuchte. Der Titel schon läßt nichts Gutes erhoffen: »Das geistliche Waldgedicht oder Freudenspiel genannt Seelewig, eine Gesangsweise auf italianische Art gesetzt.« Der Text erscheint uns heute als ein pastorales, betulich lyrisches Gekräusel ohne dramatische Handlung. »Seelewig«, so lautet eine der Regieanweisungen Harsdörfers, »sitzet an dem Flusse. Sinigunda singet im Herbeigehen diese Klingreimen über das Gesang einer Nachtigall.« In Stadens Musik lösen sich schlichte Strophenlieder mit Ritornellen ab. Das Ganze kommt zu keinem geschlossenen Ende, ist wohl auch entweder unvollendet abgebrochen worden oder nur bruchstückweise überliefert. Man hat, wie mir scheint, hiermit kein Meisterwerk verloren, das auf der Bühne sein Glück hätte machen können.

In Wien, wo die italienische Oper die weltliche Bühne ohne Konkurrenz beherrschte, wurden jedoch in theatralischen Nebenformen einige Versuche in deutscher Sprache unternommen. So hat etwa Kaiser Leopold I. zwei deutschsprachige Grablegungsspiele (sepolcri), »Die Erlösung des Menschlichen Geschlechts«, 1679, und »Sig des Leydens Christi«, 1682, komponiert sowie die Musik zu den beiden Schäferspielen »Die Vermeinte Brueder- und Schwesterliebe«, 1680, und »Der thoreichte Schäffer«, 1683, die jedoch vor allem wegen der dilettantischen Textbücher bei weitem nicht den Rang seiner italienischen Werke erreichen. Die deutschen Komponisten an seinem Hofe, Johann Heinrich Schmeltzer und Ferdinand Tobias Richter, komponierten nur italienische sepolcri bzw. lateinische Schuldramen für die Jesuiten.

Ein eigener Fall ist das Werk, das der Dichter und Komponist Daniel Speer im Jahre 1688 veröffentlicht hat. Der vielfach talentierte und offenbar auch recht streitbare Mann hatte, 1636 in Breslau geboren und durch Kriegswirrnisse heimatlos geworden, schon ein bewegtes Abenteuerleben hinter sich, als er um 1665 im Gefolge von aus Ungarn vertriebenen Protestanten sich im Württembergischen, zuerst in Stuttgart und dann in Göppingen, als Lehrer und Schriftsteller niederließ. In Ulm veröffentlichte er 1687 unter anderem sein Lehrbuch »Grundrichtiger Unterricht der musikalischen Kunst« und ein Jahr darauf in Göppingen das Werk, das uns hier interessiert. Es trägt den Titel »Musikalisch=Türckischer Eulenspiegel« und den Untertitel »Das ist Seltsame Possen von einem sehr gescheiden Türkisch=Kayserlichen Hof= und Feld= Narren, welcher nachgehends gar Muffti worden; auß dem Welt=bekandten Ungarischen Kriegs=Roman extrahiret und mit Ungarisch=Griechisch=Moscowitisch=Wallachisch=Kosakisch=Rusnakisch= und Pohlnisch= lustigen Balleten mit ihren Proportionibus, auch ander nutzlichen blasend= und geigenden Sonaten illustrirt.« Vermutlich schildert Speer in diesem Werk auch einige der eigenen mit knapper Not überstandenen Eskapaden, da er als Trommler und Trompeter im Gefolge eines adeligen Gesandten durch Ungarn gereist, in Konstantinopel aber erkrankt und in türkische Kriegsgefangenschaft geraten war. Er hat dabei, so scheint es, seinen Humor nicht verloren. Rückblickend läßt er nun eine Tenorstimme, begleitet nur von der Basso-continuo-Gruppe, in 24 Sätzen die närrischen Abenteuer seines Helden Lompin erzählten. Jeder Satz wird von einem Chor beschlossen. Tänze unterschiedlichsten nationalen Charakters verbinden die einzelnen Teile zu einem Ganzen, dem nur der Gattungsname fehlt. Man könnte es am ehesten einen musikalischen Roman nennen, den man sich sehr wohl auch szenisch interpretiert vorstellen kann, etwa indem die zahlreichen zitierten Dialoge von unterschiedlichen Darstellern mit verteilten Rollen übernommen würden. Dies ist in jüngster Zeit in Konzerten von Ensembles mit alten Instrumenten auch hier und da schon so gemacht und auch auf einer Schallplatte unter der Leitung von Bernhard Klebel festgehalten worden. Eine komplette szenische Aufführung wäre gewiß ein lohnendes Experiment für Sänger und Tänzer und einen phantasiebegabten Regisseur, der sich auch zu kürzen getraut.

Als letzter Name sei der des Sigismund Kusser genannt, den man auch gelegentlich in der französischen Schreibweise Cousser angegeben findet. Der Grund dafür ist darin zu suchen, daß der 1660 in Preßburg, der ungarischen Krönungsstadt, geborene Musiker von 1674, also schon mit 14 Jahren, bis 1682 als Schüler und Mitarbeiter Lullys in Paris lebte. Daß er auch dessen Freund gewesen sei, wie oft behauptet wird, erscheint bei dem großen Altersunterschied von 28 Jahren und dem selbstbewußt patriarchalischen Charakter Lullys nicht sehr glaubwürdig. 1690 bis 1693 ist Kusser als Kapellmeister an der neugegründeten Oper in Braunschweig im Engagement, danach übersiedelte er nach Hamburg, wo er sich allerdings bald mit der Direktion des Hauses am Gänsemarkt überwarf, so daß er nicht im »Opernhof«, sondern nur in einer großen Halle neben der Domkirche, dem sogenannten »Schappendom«, dirigieren konnte. Nach seinem Ausscheiden ging er zunächst an die Stuttgarter Oper, darauf nach London und beendete seine Karriere schließlich als Chief Composer and Music-Master des Vizekönigs von Irland in Dublin, wo er 1727 gestorben ist. Kusser war mehr als Dirigent denn als Komponist berühmt. Daraus erklärt sich wohl auch sein unstetes Leben. Was seine Bühnenwerke anlangt, so sind uns nur vier Sammelbände mit Ouvertüren, die er hat drucken lassen, und einige verstreute Arien aus seiner Hamburger und Stuttgarter Zeit erhalten geblieben. Man kann, wenn man will, ihn deshalb für eines von jenen musikwissenschaftlichen Phantomen halten, die zu nichts weiter nützlich sind als die Enzyklopädien zu beschweren. An dieser Stelle wird sein Name genannt, um zu dokumentieren, wie wenig Greifbares uns an deutschen Werken aus dem 17. Jahrhundert überliefert ist, aber auch um die Verbindungslinien aufzuzeigen, die von Österreich-Ungarn über Frankreich, die deutschen Städte bis nach England führen. Sie sollten bald von bedeutenderen Künstlern befahren werden. Und letztlich dient uns der Name Kusser hier als Brücke, die zu schlagen ist von den kaiserlichen, königlichen und fürstlichen Residenzstädten nach Hamburg, der Bürgerstadt, die sich das größte Verdienst erworben hat an der frühen deutschsprachigen Oper. Ein Verdienst, das wert ist, in einem eigenen Kapitel erörtert zu werden.

Die Hamburger Oper
am Gänsemarkt

Die Bürger der Hansestadt Hamburg waren schon immer gründliche Leute. Als sie sich einmal entschlossen hatten, es den anderen Weltstädten gleichzutun und ein eigenes Opernhaus zu gründen, da bestimmten sie, um ganz von vorne anzufangen, als Thema des ersten Auftragswerks nichts Geringeres als die Erschaffung der Welt. Die wohlhabenden Handelsherrn hatten auf ihren Reisen in London, Paris, Wien und Venedig die neue Kunst kennen- und schätzen gelernt. Gewiß hatte es ihnen dabei vor allem das bürgerliche Theaterwesen der Serenissima angetan, das ohne Subventionen eines fürstlichen Hofes durch Vermietung der Logen an die Patrizierfamilien und freien Kartenverkauf für das einfache Volk sich nicht nur am Leben erhielt, sondern auch gute Geschäfte machte.

Der Licentiat der Rechte und spätere Senator der Hansestadt Gerhard Schott ließ, als Wortführer eines Komitees von Kaufleuten, Rechtsgelehrten, Schriftstellern und einem einzigen Musiker, das Opernhaus im Jahre 1677 auf eigene Kosten errichten. Die Eröffnung mit der Oper »Der erschaffene, gefallene und aufgerichtete Mensch« von Christian Richter und Johann Theile wurde für den 2. Januar 1678 anberaumt. Richter hat sich bei seinem Text an ein Mysterienspiel des Bartholomeus Krüger aus dem Jahre 1580 gehalten, die Teufel als komische Figuren gezeichnet und den Deus Pater umgeben von Engeln mit der »grossen Macchina« mehrmals auf- und niederfahren lassen. Die allegorischen Figuren der Justitia und Misericordia erinnern einen allerdings sehr an die seit etwa 1660 in Wien blühenden rappresentazione sacra, vornehmlich das sepolcro-Spiel. Das Libretto dieser ersten Hamburger Oper fand offenbar so großen Gefallen, daß es nach 1688 auch mehrfach als Schauspiel gegeben wurde. Von Theiles Musik ist bedauerlicherweise keine Note erhalten. Daß neben weltlichen Themen aus dem antiken Sagenkreis oder aus der griechisch-römischen Geschichte – »Orontes«, »Semiramis«, »Crösus«, »Nero« und »Lucretia« lauten einige der frühen Titel – auch religiöse Stoffe starke Bedeutung hatten, zeigt das Bemühen der Theaterleitung, etwaigen Einwänden der gestrengen protestantischen Kirche zuvorzukommen.

Schon 1686 aber hatte man sich unter der Leitung des Gründervaters Schott soviel Prestige erworben, daß man erstmals sogar ein zeitgenössisches Sujet wagen konnte. »Von dem Erhöhten und Gestürzten Cara Mustapha« hieß das zweiteilige Werk, in welchem der Autor Lucas von Bostel die Belagerung der Reichshauptstadt Wien durch die Türken an zwei aufeinanderfolgenden Abenden zu schildern versuchte. Offenbar war auch hier die »grosse Macchina« im Mittelpunkt des Interesses, um den Aufstieg und Fall des hochmütigen Heerführers der Ungläubigen bildhaft und damit glaubwürdig darzustellen. Erdbeben, Geistererscheinungen, Sturmgewitter mit Regengüssen, Blitz und Donner wurden vom

Autor gefordert und vom Maschinisten geliefert. Die Komposition des Johann Wolfgang Franck geht auf diesen, Himmel und Erde in Bewegung setzenden Maschinenzauber nicht weiter ein, nur die Antworten des Echos – ein früher topos der ältesten Opern und älter als die Oper selbst – auf die Klagen des im Wald umirrenden Mustapha geben ihm Anlaß zu musikalischen Effekten.

Die klassischen Dichter des 17. Jahrhunderts, Lope de Vega, Calderón de la Barca, Corneille und Molière waren in der Weltstadt Hamburg wohlbekannt. Ihre Theaterstücke wurden ins Deutsche übersetzt, für die Oper eingerichtet und komponiert. Auch die Operntexte des kaiserlichen Hofdichters Nicolò Minato wurden als Vorbilder benützt. Nicht ebenso Shakespeares Dramen. Vor deren theatralischer Drastik und weltanschaulichem Realismus sollte man im Schauspiel wie in der Oper noch lange Jahrzehnte zurückschrecken.

Ein Hamburger Eigengewächs war offenbar die komische Person, die mit unterschiedlichen Namen und in wechselnden Kostümen in heiteren wie in ernsten Stücken auftrat und sich über die Ungereimtheiten des menschlichen Lebens und die Mißstände des hanseatischen Alltags ihr Verslein machte. Dabei konnte es oft grob hergehen, sobald nur die feinen Leute, welche die Liebhaber oder Tyrannen vorstellten, den Rücken gewandt hatten. Unter den Autoren des 17. Jahrhunderts sind neben den schon erwähnten Namen Richter und Bostel noch die des Heinrich Elmenhorst und des Barthold Feind zu nennen. Sämtliche Textbücher der im Hamburger Opernhaus während der sechzig Jahre seines Bestehens aufgeführten 270 Werke, überwiegend Originalkompositionen, manchmal auch Bearbeitungen erfolgreicher italienischer oder französischer Stücke, sind uns glücklicherweise erhalten.

Was die Komponisten anlangt, so finden sich diese in einer schlechteren Lage, da ihre Partituren zum großen Teil durch die furchtbaren Bombardements des Zweiten Weltkrieges vernichtet wurden. Papier widersteht für gewöhnlich der Barbarei besser als Leinwand oder Marmor, aber doch nur, wenn man rechtzeitig daran denkt, es zu vervielfältigen. Diese List, deren sich auch die Natur bedient, sollte den Bewahrern der großen Schätze ein Vorbild werden. Aus der ersten Epoche der Hamburger Oper haben nur Ausschnitte aus den folgenden Werken die allgemeine Vernichtung überstanden: »Orontes«, 1678, von Johann Theile; »Crösus«, 1684, »Die heilige Eugenie«, 1688, »Cain und Abel«, 1689, und »Bajazeth und Tamerlan«, 1690, alle von Johann Philipp Förtsch; sowie »Die Zerstörung Jerusalems«, 1692, von Johann Georg Conradi. Wohlgemerkt: Ausschnitte, das heißt vor allem einzelne Arien, aus diesen Werken. Als einzige zur Gänze erhaltene Partitur aus den ersten Jahrzehnten dieser so fruchtbaren Zeit wurde vor wenigen Jahren in der Library of Congress in Washington Conradis »Ariadne« entdeckt. Wer fragt, wie sie dahin kam, wenn sie nur gut aufgehoben ist vor den Brandlegern aller Länder. Sie enthält auch die Rezitative. Die oft geäußerte Behauptung, die frühe deutsche Oper habe keine Rezitative gekannt, ist damit klar widerlegt. Der Irrtum hätte aber gar nicht erst um sich greifen dürfen, wenn man nur die Partitur der 1679 in Ansbach uraufgeführten und später auch in Hamburg nachgespielten Oper »Die drei Töchter Cecrops« von Johann Wolfgang Franck mit allen Rezitativen zur Kenntnis genommen hätte.

Gewiß wäre unter diesen Tonsetzern keiner vom Format eines Lully oder Purcell zu entdecken gewesen, aber man wird den Gedanken nicht los, daß bei geschickter Bearbeitung vielleicht doch das eine oder andere Werk aus der Frühzeit der deutschsprachigen Oper für die Bühne zu retten gewesen wäre. Und wenn die Aufgabe auch heute keiner zu lösen vermöchte, so hätte sich doch gewiß später einer gefunden, den unsere Vorurteile nicht belasten.

Der Gründer Schott legte im Jahre 1693 die Direktion des Hauses am Gänsemarkt nieder, und an seine Stelle trat für kurze Zeit der in Preßburg an der Donau geborene Sigismund Kusser, der sechs Jahre in Paris studiert und gearbeitet hatte. Von seinen beiden Opern »Erindo« und »Ariadne« sind nur Bruchstücke auf uns gekommen. Sie verraten größere Virtuosität des Gesanges und eine Erweiterung der Orchesterbesetzung. Konzertierende Soloinstrumente treten in einzelnen Arien neben die Stimmen der Sänger und kündigen den Übergang zur Stilepoche des Hochbarock und der opera seria an.

Reinhard Keiser ist der Name, der die folgende Epoche der Hamburger Oper beherrscht. Der in Teuchern bei Weißenfels geborene Komponist kam im Alter von 23 Jahren 1697, nach Kussers Abgang, in die Stadt an der Elbe und übernahm schon sechs Jahre später die künstlerische Leitung des Opernhauses. Seine ungewöhnliche musikalische Begabung war stets außer Frage, seine organisatorischen Fähigkeiten aber und, mehr noch, seine Bereitschaft, sich mit den täglichen Mühen der Administration zu beladen, waren damit nicht immer im Einklang. Dennoch blieb er dem Haus in wechselnder Nähe und Entfernung so lange verbunden, bis dessen Tore im Jahre 1738 geschlossen wurden, und starb im Jahr darauf nach einem Leben voll Schaffenskraft und Abenteuerfreude. Nicht weniger als achtzig Opern hat Keiser hinterlassen, von denen sind immerhin zwanzig in Partitur vollständig auf uns gekommen, manche davon wurden in jüngster Zeit im Druck veröffentlicht, und die eine oder andere ist sogar durch Aufführungen, Rundfunkaufnahmen oder Schallplattenaufzeichnungen zu lebendigem Klang geworden. Reinhard Keiser verband ein großes Talent vor allem für die musikalische Bühne mit einem ruhelosen Charakter. Es hielt ihn nicht lange im Amt des ersten Kapellmeisters. Mehrmals verließ er Hamburg, arbeitete zeitweise am Königshof in Kopenhagen und kehrte mehrmals zurück. So blieb neben ihm Platz genug für andere Musiker, sich Erfolg und Aufführungsmöglichkeiten zu schaffen. Da ist vor allen anderen der junge Händel zu nennen, der seine Lehrjahre im Haus am Gänsemarkt verbrachte, die Sänger einstudierte, das Cembalo im Orchester spielte und hier auch seine erste Oper komponierte. Den Text zu dieser »Almira« hatte er vermutlich von Keiser vorgelegt bekommen, der ihn ein Jahr zuvor für eine Aufführung in Weißenfels schon einmal selbst vertont hatte und diese Fassung ein Jahr nach Händels Erstlingswerk in Hamburg vorstellte. Man sieht daran, daß Eifersucht nicht seine Schwäche war. Zu unserem Bedauern sind von Keisers Komposition nur die Arien erhalten. Dennoch fällt der Vergleich der beiden Werke nicht zu Händels Gunsten aus. Daß gerade die dramatische Begabung Keisers in der Gestaltung der Rezitative zu unverstelltem Ausdruck gelangte, beweist uns der ihm von der Nachwelt verliehene Ehrentitel eines »Schöpfers des deutschen Rezitativs«. Bach hat ihn offenbar nicht minder geschätzt, als dies Händel tat, denn er hat eine von Keisers Passionen Note für Note abgeschrieben. Heute gehen uns vor allem seine volksliedhaft reinen, zartgewobenen Melodien ins Gemüt – man denke etwa an das vom Chor begleitete Vogellied im »Prinzen Jodelet« – und wecken ein lebhaftes Bedauern, daß in Deutschlands Norden nicht mehr getan wird, um dieses kostbare Erbe der frühen Opernkunst zu erschließen.

Ein anderer Künstler, der unter Keisers Leitung zuerst als Sänger und dann als Komponist Karriere machen konnte, war Johann Mattheson. Wenn man die Titel von dessen vier Opern – »Porsenna«, 1702, »Cleopatra«, 1704, »Boris Goudenov«, 1710, und »Enrico IV.«, 1711 – liest, so bedauert man, daß hiervon nur mehr zwei Chorszenen aus dem »Boris« und einige Arien aus dem »Enrico« existieren, die ersteren in deutscher, die letzteren in italienischer Sprache.

1721 trat Georg Philipp Telemann, aus Frankfurt berufen, zuerst die Leitung der Hamburger Kirchenmusik und im Jahr darauf auch die Direktion der Oper am Gänsemarkt an. Mit diesem Wechsel schied Reinhard Keiser nicht gänzlich aus allen Funktionen, sondern blieb dem Haus auch weiterhin als Komponist verbunden. Telemann animierte ihn, einige seiner erfolgreichsten Opern neu zu bearbeiten, so daß wir heute einige von Keisers Bühnenwerken in zwei Fassungen besitzen, deren Vergleich uns interessante Einblicke in die stilistische Entwicklung der Opernmusik in den ersten Dekaden des 18. Jahrhunderts gewährt. Welche neuen Tendenzen sich unterdessen in den anderen Musikstädten gezeitigt hatten, das ließen eine von Mattheson im Jahre 1722 besorgte deutsche Fassung des »Don Quichote aus dem schwartzen Gebürg« des kaiserlichen Hofkomponisten Francesco Conti und bald darauf einige eigens für Hamburg eingerichtete Opern von Händel erkennen. Von den letzteren sind uns die Bearbeitungen des »Radamisto« von 1721, des »Ottone« von 1726 und des »Poro« von 1731 erhalten. Wir erkennen daran mit Erstaunen, daß die Arien unverändert im italienischen Original, die Rezitative aber in deutscher Übersetzung gesungen wurden. Telemann, der mit Händel gut befreundet war, hat der deutschen Sprachmelodie entsprechend dabei mehr umkomponiert als adaptiert und sicher im Einverständnis mit dem Komponisten gehandelt. Man sollte sich nicht scheuen, bei Aufführungen dieser Opern in deutscher Sprache Telemanns Rezitative auf ihre Dienlichkeit neu zu überprüfen. Von den eigenen Bühnenwerken dieses unbeschreiblich vielseitigen und schaffensfreudigen Komponisten seien hier nur die erhaltenen genannt. Da ist zuerst die mäßig komische Oper »Der geduldige Sokrates« von 1721; dann die historische Oper »Sieg der Schönheit« von 1722, deren Protagonist überraschenderweise der Vandalenkönig Geiserich ist; dann die Satire »Der neumodische Liebhaber Damon« von 1724, die heute nun schon seit einiger Zeit eher altmodisch anmutet; dann die im exotischen Orient spielende Oper »Miriways« von 1728; dann, als bekannteste unter den abendfüllenden Opern Telemanns, »Emma und Eginhard«, deren Sujet ebenso wie die populärere Vers- und Bildgeschichte von Wilhelm Busch gleichen Titels, aus dem Sagenkreis um Karl den Großen stammt; und schließlich aus dem Jahre 1729 ein »Flavius Bertaridus« betiteltes Werk, dessen Libretto von Antonio Salvi ein paar Jahre zuvor schon Georg Friedrich Händel für die Londoner Bühne als »Rodelinda« vertont hat. Es wird wohl wenig davon heute noch bestehen können, wenn schon Telemanns, zumindest auf der Opernbühne, bedeutendere Zeitgenossen Händel, Conti, Fux, Caldara und Vivaldi kaum mehr zu den verdienten Ehren kommen. Vielleicht wird man aus patriotischen Gründen die kräftige Emma ihren schmalbrüstigen Liebhaber, den Schreiber Eginhard, doch noch einmal über den Schnee tragen lassen. Viel mehr ist für den verdienstvollen Mann nicht zu hoffen.

Ein Werk aber ist uns von Georg Philipp Telemann doch geblieben, das der Zeit widerstanden hat. Keine abendfüllende Oper allerdings, sondern ein kammermusikalisches Intermezzo: »Pimpinone«, ein Stück für zwei Personen, ein paar Streicher und ein Cembalo, das auf einen Text des Wiener Hofpoeten Pariati vom Hamburger Operndirektor als Einlage zu Händels »Julius Caesar« komponiert und 1725 aufgeführt wurde. Hierin erkennen wir, auf engen Raum gedrängt, alle Vorzüge dieses exzellenten Musikers: scharfe Charakterisierung, drastische Komik auch im musikalischen Ausdruck, perfekte Prosodie und eine sparsame, aber meisterhafte Instrumentierung. Dieses kleine Juwel kann durchaus neben der verwandten »Serva padrona« von Pergolesi bestehen und zeigt, daß die deutsche Oper schon viele Jahrzehnte vor Gluck und Mozart durchaus auf einem vielversprechenden Wege war.

Das Interesse der honorigen Hamburger Bürgerschaft schien indes in den dreißiger Jahren zu schwinden. Die italienische Oper drängte sich überall in deutschen Landen wieder in den Vordergrund. Auch mangelte es allenthalben an deutschen Sängern, da an den Fürstenhöfen fast nur italienisch gesungen wurde. Die Aufklärung tat ein übriges, um in gebildeten Kreisen das alte Fabelwesen der Oper in Mißkredit zu bringen. Zu keiner Zeit begegnete das Musiktheater so heftiger und so verständnisloser Kritik. Im Jahre 1738 wurde die Hamburger Oper am Gänsemarkt geschlossen. 1750 wurde das Haus zum Abbruch verkauft.

Die Oper am Hofe Ludwigs XIV.

Nur widerstrebend öffnete sich Paris, die Residenz des »allerchristlichsten Königs«, der neuen Kunst der Oper. Maria de'Medici hatte die Florentiner Künstler offenbar vergeblich an den französischen Hof geladen. Daß der Bann endlich doch gebrochen wurde, ist einem florentinischen Geistlichen namens Giulio Mazzarini zu verdanken, der als Kardinal Jules Mazarin nach dem Tode Richelieus die französische Politik für den unmündigen Thronerben Ludwig leitete. Mazarin hatte als Kurienkardinal in Rom die großartigen Aufführungen im Teatro Barberini als Zuschauer miterlebt und bald schon eine große Begeisterung für die Oper gezeigt. In Frankreich an die Macht gelangt, lud er den Privatsekretär des Kardinals Barberini, den Abbate Francesco Buti, und den aus Foggia stammenden Komponisten Luigi Rossi ein, für den französischen Hof ein neues Werk zu schreiben und es in Paris zur Aufführung zu bringen. Das Ergebnis dieses Auftrags war ein fünfaktiges Werk für etwa dreißig Solisten, Chor und Ballett, gegliedert in 52 Musiknummern und mit allen musikalischen und szenischen Effekten, die der Epoche zur Verfügung standen, überladen, so als wollten die beiden Autoren Paris an einem einzigen Abend erobern. Der Titel dieses Riesenwerkes lautet: »La morte d'Orfeo«. Die Partitur ist uns erhalten, und auf ihrer Grundlage wurde vor einigen Jahren eine Rekonstruktion dieser frühen Maschinen- und Zauberoper versucht. Die Pariser Uraufführung fand am 2. März 1647 im Palais Royal statt, und das Stück mußte danach mehrmals wiederholt werden. Der neunjährige Dauphin hat drei dieser Aufführungen gesehen und, wie es scheint, einen tiefen Eindruck von den Möglichkeiten des Musiktheaters dadurch empfangen, so daß er für die lange Dauer seiner Herrschaft sich stets als leidenschaftlicher Förderer von Oper und Ballett zeigte.

Mazarin, dadurch ermutigt, versuchte es einige Jahre später noch einmal, die Oper in Frankreich heimisch zu machen, diesmal mit einer Komposition von Carlo Caprioli, »Le nozze di Peleo e di Teti«. Auch diesmal war Francesco Buti wieder der Librettist. Er sah, um dem französischen Geschmack zu entsprechen, eine Reihe von Balletteinlagen vor, in welchen der junge König als Tänzer vor das höfische Publikum treten konnte. Und nach Beendigung der spanischen Kriege unternahm Mazarin, hartnäckig wie er war, einen dritten Versuch. Diesmal wurde das Unternehmen mit großer Umsicht von langer Hand vorbereitet. Die bevorstehende Hochzeit des Königs mit der spanischen Prinzessin Maria Teresa war Anlaß genug, um nicht nur den berühmtesten Komponisten seiner Zeit, Francesco Cavalli aus Venedig, mit einem Opernauftrag zu verpflichten, sondern um auch gleich ein geeignetes Opernhaus zu erbauen. Cavalli scheint zunächst abgelehnt zu haben, da er die Anstrengungen der Reise fürchtete; als dann schließlich eine eigene Gesandtschaft unter Führung des Abbé Buti aus Paris einlangte, ließ er sich doch bewegen und willigte auch in das vorgeschlagene Thema. »Ercole amante«, der verliebte Herkules, sollte die Hochzeits- und Huldigungsoper für Ludwig XIV. heißen. Die Bauarbeiten an dem neuen Theater zogen sich jedoch länger als ursprünglich erwartet hin, und so entschloß sich Cavalli, vorerst seine schon in Venedig uraufgeführte Oper »Xerse« für Paris neu zu bearbeiten. Die erforderliche Ouvertüre und die nun schon unerläßlichen Tanzeinlagen wurden dem jungen königlichen Hofkomponisten Giovanni Battista Lulli aus Florenz oder Jean-Baptiste Lully, wie er sich nun auf französisch nannte, übertragen. Dieser nützte die sich bietende Chance mit allen ihm zur Verfügung stehenden Mitteln, wobei er Intrigen und Kabalen nicht gescheut haben soll, so daß bei der festlichen Aufführung schließlich vor allem seiner Ballettmusik applaudiert wurde und sein Landsmann, der Kardinal, wiederum keine reine Freude hatte mit der italienischen Oper in Paris.

Mazarin starb im Jahr darauf und erlebte die Uraufführung des »Ercole amante« im neuen Opernthaeter, der Académie Royale de la Musique, im Jahre 1662 nicht mehr. Cavalli zog sich, von den Querelen verärgert, nach Venedig zurück und schwor, sein Lebtag keine Oper mehr zu komponieren, was nicht eben auf einen überwältigenden Erfolg seines »Ercole« schließen läßt. Cavalli hat, Polyhymnia sei Dank, seinen Vorsatz nicht wahr gemacht, aber die französische Oper ließen die Italiener in Zukunft doch den Franzosen und dies so vollkommen, daß für die nächsten 150 Jahre keine opera seria in italienischer Sprache mehr in Paris gespielt wurde. Die Schuld dafür scheint mir nicht so sehr an den Komponisten Rossi, Caprioli oder Cavalli gelegen zu haben als vielmehr an der hohen Bedeutung, welche die Franzosen im Zeitalter Corneilles und Molières der Dichtkunst auf dem Theater zumaßen, und der Tatsache, daß der einflußreiche Abbé Buti solchen Maßstäben nicht gerecht zu werden vermochte. Zudem war nach dem Dreißigjährigen Krieg im Deutschen Reich und nach den erfolgreichen Friedensverhandlungen mit Spanien das nationale Selbstbewußtsein der Franzosen bis über die Grenzen des Hochmuts gestiegen. Ausländische Künstler konnten hinfort nur zu Erfolgen kommen, wenn sie sich naturalisieren ließen und sich danach französischer gaben als die Franzosen. Dies hatten die beiden Florentiner Mazarin und Lully sehr wohl verstanden.

Der Anfang war nun aber gemacht, und wenn die Italiener verdrängt waren, die Oper war geblieben. Der Dichter Pierre Perrin erhielt 1669 vom König, der nach Mazarins Tod die Regierungsgeschäfte in die eigenen Hände genommen hatte, das alleinige Recht, musikdramatische Werke an der Académie – so sollte die Pariser Oper bis ins 19. Jahrhundert hinein heißen – aufzuführen, das allgemeine Publikum zuzulassen und Eintrittspreise zu erheben. Perrin schrieb zusammen mit dem Komponisten Robert Cambert eine pastorale Oper unter dem Titel »Pomone« und wagte es dabei, von den pompösen italienischen Vorbildern ebenso abzugehen wie von den klassischen Prinzipien der Comédie Française. Er wählte statt der pathetischen Alexandriner schlichte, kurzzeilige Verse, die sich der Vertonung und der Phrasierung des Gesanges williger fügten. Doch scheiterte er, trotz anfänglicher Erfolge, an den finanziellen Verstrickungen, in die er sich einließ, und starb völlig verarmt und verschuldet, nicht jedoch ohne zuvor dem ehrgeizigen Leiter der königlichen Hofmusik und Gründer der »Petite bande«, Lully, seine Konzession verkauft zu haben.

Jean Baptiste Lully übernahm die Académie Royale mit königlichem Dekret im Jahre 1672 und leitete sie über fünfzehn Jahre bis zu seinem Tod mit großer Kraft und Entschiedenheit und mit ungebrochenem persönlichen und künstlerischen Erfolg. Er gab damit eines

der seltenen Beispiele, daß ein kreativer Künstler nicht allein die Komposition und Aufführung seiner Werke, sondern auch die Organisation eines großen Theaters, die Leitung des Orchesters und die Heranbildung eines vorbildlichen Sängerensembles bewältigte. Es kann uns dabei nicht wundernehmen, wenn wir von seinen Zeitgenossen vielfältige Klagen hören über seinen rücksichtslosen, zynischen oder intriganten Charakter. Daß er mit voller Billigung des Königs wie ein Diktator in seinem Machtbereich herrschte, darüber hat er uns nicht im Zweifel gelassen. Das Werk aber, das er nach seinem frühen Tod hinterlassen hat, das schöpferische und das institutionelle, wäre von ihm wohl auf konziliantere Art in so kurzer Zeit nicht zu leisten gewesen.
Einen nicht geringen Anteil an diesem Erfolg verdankte Lully seinem liebenswürdigeren Freund und Mitarbeiter, dem Dichter Philippe de Quinault, mit dem er offenbar nicht nur auf Wunsch des Königs, sondern auch in eigener Wertschätzung vom zweiten Jahr seiner Direktion bis zu seinem Tode in unablässigem Erfolg zusammenwirkte. Es ist nicht leicht, ein zweites Beispiel einer solchen gegenseitigen künstlerischen Befruchtung und Ergänzung zu finden, man müßte denn an die Künstlerpaare Nicolò Minato und Antonio Draghi oder Richard Strauss und Hugo von Hofmannsthal denken. Diese menschliche und künstlerische Beziehung spricht mehr für Lullys aufrichtigen und standfesten Charakter als alle Anschuldigungen der von ihm Zurückgesetzten oder Übergangenen. Zwölf gemeinsame Opern schufen die beiden Künstler für des Königs Académie, jedes Jahr eine, mit zwei unerklärten Intervallen in den Jahren 1677 und 1686, in denen Pierre Corneilles Bruder Thomas zusammen mit Fontenelle und dann G. J. de Campistron an Quinaults Stelle traten. Der König nahm Einfluß auf die Wahl des Sujets und bestimmte den Zeitpunkt der Aufführung, die entweder in St-Germain, in Versailles oder in Paris vor der versammelten Hofgesellschaft stattfand. Diesem einen Werk galt in jedem Jahr die gesamte Aufmerksamkeit und Kritik der königlichen Familie, der Aristokratie und Künstlerschaft des Hofes. Das sicherte Lully und Quinault eine Vorrangstellung, wie sie selbst in Wien in dieser Ausschließlichkeit nicht zu denken war. Die Lieblingsoper des Königs scheint »Atys« von 1676 gewesen zu sein, die sich durch besonderes klassisches Ebenmaß ohne Beifügungen komischer Elemente und durch einen sanften, elegischen Ton der Musik auszeichnet. Uns mögen eher die »Alceste« von 1674 und die »Armide« von 1686 als die bedeutendsten Werke dieser Epoche erscheinen. In beiden Fällen sind hier Themen von alterloser Gültigkeit gewählt worden, die vor allem den Protagonistinnen große Frauenschicksale zur Darstellung bieten. Quinaults Dramen werden auch heute noch als den Klassikern des Sprechtheaters ebenbürtige Meisterwerke der französischen Literatur geschätzt und gelesen. Lullys Vertonungen wurden viele Jahrzehnte über seinen Tod hinaus als vollkommene Beispiele musikalischer Sprachbehandlung betrachtet, was ganz besonders für die mit großer Sorgfalt und Variabilität gestalteten Rezitative gilt. Die Sänger hatten hier jede Gelegenheit, mit den Schauspielern der Comédie Française zu wetteifern im Ausdruck lyrischer oder leidenschaftlicher Empfindungen.
Lully, der viele Jahre, ehe er sich der Oper zuwandte, gemeinsam mit Isaac de Benserade zahlreiche Ballette für die Hoffeste geschrieben und für die Komödien Molières die Schauspielmusiken beigesteuert hatte, brachte in die ab nun als »tragédie lyrique« bezeichnete Oper nicht wenige Neuerungen ein, die sie fortan von der italienischen opera seria unterscheiden sollten. Das begann mit der dreiteiligen Ouvertüre, deren französischer Name

sich gegenüber der italienischen sinfonia auch außerhalb Frankreichs allgemein durchzusetzen vermochte. Lullys Ouvertüre wurde mit einem langsamen, meist »gravement« überschriebenen Satz eröffnet, dem folgte ein oftmals fugierter, rascher zweiter und wiederum ein langsamer Satz. Während der fünf Akte wurde die Handlung häufig durch Balletteinlagen unterbrochen, was bis ins 19. Jahrhundert eine Eigentümlichkeit der französischen Oper bleiben sollte. Der Anteil der Chöre war bedeutsam, die Arie trat dagegen zurück, Stimmexhibitionen waren in den noblen Lullyschen airs nicht erwünscht. Den Schluß der »tragédie lyrique« bildete für gewöhnlich eine festliche Chaconne, an der sich außer den Tänzern vermutlich auch die Solisten beteiligten.

Lullys Orchester bestand neben den berühmten »violons du Roy«, einem fünfstimmigen Streicherkörper, bei welchem die Besetzung der Baßgruppe mit bis zu zehn contrebasses de violon auffällt, aus einer Holzbläsergruppe von Blockflöten, Traversflöten, Oboen und Fagotten, alle einstimmig, jedoch chorisch besetzt, sowie fallweise aus Trompeten, Pauken und einer Musette. Die Continuogruppe umfaßte außer dem Cembalo und dem Kontraviolone für gewöhnlich auch eine Laute oder Gitarre und eine Harfe.

Es gibt keine Lebensbeschreibung Jean Baptiste Lullys, in welcher sein Verdienst der Orchestererziehung und seine autoritäre Dirigierweise nicht gerühmt würden, und so soll deren Erwähnung auch hier nicht fehlen, zusammen mit dem Hinweis auf das Mißgeschick, das zu seinem Tode führte, und das seither vielen Dirigenten als warnendes Beispiel vorgehalten wurde. Nicht immer erfolgreich, wie wir wissen. Lully verletzte sich am Fuß mit dem mannshohen Taktstock, mit dem er gewöhnt war, während der Proben auf den Boden zu stampfen, und starb an der Wunde, die er sich im Dienst der Musik selbst beigebracht hatte. Ein Jahr nach ihm starb auch sein Freund Philippe de Quinault. Nachfolger fanden sie beide nicht. Es gab große Dichter am Hofe des Sonnenkönigs. Neben Molière hat sich später auch Jean Racine in Kritik und eigenen Versuchen mit dem Musiktheater auseinandergesetzt. Aber es gab keinen zweiten Lully. Die Komponisten Marais, Hotteterre und Danican-Philidor zeigten keine theatralische Neigung oder Begabung.

Einzig André Campra sei hier noch erwähnt. Als Sohn eines Italieners und einer Provençalin wurde er 1660 in Aix-en-Provence geboren. Seiner Herkunft gemäß bemühte er sich um eine »réunion des goûts«, eine Annäherung des französischen an den italienischen Geschmack in der Musik. Nachdem er als Maître de musique zuerst in Arles, dann in Toulouse gewirkt hatte, wurde er 1694 von Ludwig XIV. nach Paris berufen, wo er mit seiner Oper »Tancrède« im Jahre 1702 einen aufsehenerregenden Erfolg erzielen konnte. Der aber blieb in einer Zeit, die sich mehr dem Ballett zuneigte, eine vereinzelte Ausnahme. Lullys und Quinaults »tragédies lyriques« beherrschten weiter die Opernbühne, auch über den Tod des Sonnenkönigs hinaus, und wurden erst um die Mitte des 18. Jahrhunderts durch die Werke Rameaus und Glucks allmählich abgelöst.

Die masque
und die ersten englischen Opern

Heinrich VIII., der gewalttätige englische König, hatte auch seine freundlichen Seiten. Er war es, der in der ersten Hälfte des 16. Jahrhunderts eine der frühen Formen des Musiktheaters, die italienische mascherata, zur Zerstreuung seines Hofes nach England brachte. Kurzatmige, reich ausgestattete, handlungsarme, szenisch-musikalische Unterhaltung ist diese auch unter dem englischen Namen masque geblieben. Sie wurde im Verlauf eines Festes aufgeführt oder in den Schauspielen in die gesprochene Handlung eingestreut. Dabei wurde, anders als bei den Intermedien, die nur die Pausen zu überbrücken hatten, ein loser Zusammenhang mit dem Stück gesucht.
Bekannte Musiker des 16. und 17. Jahrhunderts wie Robert Johnson, William Byrd, Henry und William Lawes, John Cooper, Matthew Locke und Christopher Gibbons haben solche masques vertont. In der Regierungszeit von König Jakob erreichte diese Kunstform ihre höchste Blüte. Englische Künstler, die sich in Italien aufgehalten hatten, um dort zu studieren, wie der Bühnen- und Kostümbildner Inigo Jones, aber auch Dichter wie Ben Johnson und William Shakespeare leisteten ihren Beitrag. Wer den Text zu einer solchen masque lesen will, der mag Shakespeares »Sturm« aufschlagen. Er findet dort im 4. Akt anläßlich der Hochzeitsfeier von Ferdinand und Miranda eine masque, die allerdings nicht zu Ende gespielt werden kann, da sie von Prosperos Auftritt unterbrochen wird. Die Musik dazu hat, ebenso wie die von vielen anderen Stücken Shakespeares, Robert Johnson komponiert, der als Lautenist am Hofe beschäftigt war und als einer der führenden Musiker seiner Generation galt. Leider ist von seinen Noten nichts auf uns gekommen. Welch hohen Rang Shakespeare der Musik unter den Künsten zuwies, das hat er zu vielen Gelegenheiten, sei es in den Stücken oder in den Sonetten, immer wieder mit den schönsten Worten zum Ausdruck gebracht.
Die masque war in den anderthalb Jahrhunderten, in denen sie in Blüte stand, vor allem eine Form aristokratischer Unterhaltung. Neben den Mitgliedern des Königshauses gaben auch begüterte Herzöge und Grafen solche Werke in Auftrag. »Lord Haye's Masque« von Thomas Campion zum Beispiel führt den Namen des Bestellers im Titel. Um die Mitte des 17. Jahrhunderts wurden aber auch sogenannte theatre-masques für das einfache Volk aufgeführt. Wurde zu Beginn der Regierungszeit von Königin Elisabeth die Handlung noch mimisch verdeutlicht, so setzte sich um die Jahrhundertwende allmählich der gesprochene Dialog durch. Dem meist festlichen Anlaß entsprechend, waren die Themen der Aktion vor allem heiterer Art. Es gibt jedoch auch Beispiele für besinnlichere Spiele wie etwa den »Dialogue between Charon and Philomel«, der um 1640 von William Lawes komponiert wurde. Dieser Zwiegesang, in dem die Nachtigall Philomele dem Fährmann der Unterwelt

Charon ihr Leid klagt und ihn bittet, sie über den Acheron zu führen, ist durchaus schon als kleine Opernszene zu bezeichnen. Nach anfänglicher Hin- und Widerrede endet das Stück in einem Duett. Von Christopher Gibbons gibt es eine masque mit dem Titel »Cupid and Death«. Sie erzählt von einer irrtümlichen Verwechslung der Pfeile Amors mit denen des Todes. Da wird also ein vorlauter Diener vom erzürnten Todesgott Thanatos versehentlich mit einem Liebespfeil getroffen, und anstatt zu sterben, verliebt er sich in das weibliche Wesen, das ihm als nächstes über den Weg läuft. Es ist, wie das eben so geht, wenn man von Blindheit geschlagen ist, eine Äffin. Man fühlt sich hier ein wenig an Shakespeares »Sommernachtstraum« erinnert und an die Szene im Wald, in der die verblendete Titania einen Esel umarmt. Ehe nun in Gibbons masque der Knabe Amor seinerseits mit den Geschossen des Todes unter den Liebesleuten größeres Unheil anrichten kann, erscheint aus den Wolken der Gott Merkur, um den Irrtum aufzuklären und den Wettstreit zwischen Liebe und Tod zu schlichten. Gibbons Musik ist erhalten. Es dürfte sich nur heute schwerlich eine Gelegenheit finden, bei der man solch einen kurzen heiteren Sketch zur szenischen Aufführung bringen könnte. So sind wir vorerst auf konzertante Begegnungen mit diesen Stücken angewiesen und auch das außerhalb Englands selten genug. Dem Brauch der Zeit entsprechend, wurden für die masques nur die Gesangstimmen und der Baß notiert. Die Instrumentation wurde je nach Anlaß und Rahmen einer Aufführung variierend hinzugefügt. Alfonso Ferrabosco, Thomas Campion und nach ihm Henry und William Lawes, seine begabtesten Schüler, hatten in den ersten Dekaden des 17. Jahrhunderts den neuen monodischen Stil aus Italien nach England gebracht und bereiteten durch ihre Kompositionen den Einzug der Oper auch auf der britischen Insel allmählich vor. Eine der bekanntesten masques von Henry Lawes, dem älteren der beiden Brüder, ist der »Comus« nach einem Text von John Milton aus dem Jahre 1634.

Als erste englische Oper jedoch wird »The Siege of Rhodes« von 1656 bezeichnet. Der Text zu diesem Werk stammt von d'Avenant, die Musik, an der sich fünf verschiedene Komponisten, neben Henry Lawes auch Matthew Locke und Edward Coleman, beteiligten, ist leider verloren gegangen. So ist die Behautung, daß darin die Solopartien im stile recitativo geschrieben waren, nicht nachprüfbar. Wahrscheinlich bleibt es immerhin, daß nach Beendigung der kunstfeindlichen puritanischen Cromwell-Zeit durch die Rückkehr des lebensfrohen Stuart-Königs Charles II. nun auch die neuesten Kunstformen aus Italien und Frankreich Einzug hielten in London. Matthew Locke, dem außer einer Mitarbeit an Gibbons »Cupid and Death« auch noch die Komposition einer masque über das Sujet der ersten Opern »Orpheus and Eurydice« zugeschrieben wird, wurde 1661 von Charles II. zum Hofkomponisten ernannt. In dieser Funktion hat er auch eine Reihe von Schauspielmusiken komponiert. Er wurde hierin eines der wichtigsten Vorbilder für die Generation Blows und Purcells und hat die theatralische Musik im England der Restaurationszeit entscheidend beeinflußt. Die Schauspielmusiken dieser Zeit, vornehmlich für Stücke von Shakespeare und Dryden, bestanden aus einer Ouvertüre meist im französischen Stil und einer Anzahl von masque-artigen Gesangsszenen, die in die Handlung eingestreut wurden, etwa einem gesungenen Prolog, einigen Liedern, Schäferchören, Jagdmusiken und einem Schlußgesang. Ein gewisses pastorales Element bleibt dabei stets erhalten und weist dadurch zurück auf die italienischen Quellen.

Den Übergang von der masque zur Oper bezeichnet am deutlichsten eines der schönsten

Werke des frühen englischen Musiktheaters: John Blows »Venus and Adonis«, das, 1683 erstmals aufgeführt, noch den Untertitel trägt »A Masque for the Entertainment of the King«, sich jedoch im letzten der drei Akte ganz ohne Zweifel als echte monodische Oper erweist.

Auch Henry Purcell, der Komponist der Oper »Dido and Aeneas«, hat außer zahlreichen Schauspielmusiken im masque-Stil eine traditionelle theatre-masque geschrieben. Sie wurde als Einlage gespielt zu einer Bearbeitung des Shakespeare-Stückes »Timon von Athen« und hat wenig Zusammenhang mit der drastisch pessimistischen Haupthandlung des Schauspiels. Der Textautor ist jener Thomas Shadwell, der sonst nur durch seine Verbesserungen von Shakespeares »Sturm« mehr berüchtigt als berühmt geworden ist. Er hat die masque als Unterhaltung, die der reiche Timon seinen Gästen bietet, in den ersten Akt eingelegt. Daß die Schmarotzer, die den reichen Timon bald danach durch unvermutete Rückforderungen ausstehender Zahlungen in den unverschuldeten Ruin treiben werden, sich hier nun an den harmlosen Scherzen des Knaben Amor belustigen, will uns heute nicht mehr so recht einleuchten. Dieser Umstand trägt dazu bei, daß man auch Purcells wunderschöne Musik kaum mehr in einer Aufführung dieses wohl bittersten aller Shakespeareschen Dramen zu hören bekommt.

Ballettopern wie »The Fairy Queen« oder »King Arthur« mit ihren gesprochenen Dialogen und reichen Chorszenen kann man als eine durch eine lose Handlungsfolge verknüpfte Folge von masque-Szenen verstehen. Dies wird wohl auch der Grund dafür sein, daß den beiden Werken, die eine Fülle von musikalischen Schönheiten umschließen, die dramatische Spannung fehlt und der dekorative Reiz den theatralischen überwiegt.

Wenn Georg Friedrich Händel noch in den Jahren 1718 und 1720 seine für den Landsitz des Duke of Chandos komponierten pastoralen Kurzopern »Acis and Galathea« und »Haman and Mordecai« als masques bezeichnet, so ist dies ein letzter Versuch, an eine blühende Tradition anzuknüpfen, die jedoch nach dem Einzug der italienischen Oper in London keine weitere Fortsetzung fand.

Lehrer und Schüler: John Blow und Henry Purcell

John Blow wurde als zweites Kind einfacher Eltern in Newark in Nottinghamshire geboren. Der Umstand, daß er schon in jungen Jahren in den Knabenchor der Londoner Chapel Royal aufgenommen wurde, bestimmte seine weitere Laufbahn als Musiker und macht es uns heute möglich, alle äußeren Stationen seines beruflichen und privaten Lebensweges in den Archiven der königlichen Administration zu verfolgen; denn er befand sich offenbar so sehr im Einverständnis mit dieser frühen, vermutlich von seinen Eltern getroffenen Entscheidung, daß er bis zu seinem Tode, von Stufe zu Stufe höhersteigend, den Ort nicht mehr verließ, an den er gestellt worden war.

John Blows erste Kompositionen, drei Anthems, entstanden noch während seiner Schulzeit vor dem Jahre 1664. Nachdem er wegen des Stimmbruchs aus dem Knabenchor ausgeschieden war, wurde er vorübergehend als Aufseher über die königlichen Musikinstrumente beschäftigt. 1668 wurde er dann, neunzehnjährig, auf Probe zum Organisten der Westminsterabtei bestellt. Diese Probe muß er offenbar bestanden haben, denn schon im Januar des folgenden Jahres erlangte er eine feste Anstellung als »Master of the Virginals«. Seine Angelobung als »Gentleman of the Chapel Royal« erfolgte am 16. März 1674. Noch im selben Jahr wurde er als Nachfolger des verstorbenen Pelham Humfrey zum Vorsteher der Chorknaben der Chapel Royal eingesetzt. In dieser Funktion wirkte er bis ans Ende seines Lebens und wurde auf solche Weise zum musikalischen Erzieher einer ganzen Generation von jungen Musikern, unter denen die Brüder Henry und Daniel Purcell die bekanntesten sind. In das so ereignisreiche Jahr 1674 fällt auch noch, im September, das Datum seiner Hochzeit mit Elizabeth Braddock, der Tochter eines älteren Musikerkollegen an der Königlichen Hofkapelle.

Im Jahre 1676 wurde John Blow als Nachfolger Christopher Gibbons' auch zum Organisten der Chapel Royal ernannt. 1677 folgte die ehrenvolle Auszeichnung mit dem Titel eines »Doctor of Music« durch Dekan und Kapitel von Canterbury. Möglicherweise war es einer Überlastung durch die diversen Ämter zuzuschreiben, daß John Blow 1679 oder 1680 die Stelle als Organist an der Westminsterabtei an Henry Purcell abtrat. Aber schon 1687 nahm er eine weitere Funktion auf sich, als er einer Berufung als »Master of the Choristers« an die Londoner St. Paul's Cathedral folgte. Nach Purcells frühem Tod kehrte er jedoch als Organist in seine frühere Funktion zurück. Daß das Verhältnis zwischen dem Lehrer und seinem nur um neun Jahre jüngeren Schüler auf Freundschaft und gegenseitiger Wertschätzung beruhte, läßt sich aus der Tatsache schließen, daß die beiden noch 1695, im Todesjahr Purcells, gemeinsam drei Elegien auf die Königin Mary publizierten und daß John Blow 1696 eine Ode auf den Tod Henry Purcells zum Druck gab. Im Jahre 1700 wurde John

Blow durch den bei dieser Gelegenheit erstmals verliehenen Titel »Composer of the Chapel Royal« geehrt, was jedoch nicht hindern konnte, daß von dieser Zeit an seine kreativen Kräfte nachzulassen begannen. Er starb in den ersten Oktobertagen 1708 im Alter von 59 Jahren und wurde am 8. Oktober in der Westminsterabtei unweit von Henry Purcells Grab bestattet.

Außer seinem einzigen, im Jahre 1685 uraufgeführten Bühnenwerk »Venus and Adonis« komponierte John Blow Oden, Anthems, Lieder, Duette und Terzette auf weltliche Texte sowie Messen in englischer Sprache, lateinische Kirchengesänge und Musik für die Orgel, sein bevorzugtes Instrument.

Von seinen Zeitgenossen wurde er als gutaussehender und würdevoller Mann beschrieben, der sich bei aller liebenswürdigen Gemütsart seines Wertes durchaus auch mit Stolz bewußt war. Den Verfügungen seines letzten Willens läßt sich entnehmen, daß der angesehene Künstler und Lehrer auch wohl imstande war, seine materiellen Güter zu verwalten und zu mehren.

Henry Purcell, der 1658 oder, wahrscheinlicher, 1659 in London geboren wurde, entstammte einer Musikerfamilie. Sein Vater und sein Onkel waren beide seit dem Jahr der Restauration 1660 als »Gentlemen of the Chapel Royal« in königlichen Diensten. Einen von den beiden wird man in dem Sänger Henry Persill vermuten können, der im gedruckten Libretto der ersten englischen Oper »The Siege of Rhodes« von William d'Avenant als Interpret der Rolle des Mustapha genannt wird.

In jungen Jahren trat Purcell als Sängerknabe in die königliche Kapelle ein und wurde zunächst von deren Leiter, Captain Henry Cooke, ausgebildet. Cooke war nicht nur selbst ein ausgezeichneter Sänger, sondern auch einer der fünf Komponisten des »Siege of Rhodes«. Nach seinem Tod übernahm 1672 der noch jugendliche Komponist Pelham Humfrey die Leitung des Chors. Humfrey war eben erst von einem achtjährigen Studienaufenthalt aus Frankreich zurückgekehrt und hat gewiß sein dort erworbenes Wissen um die neue französische Opernkunst, den modernen konzertanten Stil und die höfischen Tanzformen zum Gegenstand seines Unterrichts gemacht. Nach seinem frühen Tod trat der gleichaltrige John Blow seine Nachfolge als »Master of the Children« an. Purcells Talent muß sich unter dessen Anleitung schon sehr früh kundgetan haben, denn nach Matthew Lockes Tod wurde der kaum Achtzehnjährige mit dem Titel eines »Composer in ordinary for the violins« an der Chapel Royal in Dienst genommen. Zwei Jahre darauf, 1679, übernahm der junge Musiker die Stelle seines Lehrers Blow als Organist der Westminsterabtei und hatte hierdurch beste Gelegenheit, die polyphonen geistlichen Werke der Tudor- und frühen Stuart-Epochen zu studieren, zu spielen und komponierend nachzuahmen. Daneben aber begann er bald schon mit seinen ersten Versuchen auf dem Gebiet der Schauspielmusik. 1680 wurde er vom königlichen Theater in Dorset Garden beauftragt, die Musik zu Nathaniel Lees Tragödie »Theodosius« zu schreiben. Die muß offenbar zur allgemeinen Zufriedenheit ausgefallen sein, denn noch im selben Jahr folgte die Musik zu Nahum Tates Bearbeitung von Shakespeares Königsdrama »Richard II.«. Und danach reißt die Kette der insgesamt 43 Kompositionen für das Sprechtheater bis zu Purcells Todesjahr nicht mehr ab. Zu den bekanntesten dieser Werke, die sich überwiegend aus Ouvertüren, Liedern, Auftrittsfanfaren und Tänzen zusammensetzen, gehören »The Libertine De-

stroyed«, ein Don-Juan-Stück von Thomas Shadwell, »Timon of Athens« nach Shakespeare, »The Old Bachelor« von William Congreve, »Amphitryon« von John Dryden, »Oedipus« von Dryden und Lee und die drei Teile des »Don Quichote« von Thomas d'Urfey. Henry Purcell diente als Komponist und Organist unter den drei Königen Charles II., James II. und William III. und erfüllte diese Verpflichtung durch die Komposition zahlreicher Oden und Anthems für Soli, Chor, Orchester und Orgel und anderer Gelegenheitswerke. Daneben entstanden eine große Zahl von Liedern, Kanons (sogenannten catches), fantasies für Streicher, zwölf Triosonaten und zehn, erst nach seinem Tode publizierten, sonate a quattro im italienischen Stil. So ist es nicht verwunderlich, daß er erst mit dreißig Jahren die Gelegenheit fand, eine Oper für eine private Aufführung zu schreiben. »An Opera performed at Mr. Josias Priest's Boarding-School at Chelsea by young Gentlewomen« steht auf dem Titelblatt zu Purcells einziger Oper »Dido and Aeneas«. Der Umstand, daß Josias Priest zu jener Zeit der angesehenste Tanzmeister der Londoner Gesellschaft war, war sicherlich nicht ohne Bedeutung für die Gestaltung und Interpretation des etwa einstündigen Werkes. Wo immer die Situation es erlaubte, sind Tänze von Höflingen, Jägern, Hexen und Seeleuten eingestreut. Auch die Chöre sind immer in Bewegung. Dennoch kann man bei diesem Werk nicht von einer Ballettoper sprechen, da alles Bühnengeschehen dem raschen Fortgang der dramatischen Handlung untergeordnet ist.
Neben der continuo-Gruppe werden in der Partitur nur Streicher und eine Gitarre gefordert. Der Verzicht auf Bläser hat seinen Grund möglicherweise in den beschränkten Mitteln der Uraufführung, andererseits wurde auch in John Blows »Venus and Adonis« eine Jagdszene nur vom Streichorchester ausgeführt. Auffallend ist die Rollenverteilung, die nur eine einzige im Tenorschlüssel notierte männliche Stimme verlangt. Alle anderen Partien, also auch die des Sailor und des Spirit, sind im Sopranschlüssel aufgezeichnet und wurden vermutlich von Schülerinnen oder weiblichen Gästen der boarding-school gesungen. Dies muß heute nicht unbedingt so beibehalten werden, zumal in jener Epoche die Stimmverteilung meist je nach der Verfügbarkeit der Sänger festgelegt oder abgeändert wurde. Die dramaturgisch so wichtige Partie des Aeneas ist auf accompagnato-Rezitative und ein einziges, sehr kurzes Duett mit Dido beschränkt, während den anderen Hauptpartien wie Dido, Belinda, der Zauberin und sogar dem jungen Seemann effektvolle, solistische Aufgaben zugewiesen wurden. Die kontrastreich gestalteten Chöre verdanken ihre besondere Ausdrucksfülle wohl dem Umstand, daß Purcell selbst im Chor der Chapel Royal herangewachsen ist.
Unverkennbar ist die Verwandtschaft von Form und Gehalt dieses ersten Meisterwerkes der englischen Oper mit dem noch nicht zu voller Reife entwickelten Vorbild von John Blows vier Jahre zuvor entstandener masque »Venus and Adonis«. Beide Werke haben eine unglückliche und tragisch endende Frauenliebe zum Gegenstand, beide enthalten viel höfisch galante Unterhaltung und Tänze sowie Szenen von Jägern und Amoretten und werden von einem Lamento des Soprans und einem Trauergesang des Chors beschlossen. In beiden Fällen ist das Bühnengeschehen in drei Akte unterteilt, und die Dauer beträgt jeweils nicht viel mehr als eine Stunde. Gewiß aber hat Purcells Werk den Vorzug der einheitlicheren, durchwegs genialen Musik und den der stärkeren und abwechslungsreicheren dramaturgischen Formung durch Nahum Tates Libretto.
Henry Purcell, der die erste Aufführung, dem Brauch der Zeit entsprechend, vermutlich

vom Cembalo aus geleitet hat, muß sich mit Josias Priest, dem Tanzmeister, bestens verstanden haben, denn schon im folgenden Jahr 1690 brachte er mit ihm gemeinsam sein nächstes Werk, die Ballettoper »The Prophetess or The History of Dioclesian«, im Dorset Garden Theatre heraus. Der Text zu diesem Werk wurde von Fletcher und Massinger verfaßt. 1691 folgte, ebenfalls mit Josias Priest als Tanzmeister, »King Arthur« auf einen Text von John Dryden, und 1692 »The Fairy Queen« nach Shakespeares »Sommernachtstraum« in der sehr freien Bearbeitung von Elkanah Settle. Von den letzten drei Ballettopern (oder semioperas), die Purcell allesamt in seinem Todesjahr schuf, ist »The Tempest«, nach Shakespeare, neuesten Erkenntnissen entsprechend nur zum geringsten Teil aus seiner Feder, »Bonduca«, nach Fletcher, enthält nur wenige musikalische Nummern, und allein »The Indian Queen«, auf einen Text von John Dryden und Robert Howard, kann als opernähnliches Werk angesprochen werden, obwohl auch hier der gesprochene Text überwiegt.

Den fünften und letzten Akt dieses Stückes konnte Purcell nicht mehr vollenden. Er starb im Alter von nur 36 Jahren am 21. November 1695 in London. Sein jüngerer Bruder Daniel vervollständigte das Werk. Henry Purcell wurde in seiner Wirkungsstätte, der Westminsterabtei, begraben. Die englische Musikwelt war sich wohl bewußt, daß mit ihm einer der bedeutendsten Komponisten zu Grabe getragen wurde, die sein Jahrhundert hervorgebracht hatte.

Das Rezitativ

Die Erfindung des Rezitativs ist zugleich auch die Geburtsstunde der Oper. Die Dichter und Komponisten der Florentiner Camerata suchten und fanden einen Weg, um die dramatische Deklamation durch Gesang zu formalisieren, wobei weder die Verständlichkeit noch die freie Entfaltung des Wortes gefährdet werden durfte. Es sollte die Gefühlserregung der handelnden und leidenden Personen durch musikalische Mittel wie Tonhöhe, Tondauer, Bindung und Trennung, Tempo und Rhythmus dargestellt werden. Man erhoffte sich durch die Vereinigung von Wort und Musik eine Steigerung des Ausdrucks und eine Wiederholbarkeit der Wirkung theatralischer Rezitation. Ausgegangen waren sie von der aus Berichten antiker Theoretiker gewonnenen Überzeugung, daß die griechische Tragödie in ihrer Gesamtheit und in allen ihren Teilen sowohl vom Chor wie auch von den Protagonisten gesungen worden sei. Während eine musikalische und tänzerische Darbietung der antiken Chöre außer Zweifel steht, wird heute doch allgemein angenommen, daß die solistischen Schauspieler der attischen Tragödie sich wohl einer rhythmisch im Versmaß gebundenen, nicht jedoch in einer auf Tonhöhen festgelegten Deklamationsform bedienten. Jedenfalls sind keinerlei Aufzeichnungen von Zeitgenossen erhalten, die eine solche Mutmaßung bestätigen könnten.

Das Mißverständnis der Florentiner hat sich als über alle Maßen fruchtbar erwiesen. Die in jeder Theatertradition angelegte Tendenz zur formalen Stilisierung ist in ihrer ursprünglichen ins Kultische und Allgemeine zielenden Bestimmung begründet. Auch im gregorianischen Gesang der frühchristlichen Zeit, im Gebetsgemurmel der Mönche und im Psalmodieren des Priesters oder Vorbeters ist der Versuch zu erkennen, die Verkündigung des Wortes durch Musik in Gesang zu verwandeln, sie so merkwürdig und wiederholbar zu machen und über den beliebigen Anlaß hinauszuheben.

Das Rezitativ wird dieser Aufgabe auf der Bühne gerecht. Doch erfordert die dramatische Darstellung menschlichen Schicksals eine Freiheit der Interpretation, die der Sinndeutung und dem Gefühlsausdruck Vorrang gewährleisten vor der äußeren Form. Während das Wort auf der Bühne keinen anderen Vermittler als den Mund des Sprechenden oder Singenden hat, steht der Musik eine Unzahl von Hilfsmitteln zu Gebot. Daraus entstand sehr rasch eine Versuchung zur Verselbständigung des musikalischen Elements in der Oper. Bereits in den ersten beiden erhaltenen Opern, den Vertonungen von Rinuccinis »Euridice« durch Peri und Caccini, finden sich ariose Stellen, Tänze und Ritornelle neben dem vorherrschenden, gattungsbestimmenden Sprechgesang. Es bildeten sich rhythmische, lyrische oder meditative Inseln im lebendigen Fluß der Handlung. Während etwa der berühmte Botenbericht der Nymphe Daphne vom plötzlichen Tod der Eurydike in beiden

Kompositionen in der neuen rezitativischen Form vorgetragen wird, singt Orpheus nach der Wiederkehr aus dem Hades seinen Jubelgesang bereits wie eine kleine Arie mit melodischen Wiederholungen und Verzierungen: »Gioite al canto mio, selve frondose.« Dies wurde nicht von den Komponisten erzwungen, sondern ganz offenbar schon vom Dichter so angelegt. Denn die Handlung ist an diesem Punkt zu einem glücklichen Ende gelangt, und die Feier des unverhofften Ereignisses ist ein Versuch, Dauer zu stiften durch Erweiterung und Wiederholung. Dies findet bald nicht nur am Ende eines Werkes statt. In Monteverdis künstlerisch wie historisch so bedeutungsvollem musikdramatischen Experiment »Combatimento di Tancredi et Clorinda« wird vom Textus die dramatische Handlung durchwegs im Ton eines anteilnehmend zuschauenden Kommentators vorgetragen, vor dem Beginn des tödlichen Zweikampfes jedoch wird mit der lyrischen Anrufung der Nacht »Notte, che nel profondo oscuro seno« Raum für eine Arie geschaffen, in der gesangliche Expansionen die Zeit zum Stillstand bringen.

Und so ist durch die gesamte Opernliteratur des an neuentwickelten Formen so reichen 17. Jahrhunderts immer wieder zu erkennen, daß je nach vorangetriebenem oder verzögertem Handlungslauf Rezitativ und Arie einander ablösen und durchdringen und so den eigentlich fruchtbaren Wechsel der gelösten und gebundenen Formen bewirken.

Vorgetragen wird das Rezitativ sowohl im Monolog als auch in der Wechselrede zweier oder mehrerer Stimmen. Seine musikalische Gestalt ist zum überwiegenden Teil aus der italienischen Sprachmelodie abgelauschten Formeln und vielfältigen Kadenzwendungen zusammengesetzt. Vor dem Eintritt der gebundenen Form wird der Schlußpunkt der Phrase gesetzt durch eine deutliche Markierung der angestrebten Tonart. Diese traditionelle Schlußwendung über Subdominante und Dominante zur Tonika bildet die deutlich erkennbare Nahtstelle zwischen Rezitativ und Arie. Gestützt, begleitet und gelegentlich auch angetrieben wird das Rezitativ im 17. Jahrhundert meist von einer kleinen Gruppe von Instrumenten, die durch ihren Klangcharakter die Verständlichkeit des Textes nicht gefährden. Dazu sind vor allem Saiteninstrumente geeignet. Diese sogenannte continuo-Gruppe besteht für gewöhnlich aus Cembalo, Gambe, Kontrabaßviolone, Laute, Theorbe oder Chitarrone. Gelegentlich können auch Orgelpositiv, Regal, Pommer oder Fagott hinzutreten. Die Besetzungen variieren je nach dem Ort der Aufführung und dem Umfang der Aufgabe. In der Partitur ist stets nur die bezifferte Baßlinie notiert; die Harmonisierung und Stimmenverteilung bleibt den Ausführenden überlassen: ein deutlicher Hinweis auf die erwünschte Spontanität und Lebendigkeit des Rezitierens. Wenn auch vor allem in der venezianischen Oper alle nur denkbaren musikalischen Formen von der Ouvertüre über das Ritornell bis zu Ariosi, Arien und Ensembles aller Arten, von Tänzen und Liedern bis zu vielstimmigen Chören ihren Platz fanden, so blieb doch das Rezitativ als die eigentliche Keimzelle des Musiktheaters auch in wechselvoller Entwicklung stets im Mittelpunkt des dramatischen Geschehens.

Um die Wende zum 18. Jahrhundert wurde in der Schule der neapolitanischen Oper das secco-Rezitativ ausgebildet, welches »trocken«, das heißt mit der geringstmöglichen Unterstützung durch Akkordinstrumente, vorgetragen werden sollte und allein dem Fortgang der Handlung im Dialog zu dienen hatte. Neben dem Cembalo findet hierbei nur noch das Cello Verwendung. Diese beiden Instrumente dienen der harmonischen Stützung der Stimme und der klaren Zeichnung des Basses. In der zweiten Hälfte des Jahrhunderts wird auch auf das Cello verzichtet, um die freie Beweglichkeit der Stimme so wenig wie möglich zu belasten. Diese gehorcht einzig den Gesetzen der in sieben- oder elfsilbigen Versen gebundenen Sprache. Es werden keine außerhalb der natürlichen Sprechstimmlage liegenden Tonhöhen gefordert. Dennoch sollen die angegebenen Noten mit leichter Stimme gesungen und nicht gesprochen werden. Dramatische Steigerungen, Verzögerungen, Pausen sind ebenso erlaubt wie ein flüchtiger Plauderton oder das in der buffa so beliebte und meist nur im italienischen Original mögliche Abschnurren komischer Passagen in atemberaubender Schnelligkeit. Tempo, Ausdruck und Lautstärke werden hierbei vom Sinn der Worte diktiert. Das secco-Rezitativ wird aus diesem Grunde stets im 4/4-Takt und ohne Tempoangaben oder dynamische Vorschriften notiert. Die Achtelnote gilt als die natürliche Silbendauer in freier Rede. Jede Silbe wird nur durch eine einzige Note bezeichnet. Vorhalte auf betonten Taktteilen werden nicht eigens kenntlich gemacht, können aber, wenn eine Verstärkung des Ausdrucks erzielt werden soll, improvisiert werden. Sie ohne Unterschied immer und auf dieselbe Art anzubringen wäre ein Zeichen von geringer interpretatorischer Phantasie ebenso wie das unverändert notengetreue Absingen der notierten Werte. Wie bei freier Deklamation von Versen hat auch im Rezitativ der gedankliche und gefühlsmäßige Ausdruck des Inhalts den Vorrang vor der äußeren Form. Dennoch soll der metrische Puls dahinter erkennbar bleiben. Gewiß werden die Rezitative einer buffa flüssigeres Zeitmaß und leichteren Ton, die einer seria stärkeren Affekt und vertiefte Nachdenklichkeit erfordern.

Wenn es auch im 18. Jahrhundert gelegentlich hingenommen wurde, daß die Rezitative von einem Assistenten des Komponisten ausgeführt wurden – Mozart etwa überließ seinem Schüler Süßmayr diese Arbeit bei der Vertonung des »Titus« – so wurden doch zumindest die Modulationen der Tonarten abgesprochen, um die rechten Anschlüsse zu gewährleisten. Auch hatte der Komponist, der üblicherweise persönlich die ersten Aufführungen vom Cembalo aus leitete, bei den Proben jede Gelegenheit, Korrekturen in seinem Sinne vorzunehmen. Im übrigen ist auch diese Tatsache nur ein weiterer Beweis dafür, daß die detaillierte Gestaltung der Rezitative ohnehin der dramatischen Darstellung durch den Sänger überlassen wurde. Bei Werken wie »Figaro«, »Don Giovanni« oder »Così fan tutte« kann man allerdings auch an der sorgfältigen Modellierung der secco-Rezitative die Hand des Meister erkennen.

Der Taktstock hat in einem freien Gespräch keine Funktion. Wenn er wieder regiert, zwingt er das Individuelle ins Allgemeine. Dann mag er tanzen, marschieren, jubeln oder erzittern machen; den freien Gedanken soll er nicht zu lenken versuchen. Eben der Wechsel zwischen gebundenem und ungebundenem Zeitmaß ist das eigentliche Charakteristikum der Oper des 18. Jahrhunderts. In dieser Gegensätzlichkeit wurden Rezitativ und musikalische Nummer durch die Reformen zu Beginn der Epoche der Aufklärung festgelegt und danach bewahrt als Merkmal klassischer Form bis zum Anbruch des romantischen Zeitalters, das alle Grenzen aufzulösen und zu überschreiten suchte. Solange die alten Gesetze aber in Kraft blieben, gaben sie Zeugnis für den ordnenden Formwillen des Rationalismus, durch welchen dem Wort und der Musik im musikalischen Drama wechselnde Geltung und gemeinsame Wirkung geschaffen wurde.

Zwischen der musikbestimmten Gesangsnummer und dem wortbetonten secco-Rezitativ blieb jedoch eine vermittelnde Zwischenform aus ältester Überlieferung erhalten. Im accompagnato-Rezitativ, dem vom ganzen Orchester begleiteten, affektgeladenen, deklamatorischen Monolog des Protagonisten, erwies sich die Keimzelle des stile rappresentativo in gewandelter Form als unverändert lebendig. Im Neapel der Jahrhundertwende hat es sich aus dem frühbarocken continuo-Rezitativ durch Ergänzung der instrumentalen Begleitung, thematische Arbeit und rhythmische Akzentuierung herausgebildet. Bei Leonardo Vinci findet es erstmals seine völlige dramatische Ausprägung, bei ihm wechseln freie Vokale mit gebundenen orchestralen Passagen. Gluck (etwa in den Monologen des Königs Agamemnon in der aulidischen »Iphigenie«) und Mozart (in den accompagnati der Donna Anna und Donna Elvira im »Giovanni«) erreichen den Höhepunkt. In diesen Szenen, die nur den Hauptdarstellern in den entscheidenden Konfliktsituationen der Handlung vorbehalten sind, ist die Oper mehr noch als in allen Arien oder Ensembles in ihrem ureigensten Element. Alle Leidenschaften der menschlichen Seele finden hier ihren aufs höchste gesteigerten Ausdruck: Erregung und Besänftigung, fortreißende Überredung, Aufbegehren, Widerstand und resignierendes Verstummen. Hier erweisen sich Komponist und Interpret in ihrer musikdramatischen Gestaltungskraft und in ihrer seelischen Ausdrucksvielfalt. Hier müssen Sänger und Dirigent mit großer Aufmerksamkeit zusammenwirken, um Freiheit des Wortes und rhythmische Bindung von Schritt zu Schritt gegeneinander abzuwägen. Wenn in der ersten Hälfte des Jahrhunderts solche accompagnati etwa bei Fux, Conti oder Händel durchaus auch allein zwischen secco-Rezitativen stehen konnten, so wurde es später der Brauch, die großen Arien der Hauptdarsteller durch solche begleitenden Rezitative einzuleiten. In ihnen wurden die Affekte gesteigert bis zu jenem Punkt, in dem der lyrische Vogel zum Flug sich vom Boden löste. Rezitativ und Arie wurden auf solche Weise bis weit ins romantische Jahrhundert hinein eine dramaturgische Einheit, während das secco-Rezitativ mehr und mehr an Bedeutung verlor.

Während das aus der italienischen Sprache geborene secco-Rezitativ weder im deutschen noch im französischen Sprachraum so recht heimisch geworden ist, hat das accompagnato in der tragédie lyrique ebenso wie in Mozarts deutschen Opern – als Beispiel sei hier nur die Sprecherszene in der »Zauberflöte« genannt – Aufnahme gefunden. Joseph Haydn hat schon sehr früh in seiner einaktigen Metastasio-Oper »L'isola disabitata« das secco gänzlich eliminiert und durch das accompagnato ersetzt.

Rezitative Formen haben sich auch über das 18. Jahrhundert hinaus in vielen Variationen im Musiktheater erhalten. Bei Beethoven, dessen Leonoren-Rezitativ im 2. Bild des ersten Aktes als eines der großartigsten Beispiele eines beseelten accompagnato gelten kann, ist das Rezitativ auch in die symphonische Musik eingedrungen. Man denke nur an das Orchesterrezitativ im Schlußsatz der 9. Symphonie. Auch in der »durchkomponierten« Partitur von Richard Wagners »Tristan« finden sich zahllose rezitativische Stellen wie fester Boden im Meer der »ewigen Melodie«. Als Beispiel soll die Replik Kurwenals auf Brangänes Forderung, Tristan möge vor Isolde erscheinen, angeführt werden: »Darf ich die Antwort sagen?« fragt er im secco-Stil, steigert sich zum accompagnato und endet in einem Spottlied, in das der Chor einfällt, als wär's ein Zitat aus alten Zeiten. Es versteht sich, daß in den »Meistersingern« noch weit mehr solcher Beispiele zu nennen wären.

Daß auch im Musiktheater des 20. Jahrhunderts dem Rezitativ in vielerlei Formen unverminderte Bedeutung zukommt, läßt sich vom Straussschen parlando bis zu Puccinischen

Arienschlüssen, vom Sprechgesang Schönbergs, den Litaneien Orffs, den klassizistischen Zitaten Strawinskys bis zu den bewußt traditionsverpflichteten Deklamationen der jüngsten Wiener Komponistenschule mit endlosen Beispielen belegen. Wie sollte es auch anders sein. Das Rezitativ ist die unzerstörbare Grundform der europäischen Oper und ihr offenkundigstes Unterscheidungsmerkmal gegenüber allen anderen Formen des Musiktheaters.

Kastraten und Hosenrollen

Es ist oft schwer zu entscheiden, welches die Ursache und welches die Folge ist. Das eine ist ins andre gewoben, so daß man's nicht trennen kann. Zur Zeit der Renaissance, wie zu allen Epochen verfeinerter Kultur, beginnen auch die Grenzen zwischen den Geschlechtern sich zu verwischen. Ist darin einer der Versuche zu sehen, die alten Griechen nachzuahmen? Geschah es, weil der unbekleidete Körper wieder zum Modell der Maler und Bildhauer wurde? Fielen mit den Kleidern die Hüllen vor verborgen gehaltenen Trieben? War die Verkleidung von Männern in Frauen und von Frauen in Männer verursacht worden durch die Verbannung des weiblichen Geschlechts von der Bühne um der guten Sitten willen? Wollte man die Frauen vor frivolen Augen und Händen bewahren oder fürchtete man vielmehr die Verderbnis der Sitten durch die Lüsternheit der Weiber? Das mag ein andrer entscheiden.

Wer über die unvergleichliche Blütezeit des Musiktheaters im Zeitalter des Barock berichten will, kommt nicht umhin, von einer Welt des Scheins zu erzählen, in der das Wunderbare, das Unglaubliche zum Thema wurde, einer Welt, in der weder Ort noch Zeit Bestand hatten, sondern der Verwandlung unterworfen waren, in der die Willkür des Eros herrschte und die Laune der Lüste. Selbst die Bande der Familie und Freundschaft wurden gelöst und auf überraschende Weise neu gebunden. Wiedersehensfreude, Trennungsschmerz, Verwechslungskomik und Zauberkünste waren Ausgang und Ziel jeder Handlung. Verwirrung und Klärung war die Aufgabe der Dramaturgie. Und wer sich über die Unentwirrbarkeit der Fäden beklagt, der hat den Sinn des Wesens nicht begriffen. Wo Götter sich in Menschen verwandeln können und Menschen sich in Tiere oder Bäume, dort können auch Frauen zu Männern werden und Männer zu Frauen. Herkules und Achilles, den größten Helden des Altertums, ist es nicht anders ergangen.

Daß ein Bühnenstück ohne Frauen nicht auskommen kann, ist eine tröstliche Tatsache. Wenn Frauen die Bühne nicht betreten dürfen, weil man das Paulinische Wort »mulier taceat in ecclesia« befolgen will, so müssen eben Männer an ihre Stelle treten. Wir kennen das vom Elisabethanischen Sprechtheater. In der Oper allerdings war es mit Flüstern, Kreischen und Falsettieren nicht getan, da mußte gesungen werden. Da für diese Aufgaben die Stimmen von minderjährigen Knaben nicht ausreichten und diesen auch eine Mitwirkung bei spätabendlichen Veranstaltungen nicht zuzumuten war, wurde der Ausweg mit dem Messer gesucht. Diese grausame Praxis ist zu allen Zeiten empörtem Widerspruch begegnet. In Frankreich war sie zu keiner Zeit gegen die öffentliche Meinung durchzusetzen. Überall aber, wo man sie praktizierte, da wurde nur das künstlerische Ergebnis präsentiert, der Zeitpunkt und der Ort des chirurgischen Eingriffs aber verschleiert. In keiner Biographie sind nähere Angaben über die Umstände der Entmannung festgehalten. Meist wird behauptet, ein Unfall oder eine Krankheit in früher Jugend hätten das Ausbleiben des Stimmbruchs bewirkt oder die Operation erzwungen. Indes kann beobachtet werden, daß die ahnungslosen Opfer überwiegend aus ärmlichen Verhältnissen stammten und in kleinen Ortschaften beheimatet waren. Man kann daher annehmen, daß manche Eltern sich eine Sicherung ihres Alters durch eine musikalische Karriere ihres Sohnes erhofften, zumal die Berichte vom Reichtum und Ruhm berühmter Vorbilder ans Legendäre streiften. Daß die Betroffenen ihren Eltern nicht immer Dank dafür wußten, das macht uns eine Anekdote anschaulich, die erzählt, daß der Kastrat Loreto Vittori eines Tages den Besuch eines Mannes erhielt, der behauptete, sein Vater zu sein, und ihn um Geld bat. Worauf der Sänger einen ledernen Beutel aus der Tasche zog und mit den Worten: »Von Herzen gern, jedoch werd ich in Ihrer eigenen Münze zahlen« die Münzen herausnahm und dem Bittsteller den leeren Beutel überreichte.

Die Kastration eines Knaben mußte in einem Alter vorgenommen werden, in dem bereits abzusehen war, ob die stimmliche und musikalische Begabung erfolgversprechend waren. Das konnte wohl vor dem achten Lebensjahr nicht festgestellt werden. Wenn andererseits mit der Pubertät sich der Stimmbruch ankündigte, wäre das fatale Messer zu spät gekommen. Die Ausbildungszeit eines beschnittenen Sängerknaben muß mit durchschnittlich fünf Jahren veranschlagt werden. Wenn die Schulung im Konservatorium oder bei einem privaten Lehrer mit Erfolg absolviert wurde, konnte ein Debütant schon im Alter von 15 oder 16 Jahren, dann meist in weiblichen Rollen, die Opernbühne betreten und sich noch vor Erreichung der Großjährigkeit bereits einen Namen und ein kleines Vermögen machen. All diese Daten berechtigen zu der Annahme, daß die Operation zwischen dem 8. und dem 11. Lebensjahr durchgeführt werden mußte.
Die kleine Stadt Norcia bei Spoleto im Kirchenstaat scheint neben Neapel einer jener Orte gewesen zu sein, in welchen Kastrationen von Ärzten in professioneller Weise vorgenommen wurden. Nach dieser Stadt wurden die Opfer der Operation auch gelegentlich »Norcini« genannt. Wir wissen aus der Biographie Joseph Haydns, daß auch ihm einst, als einem besonders stimmbegabten Sängerknaben am Wiener Stephansdom, von seinen Erziehern der Vorschlag gemacht wurde, sich entmannen zu lassen. Sein empörter Vater konnte das Unheil abwenden. Es ist aus diesem Vorfall aber zu entnehmen, daß nicht allein in Italien die musikalischen Knaben gefährlich lebten.
Die Umstände der Kastration waren nicht schmerzfrei. Man kann dies einem zeitgenössischen Bericht entnehmen, der erzählt, daß die Knaben in ein heißes Bad gesetzt wurden, das so lange weiter erhitzt wurde, bis sie fast empfindungslos wurden. Danach wurden den Benommenen die Samenstränge mit dem Messer durchtrennt. Auf solche Weise wurde die sonst eintretende Verdickung der Stimmbänder zur Pubertätszeit unterbunden.
Kastraten, deren Stimme sich nicht ganz den Erwartungen entsprechend entwickelte, fanden meist Aufnahme in Kirchenkapellen oder Opernchören. So wird etwa von Burney berichtet, daß in Stuttgart im Jahr 1772 fünfzehn Kastraten im Chor sangen, in Frauenkleidern wie man vermuten darf.
Gelegentlich scheint durch die Entmannung eine Überentwicklung der Brust sich eingestellt zu haben.

Beeinträchtigt wurde durch den Eingriff gewiß auch der Bartwuchs. Doch scheint dies in einer Epoche, in der in allen Kreisen – außer gelegentlich beim Militär – dem natürlichen Haarwuchs mit Schermesser oder Perücke begegnet wurde, kein Grund zur Beunruhigung gewesen zu sein. Man riskierte im schlimmsten Fall die Geringschätzung des Barbiers für ein allzu glattes Gesicht.

Andere männliche Tugenden scheinen indes nicht gelitten zu haben. Besorgten Fragen danach wird vielleicht am besten durch einige Anekdoten begegnet. Der Kastrat Siface aus Pistoia wurde im Alter von 44 Jahren 1697 auf einer Landstraße bei Ferrara das Opfer gedungener Mörder, da er von einer Liebschaft mit der verwitweten Contessa Elena Formi nicht hatte lassen wollen und die von ihrer Familie ins Kloster Eingeschlossene dennoch besucht und sich dessen öffentlich gerühmt hatte.

Es scheint, daß sich mehrere Kastraten gewissen unerlaubten Zweifeln dadurch entgegenstellten, daß sie ihre amourösen Beziehungen gar nicht erst zu verheimlichen suchten und sogar daraus entstehende Händel im Duell austrugen. Der berühmte Caffarelli hatte 1728 in Rom ein Abenteuer mit einer verheirateten Dame, worauf ihn der erzürnte Gatte von gedungenen Bravos verfolgen ließ. Derer konnte er sich nur erwehren durch eine vierköpfige Eskorte, die wiederum von der besorgten Dame bezahlt wurde.

Während der Papst die Heirat eines Kastraten ausdrücklich untersagte – Innozenz XI. soll eine Petition des Kastraten Cecchi mit der Randnotiz »si castri meglio« versehen haben – fanden die protestantischen Kirchenoberen in Irland nichts einzuwenden gegen eine Heirat Ferdinando Tenduccis mit einer jungen Dame aus Limerick im Jahre 1766.

Eine Liebschaft mit einem berühmten Kastraten gehörte auch in vornehmsten Kreisen zum amourösen Repertoire ehelich vernachlässigter Damen. »Guadagni«, so schreibt Ange Goudar im Jahre 1777, »hätte Frankreich große Edelleute und Deutschland gar Prinzen geschenkt, wenn nicht das fatale Messer, das ihn gehindert hatte, ein Mann zu werden, in ihm den Samen der Fortpflanzung ausgetilgt hätte.«

Die Knaben traten nach dem überstandenen Eingriff meist in eine der öffentlichen Musikschulen ein. Dort wurden sie gegenüber den anderen Sängerknaben bevorzugt behandelt, was zu gelegentlichen Reibereien Anlaß gab und sie auf ein Leben außerhalb der Männergemeinschaft vorbereitete. Neben den vier öffentlichen Konservatorien Neapels hatten auch einige Kirchen ihre eigenen Gesangsschüler oder allievi musici soprani ed alti. Musico war die professionelle Bezeichnung, die der entmannte Sänger dereinst tragen sollte. Unter den geistlichen Gesangsschulen für Knabenstimmen waren die vatikanische Kapelle, der Dom von San Marco in Venedig und der Mailänder Dom die berühmtesten.

Die Ausbildung der Kastraten wurde mit großer Professionalität betrieben. So wird von fast allen bekannten Virtuosen berichtet, daß sie sich jederzeit selbst am Cembalo beim Gesang begleiten konnten. Einigen Kastraten werden auch eigene Kompositionen zugeschrieben. Opern hat neben Venanzio Rauzzini und Ferdinando Tenducci, die in England wirkten, auch der in Italien verbliebene Francesco Antonio Pistocchi komponiert: 1679 »Landro« für ein Puppentheater in Venedig, 1682 die opera buffa »Girello«, 1697 »Narciso«, 1699 »Le pazzie d'amore e dell' interesse« und endlich einen »Democrito« 1700 für die kaiserlichen Hoftheater in Wien. Bemerkenswert ist an diesen Titeln unter anderem, daß sie mehrere Beispiele für eine Existenz komischer Opern im 17. Jahrhundert liefern und die weitverbreitete Ansicht widerlegen, die buffa sei erst zu Beginn des 18. Jahrhunderts in Neapel entstanden.

In Italien lassen sich entmannte Sänger schon zur Zeit der Florentiner Monodisten und danach in allen Epochen bis ins 19. Jahrhundert nachweisen. Daß die Franzosen aber dem Kastratenwesen fremd und feindlich gegenüberstanden, läßt sich aus ihrem grundsätzlich vom italienischen Vorbild unabhängigen Verständnis des Musiktheaters ableiten. Das dichterische Wort und die dramatische Aktion hatten in Paris und Versailles von Anbeginn an eine höhere Bedeutung. Auf Rhetorik und darstellerisches Pathos wurde mehr Wert gelegt als in Venedig oder Neapel. Die Rezitative wurden mit weit größerem Gestaltungswillen komponiert und vorgetragen, Wortverständlichkeit war unerläßlich. Doch gab es gelegentliche Ausnahmen von dieser Regel, die Ludwig XIV. höchstpersönlich einst gesetzt hatte, als er den auf der Durchreise von London in Paris befindlichen Kastraten Francesco Grossi, genannt Siface, in Versailles nicht empfangen wollte und sich weigerte, den berühmtesten Sänger Italiens auch nur einmal anzuhören.
1753 aber wurde von Ludwig XV. der weltberühmte Caffarelli nach Paris eingeladen in Erfüllung eines Wunsches der Dauphine, einer geborenen Prinzessin von Sachsen, die in ihrer Heimatstadt Dresden gewöhnt war, die schönsten Stimmen Europas zu hören, und dergleichen in Frankreich lebhaft vermißte. Und da die königliche Dame guter Hoffnung war, mußte ihrer Bitte stattgegeben werden. Auf solche Weise hörte man nun in Paris zum ersten Mal einen echten italienischen musico, Baron Grimm schreibt über Caffarellis Auftritt in Hasses »Didone abbandonata« am Versailler Hof: »Es dürfte schwerfallen, eine Idee von dem Grad an Perfektion zu geben, zu welchem es dieser Sänger gebracht hat. Aller Liebreiz, den eine Engelsstimme besitzen kann und der den Charakter der seinigen bildet, verbunden mit der feinsten Ausführung und dies in überwältigender Leichtigkeit und Präzision üben einen solchen Zauber auf Herz und Sinne aus, daß es auch für Musik gänzlich Unempfindlichen schwerfallen dürfte zu widerstehen.«
Da ohne eine Mitwirkung von Kastraten an Aufführungen von Opern von Monteverdi, Scarlatti, Pergolesi, Händel, Hasse, Porpora oder Vivaldi nicht zu denken war, blieben den Franzosen deren Werke sonst unbekannt. Cavalli, der von Mazarin um 1660 nach Paris eingeladen wurde, um das neuerbaute Theater in den Tuilerien zu eröffnen, mußte seine Opern den französischen Spielregeln anpassen, ebenso wie hundert Jahre später Christoph Gluck, dessen Orpheus und Paris in Wien von Kastraten, in Paris aber von Tenören gesungen wurden.
Napoleon, der, was den musikalischen Geschmack anlangt, seine mediterrane Herkunft nicht verleugnen wollte, lud endlich den Kastraten Crescentini, den er mehrmals in Wien gehört hatte und dem er dort den Orden vom Eisernen Kreuz der Lombardei verliehen hatte, zu einem Gastspiel nach Paris. Crescentini blieb volle sechs Jahre in der Stadt an der Seine und sang dort mit großem Erfolg zu einer Zeit, als in Deutschland und Italien Kastraten fast schon ganz von der Szene verschwunden waren. So hatte schließlich der Gesang dieser männlichen Sirenen das widerstrebende Frankreich doch noch erobert, wenn auch zu spät.

Die Stimmen der Kastraten entsprachen in etwa den Sopran- bzw. Altregistern der Frauen, wobei große Unterschiede im Umfang vermerkt werden. Man kann davon ausgehen, daß Knaben, die zum Tenor mutiert hätten, nach der Kastration Soprane blieben, solche, die zum Baß mutiert hätten, Alte.

An den Stimmen einiger Kastraten wurde die außerordentliche Höhe bewundert. Dabei sollte man bedenken, daß ihnen neben dem Register der Bruststimme auch noch etwa eine Quint im Falsett zur Verfügung stand, wodurch eine Höhe von d''' oder e''' erreicht werden konnte. Der eine oder andere Kastrat soll auch über ein durchaus männlich klingendes Tenorregister verfügt haben. Dennoch kann man feststellen, daß z. B. Nicola Porpora, der als einer der besten Lehrer für junge Kastratenstimmen galt, in seinen eigenen Opernpartituren sowohl für Alt- wie auch für Sopranistkastraten meist nur einen Stimmumfang von anderthalb Oktaven notierte, einen geringeren also als für Frauenstimmen, die oft über zwei Oktaven geführt wurden.

Es blieb dem Geschmack und Geschick des Solisten vorbehalten, seine Stimmkünste in den Verzierungen und Kadenzen zu beweisen. Und hierin finden sich die größten Unterschiede, sowohl was die Ausdehnung solcher Freiheiten als auch was deren Virtuosität oder Tonhöhe anlangt. Neben Läufen, Rouladen und Trillern wurden auch Schwelltöne vom kaum vernehmbaren pianissimo zum ohrenbetäubenden forte, langausgehaltene Noten und rasche Sequenzen gefordert und geboten. Gelobt werden daneben auch das dramatische Pathos, die lyrische Empfindung und die wortdeutliche Artikulation der Sänger. Hierin vor allem scheinen die Kastraten den Frauen-Sopranen überlegen gewesen zu sein.

An Gasparo Pacchierottis Gesangskunst wird von Charles Burney vor allem die Fülle und Ausgeglichenheit seiner Sopranstimme gelobt, die in jeder Lage gleich anzusprechen vermochte, auch in der eines natürlichen Tenors, wobei er in der Tiefe bis zum B gelangte. Eine Anekdote über seine Kunst berichtet, daß er im Jahre 1785 in Rom in »Artaserse« von Metastasio und Bertoni nach einer gefühlvoll gesungenen Phrase vergeblich auf das vorgeschriebene Ritornell wartete und, als er sich fragend an den Dirigenten am Cembalo wandte, die Antwort erhielt: »Wir sind alle in Tränen.« Neben diesem Zeugnis aus der Epoche der Empfindsamkeit sei aber vermerkt, daß eine der herausragenden Eigenschaften der Kastratenstimmen ihr kraftvolles heldisches Timbre war, das oftmals mit Trompetenklang verglichen wurde.

Der junge Schopenhauer hörte Girolamo Crescentini an der Wiener Oper und schreibt darüber in sein Tagebuch: »Die übernatürlich schöne Stimme kann nicht verglichen werden mit irgendeiner Frauenstimme, es kann keinen volleren und schöneren Ton geben, und in ihrer silbernen Reinheit erreicht er eine unbeschreibliche Kraft.«

Filippo Balatri schreibt in seinen Memoiren, daß sein reich verzierter Gesang in Lyon großes Gelächter erregte. Man bedeutete ihm, daß in Frankreich das Prinzip eine Note für eine Silbe zu gelten habe und Melismen allein den sprachlosen Instrumenten überlassen bleiben sollten. »Che i gran passagi son per li violini e per le voci sono le parole.«

Was die Schauspielkunst der Kastraten anlangt, so wurde diese wohl erkannt und lobend kommentiert, wenn sie sich zeigte, sie scheint jedoch nicht eine vorrangige Bedingung für eine internationale Karriere gewesen zu sein. Der berühmteste aller Kastraten, der Sopran Farinelli zum Beispiel, soll sich während seiner Arien kaum je von der Stelle bewegt haben, um die Aufmerksamkeit nicht von der Virtuosität seiner Stimme und vom Empfindungsreichtum seiner Deklamation abzulenken. Venanzio Rauzzinis Schauspielkunst soll dagegen von dem berühmten Shakespeare-Darsteller Garrick mehrfach gelobt worden sein.

Außerhalb des Kirchenstaates wirkten von allem Anfang auch Frauen in der Oper mit, als Dichterinnen, wie Laura Guidiccioni, als Komponistinnen, wie Francesca Caccini, vor allem aber als Sängerinnen. Unter diesen waren in den frühen Jahren der Oper die berühmtesten Vittoria, die Gattin des Komponisten Archilei, die erste Dafne, und Virginia Andreini, die unter anderem die Partie der Venus in Monteverdis »ballo delle ingrate« bei der Uraufführung in Mantua 1608 gesungen hatte. Daß daneben Frauenrollen auch von Kastraten gesungen wurden, war besonders in Rom und in Neapel durchaus selbstverständlich. Man erinnert sich gewiß, daß dieser Brauch auch im Elisabethanischen Theater des 17. Jahrhunderts in Geltung war. Venedig scheint hier eine besondere Ausnahme gewesen zu sein. Denn diese Stadt war zu allen Zeiten bekannt als Ausbildungsstätte für weibliche Bühnenkünstler.

Es konnte nicht ausbleiben, daß bei solchen Umständen Kastraten und Sängerinnen gelegentlich in Konkurrenz um wichtige Rollen gerieten und es zu Unstimmigkeiten kam zwischen ihnen. Denn einige Kastraten, wie etwa Andrea Martini oder Venanzio Rauzzini, hatten sich zumindest in jüngeren Jahren auf die Darstellung weiblicher Partien spezialisiert. Da andererseits Frauen gelegentlich auch Männerrollen zu singen hatten, konnte es zu den wunderlichsten Vertauschungen der Geschlechter kommen.

Casanova erzählt von einem Fall, daß eine Sängerin im Kirchenstaat sich als Kastrat ausgab, um ihren Beruf ausüben zu können. Sie hat in Männerkleidern offenbar versucht, männlichen Nachstellungen zu entgehen, was ihr bei der Begegnung mit Casanova nichts genützt haben dürfte.

Die außerordentliche Wertschätzung, die mancher Virtuose erfuhr und die manchmal an kultische Huldigung grenzte, brachte es mit sich, daß sich der eine oder andere, von seinen Bewunderern verwöhnt, zu exzentrischem Benehmen hinreißen ließ.

Es ist vor allem den Capricen des berühmten Caffarelli, den Rossini durch ein ironisches Zitat in seinem »Barbier« unsterblich gemacht hat, zu danken, daß man noch immer von der Willkür der Kastraten spricht, obwohl Künstler wie etwa Giziello oder Farinelli von beispielhafter Zurückhaltung und Bescheidenheit waren. Caffarellis selbstherrliche Eitelkeit hingegen wurde sprichwörtlich, so daß ihm womöglich manche Anekdote zugeschrieben wurde, von der er selbst gar nichts wußte. Immerhin wurde er einmal in Neapel sogar wegen seines impertinenten Benehmens auf der Bühne ins Gefängnis gesteckt. Vorgeworfen wurde ihm dabei »Störung der anderen Darsteller durch Aktionen, die an Laszivität grenzten, mit einer der Sängerinnen, Konversation von der Bühne aus mit den Zuschauern in den Logen, ironisches Echosingen, wenn andere Mitglieder der Truppe eine Arie vortrugen, und endlich Weigerung bei einem Ensemble mitzusingen«. Der König erließ ihm jedoch, nach einer ersten Zornaufwallung, die Strafe, da er nicht auf seinen Lieblingssänger verzichten mochte. Und Caffarelli fühlte sich einmal mehr in seinen Extravaganzen bestätigt.

Der venezianische Stückeschreiber Simone Sograffi informiert uns in seiner Komödie »Le inconvenienze teatrali« von 1800 (die später von Donizetti zur Grundlage seiner opera buffa »Viva la mamma« gemacht wurde) von der Vorliebe der Kastraten für drei Arten von

Szenen, deren Aufnahme in ein ihnen angebotenes Stück sie gelegentlich sogar zur Bedingung ihrer Mitwirkung gemacht haben sollen: Wahnsinns-, Opfer- und Kerkerszenen. Sei es, daß sie sich in solchen Szenen die Zuwendung des allgemeinen Mitgefühls erhofften, sei es, daß ihnen der wehklagende Ton besser entsprach als Jubel- oder Triumphgesang. Ein wunderlicher Zufall aber wollte, daß bei der Uraufführung der serenata »Angelica e Medoro« 1720 in Neapel zugleich der berühmteste Dichter wie auch der berühmteste Sänger der Epoche in jugendlichem Alter auf der Opernbühne debütierten: Pietro Metastasio und Carlo Broschi alias Farinelli. Die beiden scheinen sofort Gefallen aneinander gefunden zu haben. Sie schlossen Freundschaft und blieben darin verbunden bis an ihr Lebensende. Obwohl ihre Wege sie weit auseinanderführten, den einen nach Wien, den andern nach Madrid, überbrückten sie den Abstand durch zahllose Briefe über sechs Jahrzehnte, bis sie beide im Jahre 1782 starben. Sie nannten einander stets »mio caro gemello«, und Zwillinge scheinen sie in der Tat in manchem gewesen zu sein. Sie galten beide, ein jeder in seiner Kunst, als unerreichbares Vorbild. Sie lebten und wirkten an bedeutenden Fürstenhöfen in hochgeachteten und vielbeneideten Positionen. Sie gaben ihrer Umgebung ein Vorbild an stets gleichbleibender heiterer Humanität. Und sie blieben einsam und unverheiratet, allein ihrer Kunst und der Verantwortung ihrer öffentlichen Ämter ergeben. Aus ihrer reichen Korrespondenz kann man manches über die gesellschaftlichen, politischen und künstlerischen Ereignisse an den Höfen von Madrid und Wien erfahren.

Die Einkünfte der Kastraten waren zu allen Zeiten sehr beachtlich und gaben in einzelnen Fällen Anlaß zu Legendenbildung. Zumeist lagen sie deutlich über denen anderer Sänger oder Sängerinnen. Da im 17. und 18. Jahrhundert in allen Herrschaftsgebieten unterschiedliche Währungen im Gebrauch waren, lassen sich zwischen den einzelnen Summen nur schwer Vergleiche ziehen. Mit den heutigen Sängergagen lassen sie sich ohnehin nicht vergleichen, da einerseits keine oder nur geringe Steuern einbehalten wurden, andererseits die Reise- und Aufenthaltsspesen weniger ins Gewicht fielen. Dagegen muß man bedenken, daß die Sänger üblicherweise ihre Bühnenkostüme selbst zu bezahlen hatten. Die Zeit der großen Ernte begann für die Opernsänger im allgemeinen erst nach dem Dreißigjährigen Krieg, als sich die ausgeplünderten Länder wieder zu erholen begannen und auch in deutschen Landen zahlreiche Opernhäuser gebaut wurden, die den italienischen Konkurrenz machten. Ein Fürstenhof suchte bald den anderen zu überbieten und die Besoldung eines berühmten Sängers galt als Demonstration einer luxuriöser Hofhaltung.

Die kaiserliche Hofkapelle in Wien durfte sich hierbei von keiner anderen übertreffen lassen, und so zahlte man hier zum Beispiel dem Kastraten Matteo Sassani, genannt Matteuccio, im Jahre 1695 für eine Saison 3 000 scudi. Angelo Maria Monticelli bezog ein Jahresgehalt von 2 000 Gulden in den Jahren 1733 bis 1750 mit der Erlaubnis, auch andernorts zu gastieren und so seinen Verdienst aufzubessern. Filippo Balatri hingegen, der nur eine einzige stagione in Wien verbrachte, erhielt im Jahre 1742 4 000 Gulden.

Die höchstbezahlten Kastraten waren vermutlich Farinelli, der in Madrid das Königliche Theater leitete und in London in einer Saison ca. 5 000 Pfund verdiente, Giovanni Manzuoli, dem Mailand im Jahre 1748 11 250 Lire und Madrid im Jahre 1753 16 000 Dukaten bezahlten, und schließlich Caffarelli, der, als er sich von der Bühne zurückzog, in Kalabrien ein Herzogtum als Alterssitz samt Adelsprädikat und ein Stadtpalais in Neapel erwerben konnte.

Bald nach der Wende zum 19. Jahrhundert ging das Kastratenwesen zu Ende. 1804 hörte Kotzebue auf seiner Italienreise noch einen 17jährigen Kastraten in der weiblichen Titelrolle der »Inès de Castro« von Guglielmi an der Römischen Oper. Um diese Zeit traten die berühmtesten Kastraten der letzten Blütezeit von der Bühne ab: der Altist Rubinelli und die Sopranisten Pacchierotti und Marchesi. Die letzte Partie, die ein Komponist eigens für einen Kastraten schrieb, dürfte die des Ritters Armando in »Il crociato in Egitto« gewesen sein. Die Uraufführung dieser Oper von Giacomo Meyerbeer fand im Teatro La Fenice in Venedig 1824 statt, den Armando sang der letzte bedeutende Kastrat Giovanni Battista Velluti.

Als Velluti mit dieser Partie 1825 in London debütierte, hatte man in England schon seit einem viertel Jahrhundert keinen Kastraten mehr gehört und gab sich höchst verwundert über das Ereignis. Bald aber belebte sich der alte Zauber. Obwohl Velluti zu dieser Zeit seine besten Jahre schon hinter sich hatte und viele englische Musikliebhaber sich aus grundsätzlichen Erwägungen nicht mit einer hohen Männerstimme anfreunden wollten, zog er doch so viele Zuschauer ins Theater, daß bis zum Ende der Saison nur mehr »Il crociato in Egitto« gespielt werden konnte. Die Bewunderung für diesen ungewöhnlichen Künstler ging schließlich so weit, daß man ihm für die nachfolgende Saison die Leitung des Londoner Opernhauses übertrug.

Kaiser Franz I. verbot 1815 den öffentlichen Auftritt von Kastraten in den Ländern der Habsburgischen Krone, konnte jedoch in Venetien und der Lombardei damit nicht durchdringen. Einige Jahre später wurde sogar in Wien der letzte berühmte Kastrat Velluti mit großem Erfolg an der Oper gefeiert.

Da es offenbar den Komponisten nicht leichtfiel, sich von der Vorstellung zu trennen, daß Liebesszenen von hohen Stimmen zu singen seien, finden sich noch geraume Zeit danach Opern, in denen Liebhaber von Frauen gesungen wurden. Das bekannteste Beispiel dafür ist der Romeo in Bellinis »I Capuleti e i Montecchi« von 1830.

Rossini, der die männliche Hauptrolle in »Bianca e Faliero« 1819 noch für einen Altkastraten komponiert hatte, schrieb die Rolle des Arbace in Semiramide von 1823 schon für die Altistin Pisaroni, von der behauptet wird, sie sei so häßlich gewesen, daß sie es vorzog, in Männerrollen aufzutreten.

Danach wird die Praxis seltener, einzelne Hosenrollen wie der Orsini in Donizettis »Lucrezia Borgia« oder der Siebel in Gounods »Faust« sind nur mehr Ausnahmen, bis mit dem Oktavian im »Rosenkavalier« und dem Komponisten in »Ariadne auf Naxos« Hofmannsthal und Strauss den besonderen Reiz zweier einander wollüstig umschlingenden Frauenstimmen wiederentdeckten.

Der letzte Kastrat, der noch professionell ausgebildet wurde, hieß Alessandro Moreschi. Er hat bis in die ersten Jahre des 20. Jahrhunderts gesungen. Von seiner allerdings damals schon recht brüchigen Stimme gibt es eine Schallplattenaufzeichnung, die nur mehr als Kuriosum einen Wert darstellt. Im päpstlichen Rom hielt sich die Tradition am längsten. Domenico Mustafà zog sich erst 1895 aus seinem Amt als Sänger und Leiter der päpstlichen Kapelle zurück und starb 1912, und mit ihm die letzte Blüte eines wunderlichen Baumes.

II

Von Händel bis Mozart

Von der Entstehung, der Blüte und dem Verfall der opera seria

Die opera seria entstand um die Wende des vielgestaltigen und phantasiereichen 17. zum rationalen und empfindsamen 18. Jahrhundert. In Neapel entwickelte vor allem Alessandro Scarlatti neue musikalische Formen. Ihm folgten Vinci, Leo, Pergolesi, Händel, Hasse, Pollarolo, Bononcini und Porpora sowie in Wien die Hofkapellmeister und -komponisten Fux, Caldara und Conti. Das Orchester übernimmt eine bedeutungsvollere Rolle. Die Streicher werden in fünf Gruppen, die ersten und zweiten Geigen bei Bedarf in bis zu vier Stimmen geteilt, durch die Oboen werden sie verdoppelt und klanglich schattiert, Hörner und Querflöten kommen hinzu, die Fagotte gehen mit dem Baß. Einzelne Instrumente treten solistisch hervor; die Stimmen der Sänger wetteifern gelegentlich konzertierend mit ihnen. Große individuell ausgeformte accompagnati sind zuerst bei Leonardo Vinci ausgebildet. Sonst wird im Rezitativ das secco allein vom Cembalo und dem Baß harmonisch markiert. Die da-capo-Arie, bereits um 1690 voll entwickelt, übernimmt die alleinige musikalische Herrschaft. Sie wird vom gesamten Orchester oder doch jedenfalls von den Streichern begleitet und nicht mehr überwiegend nur von der kleinen continuo-Gruppe. Die italienische Ouvertüre mit den Sätzen schnell-langsam-schnell setzt sich gegen die französische durch. Die Textur der Gesangsstimmen rückt mehr und mehr in die höheren, helleren Regionen. Kastraten, die schon um die Mitte des 17. Jahrhunderts (aus der päpstlichen Kapelle kommend) beim späten Monteverdi und beim jungen Cavalli sehr spezifische Partien zu singen hatten (Apollo, Jarbas, Nero, Xerxes u.a.) übernehmen nun fast ausnahmslos alle Heldenrollen im Sopran- wie im Altfach. In Scarlattis »Il trionfo dell' onore« ist gar der Fall eingetreten, daß der Liebhaber im Sopran, die Geliebte aber im Alt singen.
Die entscheidenden Schritte zur Reform gehen jedoch von der Dichtung aus. Die beiden Venezianer Apostolo Zeno und sein Freund Pietro Pariati entwarfen als poeti cesarei am Wiener Hof Kaiser Karls VI. die Dramaturgie der opera seria im Sinne einer Reinigung und Trennung der Stile.
Die italienische Oper des 17. Jahrhunderts hatte als eine junge Kunstgattung kein klassisches Vorbild. In ihr hatten die antike Götterwelt und ihre irdischen Botschaften im Traum und im Wunder wohl großen Raum eingenommen. Jedoch standen exotische und historische Themen neben den mythologischen; komische Szenen wechselten mit tragischen; Tänze unterbrachen die Handlung an den Aktschlüssen. Darum mußte eine klassizistische Reform – und eine solche war vom Rationalismus intendiert – sich die Dramaturgien der griechischen Tragödie und des französischen höfischen Dramas eines Corneille oder Racine zum Vorbild nehmen. Dies geschah durch die Reduktion der handelnden Personen

auf sechs oder höchstens sieben und durch die Eliminierung aller komischen und irrationalen Elemente. Die Anzahl der Akte, die zuvor sehr unterschiedlich gewesen war und in Frankreich nach Lullyscher Tradition auch bei Rameau weiterhin wie im Schauspiel fünf betrug, wurde auf drei festgelegt. Einige Eigentümlichkeiten des Musiktheaters jedoch blieben gewahrt. Die Stoffwahl bevorzugte historische Ereignisse. Zeno selbst war nicht nur als Dichter, sondern auch als Historiograph in kaiserlichen Diensten. Die Fäden wurden den Schicksalsgöttinnen oder Parzen aus der Hand genommen und der Intrige überantwortet. Die Galanterie der Zeit erlaubte keine anderen Handlungsmotive als Liebe und Liebesverweigerung. Offenbar gab es eine unausgesprochene Übereinkunft, daß allein die Liebe als hinreichender Grund gelten konnte, die Menschen statt sprechen singen zu machen. So mußten auch bei den bekanntesten Sujets der Weltliteratur die Helden in Liebes- oder Eifersuchtshändel verwickelt werden und dies mit einer manischen Ausschießlichkeit, als wäre jeder politische, religiöse oder ökonomische Gedanke mit einem Tabu der Unschicklichkeit belegt. Die drei aristotelischen Einheiten des Ortes, der Zeit und der Handlung wurden aus dem französischen Drama übernommen, das lieto fine aus der venezianischen Oper. Die strenge Observanz dieser Regeln jedoch bewirkte eine unleugbare Monotonie, die uns heute befremdet.

Jeder Zweifel an der Alleingültigkeit der hierarchischen Gesellschaftsordnung war im Zeitalter des Absolutismus auf dem Theater ausgeschlossen. Auch dem Missetäter war es nicht vergönnt, auf seiner Verneinung der geltenden Wertordnung zu bestehen. Er mußte sich der besseren Einsicht beugen oder sich reumütig bekehren. Unter solchen Prämissen war es nicht schwer, den klassischen Forderungen von Klarheit, Würde und Harmonie zu entsprechen. Waren Handlung, Beweggründe, Charaktere und Lösung der Konflikte auf solche Art vorgegeben, so blieben allein die Namen, der Ort, die Epoche und mit ihnen die Kostüme variabel.

Die vornehmste Aufgabe des Dichters bestand also auf seiner Handhabung einer kantablen, lyrischen Sprache. Nicht der phantasievollste Stratege oder der kundigste Seelenschilderer war der beste Librettist der Epoche, sondern der Verfasser der elegantesten Verse. Und dies war Pietro Metastasio, der Nachfolger Apostolo Zenos als Hofdichter in Wien. Daran kann auch ein heutiger Leser nicht zweifeln. Seine Werke wurden das Vorbild der anderen Autoren – aber endlich auch seiner eigenen späteren Libretti. Sie wurden viele Dutzende Male vertont. Hasse etwa komponierte einige Dichtungen Metastasios bis zu viermal. Und die Texte einzelner Arien wurden immer wieder auch in fremde Libretti eingelegt. So konnte Metastasio bald nach der Hälfte seines Lebens schon die Feder aus der Hand legen. Seine Stücke gingen ihren Weg auch ohne ihren Autor. Alle Welt kannte sie auswendig. Es war nichts mehr zu tun. Man konnte sie den Sängern so lange überlassen, bis sie unkenntlich wurden. Das aber dauerte einige Jahrzehnte.

Die barocke Affektenlehre bestimmte eine Reihe von menschlichen Gefühlserregungen, welche auf der Opernbühne durch den Gesang dargestellt werden konnten: Haß und Liebe, Kampfeslust und Rache, Zweifel und Siegesjubel, Wut und Hoffnung und andere mehr. Unedle Gefühle wie Angst, Feigheit, Neid oder Habsucht blieben weitgehend ausgeschlossen, auch wenn sie im Oratorium gelegentlich als Allegorien auftraten. Die höfische Gesellschaft, welche die großen Opernhäuser in den meisten Städten (mit Ausnahme etwa von Venedig, Bologna und Hamburg) unterhielt, suchte Zerstreuung oder Repräsentation und nicht Demaskierung und Anklage. Die genannten Affekte hatten in den Arien ihren Ort. Nach Möglichkeit sollten sie jedoch durch poetische Metaphern dargestellt werden. Die berühmten Gleichnisarien verglichen Bilder aus der Natur mit den Affekten der Herzen: stürmische Meerfahrt, wärmende Sonne, friedlich weidende Lämmer, reißende Tiger, verborgene Schlangen, Gewitterwolken und Blitze, Winterfrost und Blütenpracht waren oft und allzu oft wiederkehrende Gegenstände für tonmalerische Vergleiche. Die Arie war der Ort der lyrischen Empfindungen. Diese wurden vorgetragen mit sprachlichen und musikalischen Mitteln, die aus Motiven der bildenden Kunst entlehnt wurden. Die statische Form der da-capo-Arie stellte das zu beschreibende Gefühl wie in einem gerahmten Bilde dar. Nach den meist stehend und nur von wenigen Armbewegungen begleitet vorgetragenen Arien erfolgte der Abgang des Sängers, um den Effekt der Darbietung zu steigern. Denn der Sänger hatte das letzte Wort und bestand auch darauf. Nur bei kleineren Partien war ein weiteres Verbleiben auf der Szene im Interesse des Fortgangs der Handlung möglich.

In den secco-Rezitativen, die vermutlich sehr leidenschaftlich und wortdeutlich deklamiert wurden, gelangte die dramatische Aktion zu ihrem Recht. Die wichtigsten Handlungselemente, die in den folgenden Epochen selbstverständlich Anlaß zu musikalischen Höhepunkten gaben wie Kampf, Tod, Verführung, Verwandlung oder Zerstörung, wurden in der opera seria im secco-Rezitativ abgehandelt. Accompagnati wurden allein den Hauptpersonen zugeordnet. Terzette und umfangreiche Ensembles waren gegen die Regel. Nur Duette waren hin und wieder erlaubt. Da ein Affekt nur in der Seele eines einzelnen Menschen walten konnte, war ein gleichzeitiges Singen höchstens in einem kurzen Liebes- oder Racheduett legitim. Zudem verbot es die Etikette, einem Herrscher oder einer vornehmen Dame ins Wort zu fallen. Die Verständlichkeit des Textes war ein unverbrüchliches Gesetz. Und die Regeln des Anstands bestimmten die Regeln des Spiels. Wie konnte Achill es wagen, gleichzeitig mit dem König Agamemnon das Wort zu ergreifen, lautete einer der Vorwürfe gegen Glucks »Iphigénie en Aulide«. Glucks Antwort war: Sie sprechen nicht gemeinsam, sie singen. Dies war ein romantisches, kein rationales Argument. Und es geschah schon zu einer Zeit, da die strenge Wahrhaftigkeit der natürlichen Empfindung weichen mußte. Immerhin wurden – wenn auch sehr kurze – Chöre bei Schlachtrufen und am Aktschluß geduldet, um eine größere Menge martialisch oder prunkvoll gekleideter Menschen auf der Bühne zu versammeln und um den nicht immer rationalen, aber nicht minder zwingenden Bedürfnissen der Musik zu ihrem Recht zu verhelfen.

Die Anzahl der Akte und der Sänger bestimmte die Zahl und Folge der Arien. Es waren meist vierundzwanzig Musiknummern, Ouvertüre, Duette und Chöre mit eingerechnet. Gebunden durch solche Gesetze konnten sich Dichter und Komponist nicht immer in der notwendigen Freiheit entfalten. Die Werke entsprachen oft mehr dem Stil ihrer Zeit als der Individualität ihrer Schöpfer. Dennoch sind Komponisten wie Händel, Vivaldi, Hasse, Conti und in der nächsten Generation dem frühen Gluck, Traetta, Jomelli und Johann Christian Bach einige bedeutende Werke gelungen, zumeist auf Metastasio-Texte. Sie haben in Gaßmann, Salieri, Paesiello, Haydn und Piccinni ihre Nachfolger gefunden. Mozart hat sie übertroffen, indem er sich von allen Zwängen befreite.

Die strenge Rollenverteilung und die Kanonisierung der Regeln brachte in der fast über ein

Jahrhundert währenden Tradition der opera seria unvermeidliche Mißstände mit sich. Diese wurden zum Anlaß für eine ganze Reihe von Parodien in der opera buffa oder auch in satirischen Druckschriften durch die Dichter, die unter der Willkür der Impresarii, der Routine der Komponisten und der Eigenwilligkeit der Sänger naturgemäß am meisten zu leiden hatten. Im Negativ-Spiegel solcher Kritik ließen sich für die Zeitgenossen die Übel einer verschlampten Tradition mit einem Lachen besser ertragen; heute erhalten wir durch solche Überzeichnung oft bessere Einsicht in die Theaterbräuche einer geistvollen Epoche als durch überlieferte Textbücher, Partituren, Dekorations- und Kostümentwürfe. Darum sei es gestattet, abschließend einige Beispiele aus diesem Blickwinkel zu zitieren.

In einer persiflierenden Anleitung zum Verfassen einer opera seria gibt der anonyme Autor eines satirischen Büchleins dem Dichter den Rat, sich mehr um eine möglichst devote Formulierung der Widmung an den Sponsor auf der Titelseite zu kümmern als um all die folgenden Seiten. Er empfiehlt ihm den Ausdruck ersterbender Devotion und submissester Dankbarkeit mit der Schlußwendung: »Io bacio i salti de pulci de piedi de canti di S. E.«, zu deutsch: Ich küsse die Sprünge der Läuse der Pfoten der Hunde Eurer Exzellenz. Im übrigen rät er, vor allem die Wünsche der Mütter oder der Protektoren der Sängerinnen sowie die Anordnungen der Impresarii zu berücksichtigen, da der Komponist ohnehin kein tiefergehendes Interesse an einem Text habe, als daß sich ihm bereits bestehende ältere Musikstücke aus seiner Schublade anpassen ließen. Die Handlung solle der Dichter bis zum Ende so sehr im unklaren lassen, daß die Neugierde darauf, wie eine überraschende Schlußwendung wieder alles ins Lot bringe, den Zuschauer in Spannung halte, so lange bis der Kastrat seine Koloratursopranistin, der second'uomo seine seconda donna bekomme, der Herrscher resigniere oder verzeihe und der Bösewicht in den Jubel einstimme oder seine verdiente Strafe erhalte. Von den edlen Säften dürfen auf der Szene allein die Tränen fließen, diese aber in reichlichem Maße, von Bächen zu Strömen danach zu Meeren und endlich zu Ozeanen anschwellend.

Calzabigi nennt als Personen seiner »Opera seria« von 1769 einen Dichter namens Delirio, einen Komponisten namens Sospiro, einen Impresario namens Tradito, eine prima donna namens Stonatrilla und eine seconda donna Smorfiosa. Zur Aufführung soll eine Oper mit dem Titel »L'Oranzebe« gelangen, die jedoch schon nach wenigen Szenen ausgepfiffen wird, worauf die Mütter das Heft der Handlung ergreifen und die Garderoben zum Schauplatz werden für den nicht enden wollenden Kampf um den Primat in einer Kunst, zu der sich viele Künste vereinigen müssen, wenn sie leben soll.

Zahllos sind die einaktigen Stücke mit Titeln wie »Il maestro di capella«, »La canterina«, »L'impresario«, »La critica«. Unter die wichtigsten dieser Art sind Casti/Salieris »Prima la musica poi le parole«, Stephanie/Mozarts »Schauspieldirektor«, Calzabigi/Gaßmanns »L'opera seria« und – am Ende einer langen Reihe noch – Donizettis »Le convenienze ed inconvenienze teatrali ossia Viva la mamma« zu nennen, die uns alle vergnüglichsten Unterricht über eine ernste Sache geben. Aber auch innerhalb einer opera buffa wurde manche Arie als Parodie auf die seria angelegt, man denke dabei nur etwa an Dorabellas »Smanie implacabili« in Mozarts »Così fan tutte«.

Im letzten Drittel des Jahrhunderts wurde es allerorten Zeit für neue Entwürfe. Einen davon liefert uns Denis Diderot, der kritische Vordenker der Enzyklopädie. Er läßt den absonderlichen und wortreichen Neffen des Komponisten Jean-Philippe Rameau ausrufen:

»Die Leidenschaften müssen stark sein. Die Zärtlichkeiten des lyrischen Poeten und des Musicus müssen extrem sein. Die Arie ist fast immer am Schluß der Szene. Wir brauchen Ausrufungen, Interjektionen, Suspensionen, Unterbrechungen, Bejahungen, Verneinungen. Wir rufen, wir flehen, wir schreien, wir seufzen, wir weinen, wir lachen von Herzen. Keinen Witz, keine Sinngedichte, keine hübschen Gedanken, das ist zu weit von der einfachen Natur.« Und damit gibt er Gluck und Calzabigi, Mozart und da Ponte ein neues Motto mit auf den Weg. Denn die Heilquellen zu einer Regeneration der opera seria lagen in der französischen tragédie lyrique und in der italienischen opera buffa.

Georg Friedrich Händel – der einsame Riese

Als Händel am 14. April 1759 in London unverheiratet und kinderlos starb, hinterließ er seinen englischen Freunden und Bedienten und seinen Verwandten in der deutschen Heimat ein erstaunliches Vermögen. In seinem bereits am 1. Juni 1750 handschriftlich abgefaßten Testament vermachte er seinem Diener Peter le Blond neben seinen Kleidern und seiner Wäsche 300 Pfund Sterling, seinen übrigen Dienern je ein Jahresgehalt; seinem Adlatus Christopher Smith (ehedem Christoph Schmidt aus Halle) sein großes Harpsichord, seine kleine Orgel, seine Musikbücher (vermutlich mehr Partituren als Folianten) und 500 Pfund; seinem Freund James Hunter ebenfalls 500 Pfund; seinem Cousin Christian Gottlieb Händel in Kopenhagen 100 Pfund; seinem Cousin Magister Christian August Rotth in Halle 100 Pfund; seiner Cousine, der Witwe des Pastors von Giebichenstein 300 Pfund; deren sechs Kindern je 200 Pfund. Das waren insgesamt mehr als 3 000 Pfund Sterling. Als Haupterbin über das sonstige Vermögen jeder Art setzte er seine geliebte Nichte Johanna Friderica Floerken in Gotha ein. Zu diesem Vermögen sind neben Bankguthaben in ungenannter Höhe (von denen jedoch William Coxe 1799 behauptete, sie haben gegen 20 000 Pfund betragen) das Haus in der Brook Street, in dem er bis zuletzt gewohnt und gearbeitet hatte, kostbare Möbel und Instrumente sowie eine wahrhaft fürstliche Gemäldesammlung zu rechnen, in der unter anderem auch einige Bilder von Rembrandt hingen.

Der Komponist, der über 35 Jahre in London die Opernszene und danach die Konzertsäle beherrscht, der riesige Summen bei seinen Unternehmungen verloren und freigiebig Spenden verteilt hatte, der es sich an den Genüssen der Tafel nicht hatte fehlen lassen, war als ein steinreicher Mann gestorben. Dies mag neben den ihn lebenslang begleitenden Kommentaren, Elogen und Attacken von Literaten, Journalisten, Karikaturisten und Memoirenschreibern und der bereits ein Jahr nach seinem Tode erschienenen, ersten einem Musiker gewidmeten Biographie Beweis genug sein für den ungewöhnlichen Erfolg, der ihn von Hamburg bis Venedig, von Hannover bis London ein Leben lang begleitet hat. »Händel aus Hannover ist«, so schrieb 1731 der Viscount Percival in sein Tagebuch, »vielleicht seit Orpheus der Mann mit dem höchsten musikalischen Genie und Können.« Und diese Meinung teilte in der ersten Hälfte des 18. Jahrhunderts mit London ganz Europa. John Mainwarning, sein erster Biograph, zählt, beraten von Christopher Smith, nicht weniger als 45 Opern und 21 Oratorien aus Händels Feder auf. Auch wenn nicht alle zur Gänze erhalten und manche mit fremden Musiknummern ergänzt sind, gerät man, wenn man dazu auch noch die concerti grossi, Orgelkonzerte, Triosonaten, Kantaten, Anthems, Suiten und Oden rechnet, über diesen gewaltigen Mann ins Staunen. Weiß man doch, wieviel kostbare Zeit er mit Proben und Aufführungen, mit Reisen und geschäftlichen Unternehmungen verbracht hat.

Wo soll man beginnen bei der Betrachtung eines solchen unüberschaubaren Œuvres, auch wenn man sich hier nur auf die Bühnenwerke beschränken kann? Händel tritt schon mit neunzehn Jahren in Hamburg mit seiner ersten Oper »Almira« als ein Meister hervor. Wir finden darin eine seiner populärsten Melodien, das »Lascia ch'io pianga«, bereits im Orchestersatz einer Sarabande. »Rodrigo« macht 1707 in Florenz und »Agrippina« 1709 in Venedig Furore. In London stellt er sich 1710 mit »Rinaldo«, einem seiner erfolgreichsten Werke, vor. Dem folgen 1720 »Radamisto«, 1724 »Giulio Cesare« und »Tamerlano«, 1725 »Rodelinda«, 1733 »Orlando«, 1735 »Ariodante«, 1736 »Giustino«, 1738 »Serse« und 1740 »Deidamia«, um nur die bekanntesten zu nennen. Sie alle sind, dem Brauche der Zeit entsprechend, opere serie in dem von Apostolo Zeno und Pietro Metastasio reformierten Stil und unterscheiden sich in ihrer Dramaturgie nicht allzusehr voneinander und auch nicht von den Opern, die in jenen Jahren in Neapel, Venedig, Wien oder Dresden komponiert wurden. Die männlichen Hauptpartien waren den Kastraten, die weiblichen den Sopranistinnen vorbehalten, den Bässen wurden die Väter- und Priesterrollen, den Tenören untergeordnete Aufgaben zugeordnet. Gelegentlich mochte eine Altistin, wenn kein geeigneter Kastrat zur Hand war, auch eine Feldherrnpartie übernehmen. Händel transponierte die Stimmen stets nach Bedarf und kam den unterschiedlichen Fähigkeiten seiner Sänger durch großzügige Umgestaltung seiner Partituren entgegen. Die Textdichter seiner Opern nahmen ihre Sujets aus der antiken Geschichte, aus den Epen des Tasso und des Ariost, seltener aus der Geschichte des Mittelalters oder der Sagenwelt. Von Metastasio vertonte er nur den »Siroe« 1728, den »Ezio« 1732 und, unter dem Titel »Poro«, den »Alessandro nell'Indie« 1731. Neben dem Mittelmaß der in London ansässigen Italiener und der englischen Impresarii scheinen nur vereinzelt berühmte Namen wie Nicolò Minato, Apostolo Zeno, Pietro Pariati und Aurelio Aureli auf. Der Deutschitaliener Nicola Haym war sein bevorzugter Mitarbeiter. Man muß es mit Bedauern zur Kenntnis nehmen. Weder bei Haym noch bei Pietro Antonio Rolli sind eigene Ideen, theatralische Innovationen oder inspirierte Verse zu finden. Offensichtlich war derlei in London bei einer Sprache, die man ohnehin nur teilweise verstand, auch nicht wirklich gefordert. Die opera seria war hier nicht zu Hause. Die gebildeten Kreise hatten sie zu ihrer Unterhaltung zusammen mit den dazu nötigen Künstlern aus Italien importiert. Die Hannoveranischen Könige kannten sie aus ihrer Heimat. Sie gehörte zum guten Ton. Das Volk besuchte ohnehin das englische Schauspiel oder die ballad opera. War man der opera seria überdrüssig und der Querelen müde, so konnte man sehr leicht auch wieder darauf verzichten. Das sollte sich bald schon erweisen. Händel mußte es erleben, daß ihm das übersättigte aristokratische Publikum davonlief und seine Kompagnie zweimal dem Bankrott auslieferte.

Das erste Mal, 1728, war die überaus erfolgreiche »Bettleroper« des Satirikers John Gay der Anlaß. Dieser in derber Umgangssprache englisch geschriebenen ballad opera diente die von dem deutschen Kapellmeister Johann Christoph Pepusch geschickt aus originalen Volksliedern und Gassenhauern zusammengestellte und mit einer Ouvertüre versehene Musik nur als hübscher Zierat. Das Neue und den Erfolg Bestimmende war der vergnügliche Text, der in einer gutgebauten Handlung um den Ladykiller Mac Keath eine Gesellschaft von Huren, Büttteln und Bettlern versammelte, welche die Helden der Oper und die

Mitglieder der korrupten Regierung Walpole gleichermaßten karikierten und dem Gelächter preisgaben. »The Beggar's Opera«, so ihr originaler Titel, hielt sich länger auf der Londoner Bühne als irgendeine der von ihr verspotteten Opern von Händel oder Bononcini. Sie füllt auch heute, in unterschiedlichen Bearbeitungen, noch immer die Kassen. Einen schlagenderen Beweis für die simple und so oft mißachtete Wahrheit, daß auch die Oper vor allem anderen einmal ein gutes Theaterstück sein muß und dann erst eine Gußform der Musik, kann man nicht finden.

Dennoch wird man, um den verschütteten Schatz der Händelschen Opernmusik zu heben, sich immer wieder aufs Neue bemühen, einen Zugang zu seinen Bühnenwerken zu suchen. Denn in der Geschichte des Musiktheaters gibt es nicht leicht einen ideenreicheren und sinnenfreudigeren Komponisten als diesen gewaltigen, humorvollen und unbeugsamen Mann, der wieder und wieder, seinem Helden Hercules gleich, das Schicksal bei den Hörnern packte, um es ins Knie zu zwingen. Wo wäre eine festlichere, glanzvollere Musik als die seine, wo ein größerer Jubel als seine glaubensstarke Gewißheit des endlichen Sieges? Welch furchtbares Mißgeschick, daß es ihm nicht vergönnt war, einem Dichter und Theatermann seines eigenen Kalibers zu begegnen! Vielleicht war das aber zuviel verlangt, denn solche Begegnungen ereigneten sich nur sechs- oder siebenmal in vierhundert Jahren. So mußte es Händel mit ansehen, daß seine einst gefeierten Opern noch zu seinen Lebzeiten in Vergessenheit gerieten. Und erst in den zwanziger Jahren unseres Jahrhunderts hat man mit seither wechselnden Erfolgen wieder begonnen, das schier unüberschaubare Werk für unsere Bühnen zu erschließen. Gelegentlich hat man dabei auch ein Stück gegen den Strich gekämmt und etwa die opera seria »Giustino« mit szenischem Humor gewürzt, nicht zu seinem Schaden, oder durch Neuübersetzung und Neufassung des Textes eine neue Gußform gewonnen für das pure Gold der Händelschen Musik, auf die niemand mehr verzichten will, der sie jemals erklingen hörte.

Neben den beiden in englischer Sprache komponierten musical dramas »Semele« und »Hercules«, die man früher unter die Oratorien eingereiht hat, ehe man doch endlich entdeckte, daß sie nichts anderes sind und waren als die ersten abendfüllenden großen englischen Opern, die man in Ermangelung eines Theaters im Konzert zur Uraufführung brachte, sind es vor allem »Agrippina«, »Giulio Cesare«, »Serse« und die von der melancholischen Heiterkeit des Abschieds beglänzte »Deidamia«, die man heute gelegentlich zu sehen und zu hören bekommt. Hier jedoch sollen, um der ausgleichenden Gerechtigkeit unter Geschwistern willen, drei selten gespielte Werke mit ein paar Sätzen erläuternd gestreift werden: »Amadigi«, »Acis and Galathea« und »Partenope«.

»Amadigi« ist als eine der ersten für London bestimmten Opern im Jahre 1715 entstanden. Als Textdichter wird Johann Jakob Heidegger, der aus dem Schwäbischen stammende Impresario und Freund des Komponisten genannt, auch wenn die italienischen Verse nach dessen deutschem oder englischem Szenario wohl eher von Giacomo Rossi oder Nicola Haym stammen dürften. Der Stoff ist den mittelalterlichen Ritterbüchern über den unbesiegbaren Helden Amadis von Gallien und seine Geliebte Oriana entnommen, deren unglaubliche Abenteuer schon im »Don Quichote« des Cervantes zur Zielscheibe unsterblichen Spottes gemacht wurden. »Amadis«-Opern waren dessenungeachtet zu Ende des 17. und zu Beginn des 18. Jahrhunderts in ungeminderter Beliebtheit wegen ihrer märchenhaften Fabulierlust und ihrer zauberischen Verwandlungsszenen. Die Liebe des edlen Paares wird bedroht durch die Künste der Magierin Melissa, der es gelingt, die Liebenden zu trennen, bis am Ende die Treue des reinen Gefühls sich doch stärker erweist als aller Zauber. In der Figur der Melissa tritt uns eine der Zauberinnen entgegen, die seit den frühesten Tagen der venezianischen Oper bis zu Zeiten Glucks und Mozarts mit wetterleuchtenden Koloraturen und dramatischen Zornesausbrüchen die Bühne beherrschten und noch heute die Rätselrater der weiblichen Psyche in Erstaunen versetzen. Händel hat diese Melissa in sehr unterschiedlichen Soloszenen mit psychologischem Feingefühl und mit verschwenderischer Musik dargestellt. Schwankt sie in ihrer ersten Largo-da-capo-Arie in e-Moll mit dem Allegro-Mittelteil in D-Dur zwischen Liebe und Haß, und spinnt sie in der kurzen Allegro-Arie in D-Moll ihre Intrige gegen den tugendsamen Amadis, so sprüht sie in der Koloraturarie des 2. Aktes vor Zorn und Empörung, als sie die Vergeblichkeit ihrer Wünsche erkennt, und droht die Ungeheuer des Abgrunds zu wecken und zu ihrer Hilfe herbeizurufen. Im 3. Akt, als ihr Zauberreich zusammengestürzt ist und ihre Liebeshoffnungen begraben sind, findet die Unglückliche in ihrer Todesszene zu berührenden Tönen, die Händel nun nicht mehr in die geschlossene Form einer Arie faßt, sondern in ein ausdrucksvolles accompagnato-Rezitativ, aus dem ein kurzes melodisches arioso hervorblüht und sich als reiner Gesang von den Lippen der Sterbenden löst. Wie so ganz anders stirbt diese Zauberin als ihre im Zorn verglühenden wilderen Schwestern.

Im Sommer des Jahres 1718 (nach anderen Quellen 1720) kam auf Schloß Cannons, der Sommerresidenz des Herzogs von Chandos, ein Bühnenwerk zur Uraufführung, das Händel als »masque« oder als »pastorale« bezeichnete und mit dem er, wie sich daraus mutmaßen läßt, Anschluß suchte an die Tradition von Blows »Venus and Adonis« und Purcells »Dido and Aeneas«. Dieses einaktige Werk gehört zu seinen liebenswürdigsten Schöpfungen, und es ist verwunderlich, daß der Komponist so viele Jahre nicht die Gelegenheit fand, es in London, wo allein die italienische Oper den Zeitgeschmack bestimmte, auf eine Bühne zu bringen. Die Rede ist von »Acis and Galathea«. Die Idee zu diesem Werk stammt vermutlich von Händel selbst, der bereits im Jahre 1708 in Neapel eine serenata unter dem Titel »Aci, Galatea e Polifemo« komponiert und aufgeführt hatte. Als Textdichter der neuen Fassung dieses Stoffes aus Ovids Metamorphosen wirkten die bekanntesten englischen Dichter der Zeit zusammen: Alexander Pope, John Hughes und vor allem John Gay, der spätere Verfasser der Bettleroper. Sie alle waren ebenso wie Händel, mit dem sie bekannt, wenn nicht sogar befreundet waren, in diesem Sommer Gäste des Herzogs von Chandos.

Das bezaubernde kleine Werk wurde nach der Uraufführung, über die keine näheren Berichte vorliegen, erst wieder 1732 in Szene gesetzt, diesmal von einer Truppe in London, die sich die Gründung einer englischsprachigen Musikbühne zum Ziel gesetzt hatte. Händel, anstatt, wie man hätte hoffen können, diese Bemühungen zu fördern, faßte sie als Eingriff in seine Rechte auf und brachte seine eigene Neufassung von »Acis and Galathea« heraus, in welche er, offenbar in großer Hast, Teile aus seinem italienischen Jugendwerk eingefügt hatte, wobei er es den Sängern überließ, je nach ihrer Herkunft, ihren Part auf englisch oder auf italienisch zu singen. Es gelang ihm auf diese Weise, die unerwünschte Konkurrenz aus dem Feld zu schlagen, welche nach zwei Vorstellungen schon ihr Haus schließen mußte; aber das Stück wurde während der folgenden Jahre nur mehr gelegentlich und dann in der verballhornten zweisprachigen Version gespielt, die dem Original keinesfalls ebenbürtig ist.

Die schlichte bukolische Handlung spielt in einer ländlichen Gegend am Fuße des Ätna. Die Liebe des Schäfers Acis zur Nymphe Galathea wird durch die Eifersucht des Riesen Poliphem bedroht, der sich ebenfalls in Galathea verliebt hat und Acis zum Zweikampf fordert. Der unbewaffnete Acis stirbt unter einem von der Hand des Poliphem geschleuderten Felsen. Galathea trauert um ihren Geliebten und verwandelt sich, um der Umarmung des Riesen zu entgehen, in eine Quelle, die unter dem todbringenden Felsen melodisch hervorquillt. Das Fließen der Tränen und das Rinnen des lieblichen Wassers zwischen Blumen und Gräsern hat Händel seinerseits in Musik verwandelt, der es gelingt, mit wenigen, scheinbar kunstlosen Tönen, uns den Schmerz der klagenden Nymphe unvergeßlich zu machen und uns mit ihr zu trösten.

Das dritte Werk ist die Oper »Partenope«, uraufgeführt in London im Jahre 1730, als Händel sich eben von seinem ersten finanziellen und gesundheitlichen Zusammenbruch aufgerafft hatte, um den Kampf um die opera seria wiederaufzunehmen. Diese »Partenope« ist ein wunderliches Werk, das dem Bedürfnis seiner Zeit entsprechend von nichts als Liebe handelt, die Treue und die Großmut preist, zu einem glücklichen Ende gelangt und dabei doch Witz und Humor zu ihren Rechten kommen läßt. Hier sind Einflüsse erkennbar, die Händel auf einer neuerlichen Italienreise aufgenommen hatte: Volkstümliche Melodik, schlichte Instrumentation und reichverzierter Gesang verbinden sich mit der heiteren Handlung, die mehr an eine Shakespeare-Komödie erinnert als an eine heroische Oper, zu einem Werk von bezauberndem Charme. Das Buch von Silvio Stampiglia, dem ehemaligen Hofpoeten in kaiserlichen Diensten, gehört zu den besten, die Händel je in die Hände bekommen hat. Vermutlich hat er es aus Italien mitgebracht, wo es zuvor schon ein gutes dutzendmal vertont worden war. Von einem Aufenthalt Stampiglias in London ist jedenfalls nichts bekannt.

Partenope, die jüngste der Sirenen, die einstmals schon den Odysseus zu verlocken suchten, hat in sagenhafter Zeit die Stadt Neapel gegründet und regiert darin seither als Königin. Um ihre Hand bewerben sich drei Freier. Ihrem Herzen am nächsten steht Arsace. Der jedoch hat Rosmira, die Prinzessin von Cypern, treulos verlassen. Rosmira ist ihm in Männerkleidern an den Hof in Neapel gefolgt. Sie gibt sich ihrem ungetreuen Liebhaber zu erkennen. Als der sie jedoch zurückweist, tritt sie als schiffbrüchiger Prinz mit den Freiern in Wettstreit und wirbt um Partenopes Hand. Den Zwiespalt, den ihr Erscheinen in Arsaces Herz bewirkt, nützt sie, um diesen vor Partenope und seinen Nebenbuhlern auf alle erdenkliche Weise zu demütigen, und begibt sich rachelüstern mit einer von Hörnern, Oboen und Fagotten begleiteten Jagdarie auf die Spur ihres Opfers. Der weiß nicht, wie sich ihrer erwehren, zumal die verliebte Sirene Partenope ihm mit ganz anderen, zärtlicheren Tönen schmeichelt. Der Kastrat Arbace ist doch Manns genug, daß ihm auch einmal, als es seine unerbittliche Verfolgerin gar zu toll treibt, die Geduld reißt und er in Harnisch gerät mit einer prachtvollen Wutarie im 2. Akt. Nach einem Quartett der Freier mit Partenope wird entschieden, daß Arsace den Beleidigungen des Quälgeistes Rosmira, alias Erismene, durch einen Zweikampf entgegentreten muß, um seine bedrohte Ehre zu retten.

Die verkleidete Rosmira ist zum Kampf bereit, Mann gegen »Mann«, nicht aber Arbace. Doch in der Bedrängnis kommt ihm der rettende Einfall: Er hat als Beleidigter die Wahl der Waffen, und so fordert er ein Duell mit scharfen Schwertern – und mit entblößter Brust. Vergebens protestiert Rosmira. Sie muß sich endlich der Königin als Frau zu erkennen geben. Nun verzichtet diese großmütig auf den treulosen Arbace, und der kann sich nur allzu glücklich nennen, daß ihm Rosmira verzeiht.

Wir sehen in dieser »Partenope« eines der Meisterwerke höfischer Kultur, für deren formalisierte Ästhetik und verfeinerte Erotik das 19. Jahrhundert kein Verständnis aufzubringen vermochte. Seither ist eine neue Sensibilität für diese Epoche erkennbar. Sie läßt auf eine anhaltende Renaissance von Händels Bühnenwerken hoffen.

Die erste Wiener Opernreform durch Pietro Pariati und Apostolo Zeno

In Wien unter Kaiser Karl VI. dienten in den ersten Dekaden des 18. Jahrhunderts zwei italienische Literaten im Amte des Hofpoeten, die man als die Beweger der ersten intellektuell vorgezeichneten und handwerklich durchgeführten Reform der Operndramaturgie bezeichnen kann. Sie waren nicht nur Landsleute und Amtskollegen, sondern auch Freunde, die sowohl ein jeder für sich als auch gemeinsam zu erfinden, zu schreiben und wohl auch zu inszenieren vermochten, soweit man für die schematische Zuweisung der Auftritte, Gesangspositionen und Abgänge zu jener Zeit einen solchen Ausdruck gebrauchen kann.

Einen solchen Fall von neidlosem Zusammenwirken zweier künstlerischer Temperamente im selben Handwerk gibt es nicht leicht ein zweites Mal. Und es ist darum nicht immer klar auszumachen, wer von den beiden welchen Anteil an den unternommenen Reformen hat. Manches wird in Diskussionen erst seine klaren Konturen gefunden, anderes wird am gemeinsamen Werk sich erwiesen haben. Und gewiß hatten auch die Komponisten am Kaiserhof und der komponierende, dirigierende und in vielem den Ton angebende Kaiser selbst ihren Anteil.

Pietro Pariati, um mit dem älteren zu beginnen, wurde am 26. oder 27. März 1665 in Reggio Emilia geboren. Mit 22 Jahren promovierte er zum Doktor beider Rechte. Im Jahre 1695 erhielt er eine Anstellung als Sekretär beim Gouverneur von Modena und reiste im Jahr darauf in diplomatischer Mission nach Madrid. Im Verlaufe seines Aufenthaltes in Spanien muß er sich die Ungnade des Herzogs zugezogen haben, denn nach seiner Rückkehr wurde er in Modena vom Juni 1698 bis zum November 1699 eingekerkert. Nach seiner Haftentlassung verließ er Modena und wandte sich nach Venedig, der damaligen Hauptstadt der italienischen Literatur. In Venedig schloß er mit seinem Dichterkollegen Apostolo Zeno, einem der aktivsten und erfolgreichsten jungen Literaten der Stadt, eine lebenslange Freundschaft, die bis zum Tode Pariatis währte und aus der viele gemeinsame Werke hervorgehen sollten. Die beiden Freunde teilten sich zumeist auf die Weise in die Arbeit, daß der gelehrte Historiker Zeno, überwiegend nach geschichtlichen oder biblischen Motiven, die Handlung entwarf und der Lyriker Pariati dazu die rhythmisierten Dialoge und die gereimten Verse der Arien und Chöre schrieb. Noch während seiner Venezianer Jahre gelang Pariati mit seinem von Tomaso Albinoni vertonten heiteren Intermezzo »Pimpinone« ein durchschlagender Erfolg, der sich auch 1725 anläßlich der deutschsprachigen Vertonung durch Georg Philipp Telemann noch einmal wiederholte. Dieses einaktige Zweipersonenstück wird in beiden Kompositionen bis zum heutigen Tage immer wieder gespielt und hat sich als eines der wenigen Bühnenwerke seines Zeitalters erwiesen, das aus eigener Kraft den wechselnden Geschmack der Jahrhunderte überdauert hat.

Im Jahre 1714 wurde Pietro Pariati von Kaiser Karl VI. in das Amt des poeta cesareo nach Wien gerufen. Hier entstanden in den folgenden beiden Jahrzehnten bis zu seinem Tod zahlreiche geistliche und weltliche Dichtungen sowohl für die Bühne als auch für die Hofmusikkapelle und für andere höfische Anlässe. Aus welchen Gründen Pariatis um drei Jahre jüngerer Freund Apostolo Zeno schon 1718 als sein Nachfolger im Amt nach Wien berufen wurde, ist heute nicht mehr ersichtlich. Möglicherweise hat Pariati aus eigenem Antrieb zugunsten seines Freundes auf die einflußreiche und hochdotierte Stellung verzichtet. Jedenfalls schrieb Pariati auch weiterhin allein oder gemeinsam mit Zeno eine Vielzahl von Werken im Auftrag des Hofes. Eine seiner bekanntesten Dichtungen entstand aus Anlaß des Geburtstages der Kaiserin Elisabeth Christine. Es ist die 1723 in Prag uraufgeführte Festoper »Costanza e fortezza« mit der Musik von Johann Joseph Fux, die Egon Wellesz 1910 neu herausgegeben hat.

Von den geistlichen Werken, die in diesen Jahren wahrscheinlich nur mehr konzertant in der Augustinerkirche und nicht mehr szenisch in der Hofburgkapelle aufgeführt wurden, sind die bekanntesten die rappresentazione »La fede sacrilega nella morte del Precursor S. Giovanni Battista« mit Musik von Johann Joseph Fux von 1714 und die Oratorien »Christo condannato« mit Musik von Antonio Caldara von 1717 und »La colpa originale« mit Musik von Francesco Conti von 1725. Daß Pariatis Schaffen auch über die Kaiserstadt hinaus Geltung hatte, beweist seine Zusammenarbeit mit dem neapolitanischen Komponisten Leonardo Leo, der sein Oratorium »La morte di Abel« vertonte und 1738 in Bologna uraufführte.

Der Arzt Pietro Zeno und seine Gattin Caterina Sevastò entstammten beide venezianischen Patrizierfamilien, die sich bereits im Mittelalter in der kretischen Hafenstadt Candia niedergelassen hatten. Nachdem die Insel jedoch unter ottomanische Herrschaft gefallen war, kehrten sie in die Heimat ihrer Vorfahren zurück, wo ihnen am 11. Dezember 1668 ihr dritter Sohn Apostolo geboren wurde.

Schon aus Apostolos frühester Jugend wird berichtet, daß man ihn selten ohne ein Buch in der Hand angetroffen habe. Das Aufspüren und Erwerben seltener Publikationen wurde ihm im späteren Leben ein solches Anliegen, daß endlich im Alter eine der umfangreichsten privaten Bibliotheken in seinem Besitz war. Mit 23 Jahren begründete er zusammen mit einigen Freunden die venezianische Accademia degli Animosi, die sich im Jahre 1698 der um dieselbe Zeit entstandenen römischen Arcadia anschloß und zusammen mit dieser das literarische Leben Italiens wesentlich beeinflußte.

Apostolo Zeno, der sich in jungen Jahren vor allem der Lyrik gewidmet hatte, verfaßte 1695 sein erstes dramma per musica »Gl'inganni felici«, das von dem damals bereits sehr namhaften Komponisten Carlo Francesco Pollarolo (1653 bis 1722) in Musik gesetzt und im Teatro S. Angelo uraufgeführt wurde. Dieses Werk ist neben dem später entstandenen »Don Chisciotte« eines der wenigen, in das auch heitere Szenen Eingang fanden. Mit dem weithin beachteten Erfolg des »Lucio Vero« erreichte die Zusammenarbeit der beiden Künstler im Jahre 1700 ihren Höhepunkt. In den folgenden Jahren arbeitete Zeno auch mit den Komponisten Ziani und Gasparini zusammen und errang bald solches Ansehen, daß seine Dichtungen schon kurz nach der ersten Aufführung auch von anderen Musikern vertont wurden. Die bekanntesten darunter waren Lotti, Bononcini, Albinoni, Scarlatti und Vivaldi, Künstler, welche zu Beginn des 18. Jahrhunderts die Form der venezianisch-neapolitanischen Oper prägten.

Im Jahre 1710 erschien in Venedig die erste überregionale Literaturzeitschrift Italiens unter dem Titel »Giornale dei letterati d'Italia«. Einer ihrer Begründer und ihr wichtigster Redakteur war Apostolo Zeno, dessen Ruhm durch zahlreiche Aufführungen seiner Werke in Mailand, Turin und Barcelona bereits weit über die Grenzen Venetiens hinausgedrungen war. Im Jahre 1718 erreichte ihn die Berufung zum poeta cesareo an den Wiener Hof. Kaiser Karl VI., der zwei von Zenos Opern bereits während seiner Regierungszeit als König von Spanien in Barcelona kennengelernt hatte und ein ausgezeichneter Kenner der italienischen Literatur war, soll einige der von Apostolo Zeno publizierten Werke gelesen und die Ankunft des Dichters in Wien mit großer Ungeduld erwartet haben. Diese verzögerte sich jedoch um einige Monate, da Apostolo Zeno die Heilung einer schmerzlichen Fußverletzung abwarten mußte.

In Wien war seit der Regierungszeit Ferdinands III. eine bedeutende Kolonie italienischer Dichter in kaiserlichen Diensten. Das von allen als Krönung ihrer Laufbahn angestrebte Amt des Hofdichters war zuvor von Nicolò Minato, Silvio Stampiglia und Pietro Pariati bekleidet worden. Apostolo Zeno hatte sich ausbedungen, daß er von der Verpflichtung, Komödien zu schreiben und die Festlichkeiten des Hofes zu organisieren, entbunden wurde. Elf Jahre, von 1718 bis 1729, wirkte er bei einem jährlichen Gehalt von 4000 fl als kaiserlicher Dichter und Hofhistoriograph in Wien. Die Geschichte des Habsburgischen Herrscherhauses, die man sich von ihm erwartet haben mochte, hat er ebensowenig geschrieben wie die zuvor von ihm geplante Geschichte der Republik Venedig. Trotz all seiner Gelehrsamkeit gehörte sein kreatives Interesse vor allem der Dichtkunst. Seine Verbindung zum Hofe war während dieser Jahre eine so herzliche und persönliche, daß er sich rühmen konnte, »von keinem Freunde so geliebt zu werden wie von Seiner Majestät, dem Kaiser«.

Zenos drammi per musica für die Opernbühne und azioni sacre für die Aufführungen in der Hofburgkapelle wurden vorerst meist von den in Wien ansässigen Komponisten Caldara, Conti, Fux und Hasse, danach aber auch von Ariosti, Galuppi, Marcello, Jomelli, Piccinni, Händel und Graun vertont. Apostolo Zenos Werke wurden in diesen Jahren auf allen europäischen Bühnen gespielt. Er übertraf hierin sogar seinen Vorgänger und Freund Pariati. Doch schrieben beide auch mehr als ein Dutzend Bühnenwerke gemeinsam, unter denen besonders »Ambleto« (nach Shakespeares »Hamlet«) und »Don Chisciotte in Sierra morena« (nach Cervantes' »Don Quichote«) in Erinnerung geblieben sind. Das letztere Werk wurde von Francesco Conti in Musik gesetzt und 1719 in Wien uraufgeführt. Es ist überdies denkwürdig geblieben durch eine zeitgenössische deutsche Übersetzung, welche unter dem Titel »Don Quichote in dem schwartzen Gebürg« für eine Aufführung im Hamburger Theater auf dem Gänsemarkt erstellt wurde.

Im Jahre 1729 legte Apostolo Zeno aus freien Stücken sein Amt zurück, empfahl dem Kaiser als seinen Nachfolger den jungen Pietro Metastasio, den er als »den größten Dichter Italiens« bezeichnete, und kehrte im Jahr darauf nach Venedig zurück, um seinen Lebensabend in seiner Heimatstadt zu verbringen. Mit Wien blieb er jedoch auch weiterhin ver-

bunden und schrieb alljährlich ein geistliches Werk für die Aufführungen der Karwoche in der Hofburgkapelle. Daneben widmete er sich seinen alten Lieblingsbeschäftigungen, den literarischen und historischen Studien und seinen umfangreichen Sammlungen alter Bücher und Münzen. Besonders auf dem Gebiet der Numismatik war er längst eine internationale Koryphäe geworden. Weit weniger scheint ihn das Schicksal seiner eigenen Werke interessiert zu haben. Zwar erschien 1744 eine Gesamtausgabe seiner drammi per musica, diese wurde jedoch nicht von ihm selbst, sondern von Gasparo Gozzi (dem Bruder des Dichters Carlo Gozzi) herausgegeben. Dieser rühmte den Autor im Vorwort als den Retter der seit Ottavio Rinuccini in Verfall geratenen italienischen Dichtkunst. Offenbar war der hundert Jahre vor Zeno verstorbene Giovanni Francesco Busenello, den man heute als den größten venezianischen Dichter des 17. Jahrhunderts ansehen muß, in dieser Epoche bereits vollkommen vergessen. Aus den letzten Jahren Apostolo Zenos sind keine dramatischen oder biographisch-historischen Werke mehr bekannt, jedoch ist eine große Zahl von Briefen auf uns gekommen, durch welche Zeno mit den führenden Literaten seiner Zeit in Verbindung stand. Der Dichter starb im Alter von fast 82 Jahren am 11. November 1750 in seiner Geburtsstadt Venedig.
Sein Nachruhm preist ihn als einen hochgelehrten, feinsinnigen, gütigen und wohltätigen Mann, der nach dem frühen Tod seiner Gattin kinderlos, aber nie ohne Freunde gelebt habe.

Apostolo Zeno war ein Intellektueller von hoher Bildung und erstaunlicher Belesenheit. Zu den Quellen, die er für seine drammi per musica heranzog, gehörten neben der Bibel und den antiken Geschichtsschreibern Herodot, Thukydides, Plutarch, Nepos, Prokopius und Livius auch Shakespeare, Cervantes und die französischen Klassiker des 17. Jahrhunderts. Ihrer Rückbesinnung auf die Gesetze des antiken Dramas vor allem verdankte er die Anregung zu seinen Reformen. Daneben zog er jedoch auch die während seiner Epoche immer zahlreicher werdenden zeitgenössischen Reiseschriftsteller wie P. F. Catrou, N. Manuzio oder F. Bernier zu Rate, da er um größtmögliche Authentizität auch bei der Schilderung exotischer Schauplätze bemüht war. Selten nur finden sich in seinen Briefen Anmerkungen zu den musikalischen Problemen der Oper oder des Oratoriums. Bei so überwiegendem literarischen und historischen Interesse kam seinen Kritikern der Vorwurf mangelnder poetischer Originalität und geringen musikalischen Verständnisses rasch auf die Zunge, zumal in einer Zeit, als Pietro Metastasio, der bei Porpora Musik studiert hatte, durch seine Fähigkeiten auf diesem Gebiet alle Vorgänger in den Schatten stellte. Auch entspricht es den Tatsachen, daß Zeno seinem gelegentlichen Mitautor Pariati jeweils die Versifikation der von ihm entworfenen dramatischen Handlung überließ. Dennoch kann bei Zenos besten Texten, etwa dem 1724 entstandenen und nun erstmals wieder aufgeführten dramatischen Oratorium »David« oder der im selben Jahr verfaßten »Andromaca« von solchen Mängeln keine Rede sein. Auch wenn der sinnliche Schmelz von Metastasios Versen oder die phantasievolle Drastik von Busenellos Szenen von Zeno nirgends erreicht worden sind, so muß ihm zugute gehalten werden, daß er sich dies durchaus nicht zum Ziel gewählt hatte. Die Strenge und absichtsvolle Kargheit seiner Sprache diente seiner Bemühung um Kraft und Klarheit der Handlung und Personenzeichnung. Seine Botschaft war in wenige Worte zu fassen. Er war der Architekt unter den Dichtern des Barockzeitalters, den die Gliederung der Pilaster und die Tragfähigkeit der Gewölbe mehr interessierte als Stuck und Vergoldung. Abschweifungen und Umwege lagen ihm fern.

Zenos Bedeutung als Reformator lag in seiner Abkehr von der bunten Vielfalt und ausufernden Opulenz der späten venezianischen Oper und in seiner Hinwendung auf die Vorbilder der griechischen und französischen Tragödie. Dies brachte eine größere Härte der Sprache ebenso mit sich wie eine Reduzierung der Schauplätze und der handelnden Personen, eine Begrenzung der Chorszenen, der mehrstimmigen Ensembles, eine fast gänzliche Verbannung der komischen Elemente, des Maschinenzaubers und der übernatürlichen Erscheinungen. Daß hierbei neben manchem dürren Ast auch einmal ein blühender Zweig beschnitten wurde, soll nicht übersehen werden.

Auf Apostolo Zenos und Pietro Pariatis Reformen sind unter anderem auch zurückzuführen die dominierende Bedeutung der Abgangsarie, der oft allzu hochgespannte Edelmut der Charaktere, der übersteigerte Ehrbegriff, der keinen Schatten duldet, und die Zuweisung aller niedrigen menschlichen Eigenschaften an einen einzigen intriganten Gegenspieler, der zum Auslöser der tragischen Entwicklung bestimmt war. Das obligate lieto fine blieb als einzige Tradition der venezianischen Oper auch von ihnen unangetastet. Das Ergebnis dieser Reformen war die klassische opera seria, welche die musiktheatralische Szene bis gegen Ende des 18. Jahrhunderts beherrschen sollte. Mit ihrer Überwindung durch Gluck und Calzabigi und endlich durch Mozart und da Ponte fielen die klassisch-barocken Werke Apostolo Zenos und Pietro Pariatis, aber auch die der Aufklärung und dem Geist des Rokoko verpflichteten des Lyrikers Metastasio der Vergessenheit anheim, aus welcher sie erst in den letzten Jahren allmählich wieder hervortreten.

Was die Texte Apostolo Zenos zu geistlichen azioni sacre oder Oratorien betrifft, so waren ihm hier weniger Einschränkungen durch die Erfordernisse der Bühne und die Eifersucht der Sänger auferlegt. Die szenischen Darstellungen geistlicher Musikdramen waren während der Regierungszeit Karls VI. von konzertanten Aufführungen abgelöst worden, wodurch eine sehr bedeutende Tradition des Wiener Theaters ihr Ende gefunden hatte. Trotzdem blieben auch Zenos Werke auf diesem Gebiet weiterhin dem musikalischen Drama verbunden und sind keineswegs als Kantaten zu verstehen. Apostolo Zeno bevorzugte diese Form besonders in späteren Jahren gegenüber der Oper, wies dem Chor eine wichtigere Rolle zu und reduzierte die Zahl der Arien gegenüber dem dramatischen Rezitativ. Und wenn er es in seinen Briefen zuweilen für nötig befand, sich für das Handwerk als Librettist zu entschuldigen, so rechnete er seinen zumeist aus dem Alten Testament der Bibel entnommenen azioni sacre höhere Bedeutung zu als seinen Opern.

Während Apostolo Zeno in seine Heimat zurückkehrte, blieb Pietro Pariati in seiner Wahlheimat und starb an den Folgen eines Schlaganfalls am 14. Oktober 1733 in Wien. Seine und Zenos Dichtungen aber wurden noch lange nach ihrem Ableben von fast allen bedeutenden Komponisten des Spätbarock vertont und auf allen großen Bühnen Europas gesungen.

Johann Joseph Fux, der kaiserliche Hofkapellmeister

Wer weiß, ob nicht gerade das Buch, das seinen Namen als Theoretiker und Pädagogen so berühmt gemacht hat, seiner Anerkennung als kreativer Künstler im Weg gestanden ist. Allzu leicht nimmt der Neid die billige Gelegenheit wahr, ausgleichende Gerechtigkeit zu üben und das eine Ruhmesblatt zu gewähren, das andre zu versagen. Der »Gradus« oder auch – wie listige Lateiner meinen, die nicht zugeben wollen, daß man mit einem einzigen Schritt zum Musenberg gelangen kann – die »Gradus ad Parnassum« haben aus einem großen Komponisten einen gestrengen Lehrmeister gemacht. Das vielzitierte und heute nur mehr wenig gelesene Buch ist bis ins 19. Jahrhundert mehrfach wiederaufgelegt und auch ins Deutsche übertragen worden. Und nicht allein Leopold Mozart hat seinen Sohn damit im Tonsatz unterwiesen. Man muß nicht die endlose Reihe der berühmten Benützer dieses Buches zitieren, um Johann Joseph Fux als Lehrer der Wiener Vorklassik zu bestätigen, es genügt, die von unserem Meister persönlich unterrichteten Schüler Wagenseil, Tuma, Zelenka oder Muffat zu erwähnen. Auch seine treuen Dienste für die drei komponierenden Kaiser und seine Verdienste um die Wiener Hofkapelle und deren oft in sozialen Bedrängnissen seiner väterlichen Hilfe und Fürsprache sehr bedürftigen Musiker sind außer Streit. Es geht jedoch an dieser Stelle einzig darum, ihm als Komponisten und Musikdramatiker erneute Aufmerksamkeit zu schenken und Gerechtigkeit zukommen zu lassen. Zu seinen Lebzeiten war er berühmt genug. Und er braucht dafür keine andere Referenz als die Anerkennung Johann Sebastian Bachs, der ihn unter den Zeitgenossen an die erste Stelle rückte. Danach aber hat erst der Doyen der Wiener Musikwissenschaft, Guido Adler, wieder nachdrücklich auf ihn hingewiesen.
Fuxens Bühnenwerke, Opern und Oratorien, die nun in einer sehr bedächtig publizierten Gesamtausgabe durch die in Graz ansässige Fux-Gesellschaft erstmals nicht nur der Wissenschaft sondern auch den Theatern und Konzertveranstaltern an die Hand gegeben werden, hätten es längst verdient, auf ihre Überlebensfähigkeit geprüft zu werden. Nachdem jedoch in seiner österreichischen Heimat das Gedenken seines 250. Todesjahres durch das Mozartjahr 1991 so sehr verdunkelt wurde, daß hierzuland nur eben eine einzige Oper zur szenischen Aufführung gelangte, ist die Hoffnung wieder einmal für einige Zeit geschwunden, den sich mehrenden Staub auf seinen Partituren durch ein paar lebendige Töne fortzublasen. So sieht man derzeit noch immer den steirischen Meister mit ernstem, perückenumhülltem Haupt durch den gebräunten Firnis der Jahrhunderte blicken. Man hat einst von den vier Säulen des barocken deutschen Musiktempels gesprochen. Während Händel, Bach und Telemann heute nicht weniger gelten als zu ihren Lebzeiten, hat es mit Fux bei seinen Landsleuten bis dahin noch eine gute Weile.

Johann Joseph Fux wurde im Jahre 1660 in Hirtenfeld bei St. Marein in der Steiermark geboren. Es gibt Hinweise für die Vermutung, daß er frühzeitig durch sein musikalisches Talent auffällig geworden und in den Genuß eines kaiserlichen Stipendiums gekommen sein dürfte. Es scheint, als hätte der Kaiser, dem er später so dankbar dienen sollte, von fern sein Leben gelenkt. Am 22. Mai 1680 wurde Fux in die Studentenmatrikel der Universität Graz aufgenommen, am 22. Februar des folgenden Jahres trat er als Musiker und Schüler der Grammatik ins Internat des Ferdinandeums ein. Von dort ist er, wie eine spätere Handschrift den Akten hinzugefügt hat, offenbar heimlich entflohen (»profugit clam«). Der Grund dieser Flucht ist nirgends erkennbar. 1683 ist die Spur des Flüchtlings im bayerischen Ingolstadt wieder zu entdecken, wo er am Jesuitenkolleg unterrichtete, Musik, wie man annehmen darf. Dort bekleidete er nebenbei auch das Organistenamt an der St.-Moritz-Kirche bis 1688. In seiner Biographie klafft in den folgenden Jahren eine Lücke. Unerforscht ist, auf welche Weise und zu welchem Zeitpunkt er nach Wien gelangte. Am 5. Juni 1696 heiratet er in St. Stephan die »Ehr- undt tugentsame Jungf.: Clara Juliana Schnitzenbaumin«, die Tochter eines verstorbenen Regierungsbeamten. Seit diesem Jahr ist er als Organist an der Schottenkirche dokumentiert. Am 19. März 1698, dem Namenstag des Römischen Königs, des späteren Kaisers Joseph I., wurde vor der kaiserlichen Familie eine Instrumentalmusik von Johann Joseph Fux aufgeführt und schon wenige Wochen darauf wird ein Ansuchen des Komponisten protokolliert, in welchem dieser um Besoldung bittet unter Hinweis darauf, daß ihn Kaiser Leopold »wegen seiner Kompositionen in die Dienst aufgenohmen« habe. Sie wird ihm rückwirkend ab Jahresanfang gewährt. Man kann also annehmen, daß Fux mit dem Namenstagskonzert so etwas wie ein Probestück hat liefern müssen, und daß dieses zur »allerhöchsten« Zufriedenheit ausgefallen ist.
Von diesem Jahre 1698 an bleibt Fux 43 Jahre lang bis zu seinem Tode in kaiserlichen Diensten, versieht nacheinander die Ämter des Hofkompositeurs, des Vizekapellmeisters (ab 1711, mit dem Regierungsantritt Karls VI.) und schließlich, als Nachfolger Marc' Antonio Zianis im Jahre 1715, das des Hofkapellmeisters, welches die verantwortungsvollste, angesehenste und einträglichste Stellung für einen Musiker am Hofe war und vor ihm fast ausnahmslos italienischen Meistern vorbehalten gewesen war.
Johann Joseph Fux war, will man den Berichten der Zeitgenossen glauben, ein ernster, gütiger und unermüdlich tätiger Mann, der bei Kaiser und Aristokratie ebenso wie bei Kollegen und Untergebenen in hohem Ansehen stand. Contis virtuoses und komödiantisches Talent und Caldaras genialer Leichtsinn scheinen nicht seine Sache gewesen zu sein. Er behinderte seine jüngeren italienischen Kollegen nicht an den Erfolgen, die diese vor allem auf dem Gebiet der Oper und des Oratoriums suchten. Die Hauptlast der administrativen Aufgaben des höfischen Musiklebens lag auf seinen Schultern und er trug sie mit bewunderungswürdigem Verantwortungsgefühl bis in sein hohes Alter. Und dies obwohl Kaiser Karl VI. bei lukrativen Aufgaben meist zu erkennen gab, daß der Vizekapellmeister Antonio Caldara die Musik schrieb, die seinen erlauchten Ohren am besten gefiel.
Die kaiserliche Hofkapelle, der Johann Joseph Fux vorstand, war ein Klangkörper von europäischem Rang, der auch unter den Söhnen des »Musikkaisers« Leopold nichts von ihrem Glanz eingebüßt hatte. In den in Hannover 1732 erschienenen »Nachrichten vom kaiserlichen Hofe« ist zu lesen, daß unter der Oberleitung des Hofkapellmeisters folgende

Mitglieder der Hofkapelle standen: »ein Vicekapellm., drey Compositoren, acht Sängerinnen, achtundzwanzig Sänger, ein Concertmeister und dessen Adjunct, zweyunddreissig Individuen zu den Saiten-Instr., acht Organisten, drey Theorbisten, ein Cembalist, ein Gambist, ein Lautenist, vier Posaunisten, fünf Fagottisten, fünf Hoboisten, ein Waldhornist, dreyzehn mus. Trompeter, ein Heer-Pauker und sechs Hof-Scholaren. Noch gehören zu diesem Personalbestande: sechs jubilirte Kammer-Musici, neun Pensionisten, zwey Copisten, zwey Instr.-Diener, zwey Orgelbauer und drey Lautenmacher.« Daneben hielt die verwitwete Kaiserin Amalia ihre eigene ansehnliche Kammerkapelle. Gespielt wurde außer im prunkvollen Hoftheater am (damals Tummelplatz genannten) Josefsplatz in der Hofburgkapelle, in der Augustinerkirche und in verschiedenen Räumen der Alten Hofburg, des Leopoldinischen Traktes und der Amalienburg. Da war kein Mangel an Arbeit, zumal in den Sommermonaten von Mai bis Oktober der gesamte Hof mitsamt den musici auf die Schlösser vor den Stadttoren übersiedelte.

Als Komponist scheint Fux erst vergleichsweise spät hervorgetreten zu sein. Die frühesten Kompositionen, die von ihm bekannt geworden sind, stammen aus seinem vierten Lebensjahrzehnt, doch danach wuchs sein Werk zu einer damals alle bekannten Musikgattungen umfassenden Fülle von über fünfhundert Titeln. Neben fast hundert Messen, zahlreichen Requien, Tedeums, Motetten, Antiphonen, Vespern und Litaneien für den Kirchendienst schrieb er auch weltliche Kantaten, Triosonaten, Suiten, Ouvertüren im französischen und italienischen Stil, Musik für Tasteninstrumente sowie neunzehn Opern und elf Oratorien. Er war jedoch vor allem Kirchenkomponist und blieb hierin mit seinem meisterhaften strengen Satz sein Leben lang dem Vorbild Palestrinas verbunden. Als Zeugnis dafür mag der Umstand dienen, daß er in den Dialogen seines »Gradus ad Parnassum« sich selbst als Schüler unter dem Namen Josephus und Palestrina als Lehrer unter dem Namen Aloysius verbirgt. Er sei »kein Anhänger der superstitiösen Antiquität«, schrieb er über seine historische Position, jedoch veneriere er auf alle Weise, »was soviele Secula von den vornehmsten Meistern für gut und recht gehalten, bis nit was besseres erfunden wird«. Man wird auch von seinem hohen Amt mehr die Bewahrung des bewährten Alten als die Erforschung neuer Wege gefordert haben.

Was nun die Opernkompositionen des Johann Joseph Fux angeht, so wurden sie ohne Ausnahme dem Brauch der Zeit entsprechend für festliche Anlässe des Hofes komponiert. Die Stücke wurden allesamt von italienischen Dichtern verfaßt, deren Sprache in ihrer kulturellen Funktion in Wien erst ab Mitte des 18. Jahrhunderts vom Französischen abgelöst wurde. Fux hat außer italienischen Dichtungen nur noch die für den Kirchendienst obligaten lateinischen Texte vertont, was seiner Anerkennung als eines der ersten deutschen Opernkomponisten nicht eben förderlich sein konnte. Zudem sind seine Opern heute weit mehr als die Werke seiner Zeitgenossen Händel oder Vivaldi an die Bedingungen ihres gesellschaftlichen Ursprungs gefesselt. Musiktheater ist niemals allein ein ästhetisches, sondern auch ein soziales Ereignis. Und eine höfische Huldigungsoper hat außer künstlerischen eben auch dynastische Absichten, die sich nur schwer auf die Bühnen eines bürgerlich-demokratischen Zeitalters übertragen lassen. Fux hat als oberster musikalischer Diener eines noch ungebrochenen feudalen Systems bei Lebzeiten alle Vorteile einer solchen Stellung genossen; nach den revolutionären Umstürzen am Ende seines Jahrhunderts mußten seine Werke den Preis dafür zahlen. Auch heute, da wir mit größerem Abstand auf die Epoche des Absolutismus blicken, erscheint es noch immer problematischer, die Bühnenwerke der Residenzstädte Paris oder Wien als die der Republik Venedig in die Bildersprache unserer Zeit zu übertragen.

Dennoch sollen von Fuxens fünfzehn erhaltenen Bühnenwerken die wichtigsten an dieser Stelle mit einigen Worten gewürdigt werden. Sie unterscheiden sich voneinander, dem jeweiligen Anlaß ihrer Entstehung und dem Ort ihrer Aufführung entsprechend, in bedeutsamer Weise. Es gibt da kammermusikalisch zu besetzende, chorlose Serenaden, für die Kapelle der Kaiserinwitwe bestimmte poemetti drammatici und daneben Festopern für das von Galli-Bibiena erbaute große Hoftheater und Freilichtopern für die Gärten des Lustschlosses La Favorita oder für den Burghof auf dem Prager Hradschin.

Im formalen Aufbau folgen die Fux'schen Opern allesamt den Gesetzen der klassischen opera seria. Sie sind meist in drei Akte gegliedert, Arien wechseln mit Rezitativen, und nur gelegentlich sind kleinere Ensemblesätze eingestreut. Chorsätze sind selten und dann meist kurz bemessen. Bei den Arien überwiegt die strenge da-capo-Form, Wiederholungsteile werden zur Demonstration kunstfertiger Geläufigkeit genutzt. Hier wird, durchaus den großen Beispielen imperialer Architektur des Spätbarock vergleichbar, das hohe Können und die vielfältige Besetzung der kaiserlichen Kapelle und ihrer vorwiegend italienischen Sängerriege vor Augen und Ohren geführt. Die Stimmführung ist oft instrumental, Dreiklangszerlegungen, fanfarenartige Motive und ausgezackte Koloraturen überwiegen gegenüber kantablen Bögen. Die Gesangslinie wird oft von einem konzertierenden Soloinstrument wie Geige, Trompete oder Theorbe wetteifernd begleitet. In seinem theoretischen Werk hat Fux selbst den »stylo recitativo« beschrieben als »eine Rede mit musikalischen Mitteln ausgedrückt«. Er vergleicht seine Aufgabe mit der eines Schneiders, der »alle Glieder des Leibes nach der Länge und Breite genau abmißt, damit er ein Kleid zuwege bringt, das sich vollkommen zu dem Leibe schickt: Ebenso soll auch ein Componist den Text einkleiden, und auf die Bedeutung und den Ausdruck desselben sehen, daß die nach Beschaffenheit der Worte eingerichtete Melodie nicht nur zu singen, sondern auch zu reden scheine.« In der Differenzierung der Rezitative untereinander folgt Fux der barocken Affektenlehre und schreibt hierzu: »und sind die Leidenschaften, die im Recitativ vorkommen, mehrentheils folgende: Der Zorn, die Erbauung, die Furcht, die Gewalt, die Beschwerlichkeit, die Wollust, die Liebe, u.s.f.« Wie in Händels oder Hasses Opern dominieren auch bei Fux die Kastraten in den Heldenrollen. Daneben finden auch Sopranistinnen und Bässe dankbare Aufgaben. Den einen sind die Liebhaberinnen und Zauberinnen, den anderen die Priester und Bösewichte als Partien zugewiesen.

Aus dem Jahr 1708 stammt die Namenstagsoper für Joseph I. »Julo Ascanio, Rè d'Alba«, auf einen Text von Pietro Bernardoni komponiert. Das Werk wird von einer viersätzigen, reich fugierten Ouvertüre eingeleitet. Die Handlung erzählt die Heldentaten des Aeneas-Sohnes Ascanius, des Gründers von Alba Longa, der Mutterstadt Roms. Den musikalischen Höhepunkt bildet eine Arie des Titelhelden mit obligater Violine. Egon Wellesz schreibt in dem kurzen Kapitel, das er in seinem 1965 bei der Oxford University Press in englischer Sprache erschienenen Büchlein den Opern Fuxens widmet, zur instrumentalen Einleitung dieser Musiknummer: »Die Art, wie er die Melodie in ständig neuen Wendungen in Fluß behält, ist die eines Meisters.« Die Oper endet mit einer Hochzeitsszene, in der sich Ascanius, der Trojaner, mit seinem besiegten Gegner, dem König der Teukrer und Bruder seiner Braut, wieder versöhnt. Ein schöner Anlaß, dem kaiserlichen Auftraggeber in einer licenza zu huldigen.

»Dafne in lauro«, componimento da camera, stammt aus dem Jahre 1714 und ist als Geburtstagsoper für Kaiser Karl VI. schon ein Werk, das ein etwas umfänglicheres Ensemble erfordert. Zu den fünf Solisten (drei Soprane, ein Altkastrat und ein Tenor) tritt ein Chor mit derselben Stimmverteilung (SSSAT), zur continuo-Gruppe von Theorbe, Cembalo und zwei Fagotten und der üblichen Streicherbesetzung gesellen sich ein flauto traverso, ein chalumeau und zwei Oboen. Nach einer dreiteiligen Ouvertüre mit den Tempobezeichnungen Allegro-Adagio-Passepied folgen neben den üblichen da-capo-Arien auch zwei Duette (Diana-Dafne und Dafne-Apoll), ein accompagnato des Amor und ein Terzett (Diana-Dafne-Apoll). Den Abschluß bildet eine vierstimmige licenza von Solisten und Chor. Zu diesem Werk hat erstmals für Fux der Dottore Pietro Pariati den Text geschrieben. Er wurde danach der bevorzugte literarische Mitarbeiter des Komponisten und schrieb für ihn insgesamt acht Libretti. Drei verfaßte Pietro Antonio Bernardoni, zwei Donato Cupeda, je eines Silvio Stampiglia, Giovanni Battista Ancioni, Apostolo Zeno, Ippolito Zanelli und Pietro Metastasio.

Bei der Geburtstagsoper für den Kaiser im Jahre 1715 war wieder Pariati an der Reihe. Er lieferte eine Textvariante des klassischen Sujets von »Orfeo ed Euridice«, die sich allerdings für unseren Geschmack doch allzu sehr der Konvention höfischer Liebesintrigen verpflichtet. Man kann sich bei derlei Harmlosigkeiten oft nicht des Eindrucks erwehren, daß die Langeweile die blasierte Hofgesellschaft geplagt haben muß wie eine Seuche. Die einaktige Handlung ist in sieben Szenen gegliedert. Orfeo wird von Geistern ins Elysium geführt, um Euridice zu befreien. Die Arme wird auch in der Unterwelt noch von dem offenbar aus Liebeskummer gestorbenen Aristeo mit Anträgen bestürmt. Auch Proserpina muß Amor zu Hilfe rufen, weil sie wegen der Neuangekommenen die Untreue ihres Pluto fürchtet. Der Gesang des Orfeo aber bewegt den verliebten Herrscher der Unterwelt endlich doch, auf diese zu verzichten, und Orfeo führt die befreite Gattin zurück ans Licht des Tages, zum Kummer des Aristeo und zur Freude der Proserpina. Es scheint, als wären die komischen Aspekte dieser Handlung nicht wirklich komödiantisch genutzt. Die Komposition erfordert neben sechs Solisten (wieder ohne Baß) einen meist homophon geführten Chor, der in drei verschiedenen Rollen auftritt, und ein Streichorchester mit der Beteiligung einiger solistischer Bläser. Es mehren sich in dieser Partitur nun aber doch die Ensembles. Neben vier Duetten gibt es ein Terzett und eine licenza.

»Angelica vincitrice d'Alcina« ist der Titel der festa teatrale, die aus Anlaß der Geburt des (leider frühzeitig verstorbenen) Thronfolgers Leopold am 14. September 1716 abends auf dem Teich des Lustschlosses La Favorita uraufgeführt wurde. Wieder ist Pariati der Autor. Der Aufwand für diese von den Brüdern Galli-Bibiena ausgestattete Inszenierung muß außerordentlich gewesen sein. Die dreimal wiederholte Aufführung wurde außer von der kaiserlichen Familie und den Gesandten der Republik Venedig, des Papstes und des französischen Königs von einer zahlreichen aristokratischen Zuschauerschar bewundert. Lady Mary Wortley Montague war unter dieser und hat staunend berichtet: »Nothing of the kind ever was more magnificent.« Dieses Werk wurde im guten Glauben an das Urteil der Dame vor einigen Jahren in Graz aus Anlaß der Wiedereröffnung des renovierten Opernhauses wiederaufgeführt, hat jedoch nach mäßigem Erfolg an anderen Häusern keine erneute Aufnahme finden können. Das wundert einen nicht, wenn man erfährt, mit welchem Aufwand der Kaiser die Uraufführung zu Ehren des so lange erwarteten Thronerben bedacht hatte und wie hoch dazu im Vergleich die Budgetmittel eines durchschnittlichen bürgerlichen Opernhauses aussehen. Die Uraufführung soll den Kaiser (von Lady Montague geschätzte) 30 000 Pfund Sterling gekostet haben. Die Bühne, so schreibt sie, sei über einem breiten Kanal erbaut worden und habe sich zu Beginn des 2. Aktes in zwei Teile geteilt, so daß man das Wasser erblickte, auf welchem zwei Flotten von vergoldeten, kleinen Schiffen erschienen seien, die ein Seetreffen vorstellten. Die Partitur einer solchen Festoper ist wohl nur ein karger Restbestand eines glanzvollen, aber unwiederholbaren Ereignisses. Ebenfalls im Garten der Favorita kam im August 1719 eine Oper zum Geburtstag der Kaiserin Elisabeth Christina zur Aufführung. Sie trägt den Titel »Elisa«, den Pariati der Widmungsträgerin zuliebe offenbar ein wenig abgewandelt hat nach dem Namen Elissa, den Vergil der karthagischen Königin Dido als zweiten zugeschrieben hatte. Eine Akteinteilung der 20 Szenen ist nicht erkennbar. Offenbar wurde das Werk trotz seiner Länge ohne Pause gespielt, um die höfisch streng geregelte Sitzordnung im Freien nicht zu verwirren. Eine Huldigungsoper mußte jedenfalls mit einem lieto fine enden. Darum wird Aeneas nach einer Kette von Liebes- und Eifersuchtsszenen doch wieder mit Elisa vereint. Chöre von Trojanern, Phöniziern, Amoretten, Jägern und Grazien beleben die Szene. Zwei getrennte Orchester mit Oboen, Trompeten, Hörnern und Pauken verleihen ihr festlichen Glanz. Das Werk hat seine dramaturgischen Schwächen, ist aber gewiß als eines der musikalisch wertvollsten zu bezeichnen und soll demnächst in der Fux-Gesamtausgabe im Druck erscheinen. Kaiser Karl VI. hat diese »Elisa« seiner Elisabeth zuliebe selbst dirigiert und sie zehn Jahre später noch einmal wiederholen lassen, zwei Auszeichnungen, die nur wenige Opern in jener Epoche erfuhren.

Eines der auch heute noch interessantesten Stücke scheint das componimento da camera »Psiche« zu sein. Apostolo Zeno ist der Dichter, die berühmte Fabel des Apuleius von Amor und Psyche ist das Sujet. Die Komposition war für den Namenstag der Kaiserin am 19. November 1720 bestimmt. Offenbar erkrankte Fux, nachdem er die ersten fünfzehn Musiknummern notiert hatte, denn die folgenden acht Nummern der Partitur stammen von der Hand des Vizekapellmeisters Antonio Caldara. Zwei Jahre später jedoch ergänzte Fux selbst seine Partitur und das Werk wurde ein zweites Mal und nun ganz von seiner Hand komponiert in Szene gesetzt. Von beiden Fassungen werden Handschriften in der Wiener Nationalbibliothek aufbewahrt, wo sie miteinander verglichen werden können. Der Hofdichter Zeno scheint bei diesem Text eine glückliche Hand gehabt zu haben. Die sieben Personen, Venus, Merkur, Psyche, Amor, Jupiter und die beiden Schwestern der Psyche, Orgia und Doleria, werden abwechslungsreich und einfühlsam durch die Handlung geführt, welche nie allzu weit vom bekannten Gang der klassischen Erzählung abweicht. Venus will Psyche bestrafen, da deren Schönheit ihren Neid erregt. Psyche wird von ihren beiden Schwestern überredet, ihren heimlichen Geliebten, der sie nur nachts besucht, beim Licht der Lampe zu besehen. Dabei versengt sie ihm die Flügel und erregt Amors Zorn. Venus verbannt Psyche daraufhin in den Hades. Doch Amor sucht sie zu befreien und gerät darüber mit seiner göttlichen Mutter in Streit. Jupiter stiftet endlich Frieden und erhebt Psyche als Amors Gattin in den Olymp. Die Stimmverteilung entspricht weitgehend der natürlichen Charakteristik, was bei Barockopern keine Selbstverständlichkeit ist. Venus und Psyche sind Soprane, Amor ein Altist, Merkur ein Tenor und Jupiter ein Baß. Vier fünfstimmige Chöre, ein Duett, ein accompagnato und eine abschließende licenza bringen die erwünschte Abwechslung. Das Orchester ist durch Querflöte, chalumeau, zwei Oboen und zwei Fagotte bereichert. Das poesievolle Werk wurde 1978 durch Eduard Melkus im Rahmen der Wochen alter Musik in Innsbruck wieder belebt. Mit einer Fülle herrlicher Musik und einem auch heute durchaus noch spielbaren Text scheint es eine der vielversprechendsten Opern von Johann Joseph Fux zu sein und könnte wohl in den Spielplänen auch kleinerer Häuser Berücksichtigung finden.

Das berühmteste und auch heute noch bekannteste Bühnenwerk von Fux ist jedoch die große Festoper »Costanza e Fortezza«, die 1723 im Hof der Prager Burg auf dem Hradschin ihre glanzvolle Premiere hatte. Der Titel entspricht dem Wahlspruch des Kaisers, und während der Festlichkeiten aus Anlaß der – reichlich verspäteten – Krönung Karls VI. zum böhmischen König wurde diese Oper gespielt, wenngleich der Geburtstag der Kaiserin galanterweise zum Aufführungstermin gewählt wurde. Pietro Pariati, der anerkannte Dichter für dergleichen Anlässe, wählte eine Handlung um den König Tarquinius aus der römischen Geschichte, um damit die Größe des Habsburgischen Reiches vor Augen zu führen. Viertausend Zuschauer wurden am Nachmittag des 28. August 1723 in das von Galli-Bibiena erbaute hölzerne Freilichttheater geladen. Die Aufführung wurde, da Fux von der Gicht geplagt wurde, vom Vizekapellmeister Caldara dirigiert, unterstützt von vier Unterkapellmeistern für die im Raum verteilten Blechbläser. Die Komponisten Benda, Quantz, Graun und Weiß waren eigens aus Norddeutschland angereist, um im Orchester spielend an dem Ereignis teilzunehmen. Ein deutlicherer Beweis allgemeiner Verehrung konnte einem Musiker nicht beschieden werden. Fux hat mit diesem Erfolg den Zenit seines Schaffens erreicht.

Egon Wellesz, der das Werk in der Reihe »Denkmäler der Tonkunst in Österreich« herausgegeben hat, lobt in einer einleitenden Analyse Fuxens Musik mit den beredten Worten: »In dieser Partitur ist nichts Steifes oder Altmodisches, und es findet sich kein Anzeichen dafür, daß Fux alt wurde. Die Chöre sind von großer Differenziertheit in Stimmung und Rhythmus, die Arien voll von dramatischem Leben und die lyrischen Stellen von aufsehenerregender Schönheit und melodischem Reichtum. Die Phrasen sind ausgedehnt und voll von überraschenden Wendungen.« Der Österreichische Rundfunk hat »Costanza e Fortezza« im Fux-Jahr 1991 bei einer öffentlichen Aufführung aufgezeichnet und so eine Voraussetzung geschaffen, daß das gewaltige Werk auch Fernstehenden bekannt wurde.

Von Fuxens letzten Opern sei an dieser Stelle noch »Enea negli Elisi« erwähnt, eine serenata oder festa teatrale, die im Sommer 1731 wiederum im Garten der Favorita mit allem Aufwand gegeben wurde, »sontuosamente rappresentata«, wie es in zeitgenössischen Berichten heißt. Die Dichtung stammt diesmal vom erst kürzlich engagierten neuen Hofpoeten Pietro Metastasio. Dem türkischen Gesandten scheint »das spectacle« besonders gefallen zu haben, wenn man dem Wiener Diarium glauben soll. Für uns läßt sich die undramatische Handlung um den Eingang des Aeneas in die himmlischen Gefilde zu den Allegorien der Ewigkeit, des Ruhmes, der Tugend und der Zeit nicht ebenso leicht nachvollziehen. Die Türken waren offenbar klassisch gebildet zu der Zeit. Eindrucksvoll gewiß muß die große licenza am Schluß der Oper für die Widmungsträgerin Kaiserin Elisabeth Christina gewesen sein.

Damit beschloß der nunmehr siebzigjährige Meister seine Tätigkeit als Opernkomponist und widmete sich fortan nur mehr geistlichen Werken.

Daß Johann Joseph Fux aber auch ein bedeutender Schöpfer von geistlichen Oratorien war, die zu seiner Epoche zwar nicht szenisch dargeboten wurden, aber dennoch alle Merkmale einer musikdramatischen Form trugen, das soll hier zum Abschluß Erwähnung finden. Zwei seiner zweiaktigen Oratorien erscheinen nämlich besonders für Wiederaufführungen als Kirchenopern geeignet: »La fede sacrilega nella morte del precursor S. Giovanni Battista« nach einem Text von Pariati von 1714 und »Il difacimento di Sisara« nach einem unbekannten Autor aus demselben Jahr. Beide fordern ein reichbesetztes Orchester und einen fünfstimmigen Chor zu den üblichen fünf Solisten. Beide Handlungen sind dem Alten Testament entnommen und daher nicht ohne drastische Grausamkeit. Im einen Stück wird Johannes der Täufer auf Wunsch der Königin Herodias und ihrer tanzenden Tochter – Oletria, nicht Salome, mit Namen – enthauptet; im andern tötet Jahel den besiegten Feldherrn der Kanaaniter, Sisara, der in ihrer Hütte Schutz gesucht hat, indem sie dem Schlafenden einen Nagel in die Stirn schlägt. Die »Fede sacrilega« wurde 1980 im Rahmen des »SPECTACVLVM« in der Wiener Jesuitenkirche mehrmals aufgeführt. Sie hat sich als wirkungsvolles Stück mit dankbaren Gesangspartien erwiesen. Besonders eindrucksvoll sind die Chöre, zumal der ergreifende Schlußchor. Die dramatischen Möglichkeiten des Stoffes sind, vielleicht aus Rücksicht auf den sakralen Aufführungsort, nicht wirklich ausgeschöpft. Die Partitur wurde im Rahmen der Fux-Gesamtausgabe von Hugo Zelzer 1959 publiziert. Es ist zu hoffen, daß auch der nicht minder effektvolle »Sisara« bald einer breiteren Öffentlichkeit zugänglich gemacht wird und nicht so wie die meisten Werke dieses Großmeisters der Barockmusik nur dem Forscher in der Musiksammlung der Österreichischen Nationalbibliothek seine verborgene Schönheit erschließt.

Pietro Metastasio, der Paradiesvogel Maria Theresias

Pietro Metastasio ist ein Künstlername. Der junge Bursche, den der römische Rechtsgelehrte und Literat Vincenzo Gravina auf der Straße vor der Werkstatt eines Goldschmieds singend antraf und, hingerissen von dem offenkundigen Talent des improvisierenden Lehrbuben, an Sohnes Statt in sein Haus aufnahm, der hieß Pietro Trapassi und war am 3. Januar 1698 in der Ewigen Stadt zur Welt gekommen. Sein Vater Felice Trapassi war aus dem umbrischen Assisi zugewandert und hatte Francesca Galastri aus Bologna zur Frau genommen. Er diente in der päpstlichen Wache und verdiente daneben auch noch als Schriftenkopist und kleiner Lebensmittelhändler den Unterhalt für seine Familie. Er willigte ein, daß der junge Pietro im Hause des reichen und angesehenen Mannes erzogen und in Rechtsgeschäften und vor allem in den schönen Künsten unterwiesen wurde. Es sollte sich erweisen, daß die ursprüngliche Wahl der Goldschmiedelehre den noch unerweckten Talenten des Knaben durchaus angemessen war und ihn nicht allzu weit vom wirklichen Ziel abgebracht hatte.

Gravina gab dem heranwachsenden jungen Dichter seinen Künstlernamen, der nichts anderes ist als der Versuch, seinen italienischen Familiennamen ins Griechische zu übersetzen. Er bedeutet soviel wie »der Hinüberschreitende«. Eine erste erstaunliche Talentprobe, die Tragödie »Giustino«, welche er mit vierzehn Jahren verfaßt hatte, wurde zusammen mit einigen Gedichten vom Vormund schon 1717 publiziert. Lateinische Klarheit war die oberste Maxime des Erziehers, und das kritische Subjekt-Objekt-Denken René Descartes' wurde zur Richtlinie der geistigen Schulung. Mit zwanzig Jahren schon trat Pietro Metastasio der römischen »Arcadia« unter dem akademischen Namen Artino Corasio bei. Er empfing die niederen Weihen der katholischen Kirche, die ihn jedoch, den damaligen Gepflogenheiten entsprechend, nicht vom weltlichen Leben ausschlossen.

Im Jahre 1718 starb Vincenzo Gravina und hinterließ seinem Adoptivsohn einen ansehnlichen Teil seines Vermögens. Diesen unerwarteten Reichtum mit vollen Händen auszugeben war für den jungen Studenten eine Angelegenheit von nicht mehr als zwei Jahren. Danach aber faßte ihn offenbar die Reue. Denn er packte seine Siebensachen und übersiedelte 1720 nach Neapel, um dort in der Kanzlei eines Advokaten seinen Unterhalt zu verdienen und nebenher seine Studien zu vollenden. Das Schreiben aber konnte er nicht lassen, und so verfaßte er auf gut Glück einige Stücke für das Musiktheater, das in Neapel, der Stadt Alessandro und Domenico Scarlattis, das gesellschaftliche Leben beherrschte. Der erste dieser Texte, »Gli orti esperidi«, wurde von Nicola Porpora, bei dem Metastasio auch Musikunterricht nahm, vertont. Und bei der Uraufführung geschah das Wunder, daß das sonst recht redselige Neapolitaner Publikum Stille erbat, um die klangvollen Verse besser verstehen zu können. Es folgten »La Galatea« und »L'Endimione« in Neapel mit der berühmten Sängerin Marianna Benti Bulgarelli als Protagonistin.

Die Frauen spielten in Metastasios Leben eine wichtige Rolle, nicht weniger als in seinen Stücken. Mit der Bulgarelli verband ihn bald eine leidenschaftliche Affäre. Sie führte dazu, daß er sie auf ihren Gastspielreisen durch ganz Italien begleitete und schließlich eine neue Oper schrieb, deren Hauptrolle wiederum ihr zugedacht war: »La Didone abbandonata«. Die Uraufführung fand 1724 in Venedig statt, der Musikhauptstadt des nördlichen Italien. Der ungeheure Erfolg machte den eben erst sechsundzwanzigjährigen Dichter mit einem Schlage in ganz Italien bekannt, und dies in einem solchen Maße, daß von diesem Zeitpunkt ab fast jedes Jahr ein anderer Komponist sich das Recht erbat oder ungefragt nahm, diese Dichtung neu zu vertonen. Die »Dido« sollte Metastasios berühmtestes Opernbuch werden; sie wurde nicht weniger als vierundsechzigmal komponiert, das letzte Mal 1827 von Saverio Mercadante, und übertraf hiermit sogar den größten Erfolg der Wiener Jahre, »La clemenza di Tito«. Die Bedeutung Metastasios für seine Epoche, die einmal seinen Namen tragen sollte, läßt sich durch kein anderes Beispiel sinnfälliger dokumentieren. Es versteht sich dabei, daß sämtliche berühmten Musiker ihrer Zeit unter den Komponisten dieses Werkes waren. Genannt seien hier nur Domenico Sarro als der erste, danach Domenico Scarlatti, Albinoni, Vinci, Porpora, Telemann, Händel, Galuppi, Hasse, Jomelli, Traetta, Piccinni, Gazzaniga, Cherubini und Paisiello.

Durch die kurz danach folgenden Opern »Siroe«, »Catone in Utica«, »Ezio«, »Semiramide«, »Alessandro nell'Indie« und »Artaserse« erhob sich Metastasio zum ersten Dichter der damals bühnenbeherrschenden opera seria und erlangte bald solchen Ruhm, daß Apostolo Zeno, der poeta cesareo in Wien, Kaiser Karl VI. empfahl, den erst dreißigjährigen Dichter zu seinem Nachfolger zu ernennen. Metastasio trennte sich nicht leichten Herzens von Marianna Bulgarelli und übersiedelte im August 1729 in die kaiserliche Residenz.

Dort wurde ihm zunächst die Aufgabe zuteil, einige Oratoriendichtungen wie »La passione di Gesù Christo«, »Sant'Elena al Calvario« oder »Betulia liberata« zu schreiben, die zumeist zum erstenmal von Antonio Caldara vertont wurden. Als erste seiner Wiener Opern kamen, ebenfalls mit der Musik des Vizehofkapellmeisters Caldara, »Demetrio« und »Adriano in Siria« auf die Bühne des von Galli-Bibiena erbauten Hoftheaters am Tummelplatz. 1734 verfaßte er dann zum Namenstag des Kaisers »La clemenza di Tito«. Im selben Jahr verstarb in Rom Marianna Bulgarelli und vermachte ihrem ehemaligen Geliebten ihr gesamtes Vermögen.

Metastasio wußte sich in Wien mit einer anderen Marianna zu trösten, der Gräfin Marianna von Althann, auf deren Landgut in Kroatien er sich während des Erbfolgekrieges nach dem Tode des Kaisers 1740 zurückzog. Maria Theresia, die ihrem Vater als Regentin in Österreich nachfolgte, bestätigte Metastasio in seinem Amt. Sie bekannte in einem Brief, daß sie es als einen der größten Glücksfälle ihrer Regierungszeit ansehe, den großen Metastasio an ihrem Hofe zu wissen.

Unterdessen erschienen auch die ersten Werkausgaben seiner Dichtungen, die bekannteste darunter ist vielleicht diejenige, die Raniero da Calzabigi, der spätere Opernreformator und Librettist Glucks, in Paris betreute. Spätestens hierdurch wurde der Name des Dichters auch in allen westlichen Ländern Europas berühmt. Voltaire, der zu seinen größten Verehrern gehörte, nahm für seinen »Orphelin de la Chine« Metastasios »Eroe cinese«

zum Vorbild, und J. M. Chenier, der Bruder Andrés, schrieb einen »Cyrus« in Anlehnung an den »Ciro riconosciuto«.

So lebte Pietro Metastasio mehr als fünfzig Jahre in der kaiserlichen Residenzstadt, geehrt und bewundert wie kaum ein Dichter vor oder nach ihm. Materielle Sorgen drückten ihn nicht. Friede herrschte im Land. Von Freunden wurde er geliebt, vom Erfolg verwöhnt und von den Neidern gemieden. Seine Operntexte wurden Jahr für Jahr vom Lieblingskomponisten des Kaisers, Antonio Caldara, und nach dessen Tod zumeist von Johann Adolf Hasse vertont, bald danach folgten Neuvertonungen durch italienische oder deutsche Komponisten in entfernteren Musikzentren. Händel, Vivaldi, Jomelli, Porpora, Galuppi, Johann Christian Bach und Gluck waren nur die berühmtesten.

Hasse, der insgesamt zweiunddreißig seiner Texte vertonte, davon »Attilio Regolo«, »Ipermestra«, »Antigono« und sein letztes Werk »Ruggiero« als erster, stand ihm besonders nahe. An ihn ist der viele Seiten lange Brief gerichtet, den Metastasio von einem seiner zahlreichen den ganzen Sommer bis weit in den Herbst während Landaufenthalte auf den Schlössern der Wiener Aristokratie am 20. Oktober 1749 verfaßte und aus welchem ein paar Zeilen zitiert seien, um sowohl den Menschen und Freund wie auch den Operntheoretiker für sich selbst sprechen zu lassen:

»Mein lieber Monsieur Hasse war«, so schreibt er, »seit ich Wien verließ, niemals abwesend aus meinem Herzen; doch bis zum heutigen Tage war es mir nicht möglich, mich Ihrem Dienst zu widmen, da ich hier in diesem höchst müßigen Getümmel bisher kaum jemals mein eigener Herr sein konnte, ausgenommen wenn ich schlief. So unablässig bin ich beschäftigt mit Spazierengehen, Schießen, mit Musik, Kartenspiel und Konversation, daß mir kein Augenblick bleibt für private Meditation, ohne dadurch die Gesellschaft zu verstören. Doch all diesen Hindernissen zum Trotz bin ich von solcher Reue durchdrungen, Sie so lange vernachlässigt zu haben, daß ich nun entschlossen bin, Ihren Wünschen nachzukommen. Was aber kann ich Ihnen irgend vorschlagen, das Ihrem eigenen Geist nicht längst schon sich eröffnet hätte ...«

Pietro Metastasio war ein ungemein liebenswürdiger, geistreicher, weltgewandter und zugleich bescheidener Mann. Er formulierte seine Wünsche und Anregungen an den um ein Jahr jüngeren Komponisten mit großer Konzilianz, aber auch mit ebenso großer Bestimmtheit. Die Oper, an der Hasse komponierte, war der »Attilio Regolo«, das Werk, das Metastasio als »das am wenigsten unvollkommene« unter seinen Werken bezeichnete. Es war nach fast zehnjähriger, mehrfach unterbrochener Arbeit nun fast vollendet. Die größte Aufmerksamkeit des Dichters galt der Gestaltung der Rezitative und deren Unterscheidung in secco- und accompagnato-Teile.

»Ich würde froh sein«, so schreibt er im weiteren, »wenn in diesem dritten Akt im besondern kein accompagnato vorkäme bis auf die letzte Szene. Dieser voran geht der Lärm und Tumult des Volkes, das in den Ruf ausbricht: ›Regulus, bleib!‹ Die Lautstärke dieser Rufe muß groß sein, um die Wirklichkeit nachzuahmen und um darzutun, welch ehrfürchtige Stille die bloße Gegenwart des Regulus inmitten des aufrührerischen Volkes zu bewirken vermag. Wenn die anderen Personen sprechen, sollten die Instrumente schweigen, und, wenn Sie mir hierin beistimmen, wann immer der Protagonist am Wort ist, sollen sie spielen. Dabei sollten sie jedoch in Bewegung und Harmonie variieren, und zwar nicht allein um Worte und Gefühle zu verstärken, worauf sich andere Komponisten vieles zugute halten, sondern vielmehr um auch die Gemütslage dessen, der diese Worte und Gefühle äußert, zu betonen, worauf ein Meister wie Sie stets abzielt. Denn Sie wissen so gut wie ich, daß dieselben Worte und Gefühle je nach Situation geäußert werden können, sowohl um Freude als auch um Kummer, Zorn oder Mitleid auszudrücken. Von Händen wie den Ihren hoffe ich fest, daß ein stets von Instrumenten begleitetes Rezitativ nicht eine so langweilige Angelegenheit wird wie oft bei anderen. In erster Linie darum, weil Sie die Ökonomie der Zeitdauer beachten werden, die ich stets so sehr empfohlen habe, besonders aber, weil Sie so genau wissen, wie diese Kunst erst vollkommen wird durch den wohlbedachten und abwechslungsreichen Gebrauch von piano und forte, rinforzando, staccato, legato, accellerando und ritardando, arpeggio, von Trillern und ausgehaltenen Tönen und vor allem durch den Tonartenwechsel, einer Kunst, deren letzte Geheimnisse Sie allein zu wissen scheinen …«

Hier ist nicht allein eine Kompositionsanweisung, sondern mehr noch eine inhaltsreiche Auskunft über die Fülle der Interpretationsmöglichkeiten der opera seria gegeben, die des genaueren Studiums wert wäre. Die Briefe Metastasios sind in vieler Hinsicht eine wahre Fundgrube für die Erforscher der Musik- und Theaterszene, aber auch für das gesellschaftliche Lebens, am Wiener Hof um die Jahrhundertmitte. Sie sind aber vor allem die besten Zeugen für die feine Herzensbildung und die literarische Eleganz des bedeutendsten Dichters seiner Zeit.

Nach der Uraufführung des »Attilio Regolo«, die an Hasses Wirkungsstätte, dem Hoftheater in Dresden, stattfand, ging die große Zeit der klassischen opera seria ihrem Ende entgegen. Metastasio hatte über mehr als dreißig Jahre alljährlich eine oder zwei weltliche Opern, feste teatrali oder azioni sacre geschrieben, zahlreiche Gedichte verfaßt, er hatte Juvenal und Horaz übersetzt und Auszüge aus der Poetik des Aristoteles, die stets sein Leitfaden geblieben war mit ihrer Einheit von Handlung, Ort und Zeit des Bühnengeschehens. Er hatte die Programme von höfischen Festlichkeiten und von Prunkgemälden in Kirchen und Palästen entworfen. Nun vergrößerten sich die Pausen zwischen seinen Alterswerken, ohne daß sein Ruhm sich darum verdunkelt hätte. Er blieb so lange der angesehenste Dichter seines Jahrhunderts nicht allein durch die Autorität seines Amtes, bis die Französische Revolution die Wertmaßstäbe umstürzte, nach denen er, der Wirklichkeit zum Trotz, seine Helden geformt hatte. Er hatte für das höfische Theater und nicht für das Volk geschrieben, hatte seine Libretti nach dem Vorbild der französischen Klassiker Corneille und Racine ausgebildet, wenn auch, wie es dem Musiktheater gemäß war, in drei statt in fünf Akte gegliedert, hatte die italienische Sprache zu einer Biegsamkeit, Eleganz und, in ihren lyrischen Arien, zu einer Innigkeit und Anmut geführt, wie es kein anderer vor ihm und nach ihm vermocht hatte. Er hatte sich an der Tradition eines Tasso und Ariost gemessen und war doch bescheiden geblieben in einem Maße, daß er den ihm angebotenen Grafentitel ebenso ablehnte wie das Kreuz des heiligen Stephan und die Krönung zum poeta laureatus. Er nannte sich selbst spöttisch den »Palastvogel der Maria Theresia« und war es doch selbst, der sich in seiner italienischen Sprache, die von allen Mitgliedern des Hofes als die Muttersprache der Kultur gesprochen, vom einfachen Volk aber nicht verstanden wurde, den goldenen Käfig schmiedete. Er zeigte sich stolz darauf, niemals seine Zeit auf satirische Verse verschwendet zu haben, eine Zurückhaltung, die sich seine Nachfolger keinesfalls auferlegten. Er hielt sich fernab von aller Tagespolitik. Liegt hierin der Grund, warum dieser berühmteste aller Librettisten, dieser Klassiker der italienischen Sprache uns heute so schwer zugänglich, so wesensfremd erscheint? Aber das Urteil unserer Zeit ist kein ewiges Urteil. Es zeigen sich in den vergangenen Jahren schon die ersten Anzeichen einer Neubewertung auch dieses Dichters. Er wird indessen mit seinen Komponisten Vivaldi, Pergolesi, Fux, Caldara, Händel, Hasse, Gluck, Paisiello, Mozart und Haydn überdauern, bis neue Maßstäbe gefunden werden, um ihn zu messen.

Von einer persönlichen Begegnung mit dem um über ein halbes Jahrhundert jüngeren Mozart, der seine Dichtungen »Il sogno di Scipione«, »Il re pastore«, »La Betulia liberata« und, in Caterino Mazzolàs Bearbeitung, »La clemenza di Tito« neben zahlreichen einzelnen Arien vertont hatte, ist nichts bekannt geworden. Immerhin läßt sich feststellen, daß Mozart zu den Versen keines anderen Dichters mehr Musik geschrieben hat als zu denen Metastasios. Den 1782 aus Dresden kommenden Lorenzo da Ponte hat er kurz vor seinem Tode noch in seinem Salon empfangen und ihn damit in die literarischen Kreise Wiens eingeführt. Joseph Haydn vertonte den 1753 entstandenen Text Metastasios »L'isola disabitata« und schuf daraus eine kurze pastorale Oper für vier Solisten, ohne Chor und secco-Rezitative und ohne allen Pomp und Glanz der opera seria. Dieses bezaubernde Werk bildet zusammen mit der geistreichen Kammeroper »Le cinesi«, die Christoph Gluck für eine Aufführung durch die Damen des Hofes und die junge Maria Theresia komponiert hat, den Beweis dafür, daß der Purist, der dem heiteren Genre in seinen ernsten Werken keinen Platz gegönnt hatte, sehr wohl auch für die Geheimnisse einer Liebesinsel oder eines exotischen Boudoirs das rechte Einfühlungsvermögen besessen hat. Und wie konnte dies anders sein bei einem Manne, der den Frauen soviel verdankte?

In dem Haus am Kohlmarkt, das heute eine Gedenktafel an den großen Poeten trägt, hatte er seine dritte Marianna gefunden: Marianna Martinez, die Tochter des Zeremoniers der päpstlichen Nuntiatur. Sie umsorgte den alternden Mann und war die Freude seiner späten Jahre. Er mag nach dem Tode der Kaiserin gefühlt haben, daß seine Epoche mit der ihren zu Ende ging. Sie hatte den gedanklichen Elan der Aufklärung, die Forderung der Menschenrechte mit der Grazie der höfischen Kultur und der Konzilianz der Lebensweisheit verbunden. Es kam nun die Zeit der Entscheidungen und Umgestaltungen herauf. Joseph II. betrieb eine Politik der Konfrontation mit dem außenpolitischen Gegner an der Hohen Pforte, und er empfing zu diesem Zweck den russischen Thronfolger in Wien. Er unterwarf die unantastbar scheinenden Vorrechte der katholischen Kirche neuen Gesetzen und konfiszierte einen Großteil von deren zumeist ererbten Besitztümern. Beides konnte nicht im Sinne des allem Nationalitäten- und Religionsstreit abgeneigten Weltmannes und Abbate Metastasio sein.

Als Papst Pius VI. im Frühjahr 1782 nach Wien kam, um in höchster Besorgnis mit Kaiser Joseph über die angekündigten Reformen zu verhandeln – vergeblich, wie sich erweisen sollte –, da ließ Metastasio sich nicht abhalten, an den Empfängen und Liturgien teilzunehmen. Bei einem dieser Anlässe zog er sich eine Erkältung zu, die ihn auf das Totenbett brachte. Er starb am 12. April 1782 im hohen Alter von vierundachtzig Jahren im großen Michaelerhaus hinter eben jenen Fenstern des ersten Stockwerks, aus denen er so oft auf das alte Burgtheater, den Ort seiner größten Triumphe, und auf die Michaelerkirche, seine letzte Ruhestätte, geblickt hatte.

Sein Vermögen hinterließ er dem Bruder Giuseppe seiner letzten Lebensgefährtin. Heute erinnert an ihn ein prachtvolles Denkmal in der Minoritenkirche, deren Orden er angehört hatte, sowie eine kleine Straße, welche von dieser Kirche zum Volksgarten führt. Vor allem aber haben ihn die Kompositionen der größten Musiker seiner, der metastasianischen Epoche unsterblich gemacht. Wer immer heute nach einem vertieften Verständnis des späten Barocktheaters sucht, das zugleich ein Theater der Aufklärung ist, in Metastasios Werk kann er den Schlüssel dazu finden. Die Tatsache, daß dieses Werk, das vor allem der Klarheit, der Gerechtigkeit und der Gewißheit vom Sieg der Vernunft verpflichtet war, heute so wenig Neugierde weckt, spricht nicht für unser Jahrhundert.

Auf einer Gedenktafel in der Minoritenkirche finden wir die letzte Terzine aus einem Sonett des Dichters eingemeißelt, das einen tiefen Blick gewährt in sein Innerstes, das seine Träume und Hoffnungen nährte.

> Sogni e favole io fingo; e pure in carte
> mentre favole e sogni orno e disegno,
> in lor, folle ch'io son, prendo tal parte,
> che del mal che inventai piango e mi sdegno.
>
> Ma forse, allor che non m'inganna l'arte,
> più saggio io sono? E l'agitato ingegno
> forse allor più tranquillo? O forse parte
> da più salda cagion l'amor, lo sdegno?
>
> Ah che non sol quelle, ch'io canto o scrivo
> favole son; ma quanto temo e spero,
> tutto è menzogna, e delirando io vivo!
>
> Sogno della mia vita è il corso intero.
> Deh tu, Signor, quando a destarmi arrivo,
> fa ch'io trovi riposo in sen del Vero.

> Träume und Fabeln in Papier zu kleiden,
> ist mein Geschäft, und ich laß mich vom Scheine
> der von mir Narren selbst erfundnen Leiden
> so täuschen, daß ich Mitleidstränen weine.
>
> Könnt' ich die Wahrheit besser unterscheiden,
> wenn mich die Kunst nicht in die Irre lenkte?
> Besänftigte mein Geist sich? Oder meiden
> nicht Lieb und Haß den Zwang, der sie beengte?
>
> Ach, nicht nur was ich dichte und ersinne,
> ist Trug und Täuschung, um uns zu verleiten.
> Alles ist Lüge. Wahn trübt uns die Sinne.
>
> Das Leben ist ein Traum, durch den wir schreiten.
> Wenn ich erwachend einst zu sehn beginne,
> wird Gott, der Herr, zur Wahrheit mich geleiten.

Giovanni Battista Pergolesi und die Komödien in Neapel

Pergolesi hinkte auf dem linken Bein, war möglicherweise von früher Jugend an durch eine Krankheit verkrüppelt. Wenn andere Kinder mit sieben Jahren gefirmt wurden, so erachtete man es bei ihm schon mit anderthalb für nötig. Man hat offenbar nicht mit seinem Aufkommen gerechnet und wollte seine Seele für den Glauben retten. Immerhin waren seine drei Geschwister früh verstorben. Seine Mutter starb, als er siebzehn, sein Vater als er zweiundzwanzig Jahre alt war. Aber da war der Sohn schon in Neapel und ließ seine Tante, die Schwester seiner Mutter, aus Jesi nachkommen, um ihm den Haushalt zu führen. Ans Heiraten war nicht zu denken, und die Krankheit erlaubte es ihm nicht, allein zu wohnen. Als sie dann heftiger ausbrach, begab er sich zu den Franziskanern nach Pozzuoli, in deren Obhut er im Anblick des Golfs von Neapel mit 26 Jahren verstarb, an Tuberkulose, wie man vermutet. Er war der letzte seiner armseligen Familie. Seine wenigen Habseligkeiten teilte die Tante, der er vor seiner letzten Reise vorauswissend schon alles vermacht hatte, mit einem Bruder seines Vaters, der auf die paar Scudi, die er erhielt, offenbar angewiesen war.

Welch ein Leben voll Leid in einem zerbrechlichen Körper! Und welch eine Grazie! Welch ein heiterer, liebenswürdiger Geist! Und welch eine musikalische und dramatische Begabung, zwei Eigenschaften, die sich so selten zusammenfinden!

Ob er wußte, wozu er bestimmt war und was ihm gelingen sollte in so wenigen Jahren? Ob es die anderen ahnten, die mit ihm lebten? Es scheint, als wäre er ihnen entgangen. Sie haben nicht Zeit gehabt, ihn sich näher anzusehen. Man muß nur die wenigen Bilder von ihm vergleichen, von denen die beiden zeitgenössischen, karikierenden, grobe negroide Züge, die späteren, idealisierenden, ein edles, dunkeläugiges Antlitz zeigen. Kaum war man aufmerksam auf ihn geworden, war's schon zu spät. Zu seinen Lebzeiten hatte sich keiner die Mühe genommen, etwas niederzuschreiben über diesen unscheinbaren, jungen, kränklichen Menschen. Man mußte doch erst einmal abwarten, was aus ihm werden sollte. Als er dann ebenso plötzlich, wie er hervorgetreten, auch schon wieder verschwunden war, wußte man nur mehr ein paar Anekdoten von ihm zu erzählen, die man auch schon anderen Musikern nachgesagt hatte. Etwa daß er schon als Schüler so wundervoll auf der Geige gespielt habe, daß seine Freunde darüber vergaßen, selbst zu spielen, und ihm zuhörten und schließlich den Mut zum Üben verloren. Oder daß nach der wenig erfolgreichen Premiere der »Olimpiade« im Teatro Tordinona in Rom eine Orange aus dem Zuschauerraum geflogen kam, die den Maestro am Kopf traf. Wenn's wahr ist, dann haben die neapolitanischen und römischen Zeitgenossen ihn gesehen, mitten unter ihnen, und haben sich geärgert oder gefreut über seine Musik.

Nach seinem Vater hätte er Draghi heißen müssen, wurde aber schon im Taufregister Pergolesi genannt, nach dem Herkunftsort seines Großvaters, des Schuhmachers Cruciano Draghi aus Pergola. Am 14. Januar 1710 steht in den Matrikeln der Kirche von Jesi in der Provinz Marche die Taufe von Giovanni Battista, Sohn des Francesco Andrea und seiner Gattin Anna Vittoria, verzeichnet. Die beiden Vornamen erhielt der Täufling offenbar von seinem Paten, dem Adeligen Giovanni Battista Franciolini. Es gehörte zu jener Zeit zu den selbstauferlegten Pflichten der Aristokratie, talentierten Kindern ihrer Untertanen eine Ausbildung oder gar ein Studium zu ermöglichen. Nachdem der junge Giovanni Battista in seiner Heimatstadt Jesi den ersten Unterricht im Violinspiel erhalten hatte, übernahm der Marchese Cardolo Maria Pianetti seine weitere Erziehung und sandte ihn nach Neapel. Dort, am Conservatorio dei Poveri di Gesù Christo, wurde Gaetano Greco sein Lehrer. Nach dessen Tod, 1728, erhielt er Unterricht von Leonardo Vinci und Francesco Durante. Beide gehörten zu den führenden Opernkomponisten ihrer Zeit. Vinci, einer der frühesten Mitarbeiter Metastasios, hatte neben zahlreichen opere serie im Jahre 1722 auch schon eine komische Oper in neapolitanischem Dialekt komponiert: »Zite 'n galere«. Die Studiengebühren dürfte der junge Pergolesi bald selbst als Mitglied des Knabenchors und später als Geiger im Orchester des Konservatoriums abgestattet haben.

Im Sommer 1731 wurde zum Abschluß des Studiums ein dramma sacro des 21jährigen in der Klosterkirche St. Agnello Maggiore aufgeführt. Es trug den etwas umständlichen Titel »Li prodigi della divina grazia nella conversione di San Guglielmo, Duca d'Aquitania«, zu deutsch: »Die Wunder der göttlichen Gnade bei der Bekehrung des Hl. Wilhelm, Herzogs von Aquitanien.« Vermutlich kurz danach komponierte er auch schon sein zweites dramma sacro, »La Fenice sul rogo« – »Der Phönix auf dem Scheiterhaufen« – für das Oratorio dei Filippini.

Im selben Jahr erhielt der offenbar erfolgreiche und nun auch schon allseits protegierte junge Maestro seinen ersten Opernauftrag. Er wählte einen Text des kaiserlichen Hofdichters Apostolo Zeno, wie es sich im Habsburgischen Vizekönigtum Neapel gehörte, und änderte den Titel nach einer gründlichen Umgestaltung von »Alessandro Severo« auf »Salustia«. Die Uraufführung am großen Opernhaus der Stadt, dem Teatro San Bartolomeo, fand wohl nicht allzu großen Gefallen. Sie wurde nur wenige Male wiederholt. Doch das beeinträchtigte nicht seine Karriere. Ab 1732 ist Pergolesi maestro di capella in Diensten des Fürsten von Stigliano, Ferdinando Colonna. Am 23. Februar 1734 wird er zum Vizekapellmeister von Neapel ernannt mit dem Recht auf Nachfolge im Amt des ersten Kapellmeisters Domenico Sarro. 1734 wird er außerdem als Organist Mitglied der königlichen Kapelle. Auch der Herzog von Maddaloni Caraffa, ein Parteigänger der Habsburger, zieht ihn in seine Dienste und ruft ihn, als die Truppen des bourbonischen Thronprätendenten und späteren Königs Karls III. aus Frankreich anrücken, nach Rom, um dort eine dem hl. Johann Nepomuk gewidmete Messe zu komponieren und in der böhmischen Kirche aufzuführen. Diese Messe für Soli, vier Chöre und Orchester wurde zu einem vielbeachteten Ereignis, nicht zuletzt wohl weil man sie als Huldigung an die Partei der Habsburger auffaßte. Die Bourbonen aber zeigten sich nicht nachtragend und hinderten nicht, daß Pergolesi nach Neapel zurückgerufen wurde und dort einen weiteren Opernauftrag erhielt. Den konnte er zwar noch erfüllen und auch die Uraufführung dieser letzten komischen Oper »Il Flaminio« selbst im kleinen Teatro Nuovo leiten; die Komposition für seinen nächsten Auftrag, eine serenata für den Fürsten von Sansevero, jedoch mußte er unterbrechen. Sein Protektor, der Herzog von Maddaloni, sandte den Kranken zur Kur nach Pozzuoli. Dort schrieb er, betreut von den Mönchen des Franziskanerklosters, seine letzten Werke, die Kantate »L'Orfeo«, das »Salve regina« und das berühmte »Stabat mater«, und starb am 16. März 1736. Das Grab wurde ihm neben der Kathedrale bereitet.

Das Werkverzeichnis Giovanni Battista Pergolesis ist nicht lang, aber die wenigen Werke, die er in seinen kurzen Lebensjahren geschrieben hat, haben seinen Namen zu einem der berühmtesten der italienischen Musikgeschichte gemacht. Man hat ihm aus diesen Gründen wohl auch zahlreiche Stücke unterschoben, die oft sehr lange von seinem Ruhm profitierten. Unter diesen Kuckuckseiern befindet sich der »Maestro di musica«, ein Pasticcio größtenteils mit Musik von P. Auletta, in welches jedoch auch drei echte Pergolesi-Nummern (zwei Arien und ein Duett) aufgenommen wurden. Um aber von den authentischen Werken zu sprechen, so hat der Frühverstorbene neben drei Messen, dem »Stabat mater« und einigen kleineren geistlichen Kompositionen zwei drammi sacri, vier opere serie, zwei commedie per musica und zwei intermezzi geschrieben und damit dem Musiktheater, dem wohl sein größtes Interesse galt, in allen Sparten bedeutende Beiträge geliefert. Mögen seine beiden Jugendwerke für den kirchlichen Rahmen inzwischen vergessen sein und sich darum einem näheren Urteil entziehen, unter den ernsten Opern befinden sich zumindest mit den beiden Metastasio-Vertonungen »Adriano in Siria«, Neapel 1734, und »L'Olimpiade«, Rom 1735, Stücke, die zu den Meisterwerken ihrer Gattung gehören. Auch wenn für keine seiner opere serie ein unmittelbarer Premierenerfolg nachzuweisen ist, so wurde doch vor allem »L'Olimpiade«, sein unbestrittenes Meisterwerk auf diesem Gebiet, im Verlauf der nächsten Jahrzehnte an zahlreichen italienischen Opernhäusern mit großer Begeisterung aufgenommen.

Seinen wahren Ruhm aber verdankt Pergolesi den beiden musikalischen Komödien und den beiden Intermezzi, die alle schon bei ihren ersten Aufführungen in Neapel mit allgemeinem Jubel begrüßt wurden. Allen voran »La serva padrona«, das Intermezzo, dessen zwei Akte in den Pausen seiner opera seria »Il prigionier superbo« 1733 im Teatro San Bartolomeo erstmals auf die Bühne gelangten. Dieses geniale kleine Werk, dem es gelungen war, auch den später kaum mehr beachteten »Prigionier superbo« zu einem Erfolg zu machen, wurde in den folgenden Jahren in Rom und Parma, in Bologna, Ferrara und Venedig, in Modena, Florenz und Görz sowie in Graz, Dresden und sogar in Hamburg gezeigt. Die italienischen Wandertruppen entdeckten das Stück für ihre Gastspielreisen und brachten es 1746 und 1752 nach Paris. Was beim ersten Besuch nur Gefallen erregt hatte, das entflammte beim zweiten helles Entzücken. Da war kein Halten mehr. Die Franzosen gerieten einander über Pergolesis Genie in die Haare, will sagen in die Perücken. Jean-Jacques Rousseau begann sogar daran zu zweifeln, ob seine Muttersprache überhaupt für den Gesang geeignet sei. Das italienische Theater wurde gestürmt. Im selben Jahr 1752 noch kamen in Paris zwei italienische Neudrucke der »Serva padrona« heraus und bald nach diesen zwei französische Fassungen, um Rousseaus Behauptung prompt zu widerlegen. Dieses bezaubernde kleine Stück gilt auch heute noch als Musterbeispiel seiner Art und übertrifft alle vergleichbaren Werke seiner Epoche an Wirkung. Erstaunlich ist dies umso mehr, als die eingesetzten Mittel äußerst bescheiden sind: zwei Sänger (ein Sopran, ein Baßbuffo), eine stumme Rolle, ein Cembalo und ein Streichquartett, das man, je nach Aufführungsort, solistisch oder chorisch besetzen kann. Das Sujet von der listigen Dienerin, die ihren eigenbrötlerischen Herrn dazu bringt, sie zu heiraten, ist dabei alles andere als neu. Wir kennen es spätestens seit Pariatis unter anderem von Albinoni und Telemann vertonten »Pimpinone«. Aber die geistreichen Facetten, welche der Jurist und Komödiendichter Gennarantonio Federico diesem ungleichen Zweikampf der Geschlechter abgewonnen hat, schaffen auch heute noch reines Vergnügen. Es waltet soviel Charme und Witz, soviel melodischer Einfallsreichtum und rhythmische Brillanz in diesen beiden kurzweiligen Akten, daß man den Erfolg wohl verstehen kann.

In den letzten Jahren hat man auch die anderen heiteren Stücke Pergolesis wieder häufiger aufzuführen begonnen. Den meisten Erfolg hat man mit der dreiaktigen commedia per musica »Lo frate 'nnamorato« gehabt. Vielleicht vor allem deshalb, weil es mit neun dankbaren Rollen den Sängern jede Gelegenheit zu komödiantischen Kabinettstücken gibt. Es ist auch hier der so seltene Glücksfall eingetreten, daß ein geistreicher Dichter mit einem inspirierten Musiker zusammengetroffen ist, um ein Werk zu schaffen, dem es an nichts mangelt, was das Musiktheater fordert. Gennarantonio Federico war ein Glücksfall von einem Partner für Pergolesi. Sein Witz, seine Menschenkenntnis und seine virtuose Sprache halfen dem noch unerfahrenen aber wunderbar begabten Musiker auf die Sprünge. Die turbulente Handlung um den »Verliebten Bruder«, der, ohne sie zu kennen, seinen beiden reizenden Schwestern den Hof macht, spielt auf einem Landhaus bei Neapel und bringt dort einen von den beiden Vätern falsch eingefädelten Liebes- und Ehehandel unter Mithilfe zweier resoluter Zofen zu einem glücklichen Ende. Man wäre versucht, hin und wieder dabei an Marivaux' Komödiengeometrie zu denken, wäre da nicht der mit römischer Hochsprache und toskanischen Brocken untermischte, herzerfrischende neapolitanische Dialekt, der alle aristokratische Raffinesse fernhält. Der Komponist hat – neben vielleicht allzu vielen Solo-Arien – sechs effektvolle Ensembles geschaffen und darin mit seinen 22 Jahren schon soviel Geist, Gefühl und treibenden Elan bewiesen, daß man einen Vergleich mit dem jungen Mozart nicht scheuen muß. In seiner Epoche bleibt Pergolesi damit jedenfalls ganz unerreicht. »Lo frate 'nnamorato« wurde 1991 an der Mailänder Scala unter Riccardo Muti gespielt. Vielleicht sollte man sich überlegen, ob man nicht doch einmal eine behutsame deutsche Übersetzung versuchen sollte, um sich nicht mit allzu seltenen und durch den Dialekt erschwert verständlichen Gastspielen begnügen zu müssen.

Schwieriger ist der Fall mit dem zweiten Intermezzo »Livietta e Tracollo« (auch unter dem Titel »La contadina astuta«, zu deutsch »Das schlaue Bauernmädchen«, bekannt). Hier stammt der Text von einer schwächeren Hand, Tommaso Mariani heißt der Autor, und dieses Manko kann bei einer Komödie auch die Musik eines Pergolesi nicht überspielen. Die zweite abendfüllende commedia per musica in drei Akten trägt den Titel »Il Flaminio«. Ihr Text wurde zwar von Federico verfaßt, jedoch offenbar in einem Genre, das nicht sein ureigenstes ist. Es handelt sich hier um eine aus der opera seria entwickelte Form, die trotz teils parodierender, teils gefühlvoll ernst empfundener Musik allzuviel von den dramaturgischen Regeln und virtuosen Gesangsübungen der großen Oper mitbekommen hat, als daß sie sich mit ihren leichtgeschürzteren Schwestern vergleichen könnte. Hier mußten offenbar nach dem Einzug der Bourbonen in Neapel schon neue, empfindsamere, französische Moden befolgt werden, die dem unbekümmerten Charme des neapolitanischen Volkstheaters keinen Raum mehr ließen. »Il Flaminio« wäre wohl mit größerem

Recht als eine frühe opera semiseria zu bezeichnen und fände mit solchem Anspruch besseres Verständnis als im Vergleich mit der überwältigenden Lebensfreude einer »Serva padrona«.

Vielleicht ist hier der Ort, um an Hand von Pergolesis heiteren Werken zu konstatieren, welche Merkmale eine musikalische Komödie von einem Intermezzo unterscheiden. Allzu oft ist auch schon fälschlich behauptet worden, die opera buffa sei aus den neapolitanischen Intermezzi hervorgegangen, und gar, die »Serva padrona« stünde an deren Anfang. Komische Opern gab es schon seit der Mitte des 17. Jahrhunderts. Rospigliosis »Chi soffre, speri«, zu deutsch »Wer leidet, soll hoffen«, vertont von Mazzocchi und Marazzoli, ist wie schon erwähnt mit ihrem Entstehungsjahr 1639 unter den bekannten die älteste. Daß in Neapel, der Stadt des Pulcinella, das heitere Genre auch im Musiktheater früh eine besondere Bedeutung erlangen mußte, versteht sich von selbst. Abendfüllende Opern im neapolitanischen Dialekt gab es hier schon spätestens seit dem Jahre 1707, und die Tradition reißt nicht ab bis zu Federico und Pergolesi. Orefice, Vinci und Leo gehören zu ihren bekanntesten Komponisten. Alessandro Scarlatti hat mit »Il trionfo dell'onore« eine Komödie in der Hochsprache komponiert. Den Höhepunkt markiert Pergolesis »Frate 'nnamorato«.

Intermedien oder Intermezzi – die Unterscheidung ist fließend, zumeist aber ist im ersten Fall ein musikalisches Zwischenspiel zu einem Schauspiel, im zweiten ein solches zu einer opera seria gemeint – sind älter als die Oper selbst, gewinnen aber in Neapel um 1700 lebhaftere Bedeutung. Während die musikalischen Komödien in drei Akte gegliedert sind und abendfüllende Länge haben, sind Intermezzi ein- oder zweiaktig, so daß in den beiden Pausen einer Oper entweder jeweils ein einaktiges Intermezzo oder je ein Akt eines zweiaktigen gegeben werden können. Diese Stücke werden vor einem Zwischenvorhang gespielt mit nur wenigen Requisiten, so daß unterdessen der Umbau von einem Akt auf den nächsten stattfinden konnte. Pergolesis Intermezzi sind zweiaktige Beispiele. Sie wurden, was nicht immer der Fall sein muß, vom selben Komponisten wie die dazugehörige opera seria verfaßt. »La serva padrona« bildete so eine Einheit mit »Il prigionier superbo« und »Livietta e Tracollo« mit »Adriano in Siria«. Wie reizvoll eine solche Abwechslung von komischen und tragischen Szenen sein kann, hätten wir fast vergessen, wenn Hofmannsthal und Strauss es uns nicht mit ihrer genialen »Ariadne auf Naxos« in Erinnerung gerufen hätten.

Pergolesis Meisterschaft, besonders auf dem heiteren Gebiet, hat unter anderem in Igor Strawinsky einen großen Bewunderer gefunden, der ihm und seiner Wahlheimat Neapel mit seiner Pulcinella-Suite ein Denkmal gesetzt hat, wie er es sich schöner nicht hätte wünschen können.

Die Oper am Hofe Friedrichs des Grossen

Um die Bedeutung der Oper als zentrales künstlerisches Ereignis an den deutschen Fürstenhöfen anschaulich zu machen, hätten ebensogut die prachtliebenden Höfe von Hannover, Braunschweig, Dresden, Mannheim, Stuttgart oder München als Beispiele dienen können. Es wären in jedem einzelnen Fall Partituren, Libretti, Kostümentwürfe, Dekorationsskizzen oder Rechnungsbücher im Überfluß zu finden, um den hohen Stand der musikalischen und theatralischen Künste in deutschen Landen während des 18. Jahrhunderts zu dokumentieren.

Doch wenn sich auch die Institutionen des Ancien régime über die Epoche der Umstürze und Kriege mit einigem Schaden erhalten konnten, so überlebten auf den Bühnen doch einzig in der Kaiserstadt Wien die Werke der Wiener Klassik von Gluck über Haydn bis Mozart, um nur die Gipfel eines großen Gebirges zu nennen, die stürmischen Zeiten. Die wir selbst durch die Ruinen der Zerstörung gegangen sind, blicken aus beträchtlicher Ferne nun auf das Zeitalter der Aufklärung, in welchem die gebildeten Köpfe und geschliffenen Zungen die Befreiung und Veredelung des Menschengeschlechts predigten und bald darauf nichts weiter mit eigenen Augen zu sehen bekamen als dessen Entfesselung und Verwilderung.

Daß ich für meinen Rückblick auf diese wie in einem gläsernen Schrein verschlossene Epoche den Hof des Preußenkönigs Friedrich II. zur Anschauung gewählt habe, mag als ein schüchterner Versuch zu geographischer Gerechtigkeit gelten, folgt daneben aber der Absicht, aufzuzeigen, daß an diesem Ort eine Generation von deutschen Musikern am Werk war, das Erbe der italienischen opera seria in Besitz zu nehmen, es sich anzuverwandeln und weiterzuentwickeln und damit einen Weg zu öffnen für die deutschsprachige Oper, der andernorts schon bald zum Ziel führen sollte. Hierbei soll nicht vergessen werden hinzuweisen auf den wichtigen Beitrag böhmischer oder mährischer Künstler, die sich damals durchaus noch dem deutschen Kulturkreis zugehörig fühlten, was sich an der oft verdeutschten Form ihrer Namen erkennen läßt. Als Geiger, Kapellmeister oder Komponisten waren sie fast an allen Höfen und so auch in Berlin zu finden, und ohne die Kusser, Stamitz, Benda, Gaßmann, Krommer und Myslivecek kann man sich das Musikleben dieser Dekaden kaum denken.

Wie sehr in jener Zeit eine einzige Person das kulturelle Gedeihen einer Stadt oder eines ganzen Landes behindern oder befördern konnte, das läßt sich am Beispiel des Hohenzollernhofes erkennen. Erst nach dem Ableben des kunstfremden Soldatenkönigs Friedrich Wilhelm I., der seinem Sohn das Musizieren untersagt hatte, und nach dem Regierungsantritt Friedrichs II. trieben Literatur, Musik, Tanz und Theater zur Blüte und machten

Berlin zu einer der großen Kulturstädte Europas, welchen Rang es seither auch in bittersten Zeiten niemehr aufgegeben hat.

Die ersten und wohl auch schon entscheidenden Eindrücke vom Musiktheater empfing der junge Kronprinz von Hohenzollern, als er am Dresdener Hof zu Besuch weilte und dort nicht nur seinem späteren musikalischen Mentor, dem Flötisten und Komponisten Johann Joachim Quantz, begegnete, sondern auch erstmals die Musik von Johann Adolf Hasse, dem angesehensten Opernkomponisten auf dem europäischen Kontinent, zu hören bekam. Die Opern Hasses begeisterten den kunstsinnigen Prinzen so sehr, daß er den Entschluß faßte, auch in Berlin, sobald er an die Regierung gelangen sollte, ein Opernensemble zu gründen und ein Haus zu bauen für diese Kunst. Johann Adolf Hasse und seine Gattin, Faustina Bordoni, waren gefeierte Gäste an allen großen Theatern Europas, in Neapel und Venedig ebenso wie in München und London. Einer Einladung nach Berlin folgten der Komponist und die Sängerin allerdings erst im Jahre 1753. Trotz dieser persönlichen Beziehung zum unberechenbaren Preußenkönig mußten sie jedoch erleben, daß bei den Kriegshandlungen zwischen Preußen und Sachsen im Jahre 1760 ihr Dresdener Haus durch die belagernden Truppen Friedrichs in Brand geschossen wurde. Dabei verbrannten sämtliche für den Druck vorbereiteten Partituren des Komponisten. Hasse hat dem kriegerischen König kein freundliches Andenken bewahrt und für den Rest seines Lebens Zuflucht vor dessen Kanonen zuerst in Wien und dann in Venedig, der Heimat seiner Frau, gesucht, um dort in Frieden zu sterben.

Einem dritten Komponisten begegnete Friedrich in Sachsen: Carl Heinrich Graun, der um 1704 in der Nähe Dresdens geboren worden war und den er schon 1735 in seine Dienste zog, um als König ihn 1740 sogleich zu seinem ersten Hofkapellmeister zu ernennen. Mit ihm zusammen stellte er ein Ensemble aus überwiegend italienischen Künstlern zusammen und bestimmte Händels Oper »Rodelinda, regina dei Langobardi« als deren erste Produktion. Dieses Werk wurde unter Grauns Leitung in einem Saal des Berliner Schlosses aufgeführt, da der in Auftrag gegebene Bau eines Opernhauses durch den Architekten Knobelsdorff nicht rechtzeitig fertig geworden war. Daß diese Inszenierung ohne Beteiligung des Balletts über die Bretter gehen mußte, verärgerte den König, der gerne alles an einem Tage erschaffen hätte. Er sandte einen eigenen Gesandten nach Paris, um dort eine Kompagnie von Tänzern zu engagieren, behielt es sich jedoch vor, die empfohlenen Künstler beim Vortanzen in Berlin selbst zu beurteilen und ihre Verträge abzuschließen. Verstärkt durch diese neue französische Ballettgruppe konnte dann am 7. Dezember 1742 das neue »Opernhaus Unter den Linden« mit Grauns Oper »Cesare e Cleopatra« glanzvoll eröffnet werden.

Welche Bedeutung dieses Haus in den folgenden Jahren und Jahrhunderten für das Musikleben Berlins und Deutschlands erlangen sollte, zeigt nichts eindrucksvoller als die Tatsache, daß es nach zweimaliger Zerstörung im vergangenen Weltkrieg zweimal von den Berlinern in kürzester Zeit wiedererrichtet und auch nach der Wiedervereinigung der so lange geteilten Stadt erneut in den Mittelpunkt des so vielfältigen Musiklebens gerückt wurde. Dem Ruf des Königs folgten bald die berühmtesten Künstler ihrer Epoche. Unter ihnen seien stellvertretend für viele der Tänzer und Choreograph Jean Georges Noverre, die Primadonna Giovanna Astrua und der Kastrat Felice Salimbene genannt. Auch die erste deutsche Primadonna von internationalem Renommee betrat in Berlin »Unter den Linden« die

Bühne, die Sopranistin Elisabeth Schmehling-Mara, die bald darauf auch in Wien, München, London, Paris und St. Petersburg große Erfolge feiern sollte. 1753 endlich gelang es, einen der führenden Theatralarchitekten und Bühnenbildner mit Giuseppe Galli-Bibiena, einem Mitglied der berühmten Künstlerfamilie, nach Berlin zu verpflichten. Ihm blieben jedoch für sein Wirken nur mehr vier Jahre, denn er verstarb im Jahre 1757.

Karl Heinrich Graun, der die Oberaufsicht und künstlerische Leitung des Operntheaters innehatte, komponierte nicht weniger als siebzehn Opern für die Berliner Bühne. Fallweise wurde unter seiner Leitung auch im Potsdamer Schloßtheater gespielt, wobei der königlichen Musikkapelle unter anderem Carl Philipp Emanuel Bach, Johann Joachim Quantz, Karl Heinrich Grauns Bruder Johann Gottlieb, Christoph Nichelmann und die drei Brüder Benda als Instrumentalisten angehörten. Sie alle waren Komponisten von Rang und Namen, wenngleich die meisten ihrer Werke für den Konzertsaal geschrieben wurden. Ein kurzes Augenmerk soll im Vorübergehen doch auf den Böhmen Georg Anton Benda geworfen werden, dessen Melodramen »Ariadne auf Naxos« und »Medea« auf Texte des Berliner Dichters Gotter zu den bemerkenswertesten Werken dieser jungen, eben erst von Jean-Jacques Rousseau begründeten Gattung zu rechnen sind und der damit Mozart und durch ihn die Wiener Klassiker zu eigenen Versuchen auf diesem Gebiete anregte.

Daß der König selbst ein talentvoller Autor und Komponist war, ist allgemein bekannt, wenngleich man nur selten Gelegenheit hat, eines seiner Werke auf der Bühne oder im Konzertsaal zu hören. Unter seinen Kompositionen sind mehrere Arien auf italienische Texte, vor allem aber Sonaten und Konzerte für sein Lieblingsinstrument, die Traversflöte. Ungeklärt ist, ob der ihm zugeschriebene Hohenfriedberger Marsch wirklich aus seiner Feder stammt. Es gibt aber auch ein kleines Schäferspiel, das er auf den Text des bekannten Metastasio-Librettos »Il re pastore« komponiert hat. Davon ist heute nur mehr die harmlos hübsche Ouvertüre gelegentlich zu hören.

War Friedrich in der Literatur vor allem dem französischen Vorbild verpflichtet, wobei er selbst Gedichte verfaßte in dieser Sprache, in der man sich am Hofe fast ausschließlich verständigte, so bestand der Freund Voltaires in der Oper doch darauf, daß hier wie an allen anderen Fürstenhöfen italienisch gesungen wurde. Wenn wir heute rückblickend das geringe Vertrauen, das der preußische König in seine eigene Muttersprache setzte, bedauern müssen und nicht recht verstehen wollen, wieso er in der Epoche Klopstocks, Lessings, Herders und des frühen Sturm und Drang keine Kenntnis nehmen wollte vom Einzug der deutschen Sprache in die europäische Literatur, so müssen wir doch anerkennen, daß er es war, der darauf Wert legte, daß an seinem Opernhaus fast ausschließlich deutsche Komponisten aufgeführt wurden. Hierin darf der Einfluß seines Lehrers Quantz und seines Kapellmeisters Graun nicht gering geschätzt werden.

Friedrich wohnte häufig den Proben im Haus »Unter den Linden« bei, griff in die Inszenierung und gelegentlich auch in die Textgestaltung ein und wollte bei Engagements gefragt werden, sowohl was die Sänger wie auch die Tänzer und die Instrumentalisten betraf.

Nachdem er mehrere Jahre dem Entstehen anderer Werke zugesehen hatte, entschloß er sich endlich, auch selbst wieder einmal zur Feder zu greifen und in französischer Sprache Textbücher für sein Opernhaus zu entwerfen. Die Aufgabe des Hofpoeten Giampietro Tagliazucchi war es nun, diese Dramen in italienische Verse umzugießen, so daß sie vom Hof-

kapellmeister Graun vertont werden konnten. Über seine Aufgabe in dieser Zusammenarbeit schreibt der Übersetzer, der selbst ein renommierter Bühnenautor war:
»Ich will mich demnach bloß dahin einschränken, zu melden, daß ich an diesem Singespiele keinen anderen Antheil nehme, als solches in Verse gebracht zu haben. Es ist eine glückliche Geburt eines sowohl in den ernsthaften Überlegungen, kriegerischen Unternehmungen und philosophischen Betrachtungen, als in den angenehmen Gedanken der schönen Musen, mit gleicher Stärke geübten, erhabenen und großen Geistes. Gedachtes Singespiel wurde mir in einer vortrefflichen Französischen Schreibart eingehändigt, und meine Schuldigkeit erforderte es, selbigem die Zierde der Italiänischen Dichtkunst zu geben, damit es füglich der Music fähig sein möchte.«
»Silla«, »Semiramis«, »Montezuma«, »I fratelli nemici« und »Merope« lauten die Titel der in dieser Reihenfolge zwischen 1753 und 1756 entstandenen Werke. Einige davon erinnern uns ein wenig an Theaterstücke von Voltaire und Racine, die der königliche Autor als seine literarischen Vorbilder nie verhehlt hat. Daß in allen fünf Opern die Verführung der Macht und die Last des Herrschens zum Thema geworden sind, kann uns nicht verwundern. Waren es doch des Herrschers eigene Ängste, Hoffnungen und Kümmernisse, die hier zu Worte kamen. Silla ist niemand anderer als der grausame römische Diktator Sulla, der endlich doch aus eigenem Entschluß der Macht im Staate entsagt. Semiramis ist jene assyrische Königin, der Ninus, ihr Gemahl, leichtfertig den Thron für drei Tage überläßt und die ihn darauf, von der Herrschsucht verführt, ermorden läßt. Montezuma ist der unglückselige Aztekenkönig, der vertrauensvoll den Spaniern unter Hernan Córtez, die ihm als weiße Götter erscheinen, sein Land, seine Macht und sein Leben preisgibt. Die beiden feindlichen Brüder sind des Ödipus Kinder Eteokles und Polyneikes, die einander als Zwillinge schon im Leib der Mutter bekämpften und im Streit um ihr Erbe sich endlich gegenseitig erschlagen. Und Merope heißt die Königin, die durch den Emporkömmling Polifontes vom Thron gestoßen und in einem glücklichen Ende von ihrem wiederkehrenden Sohn Egistus, einem hellen Gegenbild seines mykenischen Namensvetters, errettet wird.
Die Liebe zwischen den Geschlechtern spielt in allen diesen Handlungen nur eine untergeordnete Rolle. Und dies war gewiß einer der Gründe, warum im Zeitalter der Romantik sich das Interesse von diesen mit großem professionellem Können komponierten Opern abwandte. Von Carl Heinrich Grauns Werken hat einzig die Passionskantate »Der Tod Jesu« sich über längere Jahrzehnte in Kirchen oder Konzertsälen erhalten können. Und dies vielleicht darum, weil sie in deutscher Sprache ihr Publikum nicht allein in höfischen und aristokratischen Kreisen suchte und fand.
Am interessantesten unter den Opern Friedrichs II. und Carl Heinrich Grauns will uns heute ihr »Montezuma« erscheinen. Bei seiner Konzeption hat vermutlich des »Philosophen von Sanssouci« Antonio de Solis »Geschichte der Eroberung Mexikos« als Quelle gedient. Friedrich hat in diesem Werk unmittelbar vor Beginn seines Angriffskrieges gegen die verbündeten Großmächte das verhängnisvolle Schicksal wehrlosen Edelmuts demonstriert und sich so Mut gemacht für seine halsbrecherischen Unternehmungen. In einer Epoche, in der die beliebte Exotik sich meist auf östliche Szenerien beschränkte, erregte das indianische Kostüm großes Aufsehen und wirkt auch heute noch als ungewöhnliche Ausnahme. Der edle Wilde, der erst nach der Revolution in die Salons und Bibliotheken Europas gelangte, betrat hier bereits als androgyner Kastrat singend die Bühne. Der Anteil

an Ballettmusik war in Berlin stets größer als andernorts außerhalb von Frankreich. Der Chor, der von Gymnasiasten, die Hälfte von ihnen in Frauenkleidern, übernommen wurde, hatte keine schwierigen Aufgaben zu bewältigen. Zu den berührendsten Stellen in Grauns Partitur gehört die Klage des Montezuma, die von einer obligaten Laute begleitet wird. Brillante Koloraturen fordert die weibliche Hauptpartie der Eupaforice und heldische Durchschlagskraft die Kastratenrolle des Córtez. Man sieht, daß auch hier die hohen Stimmlagen noch dominierten. Eine einzige Tenorpartie steht drei Sopranen und zwei Alten gegenüber.

Zur Jubiläumsfeier des 250jährigen Bestehens des Opernhauses »Unter den Linden« wurde dieses gemeinsame Werk von Friedrich II. und Carl Heinrich Graun wieder aufgeführt und erntete über alle Erwartung hinaus den großen Beifall des Berliner Publikums, das sich der langen Tradition seines Musiktheaters mit Staunen und Freude bewußt wurde.

Als der Musenkönig im Jahre 1763 nach blutigen Gemetzeln aus dem Siebenjährigen Krieg zurückkehrt, ist er nicht mehr der, der so mutig in den Krieg zog. Die Freude an den schönen Künsten ist ihm vorerst vergangen. »Sieben Jahre«, so sagt er, »haben die Österreicher, Russen und Franzosen mich soviel tanzen lassen, daß ich den Geschmack am Tanze etwas verloren habe.«

Immerhin gibt er noch den Auftrag, das kleine Schloßtheater in Sanssouci fertigzustellen. Dort und in Potsdam lebt er meist zurückgezogen und besucht kaum mehr sein Opernhaus »Unter den Linden«, das ihm einst soviel Freude bereitet hat. So liegt nach Grauns Ableben die ehemals geliebte Kunst bald traurig darnieder.

Im Todesjahr des vereinsamten Königs, 1786, aber wird das neue Theater am Gendarmenmarkt als Nationalbühne eröffnet. Hier sollte bald schon das deutsche Singspiel Einzug halten und neues Leben bringen.

Jean-Philippe Rameau und die Ballettoper in Frankreich

»Rameau ist genial – oft sing ich für mich: ›Fra le pupille di vaghe belle …‹ Doch unmanierlich und roh war sein Wesen. Wenn ich dran denke, mißfällt er mir gründlich. Mein Genuß ist getrübt«, urteilt die Gräfin in Richard Strauss' »Capriccio« und ihr Bruder, der Graf, ohne zu fragen, wo sie denn dieses italienische Zitat eines französischen Klassikers gefunden hat, antwortet ihr mehr klug als weise: »Du mußt den Menschen vom Werke trennen.« Wenn das nur so einfach wäre! Stehen wir heute, da wir kaum mehr viel wissen vom Menschen Rameau, nicht auch seinem Werk etwas fremd gegenuber? Gehören nicht schon beide in eines jener Kapitel der Geschichtsbücher, die wir gern überschlagen? Mit dem Namen Rameau ziehen wir da wirklich eine einzelne unverwechselbare Figur unter Stößen von Notenpapier hervor oder eine ganze pompöse Epoche? Wie war es möglich, daß auf dem Höhepunkt des Zeitalters der Aufklärung die Oper der Académie Royale noch immer mit den edelmütigen Helden Racines bevölkert wurde, die Komödien eines Marivaux aber keine musikalische Entsprechung fanden? Die Antwort muß wohl lauten, daß in Paris um die Mitte des 18. Jahrhunderts noch immer der Hof den Ton angab in den kostspieligen theatralischen Künsten, und daß sich erst mit dem Bouffonistenstreit im Jahre 1752 die Künstler und Kritiker der Encyclopédie zu Wort meldeten.

Schon um die Jahrhundertwende hatte der Provençale André Campra gemeinsam mit dem Dichter A. Danchet französische und italienische Traditionen in einer »réunion des goûts« zu verbinden gesucht und auch dem Ballett in der Oper eine bedeutsamere Rolle zukommen lassen. Aber gegen den übermächtigen Vorgänger Lully hatte er sich nicht zu behaupten vermocht. Erst in Rameau sahen die Lullisten eine wirkliche Gefahr für ihre Herrschaft. Er mußte sich zu Beginn seiner Bühnenlaufbahn heftige Vorwürfe gefallen lassen als Umstürzer sakrosankter Werte, als Verräter am klassischen Erbe, als Propagator italienischer Einflüsse und Komponist leichtfertiger Tänze. So erscheint uns Rameau als januskōpfige Gestalt um die Mitte seines Jahrhunderts. Denn da er seine künstlerischen Überzeugungen, mit denen er angetreten war, bis zu seinem Tode kaum mehr veränderte oder gar revidierte, galt er nach zwanzig Jahren als Hüter der Tradition, als Klassiker und endlich als Hemmschuh der Entwicklung und verknöcherter Reaktionär.

Der großgewachsene, hagere und schweigsame Mann hat es weder seinen Gegnern noch seinen Freunden leichtgemacht, ihn gerecht zu beurteilen. 1683 als Sohn eines Organisten in der burgundischen Stadt Dijon geboren, mußte er, nach einigen Studienmonaten in Italien, von einem inferioren Engagement zum andern durch französische Provinzstädte ziehen, als Geiger einer Theatertruppe oder als Organist in Avignon, in seiner Geburtsstadt Dijon, in Lyon und Clermont Ferrand, ehe er sich im Alter von 40 Jahren endlich in Paris

niederlassen und heiraten konnte. Im Jahre 1727 fand er in dem Generalsteuerpächter Le Riche de La Pouplinière einen Gönner, der ihn über 25 Jahre lang unterstützte und seine Werke durch seine Privatkapelle aufführen ließ, so daß Rameau – nun schon in einem Alter, in dem sich andere von der Bühne zurückziehen – sich der Komposition von Opern und Balletten widmen konnte, wovon er ein halbes Leben lang vergeblich geträumt hatte. »Hippolyte et Aricie«, 1733, »Castor et Pollux«, 1737, »Dardanus«, 1739, »Zoroastre«, 1749, »Abaris ou Les Boréades«, 1754, sind die Titel seiner tragédies lyriques, von den comédies lyriques sind »Platée«, 1745, und »Les paladins«, 1760, von den opéras ballet neben anderen »Les Indes galantes«, 1735, »Les fêtes d'Hébé«, 1739, »La princesse de Navarre«, 1745, und »Les fêtes d'Hymen et de l'Amour«, 1747 zu nennen. Insgesamt sind es über 30 Bühnenwerke, deren Uraufführungen meist in Paris, Versailles oder Fontainebleau vor einem höfischen Publikum stattfanden. Daneben hat Rameau auch kleinere Stücke unter den Bezeichnungen pastorale héroique und acte de ballet sowie etliche Schauspielmusiken komponiert. Die einzelnen Gattungen sind nicht immer klar voneinander zu trennen. Jedoch die Vielfältigkeit der Formen erweist einerseits Rameaus Fähigkeit und Bereitschaft, dem Theater seiner Epoche in allen seinen Forderungen zu dienen, andererseits seine besondere Hinneigung zum Tanz, den er in allen möglichen Varianten in die Handlungen seiner Stücke einzugliedern suchte. Es ergibt sich dadurch oftmals der Eindruck des Zerfließenden, Ausufernden und Überquellenden in seinen Opern, deren Dauer die Geduld heutiger Zuschauer nicht selten überbeansprucht. Zumal bei den fünfaktigen tragédies lyriques scheint die gewählte Form oft mehr einem Bedürfnis nach tradierter Ordnung oder einer Unterwerfung unter klassische Normen zu folgen als dem Fortschreiten der dramatischen Handlung. Es entsteht auf solche Weise eine additive Ansammlung von Musiknummern, von denen eine jede kunstvoll und wohlgefällig, kaum eine aber unverzichtbar und zwingend erscheint. Hinzu kommt, daß Rameau seine Stoffe fast ausschließlich der antiken Sagenwelt entnimmt und von seinen Textdichtern erwartet, daß sie diese nach dem sprachlichen Vorbild Racines gestalten. Andererseits übernimmt er die Standardsituationen der italienischen Oper wie Prologe der Götter, Botenberichte, Ombraszenen, Lamenti, Jagdmusiken, Kämpfe mit Ungeheuern, Sturm- und Gewitterszenen. Als eigenes Stilmerkmal ist neben der Erweiterung der Tanzszenen die vermehrte Bedeutung des Chores in Rameaus Opern zu erkennen. Hierin unterscheiden sich etwa Werke wie »Hippolyte et Aricie« und »Castor et Pollux« deutlich vom Lullyschen Vorbild.
Es ist zu bedauern, daß der erste Versuch Rameaus, eine Oper gemeinsam mit Voltaire zu schreiben, gescheitert ist. Denn als die Académie Royale vernahm, daß die Textfassung des eingereichten Werkes »Samson« durch den berüchtigten Atheisten verfaßt wurde, verbot sie die Aufführung. Rameau ließ sich, offenbar unter dem Eindruck dieses offiziellen Vetos, in Zukunft seine Opernbücher von Gelegenheitsdichtern wie dem Abbé de Pellégrin und den Herren Le Clerc de La Bruère und P. J. Bernard verfertigen. Immerhin hat er mit Voltaire bei seinen Ballettopern »La princesse de Navarre« und »Le temple de la gloire« noch einmal zusammengearbeitet, wenn auch auf einem Gebiet und in einer Form, die keinen Anstoß mehr provozierte, so wie es das biblische Thema des rebellischen »Samson« hatte befürchten lassen.
In jüngst vergangenen Jahren wurden hier und dort Versuche einer Wiederbelebung von Rameaus Opern unternommen. Nikolaus Harnoncourt ging mit einer Produktion von

»Platée« in Frankfurt voran. Es folgte »Castor et Pollux« in Paris. Beide erregten großes internationales Interesse, ohne aber zu weiteren Folgen zu führen. Auf dem Schallplattenmarkt gibt es inzwischen vieles zu hören. Aber gerade das von Rameau so favorisierte Ballett hat es bisher verabsäumt, seine wundervollen Tanzstücke neu zu erschließen. Man glaubt auf diesem Sektor immer noch, die große Literatur beginne erst mit Gluck und Noverre. Eines von Rameaus kleineren und darum weniger beachteten Werken sei hier stellvertretend mit einigen Sätzen besprochen, in der Annahme, daß sich bei einem solchen unprätentiösen Stück der Zugang leichter eröffnet.

»Anacreon« heißt das bescheidene einaktige Werk. Es wird vom Librettisten P. J. Bernard als acte de ballet bezeichnet und vom Komponisten 1757 seiner opéra-ballet »Les surprises de l'Amour«, die schon zehn Jahre zuvor entstanden war, eingegliedert. Und um einen von mehreren überraschenden Streichen des Lausbuben Amor handelt es sich auch. Anakreon, der arkadische Dichter bukolischer Idyllen, vernimmt während eines Sturmgewitters vor seiner Hütte das jammervolle Wehklagen eines Kindes. Hilfreich bringt er das arme, durchnäßte Geschöpf unter sein Dach und muß, nachdem er es abgetrocknet und gelabt hat, erkennen, daß ihm von dem Undankbaren die Herrschaft in seinen eigenen vier Wänden geraubt wird. Amor, denn kein anderer war der Zufluchtsuchende, regiert über den wehrlosen Dichter nach seiner Laune und macht ihn wie alle anderen zum Sklaven der Liebe. Daß er seine Herrschaft am Ende mit Bacchus, dem Gott des Weines, teilen muß, zeigt uns, wie sich die Franzosen des Ancien régime das arkadische Leben als Paradies der Genüsse imaginierten. Die Schilderung der Gewitterszene, ein Topos in allen Pastoralen bis hin zu Beethovens 6. Symphonie, gelingt Rameau besonders eindrucksvoll. Die Hilferufe des tückischen Buben und die besorgten Antworten des herbeieilenden Anakreon ergeben eine lebhafte dramatische Szene. Auch der Triumphgesang Amors, der nach heiteren Verwirrspielen und Tänzen das anmutige Werk beschließt, ist mit seinen synkopierten Koloraturen, seinen Verzögerungen und immer erneuten Aufschwüngen, ein wahres Meisterwerk des gar nicht so »unmanierlichen« Komponisten.

Zur Geschichte der Opéra comique in Paris

In der ersten Hälfte des 18. Jahrhunderts entstanden in Paris mehrere Formen komischen volkstümlichen Musiktheaters aus den Jahrmarktsunterhaltungen der großen Messen von St-Germain und St-Laurent. Für die bunte Vielfalt dieser in bewußtem Gegensatz zur höfischen Oper, der tragédie lyrique Lullyscher Prägung, und zum gesprochenen Schauspiel der Comédie Française stehenden Werke sind die unterschiedlichen Namen kennzeichnend, die für die neuen Formen gefunden wurden: intermède, opéra bouffon, vaudeville, comédie lyrique, opéra comique und comédie melée d'ariettes. An ihnen sind die Traditionen, aus denen sie erwachsen sind, ablesbar: Intermedien, opera buffa, Stegreifkomödien, Schauspiel und Gassenhauer. Gemeinsam ist allen die Parodie im ursprünglichen Sinne einer Neutextierung altbekannter Melodien, der sogenannten »timbres«. Besondere Volkstümlichkeit erlangte das Vaudeville, dessen Name aus einer Verballhornung von »voix de ville«, einer Bezeichnung für das Straßenlied, stammt. Als die privilegierten Opern- und Schauspieltruppen eine Verfügung erwirkten, die den überaus erfolgreichen Schaustellern der Jahrmärkte das Singen verbot, wurden von diesen die Titel der allgemein bekannten Weisen auf Tafeln geschrieben zusammen mit einem neuen oftmals kritisch parodistischen Text, und so konnte das Publikum selbst zum allgemeinen Gaudium die »timbres« anstimmen. Das Verbot bewirkte nur einen vermehrten Zulauf zu diesen Veranstaltungen und konnte nicht lange aufrechterhalten werden. In den älteren Vaudeville-Stücken wurden oft fünf oder sechs der kurzen »timbres« hintereinander gesungen, so daß nicht selten sechzig oder mehr in einem Stücke Platz fanden. Bald wurden auch italienische Arietten aufgenommen und das Ganze durch ein Schlußdivertissement mit Tanz verbunden. Gesprochene Dialoge kamen hinzu, um die anfänglich allein bestimmenden Musikstücke sinnvoll zu einer Handlung zu verbinden.

Carlo Goldoni, der 1762 von Venedig nach Paris übersiedelt war, versuchte sich wie viele andere bekannte Autoren an dem neuentstandenen Genre der opéra comique. »Wenn die Oper schon ein unvollkommenes Werk ist, so macht es diese Neuerung noch ungeheuerlicher«, schreibt er darüber in seinen Memoiren. »Ich machte mir aber darüber Gedanken. Ich war mit dem Rezitativ unzufrieden, insbesondere mit dem französischen, und da man sich einmal in der komischen Oper über Regeln und Wahrscheinlichkeit hinwegsetzen muß, so ist es besser, einen gut gesprochenen Dialog zu hören, als die Eintönigkeit eines langweiligen Rezitativs ertragen zu müssen.«

Wenn die ursprünglichen Vaudeville-Komödien einaktig waren, so wurde die sich daraus entwickelnde opéra comique meist in zwei Akte unterteilt. Ensembles waren von allem Beginn der französischen Vokalmusiktradition entsprechend in reichem Maße vertreten. Die oft nur wenige Takte langen Strophen der Gassenhauer wurden mündlich tradiert und nur von wenigen Instrumenten begleitet. Erst als sich Komponisten wie Duni, Monsigny und Philidor der neuen Form annahmen, entstanden Werke, die auch publiziert und an renommierteren Häusern aufgeführt werden konnten.

Die Enzyklopädisten, die Jean-Philippe Rameaus mythologisches Musiktheater abgelehnt hatten, sahen nun einige ihrer Forderungen erfüllt. »Man muß die Oper wieder zur Natur zurückkehren lassen«, hatte Diderot geschrieben. In »Dorval et Moi« hatte er die Befreiung des Bühnenbildes, der Kostüme und der Schauspielkunst von Symmetrie und Steifheit gefordert. Seine Schüler Anseaume und Sedaine gehörten zu den ersten Verfassern von musikalischen Komödien für die opéra comique. Und auch Jean-Jacques Rousseau, der in seiner »Nouvelle Héloïse« die alte Oper verspottet hatte, machte sich daran, mit dem »Devin du village« ein Beispiel für die neue Natürlichkeit auf der musikalischen Bühne zu geben.

In den Jahren nach 1726 veröffentlichten Le Sage und d'Orneval in Paris und Amsterdam eine Auswahl der besten musikalischen Komödien, die in den Sälen der Jahrmärkte von St-Germain und St-Laurent aufgeführt worden waren. Bis 1737 erschienen zehn Bände unter dem Titel »Le Théâtre de la Foire, ou L'Opéra Comique«. Und hierin sind die literarischen Quellen für die langhinwirkende Entwicklung der volkstümlichen heiteren Oper in Frankreich, die bis ins 19. Jahrhundert fruchtbar blieb, zu entdecken.

Zu den bekanntesten Autoren der frühen opéra comique in Paris gehörte Charles-Simon Favart. Ihm verdanken wir unter anderem den literarischen Brückenschlag von der Hauptstadt der Aufklärung in die Kaiserstadt Wien.

Christoph Glucks Lehr- und Wanderjahre

In einem kleinen Flecken der bayrischen Oberpfalz, auf halbem Weg zwischen Regensburg und Nürnberg gelegen, wurde Christoph Gluck am 2. oder 3. Juli des Jahres 1714 geboren. Die Ober- oder Steinpfalz, ein bayrisch besiedeltes Gebiet, war eben in diesem Jahr 1714 aus kurpfälzischem Besitz zurück an Kurbayern gekommen, was in diesem Falle nichts anderes bedeutete, als daß es von einer Wittelsbacher Hand in die andere gelangte. Erasbach ist der Name des Geburtsortes, und im nahen Kirchdorf Weidenwang wurde der Bub am 4. Juli auf die Namen Christoph Willibald getauft. St. Willibald war der Kirchenpatron von Weidenwang. Den Namen hat sich wohl der Pfarrer gewünscht. Gluck hat ihn selbst später fortgelassen und sich immer nur als Christoph unterschrieben. Es ist nicht recht einzusehen, warum die Pedanterie der Heimatforscher jahrhundertelang auf ihrem Willibald bestehen darf, wenn die Heiratsurkunde, die Briefe, die Partituren und schließlich der Grabstein nur auf Christoph lauten. Der Geburtsort war lange umstritten. Erst als in den dreißiger Jahren die Immatrikulation an der Prager Karls-Universität gefunden wurde, war Erasbach endgültig bestätigt. Der Vater Alexander entstammte einem in der Umgebung mehrfach unter dem Namen Gluck oder Glück nachzuweisenden Geschlecht von Bauern, Jägern und Soldaten. Er war, aus kaiserlichen Heeresdiensten kommend, zuerst in Erasbach als Jäger tätig, wurde dann von der Gemeinde Weidenwang und den nahegelegenen Klöstern Seligenporten und Plankstetten zum Förster bestellt und konnte sich bald schon, vermutlich mit Unterstützung seiner Dienstgeber, ein eigenes Haus in Erasbach erbauen, in welchem sein ältester Sohn geboren wurde. Von der Mutter sind aus den Tauf- und Heiratsbüchern nur die Vornamen Anna Walburga bekannt. Es liegt kein Grund vor, anzunehmen, daß sie nicht ebenfalls aus der näheren Umgebung stammen sollte, zumal der Name Walburga in Bayern mehr als anderswo gebräuchlich war und sogar in den Stammbäumen der Wittelsbacher um diese Zeit zu finden ist. Einer mündlichen Überlieferung zufolge soll sie älter gewesen sein als ihr Gatte. Da von seiner Seite her keinerlei künstlerische Neigungen erkennbar sind, ist man geneigt anzunehmen, daß Glucks musische Begabung eher aus der uns unbekannten mütterlichen Familie stammt.
Im August 1717 übersiedelte die kleine Familie ins nördliche Böhmen, das zu jener Zeit überwiegend von Deutschen besiedelt war. In Neuschloß bei Böhmisch-Leipa ließ sich der Vater nieder, 1722 wurde er Forstmeister des Grafen Kinsky in Kamnitz, 1724 trat er in herzoglich-toskanische Dienste in Reichstadt, kehrte aber schon 1725 nach Kamnitz zurück und war ab 1727 als Oberförster und »praefectus sylvarum« beim Fürsten Lobkowitz in Eisenberg im Erzgebirge bedienstet. Christoph wird mit seinen Geschwistern zuerst die Kreibitzer Pfarrschule bei Kamnitz besucht haben, ab seinem dreizehnten Lebensjahr ist

er vielleicht ebenso wie sein jüngerer Bruder im Jesuitengymnasium der nahe bei Eisenberg gelegenen Geigenbauerstadt Komotau unterrichtet worden, obwohl sich hierfür kein Beleg finden läßt. Als der Vater in späteren Jahren zu Wohlstand gekommen war, erwarb er 1736 einen umfänglichen Grundbesitz, die Neuschenke in Hammer bei Brüx, und setzte sich dort zur Ruhe. 1740 starb Glucks Mutter, der Vater folgte ihr 1743 im Alter von 60 Jahren. Gluck lebte während dieser Zeit bereits in Mailand und wird wohl kaum Gelegenheit gehabt haben, auf diese Nachricht hin nach Böhmen zu reisen. Möglicherweise hat er die Neuschenke erst kennengelernt, als er sie 1748 verkaufte.

Aus der Feder des kurpfälzischen Hofmalers Christian von Mannlich, der in den Siebziger Jahren als naher Freund die Familie Gluck auf ihren Reisen zwischen Wien und Paris begleitet hatte, erfahren wir Bruchstückhaftes aus Glucks Erinnerungen an seine Jugendjahre. Mannlich, der möglicherweise mit Glucks Nichte Marianne verlobt war, hat sich erst als alter Mann zwischen 1813 und 1818 entschlossen, von seinen zahlreichen Gesprächen mit dem Komponisten einen geschlossenen Bericht zu geben. Er läßt ihn dabei auf recht romantische Art schwadronieren:

»Es lebe das einfache, unabhängige Leben, frei von jeglichem Zwange und aller Sorge! Ich habe es mir immer sehnlichst gewünscht und in meinem langen Leben nur vierzehn kurze Tage der Freiheit genossen, die ich niemals vergessen werde. Mein Vater war Forstmeister in einem böhmischen Orte und hatte mich zu seinem Nachfolger bestimmt. Aber in meiner Heimat treibt alles Musik, selbst in den kleinsten Dörfern: die Jugend in der Schule, die Alten auf dem Kirchenchor. Leidenschaftlich für diese Kunst entflammt, kam ich erstaunlich schnell vorwärts, spielte mehrere Instrumente, und der Lehrer unterwies mich (eine besondere Auszeichnung) auch noch in seinen Mußestunden. Mein ganzes Sinnen und Trachten galt schließlich nur mehr der Musik, und das Forstwesen wurde beiseite geschoben. Da dies nicht dem Wunsche meines Vaters entsprach, überwachte er strenge meine Arbeit, die er verdoppelte, um mich von einem Handwerk abzubringen, das, wie er sagte, niemals imstande wäre, mich zu ernähren. Nun übte ich während der Nacht; das störte aber die Ruhe des Hauses und des Vaters, und meine Instrumente wurden eingesperrt. In meiner musikalischen Begeisterung griff ich zur lärmenden Maultrommel, die ich in kurzer Zeit meisterlich spielte; aber am seligsten fühlte ich mich sonntags auf dem Kirchenchor. Verzehrt von dem Wunsche, mich schrankenlos meiner Neigung hingeben zu dürfen, beschwor ich endlich meinen Vater, mich in Wien Musik studieren zu lassen. Seine Unbeugsamkeit trieb mich zur Verzweiflung.

Eines schönen Tages, mit wenigen Groschen in der Tasche, verließ ich heimlich das elterliche Haus und wanderte, um nicht eingeholt zu werden, auf Umwegen in der Richtung nach Wien.

Unterwegs verschafften mir die Lieder auf meiner Maultrommel bei Bauersleuten Nahrung und Nachtherberge. Anderntags setzte ich wohlgemut meine Wanderung fort und marschierte, überall freundlich aufgenommen, wo ich sang und musizierte, der Hauptstadt zu. An den Sonn- und Festtagen spielte ich in den Dorfkirchen bald dieses, bald jenes Instrument, galt für einen Virtuosen, und gewöhnlich beherbergten mich die Pfarrherren, bei denen ich mich, zuweilen tagelang ihr gern gesehener Gast, frei und unabhängig als den glücklichsten Burschen der Welt fühlte. Der letzte Pfarrer vor Wien, dem ich mich halb und halb erschlossen hatte, gab mir einen Brief an einen seiner Freunde in der

Hauptstadt mit, der mich freundlich aufnahm, mir indes nicht verhehlte, daß es in Wien Virtuosen meines Schlages nach Tausenden gäbe und ich samt meinem Talente ohne Geld Hungers sterben würde. Ich gestand ihm nun, wer ich sei und woher ich käme. Er interessierte sich für mich und überredete meinen Vater, der sich nun meiner Neigung nicht mehr widersetzte und mir eine Unterstützung gewährte. Verlor ich dadurch einerseits die Ungebundenheit und die Annehmlichkeit eines sorglosen Vagabundenlebens, so konnte ich doch anderseits schrankenlos meiner Leidenschaft leben und von früh bis spät musizieren, komponieren. So bin ich also zu dem geworden, was ich heute bin, und noch immer schaue ich sehnsüchtig zurück auf die beiden Wochen, wo ich mittels meiner einfachen Maultrommel ein unabhängiges Leben führte.«

Diesem Bericht, der von einem Musikstudium und frühen Kompositionen in Wien spricht, steht die Behauptung des ersten Gluck-Biographen, des Wiener Hofbibliothekars Anton Schmid, entgegen, der seine Informationen aus der Familientradition bezogen haben will. Demnach hätte Gluck nicht in Wien, sondern in Prag Musik studiert, wobei die Unterstützungsbeiträge des Vaters, der eine große Familie zu ernähren hatte, immer spärlicher ausfielen, so daß der junge Mann sich schließlich genötigt sah, seinen Unterhalt durch Musikunterricht in Gesang und Klavierspiel zu verdienen. Nachdem er anfänglich in den Dörfern zum Tanz aufgespielt habe, so heißt es bei Schmid weiter, habe er später in den größeren Städten Böhmens Konzerte auf dem Violoncello gegeben und damit bald so gute Erfolge gehabt, daß ihn der Fürst Lobkowitz in seine Privatkapelle aufnahm.

Diese zweite Version ging allgemein in die Gluck-Literatur über, und man begnügte sich mit der achselzuckenden Vermutung, Mannlich habe einfach nur Prag mit Wien verwechselt. Dieser leichtfertige Schluß und das allzu große Vertrauen in die Informationen des angesehenen Kustos der Wiener Hofbibliothek haben uns eine ganze Reihe von Märchen beschert, von denen sich einige bei genauem Quellenstudien heute noch widerlegen lassen. Was die Studienzeit Christoph Glucks betrifft, so weiß man seit etwa 50 Jahren, daß er sich im Jahre 1731, also mit 17 Jahren, an der Prager Karls-Universität als Student der Logik und Mathematik hat inskribieren lassen. Unter diesen Disziplinen verstand man zu jener Zeit nicht viel mehr als die Grundstufen, die ein jeder Studiosus der Philosophie zu durchlaufen hatte. Gluck wird kaum mehr als ein Jahr auf diese Weise studiert haben, denn in den folgenden Jahren sind weder weitere Inskriptionen noch gar ein Nachweis von bestandenen Prüfungen zu finden. Das nächste Datum in seinem Leben, das als gesichert gelten darf, ist der 21. Dezember 1735. An diesem Tag starb sein Dienstgeber Fürst Philipp Hyazinth Lobkowitz in seinem Wiener Palais am Minoritenplatz. Bald danach wurde die Kapelle des Fürsten aufgelöst, da seine Nachkommen noch minderjährig waren, und Gluck wurde zusammen mit den anderen Musikern entlassen. Gluck hat also nachweislich zwischen seinem 17. und seinem 21. Lebensjahr zuerst in Prag und danach in Wien gelebt. Im Zweifel zwischen den beiden Überlieferungen wird man sich für die erste entscheiden müssen, und zwar aus folgenden Gründen: Erstens hat Mannlich monatelang Gelegenheit gehabt, mit Gluck selbst zu sprechen, zweitens ist seine Niederschrift zwischen 1813 und 1818 erfolgt und also um 40 Jahre älter als die Schmids, drittens und hauptsächlich aber kann es sich bei der geschilderten Fußreise nicht um einen Fußmarsch nach Prag gehandelt haben, das von Eisenberg aus in vier Tagen leicht zu erreichen wäre, während Wien eben ziemlich genau 14 Tagesmärsche entfernt liegt. Außerdem ist doch weit eher von der

Wanderung eines musikalischen Taugenichts in die ungebundene Freiheit die Rede als von einem Studienantritt eines jungen Logikers. Dennoch lassen sich die beiden Daten ohne Schaden verbinden, wenn man annimmt, daß der Vater den widerspenstigen Sprößling erst einmal auf die hohe Schule nach Prag gebracht hat und daß dieser erst ein oder zwei Jahre darauf, als ihm die Lust an der Logik vergangen war, sein Bündel geschnürt hat, um nach Wien zu marschieren. Dann wäre Gluck 18 oder 19 Jahre alt gewesen, als er nach Wien kam, wie andere Handwerksburschen auch. Die Familie Lobkowitz hatte in Wien ebenso wie in Prag und zu Hause in Eisenberg ein Palais, in dem man Musik machen konnte. Und auch für den Arm des besorgten fürstlichen Forstmeisters war der abenteuerlustige Bursche nicht ganz außer Reichweite gekommen.

Das wurde erst anders, als Christoph Gluck auf Einladung des Grafen Antonio Maria Melzi nach Mailand ging, um dort in der Privatkapelle des italienischen Aristokraten einen neuen Dienst anzutreten. In Mailand angelangt, begab sich der junge Musikus alsbald in die Lehre bei einem der berühmtesten Kirchenmusiker und Kompositionslehrer seiner Zeit, Giovanni Battista Sammartini. In den folgenden fünf Jahren wird er sich in der Stille der Anonymität sein großes Wissen im Kompositionsstil der neapolitanischen Opernschule, eine vollkommene Beherrschung der italienischen Sprache und erste Bühnenerfahrungen, sei es als Instrumentalist im Orchestergraben oder als Zuschauer im Theater, erworben haben. Sammartini, Sohn des französischen Oboisten Alexis Saint-Martin, war selbst Oboist am Teatro Ducale und hatte vor Glucks Ankunft in Mailand zumindest schon zwei Opern komponiert und aufgeführt. Er war überdies als Organist und Kapellmeister in kirchlichen Diensten und als Mitbegründer der Accademia Filarmonica einer der angesehensten Musiker Italiens. Unter seiner Anleitung wird Gluck nicht nur die barocke Tradition, sondern auch die erste Annäherung an die Vorklassik vermittelt bekommen haben, als deren Vorkämpfer Sammartini in Italien galt.

Von unserem Helden, der unterdessen schon 27 Jahre alt geworden ist, hören wir erst wieder am 26. Dezember 1741. An diesem Tag wird seine erste Oper im Regio-Ducal Teatro von Mailand uraufgeführt. Ihr Titel lautet »Artaserse«, die Dichtung ist von keinem Geringeren als dem kaiserlichen Hofdichter Pietro Metastasio. Das Werk ist, so wie all seine nachfolgenden Mailänder Opern, dem österreichischen Gouverneur der Lombardei gewidmet. Das Datum des zweiten Weihnachtsfeiertages bezeichnet den Beginn der italienischen »stagione di carnevale«, die üblicherweise an diesem Tag mit der Uraufführung eines Auftragswerkes begann und bis zum Aschermittwoch währte. An einem bedeutenden Erfolg des Werkes kann nicht gezweifelt werden, denn der bisher gänzlich unbekannte Komponist erhielt unmittelbar darauf einen Auftrag des Teatro Grimani in Venedig, für die Himmelfahrtsmesse eine Oper zu komponieren, und am 26. Dezember 1742 wurde wiederum in Mailand bereits seine dritte Oper aufgeführt. Die Titel dieser beiden Werke lauten »Demetrio« und »Demofoonte«. Als Textdichter läßt sich wieder Metastasio feststellen. Leider sind die Partituren ebenso verschollen wie die des »Artaserse«, obwohl »Demofoonte« es auch in Reggio Emilia und Bologna zu weiteren Aufführungen brachte. Es folgten die Opern »Il Tigrane« nach einem Libretto von Goldoni für Crema 1743, »La Sofonisba« und »Ipermestra«, beide auf Texte von Metastasio und beide 1744 für Mailand, »Alessandro nell'Indie« 1745 für Turin und »Ipolitio« auf ein Buch von Corio wiederum für Mailand. Das sind insgesamt acht Opern in vier Jahren. Gluck wurde zwischen seinem

27. und seinem 31. Lebensjahr alle Erfolge zuteil, die Italiens Bühnen zu vergeben hatten. Es ist, als ob eine lang aufgestaute Kreativität nun alle Dämme gebrochen habe und in die ihr vorbestimmten Bahnen geströmt sei. Wenig Gedanken scheint sich der junge Komponist zu dieser Zeit um grundsätzliche formale oder dramaturgische Probleme gemacht zu haben. Er hat vielmehr die sich bietende Chance mit beiden Händen genützt.

Und dann, ehe er sich Abstand gönnt, um seinen Standort in der metastasianischen Tradition zu überdenken und neue, eigene Wege zu suchen, reißt er wieder einmal aus und eilt über Paris nach London. Und es beginnen, spät, wie alles bei ihm, seine Wanderjahre, die ihn zwischen dem 32. und dem 36. Lebensjahr kreuz und quer durch Europa führen, fast so als wollte er vor sich selbst noch einmal die Flucht ergreifen: der lebensfrohe Verschwender vor dem hartzupackenden Zuchtmeister und weitausschauend planenden Strategen.

Anderthalb Jahre verbringt er in London, wo er zwei neue Opern »La caduta dei giganti« und »Artamene« herausbringt und mit Georg Friedrich Händel gemeinsam ein Konzert veranstaltet. Wenn es wahr ist, daß Händel von ihm behauptet hat, er verstehe weniger vom strengen Kontrapunkt als sein Koch, so wird ihn das nicht übermäßig gekränkt haben. Denn erstens war Händels Koch Gustav Waltz ein ausgebildeter Musiker, Tenor und Komponist, und zweitens war der strenge Kontrapunkt eine Sache, mit der um diese Epoche in der italienischen opera seria wenig anzufangen war. Gluck hat Händel seinerseits ein Leben lang hochgeschätzt und sich seiner Achtung sicher gefühlt. Anekdoten sind eine leicht kolportierbare Ware. Sie werden oft rasch und billig verkauft, um ganze Bücher voll mühsamer Forschung zu ersetzen. Das gilt für Händel nicht weniger als für Gluck. Wir werden noch mehreren Beispielen davon in der Geschichte seines Lebens begegnen.

Von London führt der Weg zurück nach Deutschland, wo er sich zuerst den Operntruppen der Brüder Angelo und Pietro Mingotti und dann der des Giovanni Battista Locatelli anschließt. Als Komponist und Kapellmeister ist er überall gefragt. Von den Werken, die er bei diesen Gastspielreisen aufführt, sind »Le nozze d'Ercole e d'Ebe«, 1747 in der kursächsischen Residenz von Pillnitz bei Dresden, »La contesa dei Numi«, 1749 in Charlottenburg bei Kopenhagen, und »Ezio«, 1750 in Prag, bekannt geworden.

Vieles, was er in diesen Jahren auf der Reise von Hamburg nach Graz, von Leipzig und Dresden nach Wien in Gasthöfen oder in den Palästen der Fürsten niedergeschrieben hat, wird wohl nicht immer ganz neu gewesen sein. Manche Arie oder Ouvertüre ist durch mehr als nur eine Oper gewandert, transponiert oder neutextiert, je nach den Bedürfnissen der verfügbaren Sänger oder der Bedrängnis durch Termine. Ein Komponist, der diese Lehre durchgemacht hatte, kannte sein Handwerk, die Grenzen der Sänger, die Anpassungsfähigkeiten des Orchesters und die Forderungen des Publikums. Meisterwerke zu schaffen war hierbei nicht die Aufgabe, die ihm gestellt wurde. Die wandernden italienischen Truppen des 18. Jahrhunderts hatten vor allem die Funktion, neue Werke und Stile in ganz Europa bekannt zu machen, berühmte Gesangssolisten durch die Lande zu führen und die Fürstenhöfe zu unterhalten.

Der ehrenvollste und folgenreichste Auftrag, der dem bald in ganz Europa berühmten Maestro in diesen Jahren zuteil wurde, war jedoch die Einladung der Loprestischen Kavaliersgesellschaft, zum 41. Geburtstag der Kaiserin Maria Theresia am 14. Mai des Jahres 1748 das eben aus einem Ballspielhaus in ein Theater verwandelte Hofburgtheater am

Michaelerplatz in Wien mit einer neuen Oper zu eröffnen. Man schlug ihm Metastasios Dichtung »La Semiramide riconosiuta« als Textbuch vor. Gluck akzeptierte und kehrte nach zwölf Jahren wieder in die Stadt zurück, in der er seine ersten musikalischen Studien betrieben und sein erstes Engagement erhalten hatte. Unterwegs von Dresden machte er in Hammer bei Brüx halt, besuchte das Grab der Eltern und verkaufte, als ältester Sohn vermutlich im Auftrag der Erbengemeinschaft, die den Geschwistern gemeinsam hinterlassene Neuschenke. Termingerecht wurde die Arbeit beendet und in Szene gesetzt. Metastasio jedoch scheint mit dem Ergebnis nicht gerade glücklich gewesen zu sein. In einem Brief an Giovanni Pasquini vom 29. Juni desselben Jahres schreibt er: »Sie sollen erfahren, daß ›La Semiramide‹ Triumphe feiert, dank der exzellenten Truppe und der großartigen Dekorationen, jedoch trotz einer erzvandalischen und unerträglichen Musik.«

Metastasio sollte von dem neuen Mann, der bald schon das Wiener Musikleben beherrschte, noch manche Überraschung erleben. Mehr als 30 Jahre lebten die beiden in einer Stadt, durch zahlreiche Aufträge zu gemeinsamem Wirken verbunden. Es ist bedauerlich, daß es nur wenige Berichte von dem gewiß häufigen Aufeinandertreffen der beiden singulären Erscheinungen des Wiener Opernlebens gibt. In einem Brief an den Kastraten Farinelli schildert der empfindsame Dichter den ungestümen, gelegentlich wohl auch ungehobelten Musiker nach einer ihrer ersten Begegnungen mit den Worten: »Ha un fuoco maraviglioso, ma pazzo.« (Er hat ein Feuer, das ist wunderbar, und doch auch wieder verrückt.)

Am 15. September des Jahres 1750 wurde dieses gefährliche Feuer zu einer – um es im Ton der Zeit zu sagen – sittigenden Flamme gebändigt. Christoph Gluck, der 36jährige abenteuernde Tonsetzer und hochberühmte Virtuose heiratete die 18jährige ehr- und tugendsame Maria Anna Bergin in der St.-Ulrichs-Kirche zu Wien. Die Lehr- und Wanderjahre waren zu Ende.

GLUCK IN WIEN

Die Eheschließung Christoph Glucks mit Maria Anna Bergin ist in vieler Hinsicht der Wendepunkt in seinem Leben. Nicht nur machte sie einen seßhaften Mann aus dem vagabundierenden Musiker, sie brachte ihm auch die finanzielle Sicherung seiner Lebensumstände, die dauerhafte Bindung an eine musikliebende, prächtige und doch auch heitere Stadt und vor allem anderen das Glück unwandelbarer Zuneigung und menschlicher Geborgenheit. Als ein wahrer Salomon unter den Weibern wird Marianne Gluck von den Zeitgenossen gepriesen, und es scheint, als habe sie es trotz des bedeutenden Altersunterschieds stets verstanden, das Glück im Hause dingfest zu machen. Und es mangelte auch in diesem Leben nicht an ernsten Stunden, als der Tod der geliebten Nichte Marianne die Heiterkeit der Jugend im Hause verstummen machte, als der finanzielle Zusammenbruch des d'Afflissio'schen Theaterunternehmens Gluck in ernste finanzielle Bedrängnis führte, als der geringe Erfolg der Opern »Paris und Helena« und »Echo und Narziß« die Arbeitskraft lähmte, und endlich als Gluck durch zwei Schlaganfälle an die Zeitlichkeit seines großen Tagwerks gemahnt wurde.

Darum ist es nun wohl an der Zeit, die allzu langlebigen und in allen Biographien des Komponisten wiederholten falschen Informationen über die Umstände der Eheschließung und die Familie, der Marianne Gluck entstammt, endlich durch ein paar dokumentierte Nachrichten zu ersetzen. In der gesamten Gluck-Literatur wird bis heute die rührende Geschichte von der Abweisung von Glucks Werbung durch den standesbewußten Vater Bergin berichtet, der einen dahergelaufenen Musiker nicht zum Schwiegersohn haben wollte. Eine Legende, die von Anton Schmid, dem ersten Gluck-Biographen, in Umlauf gesetzt wurde, und die im weiteren von der Trennung der Liebenden, der verzweifelten Abreise Glucks nach Prag und der eiligen Rückkehr nach dem 1750 überraschend und zur rechten Zeit erfolgten Ableben des tyrannischen Vaters erzählt. Inzwischen aber ist aus den Sterbe- und Heiratsmatrikeln im Wiener Stadtarchiv ersichtlich geworden, daß der Kaufmann Joseph Bergin (auch Pergin oder Berschin geschrieben, vermutlich aber französisch ausgesprochen) bereits im Jahre 1738 in Wien verstorben ist, zu einer Zeit, zu der seine Tochter Maria Anna (oder besser Marie Anne) eben sechs Jahre alt war. Er stammte aus Magland in Savoyen ebenso wie seine Gattin Marie Thérèse, geborene Chinin, und auch der nach seinem Tode bestellte Vormund Joseph Salliet trug einen französischen Namen. Man kann danach mit Gewißheit annehmen, daß Glucks spätere Frau Marianne zweisprachig erzogen wurde und seine spätere Hinwendung zur französischen Oper, sei es zur opéra comique in Wien, sei es zur tragédie lyrique in Paris, begrüßt oder gar gefördert hat. Leicht erklärt sich nun auch die Verbindung zur französischen Botschaft in Wien, an der der Bailli

Le Blanc du Roullet, der Librettist der »Iphigénie en Aulide«, als Attaché beschäftigt war. Vermutlich auch hat Gluck durch Konversation mit seiner Frau die französische Sprache erst in der Vollkommenheit erlernt, die für seine späteren Kompositionen unerläßlich war. Die Prosodie seiner französischen Rezitative zeugt von vollkommener Beherrschung der Sprachmelodie.
Das Heiratsgut, das Marianne mit in die Ehe brachte, betrug 4 000 fl. und wurde auf Zinsen angelegt. Dies war bei weitem nicht genug, um angenehm davon zu leben. Gluck sollte später 2 000 fl. vom Kaiserhof und 3 000 Louisdor vom französischen Hof als Jahressalär erhalten. Im Jahre 1756, nach dem Tode von Mariannes Mutter, wurde jedoch die Pergin'sche Erbschaft auf die vier überlebenden Geschwister aufgeteilt, und von diesem Zeitpunkt an konnte sich Gluck vermutlich als wohlhabenden Mann betrachten.
Unterdessen jedoch hatte sich Christoph Gluck bereits um ein ihm entsprechendes Betätigungsfeld umgesehen und war beim Feldmarschall Fürsten von Sachsen-Hildburghausen als Komponist und Kapellmeister in Dienst getreten. Der Fürst hatte in seinem von Lukas von Hildebrandt erbauten Palais an der Lerchenfelder Straße, dem heutigen Palais Auersperg-Rofrano, ein vorzügliches Orchester eingerichtet, in welchem außer Gluck auch der junge Carl Ditters (nachmals von Dittersdorf) engagiert war, der in seinen Memoiren über den flötenspielenden Hausherrn schreibt: »Er war kein großer Hexenmeister, aber er hielt sein Tempo richtig und hatte eine vorzügliche Embouchüre.« Über die Hauskonzerte berichtete er weiter: »Bei den Akademien, von welchen immer des Abends vorher eine Probe gehalten wurde, damit alles, besonders neue Sachen, recht ordentlich und akkurat gehen sollte, setzte sich Gluck mit der Violine à la tête. Am Probe- und Konzerttage wurde des Prinzen Kapelle mit einer beträchtlichen Anzahl der gewähltesten Orchesterspieler verstärkt, daher war es kein Wunder, wenn unsere Akademien in ganz Wien für die besten anerkannt wurden.« Und was Glucks kompositorische Beiträge betrifft, heißt es bei Dittersdorf: »Jedes Stück von der Feder dieses würdigen Komponisten war ein neuer und delikater Ohrenschmaus für uns.« Dem Feldmarschall gelang es, das aus dem Nachlaß des Prinzen Eugen erworbene Schloß Schloßhof im Marchfeld an das Kaiserpaar zu verkaufen. Bald darauf verkaufte er auch das Palais in der Josefstadt, löste die Kapelle auf und kehrte nach Sachsen zurück.
Gluck hatte die Jahre bis etwa 1756 im Vorort Oberneustift (dem heutigen Neubau) in einem Haus zusammen mit seiner Schwiegermutter Bergin gewohnt. Auf dessen Grundstück steht heute das Haus Mariahilfer Straße 82, zwischen Neubaugasse und Andreasgasse. Vermutlich zu Beginn des Jahres 1757 zog er in ein Haus Ecke Kärntnerstraße-Walfischgasse, genau gegenüber dem Kärntnertortheater, und wohnte dort bis zum Jahre 1768, in welchem er Haus und Garten am Rennweg (heute Nr. 93) unmittelbar hinter der Waisenhauskirche erwerben konnte. Die opéras comiques »L'yvrogne corrigé«, »Le cadi dupé«, »La rencontre imprévue«, die Ballette »Don Juan ou Le festin de pierre« und »Semiramis« sowie vor allem die Reformopern »Orfeo ed Euridice«, »Telemaco« und »Alceste« sind in unmittelbarster Nachbarschaft der heutigen Staatsoper komponiert worden. Im Haus am Rennweg entstanden »Paris und Helena«, »Iphigenie in Aulis« und große Teile der späteren für Paris bestimmten Werke.
In den ersten Wiener Jahren konnte Christoph Gluck noch nicht gänzlich auf die gewohnten und auch sehr einträglichen Reisen verzichten. Er nahm Einladungen an nach

Prag, wo 1751 seine Metastasio-Oper »Issipile« in Szene ging, nach Neapel, wo »La clemenza di Tito« 1752 Premiere hatte, und schließlich nach Rom, wo er für die Komposition und Uraufführung des »Antigono« vom Papst den Orden eines Ritters vom Goldenen Sporn verliehen bekam. Nach dieser Auszeichnung, die etwa Mozart später in die Schublade gelegt hat, nannte er sich fortan Ritter Gluck, ohne die Präposition von, und unterschied sich hierin auch von seinem Mitarbeiter und Kontrahenten Pietro Metastasio, der sogar einen vom Kaiser angebotenen Grafentitel abgelehnt hatte. Der aus einfachen Verhältnissen stammende Gluck aber suchte nicht allein den Ruhm, er wollte auch auf Ehrung nicht verzichten.

Im Jahre 1749 war der Graf Giacomo Durazzo zum Intendanten der Wiener Hoftheater ernannt worden. Dieser aus Genua stammende junge und ehrgeizige Aristokrat hatte zuvor in Paris gelebt und unternahm es nun, die französische Literatur und Musik am Wiener Hof zu fördern, in einer Stadt, die ihre wichtigsten Impulse bisher stets aus Italien erhalten hatte. Auch bei der musikalischen Bearbeitung und Ergänzung von opéras comiques ergab sich für einen welt- und sprachgewandten Komponisten hier ein reiches Betätigungsfeld. Und so versicherte sich Durazzo nach dem großen Erfolg von »Le cinesi« in Schloßhof der Mitarbeit Glucks. Um einem Kompetenzenstreit mit dem Hofkapellmeister Reutter aus dem Weg zu gehen, erhielt Gluck keine offizielle Titulierung, bezog jedoch ein Jahresgehalt von 1 000 fl. In den Jahren bis 1764 hatte er acht französische opéras comiques zu liefern, von denen die ersten eher aus Bearbeitungen von traditionellen Vaudeville-Timbres bestanden, die späteren jedoch wie »L'yvrogne corrigé«, »Le cadi dupé« und vor allem die dreiaktige »Rencontre imprévue« bereits Werke mit Glucks sehr persönlicher Handschrift sind. Mit der Entlassung des angefeindeten Grafen Durazzo und mit dem bald darauf folgenden Tod Franz Stephans fand die Ära der französischsprachigen Oper am Wiener Hof ihr Ende. Von ihr soll in einem eigenen Kapital die Rede sein.

Die Freundschaft zwischen Gluck und Durazzo hatte aber noch andere – und wie sich herausstellen sollte – bedeutendere Früchte getragen. Im Jahre 1761 hatte sich ein Mann in Wien eingefunden, der in Gemeinschaft mit Gluck und Durazzo dem Musiktheater nicht nur der kaiserlichen Residenzstadt, sondern der ganzen Epoche eine neue Wendung geben sollte. Raniero de' Calzabigi, im selben Jahr wie Gluck 1714 in Livorno geboren, war 1750 nach Paris übersiedelt und hatte dort eine Gesamtausgabe der Werke des von ihm verehrten Pietro Metastasio herausgegeben. Gemeinsam mit seinem Bruder und seinem Freund Giacomo Casanova hatte er danach eine Lotterie gegründet, und nachdem dieses Unternehmen fehlgeschlagen war, kam er nun in der Funktion eines Beamten der Niederländischen Rechnungskammer nach Wien. Hier wurde er vom Hoftheaterintendanten Durazzo mit dem Komponisten bekannt gemacht, der seine Ideen über die Erneuerung des Musiktheaters begierig aufnahm und sich bereit erklärte, das vorgelegte Textbuch zu »Orfeo ed Euridice« in Musik zu setzen.

Vermutlich stammte auch die Anregung und Dramaturgie des Balletts »Don Juan ou Le festin de pierre« von Calzabigi, die Choreographie steuerte der italienische Tanzmeister des Burgtheaters, Gasparo Angiolini, ein Schüler Franz Hilverdings, bei. In diesem Werk verband zum ersten Mal eine geschlossene Handlung die Tänze der Protagonisten und Gruppen zu einer dramatischen Einheit. Das Werk erregte sowohl wegen des Sujets als auch wegen der neuartigen Form großes Aufsehen und blieb lange Jahre auf dem Repertoire. Es ist auch heute wohl das einzige Ballett dieser Epoche, das noch immer getanzt wird.

Calzabigi hatte auf dem Kohlmarkt eine vornehme Wohnung bezogen, nicht weit entfernt von Metastasios Wohnhaus und nur ein paar Schritte weiter vom alten Burgtheater auf dem Michaelerplatz. Er empfing dort wenige Wochen, nachdem das Kärntnertortheater bei einer Vorstellung von Glucks »Don Juan« abgebrannt war, den Hoftheaterintendanten Durazzo, den Herzog von Braganza, den Grafen von Zinzendorf sowie Christoph Gluck und den Altkastraten Guadagni. Die beiden letzteren präsentierten bei dieser Gelegenheit die ersten Szenen der Oper »Orfeo ed Euridice«. Das böse Omen hatte sie nicht entmutigt. Als die Reform der opera seria begann, standen Komponist und Dichter im 48. Lebensjahr und waren doch erst am Anfang eines langen und ruhmreichen Weges. Sie waren sich der Bedeutung ihrer Unternehmung wohl bewußt, und darum wurden auch bereits in ihrem ersten gemeinsamen Werk die wesentlichsten Ziele der Reform mit großer Entschiedenheit verwirklicht. Die Fabel von der Liebe des thrakischen Sängers zu seiner am Hochzeitstage verstorbenen Gattin Eurydike wurde all ihrer Nebenhandlungen entkleidet und auf ihren dramatischen Kern zurückgeführt. Die Zahl der handelnden Personen wurde auf das absolute Minimum von drei Rollen reduziert. Dafür jedoch wurde dem Chor eine dramatische Funktion als Träger der Handlung zugewiesen. Die Tänze wurden bruchlos in die Handlung integriert. Arien, Chöre und Rezitative wurden mit gleicher Bedeutung und nur in bezug auf die Gesamtform der drei kontrastreichen Akte ausgestattet. Die cembalobegleiteten secco-Rezitative der opera seria wurden durch accompagnati ersetzt, die vom ganzen Orchester getragen wurden und so dem Werk seine Geschlossenheit verliehen. Das Datum der Uraufführung im alten Burgtheater, der 5. Oktober 1762, ist einer der Meilensteine in der Geschichte der Oper geworden. Mit ihm wurde das Ende der Barockoper unwiderruflich angezeigt.

Dabei war durchaus nicht alles neu in Glucks und Calzabigis Reformopern. Die dreiaktige Form, das antike Sujet, das lieto fine, der deus ex machina, die Verwendung von Kastraten und die völlige Verbannung aller komischen Elemente waren immer noch aus dem metastasianischen Fundus. Und wenn die aristokratischen oder bürgerlichen Auftraggeber es verlangten, so war man auch bereit, noch einmal eine Dichtung des kaiserlichen Hofpoeten zu vertonen: »Il trionfo di Clelia« 1763 für Bologna, »Il Parnaso confuso« und »La corona« 1765 für Familienfeste in Schönbrunn und als letzte der opéras comiques die schon erwähnte »Rencontre imprévue« im Schloßtheater. Aber im Jahre 1765 kam auch schon die zweite Reformoper auf die Bühne des Burgtheaters, »Telemaco«. Dieses Werk, dessen Handlung dem pseudohomerischen Erziehungsroman »Télémaque« des französischen Prinzenerziehers Fénelon entnommen wurde, ist lange Zeit falsch datiert und unterschätzt worden, vielleicht weil es nicht Calzabigi zum Autor hat, sondern seinen Landsmann und Nacheiferer Marco Coltellini. Heute weiß man, daß der »Telemaco« würdig in der großen Reihe steht, in welcher ihm zwei Jahre darauf, also 1767, die »Alkestis« folgt und 1769 die dritte Calzabigi-Oper »Paris und Helena«. Mit diesen beiden Werken war der Kreis der Wiener Reformopern ausgeschritten. »Alceste« und »Orfeo« wurden von Gluck mit einem Vorwort publiziert, in welchem er die Ziele seiner Neuerungsbestrebungen sehr genau beschreibt und aus deren erstem nur einige wenige Sätze hier zitiert werden sollen: »Als ich es unternahm, die Oper ›Alceste‹ in Musik zu setzen«, schreibt Gluck, »war meine

Absicht, alle jene Mißbräuche, welche die falsch angebrachte Eitelkeit der Sänger und die allzu große Gefälligkeit der Komponisten in die italienische Oper eingeführt hatten, sorgfältig zu vermeiden, Mißbräuche, die eines der schönsten und prächtigsten Schauspiele zum langweiligsten und lächerlichsten herabgewürdigt haben. Ich suchte daher die Musik zu ihrer wahren Bestimmung zurückzuführen, das ist: die Dichtung zu unterstützen, um den Ausdruck der Gefühle und das Interesse der Situationen zu verstärken, ohne die Handlung zu unterbrechen oder durch unnütze Verzierungen zu entstellen. Ich glaube, die Musik müsse für die Poesie das sein, was die Lebhaftigkeit der Farben und eine glückliche Mischung von Schatten und Licht für eine fehlerfreie und wohlgeordnete Zeichnung sind, welche nur dazu dienen, die Figuren zu beleben, ohne die Umrisse zu zerstören ...«

Um mit diesem Vorwort zur »Alkestis«, welches stets als das Manifest der Rebellion gegen Metastasios opera seria angesehen wurde, sagt er doch nicht viel anderes als sein großer Gegenspieler selbst, der sich der Entstellungen der von ihm geprägten Form sehr genau bewußt war. Zwei Jahre vor der Uraufführung der »Alkestis« schreibt Metastasio in einem Brief an Castelleux:

»Hochmütig geworden von der Gunst des Erfolges, hat sich die moderne Musik rebellisch erhoben gegen die Poesie, hat all die wahren Ausdrucksformen vernachlässigt, hat die Worte behandelt wie einen dienstbaren Boten, der gezwungen ist, gegen alle gemeine Vernunft, sich jeder ihrer extravaganten Launen zu unterwerfen, hat das Theater nur von jenen Bravourarien widerhallen lassen und hat dessen Verfall beschleunigt durch deren ermüdendes Überhandnehmen, nachdem sie den Niedergang des elendiglich verletzten, entarteten und von solch unsinniger Rebellion zerstörten Dramas verursacht hat.« Beide, Gluck und Metastasio, berufen sich auf die Tradition der französischen Klassiker und weit über diese hinaus auf die drei großen tragischen Dichter der Griechen, zu denen jeder zurückkehrt, der Neues plant auf dem Theater, bis in unsere Zeit.

»La rencontre imprévue« – Das französische Hoftheater in Wien

Von Glucks musikdramatischem Schaffen ist uns heute nur mehr ein recht bruchstückhaftes Bild erhalten. Sechs seiner acht Reformopern werden allseits gerühmt und – mit Ausnahme des »Orfeo« – allzuwenig gespielt; die italienischen seria-Opern sind auf heutigen Bühnen ebensowenig mehr gegenwärtig wie die historisch so bedeutsamen Handlungsballette und die höfischen Gelegenheitsarbeiten, die sogenannten feste teatrali, die er zu zahlreichen Geburts- und Namenstagen, aber auch zu Hochzeitsfesten, Ankunfts- oder Abschiedsfeiern zu komponieren hatte. Nicht viel besser ist es seinen französischsprachigen opéras comiques ergangen, obwohl noch bis vor wenigen Jahren von diesen wenigstens »L'yvrogne corrigé« (als »Der bekehrte Trunkenbold«) und »Le cadi dupé« (als »Der betrogene Kadi«) von deutschen Kammeropern oder Akademieklassen als dankbare und leicht zu exekutierende Repertoirestücke aufgeführt wurden. Wenige Gedanken hat man sich jedoch gemacht über die erstaunliche Tatsache, daß der zu jener Zeit zwischen 1758 und 1764 schon weitgewanderte und vielgerühmte Komponist sich hat überzeugen lassen, so leichtfertig scheinende Ware für den Geschmack der Wiener Aristokratie zu liefern. Wieso begnügte der Mann, der bereits im Jahre 1748 die Auftragsoper »Semiramide« nach einem Text von Metastasio für die Wiedereröffnung des umgebauten Burgtheaters am Michaelerplatz geschrieben hatte, sich nun mit der Rolle eines Arrangeurs von harmlosen Ariettes und Vaudevilles für die singenden Schauspieler der französischen Truppe? Und wieso schrieb, nachdem im Jahre 1762 seine italienische Reformoper »Orfeo ed Euridice« alle theaterliebenden Gemüter in Aufruhr versetzt hatte, dieser Mann, der nach dem Abgang von Johann Adolf Hasse als der bedeutendste Komponist der Epoche angesehen wurde, noch einmal eine opéra comique nach dem nun schon über dreißig Jahre alten Muster eines Jahrmarktstückes, ganz als wäre dies die natürlichste Sache von der Welt? Es lohnt sich auch heute noch, darüber nachzudenken, warum das geschah.

Nach den Erbfolgekriegen war, nicht zuletzt bedingt durch die notwendig gewordenen Sparmaßnahmen, in Wien eine neue kulturpolitische Epoche eingetreten, die einerseits von einer Abkehr von italienisch dominierter spätbarocker Prachtentfaltung, andererseits von einer Zuwendung zum Vorbild französischer Lebensart unter dem Einfluß der Aufklärung gekennzeichnet wurde. Maria Theresia hatte 1752 den Grafen Wenzel Anton von Kaunitz-Rietberg zum Hof- und Staatskanzler berufen. Dieser suchte in einem »renversement des alliances« eine politische Annäherung an Paris und befürwortete eine Öffnung auch gegenüber der französischen Kultur. Dies war durchaus im Sinne des lothringischen Kaisers Franz Stephan, der seinerseits französische Baumeister und Maler nach Wien holte. So wurde auch das Italienische bald vom Französischen als Kultursprache verdrängt.

Als im selben Jahr 1752 die Cavaliers-Sozietät des Barons Rocco Lopresti am Wiener Burgtheater Konkurs anmelden mußte, wurde gemeinsam mit dem Obersthofmeister Franz Graf Esterházy der Genueser Graf Giacomo Durazzo kommissarisch mit der Leitung der Hoftheater betraut. Als Esterházy schon zwei Jahre darauf zurücktrat, wurde Durazzo zum »Generalspectaceldirector« mit weitgehenden Vollmachten für eine Neuordnung des Bühnenwesens ernannt. Durazzo, der 1749 als Gesandter seiner Heimatstadt nach Wien gekommen war und zuvor wichtige Lebensjahre in Paris verbracht hatte, konnte sich auf ein bestes Einverständnis mit dem mächtigen Staatskanzler berufen. Er rief eine Truppe ausgewählter französischer Schauspieler nach Wien und unterstellte sie der Leitung Jean-Louis Héberts. Dieser setzte in den folgenden Jahren unter anderem Werke von Corneille, Racine, Crébillon und Voltaire auf den Spielplan.

Für das musikalische Theater scheint Durazzo eine besondere Vorliebe gehabt zu haben. Er bemühte sich selbst, die geeignetsten Werke aus Paris zu besorgen, und beauftragte mit den Recherchen einen der Reformatoren des Pariser Vorstadttheaters, Charles-Simon Favart, der unter anderem als Autor des später von Mozart vertonten Singspiels »Bastien et Bastienne« bekannt geworden war. Die Korrespondenz zwischen Durazzo und Favart ist eines der wichtigsten Dokumente des Wiener Theaterlebens dieser Zeit und läßt uns Einsicht gewinnen in die Schwierigkeiten, deren der unternehmungsfreudige und phantasiebegabte Intendant der Hoftheater Herr zu werden hatte. Die Kaiserin hatte ihm zwar mit ihrem lakonischen Bescheid »Spectacles müssen sein« Vollmacht erteilt, seine Einkünfte durch die Zulassung eines zahlenden Publikums zu ergänzen, forderte aber in beiden Hoftheatern je fünfzig Logen sowie Freikarten in unbegrenzter Zahl je nach Wunsch als Gegenleistung für die Subventionen. Sie meldete auch Bedenken gegen Engagements von Künstlern an, die einen leichtfertigen Lebenswandel führten, und ließ von der Zensur bereits genehmigte Stücke wieder vom Spielplan absetzen, wenn sie ihren strengen moralischen Grundsätzen nicht entsprachen. Nicht nur ein Giacomo Casanova hat sich in jenen Jahren über die Prüderie des kaiserlichen Hofes beklagt.

Christoph Gluck scheint bereits ab 1753 in einem lockeren Engagement zu den Hoftheatern gestanden zu haben. Seine Aufgabe war es, die von Favart besorgten musikalischen Komödien nach den Möglichkeiten der engagierten französischen Sänger und Singschauspieler einzurichten und unbekannte französische Lieder durch in Wien bekannte zu ersetzen. Inspiration bezog er dabei von der italienischen opera buffa und vom Theatercouplet, wie es unter anderem von der Truppe des Kurz-Bernardon am Kärntnertortheater gesungen wurde. In den ersten Jahren scheint er sich dabei große künstlerische Zurückhaltung auferlegt zu haben, denn sein Name als Komponist scheint erstmals 1758 auf einem Theaterzettel bzw. Textbuchtitel auf. Gluck, der 1750 eine Wiener Bürgerstochter französisch-savoyardischer Herkunft geheiratet hatte, scheint schon damals des Französischen vollkommen mächtig gewesen zu sein, so wie es seine Briefe für die späteren Jahre beweisen. Favart lobt in seiner Korrespondenz ausdrücklich die perfekte Prosodie der ihm übersandten Partituren.

War Gluck in den ersten Jahren nach 1753 noch als leitendes Mitglied der Kapelle des Prinzen von Sachsen-Hildburghausen tätig gewesen, so mehrten sich nach dem großen Erfolg seiner opera buffa »Le cinesi«, die auf einen Text von Metastasio für einen Besuch des Kaiserpaares auf Schloß Schloßhof im Marchfeld komponiert und aufgeführt worden war, seine Aufgaben im Dienste des Hofes. Dies so sehr, daß der Hofkapellmeister Reutter über seine Zurücksetzung gegenüber dem energischen neuen Manne sich zu beschweren Anlaß fand. Vergeblich. Denn Gluck wurde bald mit der alleinigen musikalischen Leitung der opéra comique im alten Burgtheater beauftragt.

»La fausse esclave« war 1758 die erste Arbeit, die Gluck mit seinem eigenen Namen zeichnete. Im selben Jahr folgte im Schloßtheater von Schönbrunn die Aufführung seines zweiten Stückes »L'isle de Merlin«. 1759 brachte er drei Werke heraus: »L'arbre enchanté«, »Cythère assiegée« und – als erstes Werk in drei Akten – »Le diable à quatre«. »L'yvrogne corrigé« wurde 1760 uraufgeführt und »Le cadi dupé« 1761. Textautoren waren Anseaume, Sedaine, Moline und Le Monnier, alle vielfach erprobt und gerühmt in diesem Genre. Die textliche Einrichtung wurde für die Wiener Bühnen von unbekannten Händen durchgeführt. Es ist zu vermuten, daß die Schauspieler selbst unter Anleitung des Grafen Durazzo, der auch literarische Ambitionen hatte, diese Arbeit besorgten. Lokale Anspielungen mußten ebenso gestrichen werden wie Frivolitäten oder drastische Derbheiten. Die Kaiserin war entschlossen, wie Durazzo schreibt, aus dem Wiener Theater eine Schule für gute Sitten zu machen.

Bei einem einzigen Werk unter den acht opéras comiques, die Glucks Namen tragen, ist auch die szenische und literarische Bearbeitung von einer Bedeutung, die eine Nennung des Namens des Verantwortlichen rechtfertige. L. H. Dancourt steht neben Christoph Gluck auf dem Titelblatt von »La rencontre imprévue«, dem letzten und gehaltvollsten Werk in dieser Reihe. Dancourt, der von 1725 bis 1801 lebte, wurde 1762 in die Truppe der französischen Schauspieler am Wiener Hof aufgenommen. Er war zuvor schon als Arlequin am französischen Theater Friedrichs II. in Berlin aufgetreten und verfügte also über beste Referenzen. In Wien scheint er das Vertrauen des Generalspectacldirectors gewonnen zu haben, denn Durazzo schreibt 1763 an Favart: »Ich habe Auftrag gegeben, die ›Pilger von Mekka‹ des verstorbenen Le Sage zu arrangieren … Ich zweifle nicht daran, daß dieses Gedicht, auf solche Weise arrangiert im aktuellen Geschmack der Nation, seine Wirkung tun wird, zumal es von einer Musik getragen sein wird, die von Herrn von Gluck komponiert wird, einem Manne, der unwidersprochen einzigartig in seiner Kunst genannt werden kann.« Gluck war zum Zeitpunkt der Premiere von »La rencontre imprévue« eben fünfzig Jahre alt und offenbar auf der Höhe seines Ruhmes. Es ist nicht anzunehmen, daß er die Komposition seiner letzten und umfangreichsten heiteren Oper auf die leichte Schulter genommen hat. Die Fülle von geistreich ironischer und gefühlvoll empfindsamer Musik macht dieses Werk zum unbestrittenen Höhepunkt der opéra comique des 18. Jahrhunderts. Kritik zu üben wäre allenfalls an der dramaturgischen Arbeit der Textautoren, an der kontrastlosen Gleichförmigkeit des zweiten Aktes, in welchem der zürnende Sultan nur angekündigt wird, nicht aber erscheint, und an der allzu langen Retardierung im 3. Akt durch die nicht zur Handlung gehörenden Schilderungen des verrückten Malers Vertigo. Andererseits hat Gluck eben im 2. Akt erstmals ein die Handlung sinnvoll erweiterndes Ballett in eine seiner opéras comiques aufgenommen und im 3. Akt dem zeitgenössischen Geschmack des Wiener Publikums durch seine tonmalerischen Schilderungen mit großer kompositorischer Raffinesse Rechnung getragen.

Das französische Originalstück von Alain René Le Sage war 1726 in Paris im Saal der Foire St-Laurent uraufgeführt worden und danach ins Theater des Palais Royal übertragen worden. Dies deutet auf einen nicht geringen Erfolg des Werkes hin, das bereits 1728 im 4. Band der Sammlung von Le Sage und d'Orneval auch gedruckt erschien.

Gluck hatte an dem Thema nicht zuletzt wohl das orientalische Milieu gereizt, das in jenen Jahren in Wien sehr in Mode war. Es gab ihm Gelegenheit, sich in türkischer Janitscharenmusik zu versuchen und im Orchester neben Streichern und reich besetzten Bläsern auch das Schlagwerk mit Trommeln und Becken einzusetzen. War es doch die Zeit, in der die türkischen Instrumente Aufnahme fanden in die Militärkapellen der europäischen Höfe.

Mit einer, wie es die Tradition der opéra comique verlangte, einsätzigen Allegro-Ouvertüre wird das Stück vom ganzen Orchester eröffnet. Achtel- und Sechzehntel-Läufe abwechselnd marcato und mit Vorschlägen gespielt und starke dynamische Kontraste kennzeichnen das effektvolle Stück. A-Dur ist die türkische Tonart. Die Ohren klingen einem wie auf einem orientalischen Markt. Unter den 33 nachfolgenden auf drei Akte verteilten Musiknummern finden sich 23 Sologesänge – Lieder, Arien und Ariletten – drei Duette, vier Terzette, ein Oktett und zwei Finali, das erste davon, am Ende des 2. Aktes, sechsstimmig, das zweite, abschließende, vierstimmig von allen Mitwirkenden gesungen. Wer immer Gluck den ungerechten Vorwurf gemacht hat, er habe zu wenig Musik in seinen Opern geschrieben, der muß sich hier widerlegen lassen. Zu all dem Überfluß muß man noch die Balletteinlage des 2. Aktes rechnen, die nicht in die Originalpartitur aufgenommen wurde und möglicherweise von Gasparo Angiolini, dem komponierenden Ballettmeister des Hoftheaters und Mitarbeiter Glucks, beigesteuert wurde. Unter den Arien wird durch die verschiedensten Formtypen für reiche Abwechslung gesorgt. Aus der Fülle erwähnt seien hier das Bettellied des Calenders (Nr. 3, wiederholt als Nr. 6) mit dem Kauderwelsch-Palaver des »Castagno, Castagna pistafanache, Rimagno, Rimagna moustilimache«, das einen an das »Oragna fiagata fa« des kleinen Mozart gemahnt, das dieser jeden Abend seinem Vater vor dem Schlafengehn vorsang. Dies wäre nicht die einzige Anleihe, die der Komponist der »Entführung« bei diesem Stück genommen hat. Das folgende Liedchen »Les hommes pieusement ...« (»Unser lieber Pöbel meint«) ist bekannt geworden als Thema für Mozarts Klaviervariationen KV 455. Es ist ein volksliedhaftes Andante mit dem komischen Effekt eines plötzlich eintretenden kurzen Allegroteils. Als Nr. 4 folgt die parodierte Maestoso-Arie des Malers Vertigo in dreiteiliger Reprisenform. Der Prinz Ali singt als Nr. 7 eine Arie mit kleinem da capo begleitet vom Englischhorn und der Solovioline über pizzicato-Streichern. Die Arie der Balkis (Nr. 8), ein Andante grazioso in E-Dur wird durch komische Prosaeinwürfe des Dieners Osmin unterbrochen. Ein Terzett, das mit Wechselreden in unterschiedlichen Zeitmaßen als dialogiertes Trio beginnt und in dreistimmigem Gesang endet, beschließt den ersten Akt. Man denkt dabei wieder einmal an die »Entführung aus dem Serail«, in deren erstem Aktschluß auch um den Eintritt in ein Haus gestritten wird.

Im 2. Akt kommt in den lockenden Gesängen der drei Dienerinnen das orientalische Kolorit wieder zum Vorschein. Die beiden Arien des Prinzen Ali geben dem Tenor Gelegenheit, Stimmglanz und Legatokultur zu zeigen. Nach einem komischen Allegro-Duett zwischen Herr und Diener betritt endlich die so lange vergeblich ersehnte Rezia die Bühne. Ihrem Sopran gehören die folgenden Szenen: ein Duett mit Ali und zwei Arien, von denen die zweite »Ah, qu'il est doux de se revoir«, ein Adagio grazioso in B-Dur mit einer Allegretto-Cabaletta, ihrer lyrischen Stimme alle Koloraturen, Rouladen und Spitzennoten bis zum dreigestrichenen c abverlangt.

Nach dem turbulenten Finale (Nr. 22) beginnt der 3. Akt mit einer Genreszene im Lager der Pilgerkarawane. Ein lustiges Trinklied des Karawanenführers läßt einen wieder an die »Entführung« denken. Dann bekommt der Calender noch einmal eine Allegro-Arie mit großen Intervallsprüngen, um nach den komischen Liedchen des 1. Aktes auch einmal Stimme zeigen zu können. Und danach folgt eine weitere Arie der Rezia im Zeitmaß eines Menuetts und in großer da-capo-Form: »Maître des coeurs, achève ton ouvrage!« Sie könnte ebensogut in einer tragédie lyrique ihren Ehrenplatz finden. Die tonmalerischen Eskapaden des verrückten Malers Vertigo bilden eine eigene Gruppe von drei Terzetten und drei Arien, in denen alle Register der Orchestrierungskunst gezogen werden: Schüssegeknatter, Hufgetrappel und Granatendonner sind in der Schlachtarie (Nr. 29) zu vernehmen; mit hohen Piccololäufen wird das Heulen des Sturmes, mit rasenden Streicherläufen das Schäumen und Klatschen der Wogen in der Gewitterarie (Nr. 30) gemalt, und das von Oboen lieblich und friedvoll intonierte Bachgemurmel beruhigt die aufgerührten Gefühle im Andante der Arie Nr. 31. Nachklänge von all dem sind noch in Mozarts »Figaro« und »Così fan tutte« zu vernehmen. Nach einem kurzen Duett der Liebenden tritt endlich der zornentbrannte Sultan in einem turbulenten achtstimmigen Ensemble auf die Szene. Das Stück erreicht seinen dramatischen Höhepunkt in solistischen Racheschwüren und chorischen Fürbitten. Ein Huldigungsgesang beschließt das reizvolle Werk im traditionellen C-Dur des Allegro-Komödienschlusses.

Die Uraufführung von »La rencontre imprévue« mußte wegen des Ablebens der Gattin des Thronfolgers Joseph, Isabella von Parma, um einige Wochen verschoben werden. In dieser Zeit legte der Graf Durazzo seine Ämter als Generalspectaceldirector und Musikgraf nieder. Die Hindernisse, die ihm in den Weg gelegt worden waren, waren unüberwindlich geworden. Er zog sich grollend nach Venedig zurück. Gluck und Dancourt sahen sich veranlaßt, einige Korrekturen an ihrem Werk vorzunehmen, um alle Anspielungen, die an den Tod der Prinzessin gemahnen konnten, zu tilgen. Die ursprünglich totgeglaubte Rezia mußte nun ein Opfer der Seeräuber werden. Die Uraufführung unter Leitung des Komponisten fand am 7. Januar 1764 statt. Graf Zinzendorf, der die Premiere – und auch mehrere Vorstellungen danach – besucht hat, schreibt in seinem Tagebuch: »on donna un nouvel opéra Comique trés long, que s'appeloit autrefois la Pélérine de la Meque, et qui s'apele aujourd'hui après les changements qu'on a fait depuis la mort de l'Archiduchesse, la Rencontre imprévue.« In späteren Eintragungen tadelt er das Sujet, lobt die Musik und nennt als seine bevorzugten Musiknummern, die Nr. 3, 5, 9, 14, 20, 23 und 33. Im übrigen meint er: »...la piéce n'a pas le sens commun, excepté le commencement qui est une satyre bien mordante contre les Moines.«

Zinzendorf ist nicht eben ein zuverlässiger Experte. Das Werk war bald auf anderen europäischen Bühnen zu sehen. 1765 kam es nach Brüssel, 1766 nach Bordeaux, 1767 nach München, 1768 nach Amsterdam, 1772 nach Kopenhagen und 1776 nach Paris, womit der Kreis sich schließt. In Wien wurde das Stück im Frühjahr 1776 und im Juli 1780 wiederaufgenommen. In deutscher Übersetzung unter dem Titel »Die Pilgrime von Mekka« wurde es am 5. Dezember 1781 im Zuge der Begründungsversuche eines deutschen Singspiels durch Kaiser Joseph II. wieder ans Burgtheater gebracht. Die französische Truppe war unterdessen längst aufgelöst worden. Nach dem Abgang Durazzos und dem Tod Kaiser Franz I. hatte man die Schauspieler und Sänger entlassen. Glucks heiteres Meisterwerk war der letzte Höhepunkt des französischen Hoftheaters in Wien gewesen. Nun wandte er sich anderen Aufgaben zu. 1765 war das Jahr der Ballette »Semiramis« und »Iphigénie« (das verlorenging), und danach wartete Calzabigi mit dem Text der »Alceste« auf ihn.

Gluck in Paris

Im Jahre 1768, als er an die Komposition von »Paris und Helena« ging, erlitt das private Theaterunternehmen, an welchem Christoph Gluck sich finanziell beteiligt hatte und das von dem italienischen Impresario d'Afflissio initiiert worden war, einen Zusammenbruch, bei welchem der Komponist, der seinen Geldbeutel sonst wohl verschnürt hielt, mit einem Schlag 90 000 fl. verlor. Dies war ein Betrag, der seine persönlichen Einkünfte bei weitem überstieg und der nur aus seinem väterlichen Erbteil und vor allem aus dem vermutlich weit größeren Vermögen seiner Gattin Marianne stammen konnte. Glucks Jahresgehalt aus seinen Diensten an den kaiserlichen Hoftheatern betrugen von 1754 bis 1774 jährlich 1 000 fl. und in den dreizehn Jahren von 1774 bis zu seinem Tod 2 000 fl. Das ergibt insgesamt eine Summe von 46 000 fl., also nur die Hälfte dieses Verlustes. Calzabigi, der Librettist, und d'Afflissio, der Impresario, zogen sich nach Italien zurück. Ganz ausgeschlossen erscheint es nicht, daß der Lotteriegründer und Rechnungskammerbeamte Calzabigi auch bei diesem mißglückten finanziellen Unternehmen seine Finger mit im Spiel gehabt hat. In jedem Fall, die Zusammenarbeit war nach dem mäßigen Erfolg von »Paris und Helena« zu Ende. Gluck hatte mit Durazzo, Calzabigi und d'Afflissio seine engagiertesten Parteigänger verloren.

Zu diesem Zeitpunkt war es möglicherweise seine geschäftstüchtige Gattin, die den rechten Ausweg fand. Gluck, so wird berichtet, soll ihr versprochen haben, den empfindlichen Verlust durch die Komposition von französischen Opern für Paris wieder hereinzubringen. Marianne Gluck war eine in Wien aufgewachsene Französin. Was liegt näher als die Vermutung, daß durch ihre Kontakte zur französischen Botschaft die Begegnung mit dem Bailli Le Blanc du Roullet zustande kam. Der Bailli scheint gute Beziehungen zur Direktion der Académie Royal und vor allem zur Pariser Presse gehabt zu haben. Möglicherweise waren solche Einflußmöglichkeiten nicht geringer zu veranschlagen als seine bis dahin noch recht unerschlossenen literarischen Fähigkeiten, von denen auch nach der Zusammenarbeit mit Gluck nicht weiter viel die Rede sein wird. Wohlweislich hatte Le Blanc du Roullet dem Komponisten auch kein eigenes Stück, sondern eine Adaption von Racines Tragödie »Iphigénie en Aulide« nach Euripides vorgelegt. Gluck ließ sich auf die Zusammenarbeit ein, umso mehr als er nach der 1770 erfolgten Heirat der Erzherzogin Marie Antoinette, der er Musikunterricht erteilt hatte, eine mächtige Fürsprecherin am französischen Hofe wußte. Er begann mit der Konzeption der Oper und hatte sie bis zum Herbst 1772 soweit im Kopf ausgearbeitet, daß er dem englischen Musikwissenschafter Dr. Charles Burney des langen und breiten aus dem Werk vorspielen konnte, ohne noch eine einzige Note niedergeschrieben zu haben. Einige Wochen danach sandte Le Blanc du Roullet einen offenen Brief an den Herausgeber des »Mercure de France«, in welchem er der Pariser Oper die »Iphigénie« anbot. Eine Methode, öffentlichen Druck auszuüben, die auch heute noch gelegentlich zum Ziel führt. Als auf den Brief Le Blancs keine Reaktion erfolgte, schrieb Gluck selbst im Februar 1773 einen offenen Brief, in welchem er seine Affinität zum französischen Musiktheater und vor allem zu den Ideen Jean-Jacques Rousseaus deutlich hervorhob. Zur selben Zeit müssen Marie Antoinette und die Lobby des Bailli hinter den Kulissen tätig geworden sein. Und nun war Glucks Auftritt in Paris nicht mehr zu verhindern. Man fragt sich, ob die Bedingung, welche die Direktion der Académie stellte, nämlich daß der Komponist nicht eine, sondern gleich sechs Opern zu liefern habe, nicht vielleicht ein letzter Versuch war, ihn abzuhalten. Aber Gluck, der damals immerhin schon 59 Jahre alt war, unterschrieb den Vertrag. Und er hat ihn in den folgenden sechs Jahren getreulich erfüllt. Zwischen November 1773 und November 1779 reiste er fünfmal von Wien nach Paris und war dabei immer zwischen zwei und drei Wochen unterwegs, was zusammengerechnet ein halbes Jahr in der Kutsche bedeutet. Nach der aulidischen »Iphigenie«, die mit großem Triumph und einer Huldigung des Publikums an Marie Antoinette über die Bühne ging, folgte im Herbst 1774 eine französische Fassung des »Orpheus«. Der Erfolg dieser ersten Reise war so gewaltig, daß bald darauf beide Werke im Druck erscheinen konnten und Gluck sowohl für ein Porträt von Duplessis wie auch für eine Büste von Houdon Modell sitzen mußte. Diese beiden Werke wurden ihm bei seiner Wiederkunft im Dezember 1774 überreicht. Gluck fügte sich den französischen Traditionen in mehr als einem Punkt. Eine unabdingbare Forderung der Pariser war eine angemessene Berücksichtigung des Balletts auch im Rahmen einer Tragödie. In einer neuen französischen Fassung von »Orphée et Euridice« kam Gluck diesem Wunsche nicht allein durch die Erweiterung des Reigens der seligen Geister nach, sondern auch durch ein umfangreiches Schlußballett, eine traditionelle Chaconne. Im Februar 1775 wurde aus Anlaß eines Besuches von Erzherzog Maximilian, des jüngsten Bruders der Königin, eine festliche Aufführung von Glucks opéra comique »L'arbre enchanté« veranstaltet. Gluck hatte dieses 1759 in Schönbrunn uraufgeführte Werk den französischen Bedingungen entsprechend eingerichtet, der Erfolg jedoch hielt sich diesmal in Grenzen, die allein schon durch den höfischen Rahmen gegeben waren. Vermutlich waren zu diesen Aufführungen überhaupt nur Mitglieder des Hofes zugelassen. Gluck jedenfalls trat unmittelbar nach der Versailler Premiere die Rückreise an. Die Sache wird wohl auch nicht so ganz nach seinem Geschmack gewesen sein. Daniel Schubart schreibt in seinen »Ideen zur Aesthetik der Tonkunst«: »So groß der Geist Glucks im Tragischen ist, so arbeitet er doch zuweilen auch mit Glück im komischen Stile; nur hält es seine Riesenseele nicht lange in der Harlekinsjacke aus.«

In Wien lag Christoph Gluck drei Monate krank an einer schweren Grippe. In dieser Zeit brachte die Pariser Oper ohne seine Mitwirkung eine Neubearbeitung seiner opéra comique »La Cythère assiegée« heraus, in welche sie mehr Ballette aufgenommen hatte, als ihr guttat, am Schluß sogar eine Komposition des Herrn Operndirektors Berton persönlich. In einem Brief an den Botschaftssekretär Kruthoffer hat der wehrlose Gluck seinem Zorn über derlei Verballhornungen freien Lauf gelassen: »Ich will Ihnen mehr sagen: daß ich künftighin in meinen Opern keine Ballett-Arien mehr machen werde außer denjenigen, welche währender L'action vorkommen, und wann man nicht darmit zufrieden sollte seyn, so mache ich keine Opera mehr, denn ich will mir nicht in allen Journalen vorwerfen lassen, daß meine Ballette schwach, mediocres et cetera und so weiter wären; die Lumpenhunde sollen keine mehr von mir hören, und meine Opern werden allerzeit mit denen Wörtern sich endigen.«

Und diesen Vorsatz beherzigte er fortan. Er hatte sich von Le Blanc du Roullet Calzabigis »Alceste« ins Französische übersetzen lassen und machte sich nun im Februar 1776 erneut auf den Weg nach Paris, wo am 23. April die Erstaufführung dieses Werkes stattfinden sollte. Diesmal hatte er sich nur schwer von Wien trennen können, da seine geliebte Nichte Marianne, genannt Nanette, an den Blattern krank lag und auch seine Gattin ihn aus diesem Grunde nicht begleiten konnte.

Nach der Uraufführung der »Alceste« machte sich erstmals ein entschiedener Widerstand seiner Gegner bemerkbar, obwohl sich dieses Werk von Aufführung zu Aufführung mehr als eines der großen Meisterwerke Glucks enthüllte. Während Gluck auf die Nachricht vom Tode seiner Nichte nach Wien zurückeilte, rief man von Paris aus den süditalienischen Komponisten Niccolò Piccinni auf den Plan. In diese Intrige scheint man auch die Königin verwickelt zu haben, die nolens volens der Partei der italienischen Oper in dieser Berufung zustimmte, dies vielleicht auch aus dem Grunde, weil ihr Gemahl Ludwig XVI. deren Anhänger war. Die Direktion der Oper spielte bei diesem Streit, der bald alle Druckschriften der Hauptstadt, nicht aber die beiden Protagonisten selbst ergriff, keine rühmliche Rolle. Man beauftragte beide Komponisten mit der Vertonung eines Textbuches von Philippe Quinault, dem Klassiker aus dem 17. Jahrhundert. Als Gluck in Wien erfuhr, daß auch Piccinni an einem »Roland« arbeitete, warf er seine ersten Skizzen ins Feuer und machte sich an die Vertonung eines anderen Werkes von Quinault, »Armide«. Dieses Werk wurde am 23. September 1777 in Paris uraufgeführt. Im Januar darauf wurde auch Piccinnis »Roland« erstmals gespielt. Aber es scheint, als wäre er nicht in der Lage gewesen, den Erfolg der »Armide« zu verdunkeln. Gluck hat diese Aufführung abgewartet, ehe er nach Wien heimkehrte, um sich an die Arbeit seiner nächsten Kompositionen zu machen. Nicola François Guillard hatte ihm unter Mitwirkung Le Blanc du Roullets ein Textbuch nach Racines »Iphigénie en Tauride« und nach Euripides' »Iphigenie bei den Taurern« geschrieben. Dieses Werk komponierte Gluck zum überwiegenden Teil in Wien, vermutlich in seiner Wohnung in der Kärntnerstraße gegenüber dem Kärntnertortheater, während des Jahres 1778. Im November reiste er nach Paris, und am 18. Mai 1779 fand dort die Uraufführung statt, die alle bisherigen Erfolge übertraf. Glucks Ruhm in Paris war endgültig befestigt. Seine Büste wurde neben denen von Lully, Quinault und Rameau im Foyer der Oper aufgestellt. Piccinni gab ihm seine uneingeschränkte Verehrung zu erkennen. Dann aber, mitten in den Vorbereitungen zur Premiere seiner nächsten Oper »Echo et Narcisse« traf ihn der erste Schlaganfall. Die Premiere im September wurde ein Mißerfolg. Die Kräfte des mächtigen Mannes waren gebrochen.

Die »Mémoires sécrets« des Königshofes vom 9. Oktober 1779 verzeichnen, daß die Königin Marie Antoinette ihren verehrten Lehrer nur unter der Bedingung nach Wien entlassen habe, daß er dort seine Geschäfte ordne, um darauf so bald wie möglich endgültig nach Paris zu übersiedeln und hier die Kinder des Königs in Musik zu unterrichten, so wie er einst die Mutter unterrichtet hatte. Der ehrenvolle Befehl wird den alten Mann gefreut haben. Befolgt hat er ihn nicht. Er hat den Franzosen den Hohn über den Mißerfolg seines letzten Werkes nicht verziehen, das allzusehr unter der dürftigen Qualität des Textbuches zu leiden hatte. Die Franzosen aber forderten nicht allein schöne Musik von einer tragédie lyrique. Für sie war das Drama schon zu Quinaults Zeiten von ebenbürtiger Bedeutung gewesen. Und die Verse des Schweizer Gelegenheitsdichters Tschudy hatten sie nicht nur dem Autor, sondern auch dem Komponisten übelgenommen. Gluck versuchte eine Neufassung des Werkes, die auch im August des Jahres 1780 in seiner Abwesenheit auf die Bühne gelangte. Jedoch der Erfolg ließ sich auch diesmal nicht herbeizwingen. Christoph Gluck hat Frankreich nicht wiedergesehen.

GLUCKS LETZTE JAHRE

Seine letzten Lebensjahre verbrachte Christoph Gluck in seiner Wahlheimatstadt Wien. Schon bald nach seiner Rückkehr aus Paris war er von einem zweiten Schlaganfall betroffen worden, der ihn zeitweise lähmte. Alles weitere Reisen verbot ihm danach seine geschwächte Gesundheit. Um sich dennoch Bewegung und Abwechslung zu verschaffen, tauschte er sein Haus am Rennweg gegen das Landhaus eines Arztes in Perchtoldsdorf. Das Gluckhaus in der dortigen Wiener Gasse Nr. 22 trägt heute eine Gedenktafel, die daran erinnert, daß der weltberühmte Komponist hier die Sommermonate seines Lebensabends verbrachte. Aus zeitgenössischen Berichten wissen wir, daß er dort recht behaglich mit seiner Gattin Marianne und reichlicher Dienerschaft lebte. Den Winter verbrachte er weiterhin in Wien, von 1781 bis 1784 in einer Wohnung im Hause Michaelerplatz Nr. 3, das im Bereich der heutigen Schauflergasse lag und heute nicht mehr existiert, ab 1784 dann in dem von seiner Frau erworbenen Haus Auf der Alten Wieden Nr. 74, das heute die Adresse Wiedner Hauptstraße Nr. 32 trägt. Die beiden Besuche Mozarts bei Gluck, von denen Mozart in den Briefen an den Vater berichtet, fanden im August 1782 und im März 1783 vermutlich in der Wohnung am Michaelerplatz statt. Mehr als er dachte, ist Gluck der Wunsch erfüllt worden, den er in tiefer Depression ein Jahr vor Mozarts Übersiedlung nach Wien gegenüber Kruthoffer geäußert hatte: »Ich wünschte, daß einmal einer komme, der mich ablöste, und dem publico mit seiner Musik gefallen möchte, damit man mich mit Ruhe ließe!« Und noch schwärzer klingt die Klage darüber, daß keiner außer »diesem Fremden«, dem Italiener Salieri, ihm nachfolgen wolle unter den Deutschen in dem, was er geschaffen habe.

Es ist doch recht erstaunlich festzustellen, wie sehr sich der weitgereiste, vielsprachige Kosmopolit in seinem Alter zu einem fast schon frühromantischen Patrioten gewandelt hat. Nicht geringen Anlaß dazu mag ihm die Dichtung Friedrich Gottlieb Klopstocks gegeben haben, in dessen Oden sich in der Tat schon fast hölderlinsche Töne vernehmen lassen. Dichter und Komponist sind einander zumindest zweimal, und zwar in Karlsruhe und Rastatt, begegnet und haben danach Briefe ausgetauscht, aus denen eine ganz besondere gegenseitige Wertschätzung zu erkennen ist. Gluck hat mehrere von Klopstocks Oden vertont und ist mit diesen ganz der Wortausdeutung verpflichteten Gesängen zu einem Vorläufer auch für Franz Schubert geworden, wie Franz Liszt nicht ohne Erstaunen festgestellt hat.

In einem Antwortschreiben an den Herzog Karl August von Weimar, der gewiß von Goethes, Wielands und Herders Bewunderung für den großen Musiker nicht unbeeinflußt diesem einen trostreichen Brief an sein Krankenlager geschrieben hat, steht zu lesen:

»Ich bin nunmehro sehr alt geworden und habe der frantzösischen Nation die mehrsten Kräfte meines geistes verschleidert, dessen Ungeachtet Empfinde noch in mir einen innerlichen trieb Etwas vor meine Nation zu verfertigen, dan ich werde angefeyert von der begierde, vor meinem Ende noch Etwas teutsches Eyer Durchlaucht vorlallen zu können …«
Mit diesem Plan zu einem deutschsprachigen Werk ist vermutlich die Vertonung der »Hermannsschlacht« von Klopstock gemeint, welche Gluck sich für seine letzten Schaffensjahre vorgenommen hatte. Im Sommer 1783 hat er dem Berliner Kapellmeister und Goethefreund Reichardt daraus vorgespielt. Die denkwürdige Begebenheit wird von diesem wie folgt beschrieben:
»Zuletzt wurde viel von Klopstock und dem Markgrafen von Baden gesprochen, bei welchem beide, der Dichter und der Komponist, sich kennen, lieben und verehren gelernt hatten. Ich erhielt das Versprechen, nach Tisch einiges aus der, leider nie aufgeschriebenen Musik zur ›Hermannsschlacht‹ und einige Odenkompositionen hören zu dürfen, obgleich die besorgte Gemahlin sehr dagegen protestierte. Sobald der Kaffee genommen und ein kleiner Spaziergang gemacht worden war, setzte Gluck sich auch wirklich an den Flügel und sang mit schwacher und rauher Stimme und gelähmter Zunge, sich mit einigen Akkorden begleitend, mehrere jener originellen Kompositionen zu meinem großen Entzücken, ja ich erhielt sogar die Erlaubnis, eine Ode nach des Meisters Vortrag aufzeichnen zu dürfen. Zwischen den Gesängen aus der ›Hermannsschlacht‹ ahmte Gluck mehrmalen den Hörnerklang und die Rufe der Fechtenden hinter ihren Schildern nach; einmal unterbrach er sich auch, um zu sagen, daß er zu dem Gesange erst noch ein eigenes Instrument erfinden müsse. Es ist schwer, von diesen Gesängen nach jenem Vortrag eine deutliche Vorstellung zu geben; sie schienen fast ganz deklamatorisch, sehr selten nur melodisch zu sein. Es ist gewiß ein unersetzlicher Verlust, daß der Künstler sie nie aufzeichnete; man hätte daran das eigentümliche Genie des großen Meisters am sichersten erkennen können, da er sich dabei durchaus an kein konventionelles Bedürfnis der modernen Bühne und Sänger band, sondern ganz frei seinem hohen Genius folgte, innig durchdrungen von dem gleichen Geiste des Dichters …«
Da Gluck, der seine Kompositionen stets im Kopfe völlig ausarbeitete, ehe er sie niederschrieb (auch hierin Mozart vergleichbar), durch seine teilweise Lähmung nicht mehr in der Lage war, die Partitur auszuarbeiten und sich – wie Reichardt schrieb – seine Wiener Umgebung sorglos darum zeigte, ist uns von den Vertonungsversuchen zur »Hermannsschlacht« nichts erhalten geblieben. Sollte es Skizzenblätter davon gegeben haben, so wurden sie zusammen mit dem gesamten Gluckschen Nachlaß bei einer Brandschatzung durch französische Soldaten im Jahre 1809 vernichtet.
Erhalten blieb uns jedoch ein Werk, dessen Bedeutung man lange nicht beachtet hat, von dem man aber mit Gewißheit heute annimmt, daß es die letzte Komposition Christoph Glucks ist: das »De profundis« für Chor und Orchester. Gluck hat diese kurze lateinische Kantate seinem Schüler und Amtsnachfolger Antonio Salieri als seinen Totengesang in die Feder diktiert. Und Salieri, in vielem seinem großen Gönner zu Dank verpflichtet, hat es im November 1787 nach dem Tode des unvergleichlichen Mannes zur Aufführung gebracht.

ZUR GESCHICHTE DES WIENER SINGSPIELS

Mozart 1778 aus Paris an Abbé Bullinger in Salzburg: »... machen sie ihr möglichstes, daß die Musick bald einen arsch bekommt – denn das is das nothwendigste, einen kopf hat sie izt – das ist eben das unglück!«

Als vor einiger Zeit der Michaelerplatz vor der Wiener Hofburg aufgegraben wurde, konnte man einen Blick tun in die Geschichte der Stadt. Da waren nicht nur römische Fußbodenheizungen und Mosaike und mittelalterliche Kellergewölbe sichtbar geworden, sondern auch die Fundamente des alten Ballhauses, das um die Mitte des 18. Jahrhunderts zu einem Theater umgebaut wurde, in welchem für mehr als hundert Jahre eines der wichtigsten Kapitel der europäischen Operngeschichte geschrieben werden sollte. Hier war für kurze Wochen noch einmal die Erinnerung lebendig geworden an das alte »Hoftheater nächst der Burg«, in welchem einst Männer aus und ein gegangen sind wie der Ritter Gluck, der Graf Durazzo, der Kapellmeister der Hoftheater Antonio Salieri, der Hofkompositeur Florian Leopold Gaßmann, der Spielgraf Orsini-Rosenberg, der Regisseur und Autor Stephanie der Jüngere, der Schauspieler Joseph Lange, der Komponist des Bischofs von Breslau Ditters von Dittersdorf, der Theatraldichter da Ponte, seine Kollegen und Nachfolger im Amt Casti, Gamerra und Bertati, der Hofkapellmeister der russischen Zarin Cimarosa und – uns näher als alle anderen – der kaiserliche Kammerkompositeur Wolfgang Amadé Mozart.
Die Mitglieder der kaiserlichen Familie und des Hofadels haben wir hier außer acht gelassen. Es wären ihrer zu viele, und nicht alle von ihnen rühren auch heute noch an unser Gedächtnis. Einer von ihnen verdient immerhin auch in diesem Rahmen Beachtung: Joseph II. Er war Hausherr, Intendant, Förderer, Kritiker und erster Zuschauer in diesem Theater, das er von der Hofburg her durch Verbindungsgänge betreten konnte. Er war es, der aus dem Privattheater seiner erlauchten Vorfahren durch Dekret im Jahre 1776 das erste deutsche Nationaltheater ins Leben gerufen hatte. Und er verfügte auch ein Jahr später die Gründung eines deutschen Nationalsingspiels im selben Haus. Dessen erste Aufführung fand statt im Februar des Jahres 1778 mit der Premiere des Singspiels »Die Bergknappen« von Johann Gottlieb Stephanie d. J. und Ignaz Umlauff. Das Ziel dieser Institution war es, der bisher herrschenden Tradition der italienischen opera seria und der französischen opéra comique ein deutschsprachiges Musiktheater an die Seite zu stellen, das die Aufmerksamkeit der bürgerlichen Bevölkerung auf sich ziehen und der deutschen Sprache zu ihrem angestammten Recht und zu künstlerischer Würdigung verhelfen sollte.
Der Begriff des Singspiels war hierbei wohl in erster Linie als ein deutsches Äquivalent zur

italienischen Gattungsbezeichnung opera gedacht und entsprang nicht einer Absicht, die Aufführungen auf das heiter-idyllische Genre zu beschränken. Immerhin blieb die höfische Prunk- und Huldigungsoper von einer Aufführung in diesem Rahmen ausgenommen. Sie war auch wohl zu keiner Zeit ein Gegenstand des besonderen Interesses dieses aufgeklärten und sparsam rechnenden Kaisers.

Schon in der zweiten Hälfte des 17. Jahrhunderts waren in Wien musikalische Karnevals-Maskeraden mit der Bezeichnung »Wirthschaften« aufgeführt worden, in welchen Kaiser Leopold I. mit seiner Gattin die Rolle des Wirts übernommen hatte und in deren Verlauf kleine musikalische Szenen, die als Singspiele benannt wurden, eingestreut waren. Der Kaiser hatte hierbei gelegentlich auch als Komponist seine Hand mit im Spiel gehabt. Als Singspiele wurden auch manche der deutschsprachigen Opern am Hamburger Theater am Gänsemarkt bezeichnet, welche dort bis zur Schließung des Hauses im Jahre 1738 gespielt wurden und von denen die meisten durchaus ernsten oder heroischen Charakters waren. Das norddeutsche Singspiel hingegen, das vor allem in Berlin und Leipzig durch den Autor Christian Felix Weiße und den Komponisten Johann Adam Hiller vertreten wurde, ist ein Kind der Komödie, wobei neben italienischen und französischen Einflüssen auch die englische ballad opera und das Vaudeville Pate gestanden haben. Es gibt hier jedoch nicht viele Verbindungslinien in den süddeutschen Raum, außer vielleicht, daß immer wieder auf französische Textvorlagen zurückgegriffen wurde.
Das Wiener Singspiel in dem Sinne, wie wir es heute verstehen, hat sich erst allmählich in seiner thematischen und musikalischen Eigenart entwickelt. Es hatte seinen unmittelbaren Vorläufer in der Wiener Volkskomödie eines Stranitzky, Prehauser und Kurz-Bernardon, die im neuerbauten Kärntnertortheater ab 1711 ihre erste Aufführungsstätte gefunden hatte. In deren improvisierten Stücken war der Anteil der Musik keineswegs untergeordnet. Vorspiele, Lieder, Tänze und Verwandlungsmusiken bereicherten hierin die meist wenig belangvolle Handlung. Es entstanden jedoch keine Partituren für diese Zwecke, da meist ad hoc eingerichtete Musiknummern aus dem Repertoire der Oper verwendet wurden. Mit der Aufführung des »neuen krummen Teufels« von Kurz-Bernardon nach Lesages »Le diable boiteux« kommt dann 1752 erstmals auch der Musik ein höherer Rang zu. Leider ist uns jedoch Josef Haydns Partitur zu diesem damals sehr beliebten Stück verlorengegangen. Haydn hat später seine hier gewonnene Erfahrung für seine für Esterháza geschriebenen Singspiele nutzen können. Von seinem Singspiel »Das verbrunnene Haus« (auch bekannt als »Die Feuersbrunst«) ist uns im Wechselspiel des Zufalls nur die Partitur, nicht aber der Text erhalten geblieben.
1752 wurde von Maria Theresia, wohl auf Anregung von Joseph von Sonnenfels, ein kaiserliches Edikt erlassen, welches bestimmte, »die comedie solle keine anderen compositionen Spillen als die aus den frantzösisch oder wälisch oder spanisch theatris herkommen, alle hiesigen compositionen von bernardon und anderen völlig aufzuheben wan aber einige gutte doch wären von weiskern solten selbe ehnder genau durchlesen werden und keine equi voques noch schmutziger Worte darinnen gestattet werden, auch denen comoediant ohne straff nicht erlaubt seyn sich selber zu gebrauchen.« Mit dem Verbot »sich selber zu gebrauchen« sollte vermutlich das Improvisieren aus dem Stegreif untersagt werden. Unter »compositionen« sind die Texte und nicht die Partituren verstanden. Die von

dem Edikt geforderten »wohlausgeführten piècen« sollten als verbindliche Spielvorlagen die Arbeit der Zensur erleichtern. Kurz-Bernardon nahm bald darauf seinen Abschied von Wien. Philipp Hafner übernahm es dann, zur Gänze ausgeführte Stücke zu liefern, wobei zwar die literarische Form an Regelmäßigkeit gewann, die Musik jedoch zurückgedrängt wurde. Seine erfolgreichsten Komödien waren »Megära, die fürchterliche Hexe« von 1762 und »Die Furchtsamen«, welch letztere sogar in den »Briefen über die Wiener Schaubühne« von Joseph von Sonnenfels Zustimmung fanden.

Die Parodie der opera seria stand schon in Stranitzkys Hanswurstiaden an der Wiege der Wiener Volkskomödie. Hier artikulierte sich der Widerspruch des einfachen Mannes gegen die abweisende Exklusivität der fremdsprachigen höfischen Prunkentfaltung noch zu Karl VI. Zeiten. Dergleichen Unmutsäußerungen lassen sich bis zu Papagenos trotzigem Spott über die Löwen des Sarastro oder die weihevollen Zeremonien der Priester verfolgen. In den Verzeichnissen der Darsteller müssen die antiken Götter den volkstümlicheren Feen und Zauberern weichen, die exotischen persischen Prinzen den maurischen Seeräubern und türkischen Haremswächtern, die mythologischen Drachen den nicht weniger gefährlichen, aber doch etwas wirklichkeitsnäheren Schlangen und Krokodilen. Nicht jedoch vermag während des gesamten 18. Jahrhunderts die Satire oder Zeitkritik in der volkstümlichen Komödie Fuß zu fassen. Zu streng wachte da die Zensur.

Florian Leopold Gaßmann, der Wiener Hofkapellmeister, Lehrer von Antonio Salieri und Begründer der ersten Musikalischen Sozietät der freyen Tonkunst der Witwen und Waisen als der ersten Gesellschaft zur Veranstaltung von öffentlichen Konzerten, ließ 1767 seine opera buffa nach Goldoni »L'amore artigiano« unter dem Titel »Die Liebe unter den Handwerksleuten« in deutscher Sprache aufführen. Nach einem weiteren Versuch, eine buffa in ein Singspiel zu verwandeln – »La contessina« nach Metastasio wurde zur deutschen »Gräfin« –, kehrte Gaßmann jedoch zur italienischen Tradition zurück. Offenbar war er bei der Aristokratie auf Widerspruch gestoßen. Nachdem auch Emanuel Schikaneders Versuch in Innsbruck mit dem Singspiel »Die Lyranten oder das lustige Elend« im Jahre 1775 ohne weitere Folgen geblieben war, brachte die Begründung des deutschen Nationalsingspiels im Burgtheater die Wende. Auf Umlauffs »Bergknappen« folgten Werke von heute kaum mehr bekannten Komponisten wie Aspelmayer, Bartha, Ruprecht und Ulbrich.

Auch Christoph Gluck, der nun schon in vorgeschrittenem Alter stand, wollte bei dem ehrgeizigen Unternehmen als kaiserlicher Hofkompositeur nicht zurückstehen und ließ 1780 seine opéra comique »La rencontre imprévue« als »Die Pilgrime von Mekka« und 1781 seine tragédie lyrique »Iphigénie en Tauride« als »Iphigenie auf Tauris« im Burgtheater zur Aufführung bringen.

Antonio Salieri, den schon Maria Theresia unter die deutschen und nicht unter die italienischen Komponisten gerechnet hatte, wurde recht eigentlich gegen seinen Willen und seine bessere Einsicht von Joseph II. gezwungen, auch einen Beitrag zum deutschen Singspiel zu liefern. Mit seinem »Rauchfangkehrer« auf einen Text des Wiener Arztes Leopold Auenbrugger hat er schließlich nur einen Achtungserfolg erreichen können. Salieri hatte sich vergeblich aus der Situation zu helfen versucht, indem er italienische Elemente durch die Figur des Musiklehrers Volpino einbrachte und für seine Protagonistin Caterina Cavalieri zwei parodistische seria-Arien nach Texten von Metastasio komponierte.

Höhepunkt und Erfüllung fand das deutschsprachige Singspiel erst durch Mozarts »Entführung aus dem Serail«. Hatte das elfjährige Wunderkind bereits im Jahre 1767 mit der Uraufführung der in der Nachfolge von Rousseaus »Le devin du village« entstandenen sogenannten deutschen Operette »Bastien und Bastienne« sich ein erstes Mal mit der neuen Gattung auseinandergesetzt, so weitete sich sein Gesichtskreis, als er in Mannheim zehn Jahre später einige der wichtigsten Werke der deutschen Singspielschule kennenlernte. Neben Ignaz Holzbauers »Günther von Schwarzburg« und Johann Gottlieb Naumanns »Cora« wurden dort in den Jahren 1777 und 1778 auch Werke von Georg Benda gespielt, eines Komponisten, dessen musikdramatische Begabung auf den jungen Kollegen aus Salzburg besonderen Eindruck gemacht hat. Dem Vorbild Bendas sind vor allem die Melodramen in dem Fragment »Zaïde« zu danken, einem unvollendeten Singspiel, das Mozart nach seiner Rückkehr in Salzburg zu komponieren unternahm. In diesem Werk ist Milieu und Thematik der »Entführung« in vielen Details bereits vorweggenommen. Umso willkommener mußte es Mozart erscheinen, daß er bald nach seiner Übersiedlung nach Wien vom Kaiser mit der Komposition eines Singspiels für das Wiener Nationaltheater beauftragt wurde und der dort als Autor und Regisseur engagierte Stephanie d. J. ihm das Sujet der »Entführung« vorschlug. Nach einer durch Dispositionen des Hofes verursachten Verschiebung wurde das Werk dann am 16. Juli 1782 am Burgtheater uraufgeführt, und dies mit einem Erfolg von einem Ausmaß, wie er sich bei keinem der anderen Bühnenwerke zu Mozarts Lebzeiten mehr einstellen sollte.
Unübersehbar ist der aufklärerische Ansatz der Mozartschen Singspiele. Gegenüber einer Tendenz der Verharmlosung der Rassen- und Standesunterschiede, der Gefahren des Kriegs und der Konflikte der Generationen und Geschlechter wird hier stets ein Versuch der Überwindung erkannter Gefahren durch die maurerischen Tugenden von Großmut und Toleranz unternommen. In Mozarts Werken werden die gesellschaftliche Stellung der Frau, das Vorurteil gegenüber fremden Sitten und Kulturen, Rache und Vergeltung, Aberglauben und Sklaverei kritisch abgehandelt. Tugend wird nicht als angeborene Vollkommenheit, sondern als mühevoll geleistete Selbstüberwindung gepriesen.
Zu Beginn des Jahres 1786 wurde Mozart und Salieri eine neue vom Kaiser gestellte Aufgabe zugeteilt. Ein jeder von ihnen hatte für ein Fest in der Orangerie des Schlosses Schönbrunn ein einaktiges Werk zu schaffen, das den Gästen des Hofes nach einem Diner vorgestellt werden sollte. Während Salieri mit seinem Textdichter Casti eine italienische buffa-Szene wählte, komponierte Mozart einen Text Stephanies in deutscher Sprache unter dem Titel »Der Schauspieldirektor«. Die originale Gattungsbezeichnung lautet richtigerweise Komödie mit Musik. Der Textanteil überwiegt hier deutlich gegenüber den wenigen Musiknummern, die allerdings ganz im Singspielton gehalten sind.
In den achtziger und neunziger Jahren wirkten Autoren wie Joachim Perinet, Ignaz Franz Castelli, Emanuel Schikaneder, Karl Ludwig Giesecke und Karl Meisl sowie Komponisten wie Paul Wranitzky, Johann Schenk, Benedikt Schack, Franz Xaver Gerl, Wenzel Müller, Franz Xaver Süßmayr, Joseph Weigl und Peter von Winter im Dienste des Wiener Singspiels. Jedoch allein Karl Ditters von Dittersdorf vermochte in der Zusammenarbeit mit Johann Gottlieb Stephanie d.J. an den Erfolg der »Entführung« anzuschließen. Dittersdorf, der zuvor vor allem für das kleine Sommertheater des Fürstbischofs von Breslau im böhmischen Johannisberg komponiert hatte, schuf für das Wiener Burgtheater die Sing-

spiele »Doktor und Apotheker« 1786, »Der Betrug durch Aberglauben« 1786 und »Liebe im Narrenhaus« 1787. Er scheint mit diesen doch eher harmlosen, aber handwerklich sehr gekonnten Werken den Zeitgeschmack der Wiener Bürger recht genau getroffen zu haben. Seine wohlproportionierten Melodien waren bald in aller Munde. »Doktor und Apotheker« hat sich gar dank seiner glücklichen Figurenzeichnung bis auf den heutigen Tag auf deutschen Spielplänen gehalten.

Der Kaiser hatte recht bald den Mut verloren und das »Teutsche Nationalsingspiel« im Burgtheater schon 1783 vorübergehend geschlossen, es aber dann 1785 im Kärntnertortheater wieder eröffnet. Hier war Schikaneder für einige Zeit als Schauspieler, Sänger und Autor engagiert. Bereits im Jahre 1781 wurde nach der Aufhebung des Privilegs für das Kärntnertortheater mit dem Leopoldstädter Theater die erste öffentliche Vorstadtbühne eröffnet, 1786 folgte das Freihaustheater auf der Wieden, das Schikaneder 1788 als Direktor übernahm, und 1788 endlich das Theater in der Josefstadt. In allen dreien wurden vornehmlich volkstümliche Zauberstücke oder Singspiele aufgeführt. Dies mag dem Kaiser Anlaß gegeben haben, sich mit seinem Hoftheater wieder mehr der italienischen Oper zuzuwenden. 1788 wurde das Nationalsingspiel endgültig geschlossen. Bis über die Jahrhundertwende hinaus setzte sich die Tradition noch in den Vorstadttheatern fort. Mozarts »Zauberflöte«, 1791 im Freihaustheater uraufgeführt, schöpft aus dieser Quelle, verläßt jedoch die eng gewordene bürgerliche Form, um Himmel und Hölle in Bewegung zu setzen und mit ihnen musikalisches Welttheater zu inszenieren. Ludwig van Beethovens einzige Oper »Fidelio« wurde im Theater an der Wien, der vierten, 1801 erbauten Vorstadtbühne, zum ersten Mal auf die Szene gebracht. Sie enthält in allen drei Fassungen singspielhafte Züge wie gesprochene Dialoge, bürgerliche Scheinidylle und semiseria-artige musikalische Elemente. Dennoch wird in diesem unvergleichlichen Werk über mehrere Stufen der vorgegebene Rahmen bald ganz gewaltig überschritten. Man kann hier gewissermaßen an einem einzelnen Werk das Abstreifen der alten Formen durch ein übermächtig hervortretendes Neues in großer Anschaulichkeit erleben.

Joseph Haydns Opernschaffen zwischen Metastasio und Mozart

Es hat sich in der Justiz der Wirkungsgeschichte mehr als einmal herausgestellt, daß da einer mit seinen Bühnenwerken über Jahrzehnte in der Verbannung war und doch wieder – nach einer neuen Sichtung der Beweise – den Staub der Archive abschütteln konnte und siegreichen Einzug halten in unsere Theater und in unsere Herzen. Urteile nämlich, die wir für eine Reihe von Jahren haben gelten lassen, ohne sie neu zu überprüfen, werden zu Vorurteilen. Denn unsere Maßstäbe ändern sich unversehens.
Kann es denn sein, so lautet die Frage, daß ein Mann von der künstlerischen Statur Joseph Haydns sich über dreißig Jahre mit seinen besten Kräften komponierend, probend, spielend, dirigierend – und liebend mit dem Musiktheater beschäftigt hat, daß er zum musikalischen Zaubermeister des »Esterházyschen Feenreiches« bestellt worden ist, daß er viele schöne Jahre mit einer italienischen Diva liiert gewesen ist und ihr seine besten Partien auf den Leib geschrieben hat, daß seine Werke in zwei Dutzend europäischen Opernhäusern nachgespielt worden sind, daß er von Metastasio protegiert und von Mozart als Freund bewundert worden ist und dennoch nur vergängliche Werke nach dem Geschmack der Zeit geschrieben haben soll? Es kann wohl sein, muß die Antwort lauten, wenn nämlich die eine Voraussetzung fehlt: das rechte Gespür für die dramatische Vorlage und die damit verbundene Einsicht, daß ein Opernkomponist ebenso wie ein Bühnendichter vor allem andern einmal ein Dramatiker sein muß, der mit den Mitteln der Musik die Schicksale der Menschen schildert, ihre Hoffnungen, ihre Ängste, ihre Freuden und ihre Leiden. Denn auch eine Oper muß zuerst ein wirkungsvolles Theaterstück sein, das Anteilnahme erregende Charaktere, interessante Situationen und eine spannungsvolle, nachvollziehbare Handlung hat. Auf diesem Hintergrund kommen erst große Musik und lebendige Sprache voll zur eigenen Geltung. Wenn dies bei den Versuchen, die nun vermehrt auch wieder mit den Werken Joseph Haydns gemacht werden, sich bestätigen sollte, so wäre die Freude groß; denn es gibt in der Musikgeschichte kaum einen liebenswürdigeren Menschen als diesen großen, sanftmütigen Mann, über den keiner sich je unterstanden hat, etwas Böses zu sagen.
Als Joseph Haydn sein Handwerk erlernte, da war die opera seria noch in hoher Blüte. Hasse, Porpora, Traetta, Galuppi und Jomelli hießen ihre bedeutendsten Vertreter. Vivaldi und Bononcini waren beide eben in Wien gestorben. Gluck und Graun freuten sich ihrer ersten Erfolge. Metastasio herrschte. Die Logik der Aufklärung hatte die Götter aus den Operntexten verdrängt, das unvorhersehbare, wundersame Ereignis war dem heroischen Gang der Vernunft durch die Geschichte gewichen. Da brachte es der Zufall zuwege, daß der ehemalige Sängerknabe, der junge, noch etwas ländlich ungelenke Musiker Joseph

Haydn, der nach eigenen Worten bislang »fleißig doch nicht ganz gegründet« Noten geschrieben hatte, mit dem vielbewunderten Hofdichter Metastasio im selben Haus am Kohlmarkt unmittelbar neben der Michaelerkirche unter einem Dache zu wohnen kam. Haydn im letzten Stock, wie sich versteht, und Metastasio in der Belétage. Der liebenswerte und unprätentiöse Dichter vermittelte die Bekanntschaft des jungen Burschen aus der Provinz mit seinem Freund und Landsmann, dem neapolitanischen Choleriker und Komponisten Nicola Porpora, bei dem er fortan »die gnade hatte… die ächten Fundamente der sezkunst zu erlehrnen«. Als Gegenleistung versah er die Dienste eines Hausburschen und Klavierbegleiters beim Gesangsunterricht, den der Maestro erteilte. Haydn war von der künstlerischen Autorität der beiden Italiener gewiß zutiefst beeindruckt, wenn nicht gar eingeschüchtert, und es kostete ihn keine kleine Bemühung, sich aus ihrem dominierenden Einfluß wieder zu befreien, um eigene Wege zu gehen. Immerhin erlernte er hier so nebenbei auch die italienische Sprache, die das Musikleben dominierte, und konnte auf die obligaten Studienreisen nach dem Süden verzichten, die ihm in seiner bedrängten materiellen Lage auch gar nicht möglich gewesen wären.

Aus dieser »italienischen Verbindung« entstand in späteren Jahren, um 1779, zu einer Zeit, da Metastasio in hohem Alter sein dichterisches Werk langst abgeschlossen und Haydn seinen unverwechselbaren humanen Ton gefunden hatte, eine bezaubernde einaktige Oper für nur vier Sänger: »L'isola disabitata«. Vielleicht hatte Hugo von Hofmannsthal diesen Titel im Sinn, als er den dünkelhaften Haushofmeister in der »Ariadne auf Naxos« verlautbaren ließ, »daß es nichts Geschmackloseres gibt als eine wüste Insel«. Haydn würde sich darüber gefreut haben. Das kleine Meisterwerk, das als eine der ersten Opern ohne secco-Rezitative auskommt und die musikalischen Nummern (Arien, Duette und Quartette) durch orchesterbegleitete Rezitative verbindet, trägt die Bezeichnung einer azione teatrale, da es weder als seria noch als buffa bezeichnet werden kann. Hier atmet der Geist des Zeitalters der Empfindsamkeit, Ernstes wird mit Heiterem durch eine leichte Hand verknüpft, und der feine Silberstift liebevoller Ironie zeichnet die Charaktere der beiden Paare. Es ist dies kein Werk großer Effekte und gehört doch zum Besten, was Dichter wie Komponist geschaffen haben, auch wenn man es nur selten auf der Bühne zu sehen bekommt.

Nach Abschluß seiner Ausbildung bei Nicola Porpora erhielt Joseph Haydn im Jahre 1761 im Fürsten Paul Anton Esterházy, seinem ersten Dienstgeber, einen Herrn, der seine prägenden musikalischen Eindrücke als kaiserlicher Gesandter am Hofe von Neapel empfangen hatte, dort wo die Habsburgerin Maria Carolina neben Ferdinand IV. auf dem Königsthron saß. Und so ist es kein Zufall, wenn die ersten Opern, die Haydn in Esterháza komponierte, Form und Sujet der neapolitanischen buffa verdanken. Von ihnen sind leider nur mehr unvollständige Bruchstücke vorhanden. Auch die deutschen Singspiele, die er in dieser Zeit für das Marionettentheater des Fürsten schrieb, sind meist verloren gegangen. Von dem unter den Titeln »Die Feuersbrunst« oder »Das brennende Haus« bekannt gewordenen Stück sind nur die Musiknummern, nicht aber die Dialogtexte erhalten geblieben. Sie wurden unterschiedlich, und nicht immer glücklich, ergänzt. So humorvoll und ansprechend manche der im Volkston gehaltenen Lieder und Arietten auch sein mögen, die Charakterisierung der Personen und der dramatische Aufbau der Handlung würden doch die Hand eines geübten Dramatikers und nicht die eines Musikologen oder schriftstellerisch dilettierenden Regisseurs erfordern. Es gibt im übrigen Zweifel an der Authentizität dieses Werkes, auch wenn man zugeben muß, daß man mit der Zuschreibung an Haydn dem Komponisten keine Schande antut.

Haydn hat in Esterháza vor allem italienische buffa-Texte vertont. Doch scheint ihm die aufreibende interpretatorische und administrative Tätigkeit in Diensten des fürstlichen Hofes wenig Zeit zu eigener Lektüre gelassen zu haben. Er soll, so wird behauptet, ein Buch nur gelesen haben, wenn man es ihm aufgeschlagen auf den Tisch gelegt hat. Er nahm also zu literarischen Beratern seine Zuflucht, dem belesenen Hofrat Greiner etwa, dem Esterházyschen Operndirektor Nicola Porta oder dem Bühnenbildner Pietro Travaglia. Unter den italienischen Dichtern, die ihm von diesen empfohlen wurden, fehlt kein großer Name, angefangen von Tasso und Ariost bis zu Metastasio und Goldoni. War jedoch das literarische Sujet gewählt, so wurde ein Librettist mit dessen Bearbeitung für die fürstliche Bühne beauftragt. Man liest die Namen Friebert, Coltellini, Lindemayer, Lorenzi, Pfeffel, Travaglia, Porta, Puttini, Bader, Badini und Migliavacca und ahnt die ganze Ratlosigkeit des überforderten Maestro. Leute vom Fach wie Coltellini und Migliavacca, die auch für die Wiener bzw. die Berliner Hofoper arbeiteten, waren in Esterháza offenbar die Ausnahme. Hätte er sich doch an Goldoni oder Beaumarchais in Paris gewandt, die für schwächere Komponisten als ihn gearbeitet haben; hätte er doch mehr als nur einen matten Versuch unternommen, mit seinem Altersgenossen Wieland in Weimar ins Einvernehmen zu kommen; hätte er doch etwas mehr als nur das liebenswürdige »Lob der Faulheit« von Lessing vertont, wer weiß, wozu Haydn als Opernkomponist imstande gewesen wäre.

Auf der Esterházyschen Schauspielbühne wurden zu jener Zeit bereits Stücke wie »König Lear«, »Othello«, »Hamlet«, »Romeo und Julia«, »Der eingebildete Kranke«, »Minna von Barnhelm«, »Emilia Galotti«, »Stella«, »Clavigo«, »Der Barbier von Sevilla«, »Kabale und Liebe« und »Fiesco« zur Aufführung gebracht. Für die Opernbühne aber wurde, nach großen Vorbildern, italienische Dutzendware zurechtgestümpert. Und Haydn war nicht der Mann, gegen die Wünsche und Weisungen seines Fürsten zu handeln. Dem nämlich hatten die neuen Operntexte noch vor der Komposition präsentiert zu werden, und der entschied, was er hören wollte.

In den Jahren bis 1790 galt Haydns hauptsächliche Beschäftigung der italienischen Oper. Es waren da nicht nur seine eigenen Werke, sondern auch die beliebtesten Stücke der Zeit von Cimarosa, Anfossi, Traetta, Sarti, Gaßmann, Paisiello, Galuppi und Gluck auf dem Programm. Bei durchschnittlich acht Premieren im Jahr mußten oft über hundert Vorstellungen eingerichtet, ergänzt, einstudiert und geleitet werden. Daß Haydn bei solch einem gewaltigen interpretatorischen Pensum sich zum mit allen Wassern gewaschenen Fachmann heranbildete, kann nicht bezweifelt werden. Er bekam so gut wie alle Novitäten auf seinen Schreibtisch, nahm an oder verwarf, kürzte und transponierte, schrieb Einlagearien und Koloraturen, zog Stimmen ein oder instrumentierte neu, ganz nach Bedarf seiner Bühne.

Auch seine eigenen Opern wurden durchaus nicht allein in Esterháza oder in Eisenstadt gespielt. Es ergingen immer wieder Aufträge auch aus dem Ausland an ihn, die er oftmals nicht anzunehmen vermochte. Zu seinen Lebzeiten wurden seine Opern immerhin an vierundzwanzig verschiedenen Bühnen gegeben.

Haydns Begabung lag nicht so sehr in der dramatischen Schilderung großer Erregungen und erhabener Gefühle, wie sie Gluck gegeben war. Er schuf das Neue nicht nach den Forderungen revolutionärer Theorien, sondern fallweise, je nach Bedarf und Laune, so nebenbei. In seinem Orchester erhielten Hörner und Klarinetten ihren von nun an dauerhaften Platz, er komponierte eine Oper ohne gesprochenen Dialog oder secco-Rezitativ, er spann seine herrlichen, in großen Bogen über die verschiedensten stets aufeinander abgestimmten Tempi musizierten Finali von einer Dauer wie nach ihm nur Mozart, er handhabte das accompagnato in immer neuer, überraschungsreicher Meisterschaft, komponierte Ensemblesätze in vielfältigen Formen und stellte neben die allzu mächtig gewordene da-capo-Arie Sologesänge in den unterschiedlichsten Gestalten: Da finden sich in seinen Partituren Canzonetten, Cavatinen, Liedchen im Volkston, Strophenarien, und die neuen zweiteiligen Formen mit koloraturenreichen Cabaletten, wie sie auch später kaum effektvoller komponiert worden sind.

Kann man es denn, wenn man all dies gehört und gesehen hat, für möglich halten, daß diesem wunderbaren musikalischen Genie in keiner seiner zwölf erhaltenen und sieben verschollenen Partituren, vom Intermezzo »La canterina« bis zur burletta »L'infedeltà delusa«, vom dramma giocoso »Il mondo della luna« bis zum dramma eroico »Armida«, nirgends die zwingende Zusammenfassung der Architektur gelungen sein sollte, daß er als Musiker nicht Herr geworden sein sollte über einen ungereimten, widerspenstigen oder eben nur mediokren Text? Er selbst scheint nach dreißigjährigem Ringen nicht mehr recht an einen entscheidenden Erfolg auf der Bühne geglaubt zu haben. Er klagte, daß es ihm leider nicht vergönnt gewesen sei, in Italien als Opernkomponist zu wirken, wo allein sich sein Talent richtig hätte entwickeln können. Und es ist wohl zu glauben, daß er in Venedig zum Beispiel, in Mailand oder Neapel einem größeren Wettbewerb ausgesetzt worden wäre und gewiß auch einem Dichter hätte begegnen können, der in der Lage gewesen wäre, ihm jenes Äußerste abzuverlangen, ohne das alle redliche Arbeit nur eine halbe Sache bleibt.

Im Dezember 1787, wenige Wochen nach Glucks Tod und nach Mozarts Rückkehr von der Uraufführung des »Don Giovanni« in Prag, erhielt Joseph Haydn eine Anfrage der Prager Stände, ob er nicht eine buffa-Oper für das dortige Nationaltheater schreiben wolle. In seiner Antwort besitzen wir eines der schönsten Dokumente der Musikgeschichte, das dem künstlerischen Urteil und der menschlichen Größe des Schreibers das unwiderlegbarste Zeugnis ausstellt. Haydn verzichtet auf diesen überaus ehrenvollen Auftrag – und zugleich wohl auf die langgehegte Hoffnung, auf diesem Gebiete sein Bestes geben zu können – und weist auf einen Jüngeren, Größeren als er. Wie könne man, so antwortet er, bei ihm eine Oper bestellen, solange Mozart lebe.

»Ach, könnte ich jedem Musikfreund«, so schreibt er in italienischer Sprache, »besonders aber den Großen, die unnachahmlichen Arbeiten Mozarts so tief und mit einem solchen musikalischen Verstand, mit einer so großen Empfindung in die Seele prägen, wie ich sie begreife und empfinde: wie würden die Nationen wetteifern, ein solches Kleinod in ihren Ringmauern zu besitzen! Prag möge den teuren Mann festhalten, aber auch mit Schätzen belohnen! … Es erzürnt mich, daß dieser einzige Mozart noch nicht bei einem kaiserlichen oder königlichen Hof engangiert ist! Verzeihen Sie, meine geehrten Herren, wenn ich aus dem Gleise gerate; aber ich habe den Mann zu lieb …«

Kaum je hat einer auf noblere Art Abschied genommen von einem unerfüllbaren Traum. Und doch hat er es eben in Mozarts Todesjahr noch einmal versucht, auf der Bühne zu reüssieren, und zwar mit einem der ältesten Sujets des Musiktheaters, mit der Sage von Orpheus, dem Sänger. »L'anima del filosofo ossia Orfeo ed Euridice« nennt sich das Werk. Sein Textdichter Badini zeigt hier als erster den Mut, die Sage so zu beenden, wie die griechische Mythologie sie erzählt: mit dem Tode des Sängers und dem Triumph der Furien. Diese letzte Oper Joseph Haydns hätte mehr als alle anderen verdient, der Vergessenheit entrissen zu werden und den Namen eines Mannes, der uns allen so teuer ist, auch in der Geschichte des Musiktheaters zu bewahren.

Vom Finale der opera buffa

Finale nennt man in der Oper den abschließenden Teil eines Opernaktes, in welchem die Handlung entweder den Höhepunkt der Verwirrung und Gemütserregung erreicht oder aber, allmählich verebbend, die Lösung der Verstrickungen und die Befriedung der Gegensätze herbeiführt. Das erstere, das gewöhnlich vor der Pause seinen Platz hat, gibt Anlaß zu stärkeren Kontrasten und heftigeren Gefühlsausbrüchen und ist daher meist das vielgestaltigere und ausgedehntere gegenüber dem Finale des Schlußaktes.
In der opera seria finden sich spätestens seit Apostolo Zenos Reform die dramatische Handlung und die Musik getrennt in Rezitativ und Arie. In seltenen Fällen mochten ein Duett, eine Fanfare, eine Schlachtenmusik oder ein kurzer Schlußchor hinzutreten, die Charakterisierung der handelnden Personen oder die Schilderung des Bühnengeschehens jedoch waren der Musik auf solche Weise verwehrt. Diese Trennung zu überwinden war das Anliegen jeder späteren Reform. In der opera buffa hingegen wurde diese Entfremdung der beiden Künste überwunden durch die übergreifende Form des Finales, dem sich bald auch die Introduktion als auskomponierte Einleitung eines Aktes hinzugesellte. So wurde von beiden Seiten, vom Beginn und vom Ende des Opernaktes, das allzu starre Schema Rezitativ und Arie aufgelöst und übergeführt in eine neue integrierende und darum lebendigere Form. Der durchkomponierte, nicht von Dialog oder Rezitativ unterbrochene Aktschluß findet sich in der Tradition des 17. und 18. Jahrhunderts allein in der opera buffa, er bildet gewissermaßen einen konstituierenden Bestandteil derselben. Und eben dieser Umstand war maßgebend für die fruchtbare Rolle, welche die opera buffa in der gesamten Entwicklung der Oper spielen sollte. Die Musik der buffa wird auf diese Weise eng mit dem Fortgang der Handlung verbunden und wird endlich zu deren treibendem Impuls. Dies blieb nicht ohne Folgen für eine neue Fülle an Ausdrucksmitteln, die dem bisher nur begleitenden Orchester zuwuchs, vor allem jedoch entwickelte sich im Finale – weit mehr noch als in der kürzeren Introduktion – der Ensemblegesang. Der mehrstimmige gemeinsame Gesang, als Wechselgesang, als Rundgesang, als Streitgesang oder – meist homophoner – Schlußchor, sie alle sind Merkmale einer größeren Volkstümlichkeit und einer wachsenden Demokratisierung der heiteren Oper.
Man begegnet auch heute immer noch der längst als irrig überführten Meinung, die opera buffa habe sich aus dem neapolitanischen Intermezzo entwickelt. Die erste komische Oper trat spätestens mit Rospigliosis »Chi soffre, speri« 1639 in Rom auf den Plan und hat ihre weit zurückreichenden Wurzeln vermutlich in der Madrigalkomödie, der commedia dell'arte und den ersten komischen Episoden der frühen römischen Oper. Komische Opern lassen sich, wenn auch in weit geringerer Zahl als ernste, in der Folgezeit in Rom,

Venedig, Neapel und Wien während der zweiten Hälfte des 17. Jahrhunderts dokumentieren. Einen ersten Ansatz zu einem buffo-Finale kann man bereits in Rospigliosis zweiter komischer Oper »Dal male il bene« mit Musik von Marazzoli und Abbattini finden. Dennoch muß festgestellt werden, daß sich die wesentlichen Merkmale des buffo-Finales erst in der neapolitanischen Blütezeit der opera buffa herausgebildet haben. Als solche Merkmale haben sich schon bald der Ensemblegesang, die Mehrsätzigkeit, die Einbeziehung des Chores, die allmähliche Steigerung des Tempos, das Hinzutreten immer neuer Stimmen und das dadurch bedingte Crescendo und schließlich das effektvolle Modulieren, das zur Grundtonart zurückführt, herausgestellt.

Eine erste, noch weitgehend undramatische Form des Finales ist das sogenannte Arienfinale, das im Grunde aus einer Arie besteht, deren Perioden, Strophen oder Variationen abwechselnd von mehreren Solisten gesungen werden. Wir finden diese Form in Alessandro Scarlattis um 1718 komponierter einziger abendfüllender opera buffa »Il trionfo dell'onore«. Auch Mozart greift im Vaudeville-Finale seiner »Entführung aus dem Serail« auf dieses Schema zurück, wenngleich er sich damit nicht zufriedengibt, die allzu gefällige Übereinstimmung durch Osmins plötzliches Wutgeschrei unterbricht und das mühsam erreichte heitere Ende durch einen dröhnenden Janitscharenchor besiegelt.

Zweisätzig ist erstmals ein Finale von Leonardo Leo (1694–1744) zu seiner Oper »Il matrimonio annascuso«, und Giovanni Battista Pergolesi (1710–1736) zeigt in seinem komischen Intermezzo »Il maestro di musica« erstmals eine wachsende Beteiligung von hinzutretenden Stimmen, die, wenn auch noch in undramatischer da-capo-Form, in einem Chorfinale endet.

Nicola Logroscino (1698–1765) wird in der Literatur für gewöhnlich als der eigentliche »Erfinder des Finales« bezeichnet. In seiner opera buffa »Il gobernatore« von 1747 hat, in beiden Finali, die Musik die dramatische Interpretation der zum Aktende sich zusammenballenden Handlung übernommen und sie in freier Form, allein den Forderungen des Textes folgend, als drei- oder fünfstimmigen Satz dargestellt. Logroscino blieb mit diesem ungewöhnlichen Bestreben für lange Zeit allein.

Um 1750 tritt zum erstenmal das sogenannte Kettenfinale in Erscheinung, das in Neapel mit Niccolò Jomellis »La schiava liberata« oder »Il Paratajo« zur gleichen Zeit wie in Venedig mit Baldassare Galuppis »Il filosofo di campagna« zur Anwendung kommt. Im Gegensatz zu Logroscinos ganz den dramatischen Intentionen des Textes untergeordneter Kompositionsweise handelt es sich beim Kettenfinale um eine abwechslungsreiche musikalische Form, in der in tonartlich gebundener Reihenfolge einzelne Teile in Lied-, Tanz- oder Arienform einander ablösen wie Glieder einer Kette, wobei das Tempo jeweils mit der Tonart wechselt und am Ende seine höchste Steigerung erfährt.

Tomaso Traetta (1727–1779) verwendet im zweiten Akt seiner opera buffa »Buovo d'Antona« erstmals ein Finale in Rondoform mit variierten Strophen. Seine besondere Charakterisierungskunst erweist er ebenso wie seine verfeinerte Orchesterbehandlung in den Kettenfinali von »I servi rivali« und von »Il cavaliere errante«.

Den Höhepunkt der neapolitanischen opera buffa markiert das Schaffen Nicola Piccinnis (1726–1800). Mit ihm gewinnt das Orchester einen wesentlichen motorischen Anteil an der Gestaltung des Finales. Von nun an befreit es sich aus der dienenden Rolle der Gesangsbegleitung und wird zum gleichberechtigten und fallweise wohl auch führenden Träger musikalischer Charakteristik. Piccinnis Finali sind von großem Formenreichtum und von abwechslungsreichem Aufbau entsprechend der jeweiligen dramatischen Situation gekennzeichnet. Da-capo-, Ketten-, Rondoformen mit eingebetteten Lied- und Ariensätzen sind in Piccinnis buffa-Finali in bunter Folge zu finden. Besonders die in seinem Meisterwerk »La buona figliuola« angewandte freie Rondoform ermöglicht ihm ein kompositorisches Eingehen auf die dramatische Entwicklung, indem die wiederkehrenden Motive meist abgewandelt erscheinen und sich so den wechselnden Erfordernissen des Textes und der Szene anschmiegen, ohne die musikalische Form zu verlassen. Achtmal erscheint so das variierte Hauptthema im ersten Finale und wird jeweils von stark unterschiedlichen Seitensätzen unterbrochen. Mit deren Eintritt verändert Piccinni nicht nur Tempo und Tonart, sondern auch die Taktart. Die Schlußstretta wird lange vorher von Stufe zu Stufe im crescendierenden Hauptthema vorbereitet und erreicht endlich mit dem Chorsatz eine bezwingende Wirkung. Piccinni vermag es mit großer handwerklicher Meisterschaft und dramaturgischer Sorgfalt, Formen miteinander zu verweben und das Rondo- wie das Kettenfinale, die freie durchkomponierte Form im Stile Logroscinos und auch einander widerstreitende Haupt- und Nebengedanken zu einem kunstvollen, weitgespannten Bogen zu verbinden. Diesen sehr betont musikalischen Ansatz Piccinnis erweitert dessen Zeitgenosse und Landsmann Giovanni Paisiello (1741–1816) durch derbere und volkstümlich komödiantischere Züge sowie prägnantere Rhythmisierung. Er ergreift jeweils dem szenischen Anlaß entsprechend in freier Wahl abwechselnd alle vorgebildeten Möglichkeiten der Formbildung. Das eindrucksvollste Beispiel eines Paisielloschen Kettenfinales zeigt uns seine opera buffa »L'osteria del Marecchioro«, am berühmtesten indessen ist sicherlich das Finale des 3. Aktes seines Meisterwerkes »Il barbiere di Siviglia« nach Beaumarchais' Drama. Es wird hierin die Szene der turbulenten Gesangstunde abgehandelt, in deren Verlauf immer neue, überraschende Verwirrungen entstehen. Dieses Finale besteht aus drei Abschnitten, einem sechzehnteiligen Rondo, einem kurzen Duett und einer abschließenden Stretta. Paisiello bringt keine neue Formen, stellt aber buffo-Typen in sehr gegensätzlicher Charakteristik wirkungsvoll auf die Bühne und gibt diesen in seinen Finali beste Gelegenheit, sich auch musikalisch zu konturieren. Auch dem Orchester teilt er im Tutti ebenso wie in einzeln komödiantisch hervortretenden Solostimmen dankbare Aufgaben zu.

Bei Domenico Cimarosa (1749–1801) treffen wir in »Il matrimonio per raggiro« von 1779 zum erstenmal ein Finale, in welchem verschiedene Personengruppen einander abwechseln. Dieses Finale ist mit 790 Takten eines der längsten bis dahin komponierten und wird hierin wie in anderen Vorzügen nur von Mozarts Meisterwerken übertroffen. Cimarosa hat in seinen späteren Jahren vor allem in seinem bekanntesten Werk »Il matrimonio segreto« die Einflüsse der Wiener Klassiker Gaßmann, Haydn und Mozart auf individuelle Weise verarbeitet und sich auch hierin als Komponist von Geist und handwerklichem Können erwiesen.

In der Reihe italienischer buffa-Komponisten sind nach ihm noch Martin y Soler (ein geborener Spanier), Gazzaniga, Anfossi, Sarti, Sacchini und Fischietti zu nennen. Zumal bei Fischietti dringen freie dramatische Formen in den musikalischen Kontext ein, und es läßt sich vermuten, daß er hierin Anschluß an Logroscinos Vorbild suchte.

Der unbestrittene Meister der venezianischen opera buffa ist Baldassare Galuppi

(1706–1785). Seine Musik zeichnet sich durch rhythmische Vielfalt und drastische Komik aus. Ihm gelang es, durch eine variationsreiche Anpassung des traditionellen Kettenfinales an die Entwicklung der Handlung und durch lebendige Schilderung der agierenden Charaktere einen völligen Ausgleich zwischen Drama und Musik zu erreichen. Sein Textdichter Carlo Goldoni trug nicht wenig zu dieser Wirkung bei durch seine Libretti von »Il filosofo di campagna«, »Il Conte Caramella«, »L'amante di tutti« und vielen anderen. Durch seinen Schüler Gaßmann wurde Galuppi auch zum Lehrmeister der Wiener opera buffa, in welcher die Gattung ihre Krönung fand.

Schon bei Florian Leopold Gaßmann (1729–1774), dem Entdecker Antonio Salieris und allzu jung verstorbenen Meister der Wiener opera buffa, zeigt sich eine langsame Abkehr von der drastischen Komik eines Paisiello oder Galuppi und eine Hinwendung zu feingesponnener Seelenschilderung durch die subtilen Mittel der Musik. Seine auch heute noch aufführungswerten Meisterwerke sind »L'opera seria« nach Calzabigi, »L'amore artigiano« nach Goldoni und »La contessina« nach Metastasio. Gaßmanns wichtigster Beitrag zur Entwicklung des buffo-Finales besteht in der stärkeren Einbindung des Chors, der oft nach Männer- und Frauenstimmen getrennt und in polyphoner Satzweise eingesetzt wird.

In der Nachfolge Gaßmanns entfaltet sich bei Joseph Haydn und Wolfgang Amadé Mozart eine Blüte in der Tradition des Finales (und nebenbei auch der Introduktion, man denke nur an Mozarts »Don Giovanni«), wie sie alles bisherige kaum erahnen ließ. Sowohl Haydn als auch ganz besonders Mozart erfüllen das alte neapolitanische Kettenfinale mit neuem Inhalt, indem sie dramatisches Spiel, musikalische Formenvielfalt und psychologische Seelenschilderung zu einer höheren musikdramatischen Einheit verbinden. Eines wächst hier immer organisch aus dem anderen. Überaus einfalls- und beziehungsreich ist schon bei Haydns »Infedeltà delusa« und »Fedeltà premiata« das harmonische Gefüge der Finali angelegt. Mozart scheint sich hier in den Modulationen für seine »Così fan tutte« ein genaues Vorbild genommen zu haben. Als Höhepunkt der Gattung ist oftmals das erste Finale aus »Le nozze di Figaro« bezeichnet worden. Wie sich hier in einem gewaltigen Bogen von 939 Takten die Handlung dreimal verwirrt und dreimal wieder löst oder entspannt, um endlich in einer totalen Konfusion zu enden, das ist tatsächlich ganz und gar unwiederholbar. Über acht Stufen schreitet die Harmonie von Es-Dur über B-Dur, G-Dur, nach C-Dur und F-Dur, um endlich über B-Dur nach ausgemessenem Kreis wieder zur Ausgangstonart Es-Dur zurückzukehren. Zweiteilige Formen, Liedsätze, freie Rondogruppen, Überleitungen, Wiederholungen und ein prestissimo-Septett am Ende lösen einander ab. Und bei all der musikalischen Brillanz kommt die Seelenschilderung der Hauptpersonen von der Eifersucht des Grafen, der Ratlosigkeit der Gräfin, der Frechheit der Susanna und der List des Figaro bis zum höhnischen Triumph der Intriganten in jeder Phase der turbulenten Handlung zu ihrem vollen Recht. Hier ist erkennbar, daß Mozart wie kein anderer imstande war, mit der geschlossenen Form eines zwanzig Minuten währenden Aktfinales einen eigenen Kosmos in einem größeren Ganzen zu schaffen.

Mit Gioacchino Rossini und Gaetano Donizetti erreichte die Tradition des buffa-Finales in ihrem Ursprungsland Italien einen weiteren Höhepunkt, der zugleich auch das Ende der Entwicklung bedeutet. Nicht die menschliche Vertiefung, sondern die mechanistisch musikalische Abstraktion war das erklärte Ziel Rossinis. Hier wird die Verwirrung zum Thema, die Handlung stockt und reißt gleich darauf alles unaufhaltsam mit sich fort, die

Zeit gerät aus den Fugen. Das Finale der Rossinischen opera buffa wird zum Paradoxon des durch Musik geregelten Chaos. Da diese beiden Gegensätze von Ordnung und Verwirrung einander ständig konterkarieren, scheitert die Vernunft in den Stromschnellen des irrwitzigen, sich verselbständigenden Getriebes. Nicht umsonst ist auch in den Texten stets von Hammerschmieden und Mühlenrädern die Rede, häufen sich die knirschenden Konsonanten und verflüchtigen sich die vielfach wiederholten sinnlosen Silben. Die Figuren werden in diesem Räderwerk zu zappelnden Puppen, deren Hilflosigkeit unwiderstehlich zum Lachen reizt. Rossinis Finali stürzen sich wie Wasserfälle regenbogenbekrönt in ihren eigenen Untergang. In ihrem Getöse endet schäumend das unbeschwert heitere Lächeln der opera buffa.

Gluck und Mozart

Offenkundig und nicht übersehbar sind die Unterschiede der Charaktere, der Lebensumstände, der Zielsetzungen, der Leistungen und schließlich auch der Erfolge der beiden größten Opernkomponisten ihrer Epoche. Gern wollte man dem genialeren Nachfahren etwas von der robusteren Lebenskraft, der zornmütigen Selbstbehauptung des älteren Meisters und Wegbereiters wünschen, etwas von seiner bedachten Lebensführung, seinem entschlossenen Durchsetzungsvermögen und seiner weltmännischen Gewandtheit. Man fragt sich bei einem Vergleich der beiden Ungleichen, wie weit der Charakter eines Künstlers dessen Schicksal herbeiführt oder wie eben diese äußeren Veranlassungen und wechselnden Glücksfälle einen Charakter zu härten oder zu biegen vermögen. Die beiden sind Zeitgenossen. Auch wenn Mozart um zweiundvierzig Jahre später geboren wurde, so ist er doch nur vier Jahre nach Gluck gestorben. Auch entfaltete der ältere seine Talente erst in späten Jahren zu ihrer vollen Reife, fand seinen ganz persönlichen Weg erst zu einer Zeit, da das Salzburger Wunderkind schon die ersten Schritte tat, die ihn ohne alle Umwege ans Ziel bringen sollten.

Will man rasch nach Vergleichen suchen, um die beiden aneinander zu messen, so verwundern einen zuerst einmal die zahlreichen Ähnlichkeiten ihres Lebensweges. Der beginnt mit ihrer gemeinsamen süddeutschen Herkunft (das Salzburger Land kam erst zu Beginn des 19. Jahrhunderts zu Österreich), es folgen ihre italienischen Reisen und Studien, ihre Aufenthalte in Prag, ihre Versuche, sich in Paris einen Namen zu machen, vor allem aber ihre endgültige Niederlassung in Wien, der Stadt, in der sie ihre wichtigsten Werke schufen und in der sie starben. Beide hatten eine Ausbildung als interpretierende Musiker erfahren, als Pianisten, Geiger und Kapellmeister, beiden haben sich in langen Jahren und vielen Kompositionen mit Metastasio, der dominierenden Theaterpersönlichkeit der Jahrhundertmitte, auseinandergesetzt, beide hatten Ämter am kaiserlichen Hof erlangt und entscheidende Beiträge zur Herausbildung einer deutschsprachigen Oper unter der Patronanz Josephs II. geleistet. Beide wurden zu Wegbereitern des deutschen Liedes, und beide haben schließlich ihr Leben beschlossen mit einem geistlichen Werk, das einer ihrer Schüler zu Ende führen mußte. Die Übereinstimmungen reichen bis zu der Auszeichnung beider durch denselben päpstlichen Orden vom goldenen Sporn, den der junge Mozart in die Schublade legt, Gluck aber zum Anlaß nimmt, um sich hinfort Ritter oder Chevalier zu nennen. Und wie am Beispiel des Ordens lassen sich auch an allen anderen Übereinstimmungen die Unterschiede am deutlichsten erkennen. Das Ähnliche ist bei beiden nirgends das Gleiche.

Auch wenn der Jüngere, seinem künstlerischen Naturell entsprechend, einen anderen Weg gewählt hat, so hat er doch zu keinem Zeitpunkt den geistigen Kontakt und die Auseinandersetzung mit Gluck und seinem Werk gemieden oder geleugnet. So erweist sich auch hierin die beherrschende Stellung Glucks im europäischen Musikleben seiner Zeit und sein Anteil an der Ausprägung vor allem der Form der musikalischen Tragödie, an der Textausdeutung durch den Gesang, an der Chorkomposition und der Integration aller dieser Bestandteile unter der Dominanz des Dramas.

Die Begegnungen der beiden Musiker lassen sich nur mehr insoweit nachweisen, als sie durch zeitgenössische Dokumente, in diesem Fall vor allem Briefe der Familie Mozart, festgehalten wurden. Dies beginnt damit, daß Leopold Mozart im Jahre 1768 vergeblich versucht, die Jugendoper seines Sohnes »La finta semplice« in Wien zur Aufführung zu bringen, und hinter der Ablehnung der Theaterleitung eine Intrige Glucks vermutet. Diese Intrige spann sich jedoch vornehmlich in Leopolds vorausplanendem Kopf. Die Ursache der Ablehnung wird wohl beim italienischen Impresario des Burgtheaters, d'Afflissio, zu suchen sein. Daß der nach den Uraufführungen von »Orfeo ed Euridice« und »Alceste« auf einem ersten Höhepunkt seines Ruhmes stehende Gluck die Konkurrenz einer doch recht harmlosen buffa des zwölfjährigen Kindes gefürchtet haben soll, erscheint einem Unbeteiligten doch ziemlich unglaubwürdig. Und der Verdacht einer heimlichen Intrige hat den offenherzigen Gluck bei keinem anderen Anlaß je gestreift. Sein Charakter war der eines kämpferischen, manchmal wohl auch etwas brüsken, aber keineswegs listigen Mannes, und überdies war die opera buffa ohnehin nicht das Gebiet, auf dem er gegen wen auch immer in Konkurrenz hätte treten wollen.

Das nächste Mal wird Gluck gemeinsam mit dem Dichter Calzabigi in einem Brief Leopolds vom 12. Februar 1778 genannt, und zwar in dem doch jedenfalls anerkennenden Sinne, daß »unter der genauesten Kritik und Unterweisung« dieser beiden berühmten Meister die Sängerin Bernasconi in Wien zahlreiche Opern einstudiert habe und es dennoch nicht habe wagen können, in Italien als Primadonna ihr Glück zu suchen. Dies als fast schon händeringender Einwand gegen den verwegenen Plan Wolfgangs, mit Aloysia Weber von Mannheim aus auf Konzerttournee nach Italien zu gehen.

Als Mozart doch endlich im März 1778 nach Paris weiterreiste, freute er sich im voraus auf das Musikleben der Metropole und hoffte dort mit Chorkompositionen Erfolg zu haben. Man habe, so schrieb er an den Vater, dort die Chöre Piccinnis »zu nackend und schwach« gefunden. »Zu Paris war man halt jetzt die Chöre von Gluck gewohnt«, setzte er hinzu und hoffte, auch dem Namen Mozart dort »Ehre zu machen«. Der Vater aber mahnte ihn, dort sowohl den Kreisen der Gluckisten als auch ihrer Gegner, der Piccinnisten, aus dem Wege zu gehen und sich nicht in die Auseinandersetzungen zu mischen. Gluck selbst war um diese Zeit nicht in Paris. Zu Piccinni, den Mozart von seinen Italienreisen her kannte, hielt er in Paris höfliche Distanz. Während aber Gluck in Wien an seiner »Iphigénie en Tauride« arbeitete, komponierte Mozart Rezitativ und Arie KV 316 auf den italienischen Text Calzabigis aus der kurz zuvor in Paris in französischer Version aufgeführten »Alceste«. Er wählte dafür die Szene der Protagonistin »Popoli di Tessaglia« und behauptete in einem Brief, daß von allen derartigen Kompositionen ihm diese am besten gelungen sei. Als Mozart im März 1781 nach Wien übersiedelte, war von Kaiser Joseph II. dort unterdessen das deutsche Nationaltheater begründet worden, in dessen Rahmen im alten Burgtheater deutschsprachige Opern zur Aufführung gelangten. Glucks opéra comique »La rencontre imprévue« in der deutschen Fassung unter dem Titel »Die Pilgrime von Mekka« kann als einer der Vorläufer von Mozarts »Entführung« betrachtet werden. In seiner heiteren Handlung tummelt sich ein osmanischer Diener namens Osmin, und das Finale zeigt die großmütige Verzeihung eines weisen Sultans. Mozart hat das liebenswürdige Werk gewiß wie alle anderen Gluck-Opern zumindest in Partitur gekannt. Im Herbst 1781 sollten am Burgtheater aus Anlaß eines Besuchs des russischen Großfürsten und späteren Zaren Paul eine deutsche »Iphigenie auf Tauris« und eine italienische »Alceste« folgen. Mozart, der sich Hoffnungen gemacht hatte, seinen erst kürzlich in München so erfolgreichen »Idomeneo« in deutscher Übersetzung auch in Wien herauszubringen, sah sich enttäuscht: Glucks Übersetzer Johann Baptist Alxinger war nicht dazu zu bewegen, auch diese neue Oper zu übersetzen. Doch Mozart scheint dies nicht seinem weltberühmten älteren Kollegen angelastet zu haben. Er versäumte nach eigener Aussage kaum eine der »Iphigenie«-Proben. Die mit geladenen Gästen überfüllte Erstaufführung am 23. Oktober jedoch besuchte er nicht.

Am 12. Juli 1782 endlich wurde die vom Kaiser in Auftrag gegebene »Entführung aus dem Serail« uraufgeführt. Gluck, der keine Gelegenheit gehabt hatte, die ersten Vorstellungen zu sehen, ließ das Werk am 6. August noch einmal ansetzen. Mozart schreibt voller Stolz über dieses schmeichelhafte Interesse an den Vater: »Meine Oper ist gestern wieder (und zwar auf Begehren Glucks) gegeben worden; – Gluck hat mir viele Complimente darüber gemacht. Morgen speyse ich bei ihm.«

Schon wenige Tage nach dem offenbar beeindruckenden Besuch erwähnt Mozart den verehrten Meister wieder in einem Brief an seinen Vater, in welchem er Überlegungen über die Schwierigkeiten eines würdigen Engagements an einem deutschen Fürstenhof anstellt. Er schreibt: »Sie wissen wohl, daß fast in allen Künsten immer die Teutschen diejenigen waren, welche exzellierten. Wo fanden sie aber ihr Glück, wo ihren Ruhm? – In Teutschland wohl gewiß nicht! – Selbst Gluck – hat ihn Teutschland zu diesem großen Mann gemacht? Leider nicht!« Ein halbes Jahr danach ist er zum zweiten Mal Gast im Hause des Hofkompositeurs. Er schreibt darüber am 12. März 1783 an den Vater: »Gestern hat meine Schwägerin Lange ihre Akademie im Theater gehalten, worin auch ich ein Concert gespielt habe ... Ich gab auch meine Sinfonie vom concert spirituell dazu. Meine Schwägerin sang die aria ›Non so donde viene‹. Gluck hatte die Loge neben der Langischen, worin auch meine Frau war. – Er konnte die sinfonie und die aria nicht genug loben, und lud uns auf künftigen Sonntag alle vier zum Speisen ein.« Alle vier, darunter waren Mozart und Konstanze sowie Joseph und Aloysia Lange zu verstehen. Die beiden Zusammenkünfte müssen entweder in der Gluckschen Stadtwohnung am Michaelerplatz oder in dem ansehnlichen Haus am äußeren Rennweg stattgefunden haben, in welchem Gluck zu jener Zeit in der warmen Jahreszeit mit Gattin und mindestens fünf Bediensteten ländlich logierte.

Ob er in den ihm verbleibenden vier Lebensjahren noch einmal Gelegenheit gehabt hat, mit Mozart zusammenzutreffen, läßt sich in Ermangelung von Dokumenten nicht sagen. Nach dem Ableben von Mozarts Vater versiegt eben im Todesjahr Glucks die stets so ergiebige Quelle des Briefwechsels. Gluck verbrachte wegen seines sich verschlechternden Gesundheitszustandes die Sommermonate ab 1784 regelmäßig in seinem neuen Haus in Perchtoldsdorf. In Wien allerdings kaufte seine Frau im selben Jahr das Haus in der Wiedner Hauptstraße Nr. 42, das in unmittelbarer Nachbarschaft zur Wohnung Caecila Webers, der Mutter Konstanze Mozarts, im Haus Nr. 23 gelegen war. Es ist durchaus anzunehmen, daß es bei Besuchen Mozarts auf der Wieden zu gelegentlichen zufälligen Begegnungen der beiden gekommen sein wird.

Als Mozart am 13. November 1787 nach der ersten Aufführungsserie des »Don Giovanni« aus Prag abreiste, ahnte er nicht, daß er Gluck in Wien nicht mehr unter den Lebenden finden würde. Gluck starb am 15. dieses Monats, zwei Tage darauf wurde er unter großem Zulauf der Wiener Bevölkerung zu Grabe getragen. Da die Reise von Prag nach Wien in der Postkutsche damals dreieinhalb Tage dauerte, ist es durchaus denkbar, daß Mozart noch Gelegenheit fand, an den pompösen Trauerfeierlichkeiten teilzunehmen, die ein Beispiel dafür gaben, daß es in der Regierungszeit Josephs II. keine Selbstverständlichkeit war, einen berühmten Komponisten in ein Massengrab zu legen. Gluck hatte in einem Brief an seinen Pariser Freund Kruthoffer schon am 30. Mai 1780 geklagt: »Ich wünschte, daß einmal einer kommt, der mich ablöste, und dem publico mit seiner Musik gefallen möchte, damit man mich mit Ruhe ließe …« Und wenn man K. F. Cramer, dem Herausgeber der zeitgenössischen Kulturzeitschrift »Magazin der Musik« und ersten Biographen Klopstocks glauben will, so soll sich Gluck nicht ohne Bitterkeit darüber beklagt haben, daß keiner unter den deutschen Komponisten etwas von ihm lernen wolle, einzig dieser Fremde (Salieri), sehe ihm seine Manieren ab.

Die Vertrauensstellung, die Salieri beim Komponisten der »Iphigenie« genoß, war vielleicht eine der Ursachen, warum Mozart keine Gelegenheit suchte oder fand, mit Gluck in nähere Beziehungen zu treten, so wie ihm dies bei Joseph Haydn nicht schwergefallen war. Es war Salieri, den Gluck nach Paris empfohlen hatte, und Salieri wiederum, der das ihm in die Feder diktierte »de profundis« zur Totenfeier des Meisters dirigierte. Eine oft verbreitete Fehlinformation behauptet, Salieri sei nach Glucks Ableben auch dessen Nachfolger im Amt des Hofkompositeurs geworden. Richtig ist, daß Salieri erst im April des folgenden Jahres 1788 Amt und Titel des verstorbenen Hofkapellmeisters Bonno zugewiesen bekam, während Mozart noch im Dezember 1787 zum kaiserlichen Kammerkompositeur ernannt wurde. Glucks weit höher dotierter Posten aber blieb vorerst vakant.

Wie hoch Mozart den älteren Künstler geschätzt hat, läßt sich unter anderem einer Mitteilung entnehmen, die Franz Xaver Niemetscheck nach umfänglichen Informationen durch Konstanze in seiner Mozart-Biographie von 1797 macht. »In Wien«, so schreibt er, »fand Mozart einen Tonkünstler, dessen genie dem seinigen am ähnlichsten war; ich meine den berühmten Schöpfer der ›Alceste‹ und ›Iphigenie‹, Ritter von Gluck … Der Umgang mit ihm und das unablässige Studium seiner erhabenen Werke gab Mozart viel Nahrung, und hatte Einfluß auf seine Opernkompositionen …« Ein Absatz dieses kleinen wertvollen Buches, in welchem Niemetschek Mozarts Auffassung von der Kunst des Gesangs darstellt, könnte ebenso in Glucks Vorrede zur »Alceste« ihren Platz gefunden haben und ist gewiß dessen oft verkündetem Credo abgelauscht. »Er wagte es«, so heißt es dort, »den italienischen Sängern zu trotzen, alle unnützen charakterlosen Gurgeleyen, Schnörkel und Passagen zu verbannen! Daher ist sein Gesang überall einfach, natürlich, kraftvoll, ein reiner Ausdruck der Empfindung und der Individualität der Person und ihrer Lage. Der Sinn des Textes ist immer so richtig und genau getroffen, daß man ausrufen muß: ›Wahrlich, die Musik spricht!‹«

Will man in Mozarts Musik selbst nach Spuren des Gluckschen Vorbilds suchen, so fallen zuerst naturgemäß die offenkundigen Zitate ins Auge. Im Bläserdivertissement KV 187 werden in drei Sätzen Themen aus Glucks Oper »Paride ed Elena« verwendet. Das Ständchen aus Glucks Ballett »Don Juan« hat überraschende Ähnlichkeit mit dem des Pedrillo in der »Entführung«. Es bildet überdies das Thema der Variationen des d-Moll-Streichquartetts KV 421. Die Klaviervariationen KV 455 von 1784 wurden über das zweite Lied des Calender aus »Die Pilgrime von Mekka« »Unser dummer Pöbel meint« komponiert. Ein ganz und gar unverhohlenes Zitat ist ferner der Fandango aus dem »Don Juan«, der in die Hochzeitsszene des »Figaro« an prominentester Stelle und allen Wiener Opernbesuchern deutlich erkennbar übernommen wurde. Die Arie der Rezia aus den »Pilgern« hat in Konstanzes Marternarie ein vergleichbares Gegenstück gefunden, ebenso die Arien der Zauberinnen Circe und Armida in der zweiten Arie der Königin der Nacht. Die Priesterszenen der »Zauberflöte« und darin besonders die drei Posaunenakkorde haben ihre Entsprechungen in der Orakelszene des »Alceste«. Deutliche Ähnlichkeiten mit Gluckschen Chorszenen sind in Mozarts Jugendwerken »Thamos, König in Ägypten« und »Idomeneo« zu erkennen, aber auch die abschließende Chaconne des letzteren Werkes hat mehr als nur die Tonart mit der Chaconne des französischen »Orphée« gemeinsam. An die Orpheus-Arie »Che farò senza Euridice?« erinnert das Rondo der Konzertarie »A questo sen, deh, vieni« KV 374, und das Thema der dreisätzigen sinfonia zu Glucks »Tetide« hat möglicherweise das Vorbild für das Kopfthema der »kleinen Nachtmusik« abgegeben. Besonders auffällig ist der Einfluß von Glucks dramatischem Gestus auf die beiden Komturszenen von Mozarts »Don Giovanni«, insbesondere die Zweikampfmusik und die Höllenfahrt. All die zahlreichen Parallelen aufzuzeigen und zu begründen, ist hier nicht der Ort, ähnliches ließe sich für viele andere zeitgenössischen Kompositionen feststellen. Ästhetische Werturteile sind daraus ohnehin nicht abzuleiten. Nicht zu beweisen ist die oftmalige Behauptung, Mozart habe den Konzertschluß zur Ouvertüre der »Iphigenie in Aulis« komponiert. Zumindest ebenso wichtig erscheint es an dieser Stelle, auf die nicht weniger zahlreichen Gegensätze im Charakter und im musikalischen Schaffen der beiden Komponisten hinzuweisen.

Gluck, der in sehr jungen Jahren aus eigenem Antrieb das Elternhaus verlassen und mit ebensoviel Abenteuergeist als unbeirrter Entschlossenheit seinen Weg gesucht hat, fand erst in vorgeschrittenem Alter den wahren Ausdruck seines Kunstwillens. Mozart hingegen konnte in jüngsten Jahren schon alle Facetten seines unvergleichlichen Talents entwickeln und blieb danach fast während seines ganzen Lebens unter der sorgenden Obhut des Vaters. Er war im Gegensatz zu dem in vielen Auseinandersetzungen zur imposanten, unbeugsamen Autorität gereiften Gluck ein feinfühliger und freundschaftlichen Halt suchender Künstler, der der Wechselfälle seines Lebens trotz größter Bemühungen nicht immer Herr zu werden vermochte.

Im übrigen lag es trotz aller Hochachtung gewiß nie in der Intention des sehr selbstbewußten jungen Genies, in die Fußstapfen Glucks zu treten. Gluck war in seinem Opernschaffen oftmals mehr Dramaturg als Musiker. Erkennbar wird dies an seinem Ausspruch, er müsse vor Beginn einer Opernkomposition sich immer erst mühen zu vergessen, daß er Musiker sei. Wenn er die Handlung einer Oper und die Charakterisierung ihrer Personen erst einmal genauestens durchdacht hatte, so war sie in seinem Kopf nach eigener Aussage auch schon so gut wie fertig komponiert, ehe er noch eine Note niedergeschrieben hatte. Und wenn er in seinem Vorwort zur »Alceste« schreibt: »Ich trachtete die Musik auf ihre wahre Aufgabe zu beschränken, der Dichtung zu dienen«, so steht dem diametral gegenüber die Forderung des jungen Mozart, die Dichtung solle der Musik eine gehorsame Tochter sein. Um diesem Programm nachzukommen, wählte Mozart nach dem »Idomeneo«, mit welchem er den Gluckschen Idealen am nächsten gekommen war, in seiner neuen Wirkungsstätte Wien die Formen des deutschen Singspiels und der italienischen opera buffa, um aus dem übermächtigen Schatten zu treten. Und eben durch diese Wahl verursacht, ereignete sich in den beiden letzten Jahrzehnten des 18. Jahrhunderts die folgenreichste Entwicklung der Oper außerhalb des von Gluck geprägten Frankreich in den Ensembleopern Mozarts, Haydns, Cimarosas und Paisiellos. Die opera buffa oder semiseria nahm Elemente der überwundenen opera seria in sich auf und entwickelte die musikalische Form des vielstimmigen, simultanen Finales, welche das ganze 19. Jahrhundert über fruchtbar bleiben sollte. Daneben erschienen in der wiederbelebten buffa neue Formen des Sologesangs wie Lied- und Strophenformen, Kanzonen, Rondos, Kabaletten und zweiteilige Kavatinen, welche die statische da-capo-Arie endgültig ablösten. Verdienstvoll blieb in diesem Rahmen gewiß die neue Bedeutung, die Gluck dem akkompagnierten Rezitativ errungen hatte. Jedoch die Verbindung ernster und heiterer Handlungselemente und Charaktere sowie die Sujetwahl aus dem gegenwärtigen bürgerlichen Leben waren vor allem Mozarts und da Pontes neuen Ideen zu danken.

Mozart in Mailand

Wolfgang Amadé Mozart stand kurz vor Vollendung seines fünfzehnten Lebensjahrs, als am zweiten Weihnachtsfeiertag des Jahres 1770 im Mailänder Regio Ducal Teatro seine opera seria »Mitridate, re di Ponto« uraufgeführt wurde. Er war in den Monaten, die er gemeinsam mit dem Vater in Italien, von Verona bis Neapel, auf Reisen verbracht hatte, seinen Knabenkleidern entwachsen. In Neapel hatte man ihm einen neuen, rosafarbenen Rock mit silbernen Tressen anfertigen, in Rom die Wäsche anstückeln müssen, so sehr war er aufgeschossen. Als er nun im Mailänder Opernhaus vom Cembalo aus seine erste Auftragsoper dirigierte, war er kein Knabe mehr, sondern ein schlanker, wenn auch immer noch nicht zur Durchschnittsgröße herangewachsener junger Mann. Dennoch mag es den Wunderkind-Plänen seines Vaters zugute gekommen sein, ihn noch eine Zeitlang um ein oder zwei Jahre jünger gelten zu lassen, als er wirklich war.
Immerhin war der junge Maestro unterdessen vom Papst in Rom zum Ritter des Ordens vom goldenen Sporn ernannt worden, und zwar mit dem Range eines »eques auratae militiae«, welcher ihm jederzeit ungehinderten Eintritt zu den päpstlichen Gemächern, Befreiung von der Gerichtsbarkeit und Stellung unter den Schutz des Apostolischen Stuhls zusicherte. Eine Ironie des Zufalls hatte bewirkt, daß kein anderer als sein späterer Salzburger Dienstherr Hieronymus Graf Colloredo, damals noch Bischof von Gurk, als offizieller Zeuge bei der Verleihung des Ordens zugegen war. Es mag in dieser ersten Begegnung der Keim zu einer lange verborgenen Animosität gelegt worden sein, denn eben als Mozart sich »als Standesperson« weigerte, in Wien am Gesindetisch seine Mahlzeiten einzunehmen, kam es zu dem folgenschweren Zerwürfnis mit Colloredo.
»Mitridate«, auf einen Text des Turiner Hofdichters Vittorio Amadeo Cigna-Santi von Mozart in nur drei Monaten teils in Bologna, teils in Mailand komponiert, erzielte in der Folge zweiundzwanzig Aufführungen, ein Beweis für einen spontanen Erfolg, wie er sich nicht einmal bei den späteren Meisteropern in Wien mehr einstellte.
Titelheld ist jener König Mithridates, gegen den der römische Feldherr Sulla siegreich in Kleinasien kämpfte. Das Buch steht ganz in der metastasianischen Tradition und handelt von der Liebe zweier junger Paare, welche durch die Ansprüche des Königs bedroht wird. Erst die Läuterung der Liebenden und der Verzicht des Herrschers führen ein glückliches Ende herbei. Wir begegnen hier zum ersten Male einem Handlungsverlauf, der in einer erstaunlichen Vielzahl von späteren Opern Mozarts in immer neuen Varianten zu finden ist. »Mitridate«, »Lucio Silla«, »Idomeneo«, »Die Entführung aus dem Serail«, »Die Zauberflöte« und »La clemenza di Tito« schildern in unterschiedlichen Konstellationen die Themen von Macht, Rivalität und Verzicht. Es scheint in dieser freiwilligen Entsagung mäch-

tiger Vaterfiguren ein Grundmotiv Mozartscher Gedankenwelt angeschlagen zu sein, von dem er sich nicht mehr zu lösen vermochte. In der mühevoll erlangten Emanzipation von der Beherrschung durch den Vater, den Erzbischof, den Theaterdirektor und endlich wohl auch durch den Kaiser vermag man die Spuren dieser Auseinandersetzung auch in Mozarts Leben zu verfolgen.

Mozart war in Mailand von Karl Joseph Graf von Firmian, dem Neffen seines früheren Salzburger Erzbischofs, der seit 1759 als Generalgouverneur die Lombardei regierte, nicht nur mehrmals zur Tafel und zu Konzertauftritten gebeten worden, sondern hatte auch als bedeutsames Ehrengeschenk eine kostbare Ausgabe von Metastasios Gesammelten Werken überreicht bekommen. Und er hat in der Folge von keinem Dichter so viele Texte vertont wie von diesem berühmtesten aller Autoren seiner Epoche. Neben den dramatischen Werken »Il sogno di Scipione«, »Il re pastore« und »La clemenza di Tito« und dem Oratorium »La Betulia liberata« waren dies vor allem zahlreiche Konzertarien. Die ersten davon komponierte er bereits in den letzten Tagen vor der Heimreise nach Salzburg.

Als Vater und Sohn im März 1771 nach Hause zurückkehrten, war Wolfgang offensichtlich bereits in einem Alter, in dem es nicht mehr gut möglich schien, in der zu klein gewordenen Wohnung in der Getreidegasse »wie die Soldaten kreuz und quer zu schlafen«. Man war nach der Verwöhnung in den oft fürstlichen Quartieren der fünfzehn Monate während der Reise die bürgerliche Enge nicht mehr gewöhnt und suchte ein zusätzliches Logis in einem der umliegenden Gasthäuser zu mieten. Es kam jedoch vorerst nicht dazu, und erst nach der dritten Mailänder Reise zog man dann endgültig in das sogenannte Tanzmeisterhaus auf der anderen Seite der Salzach. Für diesmal war dafür keine Zeit, denn schon am 13. August begaben sich Vater und Sohn wieder auf die Reise über den Brenner. Mozart hatte Ende März aus Wien den Auftrag zur Komposition einer serenata teatrale zu der im Oktober in Mailand stattfindenden Vermählung des Erzherzogs Ferdinand mit einer Prinzessin von Modena empfangen. Als Text hierfür war Giuseppe Parinis »Ascanio in Alba« ausgewählt worden. Mozart erhielt das Buch am 29. August, eine Woche nach seiner Ankunft in Mailand, und begann noch am selben Tag mit der Niederschrift der Ouvertüre.

Bis Mitte September waren alle Rezitative und Chöre abgeschlossen, die Sänger langten ein, und so konnte mit der Komposition der Arien begonnen werden, die zu jener Zeit stets den besonderen Fähigkeiten der Interpreten angepaßt werden mußten. Am 15. Oktober hielt der jugendliche Erzherzog Ferdinand seinen Einzug in Mailand, und am Abend desselben Tages wurde die Vermählung mit Maria Beatrice Ricciarda d'Este vollzogen. Am Tage darauf fand im Regio Ducal Teatro die Festaufführung der Oper »Ruggiero« von Johann Adolf Hasse und Pietro Metastasio statt, und am 17. Oktober schloß sich daran die Premiere des »Ascanio in Alba«.

Leopold Mozart hat in begreiflichem, wenn auch allzu überschwenglichem Stolz nach Hause geschrieben: »Die Serenata des Wolfg. hat die oper von Hasse so niedergeschlagen, daß ich es nicht beschreiben kann.« Dieses Briefzitat ist oftmals als Beweis für die vollkommene Überwindung der traditionellen opera seria und als letzte Niederlage der ehedem allmächtigen Meister Hasse und Metastasio gewertet worden. Zu diesem Urteil bietet sich freilich wenig Anlaß. Gewiß war der berühmte »Sassone« inzwischen ein Mann von 72 Jahren ebenso wie auch der kaiserliche Hofdichter in Wien. Aber Leopold Mozart hat in diesen Jahren keinen besseren Namen als den des großen deutschen Komponisten gewußt, um sich durch Empfehlungen Eintritt in die musikalischen Kreise Italiens zu verschaffen. Und Hasse hat in großmütigster Weise zwei Briefe verfaßt, welche dem jungen Genie die Wege ebneten. »Es ist gewiß«, so schließt der eine, »daß, wenn er mit den Jahren die zu erwartenden Fortschritte machen wird, er ein wahres Wunder sein wird.« Die beiden Mozarts haben Hasse und dessen Tochter Peppina schon am Tag nach deren Ankunft in Mailand einen Begrüßungsbesuch abgestattet. Gewiß hat Wolfgang, soweit es seine eigene Arbeit zuließ, auch die Proben des »Ruggiero« besucht. Überliefert ist, daß er mit dem Vater zumindest die Aufführung dieses Werkes am 26. Oktober gesehen hat, so wie die beiden auf ihren Reisen überhaupt keine Gelegenheit ausließen, eines der damals noch sehr häufig gespielten Werke Hasses zu hören. Die Uneigennützigkeit des älteren Meisters erweist sich in dem mündlich aus dieser Zeit überlieferten Ausspruch: »Dieser Knabe wird uns alle vergessen machen.« Dennoch haben sowohl Mozart wie auch Gluck, Paisiello und viele andere auch nach Hasses altersbedingtem Rücktritt von der Bühne weiterhin seria-Opern nach Metastasio-Texten vertont und damit die Gattung vor allem im Bereich der höfischen Festoper bis zum Ende des Jahrhunderts am Leben erhalten.

»Ascanio in Alba« wurde am 19. und 24., wahrscheinlich aber auch am 27. und 28. Oktober wiederholt. Eine ähnliche Aufführungsserie wie im Falle des »Mitridate« war außerhalb der Hauptspielzeit des Karvevals und bei einer serenata überhaupt nicht zu erwarten. Leopold und Wolfgang Mozart hielten sich noch den ganzen November über in Mailand auf. Sie besuchten gemeinsam mit Hasse den Gouverneur Karl Joseph Graf von Firmian, von welchem Wolfgang als Präsent diesmal eine mit Diamanten besetzte Taschenuhr erhielt. Der böhmische Komponist Mysliveček, dem sie schon bei ihrer ersten Reise in Bologna begegnet waren, stellte sich auch in Mailand wieder als Besucher ein. Der Erzherzog gewährte den beiden Mozarts eine Audienz, die auf Wolfgang offenbar einen geringeren Eindruck gemacht hat als die Hinrichtung von vier Verurteilten auf dem Domplatz, deren Zeuge er auf dem Heimweg wurde. An diesem Tage sind ihm wohl die beiden Seiten absolutistischer Herrschaft recht deutlich vor Augen geführt worden. Endlich, am 5. Dezember, wird die Rückreise angetreten, welche sie über Brescia, Verona, Trient, Brixen und Innsbruck zurück nach Salzburg führt. Während sie sich noch auf der langwährenden winterlichen Fahrt befinden, trifft in Mailand ein Handschreiben der Kaiserin Maria Theresia ein, in welchem sie ihrem Sohn mit recht deutlichen Worten davon abrät, Leute wie diese Mozarts – »ces sortes de gens qui courent le monde comme des gueux« – in seinen Dienst zu nehmen. Was dieser Brief angerichtet haben mag, ist leicht zu ermessen. Immerhin war jedoch die scrittura – der Kompositionsauftrag für die nächste Karnevalsoper – schon vertraglich abgeschlossen und auch ein verbessertes Honorar bewilligt. Das konnte nicht gut widerrufen werden.

Kaum sind die Mozarts in Salzburg eingelangt, so wird die Stadt von einem Trauerfall betroffen. Am 16. Dezember 1771 stirbt Erzbischof Christoph von Schrattenbach, in welchen sie einen verständnisvollen Förderer gehabt hatten. Als Nachfolger wird Hieronymus Colloredo gewählt, der am 29. April des folgenden Jahres seinen prunkvollen Einzug hält. Wolfgang Mozart schreibt zur Feier dieses Ereignisses seine serenata drammatica »Il sogno di Scipione« nach einem Text Metastasios. Anfang Mai ist deren Uraufführung in der Residenz.

Am 24. Oktober machen sich dann Vater und Sohn auf die dritte Italienreise, ohne zu ahnen, daß es schon ausgemachte Sache ist, daß eine vierte nicht folgen wird. Der Weg ist derselbe wie zuvor und führt über Innsbruck nach Brixen, wo Wolfgang »für die lange weile ein quarto« (KV 155) komponiert. In Verona besucht man eine opera buffa. Am 4. November gegen Mittag erreicht man Mailand und quartiert sich in unmittelbarer Nähe des Hauses der Familie d'Asti von Asteburg ein, mit welcher man beim letzten Aufenthalt Freundschaft geschlossen hatte. Der Mailänder Hofdichter Giovanni de Gamerra hatte sein Textbuch »Lucio Silla« zur Überprüfung an Pietro Metastasio nach Wien gesandt, offenbar um sich der kaiserlichen Familie durch diesen Akt der Unterordnung unter den berühmten poeta cesario gefällig zu erweisen. Metastasios placet langt ein mit ein paar kleineren Korrekturen und einer neuverfaßten Szene im 2. Akt. Dadurch ergibt sich für Mozart einige Mehrarbeit, da er an den Rezitativen bereits in Salzburg vorgearbeitet hat. Von den Sängern sind nur die Interpreten des Cinna, Felicità Suardi, und des Aufidio, Giuseppe Onofrio, am Ort. Man wartet lange auf die Ankunft der Protagonisten. Aus München reist Venanzio Rauzzini für die Rolle des Cecilio an. Verspätet wegen eines Radbruchs trifft die den Mozarts aus Wiesbaden und Neapel schon bestens bekannte Sopranistin Anna de Amicis am 4. Dezember aus Venedig ein. Der Tenor Cordoni muß wegen einer Erkrankung ersetzt werden. Man verpflichtet einen Hofsänger aus Turin, den auf der Bühne noch reichlich unerfahrenen Bassano Morgnoni. Alle scheinen, wenn man Leopolds Briefen glauben darf, mit ihren Partien äußerst zufrieden.

Während der Probenzeit sind die Mozarts wiederholt im Hause des Grafen Firmian eingeladen, am 21., 22. und 23. Dezember spielt Wolfgang zwischen 17 und 23 Uhr dort auf dem Cembalo. Es ist erstaunlich, daß der jugendliche Maestro diesen gesellschaftlichen Verpflichtungen nachzukommen vermag; noch erstaunlicher ist, daß man sie ihm abverlangt. Dann, am zweiten Weihnachtsfeiertag, ist wie alljährlich die Premiere der neuen Oper. Im Regio Ducal Teatro sind die meist adeligen Gäste der festlichen Aufführung schon um halb sechs Uhr vollzählig versammelt. Der junge Erzherzog jedoch läßt sich Zeit und erscheint mit seiner erlauchten Gemahlin erst gegen acht. Man kann sich die Stimmung unter den wartenden Künstlern unschwer ausmalen. Dennoch führten sie das Werk unter Mozarts Leitung nach einer Spieldauer von über vier Stunden zum Erfolg.

Daß auch diese dritte Auftragsoper Mozarts ganz nach dem Geschmack der Mailänder ausgefallen war, kann man an der stolzen Zahl von sechsundzwanzig Aufführungen ersehen. Wie sehr der Komponist selbst mit diesem Werk zufrieden war, beweist die Tatsache, daß er auch in späteren Jahren, mit Aloisia Weber in Mannheim und mit Therese Teyber in Wien, mehrmals die Arien der Giunia zur Darbietung auf dem Konzertpodium gebracht hat.

Leopold Mozart verzögerte nach diesem Triumph die Rückreise nach Salzburg unter dem Vorwand einer rheumatischen Erkrankung. Er hatte die Partitur des neuen Werkes an Pietro Leopoldo, den Großherzog von Toscana und späteren Kaiser Leopold II., geschickt und hoffte auf eine Anstellung Wolfgangs in Florenz. Aber weder von diesem noch von seinem jüngeren Bruder Ferdinand kamen irgendwelche Nachrichten. Endlich, am 4. März 1773, traten Vater und Sohn resignierend die Heimreise an. Am 13. März erreichten sie Salzburg.

»Die Entführung aus dem Serail«

Drei Vorläufer hat die »Entführung aus dem Serail«: die opéra comique »La rencontre imprévue« von Gluck, die 1764 am Wiener Burgtheater zuerst in französischer und später dann unter dem Titel »Die Pilgrime von Mekka« in deutscher Sprache herausgekommen war, »L'incontro improvviso« von Haydn aus dem Jahre 1775 und schließlich Mozarts eigenes Singspielfragment »Zaïde«, an dem er noch im Herbst 1780 in Salzburg gearbeitet hatte. Offenbar waren die Türkenstücke zu jener Zeit von besonderem Interesse. Im Jahre 1781 gar wurde das Thema durch das eben abgeschlossene Militärbündnis des Kaisers mit Rußland, das im Krieg mit der Hohen Pforte in Istanbul stand, aktueller denn je. Für den bevorstehenden Besuch des Großfürsten Paul, des späteren Nachfolgers der Zarin Katharina II., war die erste Aufführung der »Entführung« im Herbst 1781 auch ursprünglich geplant, mußte dann jedoch verschoben werden. Der lange befürchtete Krieg gegen den türkischen Erbfeind brach jedoch erst im Jahre 1787 tatsächlich aus.
Mozart nahm, ebenso wie vor ihm zahlreiche Komponisten, die sich vor der Aufgabe sahen, exotische Milieus zu schildern, Anregungen auf aus der Musik der berittenen Janitscharen-Kapellen mit ihren großen und kleinen Trommeln, ihren Schellenbäumen, Triangeln, Becken (tamburi turchi), Holzbläsern und Trompeten. Von den türkischen Instrumenten und Musikformen war im 18. Jahrhundert ein bedeutender Einfluß auf die Militärmusiken vieler europäischer Armeen, unter anderen auch auf die des Kaisers, ausgegangen. Alla-turca-Musik war auch für Gluck und Haydn nicht neu, wie zahlreiche Beispiele erweisen können. In der »Entführung« kommt sie vor allem in der brillanten Ouvertüre und in den Janitscharen-Chören von Selim Bassas Gefolge zur Wirkung.
Es ist ein rechter Glücksfall, daß Mozart während der Entstehungszeit der »Entführung« seinem Vater die genauesten Einblicke in seine Arbeit gewährte. Die Briefe nach Salzburg sollten dem mißtrauischen Leopold Mozart beweisen, daß sein Sohn sich nach dem im Zorn vollzogenen Austritt aus den Diensten des Erzbischofs Colloredo in Wien auch ohne feste Anstellung sehr wohl zu behaupten wußte, und sie sollten überdies das Feld bereiten für die väterliche Einwilligung in die anfangs doch mit Mißtrauen beobachtete Verbindung mit Konstanze Weber. In diesen Briefen aus den Jahren 1781 und 1782 äußerte sich Mozart über die Auftragserteilung und den Entstehungsprozeß des Werkes, über seinen Mitarbeiter Stephanie, die beteiligten Sänger, die Umstände der Einstudierung und der ersten Aufführungen, aber auch über die dramaturgischen Probleme und über allgemeine Fragen der Opernästhetik. Die Briefe bilden die aufschlußreichste Quelle für jede Auseinandersetzung mit dem Werk.
Der 1741 in Breslau geborene Johann Gottlieb Stephanie der Jüngere war seit 1769 in kai-

serlichen Diensten am Wiener Burgtheater, zuerst als Schauspieler, schließlich als Theaterdichter und Inspizient, eine Funktion, die heute wohl eher mit Regisseur zu bezeichnen sein dürfte. Er schrieb unter anderem Singspieltexte für Dittersdorf, Starzer, Umlauff, später auch für Süßmayr und übersetzte Opern von Gaßmann, Grétry und Piccinni ins Deutsche. Ihm war vom General-Spektakel-Direktor Graf Orsini-Rosenberg der Auftrag erteilt worden, gemeinsam mit dem Schauspieler Schröder einen passenden deutschen Text für Mozart auszusuchen und das Stück für das Burgtheater neu einzurichten. Stephanie wählte den eben im Frühjahr 1781 in Leipzig im Druck erschienenen Singspieltext »Belmont und Constanze oder die Entführung aus dem Serail«, den Christian Friedrich Bretzner für den Komponisten Johann André verfaßt hatte, und machte sich mit Mozarts Einverständnis im Sommer 1781 an die Arbeit. Seltsamerweise hielt man es damals am Wiener Hoftheater nicht für nötig, das Einvernehmen mit Bretzner herzustellen, und riskierte damit dessen späteren Einspruch, der allerdings wirkungslos blieb, da Urheber zu jener Zeit noch keinen gesetzlichen Schutz genossen.

Die ersten beiden Akte hat Stephanie nur wenig verändert. Auf Mozarts Wunsch wurde die Arie Nr. 3, Osmins »Solche hergelaufnen Laffen« in den ersten Akt eingefügt. Im zweiten Akt kamen neben kleineren Retouchen vor allem die Marternarie der Konstanze Nr. 11 und das ausgedehnte Schlußduett Nr. 16 neu hinzu. Mozart hatte ursprünglich an dessen Stelle mit richtigem Bühneninstinkt ein Ensemble gefordert, in welchem die eigentliche Haupthandlung des Stückes, die versuchte Entführung der beiden Frauen und ihre Vereitelung durch Osmin, abgehandelt werden sollte. Dies hätte aber zur Folge gehabt, daß Stephanie den dritten Akt hätte gänzlich neu gestalten müssen, was ihm offenbar nicht zur Zufriedenheit gelang. In diesem Umstand lag der Grund, warum nach raschem Beginn die Arbeit im Herbst unterbrochen und erst im folgenden Frühjahr wieder aufgenommen wurde. Der dramaturgische Plan von Bretzner wurde schließlich weitgehend beibehalten. Immerhin wurde eben der dritte Akt in einigen wichtigen Punkten modifiziert. An seinem Beginn erschien nun eine neue Arie des Tenors, die sogenannte »Baumeister-Arie« Nr. 17 »Ich baue ganz auf deine Stärke«. Nach der im Dialog abgehandelten Entführungsszene folgt eine weitere Osmin-Arie »Oh, wie will ich triumphieren« Nr. 19. Während bei Bretzner der Bassa Selim nach metastasianischem Vorbild in dem zum Tode Verurteilten seinen verloren geglaubten Sohn wiederfindet, erhält in Stephanies und Mozarts Fassung der Schluß eine dramatischere und den Zielen der Aufklärung deutlicher verpflichtete Wendung. Der Bassa erkennt in Belmonte den Sohn seines gefährlichsten Feindes und läßt ihn und Konstanze, auf deren Liebe er nun nicht mehr hoffen kann, unter Todesdrohungen in den Kerker werfen. Dadurch wird den Liebenden erstmals Gelegenheit gegeben, sich ohne Dritte zu begegnen und einander im Angesicht des Todes ihre Empfindungen zu offenbaren. Diesem Umstand haben wir das kurze accompagnato-Rezitativ »Welch ein Geschick! O Qual der Seele!« zu danken, dessen Text und Musik zu den schönsten Eingebungen im Musiktheater des 18. Jahrhunderts zählen. »Was ist der Tod? Ein Übergang zur Ruh.« Das sind Töne, wie sie zu jener Zeit nur Mozart gelingen konnten. Sie heben das Werk weit über das gewöhnliche kleine Singspiel oder die comédie larmoyante der Epoche hinaus. Das nachfolgende Duett Nr. 20 ist dem nicht in allen Punkten ganz angemessen. Neu und berührend ist danach die halb großmütige, halb bitter resignierende Entscheidung des Bassa, die Gefangenen freizugeben mit den herben Worten, in denen Edelmut, Enttäuschung und Selbstironie sich verbinden: »Wen man durch Wohltun nicht für sich gewinnen kann, den muß man sich vom Halse schaffen.« Und ein letztes Mal greift Mozart ändernd ein, indem er den unversöhnten Osmin den allzu harmlos freundlichen Rundgesang des Quartetts unterbrechen läßt mit einer Wiederholung seiner zornigen, aber wirkungslosen Morddrohungen. Unter den lärmenden Klängen des Janitscharen-Jubelchors besteigen die beiden Liebespaare das Schiff, um zurückzukehren in die ersehnte europäische Heimat. Der Bassa aber, der spanische Renegat in fremdem Land, läßt all dies duldend über sich ergehen – und schweigt.

Was die Figurenzeichnung anlangt, so leidet das Werk doch ein wenig an der mangelnden dichterischen Kraft des Textautors. Gewiß hat das gute Omen von Konstanzes Namen Mozart zu besonders eindringlicher musikalischer Gestaltung des Liebespaars veranlaßt, vielleicht hat er aber auch mit vier Arien für den Tenor und drei für die Sopranistin des Guten ein wenig zu viel getan; das Buffopaar jedoch bleibt noch ein wenig konventionell. Pedrillos wundervolles Ständchen dient mehr zur Schilderung einer orientalischen Nacht als zur Charakterisierung des Sängers. Dem Bassa ist die Musik verwehrt, sei es, um ihn als aufgeklärten Denker zu zeigen, sei es, um ihm so den rechten Zugang zu Konstanzes Gefühlen zu verwehren, oder endlich, um ihn als den im Grund einsamen Fremden von allen bürgerlichen Glückserfüllungen auszunehmen. Er ist dadurch unter Tausenden von Opernfiguren eine befremdende, aber keineswegs unsympathische Ausnahme. Einzig Osmin ist ein Kerl, wie ihn eben nur Mozart sich erschaffen konnte. Hier hat, wie es der Briefwechsel mit dem Vater bestätigt, der jugendliche Komponist mit eigenen Wünschen und Anregungen eingegriffen und dramaturgische wie textliche Anweisungen nach seinem Sinn gegeben. Osmin trägt den Namen vieler muselmanischer Haremswächter vor ihm – nicht zuletzt auch einer Figur aus Mozarts »Zaïde«. Aber hier gestaltet sich doch etwas Neues. Der großartige, finstere Kerl sprengt am Ende schier den engen Rahmen des freundlichen Singspiels. Schon Alfred Einstein hat auf die Verwandtschaft seiner Freudenarie »Oh, wie will ich triumphieren« mit Don Giovannis sogenannter Champagner-Arie hingewiesen. Lüsternheit und Mordlust platzt dem kolossalen Burschen aus allen Nähten seiner Pumphose. Er hat die Trägheit, aber auch die Gefährlichkeit eines wohlgenährten Kettenhundes und zeigt sich vor seinem Herrn, dem Bassa, und vor dem von ihm bewunderten Blondchen ebenso feige und duckmäuserisch wie gegenüber allen Ausländern und Untergebenden als zähnefletschende Bestie. Diese Partie wurde dem damals beim Wiener Publikum sehr beliebten Bassisten Ludwig Fischer auf den Leib geschrieben, einem Schüler des Tenoristen Raaff, des ersten Idomeneo, beide waren Mozart noch von Mannheim her bestens bekannt. Fischers Stimmumfang reichte über mehr als zweieinhalb Oktaven und ging von der Tenorlage des a' bis hinab zum tiefen D. Mozart wußte recht gut, daß er musikalisch ebenso wie darstellerisch Außerordentliches von diesem Künstler fordern konnte. Dies kam der Partie des Osmin in einer Weise zugute, daß sie auch heute noch zu den dankbarsten Baßpartien gezählt werden kann. Daß Fischer daneben auch ernste Aufgaben würdig zu gestalten vermochte, das beweisen die beiden Arien nach Texten aus Metastasios »Temistocle«, »Aspri rimorsi« KV 432 und »Non so d'onde viene« KV 512, die Mozart später für diesen Künstler komponierte.

»Die Entführung aus dem Serail« erlangte im deutschen Sprachgebiet eine ganz besondere Ausnahmestellung als erstes unbezweifeltes Meisterwerk des Singspiels. Erstaunlich ist dabei für ein Werk dieses Genres die fast völlige Abwesenheit alles Volkstümlichen, das in vergleichbaren Werken und später in der »Zauberflöte« so großes Gewicht haben sollte. Weder spanisches noch englisches, noch gar Wiener Kolorit läßt sich in der »Entführung« ausmachen. Und es finden sich doch sonst Beispiele aller möglichen musikalischen Stilrichtungen: Janitscharenmusik, Lieder, Ständchen, opera-seria-Arien mit konzertierenden Soloinstrumenten, buffa-Ensembles und ein Vaudeville-Finale.

Mozart hat mit diesem Werk in der Tat seine volle Meisterschaft auf dem heiteren, ebenso wie mit dem »Idomeneo« auf dem ernsten Musiktheater erwiesen. Es war der Begegnung mit einem Dichter wie Lorenzo da Ponte vorbehalten, ihm neue, unbetretene Wege zu weisen und nach der Erfüllung des Erhofften das Wunder des Unvorhersehbaren zu bewirken.

Die Personen der Handlung in »Figaros Hochzeit«

DER GRAF

»*Così sono i moderni mariti, per sistema infedeli,
per genio capricciosi e per orgoglio poi tutti gelosi.*«

Da lebt ein spanischer Graf auf seinem ländlichen Schloß, zwei Stunden zu Pferd von Sevilla, seit sechzehn Jahren mit einer Bürgerlichen unstandesgemäß verheiratet, kinderlos, geht des Morgens zur Jagd auf Fasane und Hasen, besucht tagsüber die Schönen der nachbarlichen Landgüter, greift unterwegs auch einmal einem Bauernmädchen ans Brusttuch und langweilt sich abends beim Kartenspiel mit seiner Gemahlin. Der »galante, verschwenderische, sogar ein wenig lasterhafte Edelmann«, wie ihn Beaumarchais beschreibt, kann zuweilen darüber auch etwas mißmutig werden. Der König hat ihn zwar zum Gesandten nach London bestimmt – dort ließe das Leben sich bunter treiben –, aber bis zur Abreise zieht sich die Zeit. Vielleicht ist's gar nur ein Wunschtraum, der schon versäumt wurde. Denn ein wenig müde geworden ist der Herr Graf, ganz so lebendig lodert ihm nicht mehr der Puls wie ehmals unter Rosinas Balkon oder in den Korridoren des Prado, wo es von verschleierten Schönheiten wimmelte. Sevilla ist ihm oft schon zu weit aus der Hand. Nur der Jähzorn, der ihn unvorhersehbar hin und wieder befällt, der ihm das Blut schwärzt und die Stirnadern schwellt, der erinnert an die Turbulenzen der Jugend. Geduld war nie seine Stärke. Fürs Schachspielen oder fürs Lesen fehlt es ihm nicht nur an dieser Tugend. Theater oder Puppenspiel gibt es nur selten im Schloß. Und so gehen die Abende mühsam dahin, wenn nicht eben einmal die Musikanten aus dem Dorf daherkommen, um an einem Geburts- oder Namenstag ein Ständchen zu bringen oder dem Gesinde bei einer Hochzeit oder Kindstauf zum Tanz aufzuspielen. Anlässe gibt es dazu genug, denn einerseits schwirren die Feste immer schneller heran mit den wiederkehrenden Jahren, und andererseits ist das Gesinde – diese aufmüpfige Bande von Leibeigenen und Lakaien – fruchtbar und vermehrt sich, als gehörte ihnen die Welt. Das herrschaftliche Kinderzimmer aber, das die Gräfin in ihren ersten Ehejahren so hartnäckig verteidigt hatte, ist unterdessen vom Grafen mit Jagdtrophäen und einem riesigen Billardtisch ausstaffiert worden.

DIE GRÄFIN

»*A quanto, Susanna, son dolce di core!*«

Die Gräfin hat gelernt, sich in die Umstände zu fügen. Als wohlhabendes bürgerliches Waisenkind war sie von ihrem grämlichen Vormund in Sevilla wie eine Gefangene gehalten worden und den Ehegelüsten des Alten nur entgangen durch die abenteuerliche Liebesaffäre mit dem jungen Almaviva, den sie damals für einen armen Studenten und nicht für einen Grafen gehalten hatte. Daß der Weg ins Freie für sie wie für jedes andere ehrbare Mädchen in Spanien nur über den Traualtar führen konnte, das hatte sie nicht anders erwartet. Und darum war sie aus ihrem vergitterten Mädchenzimmer in diese Ehe geflogen mit den unbedachten Gefühlen von Lebenslust, Neugierde und Dankbarkeit für ihren stürmischen Befreier. Bald aber hat sie erkennen müssen, daß der heitergelaunte, liebeglühende junge Mann, der unter ihrem Balkon geschmachtet hatte, auf seinem Schlosse sich in einen gelangweilten, sorgengeplagten Schürzenjäger zu verwandeln drohte. Es war nun an ihr, der Bürgerlichen, den guten Ton und die heitere Miene zu wahren und die Achtung und Zuneigung der Bediensteten des Hauses ebenso wie der Leibeigenen auf den Dörfern zu gewinnen. Die Eskapaden ihres Gemahls konnte sie so lange nachsichtsvoll lächelnd übersehen, als er stets reumütig zurückkehrte. Nun aber, da der Graf sich nicht scheut, sogar nach dem verführerisch schwingenden Rock ihrer eigenen Zofe zu greifen, muß die Gräfin fürchten, nicht nur seine Liebe, sondern auch ihre Würde zu verlieren. Darum entschließt sich die sanftmütige Dulderin zu handeln, um beides zu retten.

DIE UNTERTANEN

»A simil razza è comune l'ardir«

FIGARO war von allem Anfang mehr als nur der Kammerdiener des Grafen. Er hatte seinem Herrn schon in dessen abenteuerlichen Jugendjahren, als er noch nicht auf dem ererbten Schlosse von Aguas Frescas seine Sommerresidenz bezogen hatte, in manchen amourösen Unternehmungen gedient. Bei der Werbung um Rosina, das Mündel des Doktor Bartolo und die spätere Gemahlin des Grafen, hatte Figaro reich belohnte, aber im Grunde unbezahlbare Dienste geleistet und war seit der Zeit im Haushalt des jungen Ehepaares geblieben, loyal gegenüber beiden, aber zunehmend kritisch gegenüber den mit dem Alter immer unverzeihlicher werdenden Lastern des erotomanen Grafen. Figaro wußte, welche Dienste rasch und unkommentiert geleistet werden mußten und welche man verzögern oder gar vermeiden konnte. Er kannte die Großmut und die Launenhaftigkeit seines Herrn und hatte die eine zu nützen und die andere zu ertragen gelernt. Er hatte sich unentbehrlich gemacht nicht allein durch seine hundertfachen Kenntnisse und weitläufigen Erfahrungen in den unterschiedlichsten Berufen als Barbier und Friseur, Botengänger und Rechtsberater, Winkelschreiber, Straßenhändler und sogar als Schriftsteller, sondern vor allem durch die selbstverständliche Autorität, mit der er alle wichtigen Geschäfte der gräflichen Menage an sich gezogen hatte, so daß bald nichts mehr gegen seinen Willen oder ohne sein Zutun zu geschehen schien.

Auf Susanna hatte er sein flinkes Auge geworfen an dem Tag, an dem ihr Onkel Antonio sie auf das Schloß gebracht hatte, um eine Stelle für sie zu erbitten. Und als die Gräfin das hübsche, schnell auffassende Mädchen nach kurzer Prüfungszeit in ihren persönlichen Dienst gezogen hatte, war es entschieden, daß der Diener des Herrn und die Zofe der Herrin ein Paar werden sollten. Wäre da nicht diese urplötzliche und schamlose Laune des Grafen entfacht worden, die den arglos verliebten Figaro zwei Schritte vor dem Ziel aus allen Himmeln seines erhofften Glücks zu stürzen drohte. Man mußte es ihm schon zweimal sagen, ehe es in seinen borniert en, selbstgefälligen Kopf ging: Dindin! Dondon! Und als er es endlich begriffen hatte, da fühlte er sich verraten von eben dem Manne, dem er bei allzu vielen Gelegenheiten die Leiter oder die Laterne gehalten hatte. Ausgelöscht waren mit einem Male seine Loyalität, seine Dankbarkeit, sein komplizenhaftes Verständnis und seine fast freundschaftlichen Gefühle für einen Menschen, der Anstalten machte, ihn, den mit allen Wassern gewaschenen Figaro, am Tag seiner Hochzeit mit Hörnern zu schmücken. Und nun öffnet sich in der Konfrontation von Mann gegen Mann unversehens die jahrelang sorgsam verdeckte Kluft zwischen Herrn und Knecht. Das von unbekannten Eltern ausgesetzte Kind, der dahergelaufene, unbehauste Bastard erinnert sich an die Jahre seiner Selbstbehauptung. Er glaubt nicht nur seine Liebe, sondern auch seine Existenz bedroht. Und der, der nun den Herrn hervorkehrt, um sich unlautere Vorteile zu verschaffen, sieht sich mit einem Male einem Rebellen gegenüber, der ihm weder als Mann noch als Aristokraten das Feld räumen wird und gesonnen ist, mit allen verfügbaren Mitteln zu kämpfen. Und das Kämpfen hat er gelernt auf den Straßen Sevillas. Figaro sucht sich Bundesgenossen unter den Leuten des Dorfes, spinnt Intrigen, verbreitet Fehlinformationen, stiftet Verwirrung, dann greift er zu groben Lügen und offenem Hohn, zettelt endlich eine Verschwörung an und geht zum Gegenangriff auf die Ehre des Grafen über. Gut, daß am Ende die Frauen das Spiel in die Hände nehmen, wer weiß, wozu sich Figaro in seinem verletzten Stolz noch würde hinreißen lassen. So kommt er mit ein paar verirrten Ohrfeigen davon, kann sich dem gedemütigten Grafen jedoch bei der letzten Abrechnung überlegen fühlen und die ersehnte Hochzeit mit einem versöhnenden Festmahl und Feuerwerk feiern.

SUSANNA scheint außer ihrem Onkel, dem mißvergnügten, trunksüchtigen Gärtner Antonio, und dessen minderjähriger Tochter Barbarina keine Verwandten mehr zu haben. Jedenfalls wendet der Graf sich an diesen Onkel als ihren gesetzlichen Vormund, um die Hochzeit zu hintertreiben. Wenn sie auch nicht viele Jahre in Schulstuben versessen hat, so ist sie doch nicht auf den Mund gefallen und faßt, was ihr wichtig scheint für ihre Zwecke, wie im Fluge auf. Das Tanzen hat sie auf dem Dorfplatz gelernt, das Singen und Gitarrespielen bei Don Basilio. Mit Nadel und Faden weiß sie so gut umzugehen, daß sie sogar ihren eigenen Kopfputz für die Hochzeit nähen kann. Auch das Lesen von Kanzonetten und das Schreiben von Liebesbilletten ist für sie keine Kunst. Die Gouvernante Marcellina hat mehr als einen Grund, die Konkurrenz dieser »wahren Perle« zu fürchten. In kurzer Zeit hat sie es zuwege gebracht, den Kammerdiener Figaro, der seit etlichen Jahren allen Eheschlingen entschlüpft war, nun doch endlich dingfest zu machen, dem Herrn Grafen den Kopf mitsamt der Perücke zu verdrehen – ohne Absichten versteht sich –, den kleinen Pagen in Verwirrung zu stürzen und mit ihrer fröhlichen und doch handfesten Art das Vertrauen der gnädigen Gräfin zu gewinnen, so daß diese bald jedes Geheimnis mit ihr teilte. Kein Wunder, daß Figaro um dieses Goldkind von allen Männern beneidet wird. Und darum muß Figaro sich höllisch beeilen, sie noch in dieser Nacht ins Hochzeitsbett zu bringen, das ihm der Graf so generös wie listig geschenkt hat. Die Freundschaft aber zwischen Rosina und Susanna, zwischen Herrin und Dienerin, entscheidet den Ausgang der Sache. So wie vor Jahren Almaviva und Figaro, der Herr und der Barbier, in freundschaftlichem Zusammenwirken den argwöhnischen Bartolo um sein Mündel geprellt haben, so wird nun von den verbündeten Frauen der Graf um die erhoffte Beute gebracht. Susannas Rechnung war nicht die eines betrogenen Milchmädchens, sondern ist aufgegangen. Sie erhält ihre ansehnliche Mitgift von tausend Dublonen – wir wollen hoffen, die Gräfin hat sie aus der Schatulle des Grafen genommen – und einen kostbaren Brillantring dazu. Den wird sie, wenn sie auch weiterhin klug ist, nicht aufbewahren, sondern versilbern. Er könnte sonst doch eines Tages seine Wirkung noch tun.

Unter den Bedienten des Schlosses hat DON BASILIO, der Musikmeister eine Sonderstellung. Und das keineswegs, weil er sich als begnadeter Musiker Verdienste erworben hätte. Er hatte schon in Sevilla die heranwachsende Rosina im Haus ihres Vormunds im Gesang unterrichtet. Nach ihrer Hochzeit war er ebenso wie Bartolos Wirtschafterin Marcellina auf die Gehaltsliste der gräflichen Menage gekommen und setzte nun seinen Unterricht fort, wenn auch die Gräfin ihn immer seltener bitten ließ und ihn dafür an Susanna oder den Pagen Cherubino verwies. Einen Versuch, die Jagdhelfer und Bauernburschen der Umgebung im Waldhornblasen zu unterweisen, mußte Basilio abbrechen, da die Naturlaute dieser Rüpel das Wild vergrämten und der Graf überdies nicht nur gegen den Klang, sondern auch schon gegen den bloßen Anblick von Hörnern empfindlich wurde. So ließ man es eben bei den Fiedlern und Pfeifern bewenden, die von Don Basilio in einer abgelegenen Scheune unterrichtet wurden und bei festlichen Gelegenheiten wie etwa Figaros Hochzeit im Schloßhof oder auf dem Dorfplatz zum Tanz aufspielen durften: »I pifferi udite!«

Das Küchen- und Zimmerpersonal sowie die Wäscherinnen und Stallmägde des Schlosses wurden von Don Basilio im Chorgesang ausgebildet. Das Repertoire dieser Musikübung bestand fast ausschließlich aus Lobgesängen auf die Weisheit des Grafen und die Schönheit der Gräfin, deren Texte und Noten er eigenhändig erstellte, auch wenn bei jeder Versteigerung eines der Herrensitze der Umgebung ganze Schubladen solcher Musikalien für ein paar Peseten zu kaufen gewesen wären. Die Tatsache, daß sich bei diesen Chorgesängen gelegentlich falsche Töne oder mißverständliche Texte einschlichen, ließ Basilios Autorität unter dem Lakaienvolk nicht eben in günstigem Licht erscheinen. Der Graf, der als junger Mann in der Tenorlage sehr ansprechend gesungen hatte und dessen Stimme mit den Jahren doch ein wenig fülliger, wenn auch nicht weniger wohlklingend geworden war, hatte sich seine feinen Ohren durchaus bewahrt. Wenn er sich dennoch von Don Basilios Diensten nicht trennen mochte, so hatte das seine besonderen Gründe.

Der Herr Musikmeister war zu allen Gefälligkeiten, die ihm ein paar Goldstücke einbrachten, mit der größten Eilfertigkeit bereit. Auch wenn er nicht gut zu Pferde saß, so konnte man ihn doch zu heimlichen Botschaften nach Sevilla oder zu einem der Nachbargüter senden. Nichts erschien unverfänglicher, als wenn man seinen Musikmeister empfahl, um einer schönen Nachbarin die ersten Griffe im Lautenspiel beizubringen. Auf Notenpapier ließen sich dann Liebesbotschaften übermitteln und Verabredungen aushandeln. Und Basilio zeigte sich in diesen supplementären Dienstleistungen geschickter noch als selbst im Musizieren. Er wäre durchaus in der Lage gewesen, ein kleines Büchlein zu führen, um seine erfolgreich geleisteten Hilfsdienste für den Grafen zu dokumentieren. Und wer weiß, ob er nicht bereits ein solches Register heimlich angelegt hatte, um seine Altersversorgung zu sichern.

Bei der Gräfin war Don Basilio nicht eben beliebt. Er grüßte zu flink und schmeichelte zu übertrieben und rieb seine langen Ohren an allen Türen. Noch weniger Freundschaft fand er unterm männlichen Lakaienvolk, unter den Gärtnern, den Kutschern, den leibeigenen Bauern. Keiner mochte den glatten, wendigen Kerl unbeobachtet in seinem Zimmer wissen. Und es war ein besonderes Zeichen selbstgefälliger Ahnungslosigkeit, wenn Figaro Don Basilio gewähren ließ, als er sich freundlich erbot, seiner Braut unentgeltlichen Unterricht im Gesang und im Gitarrenspiel zu geben. Damit begann die Intrige.

Der DOKTOR BARTOLO würde gerne auch vom Grafen sein alljährliches sicheres Salär beziehen, hat sich aber nicht wirklich um ihn oder gar um sein ehemaliges Mündel Rosina Verdienste erworben. Er muß darum von Fall zu Fall versuchen, sich nützlich und bezahlt zu machen. Es gibt da immer wieder kleine Rechtsgeschäfte, Streitfälle mit Nachbarn, Alimentationsforderungen, Kaufverträge und dergleichen, zu denen man den gefinkelten Doktor bittet. Er ist vermutlich ebensowenig ein Advokat, als er vordem ein Apotheker war. Er hat, was man in Salamanca oder in Cadiz studieren konnte, vom Hörensagen mehr als aus den Büchern sich angeeignet und auch nicht alles davon recht verstanden. Doch ist er erstaunlich geschickt mit der Zunge und kann mit einigen lateinischen Brocken und akademischen Floskeln einen solchen Kauderwelsch schnattern, daß selbst einem gelernten Barbier die Ohren nur so klingen. Solche Gaben sind nützlich, zumal wenn es gilt, unklare Rechtssachen noch mehr zu verwirren. Marcellina wendet sich darum um Hilfe an ihn, und auch dem Grafen ist er in der causa Figaro willkommen. Der Doktor kann hier nichts verderben, wenn es ihm nur gelingt, den Fall zu verzögern – denkt er. Wie konnte er auch ahnen, daß Don Bartolo in seinen häuslichen Dingen keinen geringeren Wirrwarr angerührt hat als in seiner Apotheke oder in seinen rechtsverdrehenden Geschäften. Daß er Figaros Vater ist, hat er selbst nicht gewußt. Nun muß er es sich nolens volens ad oculos demonstrieren lassen, der Herr Doktor, und einen casum, den er schon ad actas glaubte, wieder ad notam nehmen, um seinen eigenen Ehevertrag zu stipulieren.

MARCELLINA wird die glückliche Braut des Doktors. Sie findet in Figaro ihren verloren geglaubten Sohn wieder und macht die Hochzeit, die sie hätte verhindern sollen, auf diese Weise zu einer Doppelhochzeit. Soll man an einem Tag, der ihr soviel Glück bringt, ihre Schuld aufrechnen? Soll man herauszufinden suchen, ob sie ihr uneheliches Kind, da dessen Vater sie nicht heiraten wollte, in ein Waisenhaus trug, um ihre sonst so offenkundige Ehr- und Tugendhaftigkeit nicht zu gefährden? Wem wäre damit genützt? So tut man besser, die wildromantische Räuberpistole vom Kindesraub im Schloßpark zu glauben und an das gute Herz der um das Mutterglück betrogenen Dueña, die nun endlich erkannt hat, wie sie den verworrenen Knäuel ihrer Gefühle fein säuberlich ordnen kann, wie sich's gehört für eine ehrbare Frau.

Der Gärtner ANTONIO ist eine Figur am Rande, aber er sitzt recht breit auf seinem von Fußtritten geschundenen Hintern und hängt seine ungewaschenen Füße ungeniert über den Rand des Sittengemäldes hinaus. Er muß die Einwilligung zur Heirat seiner Nichte geben, obwohl er den hergelaufenen Figaro, der immer ein wenig nach Seife riecht, auf den Tod nicht leiden kann. Er hätte eigentlich noch einen Raufhandel mit ihm auszutragen wegen des zerbrochenen Blumentopfs und vor allem, weil er ihn vor dem Herrn Grafen einen Säufer und Schwachkopf genannt und ihm die Holzpantinen über die Schloßtreppe nachgeworfen hat. Aber er ist nicht nachtragend und ist froh, wenn er einen Rock weniger zu beaufsichtigen hat. Sein eigenes Töchterchen Barbarina macht ihm in der Hinsicht genug zu schaffen. Daß ihm einmal der Kragen platzt, darf man ihm nicht übelnehmen. Die Leute werfen auch die erstaunlichsten Dinge auf die Wiesen, in die Büsche und in die Gartenbeete. Damals wie heute. Und das Bücken fällt ihm von Jahr zu Jahr schwerer. So dumm, wie Figaro ihn hinzustellen versucht, ist Antonio keineswegs. Wer war es denn, der den Pagen aus dem Fenster springen sah, der den verlorenen Paß fand und den verräterischen Chapeau in Barbarinas Kammer? Wer hat Figaros faustdicke Lügen aufgedeckt? Antonio, der Gärtner. Und was sollte er schon Klügeres dazu sagen, wenn er entdecken muß, daß der Graf höchstpersönlich seine bloßfüßige Tochter beehrte, als: »Brav, mein Kind, da hast du dir einen guten Meister gewählt, der dir zeigt, was du wissen mußt!«

BARBARINA ist Susannas Cousine. Die beiden denken den lieben langen Tag an nichts anderes als an Liebe. Kann man es ihnen verdenken in einer Umgebung, in der von nichts anderem die Rede ist? Susanna mag um ein paar Jahre älter sein, sicher ist sie um einiges klüger und zielstrebiger; doch es könnte sein, daß Barbarina das eine oder andere bereits am lebendigen Leib erfahren hat, was Susanna erst vom Hörensagen kennt. Denn Barbarina stellt keine Bedingungen. Sie weiß vielleicht nicht, was sie will, aber sie weiß, was ihr gefällt. Und so ist es einmal der Graf, der sich bückt, um ihre niedere Hütte zu betreten, und bald darauf Cherubin auf der Spur des Grafen. Ob sie den Pagen bekommen wird, den sie sich vom Grafen als Lohn erbittet, ist zu bezweifeln. Sie ist ja schließlich nur eines von vielen hübschen Mädchen im Dorf und wird an ihrer allzu entgegenkommenden Liebenswürdigkeit vielleicht einmal schwer zu tragen haben. Ob sie das ahnt, wenn sie ihre kleine und so rätselhaft traurige Arie von der verlorenen Nadel singt?

Von DON CURZIO, dem subalternen Richter, der dem Grafen und nicht dem Recht dient, weil er vom einen das Brot hat und vom anderen nur den Titel, wollen wir nicht viele Worte machen. Man kann unter seiner Allongeperücke sein Gesicht nicht recht erkennen, aber wir wollen hoffen, daß sein Stottern Ausdruck eines schlechten Gewissens ist und sein dünner Tenor, der im Ensemble immer mit der kräftigen Stimme des Grafen einhergeht, um sich bedeckt zu halten, auf ein hohes Alter schließen läßt. In diesem Falle könnte er sein nicht eben ehrlich verdientes Gnadenbrot bald in Ruhe verzehren und die malträtierte rote Robe an einen Nagel hängen.

Daß nun am Ende erst von CHERUBINO, dem Pagen, zu handeln sein wird, geschieht nicht, weil wir ihn vergessen hätten, im Gegenteil: dieses feine, wohlduftende, durchtriebene Bürschchen verdient unsere ganz besondere und ungestörte Aufmerksamkeit. Wie kommt er unter das Gesinde des Grafen? Er dürfte wohl der Sohn verarmter Adeliger sein und somit neben seinem Herrn, dem Grafen, das einzige geborene Mitglied dieses abgewirtschafteten, aber immer noch privilegierten Standes. Vor fünfzehn oder sechzehn Jahren hat ihn die damals eben jung vermählte Gräfin aus der Taufe gehoben. Seither sehnt er sich danach, von ihr noch einmal so herzlich umarmt und geküßt zu werden, ohne je die Worte zu finden, um dieses Geständnis zu wagen. Der Graf, dem solche Umarmungen in aller Fülle zuteil werden, ist sein beneidetes Idol. Er schleicht ihm nach auf allen Wegen. Und dabei geschieht es, daß er auch einige seiner Umwege mit vergnügtem Staunen kennenlernt. Als er's zu weit damit treibt, kommt ihm der Graf auf die Schliche, und jähzornig wie er nun einmal ist, jagt er den verwöhnten, seidenen Buben vom Schloß und beordert ihn zum Militär. Der wagt nicht zu widersprechen und schlägt die Haken zusammen: »A ubbidirvi, Signor, son già disposto.« Viel später, in einem anderen Stück, wird man erfahren, daß er den Krieg, in den er da so leichtfertig abkommandiert wird, nicht überleben wird. Kann man es der sanftmütigen Gräfin verdenken, daß sie den verzweifelten, jungen Menschen gewähren läßt, wenn er ihr den hübschen Kopf auf die Knie legt, um sich auszuweinen? Doch diese Tränen fallen der Gräfin aufs Herz. Mit ihnen beginnt nicht nur eine heitere Episode, ein komödiantisches Quiproquo von Unschuld und Eifersucht, sondern eine Verwirrung der Gefühle, die über das fröhliche Ende dieses »tollen Tages« hinausweist. Denn irgendwann zwischen diesem ersten halben Geständnis und seinem frühen Tod muß der unwiderstehliche Page seiner angebeteten Frau Patin doch um ein klein wenig näher gekommen sein. Irgendwann muß der Graf doch für eine Nacht und mehr auf einer seiner Jagden ausgeblieben sein. Denn in Beaumarchais' nächster Komödie ist aus der so oftmals betrogenen und gütig verzeihenden Gattin eine schuldhafte Mutter (»La mère coupable«) geworden. Sie hat von Cherubino ein Kind geboren. Dieser frühreife, altkluge Knabe, dem die erotisierten Frauen einen Reifrock über die Soldatenstiefel binden und ein bebändertes Häubchen auf die Offiziersperücke setzen, dieser Schmetterling seiner Schritte, dessen Requisiten die fliegenden Bänder, die wehenden Federn und die Kanzonetten sind, dieser kleine Hermaphrodit, den nur die Frauen entzücken, die die Wollust des Grafen erregt haben, der ist doch endlich zum Manne geworden.

Der liebeglühende Page Cherubino ist das eigentliche Herzstück des ganzen Getriebes. Wenn die anderen heiraten oder sich wiederfinden, bleibt er, in der kurzen Spanne, die ihm als Narziß der Liebe gegönnt ist, allein. Er mag die Nacht, in der Figaro bei Susanna, Bartolo bei Marcellina, der Graf bei der Gräfin liegen werden, bei Barbarina verbringen, denn daß sich Antonio, der Gärtner, besaufen wird, das steht außer Zweifel. Am andern Tag aber wird er nach Sevilla reiten, um sich bei seinem Regiment zu melden. Was folgt, das hat ihm Figaro spottend vorhergesagt: »Non più andrai, farfalletto amoroso ...«

Donna Annas Geheimnis

Viel ist darüber gerätselt worden, was in der Zeit, als Leporello vor dem Haus des Komturs auf der Passe steht – und das ist etwas anderes als auf Schildwache stehen – drinnen in den Gemächern der Donna Anna geschehen sein mag. Manche Interpreten scheinen fast zu bedauern, daß nach dem Mord, der die Szene im Hof beendet, kein Arzt beigezogen wurde, um ein medizinisches Gutachten über Donna Annas Unberührtheit zu erstellen. Dennoch ist es wohl gut so, daß Mozart und da Ponte das weibliche Geheimnis dieses wundervollen Geschöpfes gewahrt wissen wollten und es nicht unter die Leute streuten. Denn auch imaginäre Personen sollte man ihrer Menschenwürde nicht entkleiden, wenn wir sie nicht zum »Anschauungsmaterial« für eine Fallstudie degradieren wollen. Von Bedeutung für des Publikums »Furcht und Mitleid« ist allein, welche Gefühle in der bisher so angstvoll behüteten Seele der jungen Donna Anna geweckt wurden durch die unerwartete Begegnung mit dem verhüllten Mann, der seinen Namen nicht preisgab und ihr so wie das verkörperte Prinzip der jeden Widerstand brechenden Gewalttat erscheinen mußte. Der rücksichtsvoll zärtlichen Werbung Don Ottavios war sie mit keuscher Freundlichkeit begegnet. Die Leidenschaft, zu der sie bestimmt war, war ihr noch nicht erschlossen. Nun aber trat sie ihr in der erschreckendsten Form, als anonyme Gewalt, gegenüber. Die Bestürzung über ihre eigenen Empfindungen wird kaum geringer gewesen sein als die über die erobernde Wollust des Fremden. Was immer geschehen sein mag, danach war sie nicht mehr dieselbe. Daß derlei Verwandlungen nicht immer der Umarmung bedürfen, so wie es Umarmungen gibt, die nichts weiter bewirken als ein Achselzucken, das wird gerade der Verführer Don Giovanni mehr als einmal erfahren haben, auch wenn er sich nicht um die Folgen bekümmerte.

Einem Einbrecher, der nichts davonträgt, läuft man nicht über Treppen und Gänge nach, hängt sich nicht noch im Vorhof des Hauses »wie eine verzweifelte Furie« an den verhüllenden Mantel. Nach dessen Namen soll am nächsten Morgen der Richter fragen, selbst ist man heilfroh, ihn aus dem Haus zu haben auf Nimmerwiedersehen. Hier aber ist etwas anderes geschehen. Don Giovanni hat es vermocht, in Donna Annas Innerstem so etwas wie einen ersten Blutsturz weiblicher Gefühle zu erwecken, und dies in einer Verkleidung, die es ihm nicht gestattete, seine eigene Person und damit seine unverwechselbare Kunst der Verführung zu seinem Vorteil zu nutzen. Er wurde, verwundert wegen der späten Stunde, als Don Ottavio empfangen und bald darauf als namenloser Mann erkannt, was immer dieses Wort hier besagen mag. Ihm seinerseits war wohl bewußt, in welches Abenteuer er sich eingelassen hatte. Als Patrizier der Stadt Sevilla kannte er die Familie des Komturs, verkehrte wohl auch in seinem Haus und wußte ohne Führer den Weg zu finden zu den Zimmern Donna Annas. Er wird, nachdem er am anderen Morgen seine Verkleidung abgelegt hat, von Don Ottavio und Donna Anna als Freund angesprochen und verspricht seinen Schutz gegen den unerkannten Bedränger. Offenbar hatte er dem Zauderer Ottavio, der die rechte Stunde nicht zu nutzen wußte oder seine Gefühle allzu willig der Sitte unterwarf, zuvorkommen wollen. Er wird später über dieses und andere mißlungene Unternehmen sagen: »Mir scheint, daß sich der Dämon heut ein Spiel daraus macht, sich all meinen vergnüglichen Unternehmungen zu widersetzen; sie finden allesamt ein schlechtes Ende.« Die »piacevoli progressi« haben offenbar recht vielversprechend begonnen, sei es bei Donna Anna oder Zerlina, ehe sie unterbrochen wurden. Immerhin, bei Zerlina weiß man, daß sie durch Donna Elvira »gerettet« wurde. Bei Donna Annas Fall aber war niemand dazwischengetreten, sie selbst hatte den Eindringling schließlich zur Flucht getrieben. Und so kann von Giovanni mit dem »schlechten Ende« der allzu frühzeitige Widerstand der Überfallenen ebenso gemeint sein wie der unbeabsichtigte Tod des Komturs.

Daß für Don Giovanni einzig die zärtlich werbende Verführung einer Frau von Reiz sein könnte, hat zuletzt Walter Felsenstein behauptet. Er hat dabei übersehen, daß Leporello, der seinen Herrn wohl kennen müßte, ihm auch eine Vergewaltigung zutraut, wenn er sagt: »forzar la figlia ed ammazzar il padre.« Überdies wird uns im Finale des ersten Aktes sehr wohl vor Augen und Ohren geführt, wie Don Giovanni die um Hilfe rufende Zerlina in ein Nebengemach zieht. Die gellenden Schreie des bedrängten Mädchens lassen durchaus nicht auf ihr Einverständnis mit dem schließen, was ihr dort geschieht, und bewirken auch richtig das hilfreiche Eingreifen der versammelten Ballgäste. Gerade die Tatsache, daß Don Giovanni alle Mittel recht sind, von der Verkleidung über die Bestechung bis zur Lüge und zur Gewalttat, um sein Ziel zu erreichen, macht ihn so unberechenbar und gefährlich. Hierin besteht seine moralische Verworfenheit, die kein Augenzwinkern unter draufgängerischen Kavalieren zuläßt. Er ist eben nicht nur der Weiberheld, dem man im Grunde nicht bös sein kann, denn treulos und verräterisch ist er nicht allein gegenüber den allzu gutgläubigen Frauen, sondern auch gegenüber jedem einzelnen der vier Männer, denen er an seinem letzten Lebenstag begegnet. Er tötet den Komtur, belügt und hintergeht Don Ottavio, prügelt Masetto und Leporello, schwört falsche Eide, verführt die Freundin seines Dieners und höhnt die Ruhe der Toten.

Was immer jedoch zwischen Don Giovanni und Donna Anna geschehen sein mag, es ist nicht möglich, daß sie mehr, als was auch ihre Diener wissen könnten, vor Don Ottavio schildert. Er ist ihr für ein solches Geständnis nicht vertraut genug und wird es wohl auch niemals werden. Daß sie dem zu spät herbeigeeilten Verlobten bis zum Ende der verfolgbaren Handlung nicht wirklich vergeben kann, fern jeder Erwägung von Schuld, und ihn in seinem behutsamen Werben von mal zu mal vertröstet, läßt deutlichere Rückschlüsse zu als alle wiederholten Beteuerungen. Don Giovanni hat die Aura ihrer seelischen Unverletztheit durchbrochen. Fortan ist er aus ihrem Leben und Empfinden nicht mehr wegzudenken. Und auch nachdem ihre und aller anderen Rache durch das Eingreifen überirdischer Mächte vollzogen wurde, kann sie diesen Mann nicht vergessen. Sie fordert ein Jahr der Einkehr und der Trennung von Don Ottavio – »allo sfogo del mio cor« –, aber was immer danach geschehen wird, sie ist nicht mehr das Mädchen, das gehorsam in die Verlobung mit Don Ottavio willigte, und nicht mehr die junge Frau, die Don Giovanni so leidenschaftlich begehrte. Sie trägt die schwarzen Gewänder nicht allein aus Trauer um den geliebten Vater.

Man mag ihren Worten trauen oder nicht, wenn sie zu Don Ottavio über Giovanni spricht, daß sie aber ihren Vater geliebt hat, daran ist ein Zweifel nicht möglich. Nach dem Tod der Mutter war sie in seinem Haus die Herrin, von keinem anderen Verwandten ist je die Rede. Der Vater war es, nicht der Verlobte, der ihre Ehre verteidigte und darum von der Hand des jüngeren Mannes sterben mußte. Er muß über den Tod hinaus das Maß bleiben, an dem sie alle anderen Männer messen wird, und der, der ihn getötet hat, wird eher noch davor bestehen können als der, der ihm zu spät zu Hilfe eilte. Über den Tod hinaus erweist sich der Komtur als einziger ebenbürtiger und endlich überlegener Gegner Giovannis und rechtfertigt so die Verzweiflung seiner verwaisten Tochter.

Die fast an einen Elektra-Komplex gemahnende Vaterbindung Donna Annas legt auch die Vermutung nahe, daß sie mehr ihrer Jugendjahre, als ihr lieb war, auf die befreiende Begegnung mit einem Mann, den sie zu lieben vermöchte, gewartet haben mag. Dies spricht gegen die gelegentlich versuchte Darstellung der Donna Anna als junges, kaum erblühtes Mädchen. Mag man der mehrfachen Bezeichnung des Komturs in diesem Zusammenhang keine schlüssige Bedeutung zumessen, so muß man doch zur Kenntnis nehmen, daß Mozart die Rolle in Prag mit der 24jährigen Teresa Saporiti und in Wien mit der 28jährigen Aloisia Lange, seiner großen Jugendliebe, besetzt hat. Im übrigen spricht hier die Musik eine deutliche Sprache: schon allein die accompagnati der beiden gewaltigen Arien erfordern eine große Vielfalt weiblicher Empfindungen, die einem jungen Mädchen kaum gegeben sein dürften. Die Racherufe des ersten Duetts und der Arie »Or sai chi l'onore« entspringen der Leidenschaft einer erwachsenen Frau. Diese mit den Koloraturen einer verzweifelt beschworenen Hoffnung am Ende der zweiten Arie zu verbinden ist die große Herausforderung dieser unvergleichlichen Frauenrolle.

La necessità del cuore

Von Carlo Goldoni gibt es ein Stück, das unter anderen Johann Christian Bach und – 1784 in Wien – zuletzt noch Antonio Salieri vertont haben; es ist überschrieben mit »La calamità dei cuori«, zu deutsch »Die Bedrängnis der Herzen«. Vermutlich auf diesen damals allseits bekannten Titel aus dem Repertoire der Empfindsamkeit spielt Don Alfonso in Mozarts »Così fan tutte« an, wenn er als Quintessenz seiner wesentlich unsentimentaleren Liebestheorie von der »necessità del cuore« als von dem unwiderstehlichen Zwang der Gefühle philosophiert. Salieri hat den Text, der ihm nach einer Anregung Kaiser Josephs II. als erstem zugedacht war, wegen seiner Frivolität abgelehnt. Er hat wohl recht damit getan, wenn er nichts anderes darin zu entdecken vermochte. Kein anderer als Mozart hätte das darin verborgene Gewebe von Wahrheit und Lüge so schimmernd ans Licht heben und auch noch dessen Klugheit durch seine Weisheit übertreffen können.

Lorenzo da Ponte, ein Venezianer wie Goldoni, hat, um Don Alfonsos These von der »necessità« zu beweisen, eine fast wissenschaftliche Versuchsanordnung getroffen, die ironischerweise eben die traditionellen Figuren verwendet wie die opera seria, als deren Parodie das Stück sich in vielen Aspekten erweist. Da gibt es einen primo uomo und eine prima donna, einen second' uomo und eine seconda donna, einen väterlichen Freund und, statt dem sonst üblichen Vertrauten oder Intriganten, eine vertraute und intrigierende Dienerin. Diese kleine Abweichung von einem hundertfach durchgespielten Schema geschah als Tribut an die opera buffa, die durch das Gelingen des Experimentes entstehen sollte, und um den drei Männern auch drei Frauen gegenüberzustellen und so eine vollkommen ausgewogene Grundstellung zu erreichen. Mozart besetzte – gewiß im Einverständnis mit da Ponte – diese sechs Partien mit den in der opera buffa gebräuchlichen Stimmlagen, die auch dem Charakter und dem Alter der Personen entsprachen. Versuchspersonen des demonstrativen Experimentes sind die beiden jungen Liebespaare, Anreger und Katalysatoren sind der Philosoph und die Kammerzofe, von denen der eine die zu erwartenden Vorgänge von einer »höheren«, theoretischen, die andere sie von einer »tieferen«, praktischen Warte aus beobachtet. Die Requisiten sind zu gleichen Teilen der seria wie der buffa entnommen: Gift, Kriegstrommeln und Degen auf der einen, Wein, falsche Bärte und Magneteisen auf der anderen. Und schon nach einigen Anleitungen und Ermunterungen entwickelt sich die Sache wie von selbst: es braust und schäumt in den Reagenzgläsern des ersten Aktes, in denen des zweiten klärt sich die Trübung, und es zeigen sich die vorhergesagten Reaktionen. Die beiden Veranlasser sind ihrer Funktion fast enthoben, fördern und assistieren nur noch, erfinden nicht mehr. Die Damen übernehmen die Initiative, wählen den neuen Partner, veranlassen die Entflechtung des verwirrten Knäuels durch Spaziergänge im Garten. Sie hätten auch den alten Partner in neuer Verkleidung wählen können, das Experiment wäre auch gültig gewesen, aber nein, sie tun noch ein übriges und wählen den Verlobten der andern.

Diese beiden Damen, so heißt es im Personenverzeichnis, kommen aus Ferrara. Sie könnten ebensogut aus Ragusa oder aus Modena kommen, wenn nicht eine der vorgesehenen Sängerinnen – zu dieser Zeit die Geliebte da Pontes – mit Künstlernamen La Ferrarese hieße. Die Herren sind Offiziere und tragen Uniform, so daß man schon zweimal hinsehen muß, um den Blonden vom Dunkelhaarigen zu unterscheiden. Nachdem sie sich verkleidet haben, stammen sie angeblich aus Albanien. Zuvor hat Despina schon einmal Türken oder Walachen in ihnen vermutet. Eines ist so gut wie das andere und tut der neuen Liebe offenbar keinen Abbruch, ebensowenig wie die Tatsache, daß sie sich Tizio und Sempronio nennen. Diese beiden Namen bedeuten in der italienischen Umgangssprache nichts anderes als in der deutschen Hinz und Kunz. Das sind die austauschbaren Herren Sowieso aus Irgendwo. Die nächsten Besten sind an die Stelle der Uniformierten getreten. Offenbar ist ihre Identität nicht von Einfluß auf die Gefühle der Damen.

Wenn Fiordiligi sich dann ihrerseits verkleidet, um zu ihrem Verlobten Guglielmo ins Feld zu eilen, wirft sie in der Hast eine Uniform Ferrandos über und wählt für ihre Schwester einen Rock Guglielmos: eine instinktive Fehlleistung, die uns einiges von ihren verwirrten Wünschen verrät. Die Verkleidungen und Verwechslungen führen letztlich dazu, daß die Individualitäten sich verflüchtigen und Liebe sich zwischen den Geschlechtern und nicht zwischen den Personen ereignet. Das Oboensolo in dem herrlichen A-Dur-Duett Fiordiligis mit Ferrando signalisiert die Hingabe der vom unablässigen Liebeswerben besiegten Frau, das nicht zu unterdrückende Aufblühen eines leuchtenden Gefühls. An seiner Wahrhaftigkeit läßt der Komponist keinen Zweifel – auch wenn Fiordiligi den Namen ihres Liebsten nicht zu nennen wüßte. Ferrandos Uniform sinkt von ihren Schultern. Stockend haucht sie das Eingeständnis ihrer Selbstaufgabe: »Fa di me quel che ti par …« Und ein paar Takte später fügt sich ihre Stimme schon wieder wie neugeboren in den jubelnden Zwiegesang mit ihrem »biondino«. Sage da einer, Mozart hätte die Teufeleien da Pontes nicht mitgemacht. Amor – oder nennen wir ihn besser Eros, um ihn ernst zu nehmen – hat das Herz der armen Frau verwandelt. Sie ist nicht mehr die sie war oder sie war noch nie die sie ist. Oder aber ihr Herz liebte und wußte nicht wen. Eros ist der Gott, der nach seinem Willen schaltet und wenig nach dem seiner Opfer fragt, so verkündet es die gewitztere Dorabella in ihrer scheinbar so leichtfertigen Arie im 2. Akt:

Es treibt der Gott der Liebe
mit uns ein arges Spiel.
Er raubt und schenkt uns Frieden
ganz ohne Mitgefühl.

Er schlüpft durch die Pupillen
und nistet in der Brust,
er fesselt uns den Willen
und weckt Begierd' und Lust.

Und es kommt so, wie Alfonso behauptet hat, daß es kommen müsse nach einem Naturgesetz, das immer gleiche Wirkung zeige, wenn nichts von außen störend einwirke: ein Mann erweist sich als so gut wie der andere, im Krieg und in der Liebe. Unersetzlich ist keiner. Despina hat es schon früher gewußt und es volkstümlich kategorisch formuliert: »Einer ist wie der andre, denn keiner taugt doch etwas.« Die alten Standesunterschiede sind aufgehoben. Die Frauen sind die Herren im Haus. Fremde Kaufleute sind so gut willkommen wie eigene Soldaten. Freiheit, Gleichheit und Brüderlichkeit wurden in Frankreich vor ein paar Wochen ausgerufen. Alfonso, der Philosoph, hat es im Kaffeehaus in den Journalen gelesen. Wenn alles frei und gleich ist, warum sollte die Liebe gebunden sein? Vielmehr wird, wer sie zwingen will, selbst unwiderstehlich von ihr gezwungen. Quod erat demonstrandum: necessità del cuore.

Und doch könnte man mit Alfonso darüber langwierig ins Philosophieren geraten – am Kaffeehaustisch. Was ist denn das für eine Erkenntnis, die man durch den aufgeklärten Rationalisten vermittelt bekommt? Wer will denn allen Ernstes erfahren, daß er nur einer von vielen ist, auf den es im Grund nicht ankommt; einer, den der König ins Feld schicken kann zu den Kanonen oder aufs Meer zu den Stürmen, ohne ihm zu sagen warum; einer, dessen leere Uniform im Schrank hängt, während die Frau im Bett bei einem anderen liegt? Was ist gewonnen mit solch einer Einsicht von Vergeblichkeit? Dient man, wenn man liebend meint zu erkennen und erkannt zu werden, einem Gesetz, das schon ein anderes Leben im Sinn hat? Liebt man nicht den Geliebten, sondern die Liebe? Und sind die Menschen, die man in der Umarmung festzuhalten meint, vertauschbar, verlierbar, vergeßbar? Die Treue, wird Alfonso zwischen zwei Schlucken und doch ex cathedra erwidern, die Treue ist keine Gottheit dem Eros vergleichbar. Sie ist eine Chimäre, ein arabischer Phönix, in aller Munde, aber in niemandes Herzen. Sie ist eine Allegorie, ein abstraktes Wunschbild ohne Blut und Samen, das Worte wie »nie und nimmer« und »immer und ewig« im Munde führt als Spruchbänder. Die Liebe dagegen kennt nur einen Zeitbegriff: jetzt, und nur einen Ort: hier. Und darum ist die Liebe lebendig und die Treue nur ein Phantom. Es sind noch alle vergessen worden, denen man nachgerufen hat, man werde ihrer immer gedenken. Darum, wenn Despina am Ende des Stückes noch einmal verkleidet auftritt, stellt sie sich vor als Notar Beccavivi. Das ist nicht wieder irgendein Name wie Tizio oder Sempronio, sondern er ist zu verstehen als scherzhafte Ableitung von der italienischen Bezeichnung »beccamorti« für einen Totengräber, benennt also einen, der dem Leben dient.

Wenn bald danach die Masken fallen und die Versuchspersonen einander wiedererkennen, flüchten sich die armen, mißbrauchten und tieferschrockenen Frauen in verwirrter Überstürzung in die uralten Fluchtburgen von Treue und Glaube und Ehre und Reuebekenntnis und Verzeihung. Sie schwören ihren zum zweitenmal vertauschten Liebhabern die Treue bis zum Tod – und würden auch noch ein paar Jahre darüber hinaus schwören. Ganz vermögen sie, wie auch die Männer, die es resignierend geschehen lassen, nicht ohne eine Illusion von Ewigkeit zu leben; denn sie haben erfahren, daß nichts und niemandem mehr zu trauen sein wird, wenn das, was am Leben am lebendigsten schien, die Liebe, nur Schein ist.

Was aber geschieht nach diesem verzweifelten Schwur? Hat Alfonso, der Experimentator, auch das bedacht? Sollen nun die Frauen den einen oder den anderen lieben? Kann auf solche Art eine Ehe beginnen? Und gibt es irgendwo einen echten Notar, um vor ihm die Ringe zu tauschen? Wer kann wem noch in die Augen sehn? Sollen die beiden unzertrennlichen Schwestern sich trennen, da sie einander doch ebenfalls – wenn auch unwissend – betrogen haben? Sollen die Damen ihre Kammerzofe Despina entlassen, die Offiziere ihrem Freund aus dem Wege gehn? Haben nicht alle alle betrogen und am Ende auch sich selbst?

Hier wurde mit echten und falschen Gefühlen ein grausames Spiel getrieben. Hier wurde versucht, andere Menschen durch Enttäuschung (»disinganno« oder besser »desengaño«, weil der Begriff aus dem Spanischen kommt ebenso wie Alfonso, der Name des Weisen) zu belehren von einem Standpunkt der »höheren Einsicht« in den Trug der Welt. Zuweilen aber funkelt doch hinter Alfonsos objektiver Schiedsrichterrolle die Ranküne des nicht mehr selbst betroffenen, alternden Mannes durch, der nicht weise, sondern nur klug zu werden vermochte. In dieser Komödie, die mehr farcenhafte Elemente hat als alle anderen Werke da Pontes und Mozarts, eröffnen sich unter dem Messer der Satire erschreckende Einblicke in die Tiefen und Untiefen der menschlichen Seele. Und auch Alfonso, der am Schluß wie der Sieger erscheint, muß darin den Spott Despinas und der Freunde ertragen. Das Stück ist weder heiter noch – wie man es heute oft sehen muß – bitter ernst. Es kennt Humor und Grausamkeit, Lüge und wahrhafte Empfindung. Und in Mozarts genialer Musik durchdringen und umschlingen einander all diese Elemente so wie die Linien der männlichen und weiblichen Stimmen in den alles dominierenden Ensembles. Auch Don Alfonso, der im herzzerreißenden Abschiedsquintett eben noch so hämisch besserwisserisch gelacht hat, läßt sich unmittelbar darauf im ganz und gar unbeschreiblichen Terzettino vom Tränenzauber der melancholischen Stimmung bannen und singt mit verhaltenem mezza voce den Abschiedsgruß an die Winde, die das – von ihm gemietete – Schiff der Freunde entführen:

> Geleitet, ihr Winde,
> sie sanft durch die Wellen,
> daß weich und gelinde
> die Segel sich schwellen
> zu glücklicher Fahrt.

Eine heilsame Antwort aber auf all die offenen Fragen, die ebenso viele Wunden sind, kann er am Ende auch nur versuchen, um die Form der opera buffa zu wahren. »Lernt Euer Herz zu verstehen«, rät er den Jungen, während die Gläser klingen, »vergeßt nicht die empfangene Lehre, aber lacht – und verzeiht.« Das Lachen will den Betroffenen noch nicht so recht gelingen, wenn im raschen C-Dur-Jubel der Vorhang fällt.

So wie Christoph Gluck vor ihm die opera seria reformiert hat, so hat sein Landsmann Wolfgang Amadé Mozart die opera buffa neu gestaltet und verwandelt zur menschlichen Komödie. Im Jahr der Französischen Revolution komponierte er mit »Così fan tutte« den Abschied von der Lebensform der Galanterie, einen letzten und bereits vergeblichen Versuch der Aufklärung, den Menschen den Ausgang zu weisen aus der unverschuldeten Verstrickung ihrer Gefühle.

Mozart und Schikaneder

Dreimal kreuzten sich ihre Wege. Und es war gewiß kein Zufall mehr, daß beim dritten Mal die »Zauberflöte« entstand. Den Plan zu einer gemeinsamen Arbeit könnten sie ebenso schon bei ihrer ersten Begegnung in Salzburg gefaßt haben, wenn ihnen damals auch die Zeit zur Verwirklichung fehlte.
Emanuel Schikaneder war 1751 im bayrischen Straubing geboren, ursprünglich auf die Vornamen Johann Joseph getauft und nach dem Tod seines Vaters, eines einfachen Herrschafts- und Pfarrdieners, zusammen mit zahlreichen Geschwistern in ärmlichen Verhältnissen in Regensburg erzogen worden. Als Wandermusikant verdiente er sich seinen ersten eigenen Unterhalt und trat schließlich im Jahre 1773 als Sänger und Schauspieler einer reisenden Truppe bei, in welcher er bald auch die Funktionen eines Regisseurs und Theaterdichters ausübte. In Augsburg vermählte er sich mit der Pflegetochter seines Prinzipals, der Schauspielerin Leonore Arth, und übernahm im folgenden Jahr 1778 die »Kurbayrisch privilegierte Mosersche Gesellschaft«, mit welcher er in der Folge die süddeutschen Städte bereiste und neben Singspielen und Ritterstücken auch Werke von Shakespeare und den Zeitgenossen Lessing, Goethe, Gebler und Gemmingen auf dem Spielplan führte. Von Linz aus kam er im Herbst 1780 zum ersten Mal nach Salzburg. In seiner Truppe befanden sich zu dieser Zeit 34 Mitglieder, die in der Stadt gewiß kein geringes Aufsehen machten. Die Verbindung zur Familie Mozart war bald hergestellt. Möglicherweise empfahl sich Schikaneder durch einen Gruß von Mozarts Mannheimer Freund, dem Freiherrn Otto von Gemmingen. Das Kegelspiel wie das Bolzenschießen betrieb man auch gemeinsam mit dem Vater Leopold. Für die Mozarts waren jederzeit drei Billetts bei freiem Eintritt reserviert »auf alle Plätze des Theaters«. Wolfgang Mozart hat davon reichlich Gebrauch gemacht und sogar noch am Vorabend seiner Abreise nach München, wo er seinen »Idomeneo« einstudieren sollte, eine Vorstellung Schikaneders besucht. Besonders im Gedächtnis muß ihm dabei eine Aufführung von Shakespeares »Hamlet« geblieben sein, dessen Titelpartie als Schikaneders Glanzrolle bezeichnet wird. Er korresponiert darüber von München aus mit dem Vater. Seine Schwester Nannerl, die weiterhin fleißig das Theater besucht, bittet er um genaue Berichte von den folgenden Vorstellungen. Und aus dem Tagebuch Nannerls erfahren wir, daß Schikaneder auch gelegentlich in der Mozartschen Wohnung zu Besuch war. Der Prinzipal, dessen lebensfreudiges und phantasiesprühendes Naturell dem weitgereisten jungen Komponisten in der bürgerlichen Enge Salzburgs gewiß sehr entgegenkam, hatte Mozart um die Komposition einer Arie gebeten, die jedoch vor der Abreise nach München nur begonnen, nicht aber vollendet werden konnte. Mozart schickte auf Drängen des Vaters die fertige Komposition am 22. November aus der bayri-

schen Residenzstadt nach Salzburg. Aus all dem geht mit großer Wahrscheinlichkeit hervor, daß Mozart mit dem um fünf Jahre älteren Theatermann bereits bei dieser ersten Gelegenheit persönliche Freundschaft geschlossen und wohl auch schon das Du-Wort getauscht hat. Es ist gewiß auch die Vermutung berechtigt, daß er Schikaneder sein unvollendetes deutsches Singspiel »Zaïde« und seine Musik zu Geblers Schauspiel »Thamos, König in Egypten« gezeigt oder vorgespielt hat, welches vor der Arbeit am »Idomeneo« seine letzten Kompositionen waren. Die »Thamos«-Musik wird wegen ihrer mächtigen Priesterchöre oft als eine Vorstufe zur »Zauberflöte« bezeichnet, und es scheint ja auch zwischen den Namen der Helden Thamos und Tamino eine gewisse Verwandtschaft zu bestehen. Wenn sich Mozart jedoch eine Aufführung dieses Werkes durch Schikaneders Truppe erhofft hatte, so mußte ihn der Prinzipal enttäuschen. Ein Grund hierfür wäre sowohl in der großen Besetzung der Musik wie auch in der mangelnden Qualität des Textes zu suchen. In Mozarts letzten Salzburger Tagen ist das bekannte Ölbild von Johann N. della Croce entstanden, das die Familie Mozart in ihrer Wohnung am Klavier unter dem Bildnis der verstorbenen Mutter zeigt. Die Eile, mit der die Abreise nach München betrieben wurde, wird durch die Tatsache anschaulich, daß der Maler nur eben erst das Porträt Wolfgangs beenden konnte, alles übrige aber später ergänzen mußte.

Die zweite Begegnung fand im November 1784 in Wien statt. Dorthin war Schikaneder mitsamt seiner Truppe als Impresario und Schauspieler berufen worden. Auch nachdem er die Gesellschaft nach drei Monaten auflösen mußte, wirkte er noch über ein Jahr als Sänger und Darsteller in deutschen Singspielen und Sprechstücken, unter anderem auch in Glucks »Pilgrimen von Mekka«. Als er darin Ende März 1785 in der Rolle des Malers Schwindl gemeinsam mit Mozarts Schwägerin Aloisia Lange auftrat, war auch Mozart mit seinem Vater unter den Zuschauern. Um eben diese Zeit hatte Schikaneder seine Übersetzung von Beaumarchais' »Hochzeit des Figaro« bei der Zensurbehörde eingereicht. Diese wurde zwar daraufhin für kurze Zeit geprobt, auf höheren Einspruch jedoch abgesetzt. Es scheint durchaus diese Übersetzung Schikaneders der erste Anlaß für Mozart gewesen zu sein, sich mit diesem Stück zu beschäftigen. Nach dem Verbot des Schauspiels gelang es jedoch erst wieder dem einflußreicheren Dichter des italienischen Opernheaters Lorenzo da Ponte, die Erlaubnis für die Vertonung in einer Sprache zu erwirken, die nur den höheren Gesellschaftskreisen verständlich war und darum keine revolutionäre Gefahr bedeuten konnte.

Als Schauspieler in ernsten Rollen hatte Schikaneder neben Mozarts Schwager Joseph Lange, der in Wien unter anderem die großen Shakespearerollen verkörperte, keinen rechten Erfolg. Er wurde sogar gelegentlich vom Publikum des Kärntnertortheaters ausgezischt und verließ endlich, als sich seine Frau um einer Liebschaft mit dem Schriftsteller Johann Friedel willen von ihm trennte, enttäuscht die Residenzstadt.

Mozart war dem Bund der Freimaurer am 14. Dezember 1784 als Lehrling der Loge »Zur Wohltätigkeit«, in der sein Schwager Lange Mitglied und sein Freund Otto von Gemmingen Meister vom Stuhl war, beigetreten. Er war danach am 7. Januar 1785 in der Loge »Zur wahren Eintracht« zum Gesellen befördert worden und hatte dort seinen väterlichen Freund Joseph Haydn und, als Meister vom Stuhl, den Naturwissenschaftler Ignaz von Born angetroffen. Nach der durch Kaiser Joseph II. im Dezember 1785 verfügten Zusammenlegung der allzu zahlreich gewordenen Bauhütten in drei neugeordnete Logen trat

Mozart in die Loge »Zur neugekrönten Hoffnung« über. Schikaneder dagegen, der Wien unterdessen wieder verlassen hatte, wurde in Regensburg im Mai 1789 »cum infamia« aus dem Bund relegiert. Es läßt sich denken, daß der von seiner Frau getrennt lebende Mann es auch in seiner Heimatstadt mit seinen Frauengeschichten nicht genauer genommen hatte als etwa in Wien und den »Tugend«-Begriffen seiner bayrischen Logenbrüder nicht mehr ganz entsprochen haben mag. Vielleicht ist in diesem Umstand die kritische Einstellung seines Papageno zum Bund der Eingeweihten begründet. Schikaneders wechselhaftes Verhältnis zur Freimaurerei ist im übrigen nicht ganz durchschaubar, da er bei seinem nachfolgenden Aufenthalt in Wien durchaus wieder enge Verbindungen zu maurerischen Kreisen aufnimmt, denen er möglicherweise seine Regensburger Erfahrungen verheimlicht.

Im Jahre 1787 wurde auf den Starhembergischen Gründen auf der Wieden das sogenannte Freihaustheater eröffnet und als dessen erster Pächter der Schriftsteller Johann Friedel bestellt. Dieser führte das neue Haus gemeinsam mit seiner Lebensgefährtin Eleonore Schikaneder nur kurze Zeit, denn er starb bereits zwei Jahre später und setzte seine Partnerin zur Erbin ein. Nun rief Eleonore, die sich der Aufgabe allein nicht gewachsen fühlte, ihren vazierenden Gatten zurück nach Wien, um sich mit ihm zu versöhnen und mit ihm gemeinsam das Theater zu leiten. Schikaneder kam und übernahm das Freihaustheater, nachdem ihm ein Logenbruder seines Freundes Mozart, der Offizier Joseph von Bauernfeld, das nötige Kapital zur Verfügung gestellt hatte. Es liegt nicht allzu ferne anzunehmen, daß dieses Zusammenwirken von dem mit beiden Partnern gleichermaßen befreundeten Mozart befördert wurde. Bauernfeld scheint sich als Kodirektor nicht weiter hervorgetan, sondern dem Routinier Schikaneder die künstlerische Leitung überlassen zu haben.

Eröffnet wurde das Freihaustheater von der neuen Direktion am 12. Juli 1789. Am 7. November desselben Jahres folgte die Uraufführung der deutschsprachigen Oper »Oberon, König der Elfen« nach dem Epos von Christoph Martin Wieland, für deren Textgestaltung Karl Ludwig Giesecke verantwortlich zeichnete. Die Musik stammte von Paul Wranitzky, einem Altersgenossen Mozarts, dem gräflich Esterházyschen Musikdirektor.

Alle an diesem Werk Beteiligten sollten bald auch eine Rolle in der Geschichte der »Zauberflöte« spielen, zumal eben der große Erfolg des »Oberon« den Prinzipal veranlaßt haben wird, ein ähnliches Projekt noch einmal zu versuchen. Wieland gehörte dem Bund der Freimaurer ebenso an wie Mozart, Schikaneder, Bauernfeld und der junge Textautor Giesecke. Es mag darum bei der Vertrautheit des in seinen Werken enthaltenen Gedankenguts durchaus der Fall gewesen sein, daß Giesecke, der als Sohn eines Schneiders im Jahre 1761 unter dem Namen Johann Georg Metzler in Augsburg geboren wurde und dort 1783 in Schikaneders Truppe als Autor und Chorist ein erstes Theaterengagement gefunden hatte, seinen Prinzipal auf Wielands eben erst in den Jahren 1787 bis 1789 erschienene dreibändige Märchensammlung »Dschinnistan« und die darin enthaltenen Erzählungen »Lulu oder Die Zauberflöte« und »Die klugen Knaben« hingewiesen hat. Daraus aber schon eine Mitverantwortung für den Text zu begründen geht zu weit; es lassen sich nämlich neben diesen beiden Märchen noch mehrere andere Quellen für den Text der »Zauberflöte« ausmachen, von welchen hier vor allem der von Matthias Claudius in den Jahren 1777 und 1778 übersetzte und herausgegebene Roman »Sethos, histoire ou vie tirée des monuments anecdotes de l'ancienne Egypte« des Abbé Terrasson sowie Tobias von Geblers zuvor schon

erwähntes Schauspiel »Thamos, König in Egypten« und das am 9. September 1790 im Leopoldstädter Theater uraufgeführte Singspiel »Das Sonnenfest der Brahminen« von Karl Friedrich Hensler und Wenzel Müller genannt werden sollen.
Auch der Umstand, daß Schikaneder zwischen dem »Oberon« und der »Zauberflöte« auch noch die heroisch-komische Oper »Der Stein der Weisen oder Die Zauberinsel« nach einer Vorlage aus Wielands »Dschinnistan« geschrieben und – vermutlich mit Musik von Benedikt Schack, dem Tenor seiner Truppe – zur Aufführung gebracht hat, spricht für eine direkte persönliche Vertrautheit Schikaneders mit dem Wielandschen Werk. Wären in seiner Umgebung jemals Zweifel an seiner Autorschaft an der »Zauberflöte« laut geworden, so hätte er in der Vorrede zum gedruckten Textbuch seines Stückes »Der Spiegel von Arkadien« kaum von der »Zauberflöte« als von einer Oper schreiben können, die er »mit dem seligen Mozart fleißig durchdachte«. Wenn Giesecke tatsächlich sechs Jahre nach Schikaneders Tod gelegentlich eines kurzen Wienaufenthaltes in einem Gasthausgespräch das Urheberrecht an der »Zauberflöte« für sich beansprucht haben soll, so kann das nur auf einem leicht einzusehenden Mißverständnis beruhen. Schikaneder hatte lange Jahre vor und nach Gieseckes Engagement bei seiner Truppe erfolgreiche Stücke geschrieben, Gieseckes größter Erfolg hingegen, der mehrfach erwähnte »Oberon«, ist, wie inzwischen festgestellt wurde, fast wörtlich von dem gleichnamigen Stück der Wiener Schauspielerin Sophie Friederike Hensel-Seyler abgeschrieben. Giesecke, der sich nach seinen Theaterjahren der Wissenschaft zuwandte und um die fragliche Zeit 1818 schon als Universitätsprofessor für Mineralogie in Dublin lehrte, wird den Anspruch, von dem sein damals 25jähriger Gesprächspartner Julius Cornet erst 1849 – also über dreißig Jahre später – berichtet, auch wohl kaum in der überlieferten Form gestellt haben, sondern möglicherweise seine Hilfsdienste bei der Beschaffung von Quellenmaterial und seine Mitwirkung bei Besprechungen im erweiterten Kreis in geselliger Laune und im Rückblick auf den ungeahnten Erfolg des Werkes ein wenig übertrieben haben. Wäre es anders, so hätte er nicht allein Schikaneder, sondern auch Mozart einer ausbeuterischen Unredlichkeit angeklagt. Daß aber diese Fehlinformation so begierig aufgegriffen und sogar noch in unseren Tagen unter anderen von Wolfgang Hildesheimer verbreitet wurde, kann nur erklärt werden durch das fortdauernde Mißverständnis des Werkes, das keineswegs von einem intellektuellen, wohl aber von einem theaterkundigen und phantasiebegabten Autor und einem genialen Bühnenkomponisten auf der Grundlage einer breitverwurzelten geistigen Tradition geschaffen wurde.
Zu der Zeit, als Schikaneder das Freihaustheater übernahm, war Mozart mit der Komposition der italienischen Oper »Così fan tutte« für das Burgtheater beschäftigt, die am 26. Januar 1790 Premiere haben sollte. Nach den vorher aufgezeigten Beziehungen der beiden Freunde kann aber kein Zweifel walten, daß sie unmittelbar nach Schikaneders Rückkehr wieder zusammentrafen. Und so wird es nicht lange gedauert haben, bis sie übereinkamen, gemeinsam eine neue deutsche Oper zu schreiben. Dieser Plan wird sich spätestens nach dem Tode Kaiser Josephs und der Entlassung da Pontes als Theaterdichter durch Leopold II. im Frühjahr 1790 konkretisiert haben. Genaueres erfährt man jedoch erst durch ein Billett Schikaneders vom 5. September dieses Jahres, in welchem er an Mozart schreibt: »Liber Wolfgang. Derweiln schicke ich dir dein Paa Pa Pa zurückh, das mir ziemlich recht ist. Es wird's schon thun. Abends sehn wir uns bei der bewußten Krippen.« Ob mit dieser

»Krippen« die Futterkrippe eines Wirtshaustisches, ein privates Nachtmahl oder die weiße Tafel des Logenhauses gemeint ist, wüßte man gern; mit einiger Sicherheit aber kann man – falls das in der Wiener Stadtbibliothek aufbewahrte Blatt nicht gefälscht ist – doch annehmen, daß sich das »Paa Pa Pa« auf die »Zauberflöte« bezieht und daß also Mozart damals bereits an der Szene Papageno – Papagena aus dem Finale des 2. Aktes arbeitete. Offensichtlich hat er sich bei den durch Dialoge getrennten Musiknummern nicht immer an die genaue Reihenfolge gehalten; vielleicht war diese auch noch nicht endgültig festgelegt. Wie auch immer, er mußte jedenfalls die Arbeit bald unterbrechen, da er am 24. September eine Reise zu den Krönungsfeierlichkeiten für Kaiser Leopold II. nach Frankfurt antrat, von der er erst am 10. November zurückkehrte. Bei seiner Rückkunft fand Mozart eine Einladung nach London vor, die er vermutlich vorerst ebenso ablehnte oder hinausschob wie eine zweite, die im folgenden Sommer an ihn gerichtet wurde. Dies scheint ein deutliches Zeichen dafür zu sein, daß er entschlossen war, der Komposition seiner neuen Oper alles andere hintanzustellen.

In Emanuel Schikaneders Truppe waren neben dem Prinzipal, seiner Frau Leonore und seinem älteren Bruder Urban mehrere Künstler beschäftigt, die ebenfalls enge Beziehungen zu Mozart unterhielten. Da war zuerst seine Schwägerin Josefa Hofer, die älteste Schwester seiner Gattin Konstanze. Sie sollte die Partie der Königin der Nacht übernehmen. Sodann deren Mann, Franz Hofer, der als Geiger im Orchester spielte und den Mozart auf seine Frankfurter Reise als Begleiter mitgenommen hatte; dann der Sänger und Komponist Jakob Haibel, der nach Mozarts Tod dessen jüngste Schwägerin Sophie heiraten sollte. Hinzu kam als erster Sarastro der Bassist Thaddäus Gerl, der wie Schikaneder aus Straubing stammte, und dessen hübsche junge Frau Barbara, der die Rolle der Papagena zugedacht war. Ihr wird nachgesagt, daß sie Mozart nicht ganz gleichgültig war. Dem jüngeren Bruder des Thaddäus, dem 27jährigen Franz Xaver Gerl, der für Schikaneder als Komponist volkstümlicher Singspiele tätig war, widmete Mozart, der offenbar keine Bitte abschlagen konnte, die Baßarie »Per questa bella mano« KV 612, die im März 1791 so nebenher entstanden sein muß. Der Tenorist der Truppe, Benedikt Schack, stammte aus Mähren und hatte sich schon mehrfach nicht nur als ganz vorzüglicher, stilkundiger Sänger, sondern auch als Komponist bewährt. Mozart, der mit ihm gelegentlich spazierenging, hat auf die Melodie seines Liedes »Ein Weib ist ein herrlich Ding« im Frühjahr 1791 die Klaviervariationen KV 613 verfaßt. Die Partie des Monostatos war dem Charaktertenor Johann Joseph Nouseul anvertraut. Karl Ludwig Giesecke übernahm die kleine Sprechrolle des ersten Sklaven. Für die Pamina aber hatte Mozart die 17jährige Anna Gottlieb vorgesehen, die schon 1786, also mit erst zwölf Jahren, bei der Uraufführung des »Figaro« die erste Barbarina gewesen war. Mündlicher Überlieferung, aus der noch der Verfasser der ersten wissenschaftlichen Mozart-Biographie, Otto Jahn, geschöpft hat, kann man Hinweise auf die Entstehungsorte der Partitur entnehmen, was allerdings kaum mehr zu überprüfen ist. Demnach kommen neben der Wohnung in der Rauhensteingasse, in welche Konstanze während der Frankfurter Reise ihres Mannes mit dem gesamten Hausrat vom Judenplatz her übersiedelt war, in erster Linie die Wohnungen der befreundeten Sänger Gerl und Schack in Frage. In dem legendären Gartenhäuschen auf dem Freihausgelände wird Mozart, während Konstanze in Baden zur Kur weilte, wohl erst in den wärmeren Monaten des Frühsommers gearbeitet haben. Ganz im Ungewissen bleibt der kurze

Sommeraufenthalt in Josefsdorf auf dem Kahlenberg. Immer jedoch wird Mozart in engem Kontakt geblieben sein mit Schikaneder, seinen Sängern und Musikern. Gewiß hat auch sein junger Schüler Franz Xaver Süßmayr als Kopist des Orchestermaterials, als Assistent bei der Einstudierung und schließlich als Umblätterer für den dirigierenden Komponisten seinen Beitrag geleistet. Er hatte überdies die Aufgabe, die an einem Fußleiden laborierende, hochschwangere Konstanze nach Baden zu begleiten und ihr dort behilflich zu sein. Aus diesen Tagen geben einige ganz besonders zärtliche und besorgte Briefe Auskunft über Mozarts liebevolles Verhältnis zu seiner Frau. Aus einem dieser Schreiben geht hervor, daß Mozart am 11. Juni in die vierte Aufführung der neuen Oper »Kaspar der Fagottist oder Die Zauberzither« von Joachim Perinet und Wenzel Müller ins Josefstädter Theater gegangen ist. »Ich ging dann«, so schreibt er am 12. Juni, »um mich aufzuheitern zum Kasperl in die neue Oper der Fagottist, die soviel Lärm macht – aber gar nichts daran ist.« Hätte Otto Jahn diesen Brief gelesen, so wäre es ihm nicht in den Sinn gekommen, das Märchen von einer Neukonzeption des Textbuchs ab dem Finale des ersten Aktes in die Welt zu setzen. Viele Zentner Papier und manches Faß voll Tinte wären dadurch voneinander getrennt geblieben.

Anfang Juni 1791 begann Mozart den ersten Akt zu instrumentieren. Sußmayr mußte ihm dazu die Noten aus Baden schicken. Ende Juli fehlten vermutlich nur mehr die Ouvertüre, der Priestermarsch zu Beginn des ersten Aktes und einige Ergänzungen der Instrumentation. Um diese Zeit erhielt er die zweite Einladung nach London, diesmal durch einen Brief des inzwischen nach England übersiedelten Lorenzo da Ponte. Mozart bat um einen Aufschub der Reise um ein halbes Jahr. Nach diesem halben Jahr aber war er nicht mehr am Leben.

Am 24. Juli verschied in Wien der von allen Freimaurern verehrte und von Mozart und Schikaneder vielleicht in der Figur des Sarastro verewigte ehemalige Stuhlmeister der Loge »Zur wahren Eintracht« Ignaz von Born. Zwei Tage darauf, am 26. Juli, schenkte Konstanze in der Rauhensteingasse Mozarts jüngstem Sohn Franz Xaver Wolfgang das Leben. Unterdessen war vermutlich auch schon der Auftrag zur Komposition der Krönungsoper »La clemenza di Tito« aus Prag eingetroffen. Die Premiere sollte in der schier unfaßbar kurzen Zeit von sechs Wochen am 6. September stattfinden. Und sie fand statt. Mitte September reiste der von den Anstrengungen völlig erschöpfte Komponist von Prag nach Wien zurück. Sein Freund Niemetschek nahm an der Kutsche Abschied von Mozart und beschreibt diese Szene mit den Worten: »Bei seinem Abschied von seinen Freunden ward er so wehmütig, daß er Tränen vergoß.«

Es folgen die letzten Proben, während denen Mozart die Ouvertüre und den Priestermarsch nachkomponierte, deren Vollendung er erst zwei Tage vor der Premiere in sein Werkverzeichnis eintrug. Und am Freitag, dem 30. September 1791, ging zum ersten Mal das Werk über die Bühne des Freihaustheaters auf der Wieden, mit welchem die große deutsche Oper endlich in unverwechselbarer, eigener Gestalt neben ihre älteren italienischen und französischen Schwestern tritt.

Ob die erste Aufführung der »Zauberflöte« wirklich ein uneingeschränkter Erfolg war, läßt sich nach dem anonymen Korrespondentenbericht vom 9. Oktober 1791, in dem es heißt: »Die neue Maschinenkomödie ›Die Zauberflöte‹ findet den gehofften Beifall nicht«, kaum mit Sicherheit sagen. Gewiß erscheint jedoch, daß das Wiener Publikum das Werk von

Vorstellung zu Vorstellung mehr bejubelte. Mozart, der sich am meisten über den »stillen Beifall« freute, berichtete mehrfach vom wachsenden Erfolg und zitierte in einem Brief an Konstanze vom 14. Oktober das überaus freundliche Urteil Salieris und der Sängerin Cavalieri, denen »nicht nur meine Musik, sondern das Buch und alles zusammen gefiel … denn sie haben noch kein schöneres und angenehmeres Spectacel gesehen.« Diese Worte werden bestätigt durch die Tatsache, daß allein im Monat Oktober über zwanzig Aufführungen der »Zauberflöte« stattfanden, um die Nachfrage zu befriedigen.

Das gedruckte Textbuch enthält zwei Stiche von Ignaz Alberti, von denen der eine auf dem Titelblatt eine ägyptisch anmutende Architektur mit zahlreichen, unter anderem auch freimaurerischen Symbolen, der andere aber Emanuel Schikaneder im Kostüm des Papageno darstellt. Aus dem Jahre 1795 sind uns drei Kupferstiche von Joseph und Peter Schaffer erhalten, von denen gelegentlich behauptet wird, sie stellten die Szenerie der Uraufführung dar, obwohl das Kostüm des Papageno nicht mit dem, das wir aus dem Textbuch kennen, übereinstimmt. Die Motive entstammen allesamt dem ersten Akt und stellen einmal den 3. Auftritt mit Tamino, Papageno und den drei Damen dar, dann Taminos Flötenarie, bei welcher acht dunkle Affen aus dem seitlich neben den drei Tempeln anzunehmenden Wald hervortreten, und schließlich den Einzug des Sarastro auf einem von sechs Löwen gezogenen Wagen. Rückschlüsse auf die Inszenierungskünste Schikaneders aus diesen Bildern zu ziehen ist schon angesichts der ungesicherten Zuschreibung nicht angebracht, zumal die letztgenannten Kupfer zuerst in Brünn publiziert wurden und ebensogut eine Prager wie eine Wiener Aufführung zum Vorbild haben können.

Als es gilt, für eine maurerische Feier im Wiener Tempel ein Gesangsstück zu schreiben, entsteht vermutlich auf einen Text von Giesecke im Oktober 1791 die kleine Freimaurerkantate »Laut verkünde unsre Freude«. Sie wird von Mozart, der Tage zuvor bereits erste Krankheitssymptome gezeigt hat, am 16. November im Logenhaus uraufgeführt. Als letztes vollendetes Werk trägt es die Nummer 623 des Köchelverzeichnisses. Am folgenden Tag kann Mozart das Haus nicht mehr verlassen. Am 5. Dezember stirbt er.

Während zwischen 1791 und 1800 Mozarts andere Opern fast vollständig von den Wiener Bühnen verschwanden, bewahrte einzig die »Zauberflöte« ihre ungeminderte Beliebtheit. Bereits ein Jahr nach der Uraufführung brachten die Verleger Artaria in Wien und Hummel in Berlin Bearbeitungen der bekanntesten Melodien für Flöte auf den Markt, denen bald zahllose Editionen für alle möglichen Besetzungen folgten. Alle größeren deutschen Bühnen spielten das neue Werk, und es verschwand in der Folge kaum mehr von den Spielplänen. In Prag wurden vermutlich bereits im Jahre 1794 drei Versionen nebeneinander gegeben: die deutsche Originalfassung, eine italienische Übersetzung für den »gehobenen Geschmack« und eine tschechische, volkstümliche Version. Goethes Schwager Christian August Vulpius bearbeitete das Werk im selben Jahr für die Weimarer Bühne zu einem dreiaktigen Singspiel, das sich an vielen deutschen Bühnen gegen das Original für einige Zeit erfolgreich behauptete. Nach dem Eindruck dieser Aufführung begann Goethe selbst an einem zweiten Teil aus dem Themenkreis der »Zauberflöte« zu arbeiten. Er bot dem Wiener Kapellmeister Paul Wranitzky, dem Komponisten des »Oberon«, die Vertonung an. Da der Plan jedoch an Goethes Honorarforderung von 100 Dukaten scheiterte, ließ er das Fragment unvollendet liegen, beschäftigte sich aber nach 1800 wiederum als Regisseur und Bühnenbildner mit der »Zauberflöte«. Schikaneder selbst versuchte mit der Oper

»Das Labyrinth oder Der Kampf mit den Elementen, der zweyte Theil der Zauberflöte« in der Vertonung durch Peter von Winter den Erfolg zu erneuern, mußte jedoch einsehen, daß der Anteil Mozarts an seiner Arbeit durch keinen anderen zu ersetzen war.

Ein Jahr nach Mozarts Tod wurde der Pächter des Freihaustheaters, Joseph von Bauernfeld, für bankrott erklärt. Nach langem Suchen und schwierigen Finanzierungsbemühungen, zu denen vermutlich auch eine »Große Akademie« im Theater gehörte, bei welcher nach der Zauberflöten-Ouvertüre und einigen Mozart-Arien der junge Beethoven sein 1. Klavierkonzert spielte und Haydns Symphonie mit dem Paukenschlag den Abschluß bildete, fand Schikaneder doch endlich einen neuen Geldgeber. Der Wiener Kaufmann Bartholomäus Zitterbarth, ein Logenbruder aus den »drei Feuern«, übernahm 1799 als Pächter das Haus. Aber schon im Jahr darauf wurde die Konzession wegen zu großer Brandgefahr nicht mehr erneuert. Im Jahre 1801 wird das Freihaustheater auf der Wieden nach nur 14jährigem Bestehen niedergerissen und Emanuel Schikaneder, dessen Popularität in Wien ungebrochen ist, erhält vom Kaiser das Privileg zur Erbauung und Leitung eines neuen Hauses am Wienfluß, das er unter dem Namen Theater an der Wien am 13. Juni 1801 eröffnet.

1802 verkauft er sein Privileg und zieht sich in das in Nußdorf erworbene Schlössel zurück. Von 1804 bis 1806 übernimmt er noch einmal die künstlerische Direktion des Theaters an der Wien, jedoch diesmal ohne Erfolg. Zeichen einer geistigen Verwirrung machen sich bemerkbar. In den folgenden Jahren verliert der immer tiefer in Krankheit und Elend versinkende Künstler sein gesamtes Vermögen und stirbt in geistiger Umnachtung in einem bescheidenen Haus in der Florianigasse im Bezirk Josefstadt am 21. September 1812 im Alter von 61 Jahren.

Anmerkungen zum Textbuch der »Zauberflöte«

Begonnen sei mit einer These: Es gibt keine dauerhaft erfolgreiche Oper, die nicht ein in den wichtigsten Teilen überzeugend gelungenes Textbuch zur Grundlage hat. Der Widerspruch meldet sich sofort mit dem Hinweis auf die Beispiele von Verdis »Trovatore«, Webers »Freischütz« und vor allem von Mozarts »Zauberflöte«. Man hat uns einst in der Schule oder beim Musikunterricht erzählt, daß allein die Macht der Musik diese schwachbrüstigen, unglaubwürdigen und dilettantischen literarischen Machwerke verklären, emporheben und zum Erfolg führen konnte. Und doch beruht diese Einschätzung in jedem der drei Fälle auf einem kritiklos überlieferten Vorurteil, in das kein erfahrener Theatermann einstimmen wird. Dennoch wurde dadurch einer gerechten Bewertung des Musiktheaters insgesamt ein beträchtlicher Schaden zugefügt. Es erlaubte manchem, über die Kunstform der Oper die Nase zu rümpfen und sie einen ästhetischen Bastard zu nennen. Denn niemand vermag einen Komponisten wirklich ernst zu nehmen, dessen literarisches, psychologisches, dramaturgisches und damit überhaupt intellektuelles Urteil er geringer schätzt als das seiner Klavierlehrerin oder seines Deutschprofessors. Niemand kann ein Werk, das aus zwei organisch ineinander verwachsenen Teilen besteht, wie ein totes Seil in zwei getrennte Stränge zerlegen. Und niemand, um die Namen zu nennen, kann Mozarts Genialität als Opernkomponist ermessen, der ernstlich meint, er sei nicht in der Lage gewesen, in Schikaneder den dreisten Hanswurst zu erkennen, der er nach Einschätzung informierter Kreise doch gewesen sein soll. Wenn es nun aber bei der »Zauberflöte« gelingt, den Beweis für die Qualität des Textbuches zu führen, so wird man auch die anderen Fälle überprüfen müssen, wenn auch mit anderen, dem neuen Gegenstand angemessenen Kriterien, und wird zu ähnlichen Ergebnissen kommen.

Keine andere Oper – außer vielleicht Richard Wagners »Ring«-Zyklus – hat soviele Exegeten, Kommentierer, Kritiker und Verbesserer gefunden wie ebendieses letzte Bühnenwerk Mozarts. Um die zahllosen Anekdoten und Mystifikationen, die diese erste große deutsche Oper umgeben, durch ihre Widerlegung nicht noch einmal zu wiederholen und damit erneut zu verbreiten, gilt es bei einer Wertung des Werkes sich vor allem an den Originaltext zu halten.

Zu den wichtigsten Aufgaben eines Operndichters gehört nicht nur das Verfassen von knappen, geistreichen, poetischen und gut komponierbaren Texten, sondern vor allem eine klare, zwingende und spannungsreiche Handlungsführung, eine glaubwürdige Personencharakteristik und die dramaturgische Fähigkeit der klugen Disposition von Auftritten und Abgängen sowie von Kontrasten und Effekten der Szene. Hinter all dem muß eine ethische Botschaft und ein Wille zur Verständigung, zur Kommunikation stehen, der die Wege sucht, diese Botschaft auch zu vermitteln. Wendet man diese Kriterien auf das Textbuch zur »Zauberflöte« an, so wird jeder Laie sehr rasch erkennen, daß der literarische Teil dieses vielfältig bedingten Bühnenkunstwerkes nicht eben derjenige ist, der von Schikaneder am besten gelöst wurde. Wen wundert das auch? Schikaneder wird sich wohl selbst kaum als Dichter eingeschätzt haben. Er war Schauspieler, Sänger, Theaterdirektor, Regisseur und Stückeschreiber. Was seine sprachlichen Fähigkeiten anlangt, so war er seinen Kritikern in diesem Punkt durchaus nicht überlegen. Die aber machen es sich allzu einfach, wenn sie eben nur auf einen offenbar ungeschickten oder gar einfältigen Vers hinweisen. Ein Mann, der von derlei Dingen mehr verstanden hat als sie alle zusammen, hat zu dem Fall gesagt: »Es gehört mehr Bildung dazu, den Wert dieses Opernbuches zu erkennen, als ihn abzuleugnen.« Er hat zu seiner Zeit das Hoftheater in Weimar geleitet und die »Zauberflöte« nicht nur inszeniert und ausgestattet, sondern auch versucht, einen zweiten Teil nach Schikaneders Text zu schreiben. In einem Gespräch mit Eckermann gibt er zu, »daß der bekannte erste Teil voller Unwahrscheinlichkeiten und Späße sei, die nicht jeder zurechtzulegen und zu würdigen wisse; aber«, so fährt er fort, »man müsse doch auf alle Fälle dem Autor zugestehen, daß er im hohen Grade die Kunst verstanden habe, durch Kontraste zu wirken und große theatralische Effekte herbeizuführen.« Und um noch einen Mann hier als Zeugen aufzurufen, der einer der bedeutendsten Theoretiker in der Geschichte des Theaters war, so sei hier noch der eine Satz von Friedrich Hegel zitiert: »Wie oft kann man z. B. das Gerede hören, der Text der ›Zauberflöte‹ sey gar zu jämmerlich, und doch gehört dieses Machwerk zu den lobenswerthen Opernbüchern. Schikaneder hat hier nach mancher tollen, phantastischen und platten Produktion den rechten Punkt getroffen.« Von hier aus können wir es wagen, ohne weitere Hilfestellungen berühmter Autoritäten, die sich von Wagner bis zu Ernst Bloch in allen folgenden Epochen noch vielfach anböten, den Nachweis vom artspezifischen Wert des »Zauberflöten«-Textes allein zu führen.

Lassen wir die literarische Argumentation vorerst beiseite, um nicht gleich zu Beginn mit den etablierten Vorurteilen handeln zu müssen, und wenden wir uns der Handlungsführung zu, so haben wir uns hier mit dem klassischen Fall eines aufklärerischen Bildungsweges zu tun, der durch Schrecken, Täuschungen, Belehrungen und Prüfungen zum rechten Ziel gelangt. Dies gilt, wenn wir Tamino als den Helden des Stückes betrachten und Pamina als die ihm zugedachte Braut und Gefährtin. Ein zweiter Handlungsstrang zeigt den Kampf der Königin der Nacht mit Sarastro, dem Priester des Lichts, der allem äußeren Anschein nach als Sieger seine Gegnerin in die Schluchten der Finsternis stürzt. Die Vogelmenschen Papageno und Papagena sind die Helden einer dritten Handlung, die ihre eigene vom sehnsüchtigen Paarungswunsch bis zum Selbstmordversuch führende Folgerichtigkeit hat und schließlich doch in glücklicher Vereinigung der Liebenden endet. Zumindest diese dritte Handlungsebene wäre von den beiden anderen ohne Beeinträchtigung ihres jeweiligen Verlaufes abzutrennen, nicht jedoch ohne einen ganz empfindlichen und letztlich doch substanziellen Verlust an formaler Kunstfertigkeit und inhaltlicher, kritischer Kontrapunktierung. Die Handlungsmotive des aufklärerischen Läuterungsweges, des historisch und tiefpsychologisch gleichermaßen beziehungsvollen Kampfes von Licht und Dunkel, von Männerherrschaft und Mutterrecht, sowie des Liebes- und Leidensweges zweier sehr unterschiedlicher Liebespaare ergeben ein Geflecht von höchster

Kunstfertigkeit, mit der wechselseitigen Kommentierung als Täuschung, Lüge und Heuchelei in so raffinierter Weise verwoben, daß für alle darin etwas zu finden ist »außer für lange Ohren«.

Über die handelnden Personen ist vieles geschrieben worden, das auf deren Ideologisierung oder Allegorisierung hinausläuft. Es soll darauf nicht in allen Punkten eingegangen werden, da für Theaterfiguren in erster Linie der Grad an Bühnenrealität, den sie in Erscheinung, Sprache und Gesang zu gewinnen vermögen, entscheidend sein muß. Immerhin soll auf einige von ihnen zumindest ein kurzer Blick geworfen werden, um festzustellen, in welchem außerordentlichen und in der gesamten Bühnenliteratur nur ganz selten erreichten Maße diese Rollen der »Zauberflöte« auf dem Theater lebendig geworden sind, so daß sie nicht nur allen ihren Interpreten dankbarste Aufgaben bieten, sondern auch darüber hinaus ihr Dasein in die Literatur und bildende Kunst fortsetzten wie nur wenige andere Gebilde der Phantasie.

Welcher Theaterschriftsteller hätte nicht gerne eine Königin der Nacht erfunden, vor deren schmalem Fuß die Berge sich spalten und deren schimmerndes Angesicht niemandem zu schauen erlaubt ist – außer eben dem Zuschauer? Daß ihre Tochter Pamina sie liebt und aus Heimweh zu ihrem geheimnisvollen, sternfunkelnden Reich der Aufsicht von Sarastros Sklaven entflieht mit dem Ruf: »Mir klingt der Muttername süße; sie ist es, sie ist es …!«, das deutet nicht auf eine Macht der Vernichtung. Und nicht erst Adorno ist es klargeworden, daß ihre Koloraturgesänge kein böses Prinzip vorzustellen vermögen. Sie ist im Gegensatz zum dienenden Priester Sarastro eine Göttin und fordert ihre Rechte als Gattin des verstorbenen Weltherrschers. Wer sich ihr unterwirft, das erkennt man am Beispiel Papagenos, der hat ein fröhliches Leben, anders etwa als Monostatos und die Sklaven. Sie vermag den »freien Mann von gutem Ruf«, Tamino, durchaus mit Worten und Tönen zu überzeugen und bedarf nicht der Drohungen wie die gestrengen Tempeldiener. Als böse beschimpft wird sie allein von Sarastro, dem Usurpator, Zuchtmeister und Sklavenhalter und seinen Priestern. Daß sie aber nach Art der alten Götter von furchtbarem Jähzorn ergriffen wird, als sich ihre eigene Tochter ebenso wie ihr Abgesandter Tamino auf die Seite des Gegners schlägt, dies ist durchaus begründet, wenn auch mit allzu knappen Worten, in der Gefahr, die ihr und ihrer Herrschaft daraus droht. Obwohl der Kampf zwischen den Reichen des Lichtes und der Nacht, des Sonnentempels und des Märchenwalds, des männlichen Geistes und des weiblichen Zaubers mit einem nächtlichen Albtraum beginnt und im hellen Sonnenlicht endet, sollte man nicht allzuleicht das Gute dem Sarastro zuweisen und das Böse der Königin der Nacht, eher mag man schon einen Gegensatz zwischen Kultur und Dämonie erkennen, zwischen Rationalismus und Fruchtbarkeit oder zwischen geraden und geschwungenen Linien des Lebens. Und es sollte einen nicht wundern, wenn sich Marc Chagall, wie Günther Rennert erzählt, durchaus nicht bereit finden wollte, den Himmel der nächtlichen Königin in dunklen Farben zu malen. Er wußte vom magischen Leuchten der Nacht. Und gibt es nicht von Max Slevogt eine Zeichnung, welche die erste Begegnung Taminos mit Pamina vor der geschwärzten Silhouette des Sarastro darstellt? Goethe mag der erste Bühnenbildner gewesen sein, der den Fuß der Königin auf eine Mondsichel stellte, aber gewiß nicht der einzige, der diesen Zusammenhang christlicher und heidnischer Mythologien gesucht hat. Wenn nun auch noch die eben getötete Schlange nicht aus Gründen der Verwandlungsmechanik oder der Hygiene allzu rasch fortgeräumt wird, so sieht der Christenmensch mit Staunen das Bild der Himmelskönigin, der stella maris, mit der zertretenen Schlange zu ihren Füßen. Und wenn er, geblendet von Sternenglanz und Gesang und betäubt vom Grollen des Donners und dem Auseinanderklaffen der Berge, noch weiß, wie ihm geschehen ist, so wird er nur mehr den Kopf schütteln über die armselige Ahnungslosigkeit, die da behauptet, daß dieses Stück und seine Personen keinen rechtwinkligen Sinn ergeben, daß alles ursprünglich einmal anders geplant war und nur durch »Kasperl, den Fagottisten« von Wenzel Müller in eine andere Bahn gelenkt wurde. So nämlich lautet die These derer, die vom Zusammenwachsen den Gegensätze nichts wissen und nicht einsehen mögen, daß man im Reiche der Königin den Tyrannen Sarastro beschuldigt und im Reiche des Sarastro die Königin. Will man denn nicht begreifen, daß man mit derlei kindischen Besserwissereien nicht nur an dem armen Schikaneder mäkelt, sondern an Mozart, dem brillantesten dramaturgischen Kopf nicht nur seiner Epoche?

Aus der Tradition der Barockoper wissen wir, daß die tiefschwarze Baßstimme zuallererst dem Gott der Unterwelt Pluton oder seinem Fährmann Charon zugewiesen wurde, später, in der geistlichen rappresentazione, auch dem Verräter und dem Satan, seltener den Vater- und den Königsfiguren, deren eigentliches Register der Tenor oder der hohe Baß war. Sarastro mag von beiden sein Teil haben. Er ist ein zornig strafender Despot und Sklavenhalter, der nicht allein gegen die Frauen, sondern auch gegen die dunkle Hautfarbe seines Knechtes Monostatos seine Vorurteile hat. Dieser seltsame Weise hat seine dunklen Seiten wie die Königin auch. Er begehrt Pamina und hat sie vermutlich sehr wohl ihrer Mutter entführt, um sie für sich selbst zu gewinnen, und mit ihr den Sonnenkreis ihres Vaters. Da er die Liebe des verängstigten Mädchens jedoch nicht zu erlangen vermag, muß er sie, um sie nicht gänzlich zu verlieren, dem Abgesandten ihrer Mutter, Tamino, abtreten. Daß er dies mit Würde über sich bringt, darin besteht seine Prüfung. Wenn er sie aber nicht einem Unbekannten überlassen will, so kann er diesem die Prüfungen nicht ersparen, in denen Mut und Standhaftigkeit zu beweisen sind und selbst die Todesgefahr nicht ausgeschlossen bleibt. Sarastro tut dies nicht allein um der Erkenntnis willen, er will auch sicher sein, daß Tamino durch den Beitritt zum Bund auf seine Seite wechselt. Nun aber geschieht es, daß Pamina ihrem Geliebten in der Stunde seiner höchsten Gefahr die Zauberflöte ihres Vaters bringt. Wer weiß, ob er den Weg durch Feuer und Wasser ohne diese Hilfe lebend bestehen würde. Und darum ist er frei am Ende, nicht der Königin und nicht dem Priester verpflichtet, sondern allein sich selbst, Pamina und dem Erbe ihres Vaters. Darum muß auch Sarastro nicht nur auf die begehrte Frau, sondern auch auf Thron und Macht verzichten. Daß er dies über sich vermag, unterscheidet ihn von seiner Gegenspielerin, der rächenden Göttin. Der archaische Zorn der zweiten Königinnenarie, der an die wetterleuchtenden Koloraturen der großen Magierinnen Circe und Armida bei Gluck oder Alcina bei Haydn erinnert, kündet nicht nur von gekränkter Mutterliebe, sondern auch von der Indignation der beleidigten Gottheit. In diesem Wesensunterschied der beiden Protagonisten liegt der Grund dafür, daß die Göttin nicht ebenso abzudanken vermag wie der Priester. Sie muß ganz und gar im Abgrund versinken, der sich unter den Grundmauern des Sonnentempels öffnet, oder besser: auf dem der Tempel erbaut ist.

Daß auch Tamino nicht nur ein fürstlich gekleideter Tenor ist, sondern ein Jüngling, der sich suchend und liebend in Gefahr begibt und diese durch eigenes Denken und Handeln entschlossen meistert; daß Pamina, nicht allein ein hübsches, wohlklingendes Mädchen, sondern ein warmherziger, aufrichtiger und mutiger Mensch ist; daß alle anderen Personen, Damen, Knaben, Sprecher, Priester, geharnischt oder ungeharnischt, die Sklaven, der »böse Mohr« und selbst die wilden Tiere und bunten Vögel nicht einfach eine farbenfrohe Gesellschaft von altbekannten Theaterpuppen sind, sondern einer traumwandlerisch begnadeten Phantasie entspringen, das mag der Blinde seinen Ohren glauben. Hier sollen nur noch ein paar Worte dem ganz und gar Schikanederischen Papageno gelten. An diesem Kerl kann man nicht vorübergehen, ohne einen Kratzfuß zu machen. Er ist die menschlichste von allen Figuren der »Zauberflöte«, und doch ist er ein halber Vogel. Und wehe dem Regisseur, Kostümbildner oder gar Darsteller, der das übersieht. Kasperl- oder Thaddädl-Figuren gibt es viele, aber ihm ist keine vergleichbar. Einer seiner Vorfahren hat einmal fliegen gekonnt, und das sieht man ihm durchaus noch an. Er hat den Zug zum Höheren, bleibt aber doch lieber spottend auf dem Erdboden sitzen. Seine Federn sind ihm angewachsen, er will sie sich manchmal vor Zorn ausrupfen und nicht nur eine bunte Jacke ausziehen wie ein Bajazzo. Er fängt seine Artgenossen und verkauft sie für Speis und Trank an die Damen der Königin, die gewiß gelegentlich auch einen Federhut tragen. Er fragt nicht weiter, was mit den bunten Vögeln geschieht. Er ißt wohl sogar ein Hühnerbein aus Sarastros Küche, ohne sich zu genieren. Eine meist aus dem Dialog gestrichene Stelle gibt uns Aufschluß über die Herkunft dieses Papageno. Darin erzählt er dem fragenden Tamino, daß er sich ganz vage erinnert, daß seine Mutter im Palast der Königin gedient hat und daß er von einem alten, aber sehr lustigen Mann aufgezogen und ernährt wurde. Offenbar hat der ihm auch jene Strohhütte im Wald hinterlassen, die ihn »vor Regen und Kälte schützt«. Nun, wenn einer nach einem liebevollen, weisen Mann in diesem Stück suchen sollte, mit diesen kurzen Worten ist er beschrieben. Und er kann stolz sein auf seinen Sprößling, denn der hat die Herzen der Menschen gewonnen.

Zu den wichtigen Aufgaben eines Operndichters gehören aber neben der Handlungsführung und der Gestaltung der Charaktere die Disposition der Auftritte und Abgänge und die Erfindung szenischer Effekte und wirkungsvoller Verwandlungen. Hierin nun ist das Buch Schikaneders ein wahres Musterstück für alle Lehrlinge des Theaterhandwerks. Je nach Einteilung der Szenen kann man bis zu vierundzwanzig Bühnenbilder aufeinander folgen lassen, eines wundersamer als das andere. Und wenn wir die Abgänge, »den letzten Eindruck von einer Person«, der Kürze halber einmal beiseite lassen, so finden wir das erste Erscheinen der handelnden Personen in der phantasievollsten Weise bedeutungsvoll für deren Charakter: Tamino stürzt, von einer Schlange verfolgt, gleich bei den ersten Takten der Introduktion auf die Bühne, in höchster Todesnot um Hilfe rufend; die drei Damen treten im letzten Augenblick unvermutet und rettungbringend hervor, um den Ohnmächtigen zu schützen; Papageno kündigt sich schon von ferne durch den Ton seiner Panflöte an, tanzt fröhlich und ahnungslos herbei, den Vogelkäfig auf dem Rücken, und stolpert schier über den getöteten Lindwurm; die Felsen öffnen sich unter Donner und Blitz, und die sternflammende Königin erscheint in silberner Pracht vor dem bestirnten Firmament der Nacht; die drei Knaben schweben durch die Luft gondelnd daher; der Sprecher tritt nach zweimalig vergeblichem Pochen Taminos an den Pforten des Weisheitstempels im Priesterornat aus der dritten Türe; Pamina wurde dem Tamino durch ein Bildnis vorgestellt, das in ihm Liebe erweckte, wir, die wir ihm dabei nicht über die Schulter sehen konnten, lernen das Mädchen kennen eben in dem Augenblick, als sie von einem lüsternen Mohren auf die Bühne geschleppt wird und von der rohen Behandlung erschreckt in Ohnmacht fällt; der Mohr seinerseits wird von dem auftretenden Papageno für den leibhaftigen Teufel gehalten und erweist sich sogleich auch als Feigling, der die Flucht ergreift vor einem Vogelmenschen; seine Gefolgsleute, die im übrigen sich zuerst als seine Gegner bekennen, zeigen Mitleid mit Pamina und verwandeln sich durch ein harmlos-liebliches Glockenspiel in tanzende Kinder; Sarastro endlich erscheint von Jubelchören angekündigt im königlichen Jagdgewand – und nicht im Priesterornat wie der Sprecher – auf einem Wagen von sechs grimmigen Löwen gezogen. Nun haben wir sie alle beisammen, bis auf die hübsche kleine Vogelfrau Papagena, die uns im zweiten Akt zuerst als häßliches altes Weib vorgestellt wird, und die beiden Geharnischten, die wohl verkleidete Priester sind und nur die schreckliche Seite des Schönen und Weisen nach außen kehren. Als letzte und kleinste der vielen Rollen sind auch sie noch mit einem Auftritt beschenkt, der jedem Theaterbesucher ganz unvergeßlich bleiben muß.

All dies ist gefaßt in eine Sprache, die bei aller gelegentlicher Unbeholfenheit doch auch wieder ihren eigenen, unverwechselbaren Ton hat, den man nicht einfach, wie manche meinen, »verbessern« kann. Und wenn man allzu viel herausjätet aus dem Wildwuchs der Schikanederschen Scherze, treibt man dem Stück die gute Laune aus, die es den Kindern und kindlichen Herzen so liebenswert macht. Anders liegt die Sache bei Übersetzungen in fremde Sprachen. Dabei muß einem Stück ohnehin das Gewand ausgezogen – wobei meist ein Stück Haut mitgeht – und ein neues angemessen werden.

Bei all den Einwänden, die von »langen Ohren« und den dazu gehörigen spitzen Zungen dennoch weiterhin vorgebracht werden, sollte aber doch bedacht werden, daß, wer Schikaneder schlägt, auch Mozart trifft. Der aber hat seit seinem zwanzigsten Lebensjahr keine Oper mehr geschrieben, die man als Nebenwerk abtun könnte. Er ist durch die Schule der besten Textdichter des Jahrhunderts Metastasio und da Ponte gegangen und hat gewiß ein dramaturgisches und literarisches Verständnis gehabt wie kein anderer Komponist seiner Zeit. Er hat sich diesen Text der »Zauberflöte« nicht aufschwätzen lassen, sondern hat ihn in seinen wichtigsten Punkten mitbestimmt und verantwortet. Und nachdem man inzwischen klargestellt hat, daß die beiden über ein Jahr an dem Werk gearbeitet haben und keine Eile sie trieb außer dem eigenen Eifer, so wird man endlich doch nicht länger umhinkönnen, die »Zauberflöte« als das gelten zu lassen, wofür sie alle vorurteilslosen Köpfe und humorbegabten Herzen seit nun bald zweihundert Jahren immer gehalten haben: für eine letzte Zusammenfassung des an Wundern so reichen barocken Zaubertheaters, für ein unbefangenes Spiel auf dem geweihten Boden großer geistiger Traditionen und für eines der liebenswürdigsten und doch zugleich tiefsinnigsten Meisterwerke des abendländischen Musiktheaters.

Die »Clemenza Imperiale« und die »Porcheria Tedesca«

Die Gerechtigkeit ist nur die eine Seite der weisen Herrschaft; die andere ist die Güte. Und es gibt nicht viele Beispiele auf solche Weise vollendeter Weisheit, während die Herrscher, die wie reißende Wölfe unter der ihnen anvertrauten Herde wüteten, schier ohne Zahl sind. Gewalt und Unterwerfung sind atavistische Erbteile aus vorgeschichtlicher Zeit. Doch man fragt sich auch noch in unserem Jahrhundert, ob manche der durch monarchisches Erbrecht legitimierten Gewalttäter wirklich auf Menschenart entbunden wurden.
Am Anfang der finsteren Reihe steht neben dem auf so seltsame Art mit Erlangung der Herrschaft mildtätig gewordenen Titus jener Kaiser Nero, der seine eigene Mutter töten ließ, um von keiner Seite mehr Vorwürfe und Mahnungen hören zu müssen. Er hatte zuvor auch seinen Erzieher Seneca, der, um ihn auf den rechten Weg zu bringen, eine Schrift ad usum delphini »De clementia« verfaßt und ihm gewidmet hatte, zum Schweigen gebracht.
War hier die Weisheitslehre der Stoa an der Caesarenwillkür gescheitert, so gelangte doch in einem späteren Jahrhundert mit Marc Aurel nach unzähligen Gewaltherrschern ein Mann auf den Thron, der das Amt des Imperators mit der Verpflichtung zur Menschenliebe zu verbinden wußte.
Die christlichen Herrscher fühlten sich dem Begriff der Gnade verbunden. Ihnen war bewußt gemacht worden, daß sie ihre Krone von einem höheren Richter verliehen bekommen hatten, auf dessen Milde und Verzeihung auch sie einst hoffen mußten.
Im Tugendkodex des Feudalismus, vor allem der Habsburger, stand die »allerhöchst angeborene allermildeste Clemenz« an vorderster Stelle. Maria Theresias Wahlspruch lautete »Justitia et clementia«. Der Herrscher, der in früher Jugend schon zum Führer eines Volkes bestimmt ist, wurde zumeist auf dieses Amt vorbereitet von Männern oder Frauen, die einst unter seiner Gewalt stehen sollten. Sie versuchten eben darum, ihm zur rechten Zeit den Zaum anzulegen, geflochten aus klugen Worten, Lob und Tadel, zukunftsträchtigen Ideen und nachahmenswerten Beispielen der Geschichte. Dieser Zaum mußte unzerreißbar sein, wenn es zum Ernst kam, durfte aber nicht hinderlich sein bei der freien Bewegung des königlichen Hauptes. Der ihn trug, mußte meinen, er trüge einen Schmuck um den Nacken und nicht ein Joch, sonst schüttelte er sich und strafte seine Bändiger.
Und so wurde es von Fénelons »Télémaque« bis zu Corneilles »Cinna« oder Racines »Mithridate« und zu Metastasios »La clemenza di Tito« zu einer bewährten Übung, sich der huldvollen Güte eines Herrschers durch dessen rechtzeitige Belehrung zu versichern. Die günstigsten, aber auch letzten Anlässe dazu ergaben sich bei Krönungs- oder Hochzeits-

feierlichkeiten. In den Zeiten der höfischen Theaterfeste bestand hierin eine der Aufgaben der Dichter. Diese waren auch in der Epoche des Absolutismus nicht immer nur Virtuosen der Unterwürfigkeit, Lobredner und Hofberichterstatter. Ihr Amt war nicht ohne Gefahren. Ihnen oblag unter anderem die Programmierung der wichtigsten Fresken der Paläste, die Ausrichtung der Festlichkeiten, Umzüge und Zeremonien und die literarische und theatralische Huldigung durch die licenza, die zugleich stets eine festlegende Verpflichtung des Gehuldigten war, eine Einbindung in die Tradition der herrscherlichen Tugenden, unter denen die »clemenza« nicht die geringste war. Sie bürgte für die »Liebe« – oder nennen wir es nun das Einverständnis – der Untertanen. Mit der Aufklärung gewann die Überzeugung von der ursprünglich guten Natur des Menschen Geltung auch an den europäischen Fürstenhöfen. Begriffe wie humanité, fraternité, tolerance, égalité, clemence und zuletzt auch liberté nahmen von den in England gegründeten Freimaurerlogen ihren Ausgang und bewirkten nach dem Tode Ludwigs XIV. nicht enden wollende Argumentationen, in deren Mittelpunkt Schriftsteller wie Voltaire, Rousseau, Diderot, d'Alembert und Mirabeau standen. Hier begann die Gefahr zu erwachen. Der Herrscher mußte fürchten, nicht nur mehr belehrt, sondern endlich auch gezwungen zu werden, von Männern, denen es nicht mehr genügte, es besser zu wissen. Nicht nur die Vordenker der Französischen Revolution, sondern auch ihre Exekutoren, unter ihnen Marat und Danton, waren Mitglieder des Freimaurerbundes. Das Schicksal des gegängelten französischen Königs vor Augen begannen die europäischen Herrscher halsstarrig zu werden.

Wie wenig Kaiser Leopold II. aber die versifizierte und komponierte Aufforderung zur Großmut beherzigt hat, das läßt sich am Beispiel des »Titus« und seiner Autoren ablesen. Metastasio, zu seinen Lebzeiten hochgeachtet, war bei Leopolds Regierungsantritt schon verstorben. Mazzolà hatte 1791 drei Monate lang versucht, die durch da Pontes Entlassung frei gewordene Stellung als Theatraldichter zu erlangen. Vergeblich. Mozarts Gesuch um eine Anstellung als Klavierlehrer der jungen Erzherzöge und Erzherzoginnen wurde abgelehnt. Als wenige Monate später seine Witwe Konstanze in ihrer Bedrängung durch die Gläubiger in einer Audienz beim Kaiser Hilfe suchte, gewährte ihr »der unsterbliche Monarch« eine Jahrespension von 260 fl. (Man vergleiche hierzu die Internatskosten von Mozarts älterem Sohne Karl in Perchtoldsdorf von 400 fl.). Viel Zeit blieb dem Kaiser nicht, die Lehren seiner Huldiger besser zu beherzigen. Unerwartet starb er im März 1792. Sein Nachfolger, der Adressat von Haydns Kaiserhymne, machte sich die Dichter und Komponisten durch seine Zensur gefügig.

»In Prag hat sich die Tradition erhalten, daß die Kaiserin sich sehr geringschätzig über die porcheria der deutschen Musik geäußert habe«, schreibt Otto Jahn in der ersten umfangreichen und wissenschaftlich recherchierten Mozart-Biographie von 1859. Der Autor hatte noch Gelegenheit, während seiner langjährigen Nachforschungen persönliche Gespräche mit Zeitgenossen des Komponisten zu führen. Über die genauere Herkunft dieser Nachricht gibt er jedoch keine Auskunft.

Als zweite Quelle zu diesem ominösen dictum kann Alfred Meißners Buch »Rocobilder – nach den Aufzeichnungen meines Großvaters« von 1871 gelten. Hierin wird der Großvater des Autors, August Gottlieb Meißner, mit dem Satz zitiert: »Der Kaiser äußerte sich geringschätzig und die Kaiserin nannte die Musik eine porcheria tedesca«. Der Berichtende war der Textdichter der offiziellen Huldigungskantate bei den Prager Krönungsfeierlichkeiten, welche von Leopold Kozeluch, einem erklärten Gegner Mozarts, komponiert und dirigiert und von Josepha Duschek, einer erklärten Freundin der Mozartschen Familie, gesungen worden war. Er dürfte also vielfältige Gelegenheiten zu einer genaueren Kenntnis der näheren Umstände bei der »Titus«-Premiere gehabt haben.

Verwunderlich scheint uns heute, neben der unflätigen Ausdrucksweise, daß in beiden Fällen das »allerhöchste« Mißfallen ausdrücklich gegenüber der Musik und der deutschen Nationalität des Komponisten formuliert wurde. Man würde deshalb auch vergeblich nach einer Verursachung des erlauchten Unwillens durch den italienischen Textautor Mazzolà, ganz zu schweigen vom sakrosankten Hofpoeten Metastasio, suchen. Auch ist es eine rührende, aber vergebliche Liebesmüh, das Verdikt, wie es gelegentlich geschieht, auf den vier Tage zuvor gespielten »Don Giovanni« mit seinen insistierenden »Viva la libertà«-Rufen umzuleiten. Der »Don Giovanni« mag ebenfalls mißfallen haben, er war aber als musikalisches Meisterwerk längst bekannt und wurde auf den ausdrücklichen Wunsch der Majestäten in Prag aufs Programm des Nationaltheaters gesetzt.

Die Kaiserin Maria Ludovica war eine geborene Prinzessin aus der spanischen Linie der Bourbonen und hatte den Großteil ihres Lebens in Florenz verbracht, wo ihr Gemahl fünfundzwanzig Jahre lang als Großherzog regiert hatte. Leopold hatte eine Anstellung des jungen Mozart in Florenz bereits im Jahre 1773 ausgeschlagen und auch eine neuerliche Bewerbung in Wien nicht angenommen. Er hatte zudem Mozarts Dichter da Ponte ohne Angabe von Gründen entlassen und aus Wien verwiesen. Diese Entscheidungen bestätigen den volkstümlichen Ausspruch seiner Gemahlin. Ist es so ganz unbegreiflich, daß es auch in den höchsten Kreisen so etwas wie »lange Ohren« gab?

Es läßt sich nicht leugnen, daß der Hof eine vorgefaßte Meinung gegenüber dem neuen Werk zum Ausdruck brachte. Dies mag an mehreren Umständen liegen, die man heute nur mehr erraten kann:

Vielleicht war der Kaiser von den Pragern weder bei der Wahl des Textes noch des Bearbeiters noch des Komponisten zu Rate gezogen worden. Man hatte wohl allzusehr auf die unbestrittene Grundlage des metastasianischen Originalbuches vertraut.

Möglicherweise wurde in dem Sujet und seiner Darstellung in allzu unvorsichtigem Maße der Geist der Freimaurerei verherrlicht, was angesichts der politischen Lage in Paris nicht eben opportun war.

Das altbewährte Schema der opera seria wurde von Mozarts musikalischer Dramaturgie nicht respektiert.

Das »Requiem auf einen Kaiser« am Ende des 1. Aktes war bei einer Krönung nicht eben das, was man hören wollte.

Die Tendenz zur Selbstaufgabe des Absolutismus widersprach zu diesem Zeitpunkt dem Machtverständnis des neuen Herrschers.

Anders als der Hof dachte das Volk der Prager. Nachdem die zweite, ebenfalls der Hofgesellschaft vorbehaltene Aufführung nur sehr spärlich besucht war, wurden die Tore des Theaters für das zahlende Publikum geöffnet. Und nun zeigte es sich, daß auch diese Oper, wie alle anderen Bühnenwerke Mozarts zuvor, den Beifall der Öffentlichkeit zu gewinnen vermochte. Die Aufführungen des »Titus« wurden bejubelt. Und bis in die ersten Jahre des 19. Jahrhunders galt dieses Werk als das erfolgreichste unter Mozarts Opern.

Mozarts letzter Librettist

Caterino Mazzolà wurde 1745 in Longarone bei Belluno im Veneto geboren, unweit der Heimat seines Freundes und Kollegen Lorenzo da Ponte. Von seinen Jugendjahren ist wenig bekannt geworden. Seine literarischen Studien scheint er in Venedig betrieben zu haben. Dort wurde jedenfalls 1769 seine Oper »Ruggiero e Bradamante« mit Musik von Pietro Guglielmi dem Älteren uraufgeführt. Da Ponte spricht von ihm in seinen Memoiren als von einem guten Freund aus seinen turbulenten venezianischen Jahren. Möglicherweise hat Mazzolà damals auch schon die Bekanntschaft Giacomo Casanovas gemacht, mit dem er bis zu dessen Tod persönlich und brieflich in Verbindung blieb. Er scheint jedoch den abenteuerlichen Unternehmungsgeist der beiden Freunde nicht geteilt zu haben, jedenfalls ist von Inhaftierung, Flucht oder Verbannung und auch von riskanten Frauenaffären bei ihm nirgends die Rede.

Besondere literarische Talente haben sich wohl erst später bemerkbar gemacht, denn nach seinem ersten dramatischen Versuch ist erst wieder im Jahre 1778 von der Aufführung eines seiner Werke zu berichten. Diesmal ist Antonio Salieri der Komponist, der um diese Zeit längst von Venedig nach Wien übersiedelt war und dort unter dem Schutz der Hofkompositeure Gaßmann und Gluck Karriere gemacht hatte. Diese opera buffa mit dem Titel »La scuola dei gelosi« (Die Schule der Eifersüchtigen) dürfte Erfolg gehabt haben; sie fand in Italien rasche Verbreitung. Zwei Jahre später wurde der inzwischen fünfunddreißigjährige Literat als Theaterdichter an den kursächsischen Hof nach Dresden berufen.

Auf seiner Reise in den Norden traf Mazzolà in Görz den inzwischen aus Venedig verbannten da Ponte und versprach dem bis dahin wenig erfolgreichen Kollegen, sich für ihn bei seinen Gönnern einzusetzen. Er hätte diese leichtfertige Freundlichkeit vielleicht unterlassen, wenn er geahnt hätte, daß da Ponte bald darauf, angeblich durch einen fingierten Brief verleitet, in Dresden erscheinen würde, um ihn daran zu mahnen. Da er sich in Dresden keine unliebsame Konkurrenz auf den Hals laden wollte, suchte er den arbeitslosen Freund mit einem kurzen aber eindringlichen Empfehlungsbrief an Salieri nach Wien weiterzureichen, und hat auf diese Weise mit ein paar Zeilen Theatergeschichte gemacht.

Caterino Mazzolà arbeitete in Dresden vor allem mit den dort ansässigen Komponisten Naumann, Seydelmann und Schuster zusammen, offenbar zur Zufriedenheit des Kurfürsten Friedrich August III., der seinen Vertrag mehrfach verlängerte. Opere serie schuf er vor allem zu Beginn seiner Dresdener Zeit. Zu nennen wären ein »Ruggiero«, eine »Elisa« und vor allem ein »Osiride«, in welchem sich erstaunliche Ähnlichkeiten mit der zehn

Jahre später entstandenen »Zauberflöte« finden. Mozart hat dieses Werk ganz offensichtlich gelesen. Später wandte sich Mazzolà der opera buffa zu. Aufhorchen läßt hierbei der Titel eines »Turco in Italia«. Mag sein, daß sich hier ein Vorbild für Romanis Libretto zu Rossinis gleichnamiger Oper entdecken ließe.

Nachdem im Frühjahr 1790 Lorenzo da Ponte von Kaiser Leopold II. aus seinem Amt als Dichter der Hoftheater entlassen worden war, scheint Caterino Mazzolà in die engere Wahl für dessen Nachfolge gekommen zu sein. Daß ihn dafür Salieri empfohlen hat, wäre durchaus naheliegend, denn der hatte mit Mazzolàs Text zur buffa »La scuola dei gelosi« auch bei der Eröffnungsvorstellung der wiedereingerichteten italienischen Oper am 12. April 1783 großen Erfolg gehabt. Er war zudem um diese Zeit noch als Hofkapellmeister von großem Einfluß. Da Ponte selbst war in Ungnade und konnte für seinen Freund, dem er so viel verdankte, nichts bewirken. Mozarts Empfehlung wird bei Leopold auch nicht von großem Nutzen gewesen sein. Der Theaterintendant Graf Orsini-Rosenberg war da gewiß ein mächtiger Protektor. Einer Besoldungsliste der Hoftheater ist zu entnehmen, daß Mazzolà von Mai bis Ende Juli 1791 als Theaterdichter bezahlt wurde. Er war laut einer Zeitungsmeldung in Prag am 6. Mai angekommen und bald danach nach Wien weitergereist. Am 25. Mai wurde er dort von Kaiser Leopold in Audienz empfangen. Der muß sich aber überraschenderweise eher abweisend gezeigt haben, denn aus der erhofften festen Anstellung wurde nichts.

»Was den Theaterdichter betrifft«, heißt es im Protokoll der Hofschreiber, »so ist die Berufung des in Dresden angestellten Mazzoli unitz und überflüssig, weil in diesen wenigen Monathen, wo ohnehin nur ältere Stücke gespielt werden man sich ganz leicht ohne Dichter wird behelfen können.« Aus da Pontes Memoiren kann man einen anderen Teil der Wahrheit erfahren. Leopold soll sich ihm gegenüber in einer Audienz in Triest folgendermaßen über seinen offenbar allzu voreiligen Intendanten geäußert haben: »Oh, Graf Rosenberg versteht wenig vom Theater, und was seine Poeten anbelangt, so bedarf ich ihrer nicht, ich habe bereits einen solchen nach meinem Geschmack in Venedig gefunden.« Offenbar hatte es da eine kleine Meinungsverschiedenheit gegeben, und der Kaiser hatte sich mit seinem Votum für Giovanni Bertati, dem Dichter von Gazzanigas »Don Giovanni« und Cimarosas »Matrimonio segreto«, gegen Rosenberg durchgesetzt. Einem Wiener Kabinettsprotokoll vom Juli 1791 ist der Schluß der Affäre zu entnehmen. Es heißt dort unmißverständlich: »Der Poet Mazzolà ist zu Ende dieses Monaths zu entlassen, indem der neu kontraktierte Poet Bertati zu dieser Zeit allhier ankommen wird.«

Dies alles ereignete sich während der Monate, in welchen Mazzolà mit Mozart gemeinsam in Wien an der Krönungsoper für den ungnädigen Herrn arbeitete. Wann diese Arbeit begonnen worden war, ist nicht leicht zu eruieren. Frühestens im April 1789, als Mozart auf der Reise nach Berlin in Prag mit dem dortigen Impresario Guardasoni die Bedingungen eines neuen Opernauftrages ausgehandelt und danach auch in Dresden Zwischenstation gemacht hatte. Ein Treffen mit Mazzolà ist dabei durchaus wahrscheinlich, aber Mozart wird eine künstlerische Zusammenarbeit mit diesem wohl erst in Betracht gezogen haben, nachdem da Ponte im folgenden Jahr in Wien in Ungnade gefallen war. Man weiß von einer Aufführung des Rondos der Vitellia in Prag durch die Mozart-Freundin Josepha Duschek am 26. April 1791. Der Text hierzu stammte nicht aus Metastasios Original, sondern aus Mazzolàs Bearbeitung. Komponist und Dichter mußten also bereits geraume Zeit vor der Auftragserteilung und offiziellen Festlegung des Textes ihre Arbeit begonnen haben, wenn man nicht annehmen will, daß der Text dieser Arie aus einer anderen Feder stammt. Sie trafen sich danach im Mai wieder in Wien und reisten von dort nach Prag (getrennt oder gemeinsam, jedenfalls spätestens am 25. August), um dort die Proben für die Uraufführung zu leiten.

Mazzolà blieb nach der Premiere des »Titus« noch eine Woche in Prag und verließ die Stadt, wie die Oberpostamtszeitung meldete, am 13. September in Richtung Dresden. Er hat Mozart nicht wiedergesehen.

Mit Wien kam er 1795 noch einmal in Berührung, als dort seine von Salieri vertonte Oper »Il mondo alla rovescia« uraufgeführt wurde. Das Dresdener Amt verließ er 1798, nachdem er es über achtzehn Jahre innegehabt hatte. Er kehrte in seine italienische Heimat zurück. Dort verfaßte er noch einige Libretti, die u. a. von Piccinni, Weigl und Paisiello vertont wurden, ihm jedoch nur kurzlebige Erfolge einbrachten. Allein seine Mitwirkung an Mozarts »La clemenza di Tito« hat seinen Namen vor dem Vergessenwerden bewahrt. Er starb 1806 in Venedig im Alter von einundsechzig Jahren.

Der Name dieses Mannes sei beim Abschiednehmen vom Jahrhundert der Aufklärung so ausführlich genannt, nicht um seiner literarischen Leistungen willen, sondern in Würdigung seiner Zusammenarbeit mit dem Genius der Epoche und in Stellvertretung einer großen Zahl von gewandten und geistreichen Handwerkern eines meist unbedankten Gewerbes, ohne deren kenntnisreiche, selbstlose Hilfe manches Wunder sich nicht ereignet hätte.

Luigi Cherubini

Haydn hat ihn als seinen Sohn bezeichnet, Beethoven hat ihn den »größten lebenden Komponisten« genannt, und Brahms hat seine Oper »Médée« als den »Gipfel dramatischer Kunst« bewundert. Und wir kennen kaum mehr von ihm als seinen Namen: Luigi Cherubini, den Italiener in Paris, den Nachfolger Glucks in der Gunst der Franzosen, den Altersgenossen Mozarts, den Lehrer Berlioz', Boieldieus, Aubers, Halévys und hundert anderer, den Freund Rossinis, den Mitbegründer des Conservatoire de Paris, der als allseits geehrter Bürger Frankreichs starb und dem doch immer wieder vorgehalten wurde, er habe eigentlich weder französische noch italienische Musik komponiert, sondern deutsche.

Liegt die Ursache dafür, daß die Opern dieses einst so hoch gepriesenen Mannes heute fast ganz vergessen sind, in dem Umstand, daß keine der drei Nationen ihn ganz als den ihren anerkannt hat? Weder Italien, wo er geboren wurde, noch Frankreich, wo er gestorben ist, noch Deutschland, wo seine Werke den größten Widerhall fanden und wo – in der Berliner Staatsbibliothek – auch sein musikalischer Nachlaß zusammengetragen wurde. Haben die gehässigen Verleumdungen des wunderbar begabten, aber nie so ganz durchschaubaren Hector Berlioz seinen einst von allen, die ihn je persönlich kannten, geachteten Namen verdunkelt? Oder gibt es große Kunst, die nicht zu allen Zeiten spricht, die sich unserem Jahrhundert verweigert und für die vielleicht erst wieder in kommenden Jahrzehnten die Ohren sich öffnen? Eine seltsame Koinzidenz will es, daß Berlioz selbst in unseren Tagen ein vergleichbares Schicksal droht. Einstweilen aber möchte man glauben, daß es nicht weit her ist mit dem ewigen Ruhm, den gerade das großsprecherische romantische Zeitalter so vielen Künstlern allzu leichtfertig versprochen hat. Nicht daß man darum annehmen müßte, daß unser Urteil über den fast vergessenen Meister besser begründet und länger haltbar wäre als das seiner Zeitgenossen. Wir sind zwar etwas vorsichtiger im Verteilen von historischen Zensuren geworden, aber es wäre ein Irrtum zu meinen, daß unsere Musikwissenschaftler, Interpreten und Kritiker das letzte, endgültige Wort in diesem und einigen ähnlichen Fällen zu sprechen hätten. Wer Theater in unterschiedlichen Städten besucht oder nur im eigenen Land über zwei, drei Jahrzehnte die Opernspielpläne und Konzertprogramme verfolgt, der weiß von der Wandelbarkeit auch der unerschütterlichsten allgemeinen Meinung.

Luigi Cherubini wurde am 14. September 1760 als zehntes von zwölf Geschwistern in Florenz geboren. Sein Vater war Cembalist, das heißt in der heutigen Terminologie soviel wie Studienleiter und Assistent des Dirigenten, am Teatro alla Pergola, einem der ältesten heute noch erhaltenen Opernhäuser Italiens. Obwohl Luigi sehr früh auch Talent zur Malerei zeigte, war doch die Wahl des Musikerberufes von allem Anfang an außer Zweifel. Der Vater unterrichtete den Sohn im Cembalo- und Klavierspiel. Luigi selbst versuchte sich auf der Geige und brachte es ohne Anleitung soweit, daß er als Kind schon fallweise im Orchester des Theaters bei den Tuttistreichern – den Ripienisten, wie es damals hieß – aushelfen durfte. Mit dreizehn Jahren trat er dann zum ersten Mal als Komponist vor die Öffentlichkeit. Dem Erzherzog Leopold, damaligen Großherzog Pietro Leopoldo von Toskana und späteren Kaiser Leopold II., ist es jedoch zu danken, daß dem vielversprechenden jungen Burschen die Mittel angewiesen wurden, um nach Bologna zu übersiedeln und sich dort bei dem berühmtesten Lehrer seiner Zeit, Giuseppe Sarti, ausbilden zu lassen. Sartis Meister war der gelehrte Franziskanerpater Giambattista Martini gewesen, zu dem auch der junge Mozart gepilgert war. Und in dieser Schule wurden dem jungen Cherubini nun die Traditionen der römisch-bolognesischen Musikübung vermittelt, die in befruchtendem Widerstreit standen zur neapolitanischen Konkurrenz. Als Sarti im Jahre 1779 als Leiter der Domkapelle nach Mailand berufen wurde, folgte ihm Cherubini in die lombardische Hauptstadt. Wenn später Giuseppe Verdi oftmals seine musikalische Herkunft aus der Schule des Palestrina betonte, so waren eben Martini, Sarti und Cherubini die wichtigsten Bindeglieder in dieser Reihe.

In den insgesamt elf Jahren seiner Ausbildung hat Cherubini eine außerordentliche Meisterschaft des Handwerks erworben, wie sie bei seinen italienischen Zeitgenossen sonst kaum zu finden war. Er hat diese Kenntnisse auch später immer wieder überprüft und erweitert, hat sie als Lehrer und Direktor des Pariser Conservatoire an zahllose Schüler weitergegeben und schließlich vieles davon zusammenfassend in einem seither vielbenützten Lehrbuch über Kontrapunkt und Fugenkomposition festgehalten. Bis ins hohe Alter hat sich Cherubini im Entwerfen und Lösen von Rätselkanons und im Abschreiben von Partituren alter Meister geübt. Er hat seinen akademischen Geist nie geleugnet und war dadurch vielleicht manchen erfolgreichen Praktikern unter seinen Landsleuten nie recht geheuer.

In Mailand wurde der zwanzigjährige Cherubini von seinem Lehrer Sarti zunächst auf eine Laufbahn als Opernkomponist vorbereitet. Er wurde angewiesen, Arien und Rezitative von Nebenrollen für die zahlreichen Opern zu komponieren, mit denen sein Lehrer beauftragt worden war. Die Texte hierzu stammten meist von Metastasio oder waren in Nachahmung von dessen Dichtungen geschrieben. Bald schon komponierte Cherubini auch eigene Werke, und als er im Jahre 1784 nach London aufbrach, hatte er in Mailand, Florenz und Venedig nicht weniger als acht opere serie zur Aufführung gebracht, und diese hatten ihm in Venedig den Beinamen Cherubino eingetragen »weniger«, wie es hieß, »wegen seines Familiennamens als wegen der Süße seiner Gesänge«.

In London, wo sich der vierundzwanzigjährige Maestro vorläufig niederließ, erhielt er alsbald den Titel und die Funktion eines königlichen Hofkomponisten. Sein Hauptinteresse galt jedoch auch hier vor allem dem Opernhaus auf dem Haymarket. Auf einer Reise nach Paris machte er die Bekanntschaft Glucks und erwarb sich die Freundschaft des berühmten Geigenvirtuosen Viotti. Und es war vermutlich die letztere, die ihn bewogen haben dürfte, nach einem dreijährigen Aufenthalt in London in die französische Hauptstadt und damit in das westliche Musikzentrum Europas zu übersiedeln, wo er sehr bald durch die

Königin Marie Antoinette und den Bruder des Königs, Charles, ehrenvolle Aufgaben, darunter vor allem die Leitung eines neugegründeten Musiktheaters in den Tuilerien, übertragen bekam. So wurde der weltmännische junge Italiener zum Franzosen, ohne daß er sich zu Beginn der Tragweite seiner Entscheidung gänzlich bewußt geworden wäre.
In den folgenden Jahren entstanden, während auf den Straßen von Paris die Revolutionsgesänge widerhallten, die musiktheatralischen Werke, die Cherubinis Namen in ganz Europa, nur eben mit der Ausnahme seines Vaterlandes Italien, über alle anderen erhoben. Die erste seiner in französischer Sprache komponierten Opern, »Demophon«, zeigte Cherubini noch in der Nachfolge Glucks; die zweite, »Lodoiska«, wurde 1792, auf dem Höhepunkt der revolutionären Wirren, uraufgeführt, im selben Jahr nicht weniger als zweihundertmal en suite gespielt und kurz darauf auch schon in Berlin und Wien herausgebracht, wo der allgemeine Beifall um nichts geringer war als in Paris. Danach folgte, 1794, auf einen Text von St. Cyr mit der zweiaktigen Oper »Elisa« ein Werk, das seinem Komponisten den Titel eines ersten Romantikers auf der Musikbühne eintragen sollte. Die dramatische Handlung spielt in den Schweizer Alpen auf den Höhen des St.-Bernhard-Passes.
Im Jahr darauf heiratete Cherubini die Französin Cécile Tourette und entschloß sich wohl um diese Zeit, endgültig in Paris zu bleiben. Dies umso mehr, als auch die nächste Oper ihm einen großen persönlichen Erfolg einbrachte. 1797 erschien sein Meisterwerk »Médée« auf der Bühne. Der Pariser Literat F. B. Hoffmann hatte ihm dazu den wirkungsvollen Text nach Euripides und Corneille geschrieben. Diese Oper hat sich als einzige, vor allem dank der faszinierenden Titelrolle, auf unseren Bühnen erhalten können, obwohl es andere Werke nicht weniger verdienen würden. Zu diesen anderen gehören vor allem die 1798 uraufgeführte komische Oper »L'hôtellerie portugaise« und die Revolutionsoper »Les deux journées« mit dem hierzulande besser bekannten deutschen Titel »Die Wasserträger«. Dieses 1800 erstmals aufgeführte Werk erlangte in Deutschland noch größere Beliebtheit als selbst in Frankreich und fand den Beifall so unterschiedlicher Geister wie Goethe, Beethoven, Weber und Wagner. Mendelssohn, der es 1834 selbst einstudierte, schrieb an seinen Vater, die Begeisterung des Publikums sei außerordentlich gewesen, und seine Freude habe alles überstiegen, was er je im Theater empfunden habe. In Paris war hiermit der Gipfel von Cherubinis Erfolg erreicht. Keine seiner späteren Opern konnte sich in der Gunst des Publikums daneben behaupten. Zu diesem Erfolg trug gewiß auch das Libretto von Jean Nicolas Bouilly bei, dessen Handlung wohl im 17. Jahrhundert angesiedelt war, jedoch in den Geschehnissen auf den Straßen des revolutionären Paris manche Entsprechung fand.
Es ist ein eigenartiges Phänomen, daß der General, der erste Konsul und später der Kaiser Napoleon Bonaparte, der doch sonst von keinem Geschützdonner sich erschrecken ließ, in der Oper nur leise und einschmeichelnde Musik liebte. Cherubini war ihm zu laut. Er liebte dessen harmloseren Landsmann Paisiello. Und auf seine wiederholten Belehrungen über die rechte Art, Musik zu schreiben, soll ihm Cherubini einmal unvorsichtigerweise geantwortet haben: »Ich verstehe, der Konsul wünscht Musik, die ihn nicht daran hindert, während er ihr lauscht, auch weiterhin an die Staatsgeschäfte zu denken.« Es versteht sich, daß die beiden danach einander nicht mehr viel zu sagen hatten. Für Cherubini bedeutete die Machtergreifung Napoleons eine langwährende Zurücksetzung gegenüber Komponi-

sten wie Lesueur, Méhul und eben Paisiello. Und als er im Jahre 1805 für einige Monate in Wien weilte, wo seine Musik wie nirgends sonst geschätzt wurde, um dort eine deutschsprachige Oper mit dem Titel »Faniska« zu komponieren und aufzuführen, mußte er erleben, daß ihm Napoleon auf dem Fuße folgte und ihm auch in Wien bei seinen Schönbrunner Schloßkonzerten musikalische Lehren erteilte. Einer der seltenen Fälle, bei denen die Eroberungspläne von Künstlern und Generälen die gleichen Ziele hatten.

Leider kann diese »Faniska«, die mit ihrem polnischen Sujet an den großen Erfolg der »Lodoiska« anschließen sollte, nicht zu den bedeutendsten Werken Cherubinis gezählt werden. Immerhin hat sie ihr Teil dazu beigetragen, den Cherubini-Verehrer Beethoven zur Komposition seines »Fidelio« anzuregen. Der Text zu Cherubinis Oper wurde nämlich verfaßt von Josef Sonnleithner, dem damaligen Sekretär des Kärntnertortheaters, der bald darauf auch Autor der »Leonore« und Mitautor des daraus entstehenden »Fidelio« werden sollte. Da Cherubini des Deutschen nicht mächtig war, wurde das Buch zur Komposition ins Italienische übersetzt. Der Aufführung wurde danach eine Rückübersetzung ins Deutsche zugrunde gelegt. Vielleicht erklärt es sich aus diesem doch sehr eigentümlichen Verfahren, daß das Ergebnis nicht mehr als ein Achtungserfolg werden konnte.

Nach seiner Rückkehr aus Wien verstummte Cherubini für beinahe drei Jahre. Ein nervöses Leiden und tiefe Depressionen suchten ihn heim. Er widmete sich nur mehr dem Zeichnen und der Botanik. Bis er endlich im Jahre 1809 während eines Landaufenthaltes in Chimay unerwartet mit der Komposition liturgischer Texte begann. Messen, Motetten und Kantaten waren das Ergebnis. Doch auch die Beschäftigung mit der Oper setzte mit den beiden italienischen Einaktern »Pimmalione« von 1819 und »Crescendo« von 1809 und der dreiaktigen, heroischen Prunkoper »Les Abencérages« wieder ein. Diesen Werken war jedoch kein nachhaltiger Erfolg mehr beschieden, und so konnte sich Cherubini erst zwanzig Jahre später wieder zur Komposition einer Oper entschließen. In Zusammenarbeit mit dem berühmtesten Textdichter der Epoche, Eugène Scribe, entstand seine letzte Oper »Ali Baba ou Les quarante voleurs«. Doch Cherubini selbst scheint nicht an einen Erfolg seines Werkes geglaubt zu haben und blieb den Aufführungen fern. Er hatte erkannt, daß mit dem Heraufkommen der grand opéra eines Auber oder Meyerbeer seine Epoche vorüber war. Und so ist es nicht weiter erstaunlich, daß von der zweiten Periode seines Schaffens uns vor allem die beiden Totenmessen im Gedächtnis geblieben sind. Von seinen 29 Opern, 15 Messen, 36 liturgischen Vokalkompositionen, der Symphonie, den Streichquartetten, den französischen Romanzen und italienischen Arien begegnet man neben dem Meisterwerk »Médée« nur hin und wieder noch einer der Ouvertüren (meist der zur idyllisch-arkadischen Ballettoper »Anacreon« von 1803), dem »Ave Maria« oder den Totenmessen.

Das erste Requiem entstand im Jahre 1816 zum Gedenken an die Opfer der Revolution, für Ludwig XVI., Marie Antoinette und die vielen tausend Ungenannten. Bald nach dessen Aufführung wurde Cherubini zum Direktor des von ihm mitbegründeten Conservatoire de Paris eingesetzt. Dies geschah wohl auch, um ihn für seine Zurücksetzung während der Regierungszeit Napoleons zu entschädigen. Er hat dieses wichtige Amt mit großem Ernst und unnachgiebiger Gewissenhaftigkeit bis zwei Monate vor seinem Tode ausgeübt. Als das c-Moll-Requiem aus Anlaß des Todes von François-Adrien Boieldieu wiederaufgeführt werden sollte, erhob der Erzbischof Einwände gegen die Mitwirkung von Frauenstimmen im Chor. Das Risiko eines solchen Einspruchs wollte Cherubini bei seinem zweiten Requiem, das er für seine eigene Totenfeier komponierte, nicht eingehen. Er beschränkte sich darum auf einen dreistimmigen Chorsatz für Tenöre und Bässe. Und dieses letzte große Werk aus Cherubinis Feder erklang am 16. März 1842 in der Kirche St-Roche in Paris zur Trauerfeier für ihren Komponisten. Diese herbe, schlichte Totenmesse in d-Moll, die allen Moden fern steht und nicht nach Erfolg und Beifall mehr fragt, gibt uns auch heute die Gewißheit, daß der Name dieses Künstlers aufgehoben ist für Generationen, die ihn besser zu würdigen wissen, als es die unsre vermag.

III

Von Beethoven bis Puccini

»Fidelio«

Mit Beethovens einziger Oper »Fidelio« beginnt eine neue Epoche in der Geschichte des Musiktheaters. Aus dem Geist des neuen Zeitalters nach der Französischen Revolution geboren, steht sie als ein Dreh- und Wendepunkt am Beginn des neuen Jahrhunderts. Nach dem Erscheinen dieses ganz und gar singulären Werkes, das in all seinen Implikationen weder vom französischen noch vom österreichischen Publikum der ersten Aufführungen vom November 1805 erfaßt werden konnte, war keine Rückkehr mehr möglich zur höfisch-festlichen Maschinerie barocken Theaters. Doch nicht nur Tand und Flitter schmolzen in der Glut des individuellen Leidens und des allgemeinen Rettungsjubels. Niedergerissen wurde zugleich der ästhetische Abstand, die objektivierende Form des Gesangs, die Vielfalt der Verwandlungen, die Manifestation des Übernatürlichen, der oft exotische Prunk der Kostüme und das Spiel mit den unüberschaubaren Variationen der Liebe.
Drei Fassungen gibt es von diesem Werk. Und mit einer jeden dringt Beethoven näher heran an ein Ziel, das jenseits allen Theaters liegt. Faszinierend ist es auch aus großer zeitlicher Ferne zu beobachten, wie sich die Gestalt des Werkes schälte aus dem französischen Befreiungsstück des Jean Nicolas Bouilly von 1794 über die biedere Fassung Joseph Sonnleithners als einer Oper in drei Akten zur zweiaktigen Version, die durch die Mithilfe des sonst meist ungenannten Wiener Literaten Stephan von Breuning für die Wiederaufnahme im Theater an der Wien von 1806 entstand. Der allzu singspielhafte Charakter der ersten Szenen wurde zurückgedrängt durch die Eliminierung etwa eines Terzettes Marzelline – Jacquino – Rocco und eines Duettes Marzelline – Fidelio, das Beethoven aus der Partitur riß mit der Bemerkung, es sei eben doch ein Konzertstück. In dieselbe Richtung wirkten die Neukomposition des Militärmarsches und die Verknappung des Dialogs. Hierdurch wurde es ermöglicht, die beiden ersten Akte in einen einzigen umzugießen und über die Exposition rascher zum Kern der Handlung zu gelangen. Georg Friedrich Treitschke, der Regisseur des Kärntnertortheaters, öffnete die Wände des Kerkers für das freudig-helle Finale der Oper. So entstand die seither gültige Form von 1814 in zwei Akten, die durch jeweils zwei Bilder unterteilt werden. Wurden die beiden Bilder des ersten durch den Militärmarsch in B-Dur, unter dessen Klängen die Gewalt ihren Einzug hält, miteinander verbunden, so wird das letzte Bild des zweiten Aktes mit dem C-Dur Marsch eröffnet, mit welchem der Königsbote Fernando begrüßt wird. Noch immer beginnt das Werk mit der Idylle des Singspiels, die sich in den Mauern der Zwingburg eingenistet hat, in den beiden zentralen Bildern ereignet sich die dramatische Handlung mit der Wucht einer antiken Tragödie, wie sie von keiner Oper seither übertroffen wurde, absteigend in immer größere

Finsternis bis in die Kälte des Todesschreckens. Und eine szenische Hymne, die keiner äußeren Handlung mehr bedarf, reißt endlich im letzten Bild die der Vernichtung Entronnenen und alle mit ihnen in eine Apotheose, die einem schier religiösen Dankesjubel zu herzbezwingenden Tönen verhilft. In dieser dritten Fassung, welche die Gefangenen und ihre Befreierin aus dem Dunkel des Kerkers in die Helle des Schloßhofes führt, wächst dem Werk allein schon durch das Mittel der Verwandlung eine neue Dimension zu, da auch ganz ohne Worte der Symbolanspruch der Befreiung und der Verbrüderung aller Mitleidenden auf diese Weise offenbar wird. Das ursprünglich noch in der Bildmitte vorgesehene Reiterstandbild des »besten Königs« mag als ein Zugeständnis an den zensurdrohenden »guten Kaiser« Franz von Beethoven und Treitschke geduldet worden sein. Es ist heute längst beiseite geschoben, um den Ausblick durch das weitoffene Tor auf das freie Land nicht zu verstellen. Zur Freiheit und Brüderlichkeit ist endlich, als drittes gewonnenes Ziel, die Gleichheit getreten.

Daß Gustav Mahler und Alfred Roller im Jahre 1904 für ihre Neuinszenierung an der Wiener Hofoper die dritte Leonoren-Ouvertüre als Verwandlungsmusik vor dieses Finale gestellt haben, mag zuerst wohl einer technischen Erleichterung des immer bedeutungsvoller werdenden Umbaus gedient haben, es erwies sich aber endlich doch als ein weiterer Schritt, nicht über Beethoven hinaus, sondern in die von ihm gewiesene Richtung über die Beschränktheit aller dramaturgisch-handwerklichen Verbesserungen hin zu einer euphorischen Idealität, in welcher alles Tun und Lassen abfällt wie die Ketten von Florestans Handgelenken und keine Handlung mehr den Aufflug des Jubels hindert.

Es gibt kein Werk des Musiktheaters, in welchem der Komponist so weit über den Anlaß hinausgreift, in welchem die Realität eines Bühnenstückes durch die Musik so völlig geschmolzen und aufgezehrt wird durch den ethischen Elan der Entelechie. Nicht Spanien noch Frankreich, nicht das 16. oder das 19. Jahrhundert, nicht eine Zwingburg auf baumloser Felsenhöhe, nicht König und nicht Staatsgefangene, nicht Kerkermeister oder Diebsgesindel bleiben übrig, wenn die Ketten fallen. Ein jeder kann sein Leben neu beginnen. Kein Einzelschicksal bleibt bestehen im chiliastischen Taumel: alle Menschen werden Brüder. Es ist dies der Schillersche Geist, der noch aus den unbeholfenen Versen eines Sonnleithner, Breuning oder Treitschke weht. Aus ihnen spricht die Idealität der revolutionären Heilsverkündung. Es ist dies das Glück nur einer Stunde, in deren kurzer Ewigkeit nicht unterschieden werden darf zwischen Schuld und Unschuld. Wer wollte von den zu Recht oder zu Unrecht Verurteilten einen einzigen nur wieder zurückweisen in seinen Kerker? Wer von den Jubelnden wollte sich Zeit nehmen, den Frevler Pizarro zu bewachen? Wer überhaupt denkt noch an Rache? Seine Strafe sei die Ausgestoßenheit aus den Reihen der Glücklichen, seine Abgeschiedenheit vom großen »Licht des Allgemeinen«.

Eine umfassende Analyse dieses so vielgestaltigen Werkes soll an dieser Stelle durch die Hervorhebung dreier Details ersetzt werden.

»Zum Henker das ewige Pochen«, schimpft Jacquino gleich zu Beginn des ersten Aktes. Wer pocht? Ein Fremder, ans Tor? Die Gefangenen, an ihre Türen? Verschüttete, die ans Licht wollen? Oder ist dies ein Pochen, ein unablässiges, ewiges Pochen, das keines Werkzeugs und keiner Faust bedarf? Es wird vom Komponisten jedenfalls nicht dem Inspizienten oder Bühnenkapellmeister überlassen, sondern dem Orchester abgefordert. Es findet nicht draußen, sondern im Inneren statt und will nicht nur Einlaß oder Ausgang, es fordert mehr als dies: es fordert Umsturz oder Verwandlung. Das Pochen ruft nach Licht und Befreiung. Es stört die Idylle, die sich wie angewehtes Grün in den Scharten der Mauern festgekrallt hat. Es entspricht dem Egoismus des wehleidigen kleinen Handlangers Jacquino, gleich nach dem Henker zu rufen, wenn er sich gestört fühlt durch dieses Pochen in seinen privaten Geschäften. Doch das Pochen ist nicht mehr zu verheimlichen. Es wird weiterdauern, bis endlich die Mauern sich öffnen.

Leonore tritt, mit Ketten beladen, in Männerkleidern auf. Und sie behält diese Kleider, anders als den angenommenen Namen Fidelio, bis zur letzten Szene am Ende des Stückes. Sie verwandelt sich nicht durch aufgelöstes Haar und Frauenröcke in jenen Engel Leonore, von welchem Florestan träumt. Sie eilt nicht zum Spiegel unterwegs nach oben. Sie schämt sich nicht vor dem Gesandten des Königs, dem Freund, den Gefangenen und dem herbeidrängenden Volk. Sie bleibt die Frau in Männerkleidern auch im Glück der Befreiung. Und sie hat ja noch einmal die Ketten zu übernehmen, wenn auch nur, um sie endlich zu Boden zu werfen. Sie dient, auch wenn sie bejubelt wird. Sie will nicht als Frau bewundert werden, sondern als Mensch. Ein Engel in der Kleidung eines Kerkerknechtes. Das ist weitab von jeder Tradition und weit darüber hinaus.

Das zweifache Trompetensignal in der Kerkerszene erscheint als ein Bekenntnis zur Möglichkeit des Wunders. Schlichter als in dieser einfachen Tonwiederholung durch ein einziges Instrument hätte es nicht verwirklicht werden können. Wie ein Lichtstrahl aus der Höhe leuchtet es in die Finsternis des Daseins und wendet die nahe Verzweiflung ab. Es ist dies der letzte Nachglanz dessen, was im Barockzeitalter »le merveilleux« genannt wurde und das nirgends seinen Ort hat als im Theater: das Wunderbare, Notwendende, das durch Beethovens Musik noch einmal gebündelt wird zu diesen alles durchdringenden Trompetentönen. Wohlgemerkt, es sind nicht Posaunen, die hier zum Gericht rufen oder die Mauern eines neuen Jericho zum Einsturz bringen, wie Ernst Bloch dies zu interpretieren versuchte. Es sind die hellen, jubelnden, die »schönen Trompeten«, die da blasen, vom hohen Aussichtsturme her, blitzend im Licht der Sonne, den Sieg der Hoffnung verkündend. Trompeten waren es von jeher, die die Ankunft des Herrschers auf Sichtweite voraus vermeldeten. Ein jeder wird aufgerufen, aufzuschauen von seinen persönlichen Geschäften, sei es Mord oder Wohltat, Fassung zu gewinnen und sich bereit zu machen für den, der kommt. Und die Zugbrücken werden niedergelassen, und die Tore werden geöffnet. Auf weithin sichtbaren Straßen nähert sich der Wagen, geführt und geleitet von Reitern in farbigen Uniformen, eine Fahne von Staub weht hinter ihnen. Dies ist das Bild des weltlichirdischen Gnadenbringers. Wenn erst sein Fuß sichtbar wird, beginnt auch der Freudenmarsch. Die Trompete aber verkündet noch eine andere Freude, die durch keinen Boten mehr zu verkörpern ist: sie gibt dem Stern der Hoffnung seinen Glanz, wenn er die aufgetürmten Wolkenmauern durchbricht in einer weißglühenden Bresche und wächst und wächst, bis er die ganze Bühne mit seinem Licht erhellt. »Heil sei dem Tag! Heil sei der Stunde!«

Eine Lektion durch den Kapellmeister Kreisler

Wenn man in der alten Kaiserstadt Bamberg – möge sie uns in ihrer Pracht noch lange erhalten bleiben – von Dom und Pfalz bergab promeniert der Regnitz zu und in der unteren Stadt auf den baumbestandenen Theaterplatz gelangt, so kann man, wenn das Glück es will und man die rechten Augengläser auf der Nase hat, einen kleinen, dürren, schwarzberockten Herrn um eine Litfaßsäule biegen sehen, einen altmodisch steifen Hut auf dem mageren Kopf, den Spazierstock quer auf dem Rücken, einem geprügelten Rezensenten ähnlicher als einem beflügelten Dichter und schon gar nicht vergleichbar dem stolzen Tenor aus der französischen Oper, der von ihm den Namen hat. »Hoffmann«, ruft man entgeistert hinter ihm her und will nach ihm fassen, »was in drei Teufels Namen treibt Euch hierher, um diese Zeit und am hellichten Tag?«
Der Kerl dreht den Kopf über die linke Schulter, und man sieht: es ist nicht Hoffmann, der Komponist, es ist der Kapellmeister Johannes Kreisler, sein Doppelgänger, der dreinsieht, als hätt' er den Kündigungsbrief des Theater-Entrepreneurs – wegen ungebührlichen Benehmens und mißbräuchlicher Verwendung des Taktstocks – in der Rocktasche stecken. Man geht seinem gezwirbelten Stock wohl besser aus dem Weg, eine Brille ist leicht in Scherben. Aber vielleicht lockt man ihn mit ein paar freundlichen Worten in die tabakgeschwärzte Stube der Wirtschaft »Zum goldenen Topf« auf einen Krug braunen Rauchbiers oder einen Bocksbeutel Frankenwein. Die gar zu seltene Gelegenheit lockt mit dem Schopf. Man weiß, der Kapellmeister ist auch einem Gläschen spirituösen Getränks nicht ganz abgeneigt, und es gibt offenbar Ärger genug hinunterzuspülen. Aber ehe man den quecksilbrigen Kerl an seinem durchgeschabten Ärmel erwischt, läuft einem ein mürrisch knurrender Kater quer zwischen die Beine, und schon hört man seinen hastigen Schritt auf dem Katzenkopfpflaster der Straße verhallen. »Wo ist er? Beim Elixier des Neunmalgeschwänzten …« ist man versucht auszurufen, da kommt mit klingendem Spiel ein ganzes Bataillon von Zinnsoldaten um die Ecke. Die langaufgeschossenen Lümmel marschieren in steifem Tritt durch die Pfützen. Schade, denkt man, das Glück hat's nicht gewollt, man hätte wohl früher aufstehen müssen für ein Rendezvous von solch besonderer Art.
Kaum will man sich umwenden, sitzt da ein langnasiger Zwerg auf einer Parkbank, baumelt mit den gestiefelten Beinchen und hält eine Krähe auf dem Schoß, der er nachdenklich langsam die Federn ausrupft. Der weist mit seinem Daumen auf ein Haus schräg gegenüber dem Theater und grinst dabei ganz artig und manierlich. Beim Näherkommen sieht man in dem Haus einen Puppenladen und ein Schild vor der Ladentür, auf dem in Frakturschrift zu lesen ist: »Bis auf weiteres todfallshalber geschlossen«. Heut ist's, als wollten uns seltsame Trugbilder foppen. Zerstoben ist der schnöde Spuk, auch die Musik der

Zinnsoldaten ist verklungen. Aber das Haus ist doch das nämliche, in dem vor Jahren – es können auch Jahrzehnte oder Jahrhunderte sein – der wohlbekannte Liedertafelsänger, Saufaus und Tabakschnupfer logierte. Kein Zweifel. Ob man versuchen soll, das Tor zu öffnen? Es ist nur angelehnt. Die Treppe knarxt. Man hat's versucht. Man steht schon vor der Wohnungstür, man klopft, man drückt die Klinke, und schon ist man drinnen im Zimmer. Da steht der Kapellmeister am Schreibpult, hat Hut, Stock und Mantel beiseite gelegt und sich mit Hilfe eines Fidibus eine Meerschaumpfeife in Brand gesetzt. »Verehrtester«, wagt man zu sagen – er aber winkt zu schweigen. Man räuspert sich, man putzt die Brille und versucht's noch einmal: »Warum das bittersauere Gesicht, geschätzter Kreisler? Was hat's mit Eurer üblen Laune für Bewandtnis?«
»Hat er's gehört, das Platzkonzert, am schönen Sonntagmorgen? Hat er die Ohren noch am Kopf, das Trommelfell, ist es noch heil? Was ist aus unsrer edlen Kunst geworden! Gehabt Euch wohl, laßt mich in Frieden.« Was soll man antworten, wenn es so weltschmerzlich vergrämt hervorbricht aus einer eingefleischt romantischen Musikantenseele? Man schweigt. Man ahnt: bald kommt noch mehr. Es riecht nach Bratäpfeln vom Kachelofen herüber. Man sucht sich einen Stuhl in einer dunkeln Ecke.
»Ach, was bedarf es für Gemütsverhärtung, daß die Leute diesen Satanslärm ertragen, die große Trommel, das Geklingel von Tamburin, Triangel, Becken, das Klapphornlamentieren und die Trompeten oben drein mitsamt den Jerichoposaunen! Hat er die falschen Quinten nicht gehört und die Oktavenparallelen? Es fehlen nur Schmiedehämmer und Kanonenschüsse, dann ist die ganze Hölle losgelassen. Ich leide weiß Gott nicht unter Schlaffheit der Nerven und will auch nicht mit Variatiönchen und Polonaisen traktiert werden oder melierten Ariettchen. Aber Musik, das war doch einmal das Licht, mit dessen glühenden Strahlen uns die Geisterwelt des Unendlichen erleuchtet wurde, daß man das Innerste durchdrungen fühlte von unnennbarer Sehnsucht hinaus und hinauf und sich plötzlich in einem ganzen Himmel von blitzenden, funkelnden Sternen befand. Ach, aber seit sie uns die Laute der rohen Natur nachpfuschen, verstören sie alle erhabene Wirkung. Nur was mit Begeisterung geschaffen, kann auch Begeisterung wieder erwecken. Geh' er nach Haus, Vortrefflichster, und laß er mich den Choc verwinden, allein mit meiner Tabakspfeife. Gehab er sich wohl.«
Nach einigem konfusen Fingern an seiner Pfeife und an seinen nicht mehr ganz sauberen Manschetten scheint er sich zu beruhigen und wendet sich nun einem staubigen Aktendeckel zu, den wohl der Kammergerichtsrat hat liegen gelassen, seinem Doppelgänger zur Begutachtung als seinem erbarmungslosesten Kritiker. Was kommt hervor, als Kreisler ihn aufschlägt? Kein Gerichtsakt, beileibe, vielmehr drei gebündelte Akte einer Oper. Mit behutsamen Spinnenfingern blättert der Kapellmeister in den vergilbten Noten. Er legt die Pfeife beiseite, um ein paar Takte mit befreiten Lippen zu brummen, züngelt mit der Zungenspitze hervor bis fast an die neugierig witternde Nase, und ich denke schon, er hat mich vergessen, da schaut er zu mir übers Lorgnon und holt mich mit einem lockenden Finger aus meiner finsteren Ecke. »Da schau er her, mein Würdigster, was bedarf es der vielen Worte. Da hat er alles, wie's gehört, versammelt. ›Undine‹ heißt das Stück, von einem gewissen Hoffmann, Ernst Theodor Amadeus – er wird den Mann nicht kennen –, eine verschollene romantische Oper. Unzweifelhaft handelt es sich um eine Vertonung jenes viel zu oft gelesenen Büchleins, in welchem ein hugenottischer Major in der von Havel und

Spree durchwässerten preußischen Hauptstadt das Schicksal einer grüngeschminkten Sirene zu Papier gebracht hat, die sich nach menschlicher Liebe auf trockenem Boden sehnte – wenn er kapiert, was ich meine –, welch sündhaftes Verlangen zum Heil der deutschen Jugend durch die Fesselung ihrer appetitlichen Beine in einem schuppigen Fischschweif glücklich vereitelt wurde. Ich entsinne mich wohl: die darauf bezüglichen Scherze der Herrn Bassisten bei der hierortigen Liedertafel haben seinerzeit die sensiblen Stimmbänder des kammergerichtsrätlichen Tenors mit einem Schleier von Heiserkeit affiziert, was ihm vor dem sauberen Intonieren stets ein reinigendes Räuspern abverlangte. Warum Schreiber dieses nicht seine eigenen Zensuren und Rezensionen vertone, hatte man anzufragen nicht ermangelt. Warum ein Skribifax die Singe-Schul leite und ein kommissarischer Musikalienhändler Melodramen instrumentiere. Warum der Herr Rat nicht gehörig dreinfahre mit dem Dirigentenstab und das Urteil spreche über die von keiner obrigkeitlichen Behörde lizenzierte Anmaßung des Karikaturisten? Warum der eine immer dem andern ins Handwerk zu pfuschen sich nicht zu enthalten imstande sei. Ob es gar aus nämlichem Grund unmäßiger Selbstüberschätzung geschehe, daß er sich von dreien Vornamen für keinen verbindlich entscheiden wolle. Der letzte übrigens, der Amadeus, sei gar nur geborgt und das von einem, der ihn auch nicht rechtens von Geburt und Taufe her besessen habe. Genug, genug! Der Herr Musikdirektor war kein kräftiger Mann, aber er hatte schon manchen schwarzen Verleumder durchs Stiegenhaus polternd treppab geworfen in heiligem Zorn. Schon bei der ersten Opernvorstellung im hiesigen Theater hat er den Streit angenommen mit den Ripienisten und Paukisten, weil er vom Klavier aus akkompagnierte, wie sich's gehörte seit der Herren Händel, Gluck und Mozart Zeiten, und ist darüber aus schierem Ärger aus Amt und Kontrakt gefahren wie der Leibhaftige aus dem Talar, will sagen aus Haut und Haar. Ich selbst hab ihn seither mit mehr Besonnenheit vertreten bei heiklen Okkasionen. Wußt' wohl warum. Er war mir ans Herz gewachsen, wiewohl ich ihn gar oft nicht ausstehen konnte.«
Die Pfeife ist erloschen, kein Wunder. Der Herr Kapellmeister hat ihre Glut mit manchem den Redeschwall unterbrechenden Seufzer selbst ausgeblasen. Ich beuge mich, um dem geschätzten Mann Gelegenheit zu geben, seiner Gemütserregung Herr zu werden über die Noten. Duftend verschmoren die Bratäpfel auf dem Gesims des Ofens.
»Es ist nun einmal das Erbteil unserer schwachen Natur, daß wir das Werk nicht von der Person des Meisters trennen können«, sagt der besänftigte Kreisler. »Ich kann den guten Mann nicht vergessen. Und wenn ich nur die Nasenspitze in diese Noten stecke, beginnt's mich in den Nüstern zu jucken.« Und er schneuzt sich in ein mächtiges Sacktuch, an dessen Ecken vier Knoten sind. »Ist man aber einmal auf solche Art gehörig aufgekratzt und in Feuer, dann findet man leichter wieder zu idyllischerer Betrachtung. Es kommt zutag, was sich in tiefster Seele eingenistet, nun gar, wenn man solch einen Schatz unter den Händen hat.« Und er beginnt aufs neue behutsam zu blättern und mit feingespitzter Nase den Staub von den Noten zu schnüffeln. »Da seh er, Würdigster, schon in der Introduktion den kundigen Satz des unsterblichen Verblichenen. Und sind da nicht einige warmempfundene Orchesterrezitative, auch mehrstimmige Szenen, Liedsätze in romantischer Stimmung, wenn er recht erfaßt, was das heißen will. Das Romantische ist die Seele aller Theatermusik, darauf hat der Kollege mit Eigensinn bestanden. Kleinere Ensembles finden sich untermischt in reichem Wechsel, Chöre, die ihre Vorbilder, den Ritter Gluck und den un-

vergeßlichen Amadeus gar nicht erst verleugnen wollen. Beachte er das weitausschwingende Finale, das den zweiten Akt beschließt. Hier und da finden sich sogar Anklänge an den ›Fidelio‹-Ton des Wieners Louis van Beethoven, den Schreiber dieses über alle andern schätzte, der aber in Wien, wie man den Gazetten entnimmt, vor französischen Soldatenohren nicht eben viel Anklang gefunden und von den dazugehörigen Händen nicht viel Beifall erhalten haben soll. Da les er nur: ›Mir bebt die Ahnung durch die Glieder…‹ Einen Tenor hat er übrigens in diesem Stück gar nicht erst mitsingen lassen. Die obere Stimme sang er selbst bei der Liedertafel, konnt' aber das hohe Krächzen nicht leiden. Hehe! Aber da seh er die ganz auf große Wirkung ausgehenden Sprünge in der tiefen Stimme. Eindrucksvoll vom dunkelsten Blechbaß grundiert die Drohungen des alten machtlosen Kühleborn. Und wie dramatisch die vom Chor mitgetragene Fluchszene und wie berührend die Klage der verratnen Undine! Er hat ja richtig wäßrige Augen, Verehrtester. Kann er denn Noten lesen? Oder sind's die verschmorten Bratäpfel auf dem Kamin? – Ach, was waren doch die Herren Zeitgenossen in den Haupt- und Residenzstädten dagegen für säuerliche Pedanten: der Peter von Winter in München, der Joseph Weigl in Wien und selbst der alte Reichardt in Berlin, der biedere Lehrer unsrer Originalgenies. Sie alle konnten ihm nicht das Wasser reichen. Einzig der junge Weber, der ihn immer wieder besucht hat, obwohl er den Tabak nicht hat vertragen können mit seiner asthmatischen Lunge. Der sollte ja auch in Berlin die Uraufführung der »Undine« dirigieren, ist aber darüber krank geworden. Wen wundert's? Der war selbst einer von denen, die man erst so recht wahrnehmen will, wenn sie ausgehustet haben.«

Noch einmal schneuzt sich Kreisler und schlägt dann den staubigen Aktendeckel zu vor den fremden, allzu neugierigen Augengläsern.

»Ganz unter uns und im geheimen, Verehrtester: wer weiß denn schon, ob nicht, trotz der vier Singspiele und ebensovielen Opern, der drei Libretti und der Verdeutschung der Spontinischen ›Olimpia‹, ob nicht der Rezensent gleichen Namens es sein wird, oder der Karikaturenkritzler oder der Dichter gar mit seinem phantastischen Zinnober und Teufelszeug, der das Schlüsselloch findet zur Tür in die Ewigkeit? Ich weiß es nicht, so wahr ich hier stehe. Sicher ist nur: dem Kammergerichtsrat setzt man keinen Stuhl auf die Wolken. Dort will man nichts wissen vom Stipulieren, Klausulieren und Judizieren. Dort wird gesungen.«

Sprach's, fuhr in den Rock und verschwand, treppab, mit dem Stock wild und doch fröhlich gestikulierend.

Eine Vermutung zur Entstehungsgeschichte des »Freischütz«

Zwei Bedingungen müssen sich einem Autor erfüllen, wenn ihm ein dramatisches Werk gelingen soll: eine grundsätzliche Affinität zum Themenkreis muß ihm Augen und Ohren öffnen zu einer ständigen Bereitschaft der Nachforschung und zum Registrieren von oft für andere kaum erkennbaren Nachrichten. Die Arbeit kann oft Jahre oder Jahrzehnte währen. Und danach das Auffinden einer Fabel als des rechten Schlüssels, um die langgenährten Quellen der Phantasie zu erschließen. Dies geschieht oft unerwartet und in überraschender Sicherheit des Zugriffs.

Im Gefolge der Französischen Revolution waren im südlichen Allgäu, einem Herrschaftsgebiet des Augsburger Fürstbischofs, Unruhen unter der Landbevölkerung ausgebrochen, die sich vor allem durch Unbotmäßigkeiten, Steuerverweigerung und offen zu Schau gestellte Wilderei kundtaten. Den Amtsorganen und Jägern der Pflegämter Füssen und Marktoberdorf wurde bewaffneter Widerstand geleistet, verhaftete Rädelsführer wurden mit Gewalt befreit.

Markus Brenner, der Großvater Carl Maria von Webers, war im Marktoberdorfer Schloß als Tischler angestellt und wurde so ein unmittelbarer Augenzeuge der Umtriebe des Winters 1796/97 und der von der bischöflichen Regierung in Dillingen angeordneten Strafexpedition im September 1797. Nachdem Bauern der umliegenden Dörfer einen Wilddieb durch Aufbrechen eines Fensterkreuzes aus dem Schloßgefängnis befreit hatten, waren vom Pfleger achtzig Verdächtige zum Verhör in den Schloßhof beschieden worden. Zwei Jagdgehilfen hatten unterdessen einen Kavallerietrupp von 18 kaiserlichen Dragonern und Augsburger Musketieren von Schongau herangeführt. Diese aber hatten unterwegs Gelegenheit genommen, sich schwer zu betrinken, und stürzten sich nun ohne vorherige Warnung auf die in Gruppen im Schloßhof zusammenstehenden Wilderer. Mit gezückten Säbeln fielen sie über die Unbewaffneten her. Dem Rottachmüller Johann Huber wurde durch Säbelhiebe der Kopf gespalten, als er sich eben auf den Stufen des Schloßtores seine Tabakration zuschnitt, der Bäcker Konrad Hosp aus Roßhaupten wurde schwer verletzt, und nur mit Glück entging der Kaplan Hasl und eine alte Frau, die mit einem Schubkarren zufällig des Wegs gekommen war, dem Gemetzel. Die übrigen wurden gefangengesetzt und in der Folge zu langjährigen Freiheitsstrafen beziehungsweise zu sechsjährigem Militärdienst verurteilt.

Dieser Vorfall hat sich vor den Augen des Tischlermeisters Brenner abgespielt. Der erschlagene Müller, ein Vater von neun Kindern, wurde am anderen Tag unter großer Anteilnahme der Bevölkerung zu Grabe getragen. Bauern aus der Umgebung vertrieben mit Heugabeln und Sensen die bischöflichen Reiter aus dem Dorfe.

Die Familie Weber lebte zu diesem Zeitpunkt in Hildburghausen, reiste aber Ende 1797 über Augsburg nach Salzburg. Es ist durchaus denkbar, daß bei dieser Gelegenheit ein Abstecher nach Marktoberdorf gemacht wurde, um den Vater von Webers Mutter zu besuchen. Genoveva Weber, geborene Brenner, starb im März 1798 in Salzburg. Carl Maria hat jedoch über ihren Tod hinaus brieflichen Kontakt mit dem Großvater gehalten. 1802 war er wiederum in Augsburg, er war damals sechzehn Jahre alt, und musizierte mit dem Kurfürsten Bischof Klemens Wenzeslaus, der selbst dabei auf Viola und Flöte mitspielte. Um diese Zeit war wieder Ruhe im Lechgau. Aber die Erzählungen von der Rebellion der Wildschützen werden noch lange nicht vergessen worden sein und auf den jungen Carl, der vermutlich den einen oder anderen der Betroffenen persönlich gekannt hat, einen nachwirkenden Eindruck gemacht haben.

Es sollte nicht verwundern, wenn ihn diese Erinnerungen wieder bestürmten, als ihm im Sommer 1810 auf Schloß Neuenburg bei Heidelberg zum erstenmal das »Gespensterbuch« von Apel-Laun in die Hände fiel. Schon damals erkannte er sofort, daß in der darin erhaltenen »Freischütz«-Novelle das Sujet für eine Oper verborgen lag. Andere Pläne, vor allem die Komposition der heiteren Oper »Abu Hassan«, verhinderten eine baldige Realisierung dieser Idee. Und so vergingen noch einmal zehn Jahre, ehe Carl Maria von Weber in Dresden seinen Wunsch dem Literaten Friedrich Kind vortragen konnte, der ihn begeistert aufgriff und in wenigen Wochen schon das Textbuch zum »Freischütz« fertiggestellt hatte.

Wohl wurde die Handlung nicht in die erregte Zeit nach der Französischen Revolution, sondern in die Jahre nach dem Dreißigjährigen Krieg verlegt, wohl ist im Textbuch des Dresdner Autors der Böhmerwald und nicht der Bannwald im Lechgau der Schauplatz, aber in der Musik des aus dem südlichen Schwaben stammenden Weber ist ein so starkes eigenes Erleben spürbar, daß man mutmaßen kann, in den Figuren von Max und Kaspar würden die widerspenstigen Untertanen des Augsburger Fürstbischofs zu neuem Leben erweckt. Ob sich in der Epoche der Restauration die Guten nur auf den Seiten der Gehorsamen fanden, das steht auf einem anderen Blatt. Denn aus den Jahren des Aufruhrs wurde es anders gemeldet, daß nämlich selbst Bewohner des Marktoberdorfer Schlosses und Amtspersonen des Bischofs sich in die Reihen der Wildschützen gestellt hatten, um den ihnen lang verweigerten Anteil an der neuen Freiheit zu fordern.

Wenn es Rossini nicht gäbe ...

Wenn es Rossini nicht gäbe, wären wir alle um viele heitere Stunden ärmer, hätte manch einer der Melancholie der Jugend oder der Trübsal des Alters nicht widerstanden, wäre das helle, unbeschwerte Lachen ausgestorben in den plüschgepolsterten Opernhäusern. Aber tröstet euch: es hat ihn gegeben, und es gibt auch heute noch vieles, das an ihn erinnert.
Da er offenbar nicht immer Zeit gefunden hat, das Textbuch, das man ihm gerade zur Vertonung vorgeschlagen hatte, auch richtig zu lesen, ehe er anfing zu komponieren, geschah es zuweilen, daß er Dutzendware vertonte. »Ich hatte kaum die Wahl der Libretti; sie wurden mir von den Impresarii aufgezwungen«, entschuldigte er sich später ohne viel Reue. Solch einem Zwang haben sich schon zwei Generationen vor ihm die ehrgeizigeren Komponisten nicht mehr unterworfen. Aber es war ihm wohl nicht allzu wichtig, ob es sich einmal um einen Vormund, das andere Mal um einen Vater, einen Pascha, einen Onkel oder heiratslustigen Geizhals handelte, der dem jungen Liebespaar sich in den Weg stellte. »Die Worte sollen eher der Musik dienen als die Musik den Worten.« Eher. Dieses kleine Wörtchen sagt hier mehr als alle anderen, um die sich ernste Leute jahrhundertelang die Zähne zeigten. Eher, wenn es leicht geht, sonst ist es auch nicht weiter wichtig. Es war auch keine Zeit, sich allzu lang mit Grundsätzlichem aufzuhalten, wenn die Sänger schon um das Pianoforte standen und die Kostüme schon genäht wurden, nebenan.
Sozialkritische Lebensnähe war in der opera buffa, so wie sie aus Goldonis Feder gekommen war, nicht sonderlich gefragt. Um Mozarts und da Pontes musikalische Komödie machte man in Italien damals einen weiten Bogen; Galuppi, Piccinni, Pergolesi, Paisiello und Cimarosa waren die Vorbilder. Nur keine kontrapunktischen Verwicklungen, nur nicht zuviel von harmonischen Hindernissen, graden Wegs zu auf das Ziel: Ouvertüren, Arien, Ensembles, Gewittermusiken, Finali, das reißt den Applaus aus den Händen.
Wenn die »arie di sorbetto« für die kleineren Partien oft von assistierenden Musikerkollegen des Maestro komponiert wurden, so brachte doch auch die berühmte Primadonna ungeniert ihre »aria di baule« mit im Reisegepäck, auf daß man sicher sein konnte, daß keine ihrer bewährten Rouladen ungesungen bliebe. Und das war notwendig so, denn viele dieser frühen italienischen buffe entstanden in wenigen Wochen. Oft blieb dem Komponisten nicht einmal die Zeit, die Rezitative selbst auszuschreiben. Man gab den Text, die Tonart der vorangehenden und die Tonart der folgenden Arie an einen Substituten und kümmerte sich selbst nur um die geschlossenen Nummern, die Finali vor allem. Doch immer spürt man die huldigende Liebe des Komponisten zum Sänger. Aus der vollkommenen Kenntnis aller Stimmgattungen erwächst eine Musik, die den Kehlen wohltut, die durch

alle Höhen und Tiefen der Register in rasenden Läufen führt und nirgends verweilt, wovon der Abschied ihr schwerfiele. Diese Musik fordert nicht, sie beschenkt die Stimmbänder der Virtuosen, Labsal für die geschulten Kehlen und Gift für Rabenhälse. Kein Mangel läßt sich verbergen an Intonation, Stimmfülle, Schmiegsamkeit und Geläufigkeit, alle Kunstfertigkeit muß sich an ihr erweisen.

Unter den vielhundert Arien von Rossinis Hand findet sich nicht eine einzige, die auf einem hohen h, c oder d endete. Sie alle werden abgeschlossen in rollenden Kadenzen und fallen über Kaskaden von Koloraturen in die Ausgangstonika zurück, auf daß Ruhe und Entspannung eintritt und der kaum verlassene Kreis der Tonart sich schließt. Erst in den Jahrzehnten nach seinem Abgang von der Bühne hat es sich in Italien und Frankreich eingebürgert, daß ein Tenor ein hohes c mit der Bruststimme sang und am Ende einer Arie seinen höchsten Ton mit hervortretenden Halsadern und stampfenden Füßen über die Rampe schleuderte, ganz gleich, ob's eine Rachearie oder ein Klagelied war. Und diesem letzten triumphierenden Aufschrei folgte dann das Gebrüll der Überwältigten aus dem Zuschauerraum. Das war nicht mehr Rossinis Welt. Er hätte die Erwartungen seiner Zuhörer nie auf einen einzigen Ton konzentriert. Er hatte seine Freude am Fluß des Gesanges und nicht an seinem gewaltsamen Ende. Was seine Ouverturen anlangt, so hat er nie eingesehen, warum man sie nicht untereinander austauschen sollte. Sie sollten nichts weiter als gute Stimmung machen und Appetit anregen. Was danach aufgetragen wurde, das sollten sie nicht verraten. Und diesen Zweck erfüllen sie auch noch heute überall, wo sie erklingen. Unfehlbar lassen sie auch den größten Kummer des Alltags vergessen und schaffen jene leichtblütige Laune, die uns für zukünftige Freuden empfänglich macht.

Eigentümlich wie so vieles an ihm ist seine Vorliebe für Männerchöre, und dies auch noch zu Zeiten, da er sich nicht viel um eine Ersparnis an Kostümen hätte sorgen müssen. Lag es daran, daß er von dieser Beschränkung einen trockeneren, rhythmischeren Klang erwartete? Oder wollte er alle Augen und Ohren auf die weibliche Hauptrolle lenken, auf die Malibran, die Grisi, die Pasta, die unvergleichlichen Primadonnen, die seine Musik in die Welt trugen? Rossinis Chöre singen nicht, um Gefühle zu äußern. Sie treiben die Finali zum Exzeß, sie vervielfachen das große Gelächter.

Das mechanische Element ebendieser unvergleichlichen Finali bewahrt durch Abstraktion ihre erstaunliche Modernität. Der Irrsinn, die Frenesie dieser unerbittlichen Komik macht betroffen, das Tempo der absurden Wiederholungen fährt in Arme und Beine und nicht allein in die Ohren. Man zuckt vor Freude mit Ellbogen und Knien unter dem mächtigen Einfluß dieses kaltäugigen Hexers. Das Spiel hat sich losgelöst von unseren menschlichen Problemen, der Kreisel rotiert. Es ist eine Freude, die uns verjüngt, ohne je uns zu sättigen. »Der musikalische Ausdruck liegt im Rhythmus, im Rhythmus die ganze Kraft der Musik«, sagte Rossini zu seinem Biographen Antonio Zanolini. Der Rhythmus lebt und spendet Leben, läßt keine Zeit zu Reue oder Rückbesinnung. Der Rhythmus zertritt aber auch die Gefühle, die Ruhe und Stille brauchen, um zu gedeihen. Darum wohl hat Beethoven ihm geraten: »Versuchen Sie niemals etwas anderes als eine opera buffa zu machen.«

Sind die Figuren in Rossinis buffa während des Fortlaufs der Handlung von unbekümmert rascher Beweglichkeit, die weder Skrupeln noch zwiespältigen Reflexionen die Ereignisse zu verzögern gestattet, so geraten sie in den großen Ensemblesätzen und Finali, wenn die Kausalität der Aufeinanderfolge sich auflöst, in den schwindelerregenden Sog eines allein von der Musik noch betriebenen Wirbels, der ihnen alles Blut aus den Leibern preßt. An Schnüren werden sie in großen Salti durch die Luft gerissen, auf einem akzelerierenden Uhrwerk kreisen sie um eine leere Mitte, sie gruppieren sich beziehungslos zueinander und trennen sich wieder, um neue Stimm-Muster auf dem rasend klappernden Webstuhl eines zum Fliegen bestimmten Teppichs zu bilden, und fallen endlich wie die Marionetten durcheinander, wenn der Faden der Musik gekappt wird. Bei all dem plappern sie von Glockenspielen, Mühlenrädern, Wirbelstürmen und Hammerschmieden, in die sie ahnungs- und willenlos geraten sind als entseelte Opfer einer unbarmherzig fröhlichen Laune.

Eine gewisse Kälte der Brillanz waltet in solistischen Kabaletten und Kavatinen ebenso wie in den vereinheitlichenden Ensembles, die sich auch in den Andante- und Adagioteilen nicht erwärmen mag. Nirgends eine Spur von süßer Schwärmerei oder verträumtem Trübsinn. Alles ist wasserklare Lebensfreude, die allen Kummer verscheucht. Diese Musik ist leicht und durchschaubar wie das helle Quellwasser, wenn es über die Steine und Wälle des dramaturgischen Gerinnes fließt, über Talsperren sprudelt und plötzlich in einen Sturzbach sich verwandelt, dessen sprühende Tropfen funkeln und schimmern im künstlichen Licht des Theaters.

Irritierend wie seine kulinarische Lebensführung ist an diesem Mann die Fähigkeit, Musik herbeizurufen und wieder abzuweisen, ganz nach Belieben. Er war seiner Begabung nicht untertan. Er regierte mit klarem Bewußtsein seine Kunst; nicht jede Gemütswallung trieb ihn ans Klavier oder an den Schreibtisch. Und eines Tages, in der Mitte seines Lebens und auf dem Höhepunkt seines Ruhms, ist es genug; er bläst die Flamme seiner Schreibtischlampe aus, steckt den Gänsekiel weg und erhebt sich. Er hat genug komponiert für ein Leben. Mögen sich die andern plagen um die Ohren der kommenden Generationen. Wenn er feiern will, so wartet er nicht auf den Feierabend, der ihm gegönnt wird, nicht auf die Müdigkeit von Hirn und Gliedern, die ihn zwingen könnte. Er beendet sein Tagewerk in einem Alter, in dem andere Meister eben beginnen, ihre ersten gewichtigen Werke zu schreiben. Mit 38 Jahren bleiben ihm noch weitere 38, um zu leben, ohne Zwang und Verlockung. Nichts an ihm ist so irritierend wie dieser Verzicht. Man fragt sich, ob seine vergeblich versuchte Heimkehr nach Pesaro, seine ausführlichen Korrespondenzen mit heimatlichen Delikatessenhändlern und seine politische Abstinenz eine Deutung dieses Entschlusses ermöglichen oder Folgeerscheinungen sind. Wie ehedem zu seinen Theaterpremieren drängt man sich nun zu seiner Tafel, für die er selbst die Menüs entwirft. Ganz vergißt er dennoch nicht die Musik. So treffen sich in Paris, in Passy und in Bologna die alten Freunde bei ihm, singen, spielen und erfreuen den, der sie alle so oft erfreut hat, mit ihrer Kunst. Gelegentlich schreibt er auch noch ein paar Noten, für den Hausgebrauch, und um sich seine Freiheit zu beweisen. Und er sieht die, die nach ihm kommen: Bellini, Donizetti, Mercadante, Meyerbeer, Verdi und Wagner, ganz ohne Neid, wenn er auch manchmal den Kopf über sie schüttelt.

Wer war in so jungen Jahren so bald auf dem Gipfel des Ruhms, und wer hat aus freien Stücken so bald Abschied genommen, ehe die Zeit kam, die ihn gezwungen hätte wie alle! Keiner, wenn es ihn nicht gegeben hätte.

»Il barbiere di Siviglia«

Als Pierre-Augustin Caron de Beaumarchais im Jahre 1772 den »Barbier de Séville« im Théâtre Chateau d'Etioles zur Aufführung bringen wollte, kündigte er das Werk als opéra comique an, ohne jedoch den Komponisten zu nennen. Zu einer Premiere dieser Fassung kam es nicht, und Beaumarchais arbeitete den Entwurf in eine Komödie mit vier Akten um, die 1773 von der Zensur freigegeben wurde und am 23. Februar 1775 auf die Bühne gelangte. Als der junge Herzog Sforza-Cesarini im Dezember 1815 mit Gioacchino Rossini einen schriftlichen Vertrag über die Komposition einer Oper für sein Teatro Argentina in Rom schloß, wurde der römische Staatsbeamte Cesare Sterbini, mit dem gemeinsam Rossini eben das dramma semiserio »Torvaldo e Dorlisca« verfaßt hatte, zum Textautor bestimmt. Der Plan, dem neuen Werk Beaumarchais' »Barbier« zugrunde zu legen, stammt vermutlich von Sforza-Cesarini und wurde von Rossini erst in Angriff genommen, nachdem er die Einwilligung des von ihm sehr verehrten Paisiello, dessen Vertonung des Stoffes allseits bekannt und beliebt war, schriftlich eingeholt hatte. Die Autoren entschlossen sich sogar, ihrem Werk vorerst den Titel »Almaviva ossia L'inutil precauzione« zu geben und im Vorwort zum gedruckten Libretto mit Lob für den 75jährigen Paisiello nicht zu sparen, um einer offenen Konkurrenz aus dem Wege zu gehen.

In Sterbinis Opernbuch sind die vier Akte der Komödie durchaus noch erkennbar. Der erste Teil der Oper gliedert sich nach den Angaben der Partitur in zwei Akte (auch wenn sie heutzutage meist ohne Unterbrechung und oft auch in einem Einheitsbühnenbild zu einem einzigen Akt zusammengefaßt werden), deren erster mit dem Duett Almaviva – Figaro vor dem Hause Bartolos schließt und deren zweiter mit Rosinas Arie im Innern des Hauses beginnt. Der dritte und letzte Akt der Oper wird durch die Gewittermusik in zwei etwas ungleiche Teile getrennt, wobei der erste die Höhepunkte der neuangezettelten Intrigen des dritten Komödienaktes enthält und der letzte die rasche, vielleicht sogar ein wenig hastige Lösung, den Sieg des Liebespaares und das abschließende Finaletto bringt. Cesare Sterbini war zur Zeit des »Barbiere« eben 35 Jahre alt. Er war ein geistreicher, kultivierter Mann mit typisch römischem Sprachempfinden und Humor, der nach seinen beiden Operntexten für Rossini auch noch für dessen Freund und Mitarbeiter Giovanni Tadolini ein Libretto verfaßte und im Jahre 1831, erst 47jährig, verstarb. Auch wenn außer diesen Texten wenig über ihn bekannt geworden ist, scheint er ein höchst fähiger Literat und Theaterfachmann gewesen zu sein, denn sowohl die italienischen Verse, die er aus Beaumarchais' Prosastück gewann – man denke nur an Basilios meisterhafte Verleumdungsarie – wie auch die Verdichtung und Formalisierung des Handlungsablaufs und schließlich die der opera buffa entsprechende verschärfte Personenzeichnung zeigen die

Hand eines Meisters. So wurden etwa die bei Paisiellos Vertonung noch mitwirkenden Diener La Jeunesse und L'Eveillé in die tollpatschige Figur des Ambrogio zusammengelegt und dafür die ältliche, heiratslustige Dienerin Berta und der Chor der Musikanten und Wachsoldaten neu eingeführt. Darum ist es durchaus nicht allein des genialen Beaumarchais' Verdienst, daß Rossini hier endlich das theatralische Meisterwerk fand, das seinem Geist allen Einfallsreichtum, alle Eleganz und gute Laune abverlangen konnte, deren er fähig war. Hier wurde einer der Glücksfälle des Musiktheaters zum Ereignis, der alle Wünsche übertrifft und dadurch erst als ihre Erfüllung erscheint. Nirgends sinkt das wirbelnde Brio der turbulenten Handlung zum bloßen Klamauk herab, sondern hat immer ihr dramaturgisches Ziel, auf das sie ohne Umwege zueilt; nie ermüdet die Hand, die den tanzenden Kreisel über den sonnenwarmen Boden Sevillas treibt.

Rossini, der die Partitur in dreizehn Tagen geschaffen haben will – auch wenn zwischen der Vertragsunterzeichnung am 15. Dezember 1815 und der Uraufführung am 20. Februar 1816 wohl etwas mehr Zeit gewesen sein müßte –, wurde von einer szenisch-musikalischen Herausforderung in die nächste geführt. Nach der brillanten, gutgelaunten Ouvertüre, in der schon Stendhal Reminiszenzen an die vorangegangenen Werke »Tancredi« und »Elisabetta, regina d'Inghilterra« angemerkt haben wollte, die Introduktion, in welcher das nächtliche Konzert vor Rosinas Balkon und die unverschämten Geldforderungen der angeheuerten Straßenmusikanten zu einer durchkomponierten Form zusammengefaßt werden, unterbrochen nur durch das schüchterne Gitarren-Ständchen in a-Moll »Se il mio nome saper voi bramate«, von welchem von Zeitgenossen behauptet wurde, Rossini habe es dem berühmten ersten Sänger des Almaviva, Manuel García, zur Komposition überlassen. Es folgt mit der fulminanten Auftrittsarie des Figaro »Largo al factotum della città« eine der rasantesten, lebensprühendsten Arien des gesamten Bufforepertoires. Hier trifft uns bei aufgehender Morgensonne die personifizierte mediterrane Lebensfreude entgegen: prahlend, geschwätzig, selbstverliebt und sich selbst parodierend. Die Exposition der Handlung wird schier unmerklich in der Wiedererkennungsszene zwischen dem Grafen und seinem ehemaligen Diener im Rezitativ nachgeholt, und danach schließt der erste Akt mit einem Duett, wie es nur wenige gibt, dem ironisch schillernden Lobgesang auf die Macht der klingenden Münze »All' idea di quel metallo«. Die musikalische Form dieses Duetts wird durch immer neue und auf neue Art dargestellte Intrigenpläne Figaros und den wiederkehrenden Refrain »Che invenzione prelibata« gebildet, abgeschlossen wird es mit dem echten Kehraus der Schlußstretta, in welcher des Grafen Hoffnung auf baldiges Liebesglück zum selben unwiderstehlich freudigen Ausdruck gelangt wie Figaros Hoffnung auf eine goldgespickte Börse. Und so geht es fort im zweiten Akt über Rosinas entzückende, kratzbürstige Arie »Una voce poco fa …«, Basilios grandios-niederträchtige »Calunnia«, das quietschvergnügte Duett Rosina-Figaro, die zungenbrecherisch rasante und bombastische Bartolo-Arie »A un dottor della mia sorte« bis zum Katarakt des großen Finales, das den zweiten Akt beendet und in dem sich eine komisch-drastische Überraschung an die andere kettet, der auch Tümpel plötzlich verdatterten glotzenden Stillstands nicht vermeidet und zu einem szenischen und musikalischen crescendo ohnegleichen anschwillt, in dem der Text sich ebenso wie die Musik vom äußeren Anlaß der Handlung löst und eine mechanisierte Form kollektiven Deliriums erreicht, wie sie nur dem Musiktheater gegeben ist. In diesem »Mi par d'esser con la testa …« wird das Stampfen und Tosen einer wassergetriebenen Hammerschmiede komponiert von einem Komponisten, der durchaus kein Freund des beginnenden Industriezeitalters war. Die Figuren, die gemeinsam unter diesen »pesantissimo martello« geraten, verlieren ihr Eigenleben und reagieren wie die Räder und Glieder einer wildgewordenen Maschine. Das erste industrielle Chaos ist hier Musik geworden.

Vom Lachen erschöpft wankt man in die Pause. Danach beginnt das unbarmherzig heitere Stück mit einer neuen Verkleidungsintrige und dem parodistischen Duett »Pace e gioia« zwischen Don Bartolo und dem als Musiklehrer und Adepten Don Basilios auftretenden Grafen Almaviva. Es folgt die Gesangsstunde mit der Kontrafaktur einer seria-Arie »Contro un cor«, die früher allzu leichtfertig durch eine beliebige aria di baule der Protagonistin, je nachdem ob sie die originale Mezzo-Fassung oder die später legitimierte Sopran-Fassung sang, ersetzt wurde, und der Nachäffung eines sentimentalen Liedchens im Stile Paisiellos aus der Zeit der Empfindsamkeit durch den tölpelhaft liebenswerten Bartolo: »Quando mi sei vicina«. Seltsamerweise ist dies vielleicht die einzige Stelle in der gesamten notenreichen Partitur, bei der einen so etwas wie ein Hauch von Rührung oder Mitleid anweht. Und dann ist auch schon mit dem Quintett, der »febbre scarlatina«, und dem nachfolgenden Quartett, der sogenannten Rasierszene, der Höhepunkt des 3. Aktes und eine der glänzendsten Musikszenen der gesamten buffa-Literatur erreicht. Rossini erweist sich hierin wieder einmal als der brillanteste aller Allegro-Komponisten, und die schaumschlagenden Pinsel, blinkenden Rasierklingen und huschenden Küsse fliegen hier mit seinen wirbelnden Noten um eine vergnügliche Wette. Bertas aria di sorbetto »Il vecchiotto cerca moglie«, die Rossini selbst mit großer Komik am Klavier vorzutragen pflegte, gibt eben ein wenig Atemluft, um das Zwerchfell zu entspannen und die nachfolgende Gegenintrige Bartolos mit dem Liebesbriefchen Rosinas zu verfolgen, dann zieht sich das Gewitter über dem Hause des Doktors zusammen, und in Rossinis Tempesta-Musik versinnbildlicht sich zugleich der Zorn der sich betrogen glaubenden Rosina und die Hoffnung auf ein reinigendes Hinwegwaschen aller Intrigen. Mit der Entführungsszene und dem Terzett »Qual trionfo inaspettato«, dessen »zitti, zitti, piano, piano«-Ausklang zu den hübschesten Einfällen des Komponisten gehört, ist die letzte Hürde erreicht, das Stück eilt dem Finaletto entgegen und achtet nur mehr wenig auf eine sorgfältige Entflechtung aller geschürzten Knoten, um nur ja niemanden mit pedantischer dramaturgischer Gerechtigkeit zu langweilen, nachdem die Liebenden einander gefunden haben. Hier in diesen allerletzten Minuten des drei Stunden währenden Freudenfestes aller Sinne mag man eine kleine Schwäche des Buches und vielleicht auch der Partitur finden, etwa in der fast immer gestrichenen, retardierenden Tenorarie. Doch hat man auch nun kaum Zeit, der Tatsache inne zu werden, daß im Grunde die so oft auf beweglichen Lippen geführte Liebe nur scheinbar das Movens dieser Komödie war. Hohn und Spott, Geldgier und vor allem Schadenfreude waren die Antriebsfedern, die diese unvergeßlichen Figuren zum Tanzen brachten.

Das herrliche Werk ist ein wahrer Jungbrunnen der ungeniertesten Schadenfreude, die nicht zuletzt daraus entspringt, daß eine jede der handelnden Personen als wahrer Ausbund an Selbstsucht und Hinterlist dargestellt wird, stets bereit, den anderen zu betrügen, zu bestechen oder für eigene Zwecke zu benützen. Mag auch am Ende die listige Rosina als Siegerin und der prahlerische Bartolo als der Übertölpelte erscheinen, im Verlauf des

Stückes hat jeder einmal das bessere Ende für sich gehabt, und es wird auch nach der Hochzeit auf dem Schloß Almavivas nicht aller tollen Tage Abend sein. Erst im nachhinein ertappt man sich vielleicht bei der Frage, wie man über soviel eilfertige Herzlosigkeit so herzlich zu lachen vermochte. Einer der Gründe mag darin liegen, daß der Mechanismus des buffa-Spiels in diesem Werk zu einer nie wieder erreichten Perfektion in Text und Musik getrieben wurde, so daß er sich fast von der Handlung und ihren Anlässen ablöste. Die völlige Abwesenheit aller besinnlichen und gemüthaften Elemente, alles spanischen Lokalkolorits, aller Folklore und aller Zeitbezogenheit ist dafür bezeichnend. Nicht einmal dem koloratur-beflügelten Liebespaar kann man romantische Gefühle zubilligen. Neugierde und Freiheitsdrang und die phantasievolle Grausamkeit der Jugend triumphieren in diesem Werk, das in solcher Unbekümmertheit nur von einem 24jährigen komponiert werden konnte, der die Frechheit hatte, sein letztes, eben durchgefallenes Opus als »dramma semiserio, un lungo, malinconico, noioso, poetico strambotto« auf der Bühne zu verspotten und nach einer von den Paisiello-Parteigängern zum Fiasko gemachten Premiere sich als Dirigent der Aufführung wie ein anonymer Opernbesucher unter die schimpfende Menge zu mischen, um unerkannt zu entkommen.

Bellinis singende Seele

Einsame, fremde, gezeichnete, auserwählte oder ausgestoßene Frauen sind die Verkünderinnen von Bellinis Botschaft. Sie erzählen uns nichts, wovon wir nichts wüßten – sie erinnern uns an verlorene Hoffnungen, an unerfüllte Sehnsüchte, an ein wohlvertrautes, verschwiegenes Geheimnis. Nichts ist natürlicher als daß sie singen. Wir verstehen sie und sind doch gänzlich außerstande, andere Menschen teilnehmen zu lassen an diesem Einverständnis. Die müssen wir verweisen an die Quelle des Gesangs, denn der vereint uns nicht zu Brüdern, ruft uns nicht zu Taten, fährt uns nicht in die Glieder, nein: dieser Gesang macht uns einsam und fremd wie die verirrten Engel, die ihn singen.
Man sagt, Bellinis Opern seien die vollkommensten Beispiele für die Kunst des Belcanto, und fügt meist hinzu, nach Bellinis Tod sei es mit dieser Kunst, trotz Donizettis Lucia und Verdis Violetta, allmählich bergab und zu Ende gegangen. Und heute halte man für eine Frage der Technik, was einst die unsichtbare, unbegreifbare, aber doch hörbare Spur der romantischen Seele gewesen sei: der Silberfaden durch das graue Gewebe des irdischen Alltags, das Haar, das die Fee verlor, als sie den Kopf abwandte. Mit jedem Ton, der erklingt, verlöscht ein anderer. Nichts bleibt als die Erinnerung.
Heine, der den jüngeren Musiker, nach seinen großen Erfolgen und der dennoch unternommenen Flucht aus Italien, in Paris kennengelernt hat, schreibt, er habe Bellini mehrmals im Scherz gewarnt vor dem frühen Tod, der jeden genialen Musiker bedrohe. Bellini habe sich geängstigt vor diesen bösen Späßen und habe dem Zyniker das »Jettatorezeichen« mit den beiden gespreizten Fingern gemacht. Geholfen hat es ihm nichts. Er mußte den Weg Purcells, Pergolesis, Mozarts und Schuberts gehen. Und er war nicht der letzte in der Reihe. »Seine Seele ist gewiß rein und unbefleckt geblieben von allen häßlichen Berührungen«, schreibt Heine über ihn in den »Gesprächen der ersten Nacht«, »auch fehlte ihm nicht die harmlose Gutmütigkeit, das Kindliche, das wir bei genialen Menschen nie vermissen, wenn sie auch dergleichen nicht für jedermann zur Schau tragen.«
Ich habe Musiker kennengelernt, und keine von den schlechten, die es ablehnten, Bellinis Musik zu dirigieren, aber ich habe noch nie von einem Sänger gehört – und schon gar nicht von einer Sängerin –, die sich geweigert hätten, eine Rolle in seinen Opern zu singen, es sei denn aus Furcht, ihr nicht gewachsen zu sein. Oft sind es ganz schlichte, schmucklose Melodien, die auf den Notenzeilen nur flüchtige Spuren hinterlassen, keine Arabesken, kein canto fiorito. Manchmal ist inmitten eines unscheinbaren Rezitativs ein Arioso verborgen, das unversehens aufblüht, alles ringsum zum Schweigen bringt und sich wieder verliert. Dann wieder geschieht der große Augenblick, in dem sich alle Geheimnisse der Seele entschlüsseln, inmitten eines großangelegten Ensembles; nach einer erschrockenen Pause

wird unversehens die Türe geöffnet, und man weiß im nächsten Takt schon, daß man eingeladen ist zu einer großen Feierstunde der Trauer oder des Jubels. Gewiß ist diese Musik nicht für die Augen bestimmt, sondern allein für die Ohren. Sie macht den Kritiker ratlos. Verzweifelt sucht so ein armer Skribent nach Querständen, interessanten Baßgängen, punktierten Rhythmen und überraschenden Modulationen, findet sie sogar, denn Bellini hat, in Neapel bei Zingarelli, sein Handwerk gelernt, und dann übersieht er, wenn der Mond aufgeht mit zwei, drei Notenschritten im Gesang.

Bellinis melodisches Genie war keine unabhängige, frei schwebende musikalische Begabung, die sich, wie man dies von Rossini weiß, wenig um die dramatische Situation oder die Qualität der Dichtung kümmerte und einen glücklichen Einfall von einem Werk unbeschadet auf ein anderes übertrug. Seine Melodien entstehen nicht aus dem freien Spiel von Stimmen oder Instrumenten mit den sieben Tönen der Tonleiter. Sie sind der tönende Ausdruck menschlichen Empfindens, sie entstehen aus der dramatischen Situation und aus der Vermählung des Tones mit dem Wort. Bellinis Kantilenen sind gezeugt von der poetischen Idee. Er ist hierin ganz und gar Romantiker. Das erweist sich daran, daß es ihm nicht gelingt, sich über unbedeutende Verse trällernd oder tanzend hinwegzuheben. Seine Meisterwerke sind unter seinen Opern die mit den besten Büchern, oder, um in der Reihenfolge der Entstehung zu bleiben, aus den besten Büchern, die ihm vorlagen, schuf er seine besten Partituren. Mit der Wahl des Textes entschied sich das Gelingen der Komposition.

Man kann nicht lange von Bellinis Opern reden, ohne die glückliche Fügung zu erwähnen, die ihn schon nach den ersten noch etwas unbeholfenen Schritten auf dem Theater mit Felice Romani zusammenführte. Der um dreizehn Jahre ältere »Dichter der kaiserlichen Theater« im habsburgischen Mailand, der den Italienern als »Fürst der Librettisten« gilt und diesen Rang in der Epoche der Romantik auch zu Recht beanspruchen kann, hat in die neue Zusammenarbeit jene Erfahrung im Metier eingebracht, die dem jungen Musiker naturgemäß fehlte, und darüber hinaus eine außerordentliche literarische Bildung und sprachliche Eleganz. Seine Stoffe hat er nicht selbst erfunden, sondern sie den Werken Shakespeares, Byrons, Hugos, Scotts, Scribes und anderer entnommen. Die kreative Imagination war nicht seine Sache. Doch unverwechselbar wohllautend und wohlgesetzt war seine Sprache. Nicht allein Bellini, auch Rossini, Donizetti, Mercadante und der junge Verdi vertonten seine Libretti. Ein Ausspruch Giuditta Pastas, der ersten Amina und der ersten Norma, wird von Romanis Biographin Emilia Branca überliefert: »Wenn man mit den Versen Romanis singt«, pflegte sie zu sagen, »diesen fließenden, so expressiven, bewegen sich Mund und Gesichtszüge auf eine Art, daß man sich direkt schön vorkommen könnte.« Es läßt sich denken, daß diese Verwandlung von sprachlichem Wohllaut in Frauenschönheit nicht allen literarischen Anliegen gerecht werden konnte, aber Bellini wußte, was ihm Romanis Kunst und Freundschaft bedeutete. Das sagt uns der Brief, den er nach einer triumphalen Aufführung der »Norma« aus Bergamo an den Dichter schrieb: »Es ist schade«, heißt es da, »daß Du auf mich nicht gehört hast und nicht hier warst, denn Du wärest sehr gefeiert worden, hättest Ruhm zur Genüge geerntet und wärest zufrieden gewesen mit Deiner Norma und mit Deinem Bellini, der Dir soviel Erkenntlichkeit schuldet und Dir Deine Wohltaten mit ebensoviel Liebe vergilt.«

Und es war ganz ohne Zweifel Romani, der mit der Wahl der Sujets der »Sonnambula« und der »Norma« in dem einen glücklichen Jahr 1831 für seinen jungen, genialen Freund jenes unfehlbare, geheime Wissen um die Quellen der Musik bewiesen hat, das den Gesang träumenden Bellini auf die richtige Spur führte. Die schlafwandelnde Unschuld aus dem idyllischen Arkadien in den Schweizer Bergen und die von Liebe und Eifersucht verzehrte Mondpriesterin aus den gallischen Nebelwäldern sind die reinsten Inkarnationen der singenden Grenzgängerinnen zwischen Himmel und Erde. Wer ihre Botschaft vernommen hat, empfindet nichts als Dankbarkeit für Felice Romani und Vincenzo Bellini.

Donizetti in Wien

Als Gaetano Donizetti, der Sohn des Pfandhauspförtners aus Bergamo, das erste Mal seinen Fuß in das kaiserliche Hoftheater in Wien setzte, war er vierundvierzig Jahre alt, weltberühmt und schon am Ende einer fulminanten Komponistenkarriere. Rom, Neapel, Mailand, Venedig, Genua, Turin und Paris hießen die Stationen seiner musikalischen Eroberungszüge. Sie hatten ihre Tore nicht immer seinem ersten Ansturm geöffnet, nun aber waren sie in seiner Hand. »Lucia di Lammermoor«, »Lucrezia Borgia«, »Anna Bolena«, »Maria Stuarda«, »Roberto Devereux«, »L'elisir d'amore« und »La fille du régiment« waren nur einige klangvolle Titel unter einer Zahl von mehr als sechzig Werken, von denen er selbst nicht zu sagen vermochte, welches nun das bedeutendste sei. In Wien kannte man bisher allein eine verstümmelte Fassung des »Belisario«, deren Partitur man sich im April 1836, möglicherweise durch die Vermittlung der Protagonistin Karoline Unger, ohne Wissen des Komponisten besorgt und bearbeitet hatte.
Mag sein, daß Kaiser Ferdinand I. von Österreich, zu dessen lombardischen Besitzungen auch Bergamo gehörte, die erste Huldigung seines Untertanen Donizetti, eine Kantate aus Anlaß seiner Hochzeit mit Maria Anna Carolina von Savoyen-Piemont, welche im Jahre 1831 in Turin aufgeführt worden war, kaum recht zur Kenntnis genommen hatte. Aber die jüngsten Erfolge des Komponisten in Mailand und vor allem Paris wurden doch endlich auch nach Wien berichtet und hatten den ersehnten Erfolg. Der Ruf in die Residenzstadt des Kaisers schien Donizettis Laufbahn auf den Zenit des Ruhmes zu führen. So war er guter Dinge auf der winterlichen Reise, die ihn im März 1842 über die Alpen nach Norden führte. »Bisogna ch'io faccia in Napoli banca rotta, e metta in Vienna banca nuova«, schreibt er fast schon ein wenig übermütig nach Bergamo an seinen Musikfreund Antonio Dolci. Bartolomeo Merelli, der in Mailand und Wien zugleich die Operngeschäfte führte, hatte die Wege geebnet. Dieser undurchschaubare Ehrenmann, der offenbar das Vertrauen des Hofes genoß oder sich die Duldung einflußreicher Kreise zu verschaffen wußte, stammte wie Donizetti aus Bergamo und hatte sich bei dessen ersten Schritten auf der Opernbühne als dilettierender Librettist nicht eben mit Glück versucht. Mehr Fortune war ihm als Impresario beschieden. In die Musikgeschichte jedoch erlangte er endlich Einlaß als Liebhaber der Sopranistin Giuseppina Strepponi – und Vater ihrer beiden unehelichen Kinder – sowie als Förderer von deren späterem Ehemann Giuseppe Verdi. Die Sympathie der von ihm engagierten Komponisten konnte er sich mit seinen vielfältigen Bemühungen nicht erwerben. Donizetti etwa scheint der Ansicht gewesen zu sein, daß Merelli seine Verpflichtungen nach Mailand und später nach Wien eher verzögert hatte, und stand mit ihm auch nach seinen größten Erfolgen weiter auf Kriegsfuß.

Als Textautor für die vertraglich vereinbarte Opernuraufführung war der Mailänder Dichter Gaetano Rossi bestimmt worden, ein verdienstvoller, aber nicht eben phantasiereicher Handwerker von nunmehr bereits siebenundsechzig Jahren, der vor einem Menschenalter schon das erste Textbuch für Rossini (»La cambiale di matrimonio«) und später dessen erste große Erfolgsoper »Tancredi« verfaßt hatte. Ungewöhnlich war das Sujet, das er Donizetti vorschlug: »Linda di Chamonix«. Dieses Buch hat mehr als jedes andere autobiographische Züge mit Bezug zum Komponisten, so daß man annehmen möchte, Donizetti habe dabei seine Hand mit im Spiel gehabt. Die Handlung spielt unter den Armen des Gebirgsdorfes Chamonix in den savoyischen Alpen und basiert auf dem Schauspiel »La grâce de Dieu« von d'Ennery und Lemoyne. Linda, die Tochter eines armen Dorfbewohners, gelangt nach Paris und wird dort die Geliebte eines Aristokraten. Von diesem betrogen und enttäuscht, kehrt sie zurück in ihr Heimatdorf und wird von ihrem Vater aus dem Elternhaus verstoßen. Darüber verliert sie den Verstand. Die mitleidlosen Nachbarn versuchen dem armen Geschöpf nun mit ihren Mitteln den Teufel auszutreiben, doch sie findet endlich durch ihren reinen Gottesglauben Erlösung aus dem Bann. Erschüttert vom Anblick ihres Martyriums verzeiht ihr der Vater, und reumütig kehrt endlich auch ihr Geliebter zu ihr zurück. Ein tragischer Schluß war zu jener Zeit einer bürgerlich melodramatischen semiseria-Oper verwehrt. Der war allein den Aristokraten der opera seria vorbehalten.

Donizetti schuf in der Linda eine seiner berührendsten Frauenfiguren, eine arme, aber glücklichere Schwester der schottischen Edeldame Lucia. Wie immer war er bei der Niederschrift in Eile, und so verwendete er den Kopfsatz seines letzten Streichquartetts (Nr. 19 in e-Moll aus dem Jahre 1836) in neuer Instrumentation für die Ouvertüre. Den größten Teil der Komposition konnte er noch im Mailänder Hause der Gräfin Appiani vollenden, ehe er die Partitur ins Reisegepäck legen mußte.

Über Bologna führte ihn ein Umweg. Dort brachte er das »Stabat mater«, Rossinis letztes Werk, auf ausdrücklichen Wunsch des Meisters zur Uraufführung. Am 27. März traf er in Wien ein. Hier stellte sich ihm ein junger Landsmann aus Bergamo vor, Matteo Salvi, der ihn um Unterweisung und Förderung bat. Donizetti, der selbst einen freundlichen Empfehlungsbrief Rossinis an den Kanzler Metternich mitgebracht hatte, setzte sich für den talentierten Musiker nach bestem Vermögen ein. Der damals fünfundzwanzigjährige Kompositionsschüler sollte bald in Wien zu höherem Ansehen gelangen und endlich zum Leiter der kaiserlichen Hoftheater aufsteigen. Donizetti ließ ihn einstweilen mit den Sängern am Kärntnertor-Theater sein neues Werk korrepetieren.

Während der Probenzeit zu »Linda di Chamonix« dirigierte Donizetti auf Ersuchen des Erzherzogs Franz Karl, der für den nicht regierungsfähigen Ferdinand dem kaiserlichen Rat präsidierte, in der Hofburg Rossinis »Stabat mater« in einer kammermusikalischen Besetzung. Der Beifall der Zuhörerschaft, in der außer den Erzherzögen und dem päpstlichen Nuntius auch der Kaiser selbst sich eingefunden hatte, war ungewöhnlich freundlich. Von wohlmeinender Seite wurde dem Komponisten daraufhin der Rat erteilt, für die Hofkapelle ein geistliches Werk zu schreiben und es dem Kaiser zu widmen. In nur wenigen Tagen entstand danach das Offertorium auf den Text des »Ave Maria«.

Vor der Premiere im Kärntnertor-Theater überreicht Donizetti der Kaiserin Maria Anna ein von seinem Verleger Ricordi in prunkvolles Leder gebundenes Exemplar der »Linda«-

Partitur. Er darf bei ihr, als einer savoyardischen Prinzessin, auf besonderes Interesse an dem Sujet aus den Savoyer Alpen hoffen. Er hat nichts unterlassen, um seinem Werk in Wien zum Erfolg zu helfen. Und den erntet er auch am 19. Mai 1842 bei einer glanzvollen Premiere. Jubel aus den Logen des Hofes und aus dem Parkett der Bürger umbrandet ihn und die Sänger Eugenia Tadolini, Marietta Brambilla und Napoleone Mariani. Der Impresario Merelli hat ihm seine besten Kräfte aus Mailand überlassen.

Nach diesem eindrucksvollen Ereignis und zwei weiteren Konzerten des »Stabat mater« im Redoutensaal – diesmal für zahlendes Publikum und in der Originalfassung für großes Orchester – stehen Donizetti in Wien alle Türen offen. Er wird im Hause Metternich empfangen, darf dort eine Empfehlung für den Bau der Eisenbahnlinie nach Bergamo aussprechen. Man arrangiert ein Konzert des Walzerkönigs Josef Lanner eigens für ihn, und – schon ist er am Ziel seiner verwegensten Wünsche – der Kaiser bietet ihm das Amt eines Hofopernkapellmeisters und Kammerkompositeurs an. Das sind die Ämter Salieris und Mozarts in einem. Als Anwesenheitsverpflichtung in Wien werden jeweils die ersten sechs Monate des Jahres vereinbart, als Gehalt die Summe von 4 000 Gulden. Dafür soll Donizetti die italienischen Werke am Kärntnertor-Theater und einige Konzerte am Hof dirigieren, sowie jedes Jahr eine neue Oper und ein geistliches Werk für die Hofkapelle liefern. Als er im Juli nach Mailand zurückkehrt, kann er sich zum ersten Mal – zumindest für einen Teil der Strecke – der neuerbauten Eisenbahn anvertrauen. Er hat einen Vertrag in der Tasche, um in Neapel seine »Maria Padilla« einzustudieren. Neue Pläne locken ihn auch schon wieder nach Paris. Dort werden »Don Pasquale« und »Caterina Cornaro« entstehen und auch die Skizzen zu seiner nächsten Oper für Wien, »Maria di Rohan«. Und dies alles in der Frist eines halben Jahres. Der Erfolg treibt ihn in einen letzten, schier unbegreiflichen Schaffensrausch. Der kaum mehr lesbaren Flucht seiner Notenhandschrift ist das Fieber dieser letzten Arbeitsphase abzulesen.

Salvatore Cammarano, seinen oft schon bewährten Mitarbeiter und Freund aus Neapel, hat er um ein Textbuch für Wien gebeten. Und der hat ihm auf seinen ausdrücklichen Wunsch seine »Maria di Rohan« überlassen, die bereits zweimal mit geringem Erfolg von den Komponisten Lillo und Ricci vertont worden war. Es handelt sich hierbei um eine in drei Akte unterteilte tragische Liebeshandlung, die zur Zeit der Herrschaft des Kardinals Richelieu in Frankreich spielt. Der tragische Konflikt des Mannes, der die Gattin seines Freundes liebt und dabei am Ende sein Leben läßt, erinnert ein wenig an Verdis »Ballo in maschera«, wenngleich der düsteren Staatsaktion die geniale, leichtfertig-heitere Komponente von Verdis Meisterwerk fehlt. In Wien ist auf den 13. Februar das erste große Hofkonzert der Saison angesetzt. Hierfür ist neben Donizetti auch Joseph Weigl, der Schüler Salieris und ehemalige Kapellmeister der Hofoper, als Dirigent vorgesehen. In einem energischen Brief an Moriz Graf von Dietrichstein glaubt Donizetti sich gegen solche Konkurrenz zur Wehr setzen zu müssen, um die »Rechte seiner Position« zu wahren.

Ehe er sich danach an die Instrumentation seiner Skizzen machen kann, überfällt ihn ein schwerer Anfall seiner seit vielen Jahren unterdrückten syphilitischen Erkrankung. In Briefen berichtet er nach Italien von »nervösem Fieber« und von »Übelkeiten«. Unterdessen hat der »Don Pasquale« seine umjubelte Wiener Premiere. Und nachdem sich der Kranke vorübergehend wieder ein wenig erholt hat, um die Proben zu leiten, erfolgt am Ende der Spielzeit die Uraufführung seiner »Maria di Rohan« mit allen Zeichen eines überwältigenden Erfolges. Offenbar will das Wiener Publikum dem von der aufreibenden Arbeit der vergangenen Jahre tödlich erschöpften Komponisten seine ermunternde Huldigung bringen. Doch der hat wie in trüber Vorahnung des Kommenden für die Aufführung an der Hofburgkapelle ein »Miserere« geschrieben.

Indes scheint er noch einmal Mut zu fassen. Er läßt sich, um an der Fronleichnamsprozession teilzunehmen, eine scharlachrote Uniform anfertigen. Dazu berechtigt ihn sein hohes Amt. Und er erwirbt erstmals eine eigene Kutsche, in welche er sich einen aufklappbaren Tisch einbauen läßt, um jederzeit zur Notenfeder greifen zu können. Doch es gelingt ihm kaum mehr, die Skizzen für sein nächstes Werk »Dom Sébastien« nach einem Text von Eugène Scribe für die Pariser Oper zu entwerfen. Einen Auftrag aus Neapel muß er resignierend zurückgeben. Matteo Salvi und ein in Wien engagierter Diener begleiten den kranken und verstörten Komponisten am 11. Juli zurück nach Paris.

Am 13. November findet dort an der Grand Opéra die Uraufführung seines letzten Werkes, des »Dom Sébastien«, statt, und am Tag darauf folgt im Théâtre Italien die französische Premiere der »Maria de Rohan«. »Eccomi alfine libero d'ogni travaglio«, schreibt er nach dieser ungeheuerlichen letzten Verausgabung seiner Kräfte. »Ihr könnt mich nicht mehr halten, ich bin frei und fahre zurück nach Wien, zum Kaiser!« Er scheint hier im ungeliebten Paris in dem allzu gütigen und oft etwas geistesabwesenden Ferdinand so etwas wie einen Retter gesehen zu haben, der ihm Schutz gewähren könne vor den Verfolgungen seines eigenen Wahns. Den »Hammer im Hirn«, der in den Irrsinnsfinali des lebensfrohen Rossini so heiter mechanisch dröhnte, den fühlte sein unglückseliger Nachfahre Donizetti wahrhaftig sein Lebendigstes zerschlagen.

Diesmal reist er schon vorzeitig, im Dezember, nach Wien. Eduard von Lannoy, Lehrer des Konservatoriums der Gesellschaft der Musikfreunde, hat ihm nach seinen Wünschen eine eigene Wohnung gemietet, in der er bessere Pflege genießen kann als bisher im Hotel. Drei Zimmer für ihn, eines für seinen Diener, in ruhiger Lage, sparsam möbliert und billig – so lautet die Anweisung. Im Hause der Bankiersfamilie Pereira (vermutlich dem an der Mündung der Renngasse in die Freyung, in dem sich heute die Schoeller-Bank befindet) wird das Passende für ihn gefunden.

Der Graf von Dietrichstein, als Oberstkämmerer der Beauftragte für die kaiserlichen Hoftheater, muß mit großem Bedauern zur Kenntnis nehmen, daß der erschöpfte Maestro ohne eine neue Oper für das Jahr 1844 angereist ist. Nicht einmal ein neues Stück für die Hofburgkapelle ist zustande gekommen, und so hat Donizetti im letzten Moment – vielleicht gar auf seinem Schreibtischchen in der Kutsche – seine aus dem Jahre 1829 stammenden »Christusparaphrasen« neu bearbeitet. Der freundschaftlich besorgte »Protektor« bringt dennoch nach einem Benefiz-Konzert, das Donizetti selbst dirigierte, den Dank der Landesherrin und »die kaiserliche Zufriedenheit« schriftlich zum Ausdruck.

Doch das Fieber wirft den Todkranken bald wieder aufs Bett. Im Kärntnertor-Theater spielt man unterdessen wieder die Erfolgsoper »Linda di Chamonix«, die den romantischen Taschentüchern nicht weniger Tränen zu trocknen gibt als im vorvergangenen Jahr. Dann auch wieder »Maria di Rohan« und den mit seinen Walzermelodien den Wienern unvermittelt ans Herz gehenden »Don Pasquale«. Bei der Premiere des in Wien bisher unbekannten »Roberto Devereux« ist Donizetti nicht imstande, Proben und Aufführungen selbst zu leiten. Vielleicht nur aus diesem Grund findet das finstere Stück wenig Verständnis. Donizetti spricht von einem »pyramidalen Fiasko«. Verdis »Ernani« und Rossinis »La gazza ladra« werden von ihm auf den Spielplan gesetzt. Bei Rossinis buffa streiken die Sänger. Zwanzig Tage Proben sind ihnen zuviel. Seine Autorität ist im Schwinden. Vor seiner Abreise kauft er für Signora Basoni in Bergamo ein Klavier und entscheidet sich dabei nach sorgfältiger Prüfung für einen Bösendorfer-Flügel. Mit diesem Instrument in der Kutsche reist er im Juli in die Heimat. In Neapel, dem Ort seiner größten Erfolge, sucht er Erholung. Die wärmende Sonne des Südens soll Heilung bringen. Aber als er dort Abschied nimmt, verkauft er einen Teil seines Hausrats.

Ein letztes Mal kehrt er für die Spielzeit 1845 zurück nach Wien. Diesmal schon am 5. Dezember. Ein geistliches Werk, das er der Hofkapelle hätte vorlegen sollen, ist, so schreibt er, auf dem Postweg abhanden gekommen. Hat er es je geschrieben? Hat ihn die letzte Kraft schon verlassen? Auch von einem neuen Werk für die Bühne kann nicht mehr die Rede sein. In Eile wird darum von dem ihm befreundeten Musikkritiker Leon Herz der »Dom Sébastien« ins Deutsche übertragen. Italienisch singen zu hören, sind die Wiener gewöhnt, nicht aber Französisch. Am 6. Februar 1845 ist im Kärntnertor-Theater Premiere. Anders als in Paris scheinen die Wiener dieses schon recht disparate Opus begeistert anzunehmen. Oder wissen sie, daß dies die letzte Gelegenheit ist, dem einst so unversiegbar scheinenden Quell des Belcanto zu danken?

In wirren Briefen nach Mailand und Paris, in denen er unausführbare Pläne entwirft und sich bitter über den Operndirektor Merelli beklagt, muß er eingestehen, daß all seine Mühen »in die Donau geflossen sind«. Untätig vergehen die Tage. Im Juli endlich verläßt er die Stadt, die ihm zu einer zweiten Heimat geworden war.

In Paris bricht er zusammen. Soviel er auch reiste, fliehend den Wahn, der ihn verfolgte, er vermochte sich selbst nicht zu entkommen. Nun ist er in der Gewalt der Ärzte, in der geschlossenen Anstalt von Ivry. Sein Vormund, der Pariser Bankier Auguste de Coussy, verhält sich, als hätte er ein finanzielles Interesse an Donizettis Gefangenschaft. Vergeblich bemüht sich Graf Dietrichstein, als ein Urlaubsgesuch über ein Jahr bei ihm einlangt, nähere Auskünfte zu erhalten. Eduard von Lannoy und ein Gesandter des Hofes, Carl Weber mit Namen, werden angewiesen, zu dem internierten Kranken selbst vorzudringen. Nur mit diplomatischem Nachdruck gelingt es ihnen, sich gegen die Widerstände des Pariser Polizeipräfekten durchzusetzen. Alle scheinen gegen den Wehrlosen verschworen. Weber berichtet an Dietrichstein von seinem endlich erfolgten Besuch: »Die Gattin des Arztes konnte Donizetti ein einziges Mal überreden, sich zu einem (der beiden Klaviere) zu setzen. Er spielte, aber es hatte keinen Zusammenhang, die Accorde waren falsch; er schien es endlich zu merken, stand schnell auf, entfernte sich und ist seitdem nie mehr dazu zu bewegen gewesen. Still und in sich gekehrt führt er ein mehr vegetierendes Leben; theilnahmslos für Alles – nur Kinder sieht er gerne und hat immer Zuckerwerk für sie in den Taschen.«

Einer Intervention des kaiserlichen Botschafters in Paris, des Grafen Appony, auf allerhöchsten Befehl ist es zu danken, daß Donizetti seinen Gefangenenwärtern endlich entzogen wurde und im September 1847 nach Bergamo reisen durfte, um dort in Frieden zu verdämmern.

»L'ELISIR D'AMORE«

Im Klang des italienischen Titels kündigt es sich schon an, das schwerelose, ungetrübte Vergnügen, das den glücklichen Besitzer eines Theaterbilletts erwartet, eines Vergnügens, das nur durch einen philosophierenden Regisseur gestört werden könnte. Doch die geringe Achtung, die Donizetti unter diesen humorlosen Spielverderbern genießt, bewahrt sein heiteres Meisterwerk vor »hinterfragenden« Neuinterpretationen. Auch Musiker, die etwas auf sich halten, halten oft von »Donizetti und Co.« seit Wagners Verdikt nicht allzu viel. Ich erinnere mich da an einen Pianisten, der sich weigerte, Opern von Donizetti und Bellini auf dem Klavier zu korrepetieren. Seine Finger waren Anspruchsvolleres gewöhnt. Anders denken da die Sänger, für deren Gurgeln die Kantilenen des Bergamasker Meisters eine reine Freude sind, und anders denken auch die Zuhörer auf dem Stehplatz, im Parterre und in den Logen. Sie drängen sich nun schon seit anderthalb Jahrhunderten um die Eintrittskarten, nicht anders als die Bewohner jenes ungenannten toskanischen Dorfes um die Wundermittelchen des Doktor Dulcamara. Sie alle wissen recht wohl, was sie an einem Werk wie dem »Liebestrank« haben. Die Melodien und Koloraturen sind Balsam für die Stimmen, liegen gut in allen Lagen und machen mehr Effekt als Schwierigkeiten. Das Orchester ist nirgends zu laut. Ein jedes Wort läßt sich verstehen in den Arien wie in den Ensembles. Die Rollen sind dankbar, die Handlung amüsant. Und das Ganze ist aus und vorüber, ehe noch einer im Zuschauerraum oder hinter der Bühne beginnt auf die Uhr zu schauen. Was will man mehr? Nun ja, man will auch manchmal geschunden und nicht nur unterhalten werden. Man will auch manchmal die Welt erklärt bekommen und sich nicht nur die Zeit vertreiben lassen. Doch wenn man heutzutage das Repertoire der Opernhäuser überblickt, dann sind die unbeschwerten Abende sehr in der Minderheit. So richtig von Herzen lachen kann man nur bei Rossinis »Barbier«, beim »Türken in Italien« und der »Italienerin in Algier«. Bei Mozarts buffa-Opern mischen sich Nachdenklichkeit und manchmal sogar Trauer in die Freude. Beim »Don Pasquale« Donizettis wird Scherz mit Grausamkeit getrieben. Der an Wundern aller Art so reiche »Falstaff« entläßt einen trotz der heiteren Schlußfuge doch etwas melancholisch. Und das letzte und kürzeste Meisterwerk südländischer Komödiantik, Puccinis genialer »Gianni Schicchi« ist ein Ausbund an Schadenfreude und ein Strafgericht entlarvter Bosheit.

Da steht eben dieser »Liebestrank« auf weiter Flur recht einsam da als freundliches melodramma, als lyrische opera comica, wie er abwechselnd bezeichnet wird in Partituren und Klavierauszügen. Wir wollen uns nicht mit Ratschlägen in die Editionsprobleme der italienischen Musikhistoriker mischen. Eine reine opera buffa jedenfalls scheint auch uns das liebenswerte Stück nicht zu sein. Es ist dafür zu empfindsam. Gewiß sind die Figuren des weitgereisten und überall schnell sich wieder empfehlenden Salbenreibers und Tränkemischers Dulcamara und des selbstgefälligen Gockels von einem federbuschgeschmückten Kriegs- und Frauenhelden Belcore uraltes Komödiengut, aber neben dem gefühlvollen Bauerntölpel Nemorino und der romanlesenden Gutsbesitzerswitwe Adina ergeben sie die rechte Mischung in einem Ensemble für ein wirkungsvolles, geistreiches Lustspiel. Sogar die junge Gianetta, ein hübsches Gänschen aus dem Dorf, dem die Männer allesamt gefallen, ist noch eine bessere Rolle als all die hundert undankbaren Ammen, Dienerinnen und Vertrauten, die in anderen Opern Mäntel, Koffer und Stichworte zu bringen haben. Wie sie nun untereinandergemischt oder einander gegenübergestellt werden, um immer neue kaleidoskopische Konstellationen und vergnügliche Überraschungen zu ergeben, das kann nur die Hand eines Meisters bewirken. Und hier, bei diesem Trank, der so bekömmlich gelungen ist, daß einem auch noch Tage danach die Ohren klingen, aber der Kopf nicht brummt, waren mehrere solcher glücklichen Hände am Werk.

Da ist zuerst der sonst nicht näher bekannte italienische Autor Malaperta zu nennen, dessen Komödie Stendhal entdeckt, übersetzt, bearbeitet und in der »Revue de Paris« im Jahre 1830 publiziert hat. Dort hat sie der theaterkundige Eugène Scribe entdeckt und hat dem Titel »Le philtre« aus ihr ein französisches Textbuch für Daniel François Esprit Auber gefiltert, das mit dessen Musik als opéra comique am 20. Juni 1830 in Paris mit großem Erfolg zur Uraufführung gelangte. Bei dieser Premiere sang der Bariton Henri-Bernard Dabadie die Rolle des Offiziers Joliecoeur. Und es mag sein, daß Felice Romano durch dessen Vermittlung die französische Textvorlage für seine italienische Fassung erhielt, denn Dabadie sollte nun auch in Mailand in der Partie des Belcore auftreten. Wem nun von den vier Autoren das größte Verdienst gebührt, das läßt sich ohne Studium der Quellen nicht mit Gerechtigkeit erweisen. Ich bin geneigt, dem letzten in der Reihe ein ganz besonderes Lob zu spenden. Denn er hat hier dem sonst in der Wahl seiner Textdichter nicht immer glücklichen Donizetti ein Libretto geschenkt, das den Geist der Zeit, die Ausgewogenheit der überlieferten Form, die Sangbarkeit der Verse und die Konturierung der Charaktere in ganz besonderer Vollendung zeigt. Romani, der sonst als engster Freund und Mitarbeiter des melancholischen Bellini seine bekanntesten Werke für die tragische Oper geschrieben hat, bewies mit diesem Meisterwerk, daß er zu Recht als der bedeutendste Textdichter der italienischen belcanto-Oper angesehen wird. Im »Elisir d'amore« läuft alle äußere Handlung dem Ziele zu, das in erreichbarer Nähe ausgesteckt wurde von den Wünschen des Herzens. Da werden keine dramaturgischen Tricks und unlauteren Hilfsmittel bemüht, denn selbst der geforderte und herbeigezauberte Liebestrank ist nichts weiter als eine Flasche roten Bordeauxweins. Und der reiche Onkel, der im Hintergrund unsichtbar stirbt, um den unbeholfenen Liebhaber reich zu machen, nimmt dadurch keinen Einfluß auf die längst verratenen Gefühle der koketten Adina. Durch beides wird nur sinn- und augenfällig, daß weder Zauber noch Geld, sondern eine Liebe die andere entzündet. Und die beiden Neuankömmlinge im Dorf, der Soldat und der Doktor, die die allzu lang schon stockende Handlung zwischen den Liebenden endlich ins Rollen bringen, können vergnügt verabschiedet werden, wenn das unverfehlbare Ziel erreicht ist und die Liebenden sich ohne weiteres Wenn und Aber in den Armen liegen. Gaetano Donizetti, der nach der einen Zählung 64, nach der anderen 72 Opern komponiert und dabei meist ernste Stoffe bevorzugt hat, ist auf dem Gebiet der opera buffa, bei nur wenigen Versuchen, viel siche-

rer fündig geworden. Man denke nur an »Don Pasquale«, an »La figlia del reggimento« oder an »Le convenienze e le inconvenienze teatrali«. Er hat es offenbar selbst nicht glauben wollen, wie leicht und sicher er in diesem Genre ins Schwarze zu treffen vermochte, und hat darum allzu oft sich vergeblich bemüht mit rührseligen Schauerballaden. Viel Mühe und Qual seines rastlosen Lebens wäre ihm auf dem heiteren Weg erspart geblieben. Man weiß, daß Romani bis zum 24. April 1832 an dem Textbuch gearbeitet hat. Für den 12. Mai war die Premiere angesetzt. So blieben Donizetti für die Komposition, Instrumentation und Einstudierung kaum drei Wochen Zeit. Es heißt, es habe soviel nicht einmal benötigt, sondern die Partitur in 14 Tagen geschrieben. Die Premiere war ein unbestrittener Erfolg. Der Musikkritiker der »Gazzetta privileggiata di Milano« schrieb, das Publikum habe nach jeder Musiknummer begeistert applaudiert. Und es ist heute noch so, daß in einer gutbesetzten Vorstellung kaum eine Nummer ohne Beifall bleibt.
Schon die kurze Ouvertüre zeigt in ihrem Mittelteil überraschend leidenschaftliche Töne, die erste Chorszene und die Arie des Tenors »Quant' è bella, quant' è cara« exponieren rasch die Situation und die Charaktere der Protagonisten, das Motiv des Liebestranks wird durch die spöttisch amüsierte Lesung aus dem Buch von Tristan und Isolde (dreißig Jahre vor Wagner) durch Adina eingeführt, die nicht ahnt, welche Hoffnung und Verwirrung sie dadurch im Herzen Nemorinos verursacht. Auftritt das Militär, Belcore an der Spitze, bejubelt von den Dorfbewohnern. Es folgt die koloraturengeschmückte Huldigung Belcores an die schöne Witwe und deren kokette Replique. Sie stürzt Nemorino in hilflose Eifersucht. Doch schon kommt, angekündigt von einer fröhlichen Trompete, der buntgeschmückte Wagen des Doktors Dulcamara. Seine Auftrittsarie ist ein wahres Glanzstück eloquenter Komik. Und nun sind die Partner alle beisammen für Duette, Terzette, Quartette und Ensembles mit dem Chor. Das geht mit einem effektvollen ersten Finale, in dem das Arioso des verzweifelten Nemorino »Adina, credimi« einen gefühlsinnigen Höhepunkt bildet, hinüber in den zweiten Akt, in dem die schnippische Adina endlich zu verstehen beginnt, wie sehr sie geliebt wird und daß die grausame Neckerei ein versöhnendes Ende haben muß. Zuvor hat sie noch ein Kabinettstück mit dem unverwüstlichen Dulcamara zur Unterhaltung der Hochzeitsgäste zu improvisieren. Dann folgt der leichte, tänzerisch schwingende Chor der Mädchen, die den reichen Erben Nemorino plötzlich umschwirren, und das graziöse Duett, in dem Dulcamara Adina die Augen öffnet. Nemorinos Arie von der verstohlenen Träne (»Una furtiva lagrima«), die er im Auge der Liebsten glaubt gesehen zu haben, schenkt dem Werk seinen höchsten melodischen Glanz. Von einem singenden Fagott über den grundierenden Streichern eingeleitet, schwingt sich die Stimme des von allen Leiden vergeblicher Liebe geprüften Schwärmers in den Himmel der Hoffnung und sinkt am Ende zurück in ein seltsam todessüchtig verklingendes Piano. Donizetti hat dem liebenswerten Nemorino damit eine der schönsten Tenorarien der Opernliteratur geschenkt. Daß Adina danach nicht lange mehr widerstehen kann, versteht sich von selbst. Keine weitere Intrige ist mehr vonnöten. Belcore erkennt auf einen Blick und mit einem einzigen Satz, daß er hier nichts mehr zu gewinnen hat, und der Wunderdoktor Dulcamara wird von allen verabschiedet mit einem schwungvollen Kehraus, in den die Trompete fröhlich einfällt: »Hoch lebe Dulcamara, der Phönix der Doktoren!«

Le Grand Opéra – Eugène Scribe und Giacomo Meyerbeer

Was hat der schnöde Mammon im Tempel des Apollon zu suchen? Gibt es keinen Ort mehr, wo man von Macht und Reichtum unbelästigt als Mensch neben Menschen sitzt oder, besser noch, als Mann neben Frauen, als Frau neben Männern, und Herz und Hirn den schönen Künsten öffnen darf? Muß man überall, in den Logen, im Parkett und auf der Bühne, erinnert werden an den Protz der Orden, der Titel und der Zahlen?

Wer darauf eine ehrliche Antwort will, der muß zur Kenntnis nehmen, daß nicht nur die Kunst nach Brot geht, wie der Volksmund sagt, sondern auch, daß das nackte Kapital die neuen Kleider der Kunst sucht, um seine Blöße zu bedecken. Man kann Beispiele davon aus allen Jahrhunderten haben. Es begann schon mit einer Lobeshymne auf Maria de'Medici, die Tochter des Landesfürsten und die Braut eines Königs. Es fehlt auch heute nicht an Bündnissen von dieser Art, weil nun einmal die Maschinerie eines vielhundertköpfigen Unternehmens, das nicht nur Kunst für Geld und Ehre, sondern auch Brot für viele Menschen geben soll, nicht mit dem klaren Wasser eines Bächleins betrieben werden kann wie die einsame Mühle eines Liedermachers.

Wir sind mit diesem Bild in eine Zeit geraten, in der sich die idealischen Geister von den handwerklichen Meistern scheiden. Wenn man da Umschau hält unter den Kollegen des ebenso unermüdlich wie unbelohnt komponierenden Franz Schubert – dessen Werke für das Theater eine nicht geringere Anzahl an Notenblättern bedecken als seine Symphonien, Klavierstücke, Lieder und Streichquartette – und an klingender Münze und klirrenden Orden deren Erfolge abzählt, so kann man sich nur wundern über das Walten der irdischen Gerechtigkeit.

Doch soll es beim Wundern nicht bleiben. Das Ganze hat auch seine einsehbaren Mechanismen. Die Zeit der Romantik war neben anderem auch die Blütezeit des Kapitalismus. Wie Soll und Haben standen sich in diesem Buche die blaue Blume und der Dampfhammer gegenüber, das Haus des Dorfschulmeisters Wutz und Rothschilds Bankpalast, die Matratzengruft des Dichters und die Große Oper im Faubourg de St-Honoré. Wer früh begriff, daß, wie alle Werke aus Menschenhand, sich auch die Kunst in Ware verwandeln läßt und Ware in Geld und Geld in Macht, dem öffneten sich die Sesamtüren der bürgerlichen Gesellschaft. Lassen wir in diesem einen Kapitel die Kunst beiseite und reden von Macht und Ansehen, Ruhm und Ehre, Geld und Besitz und anderen Bagatellen, auf die der keusche Narr sehr früh verzichten lernen muß und die er sich doch nicht aus dem Kopfe schlagen kann, die aber der andere, der realistische Stratege, unterdessen ebenso geschickt wie diskret auf sein Konto bucht. Man bekommt diese teils realen, teils imaginären Werte entweder im Bündel angeboten, oder man sieht so gut wie nichts davon, soviel man den Hals auch wendet. Denn das eine klebt am andern wie sonst nur Pech und Schwefel. Der Erfolg spricht für sich, heißt es in manchen Elogen. Nun gut, dann können wir es uns hier ersparen, ihn zu rühmen. Es soll uns genügen, ihn einfach nur zu erwähnen, ohne Lob oder Tadel. Mag er für sich sprechen. Wir vertrauen darauf, daß es noch immer sehr unterschiedliche Ohren gibt an Köpfen, die sich ihr eigenes Urteil bilden.

Da lebten zum Beispiel in der Zeit des Bürgerkönigs Louis Philippe, der Märzrevolution und des zweiten Kaiserreichs im schönen Frankreich ein Dichter mit Namen Eugène Scribe und ein Komponist mit Namen Jakob Meyer und dem Künstlernamen Giacomo Meyerbeer. Der eine war in Paris, der andere in Berlin im selben Jahre 1791 geboren. Im März 1826 begegnen sich die beiden zum ersten Mal. Wo anders hätte das stattfinden sollen als in der Loge des Direktors der Pariser Opéra. Man hat voneinander gehört. Man hat einander umkreist. Jetzt kommt man sehr schnell zur Sache und die soll »Robert-le-Diable« heißen: Robert der Teufel. Man schließt Verträge miteinander und Verträge auch mit der Operndirektion und dem Verleger Schlesinger. Man teilt zu gleichen Teilen die zu erwartende Beute und bedingt sich Klauseln aus, die den Textdichter zu Zahlungen an den Komponisten verpflichten, wenn das Textbuch nicht rechtzeitig geliefert werden sollte, und umgekehrt den Komponisten in die Pflicht nehmen, wenn er zögern sollte bei der Vertonung oder gar, wenn er das Buch nicht zu Ende komponieren sollte. Daß das keine Formalitäten sind, bekommt der langsam arbeitende Meyerbeer zu spüren bei allen Verzögerungen, zu denen ihn seine empfindliche Gesundheit immer wieder zwingt. Auch der Direktor der »Académie« sichert sich ab für den Fall, daß Meyerbeer nicht liefern sollte. Der Fall tritt ein, als die Partitur der »Hugenotten« auf sich warten läßt und Meyerbeer eine Konventionalstrafe von 30 000 Francs bezahlt, was damals eine Summe war, die manche Komponisten ihr Leben lang nicht zu verdienen vermochten, die aber für den Enkel des »Krösus von Berlin«, den Erben eines Riesenvermögens, das durch Zuckerraffinerien und Bankgeschäfte angesammelt worden war, kein Grund war, sich bei der Fertigstellung seiner Arbeit drängen zu lassen. Er wird auch später der Witwe seines Kompagnons Scribe zweimal 10 000 Franc überweisen, als es mit der »Afrikanerin« und der nie vollendeten »Judith« nicht vorangehen will. Meyerbeer ist nicht geizig. Oder besser: er ist so reich, daß er durch Geldforderungen nicht zu beeindrucken ist. Das ist für Eugène Scribe, den erfolgreichsten Dichter der romantischen Epoche, eine gute Basis der Zusammenarbeit. Gemeinsam ist man stärker als selbst die großen Pariser Opernhäuser, die »Opéra« und die »Opéra Comique«.
Daß Geld und Macht zwei Schwestern sind, das haben die beiden bald verstanden. Der Unterschied zwischen ihnen ist der, daß der Berliner mit hohen Einsätzen beginnen konnte, während der in bescheideneren Verhältnissen aufgewachsene Scribe sich empordrängen mußte. Scribe hat keine Zeit zu verschenken. Er kann nicht warten. Seine Zeit ist teuer. Darum kann er auch hin und wieder etwas ungemütlich werden, wenn sich nichts zu bewegen scheint. Oft werden in Paris mehrere seiner Stücke oder Opern gleichzeitig gespielt. Theater gibt es genug. Immerhin hat er auch noch mehr als 300 Komödien oder Dramen verfaßt. Und seine Mitarbeiter wollen bezahlt sein; denn kein Mensch kann allein so viele Prosadialoge oder Verse verfassen, wie sie von ihm verlangt werden. Dafür muß eine

Schreibstube sorgen, eine Dramenmanufaktur. In der sitzen hinter riesigen Zettelkästen, in denen alle denkbaren Materialien gesammelt werden, Scribes dienstbare Geister. Die Namen sagen uns heute wenig; dennoch sollen sie hier genannt werden, um ihnen einmal Gerechtigkeit widerfahren zu lassen: Bayard, Brazier, Carmouche, Dupin, Delavigne, Mélesville, Xavier und Vernon de Saint-Georges – in alphabetischer Reihenfolge. Man möge mir großmütig erlassen, auch noch die Vornamen der Skribenten zu erforschen. Angemerkt zu werden verdient, daß Scribe nicht unterließ, auf dem Titelblatt festzuhalten, wenn einer von ihnen mehr als nur die grobe Vorarbeit leistete. Es war ihm offenbar ein Bedürfnis, den wachsenden Personalstand seiner Schriftstellerei zu dokumentieren.

Und daß in seinem Betrieb nicht gefaulenzt wurde, das ersieht man am Umfang seiner »Gesammelten Werke«. Unter den, sage und schreibe, 66 Bänden befinden sich allein 26, die nur seine Operntexte enthalten. Keine Enzyklopädie vermag sie alle aufzuzählen. Es sei auch hier genug damit getan, die wichtigsten zu nennen: »La dame blanche« (Boieldieu, 1825), »La muette de Portici« (Auber, 1828), »Fra Diavolo« (Auber, 1830), »Le philtre« (Auber, 1831 und Donizetti als »L'elisir d'amore« 1832), »Robert-le-Diable« (Meyerbeer, 1831), »Ali Baba ou Las quarante voleurs« (Cherubini, 1833), »Le bal masqué« (Auber, 1833 und Verdi als »Un ballo in maschera« 1859), »La Juive« (Halévy, 1835), »Les Huguenots« (Meyerbeer, 1836), »Le Prophète« (Meyerbeer, 1849), »L'Étoile du Nord« (Meyerbeer, 1854), »Les Vêpres Siciliennes« (Verdi, 1855) und »L'Africaine« (Meyerbeer, 1865). Durch seine konkurrenzlose Stellung im Pariser Theaterleben war es Scribe gelungen, eine Tantiemenregelung zu erwirken, die ihm und dem Komponisten seiner Opern jeweils 10 Prozent der Abendeinnahmen sicherte. Das machte im Fall des »Propheten« nicht weniger als 3,14 Millionen Francs für den Autor wie für den Komponisten allein im Jahr der Uraufführung aus. Man fragt sich, was er wohl mit all dem vielen Geld gemacht haben mag, da er nach seinem Tod seiner Witwe nur 20 Millionen hinterließ. Die Antwort liegt in den Unsummen, die sein pompöser Lebensstil verschlang. Er besaß ein Stadtpalais in der Rue Pigalle, zwei Landhäuser und ein Schloß in Séricourt im Département Seine-et-Marne, das nicht ohne eine größere Dienerschar zu bewirtschaften war. Man sieht, der arme Mann war gezwungen, von einem Termin zum andern zu hetzen. Die Gesellschaft zwang ihn geradezu, über vierzig Jahre lang 10 Opern oder Komödien in der Saison zu liefern. Wieviel er selbst davon geschrieben hat, das wollen wir nicht untersuchen. Es wäre auch schwer zu beweisen, da die Manuskripte meist aus Kopistenhand stammen und nur hin und wieder seine handschriftlichen Korrekturen zeigen.

Als er 1836 in die »Académie Française« aufgenommen wurde, bestätigte ihm der Laudator, daß er »den Geist seiner Zeit erfaßt und jene Art von Stücken geschrieben« habe, »die diesem am besten ansteht und die größte Ähnlichkeit mit ihm zeigt«. Ob die Formulierung absichtlich so zweideutig geraten ist, wie sie uns heute scheinen will, vermag ich nicht zu entscheiden. Was immer Scribe angestrebt haben mag, es scheint, als hätte er es erreicht. Und man fragt sich, zu welcher dringenden Besprechung er noch unterwegs war, als ihn der Tod mit einem Herzschlag in die Kissen seiner Kutsche warf. In heller Angst wendete sein Kutscher die Pferde und brachte doch nur mehr einen Toten zurück in sein herrschaftliches Haus in der Rue Pigalle Nr. 12.

Sein Compagnon, Kunstfreund und Geschäftspartner Meyerbeer schrieb am folgenden Tag unter dem 21. Februar 1861 in sein verräterisches Tagebuch: »Zur Arbeit war ich unfähig. Die Nachricht vom Tode Scribes hat mich tief erschüttert. Seit 32 Jahren mein Bekannter, Dichter meiner 5 Opern Robert, Les Huguenots, Le Prophète, Étoile du Nord, Vasco de Gama war ich oft in den intimsten Beziehungen zu ihm. Obwohl wir oft démêlées hatten, so war seine Liebenswürdigkeit doch so groß, daß ich ihn innerlich stets liebte und ihm ergeben war. Sein wenn auch nicht immer edles, aber stets geistreiches, pikantes, nach allen Richtungen erfindungsreiches Talent entzückte. Namentlich ist er bis jetzt im Fach der komischen Operndichtung unerreicht geblieben. Aber auch in anderer Beziehung ist sein Tod ein harter Schlag für mich. Wer wird meinen Vasco de Gama in Szene setzen, wenn er endlich zur Aufführung kommt, wer die dichterischen Veränderungen machen, wenn sich solche als notwendig erweisen sollten? Und vielleicht kann ich nach dem Wortlaut meines Traités in unangenehmste Collisionen mit dessen Erben kommen? Gott möge alles zum Besten fügen.«

Gott hat es immer so gefügt, wie Meyerbeer es wünschte. Er war ihm wegen seiner zahllosen Almosen zu Dankbarkeit verpflichtet. Auch mußte er ihn für die vom Brotneid diktierten Anfeindungen seiner weniger erfolgreichen Musikerkollegen Schumann, Mendelssohn und Wagner, für die »Infamien der Journaille«, allen voran des Korrespondenten Heine – dessen Witwe von Meyerbeer noch 3 000 Francs forderte und erhielt, um aus dem Nachlaß ihres Mannes alle jenen etwa betreffenden Niederträchtigkeiten zu streichen – und für die vielen eingebildeten oder wirklichen Leiden des Körpers endlich entschädigen. Der Herr erfüllte also auch noch den letzten Wunsch seines gerechten Sohnes Giacomo und erhörte sein tägliches Gebet, das dieser auf einem kleinen Zettel notiert und nach Scribes Tod tagtäglich im stillen Kämmerlein gesprochen hatte und das da lautete: »Großer allmächtiger Gott! … Erhalte die fünf französischen Opern, die ich komponiert habe, auf den Repertoiren aller Theater der Welt während meines ganzen Lebens, und ein halbes Jahrhundert hindurch nach meinem Tode … Amen.«

Und so genau erfüllte der Herr diesen Wunsch, daß er alle deutschen und italienischen Opern Meyerbeers in das schwarze Loch des Vergessens senkte. Die fünf aber, die dem Komponisten so sehr am Herzen lagen, erhielt er bis zum Beginn des Zweiten Weltkrieges, fünfzig Jahre nach des frommen Mannes Tod. Dann aber tilgten die Franzosen den Namen Meyerbeer vom Straßenschild der Avenue de l'Opéra und wollten nichts mehr hören von dem Mann, der die beiden so oft verfeindeten Brudernationen vereint hatte in der Bewunderung seiner Auge und Ohr überwältigenden Haupt- und Staatsaktionen auf den Bühnen zuerst der Opéra de Paris und danach aller großen Städte Europas.

Ein anderer Fall war es mit dem gewitzigteren Scribe. Den werden wir auch heute noch nicht so bald los. Er hat uns außer einigen gelungenen Texten für größere Komponisten, als Giacomo Meyerbeer einer war, auch noch ein Schauspiel hinterlassen – eines von dreihundert vergessenen – auf das man nicht gerne verzichten will. Es ist im Jahre 1841 entstanden, ganz ohne Mithilfe seiner Manufaktur, und gibt sich neben Scribes großmäuligen Opern unscheinbar und bescheiden mit dem schlichten Titel: »Das Glas Wasser«.

Alexander Sergejewitsch Puschkin und die russische Oper

Kaum ein anderer Dichter hat je für die Musik seines Heimatlandes eine Bedeutung erlangt wie Alexander Puschkin in Rußland. Auch wenn man im Rahmen dieser kurzen Betrachtung die schier zahllosen Liedvertonungen und die Ballettmusiken zu seinen Dichtungen beiseite läßt, erkennt man erstaunt, daß fast ein jedes seiner vielen Werke einmal einem Komponisten des 19. oder des 20. Jahrhunderts als literarische Vorlage diente. In der Geschichte der russischen Oper, die unmittelbar nach dem Ableben des Dichters einen so gewaltigen und fruchtbringenden Aufstieg nahm, fällt der Name Puschkins wohl auf jeder Seite und häufiger als der eines jeden Komponisten. Von den Opern auf Puschkinsche Themen seien hier nur die wichtigsten aufgezählt.
Mit Michail Iwanowitsch Glinkas Oper »Ruslan und Ludmilla« nach Puschkins genialem Jugendwerk, einem Verspoem aus der heimatlichen Sagenwelt, wurde die russische Nationaloper begründet. Glinka war ein Altersgenosse des Dichters, hatte jedoch anders als dieser lange Lehrjahre im westlichen Europa zugebracht, was seiner Tonsprache unschwer abzuhören ist. Alexander Sergejewitsch Dargomyschskij vertonte zwei Puschkinsche Dramen: 1856 wurde die Opernfassung des Schauspielfragments »Russalka« uraufgeführt und 1872, nach dem Tode des Komponisten, der von Cui und Rimskij-Korsakow ergänzte »Steinerne Gast«, eine eigenwillige Abwandlung des »Don Juan«-Themas, in welcher Donna Anna als Witwe des ermordeten Komturs von Don Juan so leidenschaftlich umworben wird, daß sie nur das schicksalhafte Dazwischentreten des steinernen Gastes vor dem Erliegen bewahrt. »Boris Godunow« ist Puschkins einziges abendfüllendes Schauspiel, das nach einigen Eingriffen der Zensur erst 1830 im Druck erscheinen konnte. Modest Petrowitsch Mussorgskij hat die 22 teils in Prosa, teils in Versen verfaßten Szenen zu einem grandiosen Operntext von nur mehr 8 Bildern zusammengezogen und daraus die wohl bis zum heutigen Tage bedeutendste russische Oper geschaffen. Sie wurde 1874 in St. Petersburg uraufgeführt. Pjotr Iljitsch Tschaikowskij hat Puschkins Hauptwerk, den Versroman »Jewgenij Onegin« vertont, zu welchem ihm Konstantin Schilkowskij unter Verwendung zahlreicher originaler Puschkin-Verse das Libretto geschrieben hatte. Die Uraufführung dieses Meisterwerkes, das des Komponisten Ruhm als Opernschöpfer begründete, fand 1879 in Moskau statt. 1884 wurde »Masepa« nach Puschkins Versroman »Poltawa« uraufgeführt. Puschkin war zu diesem Sujet aus der Zeit Peters des Großen durch eine Behandlung des Themas durch Lord Byron angeregt worden, eines Dichters, der stets einen großen Einfluß auf sein Schaffen bewahrt hatte. Die dritte Oper Tschaikowskijs nach Puschkin ist sein letztes Meisterwerk »Pique Dame«. Ihr liegt die Prosaerzählung gleichen Titels zugrunde, die durch den jüngeren Bruder des Komponisten, Modest Iljitsch, der sich

schon zuvor einen guten Namen als Schriftsteller gemacht hatte, mit großem Geschick zu einem wirkungsvollen Operntext geformt worden war. Auch César Antonowitsch Cui, der Intellektuelle des »Mächtigen Häufleins«, hat drei Puschkin-Opern komponiert. 1883 den »Gefangenen im Kaukasus«, 1901 »Das Gastmahl während der Pest« und 1911 »Die Hauptmannstochter«. Die erste Oper hat einen Versroman aus der Verbannungszeit des Dichters zur Grundlage, die zweite einen in England spielenden Einakter und die dritte eine Prosaerzählung. Cuis Freund und Kollege Nikolai Andrejewitsch Rimskij-Korsakow vertonte 1898 das aus dem Jahre 1830 stammende Schauspiel in zwei Szenen »Mozart und Salieri«, das die unhaltbare These vom Giftmord des eifersüchtigen Italieners an seinem genialen Kontrahenten allzu bekannt gemacht hat. 1900 folgte »Das Märchen vom Zaren Saltan« und 1909 »Der goldene Hahn«, beide nach Versmärchen gleichen Titels. Dies waren Sujets, die der Vorliebe Rimskij-Korsakows für die Exotik des Märchenhaften sehr entgegenkamen und die auch heute noch öfter gespielt werden als sein erster Versuch mit Puschkin. Nur mehr sehr selten begegnet man heute den Opern Sergej Wassiljewitsch Rachmaninows »Aleko« und »Der geizige Ritter«. Die erste basiert auf Puschkins Verserzählung »Die Zigeuner« und wurde 1893 uraufgeführt, die zweite stellt die Vertonung einer im französischen Mittelalter spielenden kurzen Tragödie in drei Szenen dar, die Puschkin ebenso wie seine drei anderen Einakter im Jahre 1831 veröffentlicht hatte. Endlich wäre noch Igor Strawinskys heitere Kammeroper »Mavra« zu nennen, dessen literarische Quelle sich in dem satirischen Poem »Das Häuschen in Kolomna« findet. Unerwähnt bleiben in dieser kursorischen Aufzählung die Vertonungen nichtrussischer Komponisten wie Halévy und Leoncavallo ebenso wie die neueren Kompositionen aus der sowjetischen Ära. Die Anziehungskraft des genialen Dichters auf alle folgenden Generationen russischer Komponisten blieb bis auf den heutigen Tag ungebrochen. Wer nach Gründen dafür fragt, muß mehr als nur eine Antwort erwarten.

Da wäre zuerst die Tatsache anzuführen, daß Alexander Puschkin eben in der Epoche des neu erwachten russischen Selbstwertgefühls nach der siegreichen Abwehr Napoleons auf den Plan trat und, trotz aller weltläufig-kosmopolitischen Erziehung in der neugegründeten Petersburger Eliteschule, sich von allem Anfang als romantischer Patriot erwies durch die Wahl typisch russischer Themen aus Geschichte, Sage und Märchen ebenso wie aus dem höfischen und ländlichen Gesellschaftsleben der Gegenwart. Er selbst beschreibt die plötzlich aufflammende Vaterlandsliebe der russischen Aristokraten in den Jahren des Vaterländischen Krieges in seinem Prosafragment »Roslawlew« mit den ironischen Worten: »Der eine schüttete den französischen Tabak aus seiner Tabaksdose und begann russischen zu schnupfen, der andere verbrannte ein Dutzend französischer Broschüren, der dritte verzichtete auf seinen Lafitte und zog diesem den schäumenden Kwaß vor.« Diese Stimmung kam nach der endgültigen Niederwerfung Napoleons auf ihren Höhepunkt. Und eben dies war der Augenblick, in dem Puschkin mit seinen ersten, frühreifen Gedichten an die staunende Öffentlichkeit trat und bald darauf die neue Begeisterung für die allzu lange verachtete russische Sprache mit dem historisch-märchenhaften Versepos »Ruslan und Ludmilla« so energisch zu nutzen verstand, daß ihm sein literarischer Ruhm sogar in die Verbannung folgte. Seine offenen Beziehungen zu den aufständischen Dekabristen, die sich im Dezember 1825 gegen den unbeliebten neuen Zaren Nikolaus I. empörten, taten ein übriges, um ihn den höfischen Kreisen verdächtig, den liberalgesinnten Romantikern späterer Jahre jedoch zum Vorbild werden zu lassen. Puschkins Sujets, mochten sie nahen oder fernen Epochen entstammen, sagenhafte oder realistische, erotische oder politische Handlungsmotive enthalten, waren immer mit den unmittelbar berührenden Gefühlen eigenen Erlebens angereichert und sprachen von seinem persönlichen Schicksal.

Ein wichtiger Anreiz für die Vertonung lag gewiß auch in der klaren, übersichtlichen Darstellung der Fabel eines jeden seiner Werke, unabhängig davon, ob er es in dramatische oder epische Form goß. Die Handlung des von seiner geliebten Tochter verlassenen »Postmeisters« läßt sich ebenso in drei Sätzen wiedergeben wie die des unter die Zigeuner geratenen »Aleko«, der die Untreue seiner Geliebten nicht begreifen kann und sie darum tötet. Der Untergang des vom eigenen Gewissen früher als vom Usurpator Demetrius besiegten »Boris Godunow« ist so unausweichlich und vorhersehbar wie das tragische Schicksal des von der Spielleidenschaft zerfressenen Genieoffiziers Hermann in »Pique Dame«. Stringenz und Klarheit sind bedeutsame Erfordernisse eines Opernbuches, die nur allzu selten erfüllt werden.

Vielen Komponisten der romantischen Epoche kam überdies eine ganz unvergleichliche Neigung des Autors zu kontrapunktierender, satirischer Ironie entgegen, die noch durch die schwärzesten Tragödien irrlichtert. Ohne dieses höchstindividuelle Stilmittel wäre Puschkin einer unter vielen Geschichtenerzählern, mit ihm aber schafft er oftmals jene ästhetische Distanz und zugleich jene persönliche Verflechtung seiner eigenen Biographie mit dem Schicksal seiner Helden, die nicht ihresgleichen haben, und von welchen man nicht entscheiden mag, welche der beiden Komponenten einen mehr fasziniert.

Schließlich ist auf Puschkins elegante, wendungsreiche und doch genau zielende Sprache und ihre prägnante und doch niemals pedantisch zählende Rhythmisierung zu verweisen. In allem, was er schreibend je hervorbringt, bleibt er ein lyrischer Dichter, und das ist eben die Eigenschaft, die ihn so greifbar in die Nähe der Musik rückt. In seiner poetischen Sprache finden sich die klargegliederten, schwebenden Sätze, die Assonanzen und Metren, welche die Musik anlocken und aufsaugen, als wären Wort und Ton füreinander geboren. Und wer sollte das untrügliche Sensorium für diese Eigenschaften haben, wenn nicht die Komponisten. Sie hören, auch wenn sie lesen.

Unbegreiflich erscheint nach all dem Gesagten, daß man durchaus auch heute noch die Behauptung lesen kann, Puschkin sei eigentlich nicht wirklich musikalisch gewesen und habe sich zu keiner Zeit seines Lebens um Musik bemüht. Als ob es hierbei auf das Klavierspielen oder Blattsingen ankäme. Doch für einen genaueren Leser lassen sich in seinen Werken und Briefen mehr als nur eine Handvoll Hinweise für sein Interesse an musikalischen Dingen aufspüren. Während seines erzwungenen Aufenthalts in Odessa hat sich auch der 24jährige Puschkin dem allgemeinen Rossini-Taumel der zwanziger Jahre ergeben. Ein beredtes Zeugnis dafür findet sich in den später ausgeschiedenen fragmentarischen Versen zu Onegins Reise.

> Schon dämmert's, blaue Schatten schweben;
> Nun flink ins Opernhaus, denn wißt:
> Dort wird Rossini heut gegeben,
> Der jetzt Europas Orpheus ist.

Er zaubert, jeden Tadel meisternd,
Und stets sich gleich und neu begeisternd,
Entströmt ihm seiner Töne Flut
Und jauchzt und flammt in Lust und Glut
Wie Küsse junger Lippen, trunken
Vom ersten sel'gen Liebestraum,
Wie des Champagners Perlenschaum,
Emporgeschnellt in goldnen Funken...
Ist's allzu kühn, wenn scherzend ich
Do-re-mi-sol mit Wein verglich?

Die Stelle ist zu lang, um sie zur Gänze zu zitieren. Sie endet mit den vier Zeilen:

Ausoniens muntre Söhne ziehen,
Die gangbar-süßen Melodien
Behaglich trällernd, heim zur Ruh,
Wir grunzen unsern Baß dazu.

In dem Einakter »Mozart und Salieri« werden begeisterte Worte für die Meisterwerke »Figaro«, »Don Giovanni« und »Requiem« gefunden. Ihr genialer Komponist wird als zweiter Haydn gefeiert und hoch über den trockenen Salieri erhoben. Rühmend genannt wird »der große Gluck« und die herrliche Eingangsmusik zu seiner »Iphigénie en Tauride«, auch von Piccinni ist die Rede, der »die groben Ohren von Paris bezauberte.« Im »Onegin« wird »der Stümper, der nicht fühlt«, wenn er »den Freischütz euch herunterspielt« getadelt. Es fehlt nur eben Beethoven, um die Reihe der musikalischen Zeitgenossen zu komplettieren. Von Puschkins Neigung zur Tanzkunst vergewissert uns die Tatsache, daß noch zu seinen Lebzeiten zwei Ballette nach den Verserzählungen »Der Gefangene des Kaukasus« und »Ruslan und Ludmilla« von dem mit dem Dichter befreundeten französischen Ballettmeister Charles-Louis Didelot am Petersburger Hoftheater choreographiert wurden. Sie werden zuvor wohl auch komponiert worden sein. Wer sich für noch intimere Beziehungen interessiert, der soll an dieser Stelle erfahren, daß Puschkin der Petersburger Primaballerina Awdotja Iljitschna Istomina recht ausgiebig den Hof gemacht hat. Doch wenn solche Beweise gelten sollen, müßte unser Dichter ein Experte nicht allein für Tanz und Musik gewesen sein. Schlüssiger nimmt sich schon die Beweisführung aus, die auf die beiden Theaterstücke »Russalka« und »Das Gastmahl während der Pest« verweist, in welchen sich unterschiedlich rhythmisierte Chöre und Lieder eingestreut finden, so daß gelegentlich die Vermutung wach wurde, diese beiden Werke könnten ursprünglich als Opernlibretti konzipiert worden sein. Obwohl ich mich dieser Ansicht nicht anschließen kann, werte ich doch diese lyrischen Formen als weiteren Hinweis auf Puschkins Nahverhältnis zur Musik. Daß er zu seinen Lebzeiten keinen kongenialen Komponisten als Partner gefunden hat, liegt wohl allein an der damals noch allzusehr vom westlichen Ausland geprägten Petersburger Musikszene. Doch hat ihn die Musik postum in einem Maße, das gewiß all seine Erwartungen übertroffen haben würde, entschädigt.
Im Hinblick auf das entscheidende Handlungsmotiv des Duells in seinem Meisterwerk

»Jewgenij Onegin« sei an diesem Beispiel Puschkins fast beängstigende romantische Prophetie durch ein paar Szenen aus seiner abenteuerlichen Biographie aufgezeigt. Der sehr leicht erregbare Dichter, dessen väterliche Vorfahren dem ältesten Bojarenadel entstammten, während die Familie seiner Mutter unter ihre Ahnen mit Stolz den dunkelhäutigen Abram Hannibal, den »Mohren Peters des Großen« rechnete, hat von früher Jugend an eine fatale Bereitschaft zu dieser ritualisierten Form des Zweikampfs an den Tag gelegt. Baron Korf, ein Schulkollege aus Zarskoje Selo, der später in Sankt Petersburg eine Zeitlang mit Puschkin dasselbe Haus bewohnte, schildert den jungen Hitzkopf mit folgenden Sätzen: »… immer in Schulden steckend, in unmögliche Geschichten und zahllose Duelle verwickelt, mit allen Kneipenwirten, Bordellmüttern und Huren befreundet …«

In einem seiner ersten Duelle stand Puschkin seinem Schulfreund Wilhelm Karlowitsch Küchelbecker gegenüber, den er wegen dessen mediokrer Verse beleidigt hatte. Nachdem dessen erster Schuß danebengegangen war, warf Puschkin seine eigene Waffe von sich. Diese Episode hat er später in der Prosaerzählung »Der Schuß« geschildert, zusammen mit einem anderen Duellerlebnis, bei welchem er seinen Gegner, einen Leutnant, den er beim Spiel beleidigt hatte, durch das Ausspucken von Kirschenkernen zusätzlich provozierte. Dort wird die Handlung jedoch in der Form erweitert, daß eine Wiederaufnahme des unterbrochenen Zweikampfes an dem Tag gefordert wird, da der verschonte Gegner seine bevorstehende Heirat bekanntgibt. Anstatt nun aber selbst den unterlassenen Schuß nachzuholen, erreicht der Held durch Überredung, daß die Bedingungen neu ausgehandelt werden und seinem Gegner wiederum der erste Schuß zufällt. Nachdem der zum zweiten Mal sein Ziel verfehlt hat, verzichtet der Forderer noch einmal auf seinen Schuß, nicht ohne vorher eine eindrucksvolle Demonstration seiner unfehlbar sicheren Hand gegeben zu haben.

In »Jewgenij Onegin« stellt Puschkin die beiden so unterschiedlichen Verkörperungen seiner selbst, den gelangweilten Dandy Onegin und den romantischen Idealisten Lenskij einander gegenüber. Beide wissen von der Widersinnigkeit des Ehrenkodex, dem sie sich unterwerfen. Und es geschieht nicht ohne bitteren Zynismus, daß das bessere Ich des Dichters dabei mit seinem Leben zahlt.

Puschkin selbst hatte in seinem letzten Duell keine Überlebenschance. Durch anonyme Briefe war seine Gattin der Untreue mit einem französischen Offizier bezichtigt worden. Nachdem dieser, um seine Schuldlosigkeit zu beweisen, die Schwester Natalja Puschkinas geheiratet und die Zurücknahme der Forderung Puschkins erreicht hatte, mußte der Dichter, als die Vorwürfe, die offenbar vom Zarenhof lanciert waren, nicht nachließen, selbst als Beleidiger auftreten. Nun stand der erste Schuß seinem Gegner d'Anthès zu. Dieser wählte eine Distanz von 10 Schritten und schoß Puschkin in den Unterleib. Nach zwei Tagen währenden furchtbaren Schmerzen starb Alexander Sergejewitsch Puschkin am 28. Januar 1837 in St. Petersburg im 38. Lebensjahr. Der Zar Nikolaus I., als dessen heimliche Geliebte man Puschkins Gattin vermutete, sorgte großzügig für die Hinterbliebenen des unliebsamen Dichters.

Richard Wagners erste Oper
»Die Feen«

Die Vereinigung von Dichter und Komponist in einer Person, wie sie im Mittelalter noch durchaus selbstverständlich war, lag außerhalb der Vorstellungen des Musiktheaters im 17. und 18. Jahrhundert. Die Operntexte galten in den rationalistischen Zeitaltern von Barock und Aufklärung als eigenständige literarische Kunstwerke, die in Buchform veröffentlicht und von verschiedenen Komponisten, mehrfach, unverändert und oft ohne jede Zusammenarbeit mit dem Dichter und Musiker vertont wurden. Darin lag die Gefahr der Formalisierung begründet, die schließlich zu einer Entfremdung der beiden Künste und zu einer Wucherung konzertanter Musik auf Kosten des Dramas führte. Erst mit der Reform der Oper durch Gluck und Calzabigi gelang es, ein neues Verhältnis gegenseitiger Durchdringung von Text und Musik zum Vorteil des musikalischen Dramas zu schaffen. Das Zeitalter der Romantik endlich, das sich dem Mittelalter mit neuem Interesse zuwandte, brachte erstmals wieder die Erscheinung des Dichterkomponisten hervor, zuerst in E. T. A. Hoffmann, dann in Albert Lortzing und wenige Jahre danach in Richard Wagner, der hierin ein Vorbild werden sollte für mehrere Generationen von Musikdramatikern bis in unsere Tage, auch wenn sich die beiden Begabungen in keinem seiner Nachfolger noch einmal in gleichem Grade verbinden sollten. Im »Tannhäuser« und in den »Meistersingern« hat Wagner die Gestalten dichtender Sänger sogar in den Mittelpunkt der dramatischen Handlung gestellt. Und auch bereits in seinem Jugendwerk »Die Feen« läßt Wagner den jungen König Arindal zum Klang seiner Leier die erlösenden Worte singen, durch welche er die verzauberte Gattin befreit und hierin dem Beispiel des mythischen Sängers Orpheus folgt, der als Ahnherr der Dichtung, der Musik und schließlich auch des Musiktheaters gelten kann.
Den ersten Versuch, eine Oper sowohl zu schreiben als auch zu komponieren, hat Richard Wagner schon mit 19 Jahren unternommen mit einem Werk, das den Titel »Die Hochzeit« tragen sollte und in manchem bereits an die Thematik des »Tristan« rührte, so in der tragischen Liebe des düsteren Helden zu einer verheirateten Frau und in deren Liebestod. Nach einer ablehnenden Kritik seiner älteren Schwester Rosalie, welche um diese Zeit bereits als erfolgreiche Schauspielerin nach besten Kräften zum Unterhalt der vaterlosen Familie beitrug, hat Wagner das Manuskript enttäuscht vernichtet. Erhalten blieb von diesem offenbar doch sehr blutrünstigen Trauerspiel nur die Partitur der ersten Szene.
Die Namen des Liebespaares, Ada und Arindal, jedoch übernahm der junge Wagner auch für das folgende Werk, das wiederum in der mythischen Vorzeit eines nördlichen Königreiches spielt, dessen Namen »Tramond« man etwa mit »Jenseits der Welt« übersetzen könnte. Die Handlung der »Feen« entstammt dem dramatischen Märchen »La donna ser-

pente« des venezianischen Komödiendichters Carlo Gozzi, der von 1720 bis 1806 lebte und dessen phantasievolle Theaterstücke, die er selbst oft als Fabeln bezeichnete, im 20. Jahrhundert noch manchem Komponisten die Anregung zu einem wirkungsvollen Opernstoff liefern sollten. Zu denken wäre dabei vor allem an Feruccio Busonis und an Giacomo Puccinis Opern »Turandot«, an Sergei Prokofiews »Liebe zu den drei Orangen« und an Hans Werner Henzes »König Hirsch«. Das märchenhaft Phantastische war schon seit den ersten Jahrzehnten der florentinischen und venezianischen Oper eine der großen Domänen des Musiktheaters, und hierin ist Gozzi und mit ihm Wagner der Tradition der frühbarocken Zauber- und Verwandlungsoper gefolgt, in deren Mittelpunkt meist Figuren und Geschehnisse aus Ariosts Epos vom »Rasenden Roland« und Tassos »Befreitem Jerusalem« standen. Es ist mehr als wahrscheinlich, daß der junge Wagner durch seinen Onkel Adolf Wagner mit der »donna serpente« bekannt gemacht wurde. Dieser jüngere Bruder seines frühverstorbenen Vaters hatte den Neffen als Kind für einige Zeit in seinem Haus aufgenommen und auch in späteren Jahren bis zu seinem Tode im Jahre 1835 einen großen Einfluß auf ihn ausgeübt. Adolf Wagner, der als durchaus nicht unbedeutender Privatgelehrter in Leipzig lebte, hatte in Leipzig eine umfangreiche Anthologie italienischer Dichtung in der Originalsprache veröffentlicht, deren erster Teil im Jahre 1826 erschienen und Johann Wolfgang von Goethe gewidmet war und in dessen drei Jahre später gedrucktem zweiten Teil auch drei Theaterstücke von Carlo Gozzi aufgenommen wurden.

Wagner hat die Dichtung der »Feen« vermutlich Ende 1832 in Leipzig begonnen und die Komposition der Partitur im Januar 1834 in Würzburg vollendet, wo er, durch Vermittlung seines älteren Bruders Albert, der dort als Tenor im Engagement stand, als Chorleiter für eine Saison Beschäftigung gefunden hatte. »Die Feen« wurden zu Wagners Lebzeiten niemals auf eine Bühne gebracht und erst fünf Jahre nach seinem Tod, also 1888, durch Herman Levi in München uraufgeführt. Dort wurden sie bis zum Ausbruch des Ersten Weltkrieges etwa 50mal gespielt, was auf einen echten Erfolg schließen läßt. Auch wenn sich »Die Feen« auf dem Theater neben den übermächtigen Werken aus Wagners Reifezeit schließlich nicht behaupten konnten, so sind sie doch als Zeugnis für die frühe handwerkliche Meisterschaft ihres jugendlichen Autors wie als Dokumentation seines ungeheuerlichen Anspruchs von hohem Interesse. Und dies nicht allein wegen der außerordentlichen Länge des Werks – es umfaßt ungestrichen über dreieinhalb Stunden Musik – und der Schwierigkeit der zahlreichen Rollen, sondern vielmehr wegen der Aufschlüsse, die hier zu finden sind über die thematischen und musikalischen Vorbilder des jungen Autors und wegen der ersten Ankündigungen seiner künftigen Entwicklung.

Das Motiv der Liebe einer halbgöttlichen Fee zu einem sterblichen Manne entstammt dem keltischen Sagenkreis und findet in der griechischen Mythologie seine Entsprechung in den Liebesbeziehungen unsterblicher Baum- oder Quellnymphen, aber auch olympischer Gottheiten zu irdischen Schäfern und Königskindern, welche schon im 17. Jahrhundert zum Thema zahlloser Operntextbücher geworden waren. Daß die Welt der Menschen vom Feenreich in Wagners Oper durch einen Fluß getrennt ist, erinnert an den Acheron, den Strom des Vergessens, der nach der griechischen Sage die Lebenden von den Toten scheidet. Der weiße Hirsch hat in der keltisch-germanischen Überlieferung eine ähnliche Bedeutung wie in den Kulten des Mittelmeerraumes der Stier. Das Motiv der Verwandlung wird in Wagners Musikdramen noch mehrfach wiederkehren. Verwandelt sich die flüchtige weiße Hirschkuh in eine liebende Frau, so wird sich einst Lohengrins Schwan in Gottfried, den Herzog von Brabant, Alberich in eine Kröte und Fafner in einen Lindwurm verwandeln, Siegfried wird Gunthers Gestalt mit Hilfe des Tarnhelms annehmen, und aus dem Stab des Papstes wird ein blühender Zweig werden. Wenn die Heldin der »donna serpente« bei Gozzi zur Strafe den Leib einer Schlange annehmen mußte, so läßt sie Wagner in seiner Umformung des Stoffes zu Stein werden und nimmt damit das Schicksal der Kaiserin in Hofmannsthals Text zur »Frau ohne Schatten« vorweg. Es zeigen sich aber auch erste Vorankündigungen des Venusbergzaubers, des Frageverbotes, des Mitleids mit der verwundeten Kreatur und des Erlösungsgedankens in den »Feen«, Motive, die auf Wagners eigene Meisterwerke hinweisen.

Vom Klang der Jagdhörner bis zu den Feenchören gemahnt in der musikalischen Faktur vieles an Wagners großes Vorbild Carl Maria von Weber. Die Partie des Arindal ist kaum weniger anspruchsvoll als die vergleichbare des Hüon in Webers »Oberon«. Die Schlußszene des Werkes, in welcher der so wie Siegfried treubrüchige Arindal durch seinen Gesang und das Spiel seiner Leier doch endlich die verzauberte Gattin erlöst, kann ihre Herkunft aus der Tradition der stets mit geheimnisvollen Posaunenklängen instrumentierten Unterweltszenen von Monteverdi bis Gluck nicht verleugnen. In der Prüfungsszene der »Feen« begegnen wir auch den Geharnischten der »Zauberflöte« als ehernen Männern und in der endlichen Befreiung Adas aus den Klüften der Unterwelt durch die Gattenliebe den Themen von Glucks »Orpheus« und Beethovens »Fidelio«. Wie der zwanzigjährige Wagner jedoch Fremdes mit Eigenem in diesem erstaunlichen Jugendwerk zu einer Einheit verbindet, das ist mehr als nur ein Versprechen eines künftigen Werkes.

Es mag dem Dichterkomponisten einige Jahre nach der Komposition der »Feen« wie eine untrügliche Fügung erschienen sein, als er sich auf jener ereignisreichen Schiffsreise von Riga nach London in der norwegischen Bucht von Sandvigen vor den Stürmen der Meerfahrt gerettet sah und den Namen der nächstgelegenen Hafenstadt erfuhr: Arendal. Dem folgte »Der Fliegende Holländer«. Und er wußte, er war auf dem richtigen, dem eigenen Weg.

Das Blut der Venus

Als Richard Wagner im Jahre 1883 in Venedig starb, hinterließ er, wie es schien, ein abgeschlossenes Werk. Er hatte Pläne zur Ausführung gebracht, deren erste Entwürfe zumeist bis in seine Jugendjahre zurückreichten. Über Jahrzehnte hin hatte er die endgültige Gestalt des »Ring des Nibelungen« und des »Parsifal« gesucht und endlich auch gefunden. Ein einziges jedoch unter seinen Musikdramen hat er mehrfach vorgenommen, es in kleineren Punkten, etwa im Finale, abgeändert, und dann schließlich, fünfzehn Jahre nach der Uraufführung, große Teile umgeschrieben und neu komponiert und war doch niemals recht überzeugt, die endgültige Form für das ungeheuerliche Sujet gefunden zu haben. Die Rede ist vom »Tannhäuser«.
Wenige Wochen vor Wagners Tod schrieb Cosima in ihr Tagebuch: »Abends Plauderei, welche Richard mit dem Hirtengesang und Pilgerchor aus Tannhäuser beschließt. Er sagt, er sei der Welt noch den Tannhäuser schuldig.« Das quälende Gefühl hatte ihn nie verlassen, daß er den Stoff noch einmal fassen müßte, um ihn ganz in den Griff zu bekommen. Wenn man die Quellen sichtet, die Richard Wagner benützt hat, so staunt man nicht weniger über die geniale Konturierung und ausgewogene Gewichtung, die der Stoff durch ihn erfahren hat, als auch über manche Glättung und Vereinfachung.
Seltsamerweise hat Wagner ebenso wie beim »Fliegenden Holländer« auch beim »Tannhäuser« die Anregungen verleugnet, die er Heinrich Heine verdankte. Und doch ist kaum ein Zweifel möglich, daß er eben aus Heinrich Heines Legende »Der Tannhäuser« jenes Motiv der Sehnsucht nach Leiden entnommen hat, das den Sühne suchenden Frevler zuerst zurück in die Welt treibt, danach auf die Pilgerschaft nach Rom und endlich wieder in den Berg der Venus.

> Frau Venus, meine schöne Frau,
> Von süßem Wein und Küssen
> Ist meine Seele geworden krank;
> Ich schmachte nach Bitternissen.
>
> Wir haben zuviel gescherzt und gelacht,
> Ich sehne mich nach Tränen,
> Und statt mit Rosen möcht ich das Haupt
> Mit spitzigen Dornen krönen,

läßt Heine seinen Tannhäuser ausrufen. In dem Motiv der Dornenkrönung sehen wir die

Sehnsucht nach Erlösung durch Leiden ausgesprochen, die hier ebenso durch Heine vorgeformt wurde wie die Sehnsucht nach Erlösung durch Liebe im »Fliegenden Holländer«. Wagner hat später ein drittes Erlösungsdrama geschrieben, den »Parsifal«, in dem das Heil durch das Mitleid erwartet wird. Stärker jedoch als die Verwandtschaft Heines und Wagners ist ihre Gegensätzlichkeit. Wie unterschiedlich ist doch zum Beispiel ihre Charakterisierung der Venus. Während Wagner eine mythologische Figur auf die Bühne stellt, die lockt und fleht, die klagt und zürnt und flucht, läßt Heine seine Liebesgöttin aus Fleisch und Blut ganz wortlos handeln, etwa in der Szene, als Tannhäuser staubbedeckt und verbittert nach langer Irrfahrt zu ihr zurückkehrt.

> Frau Venus erwachte aus dem Schlaf,
> Ist schnell aus dem Bett gesprungen;
> Sie hat mit ihrem weißen Arm
> Den geliebten Mann umschlungen.
>
> Aus ihrer Nase rann das Blut,
> Den Augen die Tränen entflossen;
> Sie hat mit Tränen und Blut das Gesicht
> Des geliebten Mannes begossen.

Wie empörend muß auf Richard Wagner jedoch die Heinesche Schlußwendung gewirkt haben, in der der vom Papst verfluchte Tannhäuser die Städte Italiens und Deutschlands, die er durchwandern mußte, voll Sarkasmus beschreibt. Cosimas Tagebuch überliefert uns einen Ausspruch, der Wagners zwiespältiges Verhältnis grell beleuchtet: »Abends liest mir Richard aus einem Band von Heine vor (posthume Sachen)... Er ist das böse Gewissen unserer Zeit, sagt Richard, das Unerquicklichste und Demoralisierendste, das man sich vorstellen kann, und doch fühlt man sich ihm näher als der ganzen Sippschaft, die er ganz naiv aufdeckt.« Heine hatte es nicht ohne Zynismus verschmäht, seinen verlorenen Helden durch ein Wunder erretten zu lassen. Er ließ ihm von Frau Venus eine warme Suppe kochen. Denn die Wirkung von Wundern und Zaubertränken ist nur durch die Musik zu beschreiben.

Daß Richard Wagner das Tiecksche Volksbuch »Der getreue Eckart und der Tannhäuser« zur Anregung gedient hat, das hat er ebenso unbedenklich zugestanden wie die Verwendung von E. T. A. Hoffmanns »Kampf der Sänger« und Ludwig Bechsteins Sammlung thüringischer Sagen. Doch wenn man Tiecks recht formlose, fast wirre Schilderung mit Wagners meisterhafter Dramaturgie vergleicht, so erstaunt es, daß Wagner das bei Tieck so wichtige Motiv der Verführung durch das Böse nicht aufgreift. Der süchtige Tannhäuser erregt auf der Wartburg nur Abscheu oder Mitleid. Selbst Elisabeth und Wolfram erschrecken vor dem Frevel dieses Irrläufers. Keiner in dieser geschlossenen Gesellschaft der Selbstgerechten verspürt die verzehrende Macht des Suchtgiftes. Auch die opiatische Musik des Venusberges bringt keinen der aufrechten Christen je in Versuchung. Wie anders, und unserem Jahrhundert der künstlichen Paradiese oft verständlicher, zeigt Tieck die rattenfängerische Anziehungskraft des vogelfreien Verführers:

»Ein Spielmann von wunderseltener Art ist plötzlich von unten hervorgekommen, den die Höllischen als ihren Abgesandten ausgeschickt haben; dieser durchzieht die Welt, und spielt und musiziert auf einer Pfeifen, daß die Töne weit in den Gegenden wiederklingen. Wer nun diese Klänge vernimmt, der wird von ihnen mit offenbarer, doch unerklärlicher Gewalt erfaßt, und fort, fort in die Wildnis getrieben, er sieht den Weg nicht, den er geht, er wandert und wandert und wird nicht müde, seine Kräfte nehmen zu wie seine Eile, keine Macht kann ihn aufhalten, so rennt er rasend in den Berg hinein, und findet ewig niemals den Rückweg wieder.«

Man denkt an die Kinderkreuzzüge, die Blumenkinder. Es schaudert einen. Wagner hat das Irrationale, das aus dem Schoß seines Jahrhunderts ans Licht kroch, geahnt. Aber er hat ihm den Geist des schwärmerischen Christentums, die schlichte Freude an der Natur, die höfische Ordnung und die ritterliche Freundschaft gegenübergestellt, um es zu bändigen. Daß es ihm allzugut gelungen war, war dies vielleicht der Stachel, der ihn an diesem Werk so irritierte? War dies der Grund, warum er fast über vierzig Jahre hin daran immer wieder zu ändern suchte und zu bessern?

Von der Einsamkeit der himmlischen Boten

Nach der Vollendung der »Tannhäuser«-Partitur gerät Richard Wagner in eine gesundheitliche Krise, die ihn veranlaßt, um Urlaub für einen Kuraufenthalt anzusuchen. Unmittelbar nach seiner Ankunft in Marienbad fällt die Last von ihm, und er schreibt in wenigen Wochen zuerst den Prosaentwurf der »Meistersinger« und danach – fast ohne die Feder abzusetzen – in den Tagen zwischen dem 16. Juli und dem 3. August 1845 den Entwurf des »Lohengrin« nieder. An die Ausführung der Dichtung macht er sich im Herbst in Dresden nach der Uraufführung des »Tannhäuser« am 19. Oktober und hat sie im November bereits abgeschlossen in einer Form, die keine späteren Korrekturen mehr erfordert. Er liest das vollendete Textbuch am 17. November einem Kreis von Künstlerfreunden vor. Robert Schumann notiert darüber ironisch, es habe allen recht wohl gefallen, vor allem den Malern.

Im Winter 1845/46 ist Wagner von seinen Pflichten als sächsischer Hofkapellmeister, von einer Berlin-Reise und schließlich von der Abfassung einer Denkschrift »Die Königliche Kapelle betreffend« so sehr in Anspruch genommen, daß an einen Beginn der Komposition nicht zu denken ist. Hinzu kommen die vorbereitenden Proben zu einer Aufführung der 9. Symphonie Beethovens im eigens dazu neu instand gesetzten Alten Opernhaus am Zwinger. Trotz heftiger Widerstände aus dem Orchester und den Kulturredaktionen gegen diese angeblich unaufführbare »Revolutionäre Sinfonie« setzt sich Wagner energisch durch und erzielt einen eindrucksvollen Erfolg. Danach endlich verschafft er sich, erschöpft, ruhebedürftig und von den immer dringender werdenden Forderungen seiner Gläubiger entnervt, einen dreiwöchigen Erholungsurlaub und einen großzügigen Gehaltsvorschuß und zieht sich in das zwischen Pillnitz und Pirna unweit Dresdens am Eingang zur Sächsischen Schweiz gelegene Dörfchen Groß-Graupa zurück. Dort findet er schon nach wenigen Tagen durch erholsame Waldspaziergänge und Flußbäder in der Elbe seine Schaffenskraft wieder. »Gott sei Dank, ich bin auf dem Lande!« schreibt er am 21. Mai 1846 an Karl Gaillard nach Berlin. »Ich wohne in einem gänzlich unentweihten Dorfe, – ich bin der erste Städter, der sich hier eingenistet hat … Ich laufe, liege im Walde, lese, esse und trinke …« Und er entwirft in wenigen Wochen die erste Kompositionsskizze des »Lohengrin«, aller drei Akte, mit der einzigen Ausnahme des Vorspiels. Blickt man von dem zweistöckigen bäuerlichen Haus, das auf halber Hanghöhe gelegen ist, über den Fluß auf die Ebene hinaus, so kann man in der Ferne die Vororte der Residenzstadt erkennen und die befreiende Abgeschiedenheit vom Drang und Lärm der Geschäfte sehr wohl nachempfinden. Am 20. Juli ist die Arbeit beendet. Wagner kehrt mit seiner Frau zurück in die Stadt und nimmt seine Tätigkeit am Königlichen Opernhaus wieder auf.

Bei der Ausarbeitung der Orchesterskizze beginnt Wagner wider alle Gewohnheit mit dem dritten Akt, da es bei der Komposition der Szene im Brautgemach und der Gralserzählung um Festlegungen geht, die eine auch auf die vorausgehenden Akte ausstrahlende Wirkung haben. Er muß die am 9. September aufgenommene Arbeit jedoch schon im Oktober unterbrechen, um eine Bearbeitung von Glucks »Iphigenie in Aulis« zu erstellen, ein Werk, an dessen wirkungsvoller Realisation ihm besonders gelegen ist. Die teilweise Neugestaltung vor allem des Vorspiels, des Schlusses und der Instrumentation veranlaßt Wagner zu intensiven Studien altgriechischer Dichtung. Neben den Tragödien des Euripides und Aischylos liest er auch die Komödien des Aristophanes und die Dialoge des Platon sowie Johann Gustav Droysens historische Schriften. Dies bleibt für die ungewöhnlich vielfältige und effektvolle Disposition der Chöre im »Lohengrin« nicht ohne Bedeutung. Nach der erfolgreichen Premiere der »Iphigenie« am 22. Februar 1847 wird die Kompositionsarbeit mit neuem Impetus wiederaufgenommen und mit der Niederschrift des wundersamen Vorspiels, das aus der Ferne des lichten Gralsbezirkes nur in gebrochenem Widerschein vorausleuchtete in die menschliche Irrsal, im August desselben Jahres abgeschlossen.

Wagners berufliche und finanzielle Situation hat sich unterdessen verdüstert. Die von ihm selbst bezahlte Herstellung der Partituren und Orchesterstimmen seiner Opern »Rienzi«, »Der Fliegende Holländer« und »Tannhäuser« hat ihn in Schulden gestürzt. Im Herbst 1847 reist er nach Berlin, um dort seinen »Rienzi« zu dirigieren und den »Tannhäuser« der Intendanz des Opernhauses vorzulegen. Es kommt jedoch weder zur erbetenen Audienz beim preußischen König noch zu einer Annahme seines jüngsten Werkes. Die Enttäuschung darüber und die wachsenden Schwierigkeiten am Dresdener Haus treiben Wagner in eine tiefe Depression, in welcher er sich in eine Krankheit flüchtet und Selbstmordgedanken äußert. Im Januar des folgenden Jahres stirbt seine Mutter. Dennoch macht er sich nun an die Reinschrift der »Lohengrin«-Partitur und kann nach einer ununterbrochenen, gewaltigen Arbeitsleistung endlich am 30. März 1848 das Werk beenden.

Zu der erhofften Aufführung in Dresden kommt es nicht mehr, da der Hofkapellmeister sich nun vermehrt in politische Disputationen mischt und als Mitglied des »Vaterlands-Vereins« und Mitarbeiter der »Volksblätter« sich sehr bald als Republikaner verdächtig macht und endlich nach der Niederschlagung der im Mai 1849 ausgebrochenen Revolution als Aufrührer aus seinem Dienstverhältnis entlassen und steckbrieflich verfolgt wird. Er muß außer Landes gehen und sein Werk dem Freunde Franz Liszt zu treuen Händen übergeben. Zur Uraufführung des »Lohengrin« kommt es auf dessen Betreiben am 28. August 1850 in Weimar. Den Anlaß bietet eine Gedenkfeier zum Geburtstag Johann Wolfgang Goethes. Wagner aber hat Liszt, dem Dirigenten, nicht allein für diesen Freundschaftsdienst zu danken, sondern auch für die erste eingehende schriftliche Analyse und enthusiastische Würdigung seines Werkes.

Zu leben, ohne auf Wunder zu hoffen, hat die Menschheit zu keiner Zeit je vermocht. Das Wunderbare sichtbar und hörbar zu machen, ist die alltägliche Bemühung des musikalischen Theaters. In Richard Wagners romantischen Opern wird die Handlung in immer wechselnden Erscheinungen von Wundern bestimmt. Beginnend mit den Verwandlungen durch die Kraft der Liebe in den »Feen« über die qualvolle Unsterblichkeit und endliche Erlösung des »Holländers«, die Entsühnung des »Tannhäusers« durch die Fürbitte Elisabeths und das Zeichen des blühenden Stabes bis zur ganz und gar überirdischen Erscheinung des Schwanenritters »Lohengrin« an den Ufern der Schelde. Zwar bringen das Erlebnis der Revolutionsjahre 1848 und 1849 und die in der Schweizer Verbannung entstandenen theoretischen Reflexionen, vor allem in der Schrift »Oper und Drama«, einen dramaturgischen Neuansatz, aber das, was zuvor christgläubiges Wunder war, wird danach nur zum magischen Zauber. In »Tristan und Isolde« ist es der Liebestrank, im »Rheingold« die Verwandlung des Alberich in einen Riesenwurm und eine Kröte, in der »Walküre« der Feuerzauber, in »Siegfried« die sprechende Vogelstimme, in »Götterdämmerung« der Trank des Vergessens und die Tarnkappe und anderes mehr, im »Parsifal« schließlich der aufblühende und wieder versinkende Zaubergarten des Klingsor. All diese Elemente des Übersinnlichen tragen gewiß nicht wenig zur erstaunlichen Zeitlosigkeit der Wagnerschen Bühnenwerke bei, mochten sie auch in der Epoche ihrer Entstehung oftmals sehr bissig kritisiert werden. In ihnen vermag sich das Poetische über das Historisch-Faktische und die musikalische Imagination über die »tönend bewegte Form« zu erheben.

Gewiß ist die Titelfigur des »Lohengrin« die sinnfälligste Inkarnation des Wunderbaren auf der Opernbühne. Als Sendbote des Grals betritt er, herbeigerufen durch den flehentlichen Traum einer schuldlos verklagten Frau und getragen von einem unwirklich kraftlosen Gefährt, den Boden der Wirklichkeit im Brabant des Jahres 932 unserer Zeitrechnung. Er wird von allen und voran vom biederen König Heinrich dem Vogler als gottgesandtes Wesen erkannt, verhilft dem Recht durchs Schwert zur Geltung und bietet der so von jedem Verdacht befreiten Thronerbin Elsa seine Hand zur Ehe. Hiermit erfüllt er zwar die irdischen Bedingungen, überschreitet jedoch seinen himmlischen Auftrag und veranlaßt die versammelten sächsischen, thüringischen und Brabanter Krieger zu einer überheblich nationalen Euphorie. Gewiß nicht kann es seiner Sendung entsprechen, als Führer von Brabant gegen die »Horden des Ostens« ins Feld zu ziehen. Anstatt selbst ein Jahr an Elsas Seite die Freuden der irdischen Liebe zu genießen, wäre es sicherlich auch in seiner Macht gestanden, den in einen Schwan verwandelten Knaben Gottfried vom Bann zu lösen und in das ihm bestimmte Amt einzuführen. Die Sehnsucht nach dem Glück der Menschen treibt ihn in Elsas Arme. Er bleibt jedoch nach seiner Verehelichung der fremde Gast, er legt seine schimmernde Rüstung auch im Brautgemach nicht ab und das rettende Schwert nicht weit von der Seite. Er wittert Verrat auf jedem seiner Schritte unter den Menschen, und er tut gut daran, solange er selbst sich nicht entscheiden kann, als Mensch unter Menschen zu wohnen.

Wagner nennt Jupiters Liebe zu Semele als verwandtes Sagenmotiv. Ebensogut hätte er Amor und Psyche oder Goethes Mahadöh und die Bajadere anführen können. Ihnen allen gemeinsam ist die Anonymität, in der sich die Himmlischen unversehrt in der Umarmung bewahren wollen, und auch das Leid, das sie dadurch über die irdisch liebenden Frauen bringen. Die Sage kennt auch eine Reihe von außerirdischen Wesen, die ihre Unsterblichkeit aufgeben, um das Glück der Sterblichen, die Liebe, zu erfahren. Sie wurden von den frühen romantischen Dichtern und Musikern in den Undine- und Melusine-Gestalten dargestellt. Die Hauptfiguren von Wagners Jugendoper »Die Feen«, Ada, und von seinem »Ring des Nibelungen«, Brünnhilde, sind deren Schwestern. Aufschlußreich mag es sein, daß es stets Frauen sind, die dieses Opfer der Selbstentäußerung wagen, dem sich die göttlichen Herren entziehen. Lohengrin, »aus Glanz und Wonne« und all der daraus entsprungenen Einsamkeit kommend, sucht Trost in der weiblichen Liebe. Er sehnt sich nach Lust ohne Selbsthingabe, er fordert Vertrauen ohne Offenheit zu gewähren. Der Zwiespalt seiner Gefühle entspringt aus der Unterscheidung des Göttlichen vom Menschlichen, des Individuellen vom Geschlechtlichen, des Schöpferischen vom Empfangenden. An all diesem hat der sterbliche Mensch durch seine unsterbliche Seele Anteil. Ein Bote (αγγελoσ im Griechischen und angelus im Lateinischen genannt) bleibt auch einer, der seinen Auftrag längst schon vergessen hat. Lohengrin aber, eingedenk seiner Sendung zu jeder, auch der zärtlichsten Stunde, kann der selbstvergessenen Liebe nicht teilhaftig werden. Er wendet sich, da er sich verraten glaubt, an das versammelte Volk und den König, um Elsa zu verklagen, nicht anders als es vor ihm schon Telramund tat. Losgesprochen will er sein von seinen irdischen Pflichten, denen er nicht gerecht zu werden vermag, nachdem seine höheren Bindungen offenbar geworden sind. »Schon zürnt der Gral, daß ich ihm ferne bleib«, bekennt er und erweist damit, daß er nicht Herr seiner Entschlüsse ist. Er ist Vasall einer Macht, die nicht die Unverletzbarkeit der deutschen Grenzen oder die Thronfolge des brabantischen Herzogsgeschlechts zum obersten Ziel haben kann. Wo der humane Wolfram von Eschenbach seinem Helden noch einige Jahre ehelichen Glücks und sogar etliche Kinder gegönnt hat, da beendet Wagner die Brautnacht vor ihrer Erfüllung. »Wehmütig« kehrt der Gralsritter zurück in seine Einsamkeit. Das Haupt auf die Brust geneigt, sieht er wohl kaum mehr, daß Elsa nach seinem Abschied sterbend zusammenbricht. »Elsa, das Weib, – das bisher von mir unverstandene und nun verstandene Weib ... sie war der Geist des Volkes, nach dem ich auch als künstlerischer Mensch zu meiner Erlösung verlangte.« So nannte sie Wagner, der erste, der sich selbst mit der heil- und vernichtungbringenden Figur des Schwanenritters identifizierte.

Als Gegengewicht zu der alles überstrahlenden, einsamen Gestalt des Titelhelden hat Wagner die Auseinandersetzung der beiden Frauen Elsa und Ortrud, der Liebenden und der Lieblosen, vor allem im zweiten Akt mit lebhaftesten dramatischen Akzenten versehen. Er hat sie nach dem nächtlichen Zwiegespräch und Duett auch noch in der großen Streitszene vor dem Eingang zum Münster einander gegenübergestellt. Diese gewaltige Szene, deren Vorbild aus dem Nibelungenlied stammt, in welchem Kriemhild und Brünnhild sich um den Vortritt beim Kirchgang streiten, wurde nun im »Lohengrin« zum dramatischen Höhepunkt des Stückes, und eine Wiederholung mußte darum später im »Ring des Nibelungen« unterbleiben.

Viel Text, aber wenig Kontur haben neben diesen beiden großartigen Frauenfiguren die anderen Männerpartien. Im Brennpunkt der Aktion, nicht aber in dem der interessierten Anteilnahme steht und kämpft der ehrbesessene und dennoch unterwürfige Telramund, den Lohengrins Schwert zweimal zu Boden strecken muß, bis er sich nicht mehr erhebt. Heinrich der Vogler, der deutsche Reichsgründer, wird dargestellt als imposante Erscheinung eines väterlichen Volkskönigs, wohl in der Art, wie Wagner sich in seinen revolutionären Schriften zu jener Zeit die Rolle des Führers eines im Grunde republikanischen Staates unter Ausschaltung der Aristokratie vorgestellt hatte. Die Funktion des Heerrufers entspricht der eines nicht selbst stimmberechtigten Vollzugsbeamten, eines Ordners im fremden Spiel und Verkünders des allgemeinen Willens.

Der Chor hat in keinem anderen Werk Richard Wagners so umfängliche Aufgaben zu erfüllen wie im »Lohengrin«. Hier steht er fast den ganzen Abend über auf der Szene. Und so hat etwa der Chortenor mehr Takte Musik zu singen als selbst die Titelfigur. Dabei sind nicht eben viele größere zusammenhängende Chöre in der Partitur enthalten, wenn man vom Schwanenchor im ersten und vom Hochzeitschor im letzten Akt absieht. Die zahlreichen kurzen Einwürfe und längeren Kommentare der Handlung jedoch ergeben eine äußerst lebhafte Beteiligung der Gruppen. Der Chor vertritt in diesem Werk oftmals die Funktion des ins Stück einbezogenen Publikums mit seinen Fragen, Begrüßungsrufen, Drohungen, Wehklagen, Gebeten und Jubelweisen.

Lohengrin hat als streitbarer Gottesbote im alttestamentarischen Erzengel Michael einen älteren Bruder. Während dieser jedoch als strenger Richter und Rächer zornrot leuchtet im Widerschein seines flammenden Schwertes, ist der Schwanenritter von einem milderen Licht umgeben. Sein strahlendes A-Dur ist das Blau der Ferne, die metaphysische Farbe, die nicht getrübt ist vom Ton und Lehm der Erde. Er erscheint über dem Wasser hergezogen zu Beginn und entschwindet am Ende dieser romantischsten aller Opern im blauen Schimmer des Gralsmotives. Es ist in der Geschichte des Musiktheaters nicht oft gelungen, eine Gestalt mit so wenigem Blut so unvergeßlich klar zu zeichnen. Mißt man diesen Lohengrin jedoch an der irdischen Spur, die er hinterläßt, an der Wirkung unter den Menschen, zu denen er kam, so muß man einbekennen, daß nicht viel mehr von ihm geblieben ist als ein großes Staunen. Wohl erlöst er endlich doch den verzauberten Gottfried, doch er tötet dessen Schwester Elsa, seine jungfräuliche Gattin. Ortrud und Telramund, die brabantischen Grafen, finden durch ihn ihr ruhmloses Ende. Er verläßt eine Welt von wild zum Kampf entschlossenen Kriegern. Und bald wird nach beendeter Schlacht von ihm nicht mehr zu erfahren sein als Trost und Verheißung einer wunderlichen Sage.

»Frau Minne will: Es werde Nacht!«

Gibt es ein zweites Werk des Musiktheaters wie dieses, um das so viele Exegeten und Wahrsager wimmeln, ohne es je zu enträtseln? Der alte Zauberer hat nicht nur in seinen eigenen Texten und Kommentaren, sondern schon mit den ersten Takten des Vorspiels, mit der sogenannten Tristan-Hieroglyphe, ein Rätsel gestellt, das mit den Regeln der Harmonielehre kaum mehr zu vereinbaren ist. Gegeneinander laufen die chromatischen Themen der Sehnsucht und des Leidens und schneiden einen Akkord aus dem Stimmengeflecht, der nicht bestimmbar ist durch die bis dahin tauglichen Lehrsätze. Und so bleibt es vom ersten verborgenen a-Moll bis zum letzten morendo in H-Dur. Der Baß tappt voran ins Bodenlose, und die Geigen erheben sich – um mit Thomas Mann zu sprechen – über alle Vernunft. Und das Chroma der Mittelstimmen entwindet sich immer aufs neue dem bestimmenden Zugriff. Es ist, als wäre das Gift der irischen Königin dem Werk in alle Poren geronnen. Keineswegs ist dabei allein Schopenhauers doch recht rationaler Pessimismus mit all seinen fernöstlichen Implikationen konstituierend geworden. Wagner hat hier wie eh und je manche seiner Quellen verdeckt gehalten. Nirgends wird der gewalttätige Weltwille wirklich negiert, da er doch bis in Tristans im 5/4-Takt tanzenden Tod hinein wütet. Was wäre das auch für eine Resignation, die das eigene principium individuationis nur aufgibt, um sich in das des Partners zu verwandeln:

> Tristan du,
> ich Isolde,
> nicht mehr Tristan!
> Du Isolde,
> Tristan ich,
> nicht mehr Isolde!

Ist das nicht das haltlose Gestammel des totalen Verrats, der Selbstverleugnung? Wo bleibt da der Treueste aller Treuen mit all seinen maßlosen Superlativen? In diesem ungeheuerlichen, inkommensurablen Werk haben Ludwig Feuerbachs radikaler Sensualismus und die Nachtmystik des Novalis ebenso ihre Spuren hinterlassen wie Beethovens »durch Nacht zum Licht«-Ethos und die Apotheose des Barock. Beschreibt nicht Isolde in ihrem Liebestod noch den toten »Nachtgeweihten« mit den verzückten Worten:

> Immer lichter
> wie er leuchtet,
> sternumstrahlet
> hoch sich hebt!

Widersprüche lauern überall, im Text wie in der Partitur. Keineswegs etwa sind die Leitmotive des »Tristan« im selben Sinn wie die des »Ring des Nibelungen« eindeutig literarisch benennbar. Oft lassen sie sich verschiedenen Personen oder Situationen zuweisen. Weder Tristan noch Isolde, weder Marke noch Brangäne oder Kurwenal haben ein ihnen persönlich zugeordnetes Motiv, so wie etwa Siegfried, Hunding oder die Wälsungen es haben. Das Chroma der Harmoniebildung, das unablässige Weiterspinnen der »ewigen Melodie«, die Sequenzbildungen und die charakteristische Färbung des Orchestersatzes durch die sich fort und fort schlingenden Mittelstimmen von Bratsche, Cello und Englischhorn verleihen der Partitur ihren zehrenden Sehnsuchtsklang. Der »Meister der Übergänge« löst die Konturen auf. So auch in der Dichtung, die in freien Kurzversen geschrieben ist, in denen einander Assonanzreime, Stabreime und Endreime abwechseln. Ein Beispiel, in dem alle drei sich auf engem Raum zusammenfügen, ist der Sühneeid Tristans aus dem ersten Akt:

> Tristans Ehre –
> höchste Treu'!
> Tristans Elend –
> kühnster Trotz!
> Trug des Herzens!
> Traum der Ahnung!
> Ew'ger Trauer
> einz'ger Trost:
> Vergessens güt'ger Trank,
> dich trink ich sonder Wank!

Die fast durchwegs zwischen vier und sieben variierende Silbenzahl und die dadurch verursachten Wechsel des Rhythmus bringen Unrast in den nie versiegenden Strom der Sprache wie auch der Musik.

Die Hauptfiguren Tristan, Isolde und Marke sind merkwürdig umrißlos. Sie sprechen von sich in der dritten Person, als wären sie selbst nicht gemeint. Dies könnte man sich bei anderen Wagnerschen Figuren nicht recht vorstellen, weder bei Lohengrin und Elsa noch bei Tannhäuser und Elisabeth und schon gar nicht bei Stolzing und Eva. Nachdem der schwankende Schiffsboden verlassen wurde, fallen die Kulissen dieses Seelentheaters immer mehr ins Wesenlose. Der Garten ersteht aus dem Hörnerklang, dem Quellengemurmel und Laubesrauschen der Musik und geht in ihr bald schon verloren. »Öd und leer« ist im dritten Akt nicht allein »das Meer«, sondern auch Tristans Burg, auf deren von Wind und Zeit zermahlenen Resten der Sterbende ruht. Am Ende löst sich das Liebespaar in Sternennebel auf, in Nachtschwaden, »in des Welt-Atems wehendem All«. Das Werk wird von der Musik von der Erde abgelöst, es hebt sich mit Isoldes Liebestod-Ekstase ins Nirwana vor unseren immer fassungsloseren Augen und Ohren. Bis dahin ist ein weiter Weg von Gottfried von Straßburgs sorgsamer erzählerischer Genauigkeit. Doch die Musik zielt über alle Individuation hinaus ins Allgemeine, und keiner hat je nach dem Jahrhundert gefragt, in dem die Handlung dieses zeit- und raumverachtenden Werkes sich ereignet. Selbst der keltische Kulturkreis, dem die Sage entstammt, ist ausgelöscht, verzehrt und kaum mehr erkennbar. Der Klang der Waldhörner stammt wohl von einer Jagdgesellschaft des

19. Jahrhunderts, die traurige Weise wurde – seltsam genug – einem venezianischen Gondoliere und die lustige Weise einem Schweizer Alphornbläser abgelauscht. Außer diesen finden sich nur mehr wenige konkrete Spuren traditioneller musikalischer Formen in der Partitur, wie etwa Kurwenals und des Chores Spottlied, die Ballade vom Tantris, das Seemannslied und Brangänens Wachruf. Sie treiben in einem Golfstrom von ineinander verwobenen und sich verschlingenden Motiven, die fast alle aus dem Sehnsuchts- und Todesmotiv des ersten Aktes gewonnen scheinen. Und es ist nicht ohne Bedeutung, daß gerade von diesem singulären Werk ein symphonischer Sucus gewonnen wurde: Vorspiel zum ersten Akt und Liebestod, der auch Theater und Szene hinter sich zu lassen vermochte. Dies alles müssen wir gelten lassen als Ausfluß der Wagnerschen »Erkenntnis der Einheit alles Lebenden und der Täuschung unserer sinnlichen Anschauung, welche uns diese als eine unfaßbar mannigfaltige Vielheit und gänzliche Verschiedenheit vorstellte.«

Doch hinter all dem waltet eine strenge Symmetrie im dramaturgischen Aufbau. Das Werk ist in eine klassisch ausgewogene Ordnung der Dreiheit gefügt, die einen starken rationalen Formwillen bekundet. Drei Akte teilen die Handlung ein, vor jedem erklingt ein Vorspiel und ein jeder ist geteilt in drei Szenen: eine Exposition, die durch Musik von jenseits der Bühne – Seemannslied, Hörnerklang, traurige Weise – gekennzeichnet ist; eine langausgesponnene innere Handlung und schließlich eine heftig und rasch abschließende äußere Aktion. An drei Hauptpersonen, an Tristan, Isolde und Marke vollzieht sich das Geschehen; ein jeder der drei hat seinen Vertrauten: Kurwenal, Brangäne und Melot; und endlich gibt es auch noch drei Nebenpersonen, die nur mehr vom Rande ins Bild lugen: den jungen Seemann, den Hirten und den Steuermann. Dreimal drei Personen nennt das Verzeichnis. Dreimal begegnen einander die Liebenden, dreimal versucht Tristan sich das Leben zu nehmen, dreimal ertönt die traurige Weise.

Die äußere Handlung des Dramas wäre mit dem Ende des zweiten Aktes leicht abzuschließen gewesen. Die Liebe Tristans und Isoldes ist den beiden zugleich mit ihrer Schuldhaftigkeit im ersten Akt offenbar geworden. Im zweiten hat sie sich erfüllt und wird von Melot an Marke verraten. Tristan weiß keinen anderen Weg aus der Verstrickung, als sich in das Schwert des Verräters zu stürzen. Als einziges offenes Handlungselement mag man danach gelten lassen, daß Brangäne dem König »des Trankes Geheimnis« noch zu entdecken hat, was mit zwei Sätzen auch wohl am Ende des zweiten Aktes hätte geschehen können. Warum also folgt dieser dritte Akt? Warum werden die Liebenden nach dieser furchtbaren Sühne noch einmal getrennt? Warum muß Tristan aus seinem Todesschlaf wieder erwachen? Warum dieses langsame, qualvolle Sterben auf dem Felsen Kareol, durch das Tristan die einsam am Königshof von Kornwall lebende Isolde noch einmal herbeizieht, nur um sich, als sie erscheint, vor ihren Augen durch das Losreißen der Binden aller Heilung zu entziehen und sich in rasendem Taumel in den Abgrund zu werfen? Warum war den beiden nicht vergönnt, gemeinsam zu sterben? War es die Macht der Symmetrie oder die Rache des verscheuchten Tages, die nach dem Trugschluß dies furchtbare Finale erzwang? Wo sonst das Mitleid die Qual beendet, wird hier der Tod nach dem Tode besungen. Es ist eben dieser dritte Akt, in dem nichts mehr geschieht, auch wenn Steine ans Tor gewälzt werden und die Schwerter noch einmal klingen, der die wahre, innerste Handlung des Werkes bloßlegt: sich sehnen und sterben. Was von Realisten so oft an den

Schlußszenen der alten Oper belächelt wurde, das singende Sterben, wird hier zum einzigen Thema des ungeheuerlichsten Opernaktes der gesamten Literatur erhoben, und es endet in einer Auflösung aller Sinne. »Hör ich das Licht?« ruft Tristan aus, als er endlich Isoldes leuchtende Stimme vernimmt.

Licht und Dunkel, Tag und Nacht, Liebe und Tod durchwirken einander. Eins bedingt das andre, kann ohne das andre nicht sein. Und die Liebenden stehen durchaus nicht immer auf der Seite der Nacht. Die Hoffnung auf Heilung und Liebeserfüllung bleibt in ihnen wach bis zum unwiderruflich letzten Atemzug:

> Die mir die Wunde
> auf ewig schließe –
> sie naht wie ein Held,
> sie naht mir zum Heil!
> Vergeh die Welt
> meiner jauchzenden Eil'!

Dies ist alles andere als der Ausdruck resignativer Weltverneinung. Wenn auch der Tod Tristans in dithyrambischer Raserei, der Isoldes in verzückter Hingabe sich ereignet, so fällt doch in der lebendigen Liebe die aktive Rolle nicht dem Manne, sondern der Frau zu. In ihrer Heimat wuchs sie, das irische Kind, heran, in der Obhut der zauberkundigen Mutter und im Glauben an die Macht der Frau Minne geborgen. Dem todwunden Fremden schenkt sie, die Ärztin, zweimal das Leben, einmal Tantris und einmal Tristan, den sie erkannte als den Mörder ihres Verlobten. Auf dem Schiff befiehlt sie den Schweigenden zweimal zu sich, durch Brangäne zuerst und dann durch Kurwenal; sie höhnt ihn, fordert ihn heraus, sie reicht ihm den Todestrank und sie bricht endlich, nachdem sie beide davon getrunken, als erste das unerträglich gewordene Geheimnis: »Tristan!« und dann erst er: »Isolde!« Sie löscht im zweiten Akt die Fackel, winkt ihn herbei, eilt ihm entgegen und umschlingt ihn. Und sie kommt ihm endlich auch im dritten Akt wieder zu Hilfe, um ihn aufs Neue zu retten. Isolde, das Königskind, Markes Gemahl lebt im Licht.

> Isolde noch
> im Reich der Sonne,
> im Tagesschimmer
> noch Isolde.

Und spricht es im Garten auch selbst aus, wenn sie singt:

> Im Dunkel du,
> im Lichte ich.

Solange noch Hoffnung ist auf Leben, ist Isolde es, die sie kund tut, im Frauenzelt auf dem schwankenden Schiff, im quelldurchflossenen Liebesgarten. Nach Markes Auftritt verfällt sie in Schweigen, erst mit der Todesklage und dem Liebestod ist sie, abschiednehmend, wieder am Wort. Um das zentrale Liebesduett im zweiten Akt spiegelt sich die Handlung. So wie die Liebenden aus dem Leben hinausschreiten ins Dunkel der Nacht, so entfernen sie sich aus Isoldes Reich, und sie enden auf Kareol, dem kargen bretonischen Felsen, der

Toteninsel im öden Meer, dessen Mauern verfallen vom unablässigen Ton der traurigen Weise.

Tristan aber, ein anderer Orpheus, ist, seit der Stunde seiner Geburt, bei der ihm die Mutter starb, dem Tod zugewandt. Die Hälfte seines Gesichts liegt bereits im Schatten. Er ist, nachdem er von Morolds vergifteter Waffe die schwärende Wunde empfangen hat, offenbar auch durch Isoldes Kunst nicht mehr gänzlich zurück ins Leben gekehrt. Statt der liebenden Ärztin geheilt ans Licht zu folgen, zieht er sie in den Abgrund. Wenn Isoldes Gottheit Frau Minne ist, die über allem waltet, so ist die seine der Tod.

> Stünd' er vor mir,
> der mächt'ge Tod,
> wie er mir Leib
> und Leben bedroht…

Er ist der tötende Krieger, der »Held«, der Morold erschlug und dessen abgeschlagenes Haupt höhnend der Braut zusandte. Sein »Erb und Eigen« ist das »Wunderreich der Nacht«, dem gilt seine Sehnsucht. Er hat den Todestrank mutig getrunken und den Liebestrank, der ihn am Leben erhält, verflucht. Doch da des Todes Tor, das ihm schon offen schien, sich krachend wieder vor ihm geschlossen hat, taumelt er zurück ans Licht der Sonne. Wenn der griechische Orpheus seine unsterbliche Liebe durch den Gesang verkündet, so wird die Liebe seines dunklen, keltischen Bruders durch das »komponierte Schweigen« des Orchesters verraten. In Gottfried von Straßburgs Epos kommt Tristan unter dem Namen Tantris als Spielmann mit der Harfe an den irischen Königshof und gewinnt so Isoldes Vertrauen. Wenn aber durch den Sänger Orpheus seiner Gattin das Leben geschenkt wird, so bringt Tristan Isolde den Tod. Er führt die Braut hinab, dorthin, wo nicht die Leier tönt, sondern die Schalmei des Todes. Und dem Vorausgehenden folgt willenlos Isolde mit ebender verzückten Melodie, die sie zuvor als Huldigung ihrer Frau Minne gesungen hat. Und das Englischhorn schweigt endlich still, da sie am Ziel ist, und Liebe und Tod, die beiden widerstrebenden Mächte, in eins fallen und das Leben enden.

Lachen war ihre Sünde – Zur Gestalt der Kundry

An den Abhängen der Pyrenäen, diesseits und jenseits der Grenze, lebte, im 13. Jahrhundert zum erstenmal erwähnt, ein rätselhaftes Volk, das von seinen Nachbarn verächtlich als »cagots« (canis Gothi: Hund des Goten) bezeichnet wurde und dessen letzte Spuren vor der endgültigen, lang verhinderten Assimilation bis ins 19. Jahrhundert zu verfolgen sind. Diesen Unberührbaren der mittelalterlichen Gesellschaft war es nicht gestattet, unter der okzitanischen oder kastilischen Bevölkerung zu wohnen, andere als ihresgleichen zu heiraten oder auch nur vom selben Tisch mit ihnen zu essen oder die Hand im Weihwasser der Kirchengemeinde zu netzen. Vielmehr wurden ihnen eigene, niedere Eingänge an den seitlichen Kirchenmauern geöffnet und eigene Weihwasserbecken zugewiesen. Die »cagots« erwarben ihren Lebensunterhalt durch Steinklopfer- und Maurerarbeiten. Es wurde ihnen nachgesagt, sie seien mit solchen Tätigkeiten schon am Tempelbau Salomons in Jerusalem beteiligt gewesen, wegen eines ungenannten Frevels jedoch später verfemt und zu den Sarazenen vertrieben worden. Vor diesen fliehend, seien sie den Westgoten und danach den Tempelrittern dienstbar geworden. Ihre Verständigung über große Entfernungen im Gebirge erfolge durch eine wortlose, gepfiffene Vogelsprache. Gebrandmarkt und ausgeschlossen aus der bürgerlichen Gesellschaft wurde der Mann, der sich wissentlich in Unzucht einließ mit einer »cagote«.

Liest man solche historisch-ethnologischen Berichte, so fragt man sich heute, ob Richard Wagner sie nicht gekannt haben muß, sei es aus mündlicher, sei es aus schriftlicher Quelle, als er im Jahre 1860 in Frankreich die Gestalt der Kundry ersann. Er schildert sie als Verfemte, die, aus dem Heiligen Land vertrieben, heimatlos im gebirgigen Niemandsland zwischen maurischen Sarazenen und gotischen Tempelrittern lebt, nicht ausgeschlossen vom christlichen Glauben, aber gezwungen und getrieben, Buße zu tun für einen Frevel der Rebellion gegen diesen, erfahren in geheimer arabischer Heilkunst und doch durch tragische Ironie Ursache von des Königs Amfortas unheilbarem Verderben. Richard Wagner hat seine zahlreichen Quellen nicht immer genannt. Und das mit gutem Recht, denn seine Absicht war es, Primär- und nicht Sekundärliteratur zu schaffen. Er hat sein Werk als Neubeginn und nicht als eklektisches Konglomerat verstanden. Und es ist eine jämmerliche Anmaßung, ihn darum als einen Halbgebildeten zu apostrophieren, wie dies in den jüngsten akademischen Debatten um seine inkommensurable Gestalt geschehen ist. Im Nährboden künstlerischer Phantasie gehen die überall umfliegenden Pollen vergangener Wirklichkeiten zu neuer Blüte auf, während sie in den geisteswissenschaftlichen Botanisiertrommeln verdorren.

»Lauter geheimnisvolle Beziehungen« ortete Wagner nach Cosimas Tagebucheintragungen zwischen den Personen des »Parsifal«, und dies kann auch von deren Verhältnis zu den Figuren seiner älteren Werke gelten. Von ihnen allen nennt er Kundry seine »originellste Frauenfigur«. Und es ist ihm darin nur beizupflichten, auch wenn man in Rechnung stellt, daß einem Dramatiker immer gerade die Figur, an deren Verwirklichung er eben tätig ist, am interessantesten erscheinen muß. Elsa und Ortrud, Elisabeth und Venus, die Feenkönigin Ada und die Ärztin Isolde haben in Kundry eine rätselvolle Schwester bekommen.

Schon am 20. Dezember 1858, mitten während der Arbeit am »Tristan«, schreibt Wagner an Mathilde Wesendonck: »Der ›Parzival‹ hat mich viel beschäftigt: namentlich geht mir eine eigenthümliche Schöpfung, ein wunderbar weltdämonisches Weib (die Gralsbotin) immer lebendiger und fesselnder auf.« Bei Wolfram von Eschenbach noch, dessen Werk Wagner bei der ersten Konzeption noch wenig, später aber mehr und mehr gelten läßt und dessen Schreibweise des Namens er hier noch verwendet, bei Wolfram sind die wilde Gralsbotin Kundry und die schöne Verführerin Orgeluse zwei durchaus verschiedene Frauengestalten. Sie zu einer einzigen Person zu vereinen, war eine der folgenreichsten dramaturgischen Entscheidungen bei der Gestaltung des Werkes. Aus Paris schrieb Wagner zu Beginn des Jahres 1860 an Mathilde: »Sagte ich Ihnen schon einmal, daß die fabelhaft wilde Gralsbotin ein und dasselbe Wesen mit dem verführerischen Weibe des zweiten Aktes sein soll? Seitdem mir das aufgegangen, ist mir fast alles an diesem Stoffe klar geworden.«

Nicht ohne schöpferische Gewalt entstand das zwitterhafte Wesen, das dem nördlichen Gralsbezirk ebenso angehört wie dem südlichen maurischen Blumengarten. Sie allein von allen Figuren des Werkes umkreist den Berg Montsalvat von all seinen Seiten. Sie kennt den heiligen See und kennt den Turm des Magiers Klingsor. Sie dient und verführt, büßt und sündigt in einem, ist allen verbunden und keinem bekannt. Sie trägt eine härene Büßerkutte und ist dann wieder »in leicht verhüllender Kleidung annähernd arabischen Stiles« auf Blumen gebettet. Wagner hätte sie auch gerne »wie eine Tizianische Venus nackt da liegen« gesehen. Und man weiß nicht recht, warum man ihm und uns diesen Gefallen immer noch nicht gewährt. Ihr schizophrenes Bewußtsein wird nur durch den Schlaf geheilt. Den klaffenden Riß zwischen den beiden nur mühsam zusammengezwungenen Existenzen der unglücklichen Frau konnte und wollte auch Wagner nicht schließen. Denn aus ihm entspringt die Qual, die Kundrys Menschlichkeit enthüllt und ihre Sehnsucht nach Erlösung oder – solange die nicht erreichbar erscheint – nach Schlaf und Vergessen. Das Nichtwissen, das Nie-wieder-Erwachen wird als Befreiung erhofft von einem sündhaft verschuldeten Schicksal. Erstarrung und Unbewußtheit ist auch zeitweise Freiheit von Schuld, und nur stöhnend im Dornbusch verkrochen oder schreiend aus der Tiefe auffahrend erwacht Kundry widerwillig und leidend auf je einer der getrennten Seiten des heiligen Bergs.

»Ach! Ach! Tiefe Nacht! – Wahnsinn! – Oh! – Wuth! – Ach! – Jammer! – Schlaf – Schlaf – tiefer Schlaf! – Tod!« Das sind ihre unzusammenhängend hervorgestoßenen Worte, wie im Versuche wieder Sprache zu gewinnen, als Klingsor sie zu erwachen zwingt. Weit hinter solchem dadaistischen Stöhnen sind die schönen alten Arien der Primadonnen geblieben. Kundrys Ziel, das Wagner in seinem ersten Prosaentwurf mit »Erlösung, Auflösung, gänzliches Erlöschen« benennt, scheint hier in der zerbrochenen Sprache schon beschworen. Sinnfällig errreicht wird es dann durch ihr endgültiges Verstummen in der Karfreitagsszene des 3. Aktes. »Dienen ... Dienen!« sind darin ihre einzigen und letzten Worte. Danach folgen nur mehr die erlösenden Tränen.

In der Musik, mit welcher Wagner in ebendiesem Werk seine höchste Meisterschaft erreicht, wird die Welt der Kundry durch drei Leitmotive dargestellt: durch das »wilde Rittmotiv« im 1. Akt und durch das »Liebesmotiv« und das »Lachmotiv« im 2. Akt. Das erste gilt der auf ihrer langmähnigen »Teufelsmähre« ruhlos die Welt durchstreifenden Gralsbotin, das zweite der unheilbringenden Verführerin, das dritte, bittere, grelle, ihrer Auflehnung und Verzweiflung: aufgellend und tiefabstürzend fast über zwei Oktaven in einem einzigen Takt. In der Szene von Kundrys Taufe endlich schildert Wagners Musik nach seiner eigenen Aussage der unnachsichtlich notierenden Cosima gegenüber »die Vernichtung des ganzen Wesens, jedes irdischen Wunsches.« Und er meint »nie Schöneres komponiert« zu haben. Offenbar ist ihm das Schöne schon lange nicht mehr nur das Wohlgefällige.

Das Lachen war Kundrys Sünde. Die büßt sie seither nicht nur in einem, sondern in vielen Leben, Ahasver, dem Ewigen Juden, und dem Fliegenden Holländer vergleichbar, und kann Erlösung nur durch die Verneinung ihres innersten Wesens, ihrer unersättlichen Sehnsucht nach körperlicher Liebe, finden. Ihr Lachen ist eine Metapher ihrer Unfähigkeit Mitleid zu empfinden, es ist der Hohn einer Einsamen, Demutlosen, eine Verachtung des Schmerzes. Es ist darum auch keine Lust in diesem Gelächter. Weitab sind wir auf diesem christlichen Dornenweg geraten von jenem fernöstlichen Reich der Lebensfreude und der Sterbenszuversicht, in dem die beiden großen Meister des Zen einander nach langer Pilgerfahrt zum ersten Male begegnen und nichts sonst vernehmen lassen als ein großes, nicht enden wollendes Lachen. Wollte nicht Wagner mit dem »Sieger« einst auch ein Buddha-Stück komponieren? Es scheint nun aber bei dieser Konzeption der Kundry-Gestalt, als habe in verfinsterter Zeit ein scholastisch-manichäisches Hirn darüber gegrübelt, was als unverzeihlichste Sünde gelten könne, um ein Weib damit zu beladen. Die unverhüllte Verführerin des Wüstenheiligen Antonius schien nicht sündig genug, so wenig wie die vom Satan inkubierte »Höllenbrut« der Inquisition. Die Erbsünde des Lachens mußte die Unselige in den Staub drücken. Wie sollte man danach Mitleid für die Schwächen der Männer von ihr erwarten? Amfortas, der lüsterne König, war ihr unterlegen. Und ist sie auch, wie ihre Schwester Isolde, kundig in Heilsalben und Kräutern, sie will und kann ihr Opfer nicht heilen. Sie selbst ist die Wunde, aus der der Gralskönig blutet. Dem jungen Tölpel Parsifal gibt sie die Schuld an dem gebrochenen Herzen der Mutter, reizt ihn zum Jähzorn, als wollte sie hier schon sein Opfer werden. Nach den Gralsrittern und Knappen keift sie, wie eine Hündin nach ihren Peinigern schnappt. In dem Zauberer Klingsor, der die Liebe in sich ertötet hat, haßt sie ihren Unterdrücker. Er zwingt sie zu immer neuer Inkarnation sinnverstörender Weiblichkeit, die jedoch ohne den Wunsch ihrer männlichen Verdammer und Bezwinger nicht denkbar wäre. Was sind das für Albtraumbilder männlicher Phantasie, unter denen ihre Opfer auf solche Weise zu leiden haben! »Urteufelin, Höllenrose«, nennt der Zauberer sie, »Herodias warst du, und was noch? Gundryggia dort, Kundry hier.« So wird sie in seiner liebesfeindlichen Gewalt zur Blume der Lust, sie, die ohne Liebe nicht zu leben vermag. Die ewige Wiederholung des ersten Sündenfalls ist ihre Sühne, die keine Heilung beendet. Und doch, sie, die kein Mitleid empfindet, die Selbstsüchtige, die nur um ihrer eignen Errettung willen sich in Parsifals Arme schmiegt, sie fleht selbst um Mitgefühl. Die Kußszene des zweiten Aktes, um welche sich das ganze riesige

Werk, wie um seinen Mittelpunkt spiegelt, ist der Schlüssel zu diesem Verständnis. Wenn Kundry sich selbst an die Stelle der geliebten Mutter Parsifals drängt, weiß sie um seine Not. Durch diese Manipulation fällt auch ein Licht auf die Psyche des Dichters und Komponisten. War es nicht Siegfried schon, der beim Anblick einer schlafenden Frau nach seiner Mutter rief? Und sehnte sich nicht in der Liebesnacht Tristan nach dem Mutterland heim? Irgendwo lugt bei dem Bayreuther Meister immer der alte Ödipus hinter dem alten Adam hervor. Und der Schrei Parsifals nach dem Schild der Keuschheit, der ihn besser schirmen soll als der Torheit Schild, den er verlor, erscheint hier als ein Erschrecken vor der Verirrung der eigenen Gefühle. Keusch war auch Kundry, als sie in Dornen schlief von Schlangenhäuten umgürtet oder wenn sie nach Mägdeart nach dem Wasser lief, um dem fremden Wundermann die Füße zu waschen. Und unter dem Gürtel trägt sie offenbar stets das Fläschchen mit dem Salböl, bereit, dem Ersehnten die wegwunden Füße zu salben und sie dann – der büßenden Magdalena verwandt – mit ihrem gelösten Haar zu trocknen. Die Büßerin ist immer in der Sünderin auch enthalten. Darum vermag sie in der Ekstase der Liebeslust, als deren Inkarnation und Sinnbild sie oftmals allzukurz zielend bezeichnet wurde, endlich doch keinen Frieden zu finden. Und eben an dem Jahrestag ihres Sündenfalls, an einer Wiederkehr des Karfreitags, geschieht es, daß der Wald und das Dornengestrüpp der Irrsal sich öffnen und den vom Gral erwählten Retter entlassen, der den heiligen Speer wiederbringt, der durch Kundrys Betrug dem unseligen Amfortas einst entwendet wurde. Mitfühlend zum ersten Mal und erlöst weint Kundry die Tränen der Reue, und Parsifal singt die tröstlich befreienden Worte, die auch uns die Last des ungeheuren Werkes mit einem Mal vom Gemüt nehmen: »Du weinest – sieh! es lacht die Aue.« Mag sein, es ist wohl nur »die entsündigte Natur«, der das Lachen gelingt ohne Anflug von Reue. Kundry selbst stirbt beim Anblick des endlich wieder enthüllten Grals. Demütig stirbt sie, kein Schmerzenslaut stört die Feier der Männerversammlung. Die »ekstatischen Zuckungen«, unter denen nach Wagners letzter Schrift »Das Weibliche im Menschlichen« »der Prozeß der Emanzipation des Weibes« vor sich geht, sind endlich zur Ruhe gekommen. Die echte herzbezwingende Freude jedoch, die wird ihr wohl erst in einer fernen Wiedergeburt endlich gegönnt sein.

WER IST DER GRAL?

Dies scheint zunächst die Frage eines ahnungslosen Toren. Und Titurels Waffenmeister antwortet auf sie: »Das sagt sich nicht«, als ob sich solche Antworten von selber sagten und nicht wohl überlegt sein müßten. Er windet sich um eine klare Antwort; das Subjekt nämlich, das allein Auskunft geben könnte, ist der Gral selbst: er ruft und beruft, er sendet aus, er zürnt und verbannt. Der Gral ist offenbar keine hantierbare oder beschreibbare Sache, kein Objekt nur der Neugierde oder der Huldigung. Wie es scheint, wird ihm auch durch Richard Wagner eine Macht zuerkannt, über welche alle anderen Zauberrequisiten seiner Musikdramen, die heilige Lanze und die gefiederten Tiere von Montsalvat eingeschlossen, nicht verfügen. »Durch Mitleid wissend, der reine Tor: harre sein, den ich erkor.« Unsichtbare Stimmen aus der Höhe verkünden diese Worte. Wer aber, wenn nicht der Gral allein, kann hier in der Ich-Form zu Amfortas, seinem trostbedürftigen Hüter, sprechen?

In einem Prosaentwurf für König Ludwig II. beschreibt Wagner bereits im Jahre 1865, also 12 Jahre vor der Niederschrift der Dichtung, den rätselvollen Gral mit folgenden Worten: »Der Gral ist die krystallne Trinkschale, aus welcher erst der Heiland beim letzten Abendmahl trank und seinen Jüngern zu trinken reichte. Joseph von Arimathia fing in ihr das Blut auf, welches aus der Speerwunde dem Erlöser am Kreuz herabfloß. Sie ward als heiligstes Heiligthum lange Zeit der sündigen Welt geheimnisvoll entrückt… Titurel und seinen Freunden ist das Heiligthum wunderbar entdeckt und in Pflege übergeben worden… Seine Wunderkraft bekundet das Heiligthum zunächst dadurch, daß es seine Hüter jeder irdischen Sorge überhob, indem es für Speise und Trank der Gemeinde sorgte: durch geheimnisvolle Schriftzeichen, welche beim Erglühen des Krystalls an dessen Oberfläche sich zeigten … meldet der Gral die härtesten Bedrängnisse Unschuldiger in der Welt, und ertheilt seine Weisungen… Den Tod bannt er von seinen Geweihten: wer das göttliche Gefäß erblickt, kann nicht sterben.« Den Namen selbst erläutert Wagner durch eine etymologische Ableitung von »Sangue reale – woraus: San Greal – Sanct Gral – der heilige Gral entstand.« Mit der Einwendung, daß hierbei nicht die italienische Form, sondern die spanische sangre real oder die französische sang royal nahe gelegen wäre, und in Ermangelung einer anderen Erklärung, mag man dies gelten lassen. Es taucht eben nur die flüchtige Frage auf: warum königliches und nicht göttliches Blut?

In den meisten Details seines Bühnenweihfestspiels ist Wagner von dem zumindest anfänglich etwas unterschätzten Vorbild des Wolfram von Eschenbach ausgegangen. In Hinsicht aber auf eine Erklärung des Grals hat er sich an die französische Tradition gehalten. Chrétien de Troyes, der vor 1150 geboren wurde und vor 1190 verstorben ist, war der erste, der das Thema aufgriff. In seinem »Roman de Perceval ou Le Conte del Graal«, den er auf Wunsch des Grafen von Flandern, Philippe d'Alsace, eines Nachkommen Gottfrieds von Bouillon, verfaßt hat, beschreibt er den Gral als einen Gegenstand, der aus Gold und Edelsteinen bestand und von einer Dame getragen wurde. Offenbar stieß er, der aus Berichten seines Auftraggebers schöpfte, mit dieser Darstellung sehr bald auf Widerspruch bei Dichtern, die besseres Wissen für sich in Anspruch nahmen.

Robert de Boron, der seinen »Roman de l'Estoire du Saint Graal« zwischen 1190 und 1199 verfaßte, hat sich bewußt von Chrétien abgesetzt und sich auf ältere Quellen berufen, insbesondere auf ein »großes Buch«, dessen Geheimnisse ihm enthüllt worden seien. Von ihm stammt der erste Hinweis auf Joseph von Arimathia, den reichen Ratsherrn von Jerusalem, und dessen Flucht mitsamt dem geweihten Gefäß nach England, wo Galahad sein Nachfolger wurde. Perceval der Gralshüter ist nach dieser Quelle der Enkel von Josephs Schwager Brons und als »Sohn der Witwe« offenbar in Wales geboren.

»Perlesvaus« ist der Titel eines Werkes, dessen Autor anonym geblieben ist, jedoch in den Reihen französischer Tempelritter gesucht werden kann. Auch von ihm wird Perceval als Nachkomme Josephs von Arimathia bezeichnet. Seltsamerweise wird er jedoch in die Zeit König Arthus', also ins 5. Jahrhundert, versetzt, wobei von einer Epoche gesprochen wird, in der die Ungläubigen das Heilige Land erobert hätten. Wenn man nun unter den Ungläubigen nicht die Römer verstehen will, die Jerusalem im Jahre 70 n.Chr. zerstörten, sondern die Anhänger Mohammeds, so sieht man sich damit ins 7. Jahrhundert versetzt. Der Gral wird in diesem Epos in fünf Erscheinungsformen genannt: als ein gekrönter König, als ein Kind, als ein dornengekrönter Mann und, zuletzt, als Kelch. Ungenannt bleibt die vierte Form, aus welchem Grunde immer.

In Wolfram von Eschenbachs »Parzival« hingegen wird der Gral mit den nachfolgenden Versen beschrieben:

    ûf einem grüenen achmardî
    truoc si den wunsch von pardîs,
    bêde wurzeln unde rîs.
    daz was ein dinc, daz hiez der grâl,
    erden wunsches überwal.
    Repanse de schoye si hiez,
    die sich der grâl tragen liez.

    Auf einem grünen Achmardi
    trug sie den Wunsch vom Paradies,
    die Wurzel sowohl als auch das Reis.
    Das war ein Ding, das hieß der Gral,
    der alle irdischen Wünsche übertraf.
    Überfluß der Freude war der Name derer,
    von der der Gral sich tragen ließ.

An anderer Stelle wird dieser Gral als ein Stein bezeichnet, dessen Name »lapsit exillis« laute, der seine Hüter ernähre, einen Phönix aus der Asche erstehen lasse und einen jeden, der ihn erschaue, am Leben bewahre. Wolfram, der des Lateinischen vermutlich nicht mächtig war, mochte mit dem lapsit exillis vielleicht einen lapis ex caelis, einen vom Himmel gefallenen Stein, gemeint und damit auf den Meteoriten der Kaaba angespielt haben, der von den Mohammedanern als Heiligtum verehrt wurde. Daß Wagner sich in einem frühen Brief an Mathilde Wesendonck darüber ereiferte und Wolfram als Dichter nicht ernst nehmen wollte, hat ihn offenbar später gereut, als er ihm mehr Gerechtigkeit widerfahren ließ.

In der in anonymer Nachfolge Chrétien de Troyes' verfaßten Gawan- oder Gauwain-Sage wird der Gral auf Befehl Josephs von Arimathia in Jerusalem aus Gold und Edelsteinen angefertigt und gelangt mit ihm auf wundersamen Wegen nach England. Einem lebendigen Wesen gleich wird er mit folgenden Worten beschrieben: »Nun sah man durch den Saal den reichen Gral hereinkommen, der sie bediente und das Brot in feiner Art überall den Rittern vorlegte … das Schenken des Weines, das versah er ebenfalls… Als der König befahl, man möge den Tisch abdecken, da verschwand der Gral nach dem Mahle.« Perceval als Nachkomme Josephs hatte ein Anrecht auf die Bewahrung des Heiligtums. »Das übrige ist so geheim, daß ich es um keinen Preis Euch erzählen könnte.«

Nach all diesen Erläuterungen mag es genügen, darauf hinzuweisen, daß es in späterer Zeit auch Versuche gegeben hat, die Herkunft des Grals aus der byzantinischen Meßzeremonie sowie aus dem keltischen Sagenkreis abzuleiten. Bemerkenswert ist daneben die Verwandtschaft der Gralssage in einem wichtigen Punkte mit dem sogenannten Wunder des Januarius von Neapel, durch welches bis auf den heutigen Tag angeblich das geronnene Blut des Heiligen an seinem Jahrestag sich verflüssigt. Hier ist es an der Zeit, wieder zu Wagners Bühnenweihfestspiel zurückzukehren und den Satz des Parsifal zu zitieren, der sich auf Speer und Gral bezieht:

»Der diese Wunde durfte schließen,
ihm seh ich heil'ges Blut entfließen
in Sehnsucht nach dem verwandten Quelle,
der dort fließt in des Grales Welle!«

Hiermit bezeichnet Wagner nun offenbar doch – trotz seiner frühen Ableitung – nicht das königliche oder heilige Blut, sondern das Gefäß als den Gral, in welchem sich das Blut verflüssigt.

Gewiß nicht allein durch Wagner, sondern auch durch die Neubewertung Wolframs als eines der bedeutendsten abendländischen Dichter und durch die vielfach wieder aufgenommene Diskussion um die völkermordenden Albigenserkriege des 13. Jahrhunderts wurden auch in unserer Zeit neue Theorien über Wesen und Wirkung des Grals erdacht und durch Forschung erhärtet, wobei ein ebenso grelles Licht auf das Sujet wie auf die Epoche der Betrachtenden fällt. Niemand spricht mehr von einem Geheimnis, das er zu wahren hätte. Es ist nun die Zeit der »Enthüllungen« gekommen, die auch den Gral nicht mehr schonen darf.

Der Gral, so zeigt eine mehrfach verfolgte Denkspur, wurde nach der Zerstörung des Tempels Salomons im Jahre 70 n. Chr. nach Rom gebracht und dort im Jahre 410 von den plündernden Westgoten unter König Alarich geraubt. Nach ihrer Wanderung durch Italien und Südfrankreich gelangte der kostbare Schatz in die Pyrenäen und wurde endlich dort auf einer uneinnehmbaren Burg vor den in Spanien einfallenden Mauren in Sicherheit gebracht. Nach dem Untergang des Gotenreiches wurde der Gral von den Tempelrittern bis zu der vom König von Frankreich verfügten Auflösung des Ordens im Jahre 1188 gehütet. Danach ging er an die Katharer über, die ihn auf Montségur, ihrer letzten Bastion, bis zum schreckensvollen Osterfest des Jahres 1243 bewahrten. Vor der Erstürmung der Burg durch die vom Papst und von Ludwig »dem Heiligen« geworbenen Kreuzfahrer-Truppen brachten vier mutige Männer den Schatz der vom Feuertod bedrohten Gemeinde der »Reinen« durch einen nächtlichen Abstieg vom belagerten Felsen in Sicherheit. Drei der glücklich Entkommenen sind mit Namen bekannt (Amiel Aicart, Hugo und Poitevin). Der vierte blieb ungenannt. Verschwunden blieb auch von diesem Tag an der Gral.

Als letzte sei eine Hypothese genannt, mit welcher die Autoren Baigent, Leigh und Lincoln in den jüngstvergangenen Jahren kein geringes Aufsehen in England gemacht haben. Durch sie wird nichts Geringeres behauptet, als daß es sich bei dem Blut Christi des Grals um Jesu leibliche Nachkommenschaft aus einer Verbindung mit Maria Magdalena gehandelt habe. Nach Christi Tod, so weiß eine altbekannte Legende, sei Maria Magdalena mit zwei anderen Frauen zu Schiff an die Küste von Marsilia, dem alten Marseille, gelangt, dort, wo auch heute noch die Grabstätte der Sainte Madeleine in Les-trois-Maries-sur-mer vornehmlich von den Zigeunern verehrt wird. Das im Verborgenen gehütete »Blut Christi« habe durch seine Verbindung mit dem zum Christenglauben übergetretenen merowingischen Königshaus sich als »sang royal« erwiesen und den neuen Glauben mit Franken und Westgoten gegen die anstürmenden Mauren verteidigt. Mag sein, daß diese Deutung so manches Rätsel löst, vom Christussymbol des aus der Asche erstehenden Phönix über den vom Himmel gefallenen Stein bis zu dem stets erneuerten Fließen des Blutes und der Unauffindbarkeit des Heilsgefäßes; die von Richard Wagner so unnachgiebig geforderte Keuschheit der Gralshüter wird danach kaum verständlicher. Keuschheit allerdings wird weder von den französischen Dichtern noch von Wolfram von Eschenbach von den Rittern gefordert. Es wäre auch allzu schade um eine der schönsten Liebesgeschichten des Mittelalters, nämlich der von Parzival, dem Taldurchdringer, und Kondwiramur, der Liebesführerin. Aber möglicherweise hat Richard Wagner nicht recht gelesen – oder lesen wollen – was Wolfram mit dem Satz geschrieben hat:

> Der grâl was von sölcher art:
> wol muose ir kiusche sîn bewart,
> diu sîn ze rehte solde pflegen:
> diu muose valsches sich bewegen.

> Der Gral war von solcher Art,
> daß deren Keuschheit gewahrt bleiben mußte,
> die ihn zu Recht behüten durfte;
> die mußte sich fern halten von aller Falschheit.

Nicht die Ritter des Grals waren hiermit gemeint, sondern Repanse de schoye, die Jungfrau, die ihn auf ihren Armen trug. Die Antwort aber auf Parsifals Frage »Wer ist der Gral?« wird Gurnemanz dadurch nicht leichter werden.

VIERMAL NEBUKADNEZAR

Der *Nebukadnezar der Geschichte* hieß Nabu-kudurri-ussur und war der zweite und bedeutendste Herrscher des neubabylonischen Reiches, das, trotz seines nur etwa hundertjährigen Bestandes, eine ungewöhnliche Bedeutung in der Geschichte des Nahen Ostens gewann. Dem Vater Nabu-kudurri-ussurs, Nabupolassar, gelang die Gründung des Reiches durch ein verhängnisvolles Bündnis mit den Medern zur Zerschlagung und Aufteilung des assyrischen Großreiches, verhängnisvoll deshalb, weil dadurch gleichzeitig der eigene Untergang vorbereitet wurde. Die Meder nämlich wurden kurz darauf in ihrem um halb Assyrien vergrößerten Lande durch die ihnen bisher unterworfenen Perser abgelöst, und ebendiese Perser waren es, die im Jahre 539 vor Chr. das Neue Babylon zerstörten. Die kurzen hundert Jahre davor aber genügten den neuen chaldäischen Herrschern, um aus Babylon das zu machen, was uns auch heute noch immer allen Grund zu Staunen und Bewunderung gibt: die Stadt mit dem gewaltigen Turmbau, der Löwenallee, den Museen, den von zwei Wagen befahrbaren Ringmauern, dem Ischtartor, den hängenden Gärten, den unterirdischen Gängen unter dem Euphrat, den Astronomen, die Sonnenverfinsterungen vorhersagten, den Bankgeschäften, die den Babyloniern von den Hebräern den Namen eines Krämervolkes eintrugen, dem Mondjahrkalender und den ersten Hosenschneidern. Wir wissen davon vor allem durch die staunenden Berichte des Weltreisenden Herodot. Es war dies fast ausschließlich das Werk eines Mannes, Nabu-kudurri-ussurs, der nach dem Tode seines Vaters, als dessen General er noch den ägyptischen Pharao Necho aus Syrien vertrieben hatte, die Regierungsgeschäfte im Jahre 605 vor Chr. übernahm. Wohl hat er das benachbarte Juda zu Unterwerfung und Tribut gezwungen und schließlich nach wiederholter Kriegführung Jerusalem zerstört und etwa 4 600 Einwohner (wie die Bibel selbst aufzählt) in Gefangenschaft geführt, die Gefangenen aber in Babylon mit Großmut behandelt und »den Stuhl ihres Königs Jojakim neben den seinen über die Stühle der anderen Könige gestellt«. Da aber seine Götter Tamuz, Ischtar, und Marduk von ihm nicht gegen Jachwe zurückgesetzt wurden, so ist er für ihre Propheten ein heidnischer Blutsäufer geblieben, den Gott nur als Werkzeug seiner Strafe an Israel benützte. Indes ist es sicher, daß Nabu-kudurri-ussur in seiner 43jährigen Regierungszeit sein Hauptinteresse nicht den Kriegen gegen Israel gewidmet hat, sondern der Ausgestaltung seines Reiches und seiner Stadt, die unter seiner Herrschaft so etwas wie eine erste Weltstadt wurde, mit offenen Toren für ausländische Reisende, mit andersgläubigen Minoritäten und Gottesdiensten, mit nächtlicher Straßenbeleuchtung, großzügig angelegten Straßen und Wechselgeschäften. Welch eine Toleranz muß diesem Manne selbst die Bibel zugestehen, der er doch ein Greuel war, wenn sie berichtet, daß er den Juden Daniel zu seinem Berater machte. Und spricht nicht auch die Tatsache, daß seine Nachfolger sich gegenseitig aus dem Wege räumten, die Perser ins Land riefen, und daß schließlich schon dreißig Jahre nach seinem Tod Stadt und Reich in Trümmern lagen, von der einigenden autoritären Kraft seiner Persönlichkeit?

Das ist, was die Geschichte von »Nebukadnezar« weiß. Nichts über den Menschen, manches über seine Taten. Wenn man nicht aus denen auf seine Person schließen mag (etwa daraus, daß er für seine Gemahlin Schamuramat die wundervollste Gartenanlage des Altertums hat anlegen lassen, Gärten in Terrassen übereinander, hängende Gärten), so muß man Nachricht aus der Bibel holen, aus dem großartigsten aller Geschichtsbücher, aus den Klageliedern des Volkes, das durch ihn viel Leid erlitten hat.

Der *Nebukadnezar der Bibel* ist eines der größten Ungeheuer, von denen wir je erfahren haben, der sich seiner Menschlichkeit so weit entäußert, daß er schließlich auf dem Bauche liegt und Gras frißt wie ein Tier. Die Bibel zeigt uns in ihrer ganzen grandiosen Einseitigkeit einen heidnischen König. Nicht wie er war, sondern wie er sich ihren leidenschaftlichen Propheten in unzusammenhängenden Begegnungen dargestellt haben mag. Keine psychologische Recherche, keine objektive Geschichtsbetrachtung könnte uns eine monumentale Gestalt von so unberechenbarer Furchtbarkeit vor Augen bringen.

Dieser Nebukadnezar, den Gott dazu ausersehen hat, Jerusalem für seine Frevel zu strafen, die größer waren als die Sodoms (Hes. 16/48) und der darum auch den Vergleich mit Sodoms Feuer und Schwefel nicht zu scheuen braucht, dieser chaldäische König zerstört die Stadt Davids und den Tempel Salomos und macht sie dem Erdboden gleich. Er verwüstet das Land, spießt die Kinder auf, vergewaltigt die Frauen und treibt das Volk in die Gefangenschaft »gen Mitternacht«. Der flüchtige König Zedekia gerät in seine Hände und muß zusehen, wie all seine Freunde und Kinder erschlagen werden, dann wird er geblendet, ein Vorgang, der nichts von seiner Schrecklichkeit verliert, wenn man weiß, daß dies eine übliche Rache war und auch dem letzten Pharao durch Kyros, den Eroberer Ägyptens, geschah. Nebukadnezar aber beschließt auch, wie Daniel uns berichtet, sämtliche babylonischen Wissenschaftler, Astrologen, Magier und Traumdeuter zu vernichten, da sie ihm einen Traum, den er vergessen hat, nicht erzählen und dann deuten können. Und er hätte es, weiß Gott getan, wenn nicht unser Daniel gekommen wäre und ihm zugleich mit dem Traum den furchtbaren Fortgang seines Lebens eröffnet hätte. Daraufhin lobt er zwar Gott Jehova und belohnt den jugendlichen Propheten, läßt aber trotzdem bald darauf dessen Freunde in den berühmten Feuerofen werfen, weil sie eines seiner neuen Götzenbilder nicht anbeten wollen. Als sie jedoch unversehrt bleiben, bereut er und gibt sie wieder frei. Er zieht noch mehrere Male nach Jerusalem, wobei er sich an die Wegscheide stellt zwischen Juda und Samaria, sich wahrsagen läßt, mit den Pfeilen das Los wirft, seinen Abgott fragt und die Leber beschaut (Hes. 21/26) und so also in willkürlicher Entscheidung und nicht nach politischen Plänen Unheil bringt. Jedesmal führt er auch wieder Gefangene nach dem Norden, einmal über zweitausend, einmal achthundert, einmal siebenhundert, und hält sie schließlich in einer siebzigjährigen Gefangenschaft, daß sie an den Ufern des Euphrat sitzen und weinen. Die Könige Zedekia und Ahab läßt er sogar auf Feuer braten, wie Jeremias berichtet (Jer. 29/22). Endlich aber wird das Wort an ihm vollbracht »und er ward verstoßen von den Leuten hinweg, und er aß Gras wie Ochsen, und sein Leib lag unter dem Tau des Himmels, und er ward naß, bis sein Haar so groß war wie Adlerfedern und seine Nägel wie Vogelklauen wurden«(Dan. 4/30). Und das so lange, bis er von sich sagt: »Nach dieser Zeit hob ich, Nebukadnezar, meine Augen auf gen Himmel und kam wieder zu Vernunft und lobte den Höchsten... Und meine Räte und Gewaltigen suchten mich, und ich ward wieder in mein Königreich gesetzt; und ich überkam noch größere Herrlichkeit. Darum lobe ich, Nebukadnezar, und ehre und preise den König des Himmels; denn all sein Tun ist Wahrheit und seine Wege sind recht und wer stolz ist, den kann er demütigen« (Dan. 4/33, 34). Dennoch entläßt er die Juden nicht in ihre Heimat, sondern erst nach seinem Tode und nach der Zerstörung Babylons durch die Perser kehren diese zurück, die letzten im Jahre 458 v. Chr., also nach 120 Jahren. Zählt man aber die Jahre von der Zerstörung Jerusalems bis zur Wiedererrichtung des Tempels durch die Heimkehrenden, 516 v. Chr., so sind es genau siebzig Jahre.

Der *Nebukadnezar Soleras und Verdis* hat den schönen italienischen Namen »Nabucco« und ist weder ein genialer Städtebauer, verschwenderischer Liebhaber, toleranter Weltmann, willkürlicher Gewaltherrscher oder realistischer Kriegsherr, sondern ein italienischer Bariton aus dem 19. Jahrhundert, also aus der Landschaft bürgerlichen Heimwehs, der es zuwege bringt, sich mit einem Sopran, einem Tenor und einem Baß in wohlklingenden, ohrenbetörenden Melodien über die Ausrottung der Juden zu unterhalten. Was waren das für Zeiten – damals! Dieser Signor Nabucco wechselt seine theologische Konzeption in dem uns vorliegenden Stück dreimal, vom Polytheismus zum Autotheismus und schließlich zum hebräischen Monotheismus, d. h. vom heidnischen Baalskult zum eigenen Göttlichkeitsanspruch und dann, indem er endlich Vernunft annimmt, zur Anerkennung Zebaoths, worin am Ende alle in D-Dur harmonisch übereinstimmen. Als Bösewicht seiner Zeit muß er die fürchterlichsten Drohungen aussprechen, darf sie jedoch nie verwirklichen, sondern immer nur wiederholen. Als echtbürtiger Italobabylonier aber muß er die übrige Hälfte seines Bühnendaseins sich selbst bemitleiden. Temistocle Solera, der Verfasser des Textes, scheint weder in der Geschichte noch in der Bibel viel gelesen zu haben. Sein Held Ismael war weder ein Neffe des jüdischen Königs noch überhaupt in babylonischer Gefangenschaft, sondern scheint eher so etwas wie ein jugendlicher Wegelagerer gewesen zu sein (Jer. 41). Der Hohepriester Zacharias ist wohl eine Zusammenziehung der Propheten Zephania, der die Zerstörung miterlebte, und Sacharja, der die Wiederkunft schildert, hundert Jahre später, und niemals in Babylon gewesen ist. Überhaupt darf man nicht fragen, wie alt die Armen alle bei Ende der Oper geworden sein müssen, wenn sie aus der babylonischen Gefangenschaft zurückkehren. Daß die Babylonier abwechselnd auch immer wieder als Assyrer bezeichnet werden, darf einen nicht mehr wundernehmen. Die vom Librettisten dazuerfundenen Figuren, vor allem die beiden Schwestern Abigail und Fenena, die sieben Bilder lang um den jungen Ismael kämpfen, sind ganz aus der literarischen Mode der Zeit zu verstehen, an der sich zwischen Lady Milford und Luise Millerin einerseits und Amneris und Aida andererseits nichts geändert zu haben scheint.

Und trotzdem: wie so viele sogenannte schlechte Textbücher Verdis hat auch dieses Stück seine echte Qualität als Opernvorlage. Das ist, ebenso wie beim »Troubadour«, nicht leicht verständlich. Hat Verdi wahrscheinlich auch kein unfehlbares literarisches Urteil besessen, so hatte er dagegen ein echtes Gespür für dramatische Grundsituationen. Er hat auch in seiner früheren Zeit fast niemals nur den Text vertont, sondern immer vor allem die Situation. Liest man die Bibel, so erkennt man, was in diesem Stoff für ungeheure Möglichkeiten waren, welch herrliches Material, welch einmalige Charaktere sich hier einem echten Dichter dargeboten hätten, und man ermißt die ganze unglückselige Leichtfertigkeit, mit der Verdi immer wieder zuließ, daß die von ihm so spürsicher aufgefundenen Stoffe von drittklassigen Literaten in modischen Reimereien verschnitten wurden. Verdi selbst hat sich die geschichtlichen oder literarischen Vorlagen gesucht, in denen er Möglichkeiten für die Entfaltung großer Leidenschaften und farbenprächtiger Landschaften ahnte. Die fand er vor allem bei Shakespeare, Schiller, Scribe, Dumas, Victor Hugo und für den »Nabucco« in der Bibel. Jedoch wenn man in Puccinis Briefen liest, wie ernst dieser jeden einzelnen Vers nahm, wenn er ihn vertonen wollte, so wundert man sich über Verdis Sorglosigkeit in dieser Sache. Trotzdem bleibt der »Nabucco« eine dankbare Vorlage für eine monumentale Oper, und Verdi hat es vermocht, dies durch seine Musik fast durchweg erkennen zu lassen.

Der Prophet Hesekiel schreibt im 24. Kapitel, 1.–2. Vers: »Und es geschah das Wort des Herrn zu mir im neunten Jahr, am zehnten Tag des zehnten Monats, und sprach: Du Menschenkind, schreib diesen Tag an, ja, eben diesen Tag; denn der König zu Babel hat sich eben an diesem Tag wider Jerusalem gelagert.«

Sicherlich hat Verdi diesen Satz gelesen, und die Tatsache, daß dieser Tag sein Geburtstagsdatum war, mag ihm Anlaß oder Bestärkung gewesen sein, diese Oper zu schreiben. Und er ist hier keinem schlechten Omen gefolgt. Denn wenn er bisher nur Elend, Armut und Ablehnung gekannt hatte, so fand er mit dieser Oper in solcher Plötzlichkeit ganz unerwartet Glück, Reichtum und Berühmtheit. Der Tag dieser unerhörten Lebenswende war der 9. März 1842. Verdi war 28 Jahre alt. Seine beiden ersten Opern »Oberto« und »König für einen Tag« waren ohne jeden Erfolg geblieben, seine Frau und seine beiden Kinder, mit denen er in großer Armut gelebt hatte, waren kurz hintereinander gestorben. Trotzdem machte sich Verdi an die Arbeit für ein drittes Werk. Der sensationelle Erfolg an der Mailänder Scala trug ihm nicht nur einen Kompositionsauftrag für weitere Opern ein, sondern auch die begeisterte Verehrung aller patriotischen Italiener, die sich selbst mit den gefangenen Juden verglichen und die österreichischen Behörden mit den babylonischen Unterdrückern. So wurde Verdi (vielleicht gar nicht einmal nach eigener Voraussicht) ein Symbol der italienischen Befreiung. Um das Maß des Glückes voll zu machen, verliebte sich Verdi in die Sängerin der Abigail Giuseppina Strepponi, die dem bisher fast unbekannten Musiker zur Uraufführung an der Scala verholfen hatte und in Zukunft in großzügigem Verzicht auf ihre Karriere ein ganzes Leben an seiner Seite blieb. Wenn heute der »Nabucco« nicht mehr so häufig anzutreffen ist, so liegt das vor allem daran, daß er durch die Opern des mittleren und vor allem des späten Verdi in den Schatten gestellt wird. Die berühmteste Melodie allerdings, die Verdi jemals geglückt ist, bleibt trotzdem die des Gefangenenchores. Als der tote Verdi durch die Straßen Mailands gefahren wurde, sangen Zehntausende spontan diesen Chor, wenn auch wohl nicht sechsstimmig, wie Verdi ihn schrieb, sondern »wie aus einem Munde« und mit italienischer Unbekümmertheit, ob der Text etwa der Situation entspräche.

Wie können aber wir, die wir nicht in Italien leben und nicht im vergangenen Jahrhundert, uns bei dieser Melodie in den Sesseln zurücklehnen und die Augen schließen und flüstern: »Ach, wie schön sie singen, diese Juden, die dieser damalige Nebukadnezar deportiert hat, in ein Lager gesperrt und, wenn es ihm einfiel, in einen Ofen geworfen hat, weil sie nicht an seinen Gott Baal glauben wollten, ach, wie schön sie singen!« Erinnern wir uns an nichts, wenn da einer singt: »Erbarmungslos soll es geschehen, das Hebräervolk soll untergehen!« oder »Keiner soll dem Tod entgehen, furchtbar wird die Rache toben! Euch, ihr Tapfren, will ich loben, wenn Erbarmen ihr nicht kennt!« oder »Wie der Staub im Wind vergehen muß dies Volk, ich will's geloben!« oder wenn in der Schlußszene das gesamte Volk der gefangenen Juden zur Hinrichtung geführt wird, die nur durch das Eingreifen Gottes verhindert wird, so daß alle Stimmen die erforderlichen Harmonien des Schlußensembles singen können? Temistocle Solera hat in aller Arglosigkeit seinen Babyloniern Dinge in den Mund gelegt, die wir heute nur mehr mit Grauen hören können. Auch geht dieser Titelheld Nabucco aus dem letzten Jahrhundert einen Weg, den wir schon einmal einen gehen sahen in unseren Tagen. Er will ein ganzes Volk ausrotten, er verfällt einem Größenwahn, der ihn so weit treibt, sich selbst göttliche Gewalt zuzusprechen, schließlich wird er wahnsinnig; doch da betreibt seine Tochter die Vernichtungsgeschäfte weiter, die nur durch Gottes Hand abgewendet werden können. Wir brauchten nur den Grasfresser durch den Teppichbeißer zu ersetzen. Doch dann könnten wir Verdis Musik nicht mehr dazu spielen. Dem waren die Schrecken unserer Zeit unbekannt, und die erst machen uns Augen und Ohren auf für die Schrecken der Geschichte.
So werden wir heute diese Oper weniger als die Darstellung tragischer Charaktere und Einzelschicksale verstehen wollen, sondern mehr und fast ausschließlich als Bericht vom nicht enden wollenden Leidensweg des jüdischen Volkes.

»La Traviata« – die Verirrte

Unvorhergesehen, durch kein Zeichen angekündigt, tritt dieses Werk hervor. Eben noch war Giuseppe Verdi mit der Komposition des »Rigoletto« und des »Trovatore« im besten Zuge, von Männern in blutfleckigen historischen Kostümen, die nie gelebt haben konnten, zu fabulieren, und da begegnet ihm bei der Lektüre eines französischen Romans jene schmale, schwindsüchtige Frauengestalt, die den Duft der Blumen nicht zu ertragen vermochte und die darum die geruchlose, weiße Kamelie zu ihrer Zierde wählte, und sie ändert seinen Weg und weist ihn auf sein eigenes Leben und seine eigene Zeit. Bürgerliches Theater hat der lombardische Querkopf auch schon vordem mit seinen Opern »Luisa Miller« und »Stiffelio« komponiert, aber großbürgerliches, zeitgenössisches nie. Das tragische Schicksal eines weiblichen »Helden« hat er in »Giovanna d'Arco« auch schon vordem in den Mittelpunkt gestellt, nicht aber das Leiden eines weiblichen »Menschen« in all seinen Irrsalen und Schwächen. Neu ist hier das Private, das so ganz unpathetisch Persönliche, das die Scheu bisher vor der Neugierde der Öffentlichkeit verschloß. Hier wird nicht Kampf und Sieg, sondern Verzicht und Entsagung zum Thema. Dem unterordnet sich auch die Musik. Und so gewinnt sie unversehens, ohne Gewaltsamkeit des Widerstands oder theoretische Bemühung, eine neue Dimension in der Sprache des Mitgefühls.

Die Mitte des 19. Jahrhunderts, etwa von der Juli-Revolution bis zum Ende des zweiten Kaiserreichs, war in Paris die Epoche der Kurtisanen und Lebemänner. In die Literatur hatte die Tochter der Freude als eigenwillige, ungebundene jüngere Schwester der Maîtresse schon mit Abbé Prévosts Manon Lescaut Einzug gehalten. Balzacs Esther van Gobseck, Dumas' Marguérite Gautier und Zolas Nana sind ihre berühmtesten Inkarnationen. In der Oper hat außer Verdi auch noch Jacques Offenbach in der Giulietta-Episode der »Contes d'Hoffmann« die Macht und Ohnmacht der »grande cocotte« geschildert. Gewiß ist die Kameliendame mit ihren unterschiedlichen Namen Marie Duplessis, Marguérite Gautier und Violetta Valéry die faszinierendste unter diesen schillernden Figuren. Der Kritiker Arsène Houssaye hat dem jüngeren Dumas vorgehalten, er habe seine Heldin »zu einer Heiligen im Hurenkalender gemacht«. Das Schauspiel »La dame aux camélias«, das am 2. Februar 1852, vier Jahre nach dem Erscheinen des Romans, auf die Bühne des Pariser Vaudeville-Theaters gelangte, wird bis zum heutigen Tag als eines der wenigen Stücke seiner Epoche noch immer gelegentlich aufgeführt. Künstlerinnen wie Sarah Bernhardt, Eleonora Duse, Käthe Dorsch oder Danielle Darieux haben die Rolle der Marguérite darin gespielt. Im Film hat Greta Garbo sie verkörpert.

Giuseppe Verdi hatte in keinem seiner Werke zuvor die eigene Gegenwart abgehandelt. Das zeitgenössische Kostüm auf der Opernbühne war in der Epoche der Romantik – ganz im Gegensatz zur Zeit Mozarts oder Cherubinis – eine außergewöhnliche Seltenheit, und dies in einem Maß, daß auch Verdis »Traviata« bei der Uraufführung und der überwiegenden Anzahl der Inszenierungen bis zur Jahrhundertwende in die Regierungszeit Ludwigs XIV. zurückverlegt werden mußte. Der Historismus beherrschte nicht nur Architektur, Bildhauerkunst und Malerei, sondern auch das Theater. Und so sollte das bürgerliche Zeitstück »La Traviata« in der Mitte von Verdis Schaffen vereinzelt stehen und selbst durch ihn keine Nachfolge mehr finden. Hier nämlich wurde das Leben der Großstadt erstmals zum Thema – »questo popoloso deserto, che appellano Parigi«, klagt die einsame Violetta – und das nur scheinbar friedliche Landleben mit seinen Gärtnern, Postboten, Kutschern, Reitpferden und Blumen wurde ihm bewußt entgegengesetzt. Von Immobilienhändlern, Gläubigern, Kartenspielern und Ärzten ist die Rede. Das Geld steht im Mittelpunkt der Handlung und mit ihm der Versuch, das Glück durch Kauf zu binden. Es ist ein Stück zerbrochenen Lebensrechts aus der Jahrhundertmitte des Kapitalismus.

Um dieses Werk in seiner wahren Bedeutung als Zentrum und einen der Höhepunkte von Verdis Schaffen anzuerkennen, gilt es der unausrottbaren, aber völlig theaterfremden Behauptung entgegenzutreten, »La Traviata« sei in den sieben Wochen zwischen der »Trovatore«-Premiere in Rom am 19. Januar 1853 und seiner Uraufführung am 6. März desselben Jahres komponiert, einstudiert und inszeniert worden. Es ist dies eine der allzu häufigen Legenden, die uns die Kreativität früherer Epochen so gänzlich aus unserer Vorstellungswelt entrücken, daß wir kaum mehr den Versuch wagen, dergleichen atemberaubende Zauberkunststücke auch noch auf ihren menschlichen Gehalt zu prüfen.

Verdi schreibt in einem Brief vom 9. April 1851 aus Busseto an den Textdichter Cammarano, der offenbar mit der Arbeit am »Trovatore« nicht recht vorankam: »Ich habe ein anderes Sujet bereit, einfach, einnehmend, und man kann sagen, fast fertig: wenn Sie es wollen, schicke ich es Ihnen und wir denken nicht mehr an den ›Trovatore‹.« Im Spätherbst desselben Jahres übersiedelte er mit Giuseppina Strepponi nach Paris, da sich die Schwierigkeiten, die aus ihrer unehelichen Hausgemeinschaft in der lombardischen Kleinstadt erwuchsen, immer unerträglicher gestalteten. Dort hat er vermutlich im Februar eine Aufführung von Dumas' Schauspiel gesehen und dessen Parallelen zu seinem und Giuseppinas Schicksal durch einen anklagenden Brief seines Schwiegervaters Barezzi noch einmal recht bitter empfinden müssen. Nach seiner Rückkehr nach Italien hat er sehr bald mit Francesco Maria Piave, dem Textdichter, dem er sich nach Cammaranos Tod zugewandt hatte, die Einzelheiten des Opernplanes besprochen. Das Textbuch wurde im Frühjahr und Sommer 1852 ausgearbeitet, die Komposition nach der Beendigung der »Trovatore«-Partitur im August begonnen und bis zum Jahresende in ihren wesentlichen Teilen abgeschlossen. Denn am 1. Januar 1853 schreibt Verdi in einem Brief an den neapolitanischen Impresario Cesare de Sanctis: »In Venedig will ich die ›Dame aux camélias‹ aufführen, sie wird vielleicht ›La Traviata‹ heißen. Es ist ein Stoff aus meiner Zeit. Ein anderer hätte das vielleicht nicht komponiert wegen der Kostüme, wegen der Epoche, wegen tausend anderer dummer Hindernisse. Ich habe es mit besonderem Wohlgefallen getan.« Diese Aussage erlaubt keinen anderen Schluß, als daß die Klavierfassung des Werkes schon zu Papier gebracht war. Alle weiteren Hinweise auf arbeitsreiche Wochen nach der »Trovatore«-Premiere können sich wohl nur mehr auf die Instrumentation beziehen, denn die Stimmen mußten unterdessen an die Sänger und Choristen zum Studium verteilt werden. In einem Brief vom 16. Februar kündigt der Komponist seine Ankunft in Venedig für den 21. an und ersucht Piave, ihm ein Klavier und ein Stehpult in sein Hotelappartement stellen zu lassen, um dort an der Partitur arbeiten zu können.

Die Umstände, die den einhelligen Mißerfolg der Uraufführung im Teatro La Fenice bewirkt haben mochten, lassen sich heute nicht mehr so recht eruieren. Es mag an der halbherzigen Inszenierung in Barockkostümen ebenso gelegen haben wie an der mangelnden Eignung der Sänger, vor allem der offenbar allzu gesunden Interpretin der Hauptrolle. Erst ein Jahr danach und nach einer erfolgreichen Premiere in Neapel wurde das Werk in Venedig glanzvoll rehabilitiert. Seit dieser Zeit ist es von den Spielplänen großer und kleinerer Bühnen nicht mehr wegzudenken.

Doch wie bekannt auch immer dieses Stück geworden sein mag, die Mißverständnisse sind dadurch nicht geringer geworden. Die Dummheit des Bescheidwissens hindert manchen Opernkenner am Lesen der Partitur. So wird zum Beispiel das dreiaktige Werk meist in vier Bildern mit einer Pause nach dem zweiten Bild gegeben. Hierbei wird außer acht gelassen, daß Verdi die Pausen nach dem 1. und dem 3. Bild (genauer nach dem 1. und dem 2. Akt) sehr effektvoll in der Dramaturgie und in der Komposition festgelegt hat. Zwischen dem 1. und dem 2. Akt vergehen drei Monate (»volaron già tre lune«), zwischen dem 2. und dem 3. Akt vergehen ebenfalls einige Monate, in welchen Alfredo nach dem glimpflich verlaufenen Duell mit dem Baron ins Ausland geflohen ist. Die beiden Bilder des 2. Aktes jedoch sind nur durch wenige Stunden voneinander getrennt und gehören auch in der Handlungsstringenz eng zusammen. In diesem Akt wächst die Spannung von der scheinbar friedlichen Idylle bis zum blindwütigen Exzeß der Eifersucht. Das große Concertato aller Solisten mit dem Chor wird traditionellerweise vor der letzten Pause als musikalischer Höhepunkt erreicht. Danach beginnt die gewaltsam zerrissene Handlung wieder mit dem lyrischen Vorspiel des letzten Aktes. In unserer ungeduldigen Zeit genügt jedoch die Ersparnis einer Pause als Argument für die Zerstörung der organischen Form eines Meisterwerkes.

Eine andere falsche Überlieferung will, daß der 2. Akt sich im Winter ereignet, aus keinem anderen einsichtigen Grund als dem, daß in Floras Salon maskierte Tänzer auftreten, denen man offenbar nur im Karneval begegnen will. Hierdurch wird die ganze im Text sehr genau festgelegte Zeiteinteilung des Stückes verrückt. Folgt man den Zeitangaben von Piaves Libretto, so kann der erste Akt nur im Sommer 1846, der zweite nur im Herbst des gleichen Jahres und der dritte endlich nur im Karneval des folgenden Jahres stattfinden. Vielleicht genügt hier anzumerken, daß die erste Szene des 2. Aktes zwischen blühenden Blumen sich ereignet, mit Blick auf den Garten (»Sarò là, tra quei fior«), und daß im 3. Akt ein Karnevalszug auf der Straße vor Violettas Fenster vorüberzieht. Da jedoch die falschen Zeitangaben sich bis in die deutschsprachigen Klavierauszüge hinein festgesetzt haben, wird es wohl noch einige Jahre dauern, bis sich die bessere Einsicht durchsetzt. Hat man sich durchs Gestrüpp der Traditionen eine Lichtung geschlagen, so findet man sich einem Werk gegenüber, dessen Partitur, ohne jemals die Grenze der zeitgemäßen Musiksprache zu überschreiten, eine schier unüberschaubare Fülle von melodischem und psychologischem Reichtum bietet. Das Werk schwingt von einer Stimmung ausgelassenster Lebensfreude in eine melancholische Resignation, es lebt vom Kontrast der lärmenden Tänze im

Festesglanz zur Stille trostverlassener Einsamkeit, vom Rausch der Sinne zum Liebesglück, vom Liebesglück zur Todesahnung. Diese Gegensätze durchdringen einander vom ersten plötzlichen Schwindelanfall an der fröhlichen Tafel bis zum Bacchanal vor dem Sterbezimmer. Im Walzerrhythmus pulsiert das kurze, hektische Leben dieser rätselhaften Kurtisane vom Allegro brillante der ersten Ballmusik bis zum Andantino im pianissimo der letzten Ekstase. Die tänzerische Schwerelosigkeit bewahrt die sensible Partitur vor dem Absinken in die feuchten Niederungen der Larmoyanz.

Die Liebesgeschichte der Violetta Valéry und des Alfred Germont wird von den Streichern erzählt. Als er zum ersten Mal in ihren Salon tritt, verstummt die laute Ballmusik, und die Streicher begleiten mit bedeutsamer Diskretion das allzuleicht hingeworfene Geplauder der ersten Worte. Was im small talk so leichthin scherzend klingt, das meinen sie ernst. Und noch zweimal wechselt der Blasmusiklärm zum zärtlichen Geigenton, wenn von Alfredos schüchterner Liebe die Rede ist. Das rührt an Violettas Herz ohne den Umweg wortreicher Beschwörung. Sie hat im Trubel der Wollust nicht verlernt, die echten Töne des Gefühls zu erkennen. Das Allegretto des Brindisi im 3/8-Takt klingt im Munde Alfredos wie eine Huldigung an die Liebe, Violetta deutet sie um in eine Beschwörung der Lust (»La vita è nel tripudio«). Aus dem Nebensaal tönt Tanzmusik herüber: Es-Dur im 3/4-Takt, dem folgt nach dem Abgang der Gäste ein Andantino in F-Dur. Die beiden sind allein, und ihr Zwiegespräch wird durch die fernen Klänge der Tanzmusik in leichter Schwebe gehalten. Erst als die Türe zum Tanzsaal nach Gastons störendem Auftritt geschlossen wird, greift das Orchester ein, trägt die beiden davon und zusammen. Nun folgt der tumultuöse Abschied der Ballgesellschaft und diesem, nach einem kurzen Rezitativ, die grandiose Arie der alleingebliebenen Violetta: wieder im Dreiertakt ein Andantino in As-Dur »Ah fors' è lui …«, betroffen, besinnlich und danach das Allegro brillante des »Sempre libera …«, einer vergeblichen Flucht vor den unausweichlichen Leiden der Liebe. Lockend, drohend tönt Alfredos Stimme von der fernen Straße durch die geöffneten Fenster herein.

Im zweiten Akt begegnet uns am Ende der Arie des Tenors eine freie Kadenz der Stimme ohne Taktstriche und ohne Orchesterbegleitung, wobei der Text »io vivo quasi in ciel« in drei verschiedenen Betonungen zur Geltung gebracht wird. Dasselbe sonst recht ungewöhnliche Gestaltungsmittel findet sich auch in der Kadenz der Baritonarie am Ende der Szene. Dazwischen liegt das große Duett Violettas mit Alfredos Vater und das Duettino vom Abschied der Liebenden. Diese beiden Nummern bilden den Schwerpunkt des Aktes und den eigentlichen Mittelpunkt des Stückes. Insbesondere das Duett kann als eines der großen musikdramatischen Meisterwerke der Komposition gelten. Auch wenn die engstirnige Argumentation des aus der Provinz angereisten Vaters Germont heute noch weniger als um die Mitte des 19. Jahrhunderts zu überzeugen vermag, so wird doch damit das Netz des bürgerlichen Vorurteils über die arme Seele der Violetta geworfen. Allzu bedenkenlos wird hier mit dem Lebensglück des eigenen Sohnes und der von ihm geliebten Frau verfahren, um der Heirat eines Paares willen, dem offenbar die guten Sitten anderer wichtiger erschienen als die eigenen Liebeshoffnungen. Violetta, verwirrt und gebannt durch die Heuchelei der Rechtschaffenheit, zerstört ihr Glück und damit ihr Leben, um der Moralvorstellungen einer bürgerlichen Familie willen, in welche sie sich vergeblich zu integrieren suchte (»Qual figlia m'abbracciate, forte così sarò.«). Hier vermag Verdi nicht immer so ganz zwischen echten und falschen Gefühlen zu unterscheiden, was wohl ein uraltes Problem dramatischer Musik überhaupt ist. Die Szene beginnt mit einem etwas steifen, förmlichen accompagnato-Rezitativ. Nachdem die ersten Informationen ausgetauscht sind, erzählt Giorgio Germont der Ahnungslosen von der bedrohten Verlobung seiner Tochter in einem Allegro moderato dolcissimo cantabile: »Pura siccome un angelo«. Die Scheinheiligkeit dieses Arguments wird von Piave in blümeranten Versen sehr unglaubwürdig zum Ausdruck gebracht. Verdi gestaltet daraus so etwas wie ein zweistrophiges Arioso, das von einem lebhaften, gefühlsechten Widerspruch Violettas abgelöst wird. Das folgende vivacissimo im 6/8-Takt ist die von heftiger Leidenschaft vorgetragene Antwort Violettas auf das herzlose Ansinnen, ebenfalls ein zweistrophiges Arioso, das in einem Verzweiflungsausruf in C-Dur endet: »preferirò morir!« Nun schließt sich als ein Versuch der Besänftigung wiederum ein accompagnato an, dem eine neue Beschwörung Germonts auf dem Fuße folgt: »Un dì quando le veneri …« Violetta beginnt allmählich ohne innere Überzeugung zuzustimmen und bricht endlich in eine herzberührende Wehklage aus, con estremo dolore: »Così alla misera, ch' è un dì caduta …« Der Vater Germont fühlt die Bereitschaft des Opfers und stimmt nun dringender bittend in den Gesang ein, wodurch erstmals die beiden Stimmen sich zu einem Duett vereinigen. Weinend gibt sich die Unglückliche in seine Hände, die ihr keinen Halt bieten werden. Vergeblich hofft sie als Opferwillige Anerkennung in der Familie ihres Geliebten zu finden: »Dite alla giovine sì bella e pura …« Ganz ohne einen Anflug von Ironie ist das gesungen und doch auch ganz ohne Hoffnung. Synkopisch tropfen die scheinbar mitleidvollen, aber die Annahme des Opfers nie in Frage stellenden Trostesworte Germonts in die zweite Strophe dieses Klageliedes hinein: »Piangi, piangi, piangi, o misera …« Und wieder folgt ein accompagnato, in welchem die Vorgangsweise zur Täuschung Alfredos besprochen wird. Der dritte Teil der Szene spricht danach in Text und Musik unmißverständlich aus, was die Folge des geforderten Verzichts auf Liebe sein muß: »Morrò, la mia memoria non fia ch'ei maledica …« Der Vater bedankt sich und akzeptiert ohne weiteres Zögern. Die Stimme der beiden so gegensätzlichen Wesen vereinigen sich in einer problematischen B-Dur-Harmonie, die nun rasch dem Ende zutreibt. Mit den im staccato hüpfenden Achteln knüpft sich der Sieger schon hörbar den Mantel und zieht sich die Glacéhandschuhe über, wenn er sie überhaupt je abgelegt hat. Doch ehe eine falsche Übereinstimmung erreicht wird, unterbricht Violetta und drängt den Aufdringlichen unter einem falschen Vorwand von sich: »Qui giunge alcun, partite.« Eine fein empfundene psychologische Nuance. Den Abschluß bildet ein quälendes accompagnato. Von Germont sind nur mehr freundliche Segenswünsche zu erwarten. So trennt man sich, zu Tod verwundet die eine, erfolgreich zufrieden der andere mit einem allen Tatsachen widersprechenden »Felice siate … Addio.« Applaus ist selten an dieser Stelle. Man hat eine Viertelstunde herrlichster Musik und verlogenster Argumentationen hinter sich. Zu sehr ist man verstört durch dieses Attentat spießbürgerlicher Moral auf eine durch ihre Liebe verwundbare Frau, die durch ihre Selbstpreisgabe sich unterwirft unter das scheinbare Wohlergehen einer wohlgesitteten, selbstgerechten fremden Familie. Wer würde Lust verspüren, an der ländlichen Hochzeit von Alfredos Schwester teilzunehmen? Man ist dankbar, daß dieser weißgekleidete Engel aus dem Familienalbum nicht weiter genannt wird, und wendet sich dem leidenden Menschen Violetta zu. Sie ist die menschlichste Frauengestalt, die Verdi jemals geschaffen hat. Dies erweist sich nun auch in dem raschen verzweifelten Abschied von ihrem ahnungslosen Geliebten: »Amami, Alfredo, amami quanto io t'amo …« ist das schmerzlich sich aufbäumende und immer wieder niedersinkende Liebesmotiv, das schon in der Ouvertüre zitiert wurde. Verstört bleibt Alfredo zurück. Eine allzu populäre Baritonarie singt vom Meer und Sonnenschein der Provence, vom Schoß der Familie und von Gottes leitender Hand. Man mag gegenüber dieser durch Leierkastenmännern und Barpianisten banalisierten Melodie seine Vorbehalte haben, Verdi nannte sie, nachdem sie bei der Uraufführung in Venedig auf wenig Gegenliebe gestoßen war, sein »bestes cantabile« für diese Stimmgattung.

Von einer seltsamen Konventionalität sind die wenigen Szenen, in denen die Protagonistin nicht auf der Bühne ist. Piave war nicht der Dichter, um über die Vorlage hinaus eigene Figuren zu schaffen, und Verdis nie zu erschöpfender Melodienreichtum vermag am Ende des 1. Bildes des zweiten Aktes ebensowenig den fehlenden dramatischen Gehalt zu überdecken wie in der ersten Hälfte des Festes in Floras Salon. Die Herztöne erklingen erst wieder bei Violettas Auftritt am Arm des Barons, als sie Alfred am Spieltisch erblickt: »Ah, perchè venni incauta…« Die Maskerade der Zigeunerinnen und Stierkämpfer davor muß man wohl oder übel als Konzession an Verdis Vorliebe für spanisches Kolorit und das Verlangen des Publikums nach Balletteinlagen hinnehmen. Diese Tänze haben mit der Handlung nichts zu schaffen, bilden jedoch einen farblich und musikalisch reizvollen Kontrast. Im Gegensatz zu den Tanzszenen in späteren Stücken wie etwa »Don Carlo« oder »Otello« werden sie darum kaum je gestrichen, um dem handlungsarmen Werk in seinem Mittelpunkt doch einen szenisch stark bewegten Effekt zu bewahren. Mit der Spielszene ist der Dramatiker Verdi wieder ganz in seinem Element. Knapp und präzis sind da auch Piaves Texte, die Spannung über die ständig wiederholten rhythmischen Streicherfiguren wächst von Takt zu Takt, mit unterdrückter Wut wird die Duellforderung hervorgestoßen. Der Saal leert sich, und immer noch pocht der nun gebändigte Rhythmus im Orchester. Nun folgt der kurze aber leidenschaftliche Höhepunkt der Handlung in der Auseinandersetzung Alfredos und Violettas. Der Jähzorn des sich betrogen Fühlenden erzwingt den öffentlichen Eklat: »Questa donna connoscete …«, in welchem die liebende Kurtisane zurückgestoßen wird in ihre verächtliche Vergangenheit. Alfredo wirft ihr das im Spiel gewonnene Geld ins Gesicht. Doch seltsam: die Gesellschaft wendet sich in Empörung gegen ihn und stellt sich schützend vor die vom Wege Abgeirrte. Hier steht nun nach alter Tradition das große Finale, ein Largo in weitausgesponnenem Es-Dur. Der tadelnde Zorn des Vaters, das reumütige Gestammel des Sohnes, die leise drohende Racheforderung des Barons und die versöhnliche, aber schmerzbeseelte Stimme Violettas sind von dem großen Meister der Ensemblekunst einem fünfstimmigen Chor, in den sich die übrigen Solistenstimmen einfügen, gegenübergestellt. Aus dem geraden 4/4-Takt heben sich bald mehr und mehr die Triolen eines 12/8-Metrums hervor und beginnen zu tanzen in groteskem Gegensatz zur Tragik der Situation. Der Walzer des Kurtisanenlebens folgt Violetta bis in den Untergang.

»Der dritte Akt ist der beste von allen«, meinte Verdi, und er hat sich auch hier nicht geirrt. Alle äußeren Effekte und alle dramaturgischen Zwänge sind abgefallen. Die Musik ist ganz bei ihrem eigentlichen Gegenstande, dem wehrlosen Leiden und den noch einmal kurz und vergeblich erblühenden Hoffnungen der Sterbenden. Dies ist gewiß einer der vollkommensten Opernakte in der Geschichte des Musiktheaters. Schon das Andante-Vorspiel der Streicher schildert die körperliche und seelische Erschöpfung Violettas mit un-

endlicher Behutsamkeit. Das Rezitativ zwischen ihr, der besorgten Annina und dem Visite machenden Arzt ist ein Meisterstück der äußersten Sparsamkeit der Mittel. Man ahnt schon nach wenigen Takten, daß man sich im Zimmer einer Todgeweihten befindet, ehe noch der Doktor der heimlich fragenden Zofe die letzte Hoffnung nehmen muß. Nach dem Abgang der beiden kramt Violetta Germonts zerlesenen Brief aus dem Dekolleté und spricht in einem kurzen Melodram über dem Gesang der Soloviline die längst schon auswendig gelernten Worte. Es ist zu spät für alle Hoffnung. Die Abschiedsarie an ihr Leben in a-Moll singt Violetta vor ihrem Spiegel. Sie ist in ihrer melancholischen Schlichtheit ein erschütterndes Gegenstück zum koloraturenfunkelnden Lebenstaumel des »Sempra libera…« am Ende des ersten Aktes. Durch das halbgeöffnete Fenster dringt von ferne der Lärm eines vorüberziehenden Karnevalszuges herein. Danach beginnt mit dem stürmischen Auftritt Alfredos eine musikalische Form, die über den ersten überschwenglichen Freudenausbruch, ein idyllisches Liebesduett, den folgenden Schwächeanfall bis zu einem erschütternden Gebet führt: »Gran Dio, morir si giovine …«, und nach Alfredos vergeblichen Trostesworten in einem verzweifelten Zwiegesang ausklingt. Eine Liebesszene, in der alle lang zurückgestauten Gefühle in wechselndem Andrang sich aussingen. Mit dem eiligen Auftritt des reumütigen Giorgio Germont und des Arztes schließt unmittelbar daran das Finale. Dessen unerbittliche Stringenz wird nur mehr durch das düster gestammelte Vermächtnis der Sterbenden in schmerzlich-düsterem des-Moll verzögert: »Prendi, … quest' è l'imagine …« Mit dem Rhythmus eines Posaunenchors wird die Schicksalsstunde angekündigt. Violettas Abschiedsworte an den Geliebten leiten über in das Schlußquintett. Ein unerwartetes Aufflackern der Lebensgeister verklärt Violettas letzte Augenblicke. Mit einem Freudenruf auf den Lippen sinkt sie zu Boden: »O gioja!« Diese Todesverzückung ist eine andere Freude als das »gioire« der Lebenslust, mit dem sie die Bühne betrat. Sie ist wie der vorausleuchtende Glanz einer nahen Erlösung.
Verdi, der in seinem Park in Sant'Agata nach den Uraufführungen seiner Werke jeweils einen Baum zu setzen pflegte, hat für seine »Traviata« eine Trauerweide gepflanzt.

Riccardo, Gouverneur in Boston, oder Gustavo, König in Stockholm?

Wohin lädt uns der Page Oscar zum »Maskenball«? Nach Boston oder nach Stockholm? Man findet in Klavierauszügen und auf Schallplattenhüllen nur die eine Antwort: in einen imaginären Palast eines niedagewesenen Gouverneurs einer englischen Kolonie an der nordamerikanischen Küste, zu französischem Zeremoniell und italienischer Musik. Dorthin hat uns nicht der alle Grenzen überwindende Flügel der Poesie getragen, sondern eine Verordnung der neapolitanischen Zensur. Und Verdi, der sonst nicht leicht mit sich Kirschen essen ließ, hat zähneknirschend geschehen lassen, was nicht zu verhindern war.

In jüngstvergangenen Jahren haben Dramaturgen und Regisseure zuwege gebracht, wozu Verdi, nachdem er einmal dem Zwang sich hatte beugen müssen, keine Lust mehr verspürt hatte. Sie haben das Ballhaus durch die Lüfte entführt und es über Nacht inmitten der königlichen Residenz zu Boden gesetzt, dort, wo es hingehört, in Stockholm. Denn die ursprüngliche Fassung des Textbuchs von Eugène Scribe und seine Bearbeitung und Übersetzung vom Französischen ins Italienische nennen uns als Schauplatz der Handlung den schwedischen Königshof und geben den Darstellern historische schwedische Namen. Der Mord an König Gustav III. von Schweden war das Thema des Werkes, der aber geschah im Stockholmer Opernhaus im Jahre 1792. Die zeitliche Nachbarschaft der französischen Revolution zu dieser Bluttat im allgemeinen und ein während der Vorbereitung zur Uraufführung von Verdis Oper versuchtes Attentat auf den französischen Kaiser Napoleon III. durch einen Grafen Orsini im besonderen ließen jedoch die Bedenken der Zensurbehörde in Neapel erwachen. Die Eingriffe, die aus diesem Grunde von offizieller Stelle gefordert wurden, gingen so weit, daß der Textdichter Antonio Somma seine Zustimmung verweigerte und seinen Namen auf dem Plakat der Aufführung nicht genannt wissen wollte. Schließlich zog auch der Kummer gewohnte Verdi seine Partitur zurück und brach die Proben am Opernhaus von Neapel ab. In einem Brief an den Textdichter nennt er die Gründe: »›Die Rache im Domino‹ (so lautete der ursprüngliche Titel des ›Maskenball‹) enthält 884 Verszeilen; von diesen wurden 297 in ›Adelia‹ (dies war der Titel, den die zensurierte Fassung erhalten sollte) geändert, viele hinzugefügt, andere gestrichen. Was bleibt schließlich von meinem eigenen Werk in der Version, die der Zensor vorbereitet hat? Der Titel? Nein. Der Dichter? Nein. Die Zeit der Handlung? Nein. Der Ort der Handlung? Nein. Die Charaktere? Nein. Die Situation? Nein. Die Ziehung der Lose? Nein. Die Ballszene? Nein…«

Daß Verdi im folgenden Jahr 1859 der Uraufführung der zensurierten und vermutlich noch einmal modifizierten Fassung an der römischen Oper endlich doch seine Zustimmung erteilte, entsprang wohl weniger seinem Einverständnis in die Verstümmelungen und Sinnverkehrungen als vielmehr seinem verständlichen Wunsch, die Musik, die ihn auf dem Höhepunkt seiner melodischen Erfindungskraft zeigt, für die Bühne zu retten. In jedem Fall waren es auch in Rom wiederum politische und nicht künstlerische Beweggründe, welche die Eingriffe erzwangen. Es besteht nun aber, in demokratischer Zeit, wenig Anlaß, den Willen der Zensoren neapolitanischer und römischer Behörden höher zu schätzen als den der Autoren. Wahre Tradition sollte sich nicht blind nach dem ausrichten, was jahrzehntelang ungefragt wiederholt wurde, sondern sollte erforschen, durch welche Absicht die Form zustande kam, sie sollte die Baupläne studieren und nicht allein Maß nehmen an einem längst verwitterten Gebäude. Daher wäre es nun, nach weit über hundert Jahren, endlich an der Zeit, daß nicht nur einzelne Bühnen, sondern auch Verleger und Schallplattenproduzenten sich um die Wiederherstellung der schwedischen Originalfassung bemühen. Daß es sich dabei nicht allein um den formellen Akt einer pedantischen Werktreue handelt, das sollen die nachfolgenden Gegenüberstellungen ersichtlich machen.

Die Darstellung des, historischen Tatsachen entsprechenden, Königsmords am Hofe eines europäischen Nachbarlandes betrifft uns auch heute noch viel unmittelbarer als die fiktive Ermordung eines Gouverneurs in einem damals noch exotischen überseeischen Land, von dessen politischen Problemen und festlichen Vergnügungen uns wenig vorstellbar ist. Immerhin wissen wir, daß es in der puritanischen Gründung Boston niemals einen aristokratischen englischen Gouverneur gegeben hat. Der gesellschaftliche Rahmen am schwedischen Königshof ist für uns klar umrissen, die amerikanische Szenerie, in der Weiße, Neger, Kreolen und Indianer bunt durcheinandergewürfelt werden, scheint dagegen mehr exotischen Ausstattungswert als echtes dramatisches Milieu zu bieten. Der Mörder im einen Fall ist Graf Ankarström, als Ratgeber und Freund des Königs eine historische Figur. Er tötet aus Enttäuschung über eine verratene Freundschaft und aus Verzweiflung über eine durch doppelten Treubruch zerstörte Ehe. Wie er im anderen Fall aber als kreolischer Sekretär oder hispanischer Offizier Renato der nächste Freund eines englischen Grafen sein sollte, ist nicht ebenso leicht zu vermitteln. Auch lassen sich übersteigerte aristokratische Ehrbegriffe als Motiv der Tat nicht so einfach nach Amerika übertragen. Das vom Versailler Vorbild inspirierte Zeremoniell eines aufgeklärten Königshofes mit der folkloristischen Buntheit eines neuenglischen Maskenfestes zu vertauschen heißt, die überregionale Sprache der Musik allzu unbedenklich zu strapazieren. Ein vollends unglückseliger Einfall war es, die handlesende, weissagende, gift- und liebestrankmischende Zukunftsdeuterin Arvedson in die alte Negerin Ulrica zu verwandeln. Zigeunerinnen gab es nicht in der Neuen Welt, und ein indianischer Medizinmann hätte die Altpartie in Verdis Partitur nicht zu singen vermocht. Der Zensor war hier überfordert. Um zum Ende zu kommen, sei nur noch darauf verwiesen, daß auch die Verlegung der Handlungszeit aus der intellektuellen, aufgeklärten Epoche von 1792 zurück ans Ende des 17. Jahrhunderts lange vor der amerikanischen Unabhängigkeitserklärung und der Deklaration der Menschenrechte nur der Absicht diente, das höfische Eifersuchtsdrama in das trübe Dunkel einer Epoche des Aberglaubens und der Hexenjagd zu drängen.

All diese Änderungen erweisen sich als Vernebelungen des sozialen, politischen, ethnischen und geographischen Hintergrunds aus unkünstlerischen Motiven. Was aber, um Himmels willen, hat denn schließlich das Interesse des Dramatikers Verdi an diesem Stoff geweckt? Ist Musik wirklich so überzeitlich und überregional abstrakt? Braucht sie sich auch auf dem Theater um keine der menschlichen Bedingungen und Bedrängnisse zu kümmern? Ist gerade Giuseppe Verdi, der revolutionäre, national- und sozialbewußte Mann seines Volkes und seiner Zeit, der Komponist für solche ästhetischen Transplantationen? Wovon soll dramatische Musik sich nähren, wenn nicht von der Genauigkeit des beobachteten und mitempfundenen Lebens? Auf derlei Skrupel hört man gelegentlich die ironische Entgegnung, in Verdis Opern spiele der Schauplatz der Handlung keine Rolle, denn die singenden Personen seien ohnehin alle Italiener. Wer aber Ohren hat zu hören, der vernimmt gerade aus der Partitur des »Maskenball« die Grazie und den Esprit des 18. Jahrhunderts und die sorglose Heiterkeit des dem Untergang entgegentanzenden Ancien régime, das sich nicht stören lassen will in seinen frivolen Festen. Es ist nicht wenig französischer Geist in diesen Noten. Und der König von Schweden blickte tatsächlich in jener Epoche oft mehr nach Versailles als auf seine Stadt Stockholm. Nicht zuletzt findet er darum ein blutiges Ende, obwohl er von Verdi als einer der liebenswürdigsten, strahlendsten Helden mit Melodien geradezu überschüttet wurde. Sein Lachen bleibt einem auch über seinen Tod hinaus im Ohr. Giuseppe Verdi wäre auf dem Gipfel seiner Kunst durchaus in der Lage gewesen, einer anderen historischen und gesellschaftlichen Situation und einem anderen Kolorit zu entsprechen, doch gewiß mit anderen Mitteln. Daß er dies nach der Zensurierung nicht getan hat, beweist, daß er an der originalen Konzeption festhielt, auch wenn es zu seinen Lebzeiten nicht möglich war, den Einspruch der monarchischen Behörden zu überwinden.

Gefühls- und Sinngehalte eines Kunstwerkes lassen sich jedoch nicht ohne Schaden ablösen von der ihnen durch die Autoren zugewiesenen Form. Aus diesem Grund sollte der Page Oscar die schöne Amelia, ihren Gatten Anekarström, die beiden Verschwörer Graf Horn und Graf Ribbing und uns alle mit ihnen an den Hof des Königs Gustav von Schweden bitten, der Freiheit der Kunst und Giuseppe Verdi zuliebe.

Schillers »Don Karlos« und Verdis »Don Carlo«

Giuseppe Verdis Verhältnis zur Literatur war ein zwiespältig problematisches. Einerseits war er sich als Leser und Schauspielbesucher durchaus über Wert und Rang großer Dichtung im klaren, verehrte Shakespeare, bewunderte Schiller und liebte Manzoni, und er vertonte Bühnenwerke seiner Zeitgenossen Victor Hugo, Eugène Scribe und Alexandre Dumas fils; andererseits gelang es ihm erst am Ende seines Lebens, mit Arrigo Boito einen Autor zu finden, dessen dichterische und dramaturgische Fähigkeiten seinen musikalischen angemessen waren. Er begnügte sich mit sekundären Literaten wie Somma, Cammarano und Piave, um die von ihm gewählten Sujets nach seinen Wünschen einzurichten, und vergatterte sie in oft recht diktatorischer Weise zur »parola scenica« und zur Beachtung traditioneller musikalischer Formen, was unvermeidlich zu einer Vereinheitlichung unterschiedlichster Vorwürfe und zu klischeehaften literarischen Wiederholungen führen mußte. So konnten auch seine ersten Konfrontationen mit Schillers Dramen durch die unzureichende Vermittlung und durch Anpassung an die konventionelle italienische Librettosprache nur in selbstauferlegten Grenzen seine Hoffnungen erfüllen.

Von Verdis Schiller-Vertonungen ist, nach »Giovanna d'Arco« von 1845, »I Masnadieri« von 1847 und »Luisa Miller« von 1849, allein der nach langen Jahren des Neubedenkens 1867 vollendete »Don Carlo« (im französischen Original »Don Carlos« geschrieben) dem Schaupiel gerecht geworden und hat es in mancher Hinsicht sogar noch an Wirkung übertroffen. Rechnet man die Kapuzinerpredigt aus »Wallensteins Lager«, die Verdi in das Rataplan-Bild seiner »Forza del destino« einfügte, hinzu, so hat ihn Schiller mehr als jeder andere Dichter zur Komposition von Opern angeregt. Ein spanisches Sujet mag von der Direktion der Opéra erwünscht worden sein, daß er Schillers »Don Karlos« wählte, war gewiß Verdis eigene Entscheidung. Mit der fünfaktigen Form entsprach er einer französischen Tradition, die von Lully bis in die Epoche Meyerbeers reichte. Durch die zentrale Haupt- und Staatsaktion des Autodafé-Bildes kam er den Erfordernissen der Grand Opéra entgegen.

Friedrich Schiller war 23 Jahre alt, als er seinen »Don Karlos« zu schreiben begann, 28 Jahre, als er ihn zur Aufführung brachte. Verdi komponierte seinen »Don Carlo«, als er die Fünfzig schon überschritten hatte. Allein aus diesem Altersunterschied wird es schon verständlich, warum der Dichter dem Sohn, der Komponist dem Vater sich verwandt fühlen mußte. Gewiß ist auch bei Schiller der König Philipp eine zentrale Gestalt, aber seine lebhafte Sympathie gehört dem Jüngeren, der ein gut Teil seiner eigenen Lebenserfahrungen mit dem strengen Vater und dem jähzornigen Herzog von Württemberg zum Ausdruck bringt. Während es aber Schiller gelungen war, seines Vaters Schicksal »von dem seinigen zu trennen«, wie er in einem Brief nach der Uraufführung an die Schwester schreibt, ließ er seinen Karlos an der unlösbaren Bindung zugrunde gehen. Die Auseinandersetzung des Sohnes mit der übermächtigen Figur des Vaters ist in allen Schillerschen Jugenddramen der Kern der Handlung, von den »Räubern« über »Kabale und Liebe« bis zum »Don Karlos«. Verdi dagegen, der ebenfalls im Konflikt mit seinem leiblichen Vater herangewachsen war – »Carlo Verdi ist eine Sache und Giuseppe Verdi eine andere«, schreibt er noch, während er am »Don Carlo« komponierte –, hatte in seinem Ziehvater Barezzi eine Identifikationsperson gefunden, der er sein Leben lang in Liebe und Dankbarkeit verbunden blieb. Er, dessen beide Kinder in den ersten Lebensjahren verstorben waren, stellt immer wieder eine tragische Vaterfigur in den Mittelpunkt seiner Werke. Miller, Rigoletto, Germont, Simone, Philipp und Amonasro sind die bekanntesten, aber nicht die einzigen Beispiele. Auch wenn seine Väter meist von Liebe zu ihren Söhnen oder Töchtern geleitet werden, so nehmen sie doch am Ende durch ihr unbedenkliches Eingreifen in deren Leben stets einen fatalen Einfluß darauf.

Im »Don Carlo« stellt Verdi Philipp II. ins Zentrum. Dem einsamen König, dem glücklosen Vater, dem ungeliebten Gatten, dem den Verstrickungen der eigenen weltlichen Macht und den Forderungen der unerbittlichen Kirche ausgelieferten Herrscher gilt sein Interesse. Dem mächtigsten Mann seines Zeitalters und dem ohnmächtigen, mißtrauischen und eben darum von allen verratenen Menschen. Wenn er bei Schiller noch einbekennt: »Nie konnt ich ihr Liebe geben«, so klagt er bei Verdi: »Sie hat mich nie geliebt.« Der unglückselige Infant, der, vaterlos und um seine Jugendliebe betrogen, Halt in einer fiebrig besitzergreifenden Freundschaft sucht, findet sich durch Posas ganz der Verwirklichung seiner im Grunde republikanischen Ideale dienende Intrige von allen Hoffnungen auf persönliches Glück verlassen. Er scheitert in allen Verhältnissen. Er ist zum Heldentum – und wohl auch zur Regentschaft – nicht geschaffen. Im Tode erst findet er in der schon fast entmaterialisierten Gestalt des Kaisers jenen Vater, nach dem er im Leben suchte. Ihm vertraut er sich an als einem Boten einer himmlischen Heimat. Schiller hat wohl das Werk nach ihm benannt, aber bei immer weiter fortschreitender Arbeit sein aus dem Familiären ins Allgemeine sich erhebendes Interesse dem Marquis Posa zugewandt, den weder Vater noch Vaterland, weder Liebe noch endlich auch Freundschaft zu binden vermochten. Dem zwischen den Zwängen der Pflicht und den Glückshoffnungen seiner Gefühle umherirrenden Infanten hat er den weltmännischen, unabhängigen, stolzen Malteser gegenübergestellt. Dem einen legte er seine eigenen Nöte, dem anderen seine Ideale ins Herz und auf die Lippen. Doch während der jugendliche Dichter diesen eigentlichen Helden seines Dramas in zwölf erläuternden Briefen zu rechtfertigen suchte, durchblickte der bühnen- und menschenerfahrene Komponist dessen Schwächen und rückte ihn behutsam, aber entschieden wieder an den Rand der Handlung. »Er ist ein Anachronismus«, schreibt Verdi, »denn er verkündet die Idee der Menschlichkeit im modernsten Sinne – und das zu Zeiten Philipps II.; wäre dieser einer ähnlichen Persönlichkeit begegnet, er hätte sie zerbrochen, anstatt ihr den Rat zu geben, sich vor seinem Inquisitor zu hüten …« Und so werden denn auch in der Oper die zu edlen Zielen angezettelten Intrigen des Posa auf ein notwendiges Minimum reduziert. Verdi vertraut auf den aus der Konstellation der Charaktere notwendig folgenden Gang der Ereignisse, wo Schiller immer wieder sucht, durch übergenaue Begründung zu erklären, was ohnehin die Erwartung schon als unvermeidlich erkannte. Die Schwächen seiner Dramaturgie der fehlgeleiteten Briefe, die all seine Jugendwerke durchzieht, werden solcher Art in Mérys und Du Locles Opernfassung gemildert.

Die weibliche Hauptrolle der Elisabeth von Valois erfährt – wie könnte es anders sein bei einer Oper von Verdi – durch den Musiker eine Bereicherung, wie sie mit wortreichen Szenen allein nicht zu ermöglichen war. Die von ihren Eltern der Staatsräson ihres geliebten Heimatlandes geopferte Frau, zwischen Vater und Sohn gestellt und von beiden – wenn auch in unterschiedlicher Absicht – gedemütigt, von ihrer Hofdame Eboli mit Eifersucht belauert und verleumdet, selbst von dem ehrgeizigen Marquis Posa nur für politische Zwecke in ihren Gefühlen mißbraucht, muß über jeden ihrer Schritte Rechenschaft geben und ihre letzte Vertraute zurück in die Heimat senden. Und sie bewahrt in all ihrem Unglück weit mehr als nur ihre königliche Haltung und weibliche Würde. Sie bewahrt durch die wortlose Sprache der Musik menschliche Größe und liebevolle Empfindung wie keine andere Figur dieses Werkes. Bei Schiller wird die Königin den Hoffnungen des haltlosen Infanten vollends entrückt durch die Tatsache, daß sie von Philipp ein Kind geboren hat, Verdi hat, um die Gefühle der liebenden und entsagenden Frau ungemischt zu erfassen, deren Konflikt mit den mütterlichen Pflichten vermieden. Diesem Ziel diente wohl auch der vorangestellte Akt in Fontainebleau, in welchem sich die für einander Bestimmten unberührt von Schuld und Reue im Anfang nur als Liebende begegnen. Durch die Musik, die Verdi ihr in ihren beiden Arien und in den Duetten mit Carlos zugedacht hat, wird Elisabeth von Valois verklärt zu einer der berührendsten Frauengestalten der gesamten Opernliteratur. Hier ist Schillers Zeichnung lebensvoll mit leuchtender Farbe ergänzt und vertieft worden. Und wo der deutsche Dichter in der Charakterisierung liebender Frauen sich begrenzt fand durch seine ideellen Aspirationen, da hat Verdis reiches Gefühl sie vermenschlicht.

Die Oper wurde zu ihrer Entstehungszeit in Italien als antiklerikales Bühnenwerk verstanden und kritisiert. In der Tat hat Verdi die Figur des versteinerten Großinquisitors gegenüber der Schillerschen Vorlage noch verstärkt, indem er ihm in den letzten beiden Szenen jeweils einen kurzen, aber bedeutungsvollen Auftritt zuwies, wodurch dessen gewaltige Macht, am Ende aber auch deren Grenzen erkennbar werden. Die Gestalt des Kaisers Karl V. wird in die Oper neu eingeführt. Im Schauspiel ist von ihm oder besser von seinem im Escorial umgehenden Schatten nur die Rede, um dem Infanten die Gelegenheit zu geben, in solcher Verkleidung die Wachen vor Elisabeths Gemächern zu passieren. Indem Verdi dem König und dem Kardinal-Großinquisitor eine Figur gegenüberstellt, welche die irdischen Machtkämpfe hinter sich gelassen hat, vermehrt er die Zahl der großen Partien dieses gewaltigen Werkes.

Die Vielzahl der handelnden Personen und die Anforderungen, die an ihre Sänger und Darsteller gestellt werden, macht eine gelungene Aufführung des »Don Carlo« zu einem ganz außergewöhnlichen Ereignis. Wohl sind auch dem Chor mehrere dankbare Szenen zugeteilt, im Wald von Fontainebleau, im Kloster von San Yuste, in den königlichen Gärten, im Autodafé und im Gefängnis, aber der Erfolg des Werkes steht und fällt mit der Konfrontation der Protagonisten. Verdi schrieb 1865 über das ihm vorliegende Szenario Mérys: »Großartiges Drama. Zu wenig Inszenierungseffekte. Man muß eine oder zwei große Szenen finden, die einen unvorhersehbaren und grandiosen Eindruck in bezug auf das Schauspiel bieten, jedoch mit dem Drama verkettet sind.« Diese geforderten Szenen von äußerer Wirkung hat er mit dem Autodafé und dem Sturm des Volkes auf Carlos Gefängnis erhalten. Beide sind bei Schiller nur im Dialog erwähnt, aber nicht dargestellt. Und dennoch blieb der »Don Carlo« ein Seelendrama der einsamen großen Gestalten. Ein einziges Terzett und ein einziges – wenn auch in seiner dramaturgischen und musikalischen Differenzierung beispielhaftes – Quartett erweitern die aus dem Schauspiel übernommene dialogische Form. »Don Carlo« ist die Oper der großen Zwiegespräche. Die Freundschaftsbeteuerungen und Treueschwüre zwischen Carlo und Posa, die herzzerreißenden Begegnungen zwischen Carlo und Elisabeth, das Gespräch des Königs mit dem Marquis von Posa, sie alle werden in den Schatten gestellt durch eine der großartigsten, erschreckendsten Szenen des gesamten Musiktheaters, der Szene des Königs und des Großinquisitors. Wie hier auf dem dunklen Grund der Streicherbässe, von den grellen Attacken der Bläser unterbrochen, die beiden schwarzen Stimmen über das Geschick der unterworfenen Völker und über das Leben des Infanten und seines freigeistigen Freundes ratschlagen, wie der Herr der christlichen Welt vor der Drohung des unmenschlichen Gottesmannes zerbricht, das ist großes Welttheater. Hier wird offenbar, daß jeder, mag er so mächtig sein, daß die Sonne in seinem Reiche nicht untergeht, einer Gewalt über sich gehorchen muß. Der Text dieser Szene ist wohl aus dem Schillerschen Original wörtlich übersetzt, aber von den Librettisten wirkungsvoll gekürzt und in seiner Abfolge umgekehrt.

Joseph Méry und Camille Du Locle ist großes Geschick bei ihrer dramaturgischen Arbeit zu bestätigen. Was die italienische Übersetzung von de Lauzière und Zanardini anlangt, die sich gegenüber dem französischen Original durchgesetzt hat, so ist sie notgedrungen noch einen Schritt weiter von Schiller entfernt. Sie wirkt für den, der die lodernde Schillersche Sprache liebt, oft konventionell und stellenweise sogar ein wenig banal. Immerhin haben sich Stellen erhalten, in denen das schlanke Pathos des Dichters hervorleuchtet. Seine langgeschwungenen Phrasen, die nicht immer zerstückelt werden konnten, um sie mundgerecht für die Sänger zu machen, inspirierten den Komponisten oftmals zu weitausholenden melodischen Bögen, welche der »Don Carlo«-Musik neben der eigentümlich dunklen Färbung des Orchesters ihr unverwechselbares Gepräge geben.

Zur musikalischen Gestalt des »Don Carlo«

Unter der vielfältigen Fülle von Giuseppe Verdis Opern nimmt der »Don Carlo« einen ganz besonderen Rang ein. Zum einen ist er dem Umfang und der Ambition nach das größte Werk, das, um Verdi selbst zu zitieren, »so lang ist wie zwei, etwa wie ›Trovatore‹ und ›Traviata‹, zusammen«; zum anderen ist es die bedeutendste historische Oper des 19. Jahrhunderts und eine der wenigen grands opéras Pariser Prägung, die ihre Epoche überlebt haben; endlich erscheint uns dieses gewaltige Opus als ein überlebensgroßer Torso, mit dessen Fertigstellung der Komponist trotz dreier Textdichter, die das Schillersche Drama bearbeiteten und ergänzten, und zweier Übersetzer, die das französische Originaltextbuch ins Italienische übertrugen, bis in seine letzten Schaffensjahre nicht wirklich zu Rande gekommen ist. Er hat uns sieben Fassungen hinterlassen, aber keine endgültige und unwidersprechliche Entscheidung getroffen, welche von diesen nun die einzig gültige sei. Man kann heute sehr wohl mit gewichtigen Gründen sowohl die französische als auch die italienische, die vieraktige als auch die fünfaktige Version zur Grundlage einer Neuinszenierung machen.

Die letzte der sieben Fassungen, die fünfaktige Version ohne Ballett in italienischer Sprache, wurde im Dezember 1886 am Teatro Comunale in Modena nach einem von Verdi autorisierten und vom Verlag Ricordi gedruckten Klavierauszug erstmals aufgeführt. Von der über fünfstündigen Fassung der ersten Pariser Generalprobe von 1867, als Verdis erstem Manuskript, blieben hierin nur mehr die Hälfte der Noten erhalten. In den Jahren 1882 und 1883 war zusätzliche Musik von etwa anderthalb Stunden Dauer für die vorletzte, vieraktige, sogenannte Mailänder Version entstanden. Wenn die Wiederaufnahme des Fontainebleau-Aktes, der in Schillers Drama kein Vorbild hat und von Joseph Méry erfunden wurde, den Vorteil bringt, daß das Liebesmotiv von Carlo und Elisabeth, das später mehrmals zitiert wird, in seiner originalen, gesungenen Gestalt erscheint, und daß den düsteren Szenen der folgenden Akte eine Szene unbefangener jugendlicher Liebe des füreinander bestimmten Paares vorangestellt wird, so spricht für die vieraktige Fassung die formale Klammer der Klosterszenen in San Hieronimo de Yuste am Beginn und am Ende des Stückes, sowie die kompaktere Kürze und einheitlichere Form des Werks.

Auch wenn man heute – vor allem aus Gründen der stärkeren italienischen Operntradition und der damit verbundenen Sängerausbildung – fast durchwegs die italienische Übersetzung dem französischen Original vorzieht, so muß man doch einbekennen, daß es sich beim »Don Carlo« um die französische Oper eines italienischen Komponisten handelt.

Wohl haben die Übersetzer de Lauzière und Zanardini unter Verdis Aufsicht den übersetzten Text mit großer Sorgfalt der Musik angepaßt (nur wenige Verse wurden von Antonio Ghislanzoni für die 5., die neapolitanische Fassung neu verfaßt und vom Komponisten italienisch vertont), doch beim Vergleich muß man erkennen, daß die oft weitausgespannten gesanglichen Phrasen der französischen Sprachmelodie entsprungen sind. Manche Eigentümlichkeiten der Prosodie werden erst recht verständlich, wenn man die entsprechende Stelle im Original heranzieht.

Französische Tradition ist gewiß auch die Aufteilung der Handlung auf fünf Akte, wie es seit Lully und Rameau den klassischen Regeln des drame lyrique entspricht. Die Haupt- und Staatsaktion des Autodafé im Mittelakt findet sich nicht in Schillers Ideendrama, hier kommt die französische grand opéra des 19. Jahrhunderts zu ihrem Recht. Vorbilder zu solchen Massenbildern finden sich bei Spontini und Meyerbeer. Auch die Tänze in den königlichen Gärten zu Beginn des dritten Aktes fügen sich nicht so wohl in die Sitten des spanischen Hofes als in die Forderungen des Pariser Publikums. Sie wurden für Italiens Bühnen mit Verdis Einverständnis gestrichen.

Besonders auffällig zeigt der französische Einfluß sich jedoch in der Instrumentation der Partitur und in der Bedeutung, die der Deklamation des Textes zugemessen wird. Verdi selbst weist mehrfach in Briefen darauf hin, daß in diesem Werk mehr als in jedem anderen auf Textverständlichkeit geachtet werden muß. »Pronunziare ed andare a tempo. Qualità essenziali del D. Carlos più che in tutte le altre mie opere«, schreibt er 1883 an Giulio Ricordi. Die melodischen Phrasen sind oft von erstaunlicher Länge und Biegsamkeit, erwachsen aus den »Tiraden« der klassischen französischen Versdeklamation und den Schillerschen Wortarien. Man beachte hierzu etwa die Zwiegesänge Carlos und Posas oder die letzte große Arie Elisabeths. Reichhaltig und farbig ist die Instrumentation wie in keinem anderen Werk Giuseppe Verdis. Der Vorliebe der Franzosen für Holzblasinstrumente wird Rechnung getragen durch eine dreifache Besetzung der Flöten (mit Piccolo), der Oboen (mit Englischhorn) und der Klarinetten (mit Baßklarinette); zu den drei Fagotten kommt als viertes noch ein Kontrafagott hinzu. Aus vier Hörnern, zwei Cornetten, zwei Trompeten, drei Posaunen und einer Ophikleide – als Vorläuferin der Tuba – besteht die Blechbläsergruppe. Im Schlagwerk finden sich außer den traditionellen Pauken, Becken, Triangeln und Trommeln auch Röhrenglocken und ein Tamtam. Harmonium und Harfe ergänzen mit den großbesetzten Streichern das ungewöhnliche Instrumentarium. Die Bühnenmusik ist nicht minder reichhaltig. Fünfundzwanzig Spieler wirkten bei der Pariser Uraufführung mit. Sie spielten Terzinen, Klarinetten, Hörner, Flügelhörner, Genis, Bombardons und Posaunen. Diese Fülle der Instrumente dient keineswegs allein dem äußeren Glanz. Die Vielzahl der handelnden und leidenden Personen erfordert die unterschiedlichsten Mittel der Charakterisierung. Der französischen Königstochter Elisabeth von Valois werden immer wieder die für die Musik ihres Landes so typischen Oboen und das Englischhorn zugeordnet. Der düster grübelnde König dagegen wird durch Fagotte und die tiefen Streicher, vor allem das Solocello, gezeichnet. Flötentöne erinnern an die heiteren Jugendtage, Hörner erklingen im Wald von Fontainebleau, Posaunen künden von der Macht der Kirche, Trompeten vom Feuereifer der Inquisition. Die Stimme vom Himmel endlich wird von Harfenakkorden getragen.

Verdi verwendete in diesem Werk zum ersten Mal verschiedene leitmotivische Themen, die jedoch nicht so sehr den einzelnen Personen als vielmehr deren Gefühlen zugeordnet sind. Ein liedartiges Freundschaftsmotiv begleitet Carlo und Posa, ein Liebesmotiv Elisabeth und den Infanten. Die Szene des Großinquisitors wird durch eine langsam schreitende Figur der Bässe zusammengefaßt. Die Rhythmen der königlichen Wachen und Gefolgsleute ertönen bei unterschiedlichen Auftritten Philipps. Wiederholt werden auch ein kurzes Motiv der Klage und die Fanfaren des Gerichts. Man hat diese formenden Elemente mit einigem Recht als Erinnerungsmotive bezeichnet.

Der große Entwurf eines Dichters gab dem auf dem Höhepunkt seines Lebens und seiner Kunst stehenden Komponisten mannigfache Gelegenheit zur Entfaltung all seiner Mittel. Das Feuer der Idee, die erstickte Glut entsagender Liebe, die Eiseskälte der Grabgewölbe und die gräßlich leuchtende Pracht des feierlichen Massenmordes sind zu unvergeßlicher Musik geworden in dieser genialen Partitur. Und Verdi schuf durch sie vor dem düsteren Hintergrund machtpolitischer, dynastischer Zwänge Gestalten von unvergleichlicher Größe und Lebensfülle. Kein anderes seiner Werke versammelt eine solche Vielzahl großartiger Charaktere aller Schattierungen. Und dennoch bilden hier nicht wie sonst bei Verdi die Arien die musikalischen Höhepunkte – wenn auch die Sologesänge eines Philipp, einer Elisabeth, einer Eboli oder eines Posa zu den Meisterstücken ihrer Gattung gehören –, sondern die Zwiegespräche und Duette. In ihnen werden die Ängste, Qualen und Glückshoffnungen der im Grunde allesamt einsamen Menschen an Philipps Hofe ausgelotet bis auf den verborgensten Abgrund der Seele. Trost leuchtet nur herein aus dem Jenseits in diese Düsternis von Macht und Gewalt, von Tod und Lebensverzicht: aus den weltabgeschiedenen Gesängen der Mönche am Beginn und am Ende und – wie ein Juwel auf dem Scheitel der Krone – im Zentrum des Werkes aus der Stimme des Engels vom Himmel. Hier werden wie auf einem der dunkel glühenden Gemälde El Grecos die Wolken aufgerissen für einen kurzen, vergänglichen Blick in die blauen Fernen des Paradieses.

Das Werk mag ausufernd sein, unvollkommen, unbewältigt und auch nicht zu vollenden. Es ist dennoch eines der großen Meisterwerke seines Jahrhunderts.

Von der Befreiung durch das Gelächter – Verdis »Falstaff«

»Die größte Genugtuung meines Lebens als Künstler und Mensch war es, Verdi zu dienen«, schrieb Arrigo Boito, als er in späten Jahren durch Ämter und Titel hochgeehrt auf die Erfolge seines bunten Lebens zurückblickte. Aber auch für den fast dreißig Jahre älteren Verdi war diese Zusammenarbeit, die sich nur sehr zögernd zur Freundschaft entwickelte, sicherlich ein ganz besonderer Glücksfall, der ihm erst spät im Leben zuteil wurde. Hatte er sich doch nach dem nicht mehr zu überbietenden Erfolg der »Aida« mit der Komposition der »Messa da Requiem« am Ende seines Lebenswerks geglaubt. Er lebte nun den Winter über mit seiner Frau Giuseppina im Palazzo Doria in Genua und verbrachte den Sommer zurückgezogen auf seinem Landgut Sant'Agata in der Nähe seines Geburtsortes Busseto bei Parma und dachte seine letzten Pläne und das erworbene Vermögen an die Errichtung eines Krankenhauses im Dorfe Villanuova und später vielleicht an eine Stiftung für alte Musiker in Mailand zu wenden. Er hielt sich in diesen Jahren fern von Musik und Theater und widmete seine ganze Kraft der Bewirtschaftung seines Besitzes und der Errichtung landwirtschaftlicher Faktoreien, mit deren Hilfe es ihm schließlich gelang zu verhindern, daß in einer Zeit allgemeiner Arbeitslosigkeit junge Menschen aus den umliegenden Dörfern ins Ausland abwandern mußten. Nun aber hatten sein Verleger und Freund Giulio Ricordi und der Komponist und Dirigent der Mailänder Scala Franco Faccio ihn bei einem gemeinsamen Essen gebeten, ob sie ihn mit einem Mann zusammenführen dürften, gegen den er eigentlich seit Jahren einen alten Groll empfinden mußte. Dieser Arrigo Boito, dem die Tore des Mailänder Konservatoriums offen gestanden hatten, in das Verdi nicht aufgenommen worden war, der zusammen mit seinem Jugendfreund Faccio Frankreich und danach allein Deutschland und Polen bereist hatte und als glühender Verehrer von Richard Wagner und Charles Baudelaire zurückgekehrt war, um als Komponist, Schriftsteller und Rezensent in Italien revolutionäre Kulturpolitik zu betreiben, der »Tristan und Isolde« ins Italienische übersetzt hatte und mit seiner eigenen Oper »Mefistofele« nach Goethes Faust in Mailand einen ebenso großen Mißerfolg wie sieben Jahre darauf in Bologna einen triumphalen Erfolg gehabt hatte, dieser Arrigo Boito, der zusammen mit seiner Lebensgefährtin Eleonora Duse auf den italienischen Theatern einen neuen Darstellungsstil für die Dramen Shakespeares angeregt und gleichzeitig die italienische Oper einer Epoche, in der Giuseppe Verdi deren prominentester Vertreter war, mit den verächtlichsten Worten diffamiert hatte, der suchte nun über Ricordis und Faccios Vermittlung eine Begegnung mit dem alten Mann von Sant'Agata, nicht nur, um sich ihm reuevoll zu versöhnen, sondern um ihn aus der langjährigen Zurückhaltung zu neuen und diesmal gemeinsamen Plänen zu verlocken. Verdi ließ sich seinen Besuch gefallen, voller Mißtrauen zuerst und vermutlich doch auch in der Erkenntnis, daß es keinem anderen als eben Boito gelingen könnte, ihn noch einmal zu seiner Bestimmung zurückzuführen, eine letzte Oper zu komponieren.

Verdi forderte ein Gesellenstück von Boito, ehe er sich auf größere Pläne einließ. Gemeinsam bearbeiteten die beiden Verdis Oper »Simon Boccanegra« nach einem Text von Francesco Maria Piave und brachten sie an der Mailänder Scala im März 1881 zur Aufführung. Danach erst machte sich Verdi zögernd an die Komposition des »Otello«-Textbuches, mit dem Boito sich bei ihm präsentiert hatte. Über zehn Jahre waren seit der Premiere der »Aida« vergangen, und es sollten noch einmal sechs Jahre vergehen, ehe im Februar 1887 die Uraufführung des »Otello« an der Mailänder Scala über die Bühne ging. Aus dieser Zeitspanne ist zu ermessen, mit welchem Ernst der alte Verdi die Herausforderung angenommen hatte, er, der in seinen »Galeerenjahren« doch oft drei Opern in einem einzigen Jahr hatte komponieren müssen.

Dann, im Frühjahr des Jahres 1889, saßen die beiden Männer auf den Korbstühlen im Garten vor dem Haus in Sant'Agata, und von der nahen Kirche tönten die abendlichen Glocken herüber. Verdi murmelte ein paar Verse von Manzoni vor sich hin. Da lenkte Boito behutsam das Gespräch wieder auf Shakespeare. Über zwei Jahre waren seit der triumphalen Uraufführung des »Otello« vergangen. Und nach diesem Werk war eine Steigerung im Tragischen nicht mehr zu erreichen, das wußten die beiden. Aber hatte nicht auch Shakespeare die Reihe seiner Werke mit einem tiefsinnigen und doch heiteren Märchen beendet, dem »Sturm«? Das eben war ein Gedanke, mit dem Verdi schon seit Jahrzehnten heimlich umgegangen war: einmal noch eine lyrische Komödie zu schreiben, nachdem er als junger Mann im Jahr nach dem Tod seiner beiden Kinder und im Todesjahr von deren Mutter, seiner ersten Frau Margherita, die opera buffa »Un giorno di regno« als Auftragswerk komponiert hatte und damit gescheitert war.

Doch es währte bis zum 10. Juni in diesem Jahre 1889, ehe Verdi seine Zweifel bezwungen hatte und an Boito schreiben konnte: »Lieber Boito, Amen; und so sei es! Machen wir also den ›Falstaff‹. Denken wir im Augenblick nicht an die Hindernisse, das Alter, die Krankheiten!… Auch ich wünsche darüber das tiefste Geheimnis zu bewahren, ein Wort, das ich dreimal unterstreiche, um Ihnen zu sagen, daß niemand davon etwas wissen darf! … Aber langsam … Peppina wußte es, glaube ich, vor uns …«.

Und Arrigo Boito machte sich an die Arbeit. Daß diese musikalische Komödie mit einem Wirbelsturm von guter Laune zu enden hatte, das war von allem Anfang an beschlossen. Die nachdenklichen und lyrischen Szenen würden sich von selber finden, aber der sprühende Übermut mußte ein für allemal eingefangen werden, um dem Werk seinen unverwechselbaren Charakter zu sichern. Und darum begann Verdi, noch ehe das Textbuch vorlag, mit der Komposition der Schlußfuge. Im März des folgenden Jahres, bald nachdem er das abgeschlossene Textbuch erhalten hatte, beendete er auch schon die Komposition des ersten Aktes. Danach aber meldeten sich die trüben Stimmungen des Alters bei dem fast Achtzigjährigen. Zwei seiner besten Freunde starben in diesem Jahr. »Ihr könnt Euch denken«, schreibt er an Maria Waldmann, »was das für ein Schmerz für mich war und ist. Und so habe ich wenig Lust, eine Oper zu schreiben, die ich angefangen, aber nicht sehr weit gebracht habe. Achtet nicht auf das Geschwätz der Zeitungen. Werde ich sie beenden?

Werde ich sie nicht beenden? Wer weiß! Ich schreibe ohne Pläne, ohne Ziel, nur um ein paar Stunden des Tags hinzubringen …«

Und während er in Abständen weiterkomponiert, liest er im Buche Hiob. So vergehen noch einmal zwei Jahre, bis die Partitur abgeschlossen ist, die, auch wenn sie kaum mehr Gemeinsamkeiten hat mit den alten Formen der italienischen opera buffa, als die Krönung aller heiteren Opern gelten muß.

Dieses unvergleichliche Werk ist, trotz aller Turbulenz der Handlung, von einer fast wunderbaren formalen Geschlossenheit. Wenn man die freie Gestaltung der beiden Shakespeare-Stücke »Die lustigen Weiber von Windsor« und »Heinrich IV.«, in welchen sich kurze und lange, heitere und ernste Szenen in Prosa und in Versen in ungezwungener Reihenfolge aneinanderschließen, mit Boitos Text vergleicht, so kann man nur staunen, wie in diesem den formalen Bedürfnissen der Musik entsprochen wurde, ohne den dichterischen Rang des Werkes zu mindern. Wer die dramaturgischen Unterschiede einer gesprochenen und einer gesungenen Handlung studieren will, der vergleiche Shakespeares Theaterstücke mit Boitos Operntext. Es gibt dafür wohl kein besseres Beispiel.

Die zahlreichen Shakespeareschen Figuren wurden auf zehn Gesangssolisten reduziert. Zwei hohen und zwei tiefen Frauenstimmen stehen drei hohe und drei tiefe Männerstimmen gegenüber. Nur in den beiden Finali wird auch der Chor in die Handlung eingebunden. Auf den ersten Blick ist es verwunderlich, daß Verdi für seinen Falstaff, den Ausbund eines männlichen Saufbolds, Freßsacks und Großmauls, nicht einen Baß gewählt hat, sondern einen Bariton, dem er zudem immer wieder kurze Falsettstellen und etliche lyrische Passagen zuweist, die von ironischer Grazie zeugen. Die Wahl dieser Stimmlage deutet aber auf eine ganz bestimmte künstlerische Absicht in der Charakterisierung, die alle plumpe Komik vermeiden will. Spricht denn nicht schon die Leibesfülle des Falstaff eine deutliche Sprache? Mußte hier die Musik nicht versuchen, die sentimentalen Jugendreminiszenzen und verrotteten Reste adeliger Gesinnung aufzuspüren, die unter diesem Berg von sinnlichem Fleisch verschüttet lagen? Die notwendige große Stimmfülle war auch zu erreichen, indem Verdi die beiden Spießgesellen Bardolph und Pistol in Tenor- und Baßlage mit Falstaffs Bariton übereinstimmen ließ, wie zum Beispiel in dem hymnischen Lob auf Falstaffs riesigen Wanst, das nicht von ungefähr an die Anrufung des ägyptischen Gottes Phtah in Verdis »Aida« erinnert. Doch unterbricht Falstaff selbst dieses Gebrüll mit dem Hinweis darauf, daß es an der Zeit sei, das Hirnschmalz in Fluß zu bringen (»d'assottigliar l'ingenio«). Und von diesem Augenblick an ist man überzeugt, daß nur mit einer in allen Lagen beweglichen Baritonstimme die vielfältigen Lüste und Listen dieses Monstrums an Lebensfreude und Selbstsucht dargestellt werden konnten.

Der Gang der Handlung wird in drei Akte unterteilt, welche jeweils aus zwei Bildern bestehen. Das erste Bild eines jeden Aktes spielt entweder im Gasthaus »Zum Hosenbande« oder davor und ist mit Rezitativen und Monologen ganz auf die gewichtige Figur des Titelhelden zugeschnitten. Die Schlußbilder eines jeden Aktes gehören den lustigen Weibern von Windsor und ihren Männern. In ihnen dominieren die vielstimmigen Ensembles, die nur unterbrochen werden von den kurzen und doch so bezaubernden Liebesszenen zwischen Fenton und Nanetta. Mit drei Motiven wird die Handlung des Stückes vorangetrieben: dem vergeblichen Liebeswerben Falstaffs um die verheirateten Frauen, der blinden Eifersucht des Ehemannes Ford und, drittens, mit der Intrige um die Verheiratung von

Fords Tochter Nanetta. All diese Fäden laufen im Schlußbild zusammen, und ihre Verknotung löst sich in dem befreienden Gelächter der Schlußfuge. Die wichtigste Entscheidung der beiden Autoren war es, noch konsequenter als im »Otello« auf alle jene musikalischen Formen zu verzichten, mit denen Verdi in früheren Werken seine größten Erfolge erzielt hatte: kein Vorspiel, kein Zwischenspiel, kein Chor ohne Solisten, kein Ballett, kein Concertato und vor allem keine großen Arien unterbrechen die vorwärtsdrängende Handlung. Verdi macht seinen Ausspruch »Torniamo all'antico – e sarà un progresso« (Kehren wir zum Alten zurück – und es wird ein Fortschritt sein) in diesem Werk wie in keinem anderen wahr und lebendig. Haben nicht die Florentiner Monodisten und Claudio Monteverdi die Oper mit dem rezitativischen Stil des Gesanges begründet, und wurden nicht von ihren Nachfolgern Cavalli, Cesti und Draghi die Solistenensembles in allen Formen zur Blüte entwickelt? So bleibt auch im »Falstaff«, selbst wenn sich die Turbulenzen der Musik zu Quartetten, Quintetten, Nonetten und Chorensembles steigert, das Rezitativ das Bauelement, aus dem all die musikalischen Wunder entstehen. Solistische Formen, wie etwa Fentons kurze Arie und Nanettas Feenlied, bleiben nur kurze Übergänge, die die fröhlich forteilende Handlung nirgends zum Stocken bringen.

Verdis Musik ist ganz auf die Gesangsstimmen ausgerichtet. Nirgends erlaubt sie sich Abschweifungen in tonmalerische oder symphonische Bereiche. Einer betont einfachen Harmonik steht ein durchsichtiger, kammermusikalischer Orchestersatz gegenüber. Es erstaunt immer wieder, wie viel Musik hier mit wie wenigen Noten gemacht wird. Verdi hat die Tradition der italienischen Gesangsoper niemals zerbrochen, er hat sie von Stufe zu Stufe weiterentwickelt, gesteigert und neu belebt.

Das Vokabular von Boitos Buch ist etwa doppelt so reichhaltig wie jedes andere, das Verdi zuvor vertont hatte. Die Auseinandersetzung mit Shakespeare hat Boito gezwungen, die italienische Opernsprache um eine bisher ungeahnte Wortfülle zu bereichern. Weit entfernt sind wir hier von den »parole sceniche«, den einfachen, wirkungsvollen und doch auch manchmal banalen Wörtern, die Verdi vordem von seinen Librettisten gefordert hatte. Hier ist der große Komponist endlich einem wirklichen Dichter begegnet und hat sich von dessen Sprachgefühl überzeugen lassen. Es heißt, er habe das Textbuch zum »Falstaff« komponiert, ohne auch nur eine einzige Änderung vorzuschlagen. In allen Bildern kommen lange Sequenzen vor, in denen die Repliken der Sänger meist nicht länger als ein oder zwei Wörter sind. Es ist, als ob sich die Darsteller mit artistischer Geschicklichkeit Bälle zuwerfen, und es ist die Aufgabe der Musik, die federnde Grazie dieses Spieles hörbar zu machen. Als komische Gegenwirkung stößt dann einer der Sänger einen langen Wust von zusammenhängenden Sätzen hervor, wobei die rasche Häufung der Wörter und deren oft skurrile Bedeutung den Effekt verdoppeln. Man betrachte etwa die sprachliche Form des ersten Bildes, in welchem Dr. Cajus Falstaff und seine Spießgesellen beschuldigt, ihn im Rausch ausgeplündert zu haben. Den Höhepunkt erreicht diese Szene in der gegenseitigen Beschimpfung mit ganz kurzen Worten, die wie Säbelhiebe oder Pfeilschüsse treffen. Nachdem eine lyrische Episode mit der Intrige der beiden gleichlautenden Briefe Raum gegeben hat für schwärmerische, langausschwingende Zeilen, gibt wiederum eine Handvoll ganz kurzer Repliken den Anlaß zu Falstaffs erstem wortreichem Monolog über die Ehre. Doch auch innerhalb dieses Monologs unterbricht Falstaff seine eigene Suada immer wieder durch meist einsilbige Wörter, mit denen er sich selbst befragt oder

Antwort gibt. Den Schluß der Szene bildet dann wieder eine zusammenhängende gesungene Strophe, mit welcher Falstaff seine beiden Kumpane aus der Wirtsstube prügelt.
Auch in der 2. Szene ist ein ähnliches Prinzip der Dialoggestaltung am Werk. Hier begegnen wir jedoch gleich neun verschiedenen Personen, die durcheinanderrufen, lachen, brüllen und schreien, die einen belustigt, die anderen zornig erregt. Zwei lyrische Liebesszenen des jungen Paares schaffen die Übergänge zwischen solchen pointilistischen Wortgeplänkeln. Die Szene endet in einem schnatternden Nonett, in welchem wegen der Überfülle der erregten Worte kein Satz mehr recht zu verstehen ist. Hierin aber erweist sich Verdis Meisterschaft in der Ensemblekunst, daß der Zuhörer niemals den Eindruck hat, die wichtigen Zusammenhänge nicht zu erfassen.
Auf den famosen Triller im Monolog des 5. Bildes als Beispiel für die musikalische Weiterentwicklung eines Wortes ist oftmals hingewiesen worden. Aber auch die Szene der Plagegeister im Park von Windsor mit ihren phantastischen Wortfolgen, die sich wie Sprache gewordene Gebilde aus der Phantasie eines Hieronymus Bosch ausnehmen, hat Verdis musikalische Inspiration deutlich beeinflußt. Und noch einmal folgt danach eine Schimpforgie wahrhaft Shakespearischen Ausmaßes, in welcher mehr Schimpfwörter gebraucht werden als in Verdis gesamtem Opernschaffen zuvor. Dann löst sich der Albtraum, und befreit endet die lyrische Komödie in der Schlußfuge in Wohlgefallen, Versöhnung und Heiterkeit.
Dieses Lachen, das dem lang nachtragenden Verdi seit dem Mißerfolg seiner ersten Komödie nie mehr so recht von Herzen gelungen war – man denke nur an das Gelächter der Masken des Bacchanals, das vom Tumult der Straße in das Sterbezimmer der »Traviata« hereindringt, an das verwirrte Lachen des Königs im »Maskenball«, mit dem er die Todesverkündigung der Zauberin Ulrica aus der Welt schaffen möchte, oder an das grobe Lachen des Chors, der in Jagos Trinklied den betrunkenen Cassio verhöhnt. Nun aber, hier am Ende aller Musik, beim Abschied des unsterblichen Komponisten von der Bühne und von all der irdischen Ehre, die er mit Falstaff von sich weist, nun gelingt es: das große Gelächter. Und es ergreift rundum die Sänger um den gewaltigen Mittelpunkt und wird vom Orchester hinübergehoben über allen ästhetischen Abstand. Keiner kann sich ihm entziehen, es vereint so lange Zuschauer und Spieler, bis ringsum die Lichter angehen. So nimmt einer Abschied, dem alles Unglück der Welt, von dem er sein Teil erlitten hat, nichts anhaben konnte.

WER WAR ARRIGO BOITO?

»Ich sehe vor mir die menschliche Gestalt des reinen, adligen Künstlers, so wie ich ihr in den letzten Jahren ihrer Existenz begegnet bin: hochgewachsen, mit starken, eckigen Schultern, mit knochig breiter, leuchtender Stirn, traurigen Augen, aber durchdringendem Blick hinter den Gläsern, mit leicht schwankendem Gang, fester, klarer Stimme, die ernst und freundlich und doch stets sicher klang, da sie gewöhnt war, mit der Sprache der Seele zu reden, unvermittelt, ohne Zweideutigkeit, ohne listiges Zögern, ohne geschickt taktierende Kompromisse.«
So beschreibt der Dirigent Vittorio Gui die Erscheinung des Mannes, die wir nur mehr von Bildern kennen. Aus denen erfahren wir, daß seine Haare blond und seine Augen grau waren, daß er in jungen Jahren einen tatarisch verwegenen und in späteren einen von der Schere gebändigten Schnurrbart trug, daß er kaum je ohne seinen goldenen Zigarettenspitz und gelegentlich mit Spazierstöckchen und eleganten Gamaschen anzutreffen war. Mehr als dies sagen uns seine Bücher und Partituren, doch nicht genug, um ihn so kennen zu lernen, wie man ihn kennen möchte. Er bleibt eine Gestalt voller Widersprüche und Überraschungen, und über dem Porträt seines Alters ist kein ruhiger Glanz von stetig wachsender menschlicher Vollendung, wie sie Giuseppe Verdis herrliches, borstiges Bauerngesicht verklärt. Arrigo Boito ist ein Leben lang gefährdet, hat alles erreicht, was ihm aufgegeben sein mochte, und ist doch gescheitert an dem, was er an Maßlosem selber entwarf.
Als Sohn des Miniaturenmalers Silvestre Boito und der polnischen Gräfin Giuseppina Radolinska am 24. Februar 1842 in Padova geboren, durchlebte Enrico, wie er mit Taufnamen hieß, nachdem der Vater das Vermögen der Mutter durchgebracht hatte und als Opfer einer Messerstecherei unrühmlich gestorben war, gemeinsam mit seinem Bruder Camillo eine entbehrungsreiche Jugend in Venedig. Mit einem Stipendium, das die mittellose Mutter für ihn erlangt hatte, trat er im Jahre 1853 in das Konservatorium von Mailand ein. Dort studierte er Komposition bei A. Mazzucato bis zum Jahre 1862. Seine in der Epoche des Risorgimento nicht eben alltäglichen kosmopolitischen Anschauungen erwiesen sich bereits, als er zum Abschluß seines Studiums zwei Kantaten schrieb und sie gemeinsam mit seinem Jugendfreund Franco Faccio vertonte. Der Titel der einen davon lautete: »Le sorelle d'Italia«, und ihre drei Teile trugen die Bezeichnungen »Prologo nel Walhalla«, »Italia e Ungheria« und »Polonia e Grecia«. Mit dem gemeinsam gewonnenen Kompositionspreis machten die beiden Freunde eine ausgedehnte Reise nach Frankreich, Deutschland, Polen und England. In Paris war es, daß Boito zum ersten Mal Giuseppe Verdi begegnete, und dieser fand sich großzügig bereit, für die Londoner Weltausstellung

einen von dem zwanzigjährigen Boito geschriebenen »Inno delle nazioni« in Musik zu setzen. Nachdem Boito und Faccio zurückgekehrt waren, traten beide in Mailand der avantgardistischen Künstlervereinigung der »Scapigliati«– zu deutsch der »Zerzausten« oder »Ungezügelten« – bei. Enrico änderte seinen Vornamen in Arrigo und widmete sich nun vor allem seiner immer stärker hervortretenden literarischen Begabung. Zusammen mit dem Dichter Emilio Praga begründete er die kurzlebige Wochenzeitschrift »Figaro«, er schrieb daneben Musik-, Theater- und Kunstkritiken für verschiedene andere Zeitungen, übersetzte aus dem Deutschen, Französischen, Englischen und Polnischen, verfaßte Gedichte und Erzählungen und schrieb – wieder gemeinsam mit Emilio Praga – die Komödie »Le madri galanti«, deren Uraufführung 1863 in Turin wenig Erfolg brachte. Für Franco Faccio bearbeitete er Shakespeares »Hamlet« zu einem Operntext, für sich selbst schrieb er das Libretto zur Oper »Ero e Leandro«, dessen Vertonung er jedoch später Giovanni Bottesini überließ. Beide Werke waren nicht lange auf den Spielplänen zu finden und sind heute vergessen. Unvergessen und auf italienischen Bühnen auch heute noch häufig gespielt ist seine Oper »Mefistofele«, in welcher er die beiden Teile von Goethes »Faust« zu einem Werk von wagnerianischen Ausmaßen zusammenzwang. Unter der musikalischen Leitung des erst sechsundzwanzigjährigen Komponisten erlebte »Mefistofele« 1868 an der Mailänder Scala eine Uraufführung, die nicht zuletzt wegen der Spieldauer von fünfeinhalb Stunden und der symphonischen Orchesterbehandlung wenig Erbarmen bei Publikum und Kritik fand. Dem jungen Aufrührer wurde seine offen zur Schau getragene Bewunderung für Richard Wagner zum Vorwurf gemacht, und die Schadenfreude der aufrechten Patrioten wird wohl an diesem Abend in der Scala eine offene Rechnung beglichen haben. Der ungebärdige junge Mann hatte sich nämlich in den vergangenen Jahren vor allem durch ein glimpflich verlaufenes Duell mit dem Sizilianer Giovanni Verga, dem Dichter des Verismo und Autor der »Cavalleria rusticana«, das wegen eines Streits um Rossini und Meyerbeer ausgefochten worden war, sowie durch die öffentlich vorgetragene Beschuldigung des allgemein verehrten Verdi, er habe die Altäre der Kunst besudelt, nicht eben beliebt gemacht. Als Verdi jedoch aufgefordert wurde, »die Chance zu nützen« und kurz nach der Absetzung des gescheiterten »Mefistofele« seinen »Don Carlo« selbst an der Scala zu dirigieren, da weigerte er sich und erwies in dieser wie in so vielen anderen Situationen, daß er trotz aller künstlerischen Erfolge seine menschliche Integrität zu bewahren vermochte. »Bin ich vielleicht geschaffen«, so schreibt er, »mich über den Ruin anderer zu freuen? Ich bin einer von denen, die ihre Straße geradeaus gehen, ohne rechts und links zu schauen. Der tut, was er kann und woran er glaubt, der keinen ›günstigen Augenblick‹ sucht, weder Unterstützung noch Protektion, weder Claque noch Reklame, noch Cliquen. Ich liebe die Kunst, wenn sie würdig dargestellt wird, aber nicht Skandale, wie sie eben jetzt an der Scala sich ereignen.«
Nachdem Richard Wagner durch die Aufführung seines »Lohengrin« in der Stadt Bologna, die allem Zeitgenössischen aufgeschlossener war als das konservative Mailand, die entscheidende Anerkennung seines Werkes auch in Italien gefunden hatte, gab Arrigo seiner Bewunderung für den Zauberer des Nordens in einem Schreiben Ausdruck, auf das er als Antwort jenen oft zitierten Brief Richard Wagners »an einen italienischen Freund« erhielt, der bald in allen führenden Zeitungen des Landes abgedruckt wurde. Nun faßte Boito wieder Mut zu einer Umgestaltung seines »Mefistofele«, und als dieses Werk in neuer

Gestalt im Jahre 1875 in Bologna wieder auf die Bühne gelangte, war der allgemeine Beifall ungetrübt. »Mefistofele« machte danach seinen vielbejubelten Weg über alle großen Bühnen Europas und endlich, im Mai 1881, konnte sich auch die Mailänder Scala dem Werk nicht länger verschließen. Zwei Monate zuvor nämlich, im März 1881, hatte die von Boito neutextierte Fassung von Verdis »Simon Boccanegra« im selben Haus ihre erfolgreiche Premiere gehabt.

Es war dies die Zeit, in der Arrigo Boito sich mit Giuseppe Verdi zu der gemeinsamen, aber vorerst ängstlich geheimgehaltenen Arbeit gefunden hatte, die den künstlerischen Höhepunkt im Leben der beiden ehemaligen Rivalen bedeuten sollte. Nach einer Aufführung des »Requiem« im Sommer 1879 hatte der Verleger Giulio Ricordi bei einem Essen im Freundeskreis das Gespräch mit Verdi auf Shakespeares »Othello« gelenkt. Und schon am folgenden Tag fand die Wiederbegegnung statt zwischen dem nunmehr 66jährigen Maestro und dem 37jährigen Dichter, der bereit war, seine Karriere als Musiker abzubrechen, um Shakespeare und Verdi zu dienen. Franco Faccio, der Freund, war schon bei den ersten Gesprächen zugegen, und er war es auch, dem Verdi die musikalische Uraufführung seines »Otello« anvertrauen sollte. Der weltberühmte Komponist gab sich also nach einigem Widerstreben und nach der wohl als Prüfung gedachten gemeinsamen Neugestaltung des »Simon Boccanegra« ganz in die Hände der ehemaligen »Scapigliati«. Bei einer langjährigen gemeinsamen schöpferischen Arbeit von solcher Intensität ist kaum recht zu entwirren, welcher Faden im vollendeten Gewebe von welcher Hand geflochten wurde. Gewiß ist, daß Boito zuvor weder mit seinem »Amleto«, noch mit »Ero e Leandro« und schon gar nicht mit der unter dem Pseudonym Tobia Gorrio – einem Anagramm seines wirklichen Namens – verfaßten »Gioconda« für Amilcare Ponchielli ein dem »Otello« oder dem »Falstaff« vergleichbares Textbuch geschaffen hat und daß Verdi mit all seinen populären Erfolgsopern der mittleren und späteren Periode kein Werk komponiert hat, das sich an künstlerischer Reife und handwerklicher Meisterschaft mit seinen beiden grandiosen Alterswerken vergleichen ließe.

Arrigo Boito galt als unbestrittener Kenner des Shakespeareschen Werkes. Er hat außer seinen Adaptionen von »Hamlet«, »Othello« und den »Lustigen Weibern von Windsor« auch für seine Lebensgefährtin Eleonora Duse die Schauspiele »Antonius und Cleopatra« und »Romeo und Julia« ins Italienische übersetzt und später den nicht beendeten Versuch unternommen, für Verdi den »König Lear« zu bearbeiten. Bei genauerem Studium der Textbücher zu »Otello« und »Falstaff« kann man erkennen, daß sich im einen Zitate aus »Titus Andronicus« und »Timon von Athen« sowie aus den Sonetten Shakespeares finden und daß im anderen Teile von »Heinrich IV.« und »Heinrich V.« in die Handlung der »Lustigen Weiber von Windsor« eingeflochten wurden. Die Dramaturgie der zahlreichen in fünf Akte zusammengefaßten Szenen in Shakespeares Schauspielen wurde von Boito, den Erfordernissen des Musiktheaters entsprechend, in eine Einteilung der Handlung in vier geschlossene Akte im »Otello« und in drei Akte zu je zwei Bildern im »Falstaff« umgewandelt. Zu den großen Solonummern erschienen weder Shakespeares Monologe noch Verdis bisherige Arien- oder Cabalettaformen verwendbar. Wenn etwa Otello im dritten Akt der Oper aus tiefster Verzweiflung über alle Skalen menschlicher Empfindung bis zum Paroxismus des Racheschreis gelangt oder Falstaff im ersten Bild des dritten Aktes, wassertriefend der Themse entstiegen, über den Trug der Welt lamentiert, um sich bald darauf nach der Erwärmung durch eine Kanne Glühwein vor Vergnügen trillernd wie ein balzender Hahn in der Sonne zu blähen, so sind hier musikdramatische Formgebilde entstanden, die nichts mehr gemein haben mit den althergebrachten Arien des 18. Jahrhunderts, deren Formen Verdi noch von Bellini, Rossini und Donizetti übernommen und bis in seine Meisterwerke der späteren Periode nur abgewandelt, aber nie überwunden hatte.

Die Wunder der Partituren seiner beiden Alterswerke sind nicht aufzuzählen. Ist in der Tragödie des »Otello« die unerbittliche Stringenz in der Konzentration der Handlung auf die zerstörerische Intrige des Jago von atemberaubender Wirkung, so entspannt und erheitert die bunte Vielfalt der Nebenhandlungen und die Simultaneität der Schauplätze im »Falstaff«. Auch der größte Verehrer des englischen Dichters kann die neue Gestalt der beiden Werke nur als deren glanzvolle Wiedergeburt aus dem Geist der Musik bestaunen. Man denke nur an den Kontrast der Duette zwischen Otello und Desdemona einerseits und Otello und Jago andererseits. Im Liebesduett etwa des ersten Aktes, das zu den schönsten melodischen Schöpfungen der Opernliteratur gehört, singen die beiden Liebenden nur für drei ganze Takte gemeinsam, sonst aber strömt ein ununterbrochener antiphonischer Wechselgesang von einem Mund zum anderen, so als ergosse sich ein Strom von melodisch poetischer Zärtlichkeit von einem übervollen Gefäß hin und zurück in das andere. Und dann – nach Erinnerung, Gebet und Umarmung – dieser letzte Augenblick unter dem Glanz des Liebessterns, der in den helleuchtenden Vokalen des »Vien! Venere splende!« zu Sprachmusik geworden ist. Vergleicht man die Ruhe dieses Zwiegesprächs der Liebenden mit dem kurzen, jagenden Presto der einander durchkreuzenden Schreie, ehe Otellos Fäuste Desdemonas geliebte Stimme für immer zum Schweigen bringen, oder den ehernen Racheschwur Otellos und Jagos am Ende des zweiten Aktes, so kann man darin einige der vollkommensten Beispiele künstlerischer Inspiration und handwerklicher Meisterschaft in einem bewundern. Das gleiche gilt für das Terzett des dritten Aktes, in welchem Otellos schmerzvolle Erniedrigung zusammen mit Cassios ahnungslosen Scherzen in Jagos Intrigennetz zusammengeschnürt werden, oder für das wundervolle Quartett des zweiten Aktes, das einen Monolog des vom Zweifel an sich selbst zerfressenen Mohren mit den flehentlichen Bitten Desdemonas und einer Streitszene um das fatale Taschentuch zwischen Jago und Emilia auf eine Weise zusammenwirkt, daß Reflexion und Handlung zu gleichen Teilen das Gewebe bilden. Neu an der traditionellen Form des Concertato im dritten Akt ist nicht nur das den Fortgang der dramatischen Handlung skizzierende Rezitativ zwischen Jago und Rodrigo mitten im Ensemblegesang der anderen Stimmen, sondern vor allem die Tatsache, daß dieser nicht den Schluß des Aktes erreicht, sondern unterbrochen wird von dem bisher wie versteinert schweigenden Otello, der in einem erneuten Anfall von Sinnesverwirrung die vermeintlichen Feinde von der Szene jagt und schließlich vom Zorn überwältigt zusammenbricht, während der vermeintliche Freund triumphiert und die Trompeten in der Ferne noch immer den längst verspielten Ruhm des unseligen Feldherrn verkünden.

Arrigo Boito hat mitten in der gemeinsamen Arbeit am »Otello« nach einem rasch aufflammenden Mißverständnis, das durch die falsche Pressemeldung ausgelöst worden war, er bedaure, dieses Werk nicht selbst komponieren zu können, den immer noch mißtrauischen Verdi besänftigt durch einen Brief, in dem er den ewigen Zwiespalt seines Künstlerdaseins offen darlegt: »Ich werde es zuwege bringen, für Sie zu arbeiten, da ich nun schon einmal für mich selbst nicht zu arbeiten vermag; denn Sie leben im wahren und wirklichen Leben der Kunst, ich aber in der Welt der Halluzinationen.« Durch die gemeinsame Arbeit hat Verdi dem unter selbstzerstörerischen Zweifeln wie unter dem nagenden Biß des »ewigen Wurmes« leidenden Dichter die Türe geöffnet, die zu durchschreiten ihm die unbekümmerte Gewißheit des Berufenen bisher gefehlt hatte. Und Arrigo Boito hat in selbstloser Dankbarkeit anerkannt, daß seine Zusammenarbeit mit Verdi die Krönung seines Lebens war.

Es war Boito nach seiner Trennung von Eleonora Duse und nach Verdis Tod nicht mehr gegeben, seinem Dasein einen neuen Mittelpunkt zu geben. Seine Oper »Nerone«, das Werk, an dem er ein halbes Jahrhundert immer wieder gearbeitet hatte, blieb unvollendet. Nachdem er das Textbuch veröffentlicht und die Uraufführung an der Scala für das Jahr 1902 angekündigt hatte, zog er überraschend das Werk wieder zurück. In seinem Nachlaß fanden sich später über achttausend Karten eines Zettelkastens, auf welchen er die historischen und literarischen Vorarbeiten seines unvollendeten Lebenswerkes festgehalten hatte. Die von A. Smareglia und V. Tommasini ergänzte Partitur wurde am 1. Mai 1924 ohne den fehlenden fünften Akt an der Mailänder Scala unter der Leitung von Arturo Toscanini uraufgeführt. Es erwies sich, daß dieses monumentale, hybride Gebilde, das durch sein Nichtzustandekommen berühmter geworden war als so viele vollendete und gefirniste Werke, in dieser torsohaften Form nicht lebensfähig war. Den avantgardistischen Scapigliato der sechziger Jahre hatte die Zeit überholt. Nach einer streitbaren, turbulenten Jugend und einer vielseitig sich entfaltenden Schaffenskraft der Lebensmitte war Arrigo Boito im Alter in lähmende Zweifel verfallen, die ihn seine früheren Arbeiten gering achten ließen und ihn durch kritischen Widerspruch am Schaffen von neuen Werken hinderte. Der Albtraum eines jeden Schriftstellers wurde an ihm zur quälenden Wirklichkeit: er litt an Agraphie, der zeitweisen Unfähigkeit, auch nur ein einziges Wort auf einen weißen Bogen Papier zu setzen.

Benedetto Croce, der Philosoph, hat Arrigo Boito als den einzigen echten Romantiker unter den italienischen Dichtern des ausgehenden Jahrhunderts bezeichnet, und tatsächlich hat dieser Mann in seinem intellektuellen Zwiespalt zwischen vielfältiger schöpferischer Begabung und überwacher kritischer Reflexion alle Höhen und Tiefen eines romantischen Künstlerlebens durchlitten. Als Übersetzer von Webers »Freischütz«, Glinkas »Ruslan und Ludmilla« und Wagners »Rienzi« und »Tristan und Isolde« hat er viel dazu beigetragen, der Kunst des Nordens Eingang in Italien zu verschaffen. Seine in der Nachfolge von Victor Hugo und Charles Baudelaire geschriebenen Gedichte, die er 1877 im »Libro dei versi« publizierte, werden heute nur mehr in Italien gelesen. Neben seinen Textdichtungen für Giuseppe Verdi und dem 1875 für Amilcare Ponchielli nach Hugos Schauerdrama »Angelo, Tyran de Padoue« verfaßten Libretto zu »La Gioconda« hat einzig seine Jugendoper »Mefistofele« die Zeiten überdauert.

Mehr jedoch als der Musiker, der Dramaturg, der Übersetzer und der Kritiker war der sprachschöpferische Textdichter Arrigo Boito von bleibender Wirkungskraft für das italienische Musiktheater. Die Tradition der italienischen Opernsprache war in der Nachfolge des großen Lyrikers Metastasio auch im 19. Jahrhundert nicht um ein Wesentliches vom sanftfließenden Wollaut lieblicher und edelmütiger Vokabeln abgekommen. Selbst die unaufhörliche Forderung Verdis nach der »parola scenica« hatte seine älteren literarischen Mitarbeiter nur zu immer hartnäckigerer Wiederholung immer der gleichen hundert Worthülsen zwischen amore und vendetta bewegen können. Sogar der Versbau oder das Reimschema war nur zögernd erweitert worden. Nun aber, mit Boitos Shakespeare-Adaptionen, eröffnete sich dem Musiktheater ein Sprachschatz von bisher ungeahnter Fülle und Vielfalt. Allein im Textbuch des »Falstaff« findet sich ein Vokabular, das reichhaltiger und geistvoller ist als alle italienischen Operntexte des Jahrhunderts vor Boito zusammengenommen. Und schon nach der Premiere des »Otello« hatte der Romancier Antonio Fogazzaro begeistert verkündet: »Boito hat der Kunst einen großen Dienst erwiesen, dadurch, daß es von nun an nicht mehr möglich sein wird, absurde Schauspiele und jämmerliche Verse in Musik zu setzen.« Und in der Tat, die Zeit der Solera, Cammarano, Somma und Piave war vorüber. Die Dichtung hatte sich eine neue Bedeutung im Musiktheater des anbrechenden Jahrhunderts errungen. Maeterlinck, Hofmannsthal, Brecht und Auden sollten folgen.

Boitos Leben war reich an Ehren. Der italienische König verlieh ihm die Titel Cavaliere, Commendatore und schließlich Senatore, die Universität Cambridge zusammen mit Bruch, Saint-Saens und Tschaikowskij den Doktor-Titel honoris causa. Für kurze Zeit war er auch Direktor des Konservatoriums von Parma, in welcher Funktion er seinen Freund, den Dirigenten Franco Faccio, vertrat, der in eine Nervenheilanstalt aufgenommen werden mußte. In seiner Mailänder Umgebung war er zu allen Zeiten seines Lebens anerkannt als intellektueller Mittelpunkt des kulturellen Lebens und späterhin verehrt als weltoffener, vornehmer und doch stets etwas geheimnisvoller Charakter. Ein Schatten von Melancholie und Resignation des Scheiterns liegt dennoch über seinen letzten Lebensjahren. Von Feinden ist nirgends die Rede. Seinen besten Freunden, Franco Faccio, Emilio Praga und Giuseppe Giacosa, dem Mitautor von Puccinis Meisteropern, blieb er ein Leben lang in Treue verbunden. Nach Giacosas Tod im Jahre 1906 setzte Boito, der unverheiratet und ohne Nachkommen geblieben war, dessen Tochter Piera zu seiner Erbin ein. Neidlos förderte er die nachdrängende Generation der jungen Komponisten und hierin vor allem die Schüler seines Freundes Ponchielli. Boito war es, der nach einem Klaviervorspiel Giacomo Puccinis erste Oper »Le Willi«, die beim Wettbewerb des Verlagshauses Sonzogno keinen Preis erhalten hatte, zur Uraufführung an das Teatro dal Verme vermittelte und zugleich die Verbindung des jungen Komponisten mit seinem Verleger Ricordi anbahnte. Seinen einzigen Bruder Camillo, der sich als Architekt einen Namen gemacht hatte, hatte Verdi in seinen letzten Lebensjahren mit der Errichtung der »Casa Verdi«, des Stiftungshauses für alternde Musiker und Bühnenkünstler, beauftragt – als ein letztes Zeichen der vertrauensvollen langjährigen Verbundenheit der Namen Boito und Verdi.

Arrigo Boito starb in Mailand im Alter von sechsundsiebzig Jahren am 10. Juni 1918, ohne das Ende des furchtbaren Krieges zu sehen, der die Länder seiner europäischen Heimat in den Untergang riß.

DAS KURZE LEBEN DES MODEST PETROWITSCH MUSSORGSKIJ

»Selbstverständlich glaube ich nicht an sein Werk«, sagte sein Freund César Cui, aber er schenkte ihm jenen molligen, braunen Schlafrock mit dem roten Samtrevers, den Modest Mussorgskij während seiner letzten Lebenstage im Nikolaj-Militärspital trug. Den kennen wir von dem berühmten Ölgemälde, das Ilja Repin von ihm gemalt hat und das nun in der Moskauer Tretjakow-Galerie zu besichtigen ist. Wer dieses schonungslose Porträt gesehen hat, in welchem der große Maler an seinem sterbenden Freund nichts mehr zu beschönigen suchte, der sieht den »unsterblichen« russischen Komponisten immer wieder in diesem Zustand der letzten Verzweiflung vor sich und hat Mühe, sich die anderen Bildnisse, vor allem die vor gemalten Interieurs gestellten Photographien glücklicherer Jahre, dagegen ins Gedächtnis zu rufen. Verwildert sind Haar und Bart, gerötet die Nase und die Wangen gedunsen, der Mund ist wie zum Weinen verzogen und der Blick ist schräg aufwärts verdreht, so daß einen die hellen Augäpfel und nicht die verirrten Pupillen anstarren. Der aufgequollene Körper ist mit einem bestickten russischen Hemd und Cuis wärmendem Schlafmantel bekleidet. Der Abgebildete hat nur noch wenige Tage zu leben. Er scheint es zu wissen, vielleicht gar zu hoffen. Als ihn sein Bruder Filaret am Krankenbett besuchte, brachte er dem Mittellosen Geld. Eine wohlmeinende, aber hilflose Geste vergeblichen Mitleids. Mussorgskij bestach damit seine Pfleger, die ihm – »schließlich hat man doch ein Herz und keinen Stein in der Brust!« – eine Flasche Cognac besorgten. Diesen letzten Rausch hat Mussorgskij nicht überlebt. Wie war es möglich, daß der schmucke, glattgescheitelte Leutnant mit den gepflegten Fingernägeln und den eleganten, zuweilen leicht blasierten Manieren nach zwei Jahrzehnten schon ein solches Ende finden mußte? Der Bericht über die Lebensumstände zeigt nur die Stationen eines Schicksals auf, dessen Ursachen oder Beweggründe läßt er im besten Fall erahnen.

Modest Petrowitsch Mussorgskij wurde als zweiter Sohn eines adeligen Grundbesitzers im Dorfe Karewo im Gouvernement Pskow geboren. Mit zehn Jahren kam er zusammen mit seinem Bruder Filaret auf das deutsche Gymnasium in St. Petersburg. Dort erlernte er die deutsche Sprache mit einer Gründlichkeit, daß er Shakespeare in deutscher Übersetzung lesen und Gedichte von Goethe im Original vertonen konnte. Daneben war auch die Beherrschung des Französischen für einen Petersburger Gymnasiasten eine Selbstverständlichkeit. 1852 wechselte er an die Gardefähnrichschule, da ihm wie vielen jungen russischen Aristokraten die militärische Laufbahn bestimmt war. Der Vater starb, als Modest vierzehn Jahre alt war. Nach dem Abschluß seiner Ausbildung trat Mussorgskij 1856 als Offizier in das Preobrashenskij-Leibgarde-Regiment ein. In den folgenden Jahren machten sich seine musikalischen Neigungen immer deutlicher bemerkbar. Mussorgskij, der sowohl zu Hause von der Mutter wie auch später in der Schule bisher nur Klavierunterricht erhalten hatte, nahm erst mit neunzehn Jahren professionellen Kompositionsunterricht bei dem nur um drei Jahre älteren Milij Alexejewitsch Balakirew auf, den er im Salon des Komponisten Dargomyschkij kennengelernt hatte. Das Ergebnis dieser Studien waren Klavierstücke, ein Scherzo in B-Dur für Orchester, ein Marsch für Chor und Orchester sowie ein Chor auf einen Text aus dem »Ödipus« des Sophokles. Im darauffolgenden Jahr quittierte er den Militärdienst, um sich ganz der Musik widmen zu können. Eine Reise nach Moskau beeindruckte den jungen Petersburger Dandy in unvorhergesehener Weise. »Überhaupt hat Moskau mich in eine andere Welt versetzt«, schreibt er an Balakirew, »in die Welt der Vergangenheit... Wissen Sie, ich war Kosmopolit, und jetzt erlebe ich so etwas wie eine neue Geburt. Alles Russische wird mir vertraut ... und ich fange geradezu an, es zu lieben.«

Im Jahre 1861 befreite Zar Alexander II. die russischen Bauern von der Leibeigenschaft. Mussorgskij begrüßte diese soziale Tat, obwohl sie ihn und seine Familie in der Folge bald um die gewohnten Einkünfte aus dem ererbten Gutsbesitz bringen mußte. Für die Dauer eines Jahres zieht er nun mit fünf gleichaltrigen Freunden in eine kommunenartige gemeinsame Wohnung. Im Jahre 1863 erscheint Flauberts Roman über die karthagische Prinzessin Salammbô. Mussorgskij gehört in Petersburg zu dessen ersten Lesern. Und er macht sich unmittelbar nach der Lektüre an eine Komposition des Sujets, ohne noch das Textbuch in allen Details ausgearbeitet zu haben. Er beginnt mit der Vertonung der mittleren Szenen und legt die Arbeit schließlich unbeendigt beiseite. Immerhin hat er soviel Material dieses ersten Versuchs für die Bühne hinterlassen, daß diese Oper vor einigen Jahren von Zoltan Pesko ergänzt und zur Aufführung gebracht werden konnte. Im Dezember 1863 sah sich Mussorgskij gezwungen, eine niedere Beamtenstelle im Ingenieur-Departement des Verkehrsministeriums anzunehmen, um sich so seinen Lebensunterhalt zu verdienen. Dies mag seine musikalischen Studien ebenso wie seine Arbeit an »Salammbô« beeinträchtigt haben. 1865 starb Mussorgskijs Mutter, an der er sehr gehangen hatte. Der Verlust erschütterte den inzwischen 26jährigen in einem Maße, daß er schwer erkrankte. Anzeichen von Delirium tremens wurden diagnostiziert. Es ist durchaus vorstellbar, daß in diesem Erlebnis seine spätere Abhängigkeit vom Alkohol ihren Ursprung hatte.

Kaum wieder genesen, widmete er sich vermehrt der Komposition. Nach einigen Klavierliedern findet er mit dem ursprünglich als Musik zu G. Mengdens Schauspiel »Hexen« konzipierten Orchesterwerk »Die Nacht auf dem kahlen Berge« zu einer persönlichen musikalischen Ausdrucksform. Er zählt nun zu den Mitgliedern des Balakirew-Kreises, die sich ab 1867 regelmäßig zu Musikabenden und Diskussionen im Salon von Glinkas Schwester Ludmila Schestakowa trafen. Zu dieser vom Kunstkritiker Wladimir Stassow scherzhaft »das mächtige Häuflein« genannten Gruppe junger Musiker gehörten außer Balakirew und ihm auch noch die Komponisten Alexander Borodin, César Cui und Nikolaj Rimskij-Korsakow. Das Programm der Gruppe, eine vom westlichen Europa unabhängige, eigenständige russische Musik zu schaffen, wurde von keinem so radikal zu verwirklichen gesucht wie von Mussorgskij. Im Jahre 1868 macht er sich an die Vertonung der Komödie »Die Heirat« von Nikolaj Gogol, von welcher er jedoch nur die vier Szenen des ersten Aktes zu Ende bringt. Er wechselt in diesem Jahr vom Verkehrsministerium in die Forstabteilung des Landwirtschaftsministeriums und beginnt im Herbst mit der Komposition des Puschkinschen Schauspiels »Boris Godunow«, das bisher von der Zensur nicht zur Aufführung freigegeben worden ist. Um diese Zeit wohnt er bei seinem Freund, dem Marineoffizier Wladimir Opotschinin, mit dessen Schwester Nadeshda ihn, wie man vermutet, eine Liebesbeziehung verbindet. Im Dezember 1869 wird die Urfassung des »Boris« beendet. Nachdem das Werk jedoch vom Petersburger Marinskij-Theater mit dem Argument, es habe keine weibliche Hauptrolle, zurückgewiesen wird, komponiert er die beiden Szenen des Polenakts und die Schlußszene bei Kromy, zu denen er in Ergänzung zu Puschkins Drama selbst den Text verfaßt hat, instrumentiert das neugefaßte Werk und reicht diese zweite sogenannte Originalfassung 1872 abermals zur Prüfung ein. Während der Zeit dieser Arbeit hat er mit seinem Freund und Kollegen Rimskij-Korsakow eine Wohnung gemietet, in der sie gemeinsam leben, komponieren und Klavier spielen, wobei Rimskij-Korsakow von dem Umstand profitiert, daß der ältere Freund am Nachmittag im Forstamt seinem leidigen Dienst nachgehen muß. Am 27. Januar 1874 gelangt der »Boris« am Marinskij-Theater zur Uraufführung, wobei aus unerfindlichen Gründen das Bild in Pimens Klosterzelle und die Szene vor der Blashennij-Kathedrale gestrichen wurden. Das Werk erfreut sich eines überwiegenden Erfolgs vor allem bei der Jugend und hält sich bis 1882 im Repertoire der Petersburger Bühne, auch wenn einzelne Kritiker, unter ihnen César Cui, es recht brüsk ablehnen. Gewiß trägt dieser Umstand das Seine dazu bei, daß sich »das mächtige Häuflein«, nach bereits seit 1872 erkennbaren Auflösungstendenzen, nun gänzlich zerstreut. In späteren Jahren, als die Bedeutung von Mussorgskijs Werk doch allmählich auch den Verständnislosen sichtbar wird, stellen sich die Kontakte zu den alten Freunden wieder her, ohne daß jedoch noch einmal eine geschlossene Arbeitsgemeinschaft entstünde. Mussorgskij ist nicht nachtragend, aber zu unterschiedlich sind die Ziele und zu verschieden die Wege, denen sich die einzelnen Komponisten zugewendet haben.

Bald nach Beendigung des »Boris« hatte Mussorgskij mit der Niederschrift des Textbuches zur »Chowanschtschina«, seiner nächsten Oper, begonnen. »Ich schwelge im Sammeln von Material. Mein Kopf glüht wie ein Kessel, dessen Glut immer von neuem angeheizt wird«, schreibt er an Stassow, der ihm das Sujet aus der Regierungszeit Peters des Großen empfohlen hat. Doch die anfängliche Begeisterung läßt bald nach, und es beginnen die Ausflüchte. Balakirew und Stassow hatten schon in früheren Jahren der »Oblomowtschina« ihres wechselnden Launen unterworfenen Freundes durch mündliche und briefliche Vorhaltung entgegenzuwirken versucht. Im August 1873 lädt nun Stassow, der auf einer seiner zahlreichen Europareisen Kontakte zu Liszt geknüpft hat und von dessen günstigem Urteil über Mussorkijs Liederzyklus »In der Kinderstube« ermutigt wurde, den mittellosen Freund auf seine Kosten nach Weimar ein, bekommt aber eine nur schlecht begründete Absage. Der Maler Ilja Repa erzählte später, daß Mussorgskij um diese Zeit bereits seine Möbel und seine bessere Kleidung verkauft und seine dienstfreien Stunden überwiegend in billigen Kneipen zugebracht habe. Seinen Hausstand hatte er aufgelöst und war mit dem verarmten Grafen Golenischtschew-Kutusow in eine gemeinsame Wohnung gezogen. Alexander Borodin berichtet in einem Brief an seine Frau, daß der betrunkene Mussorgskij in Pawlowsk in eine Schlägerei verwickelt worden sei. Im Gasthaus »Mali Jaroslawez« trank der Komponist des »Boris« viele Nächte in munterer Gesellschaft, bis er meist als letzter Gast von den ermüdeten Kellnern auf den Heimweg geschickt wurde. Der ihm befreundete Wirt schrieb seine Zeche großzügig auf, mußte jedoch am Ende vergeblich auf deren Bezahlung warten.

Nach dem Tode des mit Mussorgskij befreundeten Malers und Architekten Viktor Alexandrowitsch Hartmann wurde von Stassow mit dessen Werken eine Ausstellung veranstaltet. Diese bildete den Anlaß für den 1874 komponierten Klavierzyklus »Bilder einer Ausstellung«. 1874 begann Mussorgskij, eben als der erste Akt der »Chowanschtschina« doch endlich beendet war, zudem mit der Arbeit an Text und Musik der komischen Oper »Der Jahrmarkt von Sorotschinzy« nach einer Erzählung von Nikolaj Gogol. Im Frühjahr 1875 jedoch legt er auch diese Entwürfe beiseite und nimmt sie erst zwei Jahre später wieder auf. In einer für ihn sonst ganz untypischen Aufwallung von Zorn und Verbitterung distanziert er sich von seinen ehemaligen Freunden, vor allem von Cesar Cui und Rimskij-Korsakow, die nach seiner Meinung daran sind, in den »traditionellen Pfuhl« zurückzusinken. »Das mächtige Häuflein ist zu einer Schar von hirnlosen Verrätern entartet«, schreibt er im Oktober 1875 an Stassow, »ihre Geißel wurde zur Kinderpeitsche. Sie haben nicht Teil am Kern des Lebens, sie sind ohne Belang für das heutige Schaffen.« Nur mühsam geht die Arbeit an der »Chowanschtschina« weiter. Im Jahre 1876 will ihm nicht einmal mehr ein Lied nebenbei gelingen.

In den letzten Lebensjahren arbeitet Mussorgskij, der offenbar unter Konzentrationsschwierigkeiten leidet, immer an mehreren Kompositionen gleichzeitig, viele davon bleiben Fragmente, so die beiden Opern »Chowanschtschina« und »Der Jahrmarkt von Sorotschinzy«, der Zyklus »Lieder und Tänze des Todes«, die russischen Volkslieder für Männerchor und die »Transkaukasische Suite«. Einige Lieder, wie das »Flohlied« nach Goethe, und einige kleine Klavierstücke, wie »Une larme«, bringt er zu Ende. Im Sommer 1878 unternimmt er mit der bekannten Altistin Darja Leonowa eine Konzertreise in den Süden Rußlands, die ihn durch die Ukraine bis nach Odessa und auf die Halbinsel Krim führt. Seine Lebensgeister scheinen, wenn man den begeisterten Briefen glauben darf, wieder zu erwachen. Trotz aller nach Petersburg gemeldeten Erfolge gelingt es ihm jedoch nicht, auf dieser strapaziösen Tour wenigstens soviel Geld zu verdienen – oder zusammenzuhalten –, daß er seine Schulden im »Mali Jaroslawez« zurückzahlen kann. Bald nach seiner Rückkehr scheidet er mit 1. Dezember 1879 endgültig aus dem Kanzleidienst im Landwirtschaftsministerium aus. Zum dritten Mal hat er nun eine berufliche Laufbahn aufgegeben, die ihm Sicherheit und Lebensunterhalt hätte gewähren können. Es mag wohl sein, daß er der beruflichen Belastung nicht länger gewachsen war. Fortan wurde er von seinen Freunden, allen voran Wladimir Stassow, finanziell unterstützt, wobei diese Hilfe mit der Auflage verbunden war, daß er seine »Chowanschtschina« beenden müsse. Aus der Wohnung seines Freundes Naumow, der offenbar keine erfolgreichen Versuche gemacht hatte, ihn vor seinen zerstörerischen Alkoholexzessen zu bewahren, übersiedelte er nun in das Sommerhaus der Sängerin Leonowa. Bei einer Gedenkfeier anläßlich des Todes von Fedor Dostojewskij, den er sehr verehrt hatte, trat er im Februar 1881 noch einmal als Pianist vor die Öffentlichkeit. Sein Gesundheitszustand, über den er ein Leben lang in Briefen geklagt hatte, verschlechterte sich nun rasch. Nach den zahllosen wirklichen oder eingebildeten Krankheiten, wie dauernde Erkältungen, Stimmverlust, Atemnot, Herzklopfen, Bronchitis und immer wieder Nervenleiden, wurden die Beschwerden nun ernster. In der Wohnung der Leonowa erlitt er nach einem von ihm gespielten Wohltätigkeitskonzert einen

Schlaganfall. Er wurde ins Petersburger Nikolaj-Militärspital eingeliefert, wo ihn der Arzt, um dem völlig Mittellosen die unerschwinglichen Kosten zu ersparen, als seinen Leibburschen eintragen ließ. Am 28. März verschied er im Delirium. Als Todeskrankeiten wurden Wundrose, beginnende Epilepsie, Leberzirrhose, chronische Nephritis und Rückenmarksentzündung genannt. Er war einige Tage zuvor erst zweiundvierzig Jahre alt geworden. Sein Grab wurde ihm auf dem Friedhof des Alexander-Newskij-Klosters geschaufelt.

Wenig ist mit dieser Skizze seiner äußeren Lebensumstände gesagt über den Menschen und Künstler Modest Mussorgskij, der vom Erfolg nicht belohnt und von der Liebe nicht behütet wurde. Wenig ist gesagt über seinen liebenswerten, hilfsbereiten und freundseligen Charakter, über seine Angst vor der Ehe und seine Liebe zur Mutter und zu älteren, mütterlichen Damen, über seine lebenslange Doppelbeanspruchung durch den verhaßten Brotberuf und die geliebte künstlerische Tätigkeit als glänzender Pianist und genialer Komponist, über seine weit über das Musikalische hinausgreifenden Interessen an Malerei, Geschichte und Dichtkunst, die sich in Freundschaften nicht nur mit Musikern, sondern auch mit Malern, Architekten, Bildhauern, Historikern, Kunstgeschichtlern, Schauspielern und Dichtern bekundete, und schließlich über seine große Liebe zum unterdrückten und entmündigten russischen Volk. Diesem hat er sein Werk gewidmet und dem Werk sein Leben. Aber war es nicht letzten Endes seine selbstauferlegte Bestimmung, mehr zu geben als zu fordern? Unter all seinen Freunden ist er doch letztlich sehr einsam geblieben.
»Das Leben«, schrieb Modest Mussorgskij in einem seiner zahllosen hilferufenden Briefe an Stassow, den Freund, »das Leben, wo immer es sich äußert; die Wahrheit, wie bitter sie auch sei, die furchtlose, aufrichtige Rede von Mensch zu Mensch – à bout portant – das ist meine Art, das ist es, was ich will, und dieses Ziel zu verfehlen täte mir weh.« Es liegt nicht an uns zu urteilen; aber wer sollte dieses Ziel erreicht haben, wenn nicht »der heilige Gottesnarr« Modest Mussorgskij?

Zum historischen Hintergrund des »Boris Godunow«

Das 19. Jahrhundert ist das Zeitalter der großen Geschichtsschreiber. Auch auf die ehemals dunklen Jahrhunderte fällt nun das Licht des neuerwachten Interesses. Die Nationalstaaten suchen nach ihren Ursprüngen. Man erkennt, daß die Völker seit jeher ihre Identität den Chronisten und Dichtern verdanken. Das schwache Wort erweist sich als dauerhafter als der zerbrechliche Stein.

Auch auf der Musikbühne mehren sich nun die historischen Stoffe. Richard Löwenherz, Don Carlos und Vasco da Gama treten neben die Gestalten der Mythen und Sagen. Haupt- und Staatsaktionen aus der politischen Geschichte füllen die Szene mit Kostümen, Perücken und Requisiten aus den Chroniken des Mittelalters und der frühen Neuzeit. Nicht immer werden dabei jedoch die bedeutsamsten Ereignisse der Vergangenheit in den Blickpunkt gerückt. Liebesaffären, Familientragödien, Freundesverrat und Gesellschaftsintrigen bleiben nach wie vor die Hauptmotive der dramatischen Handlung.

In einem Falle aber scheint es gelungen, eine exemplarische Oper über ein schicksalsträchtiges historisches Ereignis und zugleich ein Werk zu schreiben, welches die Selbsterkenntnis einer sich mächtig entwickelnden Nation beförderte. Die Rede ist von Modest Mussorgskijs »Boris Godunow«, dem unvergleichlichen Meisterwerk der nationalen russischen Oper. Es steht unter allen anderen Nationalopern, die nicht seinesgleichen sind, wie ein schwarzer Monolith, aus dem es wie von goldnen Adern leuchtet. Denn wo die andern rühmen, großsprechen und triumphieren, da klagt der russische »Gottesnarr« über das scheinbar unabwendbare Schicksal des vergewaltigten Volkes; wo anderswo die Glocken zu Festen und Hochzeiten rufen, da wird vom mächtigen Dröhnen der Kremlglocken das Volk in die Knie gezwungen. Ein Schreckensbild malt die slawische Seele von ihrem geschundenen Leib.

Nikolai Michailowitsch Karamsin war der Autor, dessen Geschichte des russischen Reiches den Grund legte für eine neue Identifikation der russischen Intellektuellen mit ihrem Volk. Sie erschien in sechs Bänden in den Jahren nach den Napoleonischen Kriegen und erregte sofort das begeisterte Interesse des jungen Aristokraten Puschkin. Puschkin, der als guter Kenner der zeitgenössischen deutschen Literatur gewiß Kenntnis erlangt hatte von Schillers Fragment vom falschen Demetrius, unternahm aufgrund der neuerschlossenen Quellen ohne Zögern den Versuch einer dramatischen Neugestaltung eines der folgenschwersten Kapitel der russischen Historie. Als Vorbild dienten ihm dabei die Shakespeareschen Königsdramen mit ihren zahlreichen Personen und rasch wechselnden Schauplätzen. Auch der junge russische Dichter läßt seine Protagonisten in fünffüßigen Jamben sprechen und sein Volk in schlichter Prosa. Er unterteilt sein Stück jedoch nicht mehr in die klassischen fünf Akte, sondern gibt der Szenenfolge eine ungegliederte Form, die allein dem Fortgang der beiden getrennten Handlungsstränge folgt.

Puschkin, der sein Drama in seinem Verbannungsort Michailowskoje während der Jahre 1824 und 1825 verfaßte, konnte auch nach seiner Rückkehr nach St. Petersburg nicht hoffen, es zu einer Aufführung zu bringen, da es in Rußland ebenso wie in manchen anderen europäischen Monarchien nicht erlaubt war, regierende Fürsten des eigenen Landes – gleich welcher Epoche – auf der Bühne auftreten zu lassen. Diese Restriktion fiel 1861 durch die Reformen des Zaren Alexander II., und so kam es erst 35 Jahre nach Puschkins Tod zur Uraufführung des Schauspiels »Boris Godunow«, dem auch dann noch lange Jahre nicht der verdiente Erfolg als erstes großes Werk des russischen Nationaltheaters beschieden war. Das Sujet vom Aufstieg und Fall des Zaren Boris ist, bei aller Grausamkeit der äußeren Handlung, ein echter literarischer Glücksfall. Es ist ein Lehrstück vom Gewinn und vom Verlust der Macht. Von Liebe ist wenig die Rede, und da, wo sie im Munde geführt wird, ist etwas andres gemeint. In der drastisch-dramatischen Handlung wird in Puschkins Stück ein Bruch- und Wendepunkt der russischen Geschichte sichtbar gemacht, eine kurze Gegenwart, in der sich Vergangenheit und Zukunft des russischen Reiches gewalttätig begegneten.

Nach dem 1584 erfolgten Tode Iwans des Schrecklichen, der sich nach der Unterwerfung Kasachstans und der Stadt Kasan den Zarentitel zugelegt hatte, waren – als letzte Nachkommen der normannischen Dynastie der Ruriks – zwei Söhne hinterblieben. Seinen ältesten, ursprünglich zum Thronerben bestimmten Sohn hatte Iwan im Jähzorn mit einer Eisenstange erschlagen. Der fromme und regierungsunfähige Fjodor, dessen Mutter eine geborene Romanow war, wurde zum Zaren gekrönt. Der jüngste Sohn Dimitrij aus Iwans siebenter und letzter Ehe war eben erst anderthalb Jahre alt. Seine Mutter Marfa stammte aus dem mächtigen Bojarengeschlecht der Nagoj. Den Unmündigen auf den Thron zu bringen und an seiner Stelle zu herrschen war die Absicht der mütterlichen Verwandtschaft. Doch eine bald nach Fjodors Regierungsantritt angezettelte Rebellion wurde von Nikita Romanow, dem Regenten, blutig niedergeschlagen. Die Familie Nagoj wurde mitsamt dem Zarewitsch Dimitrij in die kleine Stadt Uglitsch an der Wolga verbannt. Doch zwei Jahre darauf starb Nikita Romanow, und an seine Stelle gelangte der Abkömmling eines alten, seit dem 14. Jahrhundert zum Christentum bekehrten tatarischen Bojarengeschlechts, Boris Godunow. Dessen gelegentliche Bezeichnung als Emporkömmling erscheint nicht gerechtfertigt, wenn man weiß, daß eine seiner Vorfahrinnen als Gattin von Iwans Vater Wassilij III. auf dem Thron der Ruriks gesessen hatte. Daß Boris Godunow seine Schwester Irina mit dem frommen Fjodor verheiratete, läßt auf seine ehrgeizigen Zukunftspläne schließen. Als dann unter den argwöhnischen russischstämmigen Adeligen eine Verschwörung aufgedeckt wurde, ließ der Reichsverwalter seine gefährlichsten Gegenspieler enthaupten und verbannen, entmachtete den Metropoliten und setzte einen ihm ergebenen Mönch an dessen Stelle.

Im Mai des Jahres 1591 gelangte dann die Schreckensnachricht aus Uglitsch nach Moskau, daß der Zarewitsch Dimitrij eines gewaltsamen Todes gestorben sei. Der Verdacht des Mordanschlags fiel auf den, dem dieser Tod allein gelegen kommen mußte: Boris Godunow. Um diesen Verdacht zu entkräften, sandte der Regent sofort eine Kommission unter dem Fürsten Wassilij Schuiskij in das 200 km nördlich von Moskau gelegene Uglitsch. Die drei der Tat verdächtigen Männer Bitjagowskij, Katschalow und Wolchow sowie die Mutter des letzteren, die Kinderfrau des Zarewitsch, waren unmittelbar nach der Tat vom aufgebrachten Volk erschlagen worden, so daß die Kommission keine Geständnisse mehr erreichen konnte. Die Behauptung, der kleine Dimitrij sei in einem epileptischen Anfall in sein eigenes Messer gestürzt, konnte angesichts der klaffenden Halswunde kaum aufrechterhalten werden. So vermied der Bericht der Kommission eine klare Stellungnahme und die Bischöfe erklärten den Tod des Zarewitsch für einen unergründlichen »Ratschluß Gottes«. Dennoch ließ Godunow 200 Bürger der Stadt Uglitsch hinrichten und eine ungenannte Zahl von ihnen nach Sibirien verbannen. Die Mutter des unglücklichen Kindes wurde in ein Kloster gesperrt. Damit hoffte er den Gerüchten ein Ende zu bereiten. Vergeblich. Mit dem tragischen Ereignis in Uglitsch begannen im moskowitischen Reich die »Jahre der Wirren«, eine Zeit der Gewalttaten, Aufstände, Kriege und Thronwechsel, die erst nach unvorstellbaren Leiden des geschundenen Volkes ihr Ende fanden.

Boris Godunow, der längst schon alle Regierungsmacht in Händen hielt, gelangte nach dem Tod des trübsinnigen Fjodor auf den Thron, nachdem seine Schwester, die Zarenwitwe Irina, zu seinen Gunsten verzichtet hatte. Eine Bojarenverschwörung, die sich dem zu widersetzen suchte, wurde niedergeschlagen. Boris suchte, da er vom russischen Adel keine Unterstützung erhoffen konnte, das einfache Volk auf seine Seite zu ziehen. Zu den Feierlichkeiten seiner Krönung bewirtete er 70 000 Moskowiter mit einem Festessen. Seine kurze Herrschaft war jedoch nicht vom Glück begünstigt. In den Jahren 1501 und 1502 wurde das Land nach Mißernten von Hungersnöten heimgesucht. Die Pläne des durch Intrige und Gewalt an die Macht gelangten Zaren, seine Herrschaft zu legitimieren, indem er seine beiden Kinder Fjodor und Xenia mit dem europäischen Adel durch Heirat zu verbinden suchte, scheiterten. Zuletzt starb der dänische Prinz Hans von Holstein, der eine Verlobung mit Xenia eingegangen war, ohne die Braut je gesehen zu haben. Vereinzelt tauchten, von den Bojaren befördert, auch die ersten Gerüchte auf, der Zarewitsch Dimitrij sei von der Familie Nagoj vor den ausgesandten Mördern rechtzeitig in Sicherheit gebracht worden, und an seiner Stelle sei ein anderes, untergeschobenes Kind getötet worden.

Im Herbst 1503 trat in Polen erstmals ein junger Mann mit dem Anspruch auf, der wahre Dimitrij und der Thronerbe Rußlands zu sein. Der polnische Wojwode Georg Mnischek von Sandomir, der in großen finanziellen Bedrängnissen war, mochte sich durch dessen Unterstützung eine Verbesserung seiner Lage erhoffen. Möglicherweise entstand auch in seiner Umgebung der ehrgeizige Plan, mit Hilfe des Prätendenten das nachbarliche Rußland für den katholischen Glauben zu gewinnen. Der angebliche Dimitrij jedenfalls konvertierte nach einer Audienz beim polnischen König Sigismund III. 1604 in Krakau in Anwesenheit des päpstlichen Nuntius Rangoni. Abtrünnige und malkontente Russen gab es genug in Polen und Litauen, Abenteurer und Fanatiker liefen ihm zu, und am 21. Oktober 1604 marschierte der falsche Dimitrij von Lemberg aus mit Heeresmacht über die russische Grenze.

Boris Godunow, dessen Truppen im Dezember eine erste Schlacht gegen den Usurpator verloren, geriet in große Erregung und ließ, um alle aufkommenden Zweifel zu beseitigen, den angeblich unverwesten Leib des Zarewitsch aus Uglitsch nach Moskau überführen. Die orthodoxe Kirche, die mit dem Zaren selbst in Bedrängnis geriet, sprach den kleinen »Märtyrer Dimitrij« heilig. Wundersame Heilungen sollten sich an seinem Grab ereignet haben. Öffentliche Erklärungen des Fürsten Schuiskij konnten das verängstigte Volk nicht beruhigen. Boris, der nicht ohne Grund in der Bojarensippe der Romanow seine gefährlichsten Gegner vermutete, ließ die Behauptung ausstreuen, der falsche Dimitrij sei in Wahrheit ein ehemaliger Diener aus deren Haus mit Namen Grigorij Otrepiew, der sich vor seiner Flucht nach Litauen und Polen im Tschudow-Kloster versteckt gehalten habe. Nach alten Quellen gibt Karamsin von diesem jungen Mann nachfolgende sehr genaue Personenbeschreibung: »Mittlerer Wuchs, breite Schultern, rötliche Haare, das Gesicht rund und blaß, aber überhaupt nicht anziehend, blaue Augen ohne Feuer, trüber Blick, breite Nase, eine kleine Warze unter dem rechten Auge, ebenso eine auf der Stirn und ein Arm kürzer als der andere.« Dieses wenig aristokratische Signalement findet sich, etwas gekürzt, auch später in Puschkins Drama und in Mussorgskijs Oper. Es zeigt keinerlei Ähnlichkeit mit der zeitgenössischen Skulptur eines länglichen, schmalen Kindergesichts auf der Grabplatte des ermordeten Zarewitsch.

Der Zar sandte den Invasoren ein russisches Heer entgegen, besiegte sie bei Dobrynitschij und trieb den falschen Dimitrij zur Flucht nach Putiwl. Er konnte dennoch seine Truppen während der kalten Wintermonate nicht von der Desertion abhalten. Bei der Belagerung von Kromy – Mussorgskij schildert sie im letzten Bild seiner Oper – liefen die zaristischen Soldaten in Scharen zum Feind über. Da geschah am 13. April 1605 das Unerwartete. Boris Godunow erlitt bei der Mittagstafel einen Blutsturz. Zwei Stunden später starb er, nachdem man ihn der Sitte gemäß in das Büßergewand eines Mönchs gekleidet hatte, im goldenen Saal des Kreml. Im Sterben noch hatte er seinen unmündigen Sohn Fjodor als seinen Nachfolger bezeichnet. Die Entscheidungen für die Zukunft waren ihm aus der Hand genommen.

Nach dem überraschenden Tode des im besten Mannesalter stehenden Zaren – er war vermutlich erst 54 Jahre alt – senkten die Verteidiger Moskaus die Waffen. Der falsche Dimitrij ritt als Sieger in die Hauptstadt ein und wurde von der eilig herbeigeholten Marfa Nagoja, der Witwe Iwans des Schrecklichen, als rechtmäßiger Sohn und Erbe anerkannt. Die unglückliche Frau scheint diese inhaltsschwere Zeugenaussage entweder unter Zwang oder aus Rache gegenüber der Sippe der Godunow gemacht zu haben. Sie wurde danach nicht etwa als Zarenmutter an den Hof gerufen, sondern verschwand endgültig in klösterlicher Verbannung. Dimitrij ließ den Sohn und die Witwe seines Vorgängers auf grausame Weise ermorden, vergewaltigte die unschuldige Xenia und ließ auch sie in die Verbannung schicken. Doch seine grausame Herrschaft währte nicht lange. Unmittelbar nachdem der Usurpator die vertraglich ausbedungene Heirat mit der katholischen Fürstin Marina Mnischek vollzogen hatte, wurde er das Opfer einer Palastrevolution, die der zwielichtige Schuiskij unter den Bojaren angestiftet hatte. Der falsche Dimitrij wurde ermordet und seine Leiche verbrannt. Seine Asche wurde aus einer Kanone in die Richtung geschossen, aus der er gekommen war: nach Westen.

Fürst Schuiskij bemächtigte sich des Thrones und ließ sich als Wassilij IV. zum Zaren krönen. Die polnischen Truppen, die im Gefolge des Prätendenten nach Moskau gekommen waren, widersetzten sich dem. Das orthodoxe Rußland wehrte sich gegen die blutige Missionierung. Endlich, nach langen Kämpfen, wurde auch Schuiskij getötet. Mit der Wahl des Bojaren Michail Romanow zum neuen Zaren fand im Jahre 1613 die gesetzlose »Zeit der Wirren« ein friedliches Ende. Die Dynastie der Romanows herrschte auf dem Zarenthron über dreihundert Jahre, bis sie durch die Revolution des Jahres 1917 zu Fall gebracht wurde.

Die ereignisreichen Jahre vom Tode des letzten Rurik bis zur Machtergreifung des ersten Romanow waren in der russischen Geschichte ein Wendepunkt von größter Bedeutung. In den Kämpfen um Herrschaft und Religion drohte der Verlust der inneren Identität und die Auflösung der äußeren Grenzen. Dichter und Komponist hätten in ihrem Zeitalter der nationalen Selbstbesinnung kein symbolhafteres Sujet finden können für ihr historisches Volksdrama als eben den Aufstieg des falschen Dimitrij und den Fall des Boris Godunow.

Was hat die Musik mit der Wirklichkeit zu schaffen? – Zum Realismusbegriff in Mussorgskijs Musikdramen

»Das Volk schafft die Musik, wir Komponisten arrangieren sie nur.« Dieser dem Geniekult des 19. Jahrhunderts entgegengehaltene Ausspruch wird dem »Vater der russischen Musik«, Mussorgskijs großem Vorbild Michail Iwanowitsch Glinka, zugeschrieben. Glinka hat dabei wohl vor allem an das unausschöpfbare Reservoir der Volkslieder, Gesänge und Tänze der dem Zarenreich eingegliederten Völker gedacht, die sich nicht ohne Verlust den überlieferten Regeln der westlichen Kunstmusik anpassen ließen. Fremd war ihm selbst noch die Verwendung volkstümlicher Instrumente, wie sie etwa Borodin mit dem Gusle im »Fürst Igor« oder Mussorgskij mit der Balalaika in der »Chowanschtschina« vorschrieben, fremd war ihm das Abweichen von den symmetrischen Formen der Melodienentwicklung und undenkbar gar die Komposition von ungebundener Prosa. Aber er hat einen Weg gewiesen, den er selbst nur zögernd beschreiten konnte, auf dem ihm aber, mehr als zehn Jahre nach seinem Tod, eine kleine Gruppe von jungen Musikern nachfolgte, um jenseits alles bisher Erreichten nach musikalischem Neuland zu suchen. »Zu neuen Ufern« hieß das Losungswort, mit dem sich Mussorgskij Mut machte für die so lange unbedankten Mühen des Unterfangens. Aber daß es ihm und seinen gleichaltrigen Freunden vergönnt war, ausgerechnet im Salon von Glinkas Schwester Ludmila Iwanowna Schestakowa sich zusammenzufinden zu jenem legendären »mächtigen Häuflein«, das mag ihm wohl als ein verheißungsvolles Omen erschienen sein.

Die Ahnenreihe der russischen Musiker reicht kaum bis ins 18. Jahrhundert zurück. Und so ist es nicht weiter verwunderlich, wenn sich die Gruppe der fünf ausschließlich auf Vorbilder aus ihrem eigenen Jahrhundert berief. Neben Glinka und Dargomyschkij, in dessen Petersburger Salon sich die meisten von ihnen übrigens zum erstenmal begegnet waren, schätzte Mussorgskij vor allem Beethoven und Berlioz. Zwar nennt er auch Palestrina, Bach und Gluck unter den großen Meistern der Vergangenheit, dies scheint aber mehr eine Dokumentation seiner Bildung zu sein als seiner persönlichen Verbundenheit. Eigenartig mag einem in diesem Zusammenhang erscheinen, daß die der europäischen Tradition aus Überzeugung verbundenen Komponisten Peter Iljitsch Tschaikowskij und Anton Grigorewitsch Rubinstein in Moskau lebten und wirkten, die programmatischen »Russen« des Balakirew-Kreises jedoch im westlich orientierten St. Petersburg. Gewiß war diese Konfrontation nicht ohne Bedeutung, denn schöpferische Kunst entsteht eher im Widerspruch als in der Bestätigung der umgebenden Wirklichkeit.

Was Mussorgskijs Verhältnis zur Volksmusik betraf, so hat er russische Volkslieder kaum jemals notengetreu in seine Bühnenwerke übernommen. Er hat sich von ihnen anregen lassen und das originale Material nach seinen Bedürfnissen verarbeitet. Jedoch keine äußerlichen Übernahmen aus Bereichen des Volkslieds, des liturgischen Gesangs oder der Tanzmusik konnten den Kern der neuen Fragestellung treffen. Als Bühnenautor mußte er das Grundverhältnis zwischen Wort und Ton neu durchdenken, die Funktion der Musik im Drama neu legitimieren. Und hierin erwies sich Mussorgskij als der einzige radikale und kompromißlose Denker unter den Komponisten des »mächtigen Häufleins«. Diese Position, in der es ihm um mehr ging als nur um Musik – um ein Ziel also, dem er sich als Musiker in den Dienst stellte – trennte ihn auch in der Folge von seinen Freunden, deren erstes Anliegen es war, ihr musikalisches Handwerk auszubilden und zu verfeinern und – um es in der Sprache des Marineoffiziers Rimskij-Korsakow zu sagen – ihr Schiff zu rüsten, ohne zu fragen, wohin die Fahrt ging.

Alexander Sergejewitsch Dargomyschkij, dessen Verdienst es war, das Erbe Glinkas an die jungen Petersburger Komponisten weiterzugeben, hatte in seinem letzten Werk, »Der steinerne Gast«, bereits einen ersten Versuch unternommen, dem Tonfall von Puschkins Sprache mit musikalischer Deklamation nachzuspüren. Auch er war bereits zu der Überzeugung gelangt, daß das Wort durch den Klang erst seinen psychologisch vertieften Ausdruck finden sollte. Er verwendete allerdings hierbei die fünfhebigen Jamben von Puschkins Schauspiel, die sich in ihrer starken Formalisierung nicht immer mit Selbstverständlichkeit dem natürlichen Fluß der sinnbetonenden Musik ergaben. Zudem war auch die Thematik vom frevelhaften Leben und der gerechten Bestrafung Don Juans nicht dazu angetan, das Wort in seiner spezifisch russischen Eigenheit zur Geltung zu bringen. Mussorgskij aber, der nur mit seinem ersten Entwurf eines Bühnenwerkes, mit Flauberts »Salammbô«, ein Sujet aus einem fremden Kulturkreis aufgegriffen hatte, wandte sich schon mit seinem nächsten Projekt, der Komödie »Die Heirat« nach Gogol, einem Werk zu, an dem seine Theorien am Beispiel einer Handlung aus dem russischen Landleben in umgangssprachlicher Prosa sich zu erweisen hatten.

Mussorgskij machte sich im Sommer 1868 daran, Gogols Dialoge ohne rhythmische oder syntaktische Abänderungen und fast ohne Kürzungen zu vertonen. »Meine Musik«, so schrieb er an Glinkas Schwester, »muß eine Reproduktion der menschlichen Sprache bis in ihre feinsten Nuancen hinein sein. Kurz: der Klang des menschlichen Worts, als äußere Manifestation des Denkens und Fühlens verstanden, muß ohne Übertreibung, ohne Gewaltsamkeit zu einer wahrheitsgetreuen, genauen, aber künstlerischen, hochkünstlerischen Musik werden.« Nachdem er jedoch den ersten der beiden Akte von Gogols Komödie vertont hatte, brach er die Arbeit ab. Das Werk wurde später von Alexander Tscherepnin vervollständigt und instrumentiert. Mussorgskijs Anteil an dieser komischen Oper bietet das erste Beispiel vertonter Prosa auf der Opernbühne. Der große Musikdramatiker ist bei diesem jugendlichen Versuch mit der Radikalität eines metierfremden Außenseiters ans Werk gegangen. Er hat nicht in seine Berechnungen einbezogen, daß durch die von der Musik verursachte Verbreiterung der Dialoge das Tempo erheblich verzögert und daß der Witz der Komödie durch die kleinteilige Gliederung rezitativischer Sprachbehandlung abgestumpft werden mußte. Der Gewinn an realistischer Eindringlichkeit wurde verspielt durch den Verlust an formalen Kontrasten. Mussorgskij war hier auf einen der Angelpunkte musikdramaturgischer Problematik gestoßen.

In seinem nächsten Werk, der Oper »Boris Godunow«, zog er – vielleicht nach langen Diskussionen im Freundeskreis um Stassow und Balakirew – die richtigen Schlüsse aus seinen bisherigen Experimenten. Auch hier wieder ist die Konsequenz des denkerischen Ansatzes zu bewundern, mehr aber noch der unfehlbare Instinkt des geborenen Dramatikers, der den eben erst Dreißigjährigen befähigte, mit seiner ersten zu Ende komponierten Oper eines der großen Meisterwerke der Weltliteratur zu schreiben. Mit der glücklichen Wahl des Stoffes, den ihm der Historiker und Literaturwissenschaftler Wladimir Wassiljewitsch Nikolskij empfohlen hatte, war er in die Obhut Alexander Puschkins gekommen. Durch die Abwechslung von gebundenen Versen und ungebundener Prosa, die dieser seinem Vorbild Shakespeare verdankte, durch die Unterscheidung von großformatigen Chor- und Soloszenen, durch die Kontrastierung von polnischen Mazurkarhythmen und russischem Sprechgesang, von weltlichen und geistlichen Szenen und schließlich durch die Aufnahme geschlossener musikalischer Nummern, wie etwa des Liedes Warlaams von der Stadt Kasan, des Duetts Marina-Dimitrij oder Fedors Papageien-Erzählung, gewann er soviel formale Differenzierung bei Beibehaltung seiner Erkenntnisse aus der neugewonnenen Wortmelodie, daß sich in dem monumentalen Werk niemals Eintönigkeit oder Trägflüssigkeit einstellen. Mussorgskijs durch diese Leistung gewachsenes Selbstbewußtsein dokumentiert sich in einem Brief an Stassow, in welchem er unter Anspielung auf die Zensur seines in Deutschland gedruckten Liedes »Der Seminarist« seinen Stolz darüber bekundet, »daß die Musiker nun aus Nachtigallen, Sängern des Waldes und mondsüchtigen Seufzerhelden allmählich zu Mitgliedern der menschlichen Gesellschaft erhoben werden.« Und er fügt hinzu: »Und wenn man alles, was ich schreibe, verbieten würde, so werde ich doch nicht aufhören, den Stein zu höhlen, bis mich die Kräfte verlassen.« Die Wirklichkeit war in Sicht, und ihr Anblick schreckte ihn nicht. In diesem Sinne ist die Reform Mussorgskijs allein mit den Leistungen Glucks und Wagners vergleichbar.

In seinem nächsten Bühnenwerk, »Chowanschtschina«, ging er den beschrittenen Weg weiter. »Ich arbeite an der menschlichen Sprache«, schrieb er Ende 1876 an Stassow, der ihm das Sujet aus der Zeit der Thronbesteigung Peters des Großen vorgeschlagen hatte. »Ich bin dabei auf die durch die Sprache geschaffene Melodie gestoßen und bin zur Fusion von Rezitativ und Melodie gelangt (abgesehen von den dramatischen Bewegungen, bien entendu, bei denen man sogar bis zu Interjektionen vorstoßen kann). Ich möchte unter ›Melodie‹ nur eine solche verstehen, die ihre Rechtfertigung durch die Bedeutung empfängt.« Und an den gleichen Adressaten schreibt er weiter, er suche »die vom Leben gespeiste Melodie, nicht die klassische ... etwas, was der (so beliebten) klassischen Melodie entgegensteht und doch von allen und jedem sofort verstanden wird.« Man kann in diesen fortgesetzten Bemühungen um einen den Flexionen der Sprache abgelauschten Sprechgesang, der sich zu einer fortgesponnenen Melodie befreit, einen uneingestandenen Einfluß Richard Wagners vermuten. Wagner hatte 1863 in St. Petersburg einen überwältigenden Konzerterfolg errungen, dessen Zeugen inmitten der ganzen Petersburger Intelligentsia sicherlich auch die Komponisten des »mächtigen Häufleins« waren. Dennoch ging Mussorgskij in der Folge durch die Vertonung von Prosa einen Schritt über den Bayreuther Meister hinaus, der stets an der gebundenen Sprache festgehalten hatte. Auch hat Mussorgskij die Leitmotivtechnik als formale Klammer nie wirklich übernommen, wenngleich sich gerade in der »Chowanschtschina« gelegentlich Themen finden, die an einzelne Personen oder Situationen gebunden sind. Vielmehr werden mit den Chören der Strelitzen, Sektierer und Bauernmädchen, dem Tanz der Persischen Sklavinnen, den Trompetenfanfaren der Soldaten des Zaren, dem Trauermarsch im letzten Akt, dem Lied Marfas vom verlassenen Mägdlein und dem Balaleikalied Kusjkas wieder einfache symmetrische Formen eingeführt, welche die Übersichtlichkeit in der insgesamt etwas unklaren Dramaturgie des breitangelegten Werkes zu bewahren helfen.

Mussorgskijs Bemühungen um den sprachgerechten Ausdruck der musikalischen Deklamation ging soweit, daß er im Frühjahr 1875 die Arbeit an seinem nächsten – und letzten – Werk, der komischen Oper »Der Jahrmarkt von Sorotschinzy« vorübergehend abbrach, weil er befürchtete, er könne als Großrusse den hierbei erforderlichen kleinrussischen (d. i. ukrainischen) Tonfall nicht differenziert genug erfassen. Erst durch die Hilfe des ukrainischen Sängers Ossip A. Petrow und schließlich durch einen eigenen kurzen Aufenthalt in der Ukraine anläßlich einer Konzerttournee wurde er wieder ermutigt, die Komposition des »Jahrmarkts« fortzusetzen. Für Mussorgskij war »die Kunst ein Mittel, mit Menschen in Verbindung zu treten, kein Ziel an sich.« Er suchte die Welt zu erfassen, so wie sie war, und nicht so, wie sie sein sollte, und mit dem Volk von seiner Geschichte und in seiner Sprache zu reden. Und darum betrachtete er es als »Aufgabe der Musik, nicht nur die Stimmung eines Gefühls, sondern vor allem die Stimmung der menschlichen Sprache in musikalischen Klängen wiederzugeben«. Jede zeitlose Verallgemeinerung, jeder abstrahierende Formalismus waren ihm fremd, denn er fürchtete, darüber das Ziel der Zwiesprache von Mensch zu Mensch aus den Augen zu verlieren. In diesem Zusammenhang kann darauf hingewiesen werden, daß Mussorgskijs Protagonisten überwiegend in dunklen Stimmlagen singen. Wer die oft schrillen Chorsoprane oder flachen Solotenöre der russischen Oper im Ohr hat, versteht, daß Mussorgskij die tieferen Lagen als die natürlicheren und darum auch besser verständlichen Stimmgattungen ansah. In Mussorgskijs Bühnenwerken wird der realistische Gegenpol zur konzertanten Stimmführung der »hoch«-gezüchteten Barockvokalisten erreicht. Der unverwechselbaren kraftvollen Deklamation der russischen Altistinnen und Bassisten entspricht in der Instrumentation die häufige Verwendung der weithin dröhnenden Glocken und das solide vorwärtsschreitende Baßfundament der Streicher. Keine sphärischen Klänge entführen diese zutiefst menschlichen Bühnenfiguren aus ihrer irdischen Bedrängnis in lichte Höhen. Nicht Trösterin ist Mussorgskijs Musik, sondern Mitleidende.

Von Mussorgskijs theoretischen oder besser gesellschaftlichen Ansätzen aus erscheint es nur allzu natürlich, daß der eigentliche Hauptdarsteller seiner späteren Werke das russische Volk ist. Dies drückt sich im Titel des »Jahrmarkts von Sorotschinzy« und in den Untertiteln des »Boris« und der »Chowanschtschina« aus, welche nicht mehr als Opern, sondern als musikalische Volksdramen bezeichnet werden. Das Volk feiert seine Feste und trägt das Leid der Kriege, Unterdrückungen und Revolten, es trägt aber auch die Hoffnung einer besseren Zukunft. Den Plan einer Revolutionsoper um die Figur des rebellischen Uralkosakenführers Pugatschow aus der Zeit der Herrschaft der Zarin Katharina II. konnte Mussorgskij nur in ersten Ansätzen verwirklichen. Mit seiner Vollendung wäre den historischen Bühnenwerken »Boris Godunow« und »Chowanschtschina« ein Gegenstück aus der jüngeren russischen Geschichte entstanden.

Das Fragmentarische von Mussorgskijs Werk scheint eine tiefere Ursache zu haben als den frühen Tod des Komponisten. Bruchstücke vereitelter Pläne, abgebrochene Versuche gibt es aus allen Epochen seines Schaffens. Einzig »Boris Godunow« wurde vollendet. Mussorgskijs einzelgängerische Eigenwilligkeit richtete sich nicht zuletzt gegen ihn selbst. Er zerstörte nicht nur sein Leben, sondern auch seine Entwürfe. Das vollendete Kunstwerk steht der wechselvollen Wirklichkeit durch seinen Anspruch auf »ewige« Gültigkeit entgegen. Der Torso hingegen ist ein Ausdruck des unaufhörlichen Ringens um Fassung gegenüber dem Unfaßbaren. Das runde, geglättete Werk widersprach offenbar Mussorgskijs Begriff von einer Wiedergabe der unvollkommenen, immer nur vorläufigen Welt durch die Kunst. Gewiß aber widersprach es seinem Naturell, das stets zwischen resoluter Arbeitsfreude und resignierendem Zaudern schwankte. Dieser Umstand mag wohl auch der Grund dafür gewesen sein, daß nach seinem frühen Tod zuerst seine Freunde und danach zahlreiche Komponisten späterer Generationen immer wieder den Versuch unternahmen, seine Werke zu ergänzen, zu orchestrieren, zu adaptieren und, nicht selten, auch umzukomponieren. Die Bruchstellen des Unvollkommenen verletzten ihre lesenden Augen und ihre hörenden Ohren. Ihre Zielsetzung war dabei der des großen Rebellen durchaus entgegengesetzt. Nicht gefälliger, spielbarer, glänzender, farbenprächtiger oder kommensurabler wollte er seine Werke sehen, sondern wirklichkeitsnäher. In einem Brief an den Historiker Nikolskij schrieb er schon 1868 während der Arbeit am »Boris«: »Vielleicht werde ich eines Tages wirklich etwas fertig machen … Aber durch das Dunkel der Ungewißheit sehe ich ein helles Licht, und das ist die völlige Abkehr der Gesellschaft von den Operntraditionen der Vergangenheit.«

Gewiß, wer mehr will als nur Musik, der muß sich sagen lassen, daß er der Musik manches schuldig bleibt. Aber Mussorgskij wurde von seinen Kritikern manches als Grobheit oder Ungeschicklichkeit angekreidet, was niemals glatt oder geschickt sein wollte. Die von ihm selbst instrumentierten Szenen seines Jugendwerkes »Salammbô« sind weit farbiger ausgefallen als die kantige, fahle Partitur des »Boris«. Es lag also doch eine bewußte Abkehr vom samtenen Faltenwurf der Gründerzeitästhetik dabei vor. Mussorgskij hat die schillernde Fabelwelt der Exotik verlassen und ist in seine ureigene Heimat zurückgekehrt, zu Fuß, als einer, der die Lebenswirklichkeit seines Volkes in all seiner komischen oder tragischen Unbeholfenheit und Gemütstiefe zum tiefsten Anliegen seiner Kunst machen wollte. Dem entsprachen nicht nur die alle Effekte meidende Instrumentation, sondern auch die Auflösung der traditionellen symmetrischen Formen, die Vermeidung der westlichen Polyphonie, der Verzicht auf regelmäßige Kadenzierung, die sprachgebundene Melodik, die freie Dissonanzbehandlung und die schroffe, oft übergangslose Modulation, die Verwendung von Ganztonleitern, die starren Ostinati und die freie Metrik mitsamt ihren überraschenden Taktwechseln. Um all diese »Mängel« zu beheben und dem hinkenden Riesen stützend auf die schwankenden Beine zu helfen, haben sich Fachleute unterschiedlichster Kompetenz wie Rimskij-Korsakow, Cui, Ravel, Ippolitow-Iwanow, Tuschmalov, Schostakowitsch, Tscherepnin, Strawinsky, Schebalin, Meligailis und, in neuester Zeit, Rathaus, Pesko und Gortschakow daran gemacht, Mussorgskijs Werke zu überarbeiten oder neu zu instrumentieren. Kaum einem zweiten Musiker in der Geschichte ist jemals soviel »Ehre« widerfahren. In mancher dieser Adaptationen sind dem Löwen die Klauen gestutzt worden. Aber die Pranke bleibt auch noch im Glacéhandschuh spürbar. Mussorgskij selbst empfand stets »ein eigentümliches Gefühl der Leere gegenüber einer Religion der bedingungslosen Schönheit. Wo es sich um Menschen, um Leben handelt«, schreibt er 1872 an Stassow, »da ist kein Platz für vorgefaßte Paragraphen und Gesetze.« Der Realismus, von welchem im Zusammenhang mit seinem Werk die Rede soviel hin und wider ging, war ihm keine Ideologie oder gar Kompositionsmethode. Wirklichkeit mußte er sich mit jedem Werk neu erschaffen. Und sein Weg dazu ging hin zu den Menschen, mag er auch oft auf ihm gestolpert sein. Und während er die Partitur des »Boris« beendigte, schrieb er an Stassow: »Nicht Bekanntschaft schließen mit dem Volk, sondern mich mit ihm verbrüdern, danach dürste ich: schrecklich und doch schön!«

Vom Glück und seiner Unerreichbarkeit – Tschaikowskijs »Eugen Onegin«

Peter Iljitsch Tschaikowskij wurde am 25. April 1840 (nach russischer Zeitrechnung am 7. Mai) in der Stadt Wotkinsk im Gouvernement Vjatka im Ural geboren. Er starb im Alter von erst 53 Jahren in St.Petersburg, frühzeitig gealtert und enttäuscht, in der Epoche seiner höchsten künstlerischen Entfaltung und ringsum wachsender Anerkennung. Mit einigem Grund ist vermutet worden, daß der krankhaft menschenscheue und depressive Künstler seinen frühen Tod durch eine Cholera-Infektion selbst verursacht hat. Trotz seiner mehrfachen Beteuerung, daß er sich nicht zum Opernkomponisten geschaffen fühle, hat er zehn abendfüllende Opern hinterlassen, von denen seine Meisterwerke »Eugen Onegin« und »Pique Dame« in das Repertoire der westeuropäischen Bühnen aufgenommen wurden. In den vergangenen Jahren wandte sich ein verstärktes Interesse auch bisher weniger bekannten Bühnenwerken wie »Iolanta« und »Die Jungfrau von Orleans« zu. Es besteht keinerlei Ursache, die stets auch kreativen Selbstzweifel eines Künstlers in den Rang eines öffentlichen Urteils zu erheben. Tschaikowskij hat in der Epoche des ausgehenden 19. Jahrhunderts einen der wichtigsten Beiträge zur Geschichte des europäischen Musiktheaters geleistet, und seine späten Opern sind neben seinen drei großen Balletten durchaus würdig, einen festen Platz auf unseren Spielplänen einzunehmen.

Es kann als glückliche Fügung bezeichnet werden, daß Tschaikowskij, der sich stets hilfesuchend an Freunde und Kollegen um Empfehlungen zu für ihn geeigneten Opernsujets wandte, bei einem Empfang bei der Sängerin Jelisaweta Lawrowskaja von der Hausherrin auf Puschkins Versroman hingewiesen wurde, den er wohl kannte, aber offenbar nicht in seiner Bibliothek hatte, sondern mit einiger Mühe sich wieder beschaffen mußte. Mag auch manches an diesem Meisterwerk russischer Poesie, vor allem die feingeschliffene Ironie des aristokratischen Dichters, dem Komponisten wesensfremd geblieben sein, so erfaßte ihn doch das Schicksal der Hauptfiguren, das Charakterbild der vom einfachen Landmädchen zur Dame der Petersburger Gesellschaft gewandelten Tatjana und die Schilderung des russischen Landlebens wie auch der großen Gesellschaft der Residenzstadt und schenkte ihm die Inspiration zu einigen seiner schönsten musikalischen Gedanken. Tschaikowskijs Komposition des »Eugen Onegin« erscheint uns heute als die vollkommenste Darstellung der Gefühlswelt des russischen Menschen im 19. Jahrhundert. Hier werden nicht die großen Schicksale der Zaren, Thronräuber und Heerführer der Geschichte abgehandelt, nicht die Phantasiegestalten der reichen slawischen oder asiatischen Märchenwelt heraufgeführt. Im Mittelpunkt des alltäglichen Geschehens stehen Menschen, denen sich der Dichter ebenso wie der Komponist verwandt fühlen mochten. »Das russische Element«, so schrieb Tschaikowskij an Nadeschda von Meck nach der Moskauer

Premiere im Januar 1881, »das russische Element, das in meiner Musik im allgemeinen vorhanden ist – das heißt die dem russischen Liede verwandte Art und Weise der Melodieführung und ihre Harmonisierung –, ist vor allem darauf zurückzuführen, daß ich in völliger Weltabgeschiedenheit geboren wurde und von frühester Kindheit an von der unbeschreiblichen Schönheit der charakteristischen Züge der Volksmusik durchdrungen war, daß ich überdies das russische Element in allen seinen Erscheinungsformen leidenschaftlich liebe – mit einem Wort, daß ich eben ein Russe bin in dem erschöpfendsten Sinne dieses Wortes.«

Tschaikowskij hatte nach jenem Abend im Mai 1877, an welchem ihm der Gedanke an eine Vertonung des »Onegin« in einer Konversation zugeflogen war, mit fiebriger Begeisterung die Arbeit an der neuen Oper aufgenommen. Er hatte selbst in groben Zügen die Einteilung des Stoffes, die Auswahl der Szenen und die Handlungsführung skizziert. Dann war er zu seinem Freund und Schüler Konstantin Schilowskij aufs Land hinausgefahren, um sich mit diesem gemeinsam an die Niederschrift des Textbuches zu machen. Bald sollte sich dabei herausstellen, daß die Handlungsarmut und der Mangel an äußeren Effekten des Sujets wenig Gelegenheit zu dramatischen Konfrontationen und Ausbrüchen der Leidenschaft geben würden. Es wollte nicht einmal recht gelingen, die drei jeweils neu beginnenden Bewegungsabläufe folgerichtig ineinander zu verflechten. Die Vorlage war eben von Puschkin als ein episches und nicht als ein dramatisches Werk konzipiert worden. Und so mußten nun also den ersten drei Bildern der vergeblichen Liebe Tatjanas zu Onegin die beiden mittleren Bilder der Auseinandersetzung Onegins mit seinem Freunde Lenskij folgen, und diesen endlich, nach einem Sprung über mehrere Jahre und über viele Meilen aus der ländlichen Idylle der seelenvollen Langeweile in das Getriebe der Weltstadt Petersburg, das letzte Bild, das oft in zwei Auftritte unterteilt wird, um das Gleichgewicht zu wahren. Hierdurch geschieht es nun, daß wichtige Figuren wie Olga, Larina und die Njanja Filipjewna allzu früh aus dem Geschehen ausscheiden und der Fürst Gremin als Gegenpol zu dem ruhlosen Weltbürger Onegin erst am Ende hinzutritt. Tschaikowskij war sich dieser Eigenart der Dramaturgie durchaus bewußt und nannte das Werk darum auch nicht Oper, sondern Lyrische Szenen. Heute will uns diese Struktur keineswegs mehr als ein Mangel erscheinen, denn sie gibt dem Werk eben gerade seinen frei fließenden episch-lyrischen Charakter, der es so unverwechselbar macht. »Eugen Onegin« erscheint uns heute als eine der wichtigsten Stationen zwischen Wagners »Tristan« und Debussys »Pelléas«. Tschaikowskij war hier, bewußt oder unbewußt, unterwegs zu neuen Formen der musikdramatischen Aussage und eben darum oftmals unsicher in seiner Bewertung des eigenen Schaffens, das sich bereits sehr weit von den traditionellen Schemata der romantischen Oper fortbewegt hatte. Er mißtraute den Haupt- und Staatsaktionen der Grand Opéra. »Götter und Könige«, so schrieb er kurz vor der Fertigstellung der Partitur im Januar 1878 an seinen Schüler Tanejew, »lassen mich kalt mitsamt ihren Staatsaktionen... Mich interessieren nur Opernhelden, deren seelische Erlebnisse den meinen gleichen. Ihnen fühle ich mich verwandt und kann sie daher verstehen.« Das liest sich wie ein vorweggenommenes Manifest des Verismus. Und tatsächlich schienen die Zuschauer der ersten Aufführung am Moskauer Konservatorium gegenüber dem neuen Werk nicht ganz ohne Befremden, wenn ihnen auch die Musik sehr wohl gefiel. Tschaikowskij beschreibt dies in einem Brief an Nadeschda von Meck: »Nach jedem Akt wurde ich vor den Vorhang gerufen, mußte aber feststellen, daß die Anerkennung des Publikums eher meiner Person als der Oper selbst galt, da ihm die zeitliche Nähe der Epoche, in der das Stück spielt, noch zu ungewohnt war. Es verursachte dem Publikum ein gewisses Unbehagen, Gutsbesitzer, junge Damen, Herren im Frack und Generale auf der Bühne Arien und Duette singen zu hören.«

Es ist nur allzu verständlich, daß Tschaikowskijs Menschenscheu ihn nicht eben zum Dramatiker der offenen Konflikte prädestinierte. Seine ureigenste Sache war die Seelenschilderung einsamer Menschen. Darum auch war ihm die Gefühlswelt der Tatjana besonders vertraut, und er begann damit, die Briefszene des zweiten Bildes zu komponieren. Von diesem seelischen Mittelpunkt aus erschloß er die äußere Welt der Puschkinschen Handlung. Objektivierende Distanz war ihm kein Anliegen. Es gibt kaum eine subjektivere, emotionellere Musik als die seine. Die freie rhapsodische Form, die oftmals auch, und nicht immer zum Vorteil des Werks, sich in seinem symphonischen Schaffen gegenüber der thematischen Arbeit behauptet, kommt hier zu ihrem unbestrittenen Recht. Allein durch Identifikation, nicht durch dramaturgische Gerechtigkeit gelangte er ins Innere seiner Figuren. Und die hochmütige, herablassende Gemütsart des wurzellosen Onegin blieb ihm bis in dessen letzte Verzweiflung weitgehend verschlossen. Darum auch läßt er den Titelhelden seiner Oper in der späten Erkenntnis seiner Liebe zu Tatjana kein eigenes, sondern das Liebesmotiv der unerreichbaren Geliebten singen und jagt ihn mit erbarmungslosen Fortissimo-Schlägen von der Bühne. Den ursprünglich geplanten Selbstmord ließ er ihn, nach allgemeinem Einspruch der Puschkin-Kenner, am Ende doch nicht vollziehen. Das Glück, so scheint es, war dem Lieblosen, auch wenn er es selbst vermeinte, nie wirklich zum Greifen nahe. Schon Dostojewskij hatte erkannt, daß es sich hier nicht um eine später zu bereuende und wiedergutzumachende Achtlosigkeit, sondern um eine grundlegende Fremdheit zwischen den ungleichen Liebenden handelt. Tatjana durchschaute in Puschkins Dichtung nach dem unglückseligen Duell der Freunde den Hochmut des Onegin und sein ganzes Leben als eine »Parodie« und hätte auch unter weniger tragischen Umständen als dem Tod des jungen Lenskij nicht Onegins Frau werden können, trotz all ihrer unstillbaren und verschwendeten Liebe.

Onegin weist Tatjanas erste aufblühende Mädchenliebe mit recht altklugen, schonungsvollen Worten zurück, so als spräche er nicht ebenso von seinem Schicksal wie vom ihren. Er tötet seinen Freund wegen einer leichtsinnig von ihm selbst provozierten Auseinandersetzung um ein ihm gleichgültiges Mädchen. Er hat nicht die Größe, um Verzeihung zu bitten. Er tötet seinen Bruder Abel vielleicht gar aus Neid auf dessen Liebesfähigkeit, als sein besseres Ich. Er kann in ihm sich selbst nicht ins Auge sehen, sich selbst und seinen schöneren Hoffnungen. Und nach der Tat sieht er keinen anderen Ausweg als die Flucht hinaus in die leere Weite der Welt. So findet er nicht zu sich, sondern verliert seine Spur. Und als er zurückkehrt, ungeheilt, begegnet er Tatjana im Glanz der adeligen Gesellschaft, geliebt und bewundert, und beginnt sie erst zu lieben, nachdem ihm der alternde Fürst Gremin seine eigene, so ganz anders geartete, dankbare Liebe zu dieser Frau als ein letztes Lebenswunder geschildert hat. Onegin lebt von den Gefühlen der andern, borgt Leben von den wahrhaft Lebendigen. Er ist ein Fremder in der russischen Heimat, wie so mancher der ziellosen Intellektuellen von Puschkins Generation, denen es weder gelingen konnte, die zaristische Gesellschaftsordnung zu reformieren, noch sie zu ertragen, und deren Widerspruch sich gegen die eigene Existenz kehrte, in Alkoholexzessen, Weltverachtung, Reisen und Duellforderungen sich kundtat. Tatjana hat Onegins Leiden erkannt, es aber nicht zu heilen vermocht. Von Puschkin her liegt, trotz aller ironischer Distanzierung des Dichters, etwas beunruhigend Faszinierendes an dieser romantischen Figur, das ihr unser Interesse sichert ebenso wie Lenskijs bewundernde Freundschaft und Tatjanas Liebe. Es wird wohl seine vergebliche Suche nach dem irdischen Glück der Grund dafür sein, deren Aussichtslosigkeit er zuletzt in Verzweiflung begreifen muß. Diese Hoffnung, den Sinn des Lebens durch das Wunder einer einzigen menschlichen Begegnung zu erschließen, verführt uns zum Mitgefühl. Tschaikowskij konnte die Gleichartigkeit seines eigenen Schicksals mit dem des Helden nicht entgangen sein. Daß dennoch seine ganze Sympathie der in ihrem Unglück so wunderbar gefaßten Tatjana gehörte, läßt uns einen tiefen Blick in seine Psyche tun.

Das Lyrische hat im Licht der Bühne eine Tendenz zur Entgrenzung, zur Selbstauflösung, zur Verflüchtigung im Schein. Es duldet keine Zeit, keinen Widerstand, kaum ein Gegenüber, in Selbstgesprächen hebt es Schicht um Schicht von der durch Scham verdeckten Seele. Hier liegt das eigentliche Element des Musikalischen. Und so bemerken wir immer wieder beim Überhandnehmen des Lyrischen in diesem Werk eine Aufhebung der wirklichen Zeit. Ganz offensichtlich geschieht dies bereits bei den vier inneren Monologen, die das berühmte Quartett des ersten Bildes formen. Hier spricht jede der vier Figuren von ihren eigenen Gefühlen und Gedanken, ohne hinüberzuhorchen auf die Stimmen der anderen. Die Briefszene der Tatjana läßt ihre Zeitenthobenheit schon dadurch erkennen, daß sie in der Stunde des Schlafengehens beginnt und am hellen Morgen endet. Das leidenschaftliche Gefühl der erwachenden Liebe in Tatjanas Seele hat die Stunden hinweggeschmolzen. Auch als sich die beiden Duellanten gegenüberstehen, steht die Zeit für die Dauer eines kurzen Duettes still. Daß hier die verfeindeten Freunde durch die gleichen Gedanken und Worte ein letztes Mal miteinander verbunden sind, ehe der tötende Schuß fällt, ist eine bewundernswerte Nuance des im Ganzen sehr wohl gelungenen Textbuches. Auf solche Weise kommen die »inneren, verborgenen Vorgänge«, nach denen Tschaikowskij suchte, ans Licht. Durch die wechselnde, einmal stürmische, einmal unmerkliche Bewegung der Zeit entsteht eine Dramaturgie hinter den äußeren Geschehnissen der Handlung. Zum letzten Mal wird die poetische Zeit der realen übergeordnet im letzten Bild, als die Tänzer des Petersburger Balletts mitsamt ihren brillanten Polonaisen und Ecossaisen beiseitegeschoben werden, und sich Musik und Handlung nur mehr auf die Wiederbegegnung der unglücklichen Liebenden ausrichten. Alles Unwesentliche, Genrehafte fällt ab, übrig bleiben die beiden untröstlichen Seelen, die sich nicht mehr zu finden vermögen, und ihre Illusion vom einst so nahen und nun auf ewig fernen Glück. Und wenn bisher die Opern fast allesamt zu Ende gingen mit Hochzeitstrubel oder Tod, so wird dieses unvergleichliche Werk beschlossen durch die Erkenntnis der beiden Liebenden, daß das Unglück viele Gesichter hat, das Glück aber nur das eine: unerreichbare.

»Was ist das Leben? Ein Spiel!« – Tschaikowskijs schwarze Oper »Pique Dame«

»Sie haben recht, wenn Sie diese verdorbene Kunstform mit Argwohn betrachten«, schreibt Peter Iljitsch Tschaikowskij am 9. Oktober 1887 an Nadeschda von Meck, doch er fährt fort: »Für einen Komponisten aber besitzt die Oper unwiderstehliche Anziehungskraft. Sie allein zeigt ihm den Weg, mit den breiten Massen in Berührung zu kommen... Die Oper – und nur die Oper – führt uns näher an unsre Mitmenschen heran, impft das Publikum mit unsrer Musik und macht sie zum Besitz nicht nur eines kleinen Kreises, sondern – unter günstigen Umständen – aller Menschen.«
Es war dies die Zeit, in der er an der Vertonung der »Zauberin« arbeitete. Auch durch den Mißerfolg dieser seiner neunten Oper ließ er sich nicht entmutigen und machte sich sogleich auf die Suche nach einem neuen Stoff. Der St. Petersburger Operndirektor Wsewoloschkij hatte unterdessen Peter Iljitschs jüngerem Bruder Modest, der sich inzwischen bereits als Schauspieldichter einen angesehenen Namen gemacht hatte, den Vorschlag unterbreitet, ein Textbuch für den Komponisten N. S. Klenowskij nach Puschkins Erzählung »Pique Dame« zu schreiben. Als es zwischen Textdichter und Komponist jedoch zu Unstimmigkeiten kam, bot Modest seinem Bruder das fertige Buch zur Vertonung an. Der jedoch lehnte ab und schrieb am 9. April 1888 an Modest: »Nach dem Mißerfolg der ›Zauberin‹ wollte ich eine Revanche und war willens mich auf jedes Sujet zu stürzen. Damals war ich neidisch, daß ich diesen Stoff nicht komponieren sollte. Nun ist das alles vorüber. Erstens werde ich im Laufe des nächsten Sommers bestimmt eine Symphonie komponieren« (es sollte seine Fünfte werden). »Und zweitens werde ich eine Oper nur dann schreiben, wenn ich auf ein Sujet stoße, das mich wirklich packt. ›Pique Dame‹ tut das nicht, und ich könnte darum bestenfalls eine gute bis mittelmäßige Oper daraus machen.«
Aber Tschaikowskij, unbeständig und wechselnden Stimmungen unterworfen, hatte sich schon einmal in der Ablehnung eines Textvorwurfs geirrt. Im Jahre 1882 hatte er Balakirew, der ihm den Byronschen »Manfred« für eine symphonische Dichtung empfohlen hatte, geantwortet, es sei, wenn Herz und Phantasie nicht entflammt würden, der Mühe kaum wert, eine Komposition zu beginnen, und hat doch drei Jahre später seine Manfred-Symphonie op. 58 komponiert. Ebenso erging es ihm nun mit der »Pique Dame«. Am 30. Januar 1890 traf der Erholung suchende Komponist in Florenz ein. Unterwegs hatte er in dem Buch geblättert, und schon am Tag nach seiner Ankunft begann er mit der Vertonung. Es hatte ihn wie ein Rausch erfaßt. Schon sechs Wochen später schrieb er an seinen Bruder, daß er die Komposition beendet habe. Damit war offenbar die Skizzierung der Singstimmen gemeint. Bis zum 5. April währte die Ausarbeitung einer Klavierfassung. Danach verließ Tschaikowskij Florenz, übersiedelte nach Rom und begann ohne weiteren Auf-

schub mit der Instrumentierung. Unruhevoll wie stets brach er mitten in der Arbeit im Mai nach Rußland auf und kehrte in sein Landhaus in Frolowskoje zurück. Dort beendete er die Partitur am 5.Juni desselben Jahres.

Zwei persönliche Dokumente mögen die seelische Anspannung aufzeigen, unter welcher der Komponist während dieser 126 Tage unausgesetzter Arbeit gelitten hatte. Am 31. März schrieb er, noch aus Florenz, an seinen Bruder: »Entweder befinde ich mich in einem schrecklichen und unverzeihlichen Irrtum, oder die ›Pique Dame‹ ist wirklich mein chef d'oeuvre. Einige Szenen im 4. Bild zum Beispiel, an deren Arrangement ich heute arbeite, erfüllen mich mit soviel Furcht, Schrecken und Erregung, daß es unmöglich ist, daß nicht auch die Zuschauer etwas davon verspüren sollten ... Ich schrieb diese Oper in völliger Selbstvergessenheit und mit Freude; die Orchestrierung wird mir zweifellos Vergnügen bereiten.« Und nach der Komposition von Hermanns Arie im letzten Bild auf den Text »Was ist das Leben? Ein Spiel!« notierte er in sein Tagebuch: »Geweint vor Erschöpfung. Aber auch vielleicht, weil sie wirklich gut ist.«

Am 17. Dezember 1890 fand im St. Petersburger Marientheater die Hauptprobe von Tschaikowskijs neuer Oper in Anwesenheit des Zaren Alexander III. und seiner Gemahlin statt. Am 19. Dezember folgte die öffentliche Premiere. Und noch im selben Jahr, am 31. Dezember, brachte auch die Kiewer Oper eine Neuinszenierung des Werkes auf die Bühne. Das Publikum war hier wie dort mit überschwenglicher Begeisterung von diesem schwermutsvollen, gefühlsstarken Werk eingenommen. Und an dieser Zuwendung sollte sich bis zum heutigen Tag nichts ändern. »Pique Dame« wurde in Rußland Tschaikowskijs populärste Oper und ist es noch heute. In den westeuropäischen Ländern wurde sie, was die Häufigkeit der Aufführungen anlangt, von »Eugen Onegin« weit übertroffen. Gründe für solche Unterschiede in der Wertschätzung sind nicht leicht zu nennen und liegen auch nicht immer in rationalen Zusammenhängen. Es mag allerdings sein, daß die Schilderung des Glanzes, der Gefährdung und des Verfalls der großen St. Petersburger Gesellschaft in den Jahren nach den Napoleonischen Kriegen am Beispiel eines vom Spiel besessenen Offiziers, einer dämonisch versteinten Aristokratin und eines schuldlosen, liebenden Mädchens eine große Epoche russischer Kultur beschwor, und daß dieses Werk als eine Hymne auf die seither verfallende Pracht einer der schönsten Städte Europas, St. Petersburg, verstanden wurde. In einer Epoche, deren nahes Ende sich bereits durch zahlreiche Attentate und Verbannungsurteile kundtat, mochte die Nostalgie die großen Zeiten verklären.

Als Figur der Identifikation, als Inkarnation der russischen Seele erscheint die unglücklich liebende Lisa, die in Verzweiflung durch Selbstmord endet. Die alte Gräfin ist einer Illusion vom heiteren Leben des Ancien régime verfallen, welche sie blind macht für die schönsten Petersburger Feste. Daß Puschkin einen deutschen Offizier mit Namen Hermann (auf Russisch German ausgesprochen) dazu ausersehen hat, die leidenschaftliche Glückssuche im Spiel bis über die Grenze des Wahnsinns zu treiben, ist als Kritik zu verstehen an der menschlichen Kälte des Materialismus, der aus dem Westen hereinwehte.

Von den ersten Takten der Einleitung an liegt eine samtene Trauer über dieser Musik, die keine Hoffnung auf Liebesglück aufkommen läßt. Tschaikowskij muß in Florenz die Vorhänge in seinem Schreibzimmer zugezogen haben, um das südliche Licht auf den Dächern nicht zu sehen. In dunklen Streichergrund sind seine melancholischen Melodien gewoben.

Zum zweifach besetzten Holz, das kaum einmal solistisch hervortritt, gesellt sich erst in der von Tremoloschauern bestimmten Todesszene der Gräfin die hohle Stimme der Baßklarinette. Selten nur glänzt das Blech, etwa wenn das Gewitter am Ende des ersten Bildes mit Blitzschlägen den kleinen Platz im Petersburger Sommergarten leerfegt, oder in der Szene in Hermanns Kasernenzimmer, in das von ferne die Trompete des Zapfenstreichs hereintönt, und gleich darauf, wenn der Wind die Fensterläden aufschlägt und dem von ersten Anzeichen des Wahnsinns Erfaßten die Vision der toten Gräfin erscheint. Wie der Aufschrei einer gequälten Seele tönt es aus dem Orchester erst, als es zu spät ist und Lisa sich in die eisige Newa stürzt. Danach gellen wohl die Trompeten und Posaunen in das kalte Inferno des Offizierskasinos, in dem Hermann sein Glück und seine Seele verspielt. Es ist dies eine Partitur voll eigener, meist tatenlos leidender Stimmung. Sie meidet alle gesuchten Effekte. Die ohne Umwege zu einem vorhersagbaren Ende strebende Handlung wird immer wieder von seltsam statischen Ensembles und Chorsätzen angehalten, in welchen ein jeder der alleinstehenden Menschen wie gelähmt auf sein unbegreifliches Schicksal blickt. Am beklemmendsten geschieht dies in dem kurzen Andante sostenuto des letzten a-capella-Chores, in welchem Hermanns Offizierskollegen, unter denen er stets ein Fremder war, um den Frieden seiner verirrten Seele bitten.

»Carmen – Carmencita, comme tu voudras.«

Wer weiß, ob Prosper Mérimées Novelle noch vielen von uns bekannt wäre, wenn Georges Bizet sich nicht entschlossen hätte, aus diesem Sujet eine Oper zu machen. Wer weiß, ob Georges Bizets Name dem Opernbesucher von heute noch ein Begriff wäre, wenn er nicht nach einigen wenigen ausgeführten und vielen verworfenen Opernplänen endlich auf dieses Sujet gestoßen wäre. Ob er es selbst entdeckt hat, ob es der Direktor der Pariser Opéra Comique, Camille du Locle, oder einer der beiden Librettisten, der humorbegabte Henri Meilhac oder der poetische Ludovic Halévy war, der ihm dazu geraten hat, läßt sich nicht mehr erfahren. Sie werden wohl alle vier das damals vielgelesene Buch gekannt und bewundert haben. Einzig du Locles Amtskollege Adolphe de Leuven scheint Einwände gegen das unvermeidliche tragische Ende der Titelheldin erhoben zu haben. Vielleicht stand die monatelange Verzögerung der Premiere und de Leuvens vorzeitige Demission mit seinem Widerstand gegen das Werk im Zusammenhang. Wer weiß?
Georges Bizet wird am 25. Oktober 1838 als Sohn eines Perückenmachers und Gesangslehrers aus Rouen in Paris geboren. Am Pariser Conservatoire studiert er Klavier bei Antoine François Marmontel und Komposition bei Jacques Fromental Halévy und – für kurze Zeit – bei Charles Gounod. Zu beiden Lehrern bewahrt er eine lebenslange dankbar freundliche Beziehung, die Tochter Halévys, Geneviève, wird nach dem Tode des Vaters 1869 seine Frau. Als einen seiner Mitschüler lernt er sehr bald schon den Franco-Amerikaner Ernest Guiraud kennen und schließt mit diesem ebenfalls für das Musiktheater begeisterten Kollegen eine Freundschaft, die bis zu seinem Tode dauern sollte. Im Jahr 1857 wird ihm, der schon mit einem heiteren Operneinakter »Le Docteur Miracle« einen von Jacques Offenbach ausgeschriebenen Preis der Bouffes Parisiens gewonnen hatte, der Prix de Rome verliehen. Bizet lebt und arbeitet von 1858 bis 1860 in der Villa Medici in Rom. Dort entsteht seine heitere Räuberoper »Don Procopio«. Nach Paris zurückgekehrt, erhält er vom Théâtre Lyrique den Auftrag zu der abendfüllenden Oper »Les pêcheurs de perles«, die 1863 in Paris uraufgeführt wird. 1867 folgt an der Grand Opéra die Premiere »La jolie fille de Perth« nach einem Roman von Walter Scott. 1871 beauftragt ihn das dritte Pariser Opernhaus, die Opéra Comique, mit der Komposition des Einakters »Djamileh« nach Alfred de Mussets Schauspiel »Namouna«. Das Werk wird 1872 zusammen mit Charles Gounods »Le médecin malgré lui« uraufgeführt. Es wartet bis heute auf die Anerkennung als eines der Meisterwerke seines Genres. Im selben Jahr 1872 wird erstmals in Bizets Korrespondenz der Plan zu einer Vertonung von Merimées Novelle »Carmen« erwähnt. 1873 beginnt die Arbeit der Textdichter Meilhac und Halévy an der Opernfassung. Bizet, der nun endlich doch den idealen Stoff für seine musikdramatischen Ideen gefunden hat, un-

terbricht seine Arbeit an einer Vertonung des »El Cid«-Stoffes mit dem Arbeitstitel »Don Rodrigo«, die danach Fragment bleibt, und denkt nur mehr an »Carmen«. Er beendet die Partitur, die 1 200 Seiten umfaßt, im Frühjahr 1874 in seinem Landhaus in Bougival. Die Uraufführung findet nach langen Proben, Änderungen und Verschiebungen am 3. März 1875 an der Pariser Opéra Comique statt. Am Tag der 33. Vorstellung des zuerst nur mit Widerspruch, dann aber immer begeisterter aufgenommenen Werkes stirbt Georges Bizet an einer eitrigen Halsentzündung. Er war noch keine 38 Jahre alt. Spanien, das Land, das seine Musik so hinreißend beschrieben hat, Spanien hat er nie gesehen.

Soweit in kurzen Worten das kurze Leben eines genialen Musikers, dessen früher Tod als einer der schmerzlichsten Verluste für das Musiktheater gelten muß. »Carmen«, von der voreingenommenen Kritik recht verständnislos denunziert, erlebte bis zum Februar 1876, als es vom Spielplan genommen wurde, immerhin fünfzig Aufführungen. Und nach der Wiener Premiere im selben Jahr, deren Fassung mit Rezitativen anstelle der gesprochenen Dialoge Bizet ursprünglich selbst herstellen wollte und die danach von seinem Freund Guiraud mit großem Einfühlungsvermögen, aber eben nicht mehr »authentisch« vorgenommen wurde, folgte ein Siegeszug über alle Bühnen der Welt, der seinesgleichen nicht hat. »Carmen« ist nun schon seit vielen Jahrzehnten die meistgespielte Oper der Welt. Eine solche Tatsache überwältigt jede Kritik. Man muß das Stück gewähren lassen. Es hat seine eigene Gewalt, der auch ein Widerspenstiger sich nicht entziehen kann.

Das Hauptverdienst muß hierin dem Komponisten zugestanden werden. Gewiß ist das Sujet ein wahrer Glücksfall, gewiß haben die metierkundigen Textdichter gute Arbeit geleistet, um die beschriebenen Konflikte miterlebbar zu machen, um farbige Bilder auf die Bühne zu stellen und die handelnden Figuren charaktervoll zu konturieren. Doch die Musik erst hebt das Werk unter hundert anderen hervor durch ihre einprägsame Melodik, ihre sparsame und doch effektvolle Instrumentation, ihren tänzerischen Elan und vor allem durch ihre Wandlungskraft von heiterem Leichtsinn zu tragischer Passion. Wer all dies zusammen auf gedrängtem Raum in einer musikalischen Nummer sucht, der studiere das Terzett der Kartenlegerinnen im dritten Akt. »Carmen« ist ein schwer definierbares Werk zwischen opéra comique und realistischem Musikdrama, zwischen grand opéra und Bettleroper, ein Werk aus vielen Quellen und aus einem Guß. Es gibt dem Musiker, dem Literaten, dem Dramatiker, dem Schauspieler und dem Sänger das Seine. Und das ist ein seltener Fall auf der musikalischen Bühne.

Daß die Dichter Henri Meilhac und Ludovic Halévy die Aufgabe der Opernfassung übernahmen, lag nahe durch die engen persönlichen Beziehungen Halévys zu Bizet. Ludovic Halévy war ein Neffe von Bizets Lehrer und ein Cousin seiner Gattin. Er wohnte seit 1869 mit dem Komponisten im gleichen Haus in der Rue de Douai Nr. 22 und war ihm bis zu seinem Tode auch freundschaftlich verbunden. Gemeinsam mit Henri Meilhac bildete er schon seit geraumer Zeit eines der erfolgreichsten Autorenpaare der leichten Muse. Sie waren die Verfasser von Offenbachs Operetten »La belle Hélène«, »Barbebleu«, »La Grande Duchesse de Gérolstein« und »La vie parisienne«. Auch hatten sie das Boulevardstück »Le réveillon« verfaßt, das zum Vorbild für die Johann Straußsche »Fledermaus« geworden war. Meilhac war dabei meist für die Handlungsführung und die Prosatexte, Halévy für die Gesangsnummern zuständig gewesen. Wie im Falle der »Carmen« die Arbeitsteilung vorgenommen wurde, ist im einzelnen nicht bekannt. Es galt dabei vor allem, anstelle des Erzählers, eines reisenden Archäologen, hinter dem man wohl Mérimée selbst vermuten darf, andere Figuren einzuführen, die im Konflikt mit den Protagonisten Carmen und Don José Milieu und Handlung rasch verständlich machen konnten. So wurden einer Gesellschaft von Außenseitern und Gesetzesbrechern, die sonst durchwegs dieses Stück bevölkern, einerseits die prosaischen, ordnungschaffenden Vertreter des Militärs, andererseits jenes blondbezopfte und weißbestrumpfte bürgerliche Mädchen Micaela entgegengesetzt, verdoppelt noch durch eine unsichtbare, fürbittende Mutter, die vergeblich um die Seele des Desperados Don José kämpfen und so erst die unwiderstehliche Verführungsmacht der femme fatale Carmen erkennbar machen. Das Gebet einer Jungfrau unter Schmugglern und Messerstechern mag einem dabei schon ein wenig himmelblau aufstoßen. Fünf Jahre nach der Kriegsniederlage und den Tagen der Commune wollen einem solche Anleihen an kleinbürgerliche Singspiel-Traditionen nicht nur als routinierte dramaturgische Dispositionen erscheinen, sondern auch als Konzessionen ans Sentimentale und Wohlanständige. Das neue, realistische Musiktheater häutete sich da nur schwer aus abgelebten Hüllen. Trotz der angenehm ins Ohr gehenden Musik, die Bizet seiner Micaela zugeteilt hat, ist hier doch ein konventionelles, rührseliges Element in die sonst so eigenständige Partitur eingedrungen. Auch der gegenüber der Novelle weit in den Vordergrund gerückte, pfauenhafte Torero mit seinem allzu wirkungsvollen Reklamelied mutet aufdringlicher an, als nötig wäre, um dem Stück zu dienen. Gewiß, der Stierkampf hinter der Szene gibt dem letzten Akt die prächtig blutrote Folie, aber eine gelegentlich interpretierte Gleichsetzung der Tauromachie mit dem Kampf der Geschlechter trifft nicht den tieferen Sinn des Stückes.

Carmen und Don José, die Protagonisten, benötigen weder Garnierung noch symbolische Deutung. Sie allein sind aus dem Kernholz der Handlung geschnitten. Ihre Wünsche und Hoffnungen sind nicht mißzuverstehen. In ihnen stehen einander Frau und Mann gegenüber, ausgesondert ein jeder aus seiner Umgebung, verfemt von den anderen, einsam liebend und hassend, unfähig zu verzeihen oder zu verzichten, fremd auch einander, ohne wirkliche Zwiesprache, ohne Zwiegesang, verbunden und verschlungen nicht auf Gedeih, sondern nur auf Verderb. Ihre kurze und tödliche Liebesvereinigung findet nicht auf der Bühne statt, sondern während des Vorspiels zum 3. Akt. Wenn danach sich der Vorhang hebt, ist alles Glück schon vorüber, und es beginnt das Ritual der Zerfleischung, das zwanghaft mit dem Messerstich endet. Von Mérimée wird Carmen als eine zigeunerische Wahrsagerin eingeführt, die dem Erzähler seine goldene Repetieruhr stiehlt, und Don José als ihr Liebhaber, der die Beute dem Bestohlenen wieder zurückgibt. Den Titel Don, der einem einfachen Sergeanten keineswegs gebühren würde, hat ihm Mérimée verliehen, der von der Herkunft des José Lizarabengoa aus einer verarmten adeligen baskischen Familie erzählt. Die beiden Figuren der Oper sind jedoch nicht in allem identisch mit den Hauptpersonen der Novelle. Mit Bizets Carmen kann man Einverständnis und am Ende sogar Mitgefühl empfinden. Dafür sorgt ihre Wildkatzen-Schönheit, die sinnliche Farbe ihrer Mezzostimme, die in den beiden ersten Akten aufrichtig bekundete Liebe und Dankbarkeit gegenüber ihrem Retter, ihr Stolz und endlich der populäre Glanz, den ihr die Verehrung des bewunderten Toreros verleiht. Diese Carmen ist mehr als nur eine Taschendiebin, Wahrsagerin, Falschspielerin und Männerverderberin wie die der Novelle. José ist in ihr wohl seinem Schicksal, nicht aber dem leibhaftigen Teufel begegnet, wie es Mérimées

Carmen nach der ersten Liebesnacht sagt. Man hofft mit ihm wider besseres Wissen bis ans Ende.

Daß Carmen und Don José einander zum Schicksal werden, liegt in ihrer unüberwindlichen Fremdheit begründet. Er ein Soldat, sie eine Zigeunerin, er unter der Last seiner Herkunft, sie ohne Familie. José ist religiös, Carmen ist abergläubisch. Sie wendet sich nicht an die Muttergottes um Rat, läßt nicht wie er eine Messe für ihr Seelenheil beten, sondern befragt die Karten, liest das Schicksal aus der Hand. Was immer Don José singt, es kommt ihm tief aus dem Innern. Er meint, was er sagt. Carmen hingegen verbirgt sich hinter Zitaten. Sie trällert allbekannte Gassenhauer, sie singt ein Chanson, ein Tanzlied, das auch andern zuweilen auf die Lippen kommt, sie spottet, sie höhnt, sie lockt, sie gibt sich nicht preis. Warum uns aber Carmen doch näher ans Herz greift als der unglückselig verstrickte José in all seiner nachfühlbaren Verzweiflung, das ist, weil sie als einzige verstanden hat, daß auch der Liebende am Ende allein ist, daß Hörigkeit aus einer trüberen Quelle kommt als die frei wählende und frei verdammende Liebe. Alle Gesetze der Welt sind im Unrecht gegen solch eine unerzwungene, unbezahlbare, vergeudete Liebe.

Die Szene, in der die beiden einander zum ersten Mal beggnen, zeigt uns augenfällig, wie sie zueinander stehen. Auf Befehl seines vorgesetzten Offiziers bindet er sie mit Fesselschnüren, löst aber dann die Stricke wieder auf ihren Wunsch. Sie nimmt die Akazienblüte aus ihren Zähnen und wirft sie ihm zwischen die Augen, bindet ihn fester durch diese laszive Geste, als alle Fesseln es vermöchten. Er ist das Opfer. Die Zigeunerin beweist es dem unbeholfenen Basken, dem der Disziplin unterworfenen Sergeanten. Er spricht nur kurze Prosa zwischen den Zähnen, sie trällert einen provokanten Gassenhauer, in den sie anzügliche Bemerkungen einflicht, die er nicht mißdeuten kann. Daß sie ihn lockt, das versteht er; ob sie ihn aber nur für ihre Zwecke benützt oder ihn lieben könnte, das ist nicht zu enträtseln. Weiß sie es selbst? Es reizt sie gewiß, ihre Macht zu beweisen. Es bringt ihr Bewunderung ein bei ihren Freunden, wenn sie imstande ist, aus einem treuen Gesetzeshüter einen vogelfreien Verbrecher zu machen. Aber spielt sie auch nur einen Augenblick lang mit dem Wunsch, sich ihm zu unterwerfen? Wenn er sich ergibt, schwelgt sie in Glück, beschenkt ihn mit dankbarer Zärtlichkeit, für kurze Zeit. Wenn er aber fordert, daß sie ihm folge auf seinem Weg, wenn er ein Recht anmeldet auf ihre Liebe, weigert sie sich. Sie gesteht ihm, als Zigeunerin, das Recht zu, sie zu töten. Solange er ihr widerstrebte, liebte sie ihn, nun haßt sie ihn, da er ihr Opfer wurde. Er ist ihr fremd, er ist ein Baske, er ist ein Soldat, er ist ein gefesselter Schwärmer, er ist ein Mann. Sie wirft ihm seinen Ring vor die Füße, stampft mit dem Fuß auf die Erde, fordert den Tod, will lieber sterben als sich diesem Mann und seiner Gerechtigkeit heischenden Welt zu unterwerfen.

Aus dem gefährlichen Spiel ist tödlicher Ernst geworden, aus der opéra comique eine Tragödie. Unversöhnlich der Schluß, der Messerstich mitten im Jubel, kein allgemeines Entsetzen, kein Trost, kein Abgesang. Der Aufschrei eines Verzweifelten: »Vous pouvez m'arreter … c'est moi qui l'ai tuée! Ah! Carmen! ma Carmen adorée!« Vorhang. Ende. Man weiß nicht, wie man sich's von der Seele schaffen soll, was man nicht fassen kann: diese todeswütige Liebe, diesen Haß der untrennbar Verbundenen, diesen Wahn von Freiheit, der sich selbst zerstört! Man applaudiert. Man geht nach Hause. Und kann dieses geniale Stück nicht vergessen. »Quel vérité, mais quel scandale!« schrieb ein Rezensent nach der Uraufführung. Man kann sich heute noch nicht darüber beruhigen.

Bizets Musik hat einen Zug ins Wilde, Unvertraute. Sie fällt über einen her wie ein Raubtier. Man kann gut verstehen, daß die Leute erschraken, die sie zum ersten Mal hörten. Seither hat man sie in Tausenden von Aufführungen und Wunschkonzerten schier zu Tode gehetzt. Jeder Gassenbub kennt sie: die Habanera, die Seguidilla, das Lied des Toreros, die Blumenarie, Micaelas Gebet und das Quintett der Schmuggler. Den endlosen Kinderchor und das Duett vom Souvenir hat man ein paarmal zu oft gehört, sie haben die Tortur nicht unbeschadet überstanden. Aber wenig ist bisher zur Kenntnis genommen worden, daß auch die Ouvertüre und die orchestralen Zwischenspiele ihren eigenen Charakter und eine meisterliche Faktur haben, die für sich allein schon diese Oper bemerkenswert machen. Offenbar suchte der Komponist, der während der vorwärtsdrängenden Handlung auf alle musikalischen Dehnungen und Ausschmückungen verzichtete, hier einen Ausgleich, solange noch der Vorhang geschlossen blieb. Nach der »Carmen« wurden die erzählenden Zwischenspiele zur Mode. Man denke an Massenet, an Puccini, an Mascagni, an Leoncavallo.

Die Ouvertüre oder – wie Bizet sie nennt – das Prélude, mutet bei aller thematischen Prägnanz und effektvollen Instrumentation doch eigentlich wie ein etwas vulgäres Potpourri an. Man ist hier nicht unter vornehmen Leuten. Da bricht schon mit dem ersten Takt eine lärmende andalusische Festtagsmusik über einen herein. Man wird dieser ohrenbetäubenden Fröhlichkeit später beim Trubel vor der Stierkampfarena wiederbegegnen. Wer es noch nicht erraten hat, dem verrät es das nachfolgende Zitat des Toreroliedes, daß es sich hier um die mörderische Vorfreude vor einem Stierkampf handelt. Nach der ungedämpften Wiederholung des ersten Teils und einer abrupten Generalpause setzt jedoch, andante moderato, das Schicksals- oder Todesthema den Schlußpunkt, ein Thema, dessen unheilvolle Bedeutung sich lähmend auf das lärmerregte Gemüt legt. Als einziges Erinnerungsmotiv wird es das ganze Werk durchziehen und es endlich nach dem Tode der Heldin unerbittlich beschließen.

Das Allegro moderato des ersten Zwischenspiels in g-Moll weiß noch nichts von künftigen Verfinsterungen. Mit wechselnden Holzbläsern und kleiner Trommel geleitet es mit militärisch klingendem Spiel aus der Wachstube der Soldaten hinüber zu Lillas Pastias zwielichtiger Schenke, in der sich bei Wein und Kartenspiel allerlei leichtfertiges Volk versammelt hat. Man wird diese arglose, lebensfrohe Musik wieder hören im Auftrittslied des aus der Haft entlassenen Don José vom »Dragon de Alcalá«. Sie ist mit ihm voll unbekümmerter Vorfreude auf das lang ersehnte Wiedersehen mit der geliebten Zigeunerin. Bei der Uraufführung mußte diese Nummer als einzige auf Verlangen des Publikums wiederholt werden.

Das berühmte Vorspiel zum dritten Akt, von dem eine mündliche Überlieferung behauptet, es sei ursprünglich für die Schauspielmusik zur »Arlesienne« erfunden worden, erzählt an dieser Stelle nun in einem Es-Dur Allegretto quasi Andantino mit kantablen Flöten- und Klarinettensoli, zu denen sich später das Englischhorn gesellt, von der kurzen glücklichen Zeit, die der Liebe Carmens und Don Josés gegönnt ist, von Sorgen und Ahnungen unbeschwert, unter freiem Himmel, auf einsamen Bergeshöhen. Wenn der Vorhang weggezogen wird, nachts, vor der zerklüfteten Schlucht des dritten Bildes, ist das so friedvoll besungene Liebesglück der beiden zu Ende.

Das letzte Zwischenspiel vor dem sonnendurchglühten Stierkampf-Finale zeigt Ungeduld in einem Zigeuner-Dur-Moll, schwankend zwischen A und d, immer wieder auf der Dominante insistierend. Es treibt hin zur Tonika und zum Ende. Wird Jubel folgen oder Schrecken? Allegro vivo zieht es vorüber ohne Aufenthalt. Laut und vielstimmig geschäftig beginnt es, und nach einer Steigerung mit Blechbläsern zum dreifachen forte endet es trillernd, smorzando im vierfachen piano versickernd, wie Blut im Sand. Es folgt das unabwendbare Ende.

Die Operette

Eine der sieben Seligkeiten des vergangenen Jahrhunderts, die uns heute längst wie Lebensoviele langstielige Blumen in einer exotischen Vase verwelkt sind, von deren einstigem Duft und deren Farbenpracht wir nur mehr vom Hörensagen wissen, muß die Operettenseligkeit gewesen sein. Sie war damals wohl eine quicklebendige Schwester der Weinseligkeit, der Vertrauensseligkeit, der Tränenseligkeit, der Liebesseligkeit, der Melodienseligkeit und der Rührseligkeit. Von all den sieben einst blühenden Geschwistern ist nicht viel mehr geblieben, als was in den Vitrinen der Nostalgie an Pompadourtäschchen, Fächern, Ballbilletts und Schönheitspflästerchen aufbewahrt wird.
Die turbulente Lebensfreude in Paris, der Hauptstadt des weltstädtischen Vergnügens, war um die Mitte des 19. Jahrhunderts die Ziehmutter dieser illegitimen Tochter der opéra bouffe. Ihre Milch war der Champagner. »Mam'zelle Nitouche«, »Giroflé-Girofla« und »La belle Hélène« waren ihre ersten Kosenamen. Die Pariser Weltausstellung von 1869 brachte ihr die Bewunderung der internationalen Lebewelt. Die Belle Époque war ihre Blütezeit. Der Deutsch-Französische Krieg konnte ihrem Siegeszug durch die Etablissements, Ballsäle und Theater nichts anhaben. Von Frankreich übersiedelte sie bald nach England, Spanien, Deutschland und Österreich-Ungarn. Wirklich wohl fühlte sie sich dort allerdings nur in den Weltstädten London, Madrid, Monaco, Berlin, Budapest und vor allem in Wien. In der Donaustadt verbrachte sie ihre herrlichsten Jahre. Singend und tanzend überdauerte sie auch noch die Schreckenszeit von 1914 bis 1918 und den Untergang dreier Kaiserreiche. Geschminkt und grimmig entschlossen, sich auch weiterhin zu amüsieren, erlernte sie mit ihren wohlgeformten Beinen noch die neuen lateinamerikanischen Tänze. Der Zweite Weltkrieg endlich brach ihr das zierliche, hübsche Genick. Vor ihren letzten Zuckungen wandten sich selbst ihre hartnäckigsten Verehrer beiseite.
Keine vollen hundert Jahre war die Operette am Leben und hat mit ihren fiebrig erhitzten Wangen und atropinglänzenden Augen viel überschäumende Lebenslust in die rotplüschenen Logentheater gebracht. Und wenn ihre Tänze auch längst aus der Mode sind und die Witze ihrer obligaten Dritte-Akt-Komiker auch kaum mehr ein höfliches Lächeln erzwingen, so ist doch ihre Musik noch immer in der Luft. Mit ernsten Gesichtern kehren wir die Papierschlangen und Champagnerkorken zusammen. Die wahre, herzbezwingende Lebensfreude ist uns nach dem verflogenen Rausch und dem fürchterlichen Erwachen noch immer nicht wiedergekehrt. Champagner der Erste ist – hick! – der Erste ist abgesetzt. Cola-Konzerne streiten sich um die Nachfolge mit der Film- und Fernseh-Industrie.
Aber wenn nun schon seit Jahrzehnten auch nicht ein einziges bemerkenswertes Werk die-

ses Genres mehr entstanden ist, so wollen doch die Zuschauer der Musiktheater und die Hörer der Kurkonzerte noch immer nicht ablassen von den seligmachenden Melodien, welche die Blicke vernebeln und die Ohren einlullen mit gleißnerischen Lügen von der Schönheit vergangener goldener Zeiten. »Lippen schweigen, 's flüstern Geigen« summt die alte Dame in Becketts bitterem Schauspiel »Glückliche Tage« und zwirbelt ihren Sonnenschirm, während sie langsam, langsam in einer Düne von Sand und Staub und Schmutz und Müll versinkt.

Träumen tut not. Auch heute. Daß die immer wieder versinkenden Reiche der Wirklichkeit jemals der einen, ewigen Wahrheit zur Macht verhelfen wollten, das wird kein Nüchterner glauben. Aber wo sind im Lande der Phantasie die Herrschaftsgrenzen zur Lüge? Es war ein guter Versuch des Musiktheaters, die schönen Stunden des Lebens zu feiern, aber wie lange vermag einer glücklich zu sein, der nur einfach »vergißt, was nicht zu ändern ist«?

Die Crux der Operette sei der literarisch undifferenzierte, dramaturgisch unbeholfene und allzu klischeehafte Text der meisten Werke, wird immer wieder behauptet. Das mag wohl für die silberne Epoche zu Beginn unseres Jahrhunderts oder für die nachfolgende »kupferne« oder »blecherne« Zeit zutreffen, gewiß aber nicht für Meisterwerke wie »Fledermaus«, »Bettelstudent«, »Boccaccio« oder »Die schöne Galathee«. Und in Frankreich gar würde es keinem einfallen, Henri Meilhac, Ludovic Halévy oder Hector Crémieux für schlechte oder gar nur durchschnittliche Autoren zu halten. »Die schöne Helena«, »Blaubart«, »Pariser Leben«, »Die Großherzogin von Gerolstein« und »Orpheus in der Unterwelt« können es mit jeder Salonkomödie von Feydeau oder Scribe an Geist und Charme, an Schwung und Leichtigkeit aufnehmen. Und kein geringerer Meister seines Faches ist der Engländer W. S. Gilbert, ohne den der Komponist des »Mikado« Arthur Sullivan nicht die Erfolgsfirma Gilbert & Sullivan hätte begründen können, die nicht nur goldene Buchstaben und Noten, sondern auch schwarze Zahlen zu schreiben über Jahrzehnte gewöhnt war. Und wenn man nun ein wenig genauer nachsieht, so wird einen die Tatsache verblüffen, daß auch die bedeutendsten Werke der Wiener Operette allesamt von vier oder fünf Librettisten verfaßt wurden. Richard Genée wäre hier allen voran zu nennen, er hat zusammen mit seinen Co-Autoren C. Haffner und Friedrich Zell einen besseren Platz in der Wertschätzung der strengen Kritik verdient. Mit den beiden Kollegen hat er immerhin die Bücher zur »Fledermaus«, zum »Bettelstudent«, zum »Boccaccio«, zum »Gasparone« und zur »Dubarry« geschrieben. Da kann man ihm die »Nacht in Venedig« schon verzeihen. In späteren Jahren sind Leo Stein und Victor Leon gemeinsam mit »Wiener Blut« und der »Lustigen Witwe« und der eine allein mit »Polenblut« und »Csardasfürstin« und der andere mit dem »Land des Lächelns« und dem »Opernball« erfolgreich geworden. Gespür und Geschick mag man bei einigem guten Willen allenfalls noch Alfred Grünwald bescheinigen, zu dessen bekanntesten Stücken »Ball im Savoy«, »Victoria und ihr Husar«, »Die Zirkusprinzessin« und »Gräfin Mariza« gehören. A. M. Willners »Graf von Luxemburg« lebt von einem bezaubernden Thema und leidet an einer schwachen Durchführung. Danach zwingt die Höflichkeit den Kritiker zu schweigen, auch wenn die Sänger weiter singen. Es bleibt nicht viel mehr zu loben.

Glücklicherweise hat es in allen Epochen der Operette mehr gute Komponisten gegeben als Librettisten. Und sie haben hier, wo der Tanz eine weit wichtigere Rolle zu spielen hat als in der Oper, von allem Anfang an mit großem Elan die Initiative ergriffen mit Cancans und Polkas und Csárdás und Tangos und Shimmis und Walzern und Walzern und Walzern. Es hat sich auch für die Ouvertüren mit der Potpourri-Form ein nicht sehr geistreiches, aber doch wirkungsvolles Kompositionsmuster gefunden, in dem die Gustostückerln wie in einem Schaufenster bereits ausgestellt werden, ehe der rote Samtvorhang aufgezogen wird. Danach wird keiner mehr ernstlich ein musikalisches Drama erwarten, sondern er wird sich auf die Leckerbissen der Schlager und auf den unwiderstehlichen Kehraus der Tänze freuen. Und die werden ihm in Fülle geboten von Offenbach, Strauß, Suppé, Millöcker, Ziehrer und Fall, von Heuberger, Zeller, Lehár und Kálmán und sogar noch von Lincke, Stolz und Benatzky und einem Dutzend anderen mehr. Wo die leichten Herzen und fliegenden Füße regieren, beschwert man die Köpfe nicht gern mit Gewicht. Ein Text wie »Heute ist heut« ist klug genug für einen Walzer. Und ein Narr, wer alles auf einmal haben muß, um sich zu amüsieren.

Die Operette ist ein Geschöpf des 19. Jahrhunderts, ein Kind der Zeit, in der man glaubte, Paris und Wien seien die beiden Brennpunkte der Welt, und überall sonst lebe man in der Verbannung. Nach den vorletzten und letzten Tagen der Menschheit kann man solchen Leichtsinn heute nicht mehr so recht begreifen. Manche meinen, es ginge nicht an, den wohlklingenden Schwachsinn nur einfach zu spielen, so als wäre gar nichts geschehen. Andererseits gibt es wie eh und je ein unübersehbar großes Publikum, das in die Theater drängt, um unterhalten und nicht, um belehrt zu werden. Soll man dem anglosächsischen Musical unsere Operetten-Bühnen überlassen? Ist dieses nicht weit besser geeignet, die Anliegen unserer Epoche spielend zu formulieren, da es dem Text und mit ihm den Schauspielern keine geringeren Aufgaben stellt als den Sängern und Tänzern? Oder haben wir nun doch allzu lange schon eine genuine europäische Form des singenden und schwingenden Unterhaltungstheaters vermißt, dessen unermüdliches Räderwerk von den Wassern der Musik betrieben wird? Brächte nicht eine Inventur der Trophäen aus den welterobernden Siegeszügen der Operette Anregung genug zu neuen Unternehmungen? Kann man's denn gar nicht noch einmal versuchen? Mit anderen Mitteln und neuen Ideen?

Auch wenn die verbliebenen zwanzig erfolgreichen Operetten noch immer die Kassen der Provinztheater füllen, es wird sich heute nur schwer ein Autor oder Komponist in der Lage finden, eine neue Operette zu schreiben. Denn der gesellschaftliche Bezug, der im Second Empire und in der Donaumonarchie noch durchaus gegeben war, ging seither mehr und mehr und schließlich ganz verloren. Das Großbürgertum in Frack und Abendrobe beherrschte die Szene, die Aristokratie verbarg sich hinter Masken und Pseudonymen und das Militär paradierte im »Zauber der Montur«. Doch schon die Geistlichkeit war nur mehr am Rande und bestenfalls in der Rolle als Dompfaff präsent.

Die Landbevölkerung durfte da nur als fidele Bauern, Försterchristeln oder Vogelhändler auftreten. Das gemeine Volk wurde durch pittoreske Vagabunden oder Zigeuner repräsentiert. Und die Arbeiterschaft oder das Kleinbürgertum blieb gänzlich aus dem Spiel. Ihre Sprache, ihre Musik waren dem Traumreich der Operette zu profan. In Wahrheit fehlte den Librettisten aber die Kraft zur Verwandlung auch dieser Wirklichkeit in Poesie. Dem Musical ist dies seither sehr wohl gelungen. Es gibt kein Thema, ernst oder heiter, das ihm verschlossen wäre. Warum konnte das für die Operette nicht gelten?

Wohl haben wir uns mit dem Gedanken abzufinden, daß eine der erfolgreichsten Epochen des europäischen Musiktheaters auf Nimmerwiedersehen vergangen ist. Wir werden das eine oder andere Meisterwerk von Offenbach, Strauß und Suppé in den an heiteren Stücken ohnehin armen Spielplan unserer Opernhäuser aufnehmen. »Orpheus in der Unterwelt« und »Die Fledermaus« brauchen sich auch in der Gesellschaft von »Figaro«, »Don Pasquale« und der »Verkauften Braut« nicht zu verstecken. Vom Rest werden die schönsten Melodien noch ein paar Jahre durch die Wunschkonzerte geistern und dann mit einem bittersüßen Seufzer verklingen: »Oje, oje, wie rührt mich dies . . .«

Zum Textbuch von »La Bohème«

Der Text dieses unvergänglichen Meisterwerks wird von Puccinis Musik wie von einer leuchtenden Bernsteinkugel eingeschlossen. Man sieht darin Lebewesen einer vergangenen Zeit, glaubt ihre Worte zu verstehn, meint zu wissen, was mit ihnen geschieht, aber es gelingt auf keine Weise, mit der Pinzette nach ihnen zu fassen, sie zu zergliedern und zu analysieren. Überall stößt man an Musik. Ohne diese Musik wären sie nicht mehr am Leben, sie wären zu Staub zerfallen wie ihre Vorbilder, die einst die Straßen des Pariser Quartier Latin belebten.

Und so kann es geschehn, daß gerade diese nicht nur in Italien, sondern auf der ganzen Welt so allbekannte und oftgespielte Oper so wenig enträtselt ist wie wenige andere. Wer kennt schon all die Requisiten, mit denen da hantiert wird, versteht die Anspielungen des Künstlerjargons, überschaut die Fülle der auf dem Weihnachtsmarkt gehandelten Waren und hört die kaum angedeuteten Tänze, die nie ein Ballett ergeben? Wer bedenkt die sozialen Hintergründe der vie de Bohème und die politischen Folgen dieser fröhlichen Jahre? Wen kümmern das Los der Grisetten und die neuen Themen der sich befreienden Kunst? Bei jedem Versuch, sich dem allen zu nähern, wird man von dem überwältigenden Gefühlsreichtum dieser Musik eingefangen, es klingen einem die Ohren, und man gibt sich zufrieden.

Und doch zeigt die zögernde Annahme durch das zeitgenössische Publikum, daß auch dieses Lieblingswerk aller sensiblen Gemüter einmal sehr ungewohnt geklungen haben muß. Es waren immerhin fünfzig Jahre nach dem ersten Erscheinen von Henry Murgers Roman »Scènes de la vie de Bohème« (so hieß die erste Fassung, die in der Zeitschrift »Le Corsaire Satan« in Fortsetzungen abgedruckt wurde) vergangen, ehe sich Puccini und Leoncavallo fast gleichzeitig daran machten, dieses Sujet zu vertonen. In Luigi Illicas und Giuseppe Giacosas Textbuch für Puccini wird kaum recht der Versuch gemacht, die klassischen Forderungen an ein Opernlibretto zu erfüllen. Die vier Bilder stehen etwas beziehungslos nebeneinander. Eine eigentlich fortlaufende Handlung ist kaum auszumachen, ebenso wenig wie ein dramatischer Konflikt. Von der Trennung des Liebespaares und ihren Gründen erfährt man nur durch Erzählung, dagegen nehmen Genreszenen und Episoden einen großen Teil der Aufmerksamkeit zu Beginn eines jeden Bildes in Anspruch. Komödiantische Turbulenz wechselt übergangslos mit tragischen Ereignissen. Und dennoch ist alles im Gleichgewicht. Die beiden Mansardenbilder umrahmen wie die Ecksätze einer Symphonie das Scherzo des zweiten und das Adagio des dritten Bildes. Das Stück beginnt heiter im Winter und endet tragisch im Frühling. Die Überfülle des lichterstrahlenden Weihnachtsmarktes wird abgelöst durch den neblig düsteren Wintermorgen an der Barrière d'Enfer, wo die Waren nicht mehr angepriesen, sondern verzollt werden, wo Musetta nicht mehr der bestaunte Mittelpunkt der Cafégesellschaft ist, sondern ein paar Betrunkene in einer zwielichtigen Schenke im Singen unterrichtet. Durch die Gegenüberstellung eines lyrischen mit einem temperamentvollen Liebespaar wird der Anflug von Sentimentalität und Leichtfertigkeit glücklich ausgewogen. Dramatische Formen sind einer musikalischen Gliederung gewichen.

Während Luigi Illica für diese neuartige, lyrisch-episodische Dramaturgie verantwortlich war, war Giuseppe Giacosas Aufgabe die Versifizierung der Dialoge. Die Sprache Giacosas ist ein buntschillerndes Gemisch von realistischer Umgangssprache, Studenten- und Künstler-Argot, erstaunlich vielfältiger Requisitenaufzählung und oftmals eher schlichter Albumspoesie, die sich ungeniert aller traditionellen Vokabeln zwischen Sonne und Mond, Winter und Frühling, Lilien und Rosen, Händchen und Herzen, Luftschlössern und Träumen bedient. Doch nicht zuletzt durch solche Bescheidenheit leistet sie der Überwältigung durch Puccinis geniale Melodik keinen Widerstand. Sie löst sich geradezu schmelzend ohne bitteren Rest in Gesang auf. Im Gegensatz zu den lyrischen Passagen, in denen sich der Poet der Vorstellungswelt der kleinen Näherin Mimi anpaßt, ist der Jargon, den die vier Künstlerfreunde untereinander pflegen, ein Sammelsurium von Bildungsphrasen aus dem Lateinischen und Griechischen (»Odio il profano volgo«, ein ins Italienische übersetztes Horazzitat, oder »Eureka!«, ein falsch betontes Zitat des Archimedes, das zu deutsch »Ich hab es gefunden« lauten würde, »Ingrediat se neccessit« als nicht gerade höfliche Begrüßung Mimis in der Freundesrunde u. a.), von großsprecherischer Nachahmung aristokratischen Gehabes (»E gran sfarzo, c'è una dama!« – Und, bitte, mit Prunk. Hier sitzt eine Dame!) von philosophisch-theologischen Redensarten (»Già del apocalisse apariscono i segni« – Die Zeichen der Apokalypse erscheinen am Himmel; »Tal degli audaci l'idea sintegra« – So vollendet dem Mutigen sich die Idee), von pseudopoetischen Phrasen (»M'ispira irresistibile l'estro della romanza« – Unwiderstehlich überkommt mich der Geist der Romanze; »Quest'è cuccagna da Berlingaccio.« – Das ist ein Schlaraffenmahl am Faschingsdonnerstag u. a. m.) oder einem nachgeäfften Dialog aus einem Schauerdrama (»Il tuo sangue voglio ber!« – Dein Blut will ich trinken!; »Un di noi qui si sbudella!« – Einem von uns wird hier der Bauch aufgeschlitzt werden u. a. m.). Dazu werden die kulinarischen Phantasien eines Gourmets (»Arragosta senza crosta« – Hummer ohne Schale), die lustvolle derbe Beschreibung eines rothaarigen Riesenweibes im Etablissement Mabille (»Una quercia! . . . un cannone!« – Eine Eiche! Eine Bombe!), Wortverdrehungen (»arzillo e pettoruto« wird zu dem makkaronischen »arzuto e pettorillo«) und die Anweisungen eines pedantischen Tanzmeisters gemischt (»Si sgombrino le sale« – Man möge den Saal hier räumen). Das Ergebnis ist ein erfrischendes Potpourri eines leichtzüngigen Humors, das jedoch mit einem Schlag aus dem Orchester fortgewischt wird, wenn sich der Ernst der Wirklichkeit meldet.

Große Genauigkeit haben die Autoren bei der Bestimmung und Beschreibung der Handlungsorte walten lassen. Das Café Momus, das seinen Namen vom griechischen Gott der Kritik, des Spottes und Gelächters Momos hat, der von den Göttern des Olymps verwiesen wurde, weil sie seinen Hohn nicht ertragen wollten, ist im Quartier Latin auf der rive gauche zwischen der Rue Mazarin und der Rue Dauphine vorzustellen. Die Porte d' Enfer, die an der antiken via inferiora am südlichen Stadtrand lag, wäre heute etwa an der Metrostation Denfert-Rochereau anzunehmen; der Boulevard d'Orléans heißt heute Avenue du Général Leclerc; den Boulevard St. Jacques gibt es noch heute. Nicht weit davon liegt das Künstlerviertel des Montparnasse, in dem man sich das Haus des Mr. Benoît mit der Mansarde unter dem Dach vorstellen könnte. Die Schenke an der Zollschranke trägt den italienischen Namen »Al Porto di Marsiglia« – zum Hafen von Marseille, dem Endpunkt der Straße nach Süden. Einer der nahen südlichen Vororte von Paris ist Gentilly, von dort kommen die Straßenkehrer. Die Milchfrauen wollen nach San Michele, das werden wohl der Boulevard und die Kirche von Saint-Michel sein, wohin sie nur immer gradeaus zu gehen brauchen. Wenn man gut zuhört, hat man mit Puccini, Giacosa und Illica seine Freude an den tausend feinausgesonnenen Details.

Ungewöhnlich wie so manches in diesem Opernlibretto sind die Regieanweisungen. Ihre Fülle und Vielfältigkeit ist dem gesungenen Text durchaus vergleichbar. Sie sind im Gegensatz zu den gereimten Versen des Textes in einer realistischen Prosa gehalten und beinhalten einerseits einen wesentlichen Teil des unvertonbaren Materials der Romanvorlage, andererseits entsprechen sie der zeitgenössischen Tendenz des Sprechtheaters, in welcher die minutiösen Beschreibungen von Bühnenbild, Requisiten, Kostümen, Beleuchtung und Bewegungen der Akteure ein wesentliches Anliegen des um die Jahrhundertwende in Mode gekommenen Naturalismus darstellen. Hier wird zum erstenmal auch auf der Opernbühne die wachsende Bedeutung des Inszenatorischen erkennbar. Nicht zuletzt dadurch ist »La Bohème« ein Stück Musiktheater an der Schwelle zu einer neuen Epoche. Puccinis gestische Musik nimmt immer wieder sehr genauen Bezug auf diese szenischen Belange, und der Komponist hat weder mit Giacosa und Illica noch mit anderen Textdichtern gemeinsam die Neuartigkeit dieses Stils und dessen frühe Perfektion jemals wieder übertroffen.

Nach dem Erscheinen von Murgers Roman hatten die Brüder Goncourt von einem »Triumph des Sozialismus« gesprochen. Das war schon um 1848 eine Übertreibung. Im Textbuch der Oper gar blieben nur mehr Rudimente von politischen Implikationen übrig, die nur für den aufmerksamen Sucher noch erkennbar sind. Etwa die Szene, in der die Bohèmiens den Bürgerkönig Louis-Philippe, porträtiert auf den Goldmünzen, zu ihren Füßen sehen, oder die Szene, in der sie die bürgerliche Zeitung »Le Constitutionel« auf ihren Tisch breiten. Andererseits aber prahlt Colline mit einer Audienz beim König, auf welcher er den reaktionären Minister Guilleaume Guizot treffen will, einen Mann, gegen den sich bekanntlich die Revolution von 1848 richtete. Das eigentliche Thema von »La Bohème« ist nicht so sehr das soziale Problem der Armut der Intellektuellen, der Ausbeutung der Frauen oder der Auseinandersetzung der Jugend mit dem Alter. Für all dies sind die Figuren des lüsternen Spießbürgers Benoît und des dandyhaften, alternden Lebemannes Alcindor zu episodisch karikiert gezeichnet. In diesem Werk stehen sich Phantasie und Wirklichkeit, Leben und Tod gegenüber. Die hektische Röte auf den Wangen der jungen Leute ist nicht allein ein Zeichen der Lebensfreude, es ist eine ansteckende Krankheit, die in ihnen allen wohnt, ein Enthusiasmus, der sie beflügelt und verzehrt zugleich. Und wenn die kleine Näherin Mimì sein erstes Opfer ist, so stirbt sie doch nicht, ehe sie nicht die zahllosen Stufen zum Traumschloß der Mansarde unter dem Dach eines Pariser Zinshauses emporgeklettert ist. Aber auch von den andern wird keiner sein Ziel erreichen.

Die Kunst ist nicht der wirkliche Lebensinhalt dieser Bohèmiens. Würde sonst Rodolfo sein Drama verheizen (»Le Vengeur« lautet sein Titel bei Murger, zu deutsch »Der Rächer«), würde Marcello die Reklameschilder einer billigen Vorstadtkneipe mit seinem Gemälde vom Durchzug durch das Rote Meer ausschmücken, und würde Schaunard Klavier spielen, um einen lästigen Papagei zu töten, wenn es ihnen ernst wäre damit? Auch Gustave Colline liest offenbar lieber einen griechischen Text oder die Grammatik der Runen als einen zeitgenössischen Philosophen. (An Hegel oder Schopenhauer wagt man in diesem Zusammenhang gar nicht zu denken.) Selbstironie schützt die vier Freunde vor der Verzweiflung an ihren kargen Talenten. Wichtiger als ihre Werke sind ihnen Essen und Trinken, Freundschaft und Liebe und vor allem die Ungebundenheit von den Zwängen der Arbeit und der bürgerlichen Moral. Mimì, die ernste, aufrichtige, ist in ihrem Kreis eine Fremde. Sie spielt durchaus keine Rolle, macht auch keine Szene, wie Marcello es befürchtet. Sie meint, was sie singt, und sie stirbt als Opfer der verleugneten Wirklichkeit, sie, die als einzige wahrhaft zu lieben vermag. Daß aber alle dennoch ihr Leben einsetzen für ihre wirren, unartikulierten Hoffnungen, das ist ihr Triumph über das träge, alltägliche Hinsterben in Resignation. Darum auch sind unsere Herzen auf ihrer Seite. Wir hängen an ihren Illusionen und Chimären, dem Tod zum Trotz. Und je unerfüllbarer eine Hoffnung ist, umso unzerstörbarer ist sie am Ende.

»Andrea Chénier«, Umberto Giordanos Oper vom Sterben eines Dichters

Unliebsam den Machthabern waren die Dichter seit je. Der Widerstand gegen das allzu Festgefügte, aber auch gegen die Willkür des Chaos ist ihre Aufgabe. Im empfindlichen Gleichgewicht der ordnenden und der umgestaltenden Kräfte erhält sich jedes Menschenwerk am Leben, sei es der Staat oder die Kunst. Und es war kaum einer unter den großen Dichtern der Epoche, der das Heraufkommen der Französischen Revolution nicht zuerst begrüßt und ihre chaotische Entartung nicht später verurteilt hätte.
André Chénier starb dafür im Alter von erst zweiunddreißig Jahren 1794 in Paris auf dem Schafott. Er hatte sich durch Liebesaffären mit aristokratischen Damen, vor allem aber durch eine öffentliche Verteidigung des Königs verdächtig gemacht. Seine Hinrichtung war eine der letzten Schandtaten Robespierres, der am 28. Juni, drei Tage nach dem Tod des Dichters, selbst den Hals unter die Guillotine legen mußte.
»Nato a Costantinopoli, studiò a Saint Cyr«, mit diesen Worten liest der Revolutionsführer Gérard die Biographie des Dichters von der Anklageschrift. Zu ergänzen wäre an seinem kurzen Lebenslauf, daß er den Militärdienst, zu welchem er ausgebildet worden war, mit zwanzig Jahren, wegen eines Nierenleidens, quittierte, nach Reisen in die Schweiz und nach Italien für drei Jahre als Privatsekretär des französischen Botschafters nach London ging und nach dem Ausbruch der Revolution erst 1791 nach Paris zurückkehrte. Seltsamerweise wurde er von seinen Verleumdern nicht nur als Volksfeind und Freund der Aristokraten, als Verbindungsmann zur Londoner Emigration, sondern auch als »Autrichien«, vermutlich also als Anhänger der im Herbst 1793 hingerichteten Marie Antoinette beschimpft. Sein letztes Gedicht, von dessen unvollendeter Niederschrift ihn die Schergen zur Richtstätte schleppten, hat Luigi Illica in der Arie des Schlußaktes andeutungsweise zitiert. Hierdurch suchte der Textdichter der Oper der Forderung des Verismus nach Lebenswahrheit nachzukommen.
Die Verschmelzung romantischer und veristischer Stilelemente kennzeichnet das 1896 an der Mailänder Scala uraufgeführte Werk, das seinem dreißigjährigen Komponisten Umberto Giordano mit einem Schlag Weltruhm einbrachte. Illica aber hat im selben Jahr mit der Uraufführung der von Puccini vertonten »Bohème« noch ein zweites Mal seine führende Stellung unter den Textdichtern des Verismus dokumentiert. Es fällt auf, daß viele der wichtigsten Werke dieser Stilrichtung, die das italienische Musiktheater des ausgehenden Jahrhunderts beherrschte, ihre Sujets im Paris des 18. und 19. Jahrhunderts gefunden haben. Man denke an Puccinis »Manon Lescaut«, »La Bohème« und »La zimarra«, an Leoncavallos »La Bohème«, Mascagnis »Le petit Marat«, Cileas »Adriana Lecouvreur« und eben auch an Giordanos »Fedora« und »Andrea Chénier«. Der Grund hierfür mag vor

allem in der literarischen Beeinflussung des Verismus durch den Naturalismus eines Emile Zola und seiner musikalischen Orientierung an dem Opernschaffen eines Jules Massenet zu suchen sein. Während jedoch Massenets Schüler Bruneau und Charpentier den Schritt zur Vertonung von Prosa wagten, entschieden sich die Komponisten und Dichter des italienischen Verismus für die Beibehaltung gereimter Verse. Puccini zum Beispiel verpflichtete neben dem »Dramaturgen« Illica den »Lyriker« Giacosa, der ihm für seine Arien und Duette besonders klangvolle und elegante Verse schreiben sollte. Für das Libretto des »Andrea Chénier« jedoch ist Luigi Illica allein verantwortlich. Es ist wohl etwas kolportagehafter und krasser ausgefallen als die lyrische »Bohème«, gehört aber dennoch zu den wirkungsvollsten Beispielen der Gattung. Das Pathos und die kultische Ästhetik der romantischen Oper hat es noch nicht vollkommen abgestreift. Ironie gelingt ihm nur in der Karikatur, aber die Macht des Irrationalen ist treffend gezeichnet. Der Forderung des Verismus nach drastischer Realität wird kaum eine Epoche vollkommener gerecht als die der Französischen Revolution. Geboren aus den Ideen von Freiheit, Gleichheit und Brüderlichkeit aller Menschen war es ihr auferlegt, den Rausch des Wirklichen auszukosten bis an die Grenzen des Irrealen. Im Rückgriff auf Lebensweisen, Sitten, Kostüme und Kunstformen der republikanischen Antike werden Jahrtausende übersprungen. So geschieht dies auch in den Versen Chéniers, der mit seinem bekannten Ausspruch »disons des nouvelles pensées dans des vers antiques« die Fenster der alten Gebäude des Ancien régime dem belebenden Sturmwind des Zeitgeistes öffnete. In dieser Epoche, in der unser modernes individualistisches Denken und Handeln sich seinen ersten und in manchem Aspekt auch schon erschreckenden Ausdruck schuf; hier, wo die ehemals einander begründenden Gesellschaftsklassen sich gegeneinander wandten, wo das menschlichste aller Rechte, die Freiheit, durch die unmenschlichste Willkür erzwungen und auch schon mißbraucht wurde im Namen eines zukünftigen Gesetzes, dessen Vorkämpfer und Opfer der einzelne am selben Tage werden konnte; in dieser heiligen und heillosen Zeit bot sich der Hintergrund, vor dem sich auch im Untergang das unberührbare Wunder der Kunst und der Liebe erweisen konnte. Wenn im ersten Akt die morbide Welt der Aristokratie in lasziver Sentimentalität, zeremonieller Steifheit und blasierter Heuchelei karikiert, in den beiden mittleren Akten das Chaos der Gesetzlosigkeit, der Rachsucht und der hemmungslosen Mordlust gezeigt wird, so fällt im Schlußakt das Treiben der Welt von den zum Tode entschlossenen Liebenden ab, das Tribunal der Geschichte verliert seine Schrecken, und es bleibt der letzte Vers (»ultima strofa«) und die Gewißheit der Liebe.

Die Dichter des Verismus hatten sich von den Göttern, Königen, Prinzessinnen, Kriegshelden, Zauberinnen, Priestern, Rittern und Seefahrern der romantischen Ära abgewandt und sich auf die Suche gemacht nach neuen, zeitgenössischen, bürgerlichen, wenn auch noch nicht ganz alltäglichen Protagonisten. Schicksale berühmter oder auch gänzlich erfolgloser Dichter, Schauspieler, Maler, Sängerinnen, Geishas oder Kurtisanen wurden zu Opernsujets, wirkliche oder erfundene Schicksale: Rodolfo, Cavaradossi, Canio, André Chénier, Adriana Lecouvreur, Floria Tosca, Nedda und Cho-Cho-San betraten die Bühne, Künstler unterschiedlichsten Ranges. Sie öffneten die Türen für die Leute aus dem Volke, die Bürger und Handwerker und endlich auch für die Rechtlosen und Unterdrückten, für Charpentiers Louise und d'Alberts Berghirten Pedro.

Umberto Giordanos Musik ist von großer melodischer Verve. Sie reagiert zupackend auf die dramatischen Reize, schmeichelt und geifert, höhnt und hetzt; wirkungsvoll gestaltet sie die Parodie der überlebten Gavotten und Pastoralen und den Terror und Triumph des Straßenpöbels. Die vom Verismus geforderte »couleur locale« zeigt sich in der Partitur durch Zitate historischer Revolutionslieder, etwa der Marseillaise, des Ça irà oder der Carmagnole. Die dramaturgische Form der romantischen Nummernoper wird wohl verschleiert, im Grunde aber doch unverändert beibehalten. Die vier leidenschaftlichen Arien des Titelhelden machen die Rolle des Chénier zu einer der beliebtesten Tenorpartien der Opernliteratur. Um nichts weniger effektvoll sind die Solonummern der Madeleine de Coigny und des Gérard. Einen besonderen Höhepunkt stimmlicher Prachtentfaltung bietet das Schlußduett. »Andrea Chénier« ist ein Lieblingswerk der großen Sängerpersönlichkeiten, ein Stück, das dem Theater gibt, was des Theaters ist, ohne Umwege, eine »pièce bien faite«, die während der Dauer ihrer Aufführung wirkt, nicht weit darüber hinaus. Auf eine Ouvertüre wird verzichtet. Festliche Einstimmung wäre hier fehl am Platz. Genreszenen in feiner sozialer Differenzierung leiten die Akte ein, ehe die Handlung unversehens und meist gewalttätig hervortritt und die Idylle des Alltags beiseite scheucht. Den dramatischen Höhepunkt bildet die Chorszene des Tribunals am Ende des 3. Aktes, die nachdrücklich im Gedächtnis haftet. Die Wehrlosigkeit der Kunst gegenüber den Gewalten der Zerstörung ist ihr Thema. Der Dichter wird von den Mänaden, den Sendboten des Chaos, zerrissen: ein uraltes Opfer, nicht ohne Beispiel bis herauf in unsere Zeit.

Massenets »Werther« oder
Das Parfum der Empfindsamkeit

Die Entstehungsgeschichte des Werkes ist zu gliedern in drei Schichten. Da ist zuerst des Bremer Legationssekretärs Johann Christian Kestner wohl persönlich betroffener, aber dennoch in der Form sehr ausführlich nüchterner, einem Polizeiprotokoll nicht unähnlicher Bericht über die tatsächlichen Ereignisse, die zum Selbstmord des in Wetzlar am Reichskammergericht tätigen Justizassessors Karl Wilhelm Jerusalem führten. Dem folgt, in vielen Details überraschend genau, Goethes genialer Roman von den »Leiden des jungen Werthers«. Aus diesem haben wiederum die französischen Literaten Edouard Blau, Paul Milliet und Georges Hartmann über ein Jahrhundert später eine dramatisierte Opernfassung erstellt und dabei notgedrungen das eine verkürzt oder ganz außer acht gelassen, das andere neu akzentuiert. Und schließlich wird all dies umfaßt und durchdrungen von Massenets empfindungsreicher und glanzvoller Musik, die, mehr noch als der vertonte Text, aus dem ehemals so ganz deutschen »Werther« ein Meisterwerk französischer Opernkunst macht.

Der junge Jerusalem, der auch Goethe als Kollege in Wetzlar persönlich bekannt geworden war, hatte sich unglücklich in Elisabeth, die Gattin des pfälzischen Sekretärs Herd, verliebt und nach der erschreckten Zurückweisung seiner exaltierten Gefühle keinen anderen Ausweg mehr gewußt, als sich von seinem Freund Kestner »zu einer vorhabenden Reise« ein Paar Pistolen auszuborgen und sich »eine Kugel vor den Kopf zu schießen«. Der Bericht, den der zur Tatzeit bereits aus Wetzlar abgereiste Goethe sich ausgerechnet vom Verlobten der von ihm geliebten Charlotte Buff erbeten hatte, enthält bereits alle wichtigen Handlungsabläufe des »Werther« und darüber hinaus einige Formulierungen, die Goethe später in seinen Roman übernommen hat, als sachlich knapp formulierten Kontrast zu den überschwenglichen Herzensergießungen der Briefe seines Helden, der vieles von des Autors eigenen Gefühlen preisgibt. Die auffälligste darunter ist der abschließende lakonische Satz: »Kein Geistlicher hat ihn begleitet«, der auch dem heutigen Leser noch eisig sich aufs Gemüt legt.

Napoleon soll, nach Goethes Aussage, bei der Begegnung in Erfurt moniert haben, daß an gewissen Stellen des Romans, der Lieblingslektüre seiner Jugendjahre, »eine Vermischung der Motive des gekränkten Ehrgeizes mit denen der leidenschaftlichen Liebe« zu finden sei. Der Dichter hätte ihm entgegenhalten können, daß dies eben auch bei Werthers Vorbild Jerusalem zu erkennen gewesen war, der sich mehrfach durch schroffes Benehmen auch gesellschaftlich in eine Außenseiterrolle gebracht und sich so jeden rettenden Rückweg selbst abgeschnitten hatte. Uns kann es auch heute noch nicht verwundern, daß ein bizarrer, schwärmerischer Charakter durch oft recht kindlich anmutende Unbeherrschtheit und unbedingtes Bestehen auf den eigenen Wünschen sich in Liebesdingen wie in Geschäften ins Unrecht verrennt. Und doch bleibt uns der Stachel der Ungewißheit, ob nicht ebendiese Unbedingtheit das Signum des großen, allesbezwingenden Gefühls ist, und alle einsichtsvolle Kompromißbereitschaft nur die Ausflucht selbstgerechten Philistertums. Aus diesem Zwiespalt bezieht der handlungsarme Roman seine Spannung.

Die Tatsache, daß der junge Werther die bürgerliche Idylle der Amtmänner, Pastoren und züchtigen Verlobten niemals tadelt oder gar verachtet, sondern sich wie ein Ausgestoßener nach ihrer Geborgenheit sehnt, macht Goethes Helden liebenswert. Werther, der Heimatlose – der nie von seiner eigenen Familie spricht und seine Briefe an einen fernen, ungreifbaren Freund mit dem Vornamen Wilhelm, den auch Jerusalem trug, adressiert –, Werther ist seiner eigenen Sehnsucht nach friedlicher Begrenzung im Glück der Unscheinbarkeit verfallen wie einer Droge. Es scheint zuweilen, als liebte er mehr sein eigenes Gefühl als die angebetete Lotte.

Das Außerordentliche an diesem Goetheschen Werther ist seine Ruhlosigkeit, die sich nicht in die freundlichen, aber engen Verhältnisse der Kleinstadt schicken will. Nicht der geliebte Gegenstand entfernt sich ihm, er wird ihm nur wie hinter einer gläsernen Wand aus Tugend und Konvention vor seinem Zugriff verschlossen. Er selbst aber ist stets auf der Reise. Er kommt von irgendwoher, reist ab, kehrt zurück, bittet am Ende um zwei Pistolen, weil er wiederum eine Reise tun will. Er droht den Menschen, die seine Gegenwart wünschen, immer aufs neue mit seiner Abreise, die immer weniger verschlüsselt ein Synonym für seinen Tod ist, in der Hoffnung, daß man ihn halte. Aber da keiner ihn wirklich versteht, gerät er so endlich in eine Situation, aus der ihn nur mehr ein endgültiger Abschied herausführen kann. Als Angestellter eines nicht näher bezeichneten Gesandten ist Werther schon von Berufs wegen ein Reisender, der unterwegs dilettierend die friedlichen Veduten der Welt in seiner Zeichenmappe festzuhalten versucht. Daß er sein Glück dort sucht, wo er selbst nicht sein kann, das zeigt auch seine schwärmerische Vorliebe für Ossian, das Phantom eines Dichters aus den keltischen Nebeln. Einen von dessen Gesängen hat er zu übersetzen begonnen. Und er setzt sich an Lottes Tisch, nimmt das vergessene Manuskript wieder zur Hand und liest:

»Warum weckst du mich, Frühlingsluft? Du buhlst und sprichst: Ich bethaue mit Tropfen des Himmels! Aber die Zeit meines Welkens ist nahe, nahe der Sturm, der meine Blätter herabstört! Morgen wird der Wanderer kommen, kommen der mich sah in meiner Schönheit, ringsum wird sein Auge im Felde mich suchen, und wird mich nicht finden.«

Er sieht sich als einen Baum, den der Frost des Winters gebrochen hat, den auch der Anhauch des Frühlings nicht mehr zum Blühen zu bringen vermag. Lotte, »bebend zwischen Liebe und Zorn«, weist endlich seine letzten Bitten zurück und versperrt die Türe zwischen sich und ihm, unwiderruflich. Sie sieht ihn nicht wieder, hört nur die Nachricht von seinem Tod. »Man fürchtete für ihr Leben«, heißt es am Ende, und das sagt unter anderem, daß die Kugel auch sie getroffen hat, so wie sie gezielt war, wenn auch nicht tödlich. Der Zorn hat sie gerettet.

Den Memoiren Massenets kann man entnehmen, daß es der elsässische Verleger Georges

Hartmann war, der ihn zu diesem Sujet verführte. Nach einer gemeinsamen Reise zu einer »Parsifal«-Aufführung in Bayreuth im August 1885 führte er ihn nach Wetzlar, um ihm nach einer Besichtigung der Goethe-Gedenkstätten ein Exemplar einer französischen »Werther«-Übersetzung in die Hand zu drücken. In einer Bierwirtschaft las Massenet den Roman in einem Zug zu Ende und war sofort entschlossen, ihn zum Thema seiner nächsten Oper zu machen. Hartmann entwarf das Szenarium, Edouard Blau und Paul Milliet, der Autor der »Hérodiade«, schrieben den Text. Sie konnten dabei auf einige frühere Dramatisierungen des Stoffes Bezug nehmen; denn im Gegensatz zur deutschen hat die französische Bühne mehrere Versuche unternommen, Werther auch auf dem Theater heimisch zu machen. Die Handlung wurde in drei Akte unterteilt, wobei der letzte Akt in zwei durch ein symphonisches Zwischenspiel verbundene Szenen getrennt wurde. Nur in den ersten beiden Akten begegnen uns die Randfiguren in Genreszenen, ohne dabei rechtes Leben zu gewinnen. Einzig die jüngere Schwester Charlottes, die fünfzehnjährige Sophie, wird aus diesen hervorgehoben. Mag sein, daß dies auf Wunsch des Komponisten geschah, der auf die helle Farbe einer jugendlichen Sopranstimme neben dem fraulichen Mezzo der weiblichen Hauptrolle nicht verzichten wollte. Es scheint dies in mehrfacher Hinsicht ein glücklicher Einfall, da sich durch Sophies unbekümmert fröhliche Vermittlung Brechungen des melancholischen Grundtons ergeben und Dialoge möglich werden, wo sonst das Versinken in monologisierende Verzweiflung unausweichlich gewesen wäre. Die bei Goethe so passiv und arglos gezeichnete Rolle der Charlotte wird zu größerer dramaturgischer Bedeutsamkeit gebracht. Sie wird von allem Anfang an in einen furchtbaren inneren Gefühlskonflikt gestürzt und darf am Ende dem sterbenden Werther ihre bisher verheimlichte Liebe offenbaren. Man fühlt sich dabei ein wenig an den seit Wagners »Tristan und Isolde« in Mode gekommenen »Liebestod« erinnert, begreift aber gern, daß diese Wendung einen wirksameren Opernschluß ergibt als der einsame Tod Werthers in Goethes Roman. Einen etwas irritierenden Eingriff in die Verknüpfung der Handlungsmotive stellt allerdings die zusätzliche Begründung von Charlottes Entscheidung für ihren Verlobten Albert durch ein angebliches Versprechen am Totenbett der Mutter dar. Ein solches Versprechen zu fordern und abzugeben bedeutet, Charlottes Lebensglück der Betreuung der minderjährigen Geschwister unterzuordnen, wenn nicht gar zu opfern, und macht uns die Familienverhältnisse im Hause des Amtmanns nicht eben sympathisch. Die Figur des Albert, die schon Kestner seinerzeit nicht als sein Ebenbild anerkennen wollte, wird dadurch vollends ins Negative gewendet. Dies zeigt sich schließlich auch in der Szene, als er Charlotte zwingt, selbst die geforderten Pistolen dem Diener Werthers auszuhändigen. Unversehens gerät man durch solche »bühnenhandwerkliche« Retouchen in das Gleis traditioneller Dreiecks-Geschichten und verliert die sehr subjektive Eigenart der Romanvorlage aus den Augen. Vollends dem Original Goethes entfremdet wird das Opernbuch durch das Sprachkleid. Es versteht sich von selbst, daß Goethes eigenwillige, aber in jedem Satz präsente, gefühlsmächtige Prosa in das Französisch der Belle Époque nicht ohne Verlust zu übersetzen war. Erst recht wird die Einbuße deutlich in der deutschen Rückübersetzung durch Max Kalbeck, die der Uraufführung in Wien am 16. Februar 1892 zugrundegelegt wurde. Heute ist man weitgehend übereingekommen, das Werk nur mehr im französischen Original zu spielen. Nur so kann man der meisterhaften Vertonung durch Massenet gerecht werden.

Keiner vor Claude Debussy hat die Eleganz und Biegsamkeit der französischen Sprache so einfühlsam in musikalische Deklamation umzusetzen vermocht wie Jules Massenet. Er hat sein Handwerk in der Opéra Comique erlernt, wo gesprochener Dialog und gesungene Phrasen einander unentwegt gegenübergestellt wurden. Sein Ohr war geschärft durch die Liebe zur Literatur und eine früh begonnene Erfahrung in der Kunst des Theaters. Er hatte schon als junger Mann als Schlagwerker in verschiedenen Orchestern für die Bühne gespielt, ehe er durch den Prix de Rome für eine Zeitlang der Sorgen des Broterwerbs ledig wurde. In seinem Meisterwerk »Manon« hatte er das größte Feingefühl für alle Flexionen und Farben des Salongeplauders und für die geoffenbarten Seelengeheimnisse der Liebesgeständnisse bewiesen. Man kann sich denken, wie lebhaft er es bedauert hat, daß ihm die Komposition von Murgers »Bohème« verwehrt wurde. Immerhin haben Puccini und die italienischen Veristen sehr wohl gewußt, daß sie bei keinem anderen Lehrer als bei Massenet in die Schule der vollkommenen Prosodie gehen konnten. Ihm verdanken sie mehr als jedem Vorbild ihres eigenen Landes. Bewunderungswürdig ist vor allem im »Werther« die einmal leicht fließende, dann wieder im Gefühlsandrang stockende musikalische Konversation, die übergangslos in arioses Blühen sich verwandelt oder in orchestralen Zwischenpassagen sich auflöst, um neu zusammenzufließen. Doch auch die großen gesanglichen Aufschwünge sind hier unvergeßlich gelungen. Das bemerkt man spätestens, wenn einem noch lange nach einer Vorstellung das Duett im ersten Akt, die Briefszene der Charlotte oder die berühmte Arie Werthers im dritten Akt nicht aus dem Sinn gehen wollen. Die Orchesterbehandlung ist farbenreich und glänzend, zurückhaltend, wenn es um die Verständlichkeit der Stimmen und die Nuancen des Ausdrucks geht, emotionsgeladen hervorbrechend in kurzen instrumentalen Passagen und in dem langen Zwischenspiel, während dessen Charlotte angstgetrieben durch die Winternacht eilt, um den Freitod Werthers in letzter Minute noch zu verhindern.
Daß die Uraufführung an der Wiener Hofoper stattfand, war nach dem Brand der Pariser Opéra Comique der Vermittlung des belgischen Tenors Ernest van Dyck zu danken. Direktor Jahn, der auch schon früher ein gutes Gespür für die französischen Meisterwerke seiner Epoche bewiesen hatte, konnte damit eine der allzu seltenen großen internationalen Premieren für Wien gewinnen. 1893 folgte Paris und danach bald die ganze Welt.

IV

Von Strauss bis Nono

GUSTAV MAHLER ALS DRAMATURG

Eine der schönsten Blütezeiten europäischer Kultur ereignete sich ohne Zweifel im Fin de siècle, der Wende vom 19. zum 20. Jahrhundert. Und wenn auch der Sonnenuntergang der Romantik im Zwielicht mit dem Wetterleuchten nahender Katastrophen über dem ganzen Abendland in prächtigen Farben spielte, so konnte sich doch in den beiden Jahrzehnten vor dem Ersten Weltkrieg Wien, die Residenzstadt der habsburgischen Doppelmonarchie, mit mehr als nur einem Grund im Zentrum Europas fühlen. Es war, als ob der Zerfall des Kaiserreiches sich hätte ankündigen wollen durch eine letzte, verschwenderische Fülle künstlerischen Schaffens und wissenschaftlichen Denkens in der Metropole einer übernationalen Gesellschaft von dekadent verfeinerter Lebensart. Und man spürt noch immer in dieser Stadt das Bewußtsein eines unwiderbringlichen Verlustes. Literatur, Malerei, Philosophie, Architektur, Mathematik, Medizin und Musik brachten damals noch einmal zukunftsweisende Ideen und Werke hervor. Und im Zentrum aller Zuwendung stand, wie stets in Wien, wenn ringsum Frieden herrscht, die Oper.

Im Haus am Ring, das damals noch keine dreißig Jahre alt war, zog im Herbst 1897 mit dem erst siebenunddreißigjährigen Gustav Mahler ein Geist ein, der dessen Mauern trotz ihrer Zerstörung und Wiedererrichtung seither nie ganz verlassen hat. Zehn kurze Jahre blieben dem neuen Direktor für die große Aufgabe, die er sich gestellt hatte. Als er demissionierte, tat er es in dem Gefühl, nur Stückwerk zu hinterlassen. Und doch wird an den Leistungen dieser kurzen Epoche bis zum heutigen Tag jeder Anspruch gemessen, der an das traditionsreiche Wiener Musiktheater gestellt wird, von außen nicht weniger als von innen.

Theaterleiter, Dirigent, Regisseur und Dramaturg war Mahler in einer Person. Nur als Komponist einer Oper hat er sich nicht versuchen wollen, er, dem doch das Handwerk des Komponierens vertraut war wie nur wenigen der großen Musiker seiner Zeit. Der jugendliche Versuch einer Rübezahl-Oper ist, wenn er je beendet wurde, verlorengegangen oder – wahrscheinlicher noch – vom Komponisten vernichtet worden. Auch wenn er selber kein eigenes Werk mehr für die Bühne schuf, wußte Mahler doch sehr genau, daß mit der Austreibung der schöpferischen Künstler aus dem Theater durch Dirigenten und Regisseure ein verhängnisvoller Schritt getan wurde. Die Entfremdung von Phantasie und Handwerk wurde durch die neue Arbeitsteilung zum Schaden beider Seiten bewirkt. An ihren Folgen leidet das Musiktheater noch heute. Mahler suchte dem zu begegnen.

Man liest in den Memoiren seiner Gattin Alma, daß der sonst nicht eben entgegenkommende Hofoperndirektor gelegentlich den einen oder anderen Komponisten, dem er zufällig auf der Straße oder im Kaffeehaus begegnete, für den Abend in seine Loge einlud,

um ihn teilhaben zu lassen am lebendigen Alltag des Theaters und auf solche ganz unauffällige Weise für neue Pläne zu inspirieren. Daß eine solche Geste der Verbundenheit zwischen interpretierender und schöpferischer Kunst keine Selbstverständlichkeit ist, muß man in unsren bürokratischeren Zeitläufen oft resignierend erkennen. Mahler aber suchte und fand die Verbindung zu seinen komponierenden Kollegen, ob sie nun Richard Strauss hießen oder Hans Pfitzner, Max von Schillings, Arnold Schönberg, Emil Nikolaus von Reznicek, Ignaz Brüll, Alexander von Zemlinsky, Julius Bittner oder Richard Heuberger. Er wußte, daß es, wenn schon nicht ganz unmöglich, so doch gewiß nicht erfolgversprechend ist, eine Oper zu schreiben, ohne Einblick zu nehmen in das vielfältige Gewebe des Theaters, in dem das eine nicht ohne das andere zu wirken vermag. Es ist ein seltsames Schauspiel, zu sehen, wie auf solche Art der, der doch im Besitz des Geheimnisses zu sein schien, den anderen an eine Schwelle führte, die er sich selbst zu überschreiten verwehrte. Unseren Augen verborgen bleibt in seinem Innern die schmerzliche Stelle, die er durch solchen Verzicht zu behüten suchte. Schwer ist es uns zu verstehen, daß ein Komponist, der solchen Einblick hatte in die Zusammenhänge von Wort und Ton, Gesang und Bewegung, von Bild und Tanz und Licht und Verwandlung, ein Interpret von höchsten Gnaden, sich als kreativer Musiker der Oper verschloß. Es war ihm offenbar, anders als dem weit pragmatischeren Strauss, ein Bedürfnis, sein Amt von den Quellen seiner schöpferischen Inspiration zu trennen, ohne das eine darum geringer zu achten als das andere. Er trieb hierin seine Scheu so weit, daß er auch auf dem Konzertpodium – mit der einzigen Ausnahme der »Kindertotenlieder« – keines seiner Werke in Wien zur Uraufführung brachte. Sein Wissen aber stellte er in die Dienste anderer, helfend, beratend und inspirierend.
So führte er endlose Debatten mit Emil Nikolaus von Reznicek bei den Proben zur Uraufführung von dessen »Donna Diana«. Ermutigung gab er dem grüblerischen Pfitzner während der Inszenierung der »Rose vom Liebesgarten«, eines Stückes, das er lange von sich geschoben, ehe er es angenommen hatte, und das er danach zu den bedeutendsten seiner Epoche zählte. Nachdrücklich, aber leider vergeblich, bemühte er sich um eine österreichische Erstaufführung der vom Skandalgeschrei verfolgten »Salome« von Richard Strauss. Den jungen Zemlinsky engagierte er als Korrepetitor ans Haus und empfahl ihn nach ersten Erfolgen als Kapellmeister weiter nach Prag. Er spielte Werke der Zeitgenossen, Karl Goldmark, Siegfried Wagner, Ruggiero Leoncavallo, Josef Reiter, Josef Forster, Ignaz Brüll, Leo Blech, Gustave Charpentier, Eugen d'Albert, Hermann Goetz und Ermanno Wolf-Ferrari. Und doch sind ihm auch einige schwerwiegende Irrtümer anzulasten, die nicht verschwiegen sein sollen.
Gustav Mahler hat, aus Gründen, die wir heute nicht nachvollziehen können, Puccinis Bedeutung lange nicht anerkennen wollen. Dessen in aller Welt bewundertem Meisterwerk »La Bohème« hat er das gleichnamige Opus Leoncavallos vorgezogen. Die schon 1900 uraufgeführte »Tosca« hat er sich geweigert in seinen Spielplan aufzunehmen. »Madame Butterfly« endlich mußte er im Oktober 1907, nachdem seine Demission schon unterzeichnet war, doch noch spielen, unwillig, darf man vermuten. Das 1901 herausgekommene letzte Bühnenwerk Antonin Dvořáks, »Rusalka«, überging er ebenso wie »Pelléas und Mélisande«, die 1902 uraufgeführte erste Oper von Claude Debussy. Die Premiere der »Jenůfa« 1904 im nahe gelegenen Brünn nahm er nicht zur Kenntnis. Immerhin erbat er sich nach dringenden Empfehlungen einen Klavierauszug, bestand aber auf einer deut-

schen Übersetzung, da er »des Böhmischen nicht mächtig« sei, wie er schrieb. Man kann das bei einem, der in Böhmen geboren wurde und dort seine Jugend verbracht hat, kaum glauben. Da eine deutsche Fassung zu jener Zeit noch nicht vorlag, mußte Leoš Janáček bis 1918 auf eine Wiener Premiere für sein geniales Meisterwerk warten. Doch noch weit näher als in Brünn, im eigenen Haus, im Orchester der Hofoper, wuchs ein junger Komponist heran, der ihm sein Erstlingswerk »Notre Dame« nach Victor Hugos berühmtem Roman präsentierte. Mahler fand viel daran auszusetzen und versagte dem jungen Franz Schmidt seine Hilfe. So konnte dieser erst im Jahre 1914 sein Stück auf der Bühne sehen. Der Ausbruch des Kriegs brachte ihn dann um die weitere Nutzung des Erfolgs. Des Bayreuther Chormeisters Max von Schillings Gruseloper »Moloch« hingegen versprach er aufzuführen, zögerte aber dann und überließ endlich das Werk dem Dresdener Opernhaus, was er nachträglich nicht bereut haben dürfte. Tragisch erscheint uns heute der Fall seines ehemaligen Studienkollegen Hugo Wolf, der sich vergeblich bei ihm um eine Uraufführung seines »Corregidor« bemühte. Mahler lehnte zu Beginn des Jahres 1903 eine Annahme des Werkes an der Hofoper ab, indem er einige sicherlich berechtigte Einwände dagegen erhob und Verbesserungsvorschläge machte. Nachdem der zutiefst deprimierte Hugo Wolf bald danach in geistige Umnachtung verfiel und starb, entschloß sich Mahler, das hinterlassene Werk im folgenden Jahr dennoch zu inszenieren. Ohne nachhaltigen Erfolg, wie man weiß.

Wer wagt einen Mann wie Gustav Mahler für seine Urteile zu schelten? Wer kann behaupten, vor jedem Weg zu wissen, ob er ins Dickicht führt oder ins Freie? Kommt es nicht auch auf den Wanderer an und nicht allein auf den Weg? Und ist das Ziel, das erreicht wird, immer das beste? Das, was geschieht, ist nie das einzig vorstellbare. Und nicht immer ist man später klüger als zuvor. Auf welchem Gipfel unserer Kunst müßten wir heute stehen, wenn wir in vierhundert Jahren Operngeschichte immer nur aufwärts gegangen wären! Doch zu Lebzeiten Gustav Mahlers wurden Entscheidungen getroffen, die uns heute noch binden. Neues Land kam in Sicht. Auf manchem haben wir nach vielen Jahrzehnten noch immer nicht so recht Fuß gefaßt.

Der Dramaturg Gustav Mahler hat nicht allein neue Werke wechselweise angeregt und behindert, er hat auch längst bewährte Stücke neu gefaßt und ungewohnt dargeboten. Das meistzitierte Beispiel dafür ist die durch ihn veranlaßte Einfügung der 3. Leonoren-Ouvertüre in den zweiten Akt von Beethovens »Fidelio«. Dies geschah zuerst wohl vor allem aus dem praktischen Bedürfnis, den zeitraubenden und nie ganz geräuschlosen Umbau des Kerkerbildes in die Szene auf dem offenen Schloßhof zu überbrücken. Heute ist Mahlers Zugabe Tradition geworden. Man wird von der gewaltigen Steigerung dieser Musik gleichsam aufwärts ans Licht des befreienden Tages getragen. Erst in jüngster Zeit melden sich wieder Puristen zum Wort und pochen auf die Partitur des Meisters. Man wird diesen auch im Verhältnis der Tonarten überzeugenden Eingriff wohl bald wieder rückgängig machen, so wie man längst die von Mahler gestrichene Goldarie wieder singen läßt und auch seine romantischen Instrumentationsretuschen in Beethovens klassischem Satz nicht mehr duldet.

Ein anderes, nicht minder drastisches Beispiel von Mahlers dramaturgischer Anteilnahme ist seine Bearbeitung von Mozarts »Hochzeit des Figaro«. Deren Neuinszenierung an der Hofoper fand am 30. März 1906 statt und wies die gespielte Fassung auf dem Abendzettel aus mit dem Hinweis »Bearbeitung der Wiener Hofoper. Ins Deutsche übertragen von Max Kalbeck.« Mahlers Name wurde verschwiegen. Er wollte als Alleinverantwortlicher für alles künstlerische Geschehen am Haus in anderen, untergeordneten, Funktionen, nicht eigens noch einmal genannt werden. So ließ er auch als Regisseur und Dirigent seinen Namen auf dem Plakat nicht drucken. Dies wurde erst unter seinem Nachfolger Felix von Weingartner Brauch. Bei C. F. Peters in Leipzig erschien später der Klavierauszug dieser Fassung, der folgende »Vorbemerkung« enthält: »Der vorliegende Klavierauszug zur ›Hochzeit des Figaro‹ von Mozart bietet die Bearbeitung des Wiener Hofopernhauses. In den Secco-Rezitativen wurde erstrebt, statt der üblichen possenhaften Prosa den Dialog unter Annäherung an Beaumarchais' Original möglichst leicht und ungezwungen wiederzugeben. Die neue Übersetzung von Max Kalbeck will vor allem den strophischen, rhythmischen und melodischen Feinheiten des Werkes ... gerecht werden.« Diese behutsame Formulierung verschweigt, daß hiermit in Wien erstmals versucht wurde, der von Mozart intendierten Form der opera buffa wieder zu ihrem Recht zu verhelfen. München war mit Hermann Levis neuer Übersetzung auch der Rezitative und der musikalischen Einstudierung durch Richard Strauss in diesem Bemühen vorausgegangen und vielleicht dabei etwas glücklicher verfahren. Man muß jedoch bedenken, daß es im ganzen 19. Jahrhundert Usance war, »Figaro« und »Così fan tutte« als deutsche Singspiele mit gesprochenen Dialogen und in meist abenteuerlichen Bearbeitungen zu geben. Seltsamerweise blieben im »Don Giovanni«, den man als große tragische Oper interpretierte, die Eingriffe meist auf eine Streichung des Schlußsextetts beschränkt, und hierin blieb auch Mahler bei der Tradition. Wiens musikalischer Scharfrichter Hanslick hat gegen das Rezitativ bei Mozart die angebliche »Schwerfälligkeit der deutschen Sänger« ins Treffen geführt. Er behauptete, daß das »trockene Rezitativ« im Munde unserer Sänger vollends verdorre. Nun also hatten Strauss und Mahler ihm und seinen Adepten das Gegenteil bewiesen. Daß man in Wien dabei ein wenig übers Ziel schoß, ist leicht verständlich. Dies wurde mit der Eröffnungsvorstellung des neuadaptierten Redoutensaals unter der Direktion Strauss und Schalk 1921 wieder zugunsten von da Pontes Originaltext korrigiert.

Die Bearbeitung von Mahler und Kalbeck bestand vornehmlich in drei Eingriffen. Erstens wurde das Rezitativ zwischen Bartolo und Marzelline im 1. Akt geringfügig erweitert, um klarzustellen, daß die beiden sich früher nähergestanden hatten und daß Bartolo ein Arzt und kein Winkeladvokat in Sevilla war. Dafür wurde seine zungenbrecherische Arie weggelassen. Man suchte offenbar, die Identität der Beaumarchaisschen Figuren in Rossinis später komponiertem »Barbier von Sevilla« mit denen aus Mozarts »Hochzeit des Figaro« deutlich zu machen. Zweitens veränderte man geringfügig den Anfang der dritten Szene des 2. Aktes, um der Gräfin Zeit zu geben, vor dem Eintritt des zum Offizier beförderten Cherubin Frisur und Morgenkleid zu ordnen für den unerwarteten Herrenbesuch. Hier wie im ersten Fall mag ein Wunsch der Sängerin bzw. des Sängers Berücksichtigung gefunden haben. Beide Änderungen sind nicht von einschneidender Art. Anders ist es im dritten Akt, wo in der Tat bei der Zusammenziehung des fünfaktigen Schauspiels zu einer vieraktigen Oper dem geschickten da Ponte einige Ungereimtheiten unterlaufen sind, über die auch heute noch gelegentlich diskutiert wird. Mahler hat hier in der 5. Szene eine kurze Gerichtsszene nach Beaumarchais' originalem, von Kalbeck neu ins Deutsche übersetzten Dialog eingeschoben. Diese Ergänzung macht im Peters-Klavierauszug drei Seiten aus und

führt die Gesangsrolle eines Gerichtsdieners neben dem heftig stotternden Richter Don Curzio ein. Mahlers musikalische Fassung der Rezitative erscheint hier stilistisch doch ein wenig unbedenklich und achtet mehr auf dramatischen Effekt als auf eine ohnehin illusorische Authentizität. Auch wenn man dergleichen »Verbesserungen« heute nicht mehr gelten läßt, so erkennt man darin doch Mahlers nachschöpferischen Ernst in der Auseinandersetzung mit Mozarts Meisterwerken. Keinesfalls wollte er dabei eigene »Ideen« einbringen, sondern dem Dichter Beaumarchais zu seinem, wie er meinte, verkürzten Recht verhelfen. Durch die jahrzehntelange Verballhornung der da Ponteschen Libretti hatte man in jenen Jahren trotz grundsätzlicher Neubesinnung noch nicht den rechten Maßstab, um dessen künstlerische Leistung in allen Punkten gerecht zu beurteilen.
Carl Maria von Weber war, wie ich ihm gut nachzufühlen vermag, eines von Mahlers besonderen »Sorgenkindern«. Was hat dieser allzufrüh verstorbene Musiker und Theatermann für wundervoll klar gezeichnete und doch phantasievolle und empfindungstiefe Musik geschrieben zu wahren Mißgebilden von Theaterstücken. Kaum irgendwo in der großen Literatur der Oper ist der Bruch zwischen Wort und Ton so schmerzlich. Im »Freischütz« läßt er sich, für deutsche Ohren jedenfalls, noch verwinden. Da stimmen doch Handlung und Figuren zusammen, wenn auch Ännchen ihren Kettenhund hätte besser anbinden oder ganz aus dem Spiel lassen sollen und der Eremit sich bei seinem Kollegen Lorenzo in Verona hätte Rat holen sollen, ob man ein Stück mit weisen Sprüchen endet, ohne zuvor die Herzen der betroffenen Menschen zu erforschen. Die »Euryanthe« aber der unsäglichen Helmine von Chézy muß man verloren geben, obwohl Gustav Mahler eine Rettung immerhin versucht hat. Der zwiespältigste Fall ist der »Oberon«, dessen englischen Originaltext von Richard Planché Mahler bearbeitet hat, aber leider nicht so, daß nach ihm allen anderen kritischen Prüfern der Mut vergehen müßte, es noch einmal zu versuchen. Bis heute ist eine überzeugende Lösung dieses doch gewiß nicht unlösbaren Problems noch nicht gefunden. Das Fragment von Webers Jugendoper »Die drei Pintos« aber hat Gustav Mahler schon früher, in Leipzig noch, vervollständigt und auf die Bühne gebracht. Dies scheint ihm gelungen zu sein. Man hat das hübsche Werk seither in seiner Fassung hin und wieder gespielt, zuletzt meines Wissens in einer ansprechenden Inszenierung von Federik Mirdita an der Wiener Volksoper. Auf staunenswerte Weise hat sich der eigenwillige Mahler hier ganz der Sprache seines von ihm so verehrten Vorgängers angepaßt und der späte hat für den frühen Romantiker ein wahrhaft bewunderungswürdiges Einfühlungsvermögen bewiesen. Man wünschte dem heiteren Stück aus dem Repertoire der spanischen Verwechslungskomödie um seiner beiden Komponisten willen bald wieder einmal zu begegnen.
Was Gustav Mahlers leidenschaftliche Verehrung für das Werk Richard Wagners anlangt, so ist darüber so viel geschrieben und geplaudert worden, daß es genügt, an dieser Stelle zu bestätigen, daß es der Wiener Hofoperndirektor war, der die Tradition der strichlosen Aufführungen der Wagnerschen Musikdramen begründete. So ließ er zum Beispiel in seiner vielgerühmten Inszenierung des »Tristan« den Strich im Tag-und-Nacht-Gespräch öffnen, was die Sänger vor nicht geringe Probleme stellt. Im »Lohengrin« duldete er nur den von Wagner sanktionierten Strich nach der Gralserzählung. Sein Vorhaben, den »Ring des Nibelungen« neu zu inszenieren, gelangte nur bis zur Premiere der »Walküre« zur Ausführung. Strichlos, versteht sich. Aber 1898 schon in einer Repertoireaufführung der »Göt-

terdämmerung«, deren Inszenierung noch von seinem Vorgänger Franz Jauner aus dem Jahre 1879 stammte, setzte er es durch, daß die Nornenszene zum ersten Mal in Wien gezeigt wurde. Mit diesem kompromißlosen Eintreten für den nach seinem Urteil bedeutendsten Meister des Musiktheaters hat Gustav Mahler ein Zeichen gesetzt, das auch heute noch, da Mozart und Verdi neben dem alten Zauberer vom Grünen Hügel längst ihre gerechte Anerkennung gefunden haben, seine oft allzu unerbittliche Gültigkeit hat.

Nach Julius Korngolds Zeugnis hat Gustav Mahler Ovids »Nitimur in vetitum« als Wahlspruch geführt, auf deutsch: »Wir stützen uns auf das Bewährte.« Sollte man das nicht in einem Atem nennen mit dem oft mißverständlich kolportierten Ausspruch von der »Schlamperei« der Wiener Traditionen?

»E LUCEVAN LE STELLE« – ANALYSE EINER TENORARIE

Der dritte Akt von Giacomo Puccinis »Tosca« wurde vom Librettisten Luigi Illica aus dem vierten und fünften Akt von Sardous Drama zusammengezogen. In diesem war die Handlung auf die Schauplätze einer Gefängniszelle und des Plateaus auf der Engelsburg aufgeteilt. Durch die Unterdrückung des einen ergab sich das Problem, in der Monumentalität des letzten Bühnenbildes die intime Szene von Cavaradossis melancholischem Abschied vom Leben zu gestalten. Puccini, der einem ersten, allzu heroisch auftrumpfenden Entwurf Illicas sich abgeneigt zeigte, ersann zu Beginn der Arbeit am dritten Akt eine Melodie, die ihm die ahnungsvoll wehmütige Gemütslage des Todgeweihten besser zu erfassen schien. Er bestand nun auf einem Text, der diesen Noten anzupassen war, gab dessen Inhalt vor und notierte auch schon den Ausruf des »muoio disperato« auf dem Höhepunkt des Verzweiflungsausbruchs. Giuseppe Giacosa, der Lyriker unter den beiden Librettisten, war es wohl, der die schmiegsamen Verse der Sternarie ersann. Nicht mehr dem Vaterland galt nun der Abschied Cavaradossis, sondern der mit allen Sinnen begehrten Geliebten als der Inkarnation des sieghaften Lebens. Keine Rechtfertigung mehr der eigenen Taten am Ende eines kurzen Weges, sondern das schmerzliche Erinnern einer beglückenden Liebe, geschwärzt von Verzweiflung im Angesicht eines sinnlosen Todes. Hier hatte der lyrische Instinkt Puccinis die Oberhand gewonnen über die blutrünstige Stringenz des politisch-historischen Zeitstücks. Das zeitlose Wunder menschlichen Lebens und Sterbens hebt für den Augenblick einer einsamen Abschiedsstunde alle Intrigen und Gewalttaten auf.

Wenn Cavaradossi von der Wache auf die Szene eskortiert wird, erklingt das fünfzehntaktige Thema zum erstenmal. Die Streicher stimmen es an, dann treten Flöten und Baßklarinette hinzu, und die abschließende Steigerung wird vom ganzen Orchester getragen. E-Moll ist die Tonart. Nachdem der Schließer sich zurückgezogen hat, um dem Verurteilten Gelegenheit für einen letzten Brief zu geben, bleibt Cavaradossi mit dem Thema aus dem Liebesduett des ersten Aktes allein. Es wird von einer Gruppe von vier Solocelli in einem anfänglich kontrapunktierenden, dann sich homophon verdichtenden Satz in D-Dur zitiert, als behutsame Reminiszenz verlorenen Glücks. Dann, nach einem zerlegten Harfenakkord, setzt die A-Klarinette dolcissimo vagamente rubando mit der Abschiedsmelodie ein, diesmal, der Tenorlage angepaßt, in h-Moll, aus dem 6/4-Takt wird ein 3/4 lento appassionato molto. Und die Stimme schmiegt sich nach der ersten Phrase im parlando hinzu mit der träumerischen Evokation der letzten Liebesnacht: »E lucevan le stelle ...« Vers für Vers aus der Sprechlage, zögernd, sich unterbrechend, steigt sie an und sinkt zurück. Sie schildert die sternenbeglänzte südliche Nacht, den Geruch der feuchten Erde, das leise Knarren der Gartenpforte, die huschenden Schritte auf den sandbestreuten Wegen: Sie ist es, ihr Duft verrät sie, er hält sie in seinen Armen. Fünfzehn Takte Musik von der Soloklarinette über den Streichern gesungen, die von h-Moll über G-Dur und e-Moll modulieren nach fis-Moll und so die erste Strophe vollenden, ohne sie abzuschließen, bis endlich die Tenorstimme der Melodie sich bemächtigt im nicht länger zurückzudämmenden Überschwang der Gefühle: »Oh! dolci baci, o languide carezze ...« Hier beginnt in harmonischer Schwebe die zweite Strophe der Arie – wenn man nicht das erste Zitat durch das Orchester allein schon als Strophe hinzurechnen will – und gründet sich wieder auf der h-Moll-Harmonie, von der es den Ausgang nahm. Wiederum sind es fünfzehn Takte Musik, in denen die menschliche Stimme das Klarinettenmotiv nun unverändert, aber durch den Ausdruck des gesungenen Wortes in Erfüllung der als Gesang erfundenen Form aufs wunderbarste gesteigert hinaussingt in die einsame Morgenstunde überm Tiber. Nun enthüllt sich, mit welcher Meisterschaft Takt für Takt, Note für Note diese Arie gebaut ist. Nicht allein die Inspiration des begnadeten Melodikers, sondern das Genie des großen Komponisten, als eines Zusammenfügers von Tönen in bemessener Zeit, läßt sich hierin erkennen.

Nach aufsteigender Quint hebt sich das Grundmotiv in kantablen Sekundschritten von cis' zu fis' und sinkt in Sechzehntelnoten rascher kadenzierend nach einem Quintsprung abwärts in die Tonika h. Es folgt, aus dem Hauptmotiv gewonnen, eine verknappte Nebenfloskel, ehe das Motiv erneut mit der durch Sechzehntel ausgefüllten Quint aufsteigt, diesmal eine Terz höher angesetzt als bei seinem ersten Erscheinen, und nach dem Erreichen des Gipfels a' ausruht auf einem verzierten g', ehe es die weibliche Endung der Phrase (»veli«) auch noch zu einer Viertel und einer halben Note vergrößert, um den Nachdruck zu steigern. In diesem verzückten Innehalten wird die Erinnerung geschildert an das Fallen der Schleier von den Schultern der Geliebten. Und unvermittelt danach erscheint das Motiv wieder in der Ausgangstonart h-Moll, zum drittenmal, diesmal jedoch in flüchtigen Sechzehntelnoten. Denn der Traum verfliegt. Mit dem klagenden Ausdruck der Verzweiflung folgt die Umkehrung der verkürzten Zwischengruppe – die fallende Quint wird zur aufwärtsgewendeten, aufbegehrenden Quart – sie verfestigt sich in der Wiederholung auf dem g' und sinkt sequenzartig wieder in Umkehrung nach e-Moll hinab. Beschlossen wird der große Bogen durch eine vierte Wiederholung des Hauptmotivs nach einem der für Puccini so typischen Baßschläge von Harfe und Kontrabaß in einer Wendung nach d-moll, also wiederum um eine Terz gehoben, wobei diesmal die Reihe der elf Töne in Sechzehnteln kadenziert, abstürzt und, nachschlagend, durch eine Sequenz mit Wortwiederholung in der Grundtonart aufgefangen wird. Aufgefangen nur für einen Takt nach dem Verstummen der Stimme, denn das abschließende Orchesternachspiel irrt wie orientierungslos zerfallend, der Verzweiflung anheimgegeben, abwärts. Und dann betritt mit einer unverhofften Wendung nach H-Dur, doch noch einmal Floria Tosca die Szene, um Rettung anzukünden.

Das Erstaunliche an dieser Organisation der immer gleichen elf Töne einer erst aufsteigenden und dann abfallenden melodischen Linie ist deren Abwandlung, Verknappung, Vergrößerung, rhythmische Umformung, Abspaltung, wechselnde Betonung, Umkehrung und Harmonisierung, einer Asymmetrie in der Einheit, einer Vielfalt in der geschlossenen Form, die gemeinsam mit dem wechselnden Ausdruck der Dichtung so verständlich und überzeugend wirkt und dennoch erst als ein Ergebnis äußersten kompositorischen Raffinements gewonnen wurde. Einen nicht geringen Anteil an der überwältigenden Wirkung hat die Steigerung der Mittel von Stufe zu Stufe: die Exposition des Themas im Orchester allein, die erste Strophe der Arie mit dem Klarinettensolo und der rezitierenden Stimme und endlich die Verdoppelung von Singstimme und Orchester.

Der Text der Arie, hier, als eine der seltenen Ausnahmen, im nachhinein entstanden, fügt sich ganz der musikalischen Form. In der rezitierten, ersten Strophe bestehen die Verszeilen aus gleichmäßigen Siebensilbern, in der gesungenen, zweiten, dem Melodiebogen folgend, aus jeweils elf und in den Zwischengruppen aus fünf oder sechs, zusammen also wiederum elf Silben. Erstaunt stellt man fest, daß dieser Wechsel dem uralten Schema der klassischen Operndichtung entspricht, welches seit den Tagen der Monodie Gültigkeit hat und – wie diese gewiß vom Komponisten unbeabsichtigte Koinzidenz zeigt – somit wohl keinem Zwang der literarischen Tradition, sondern einem natürlichen Fluß des Gesanges sich verdankt. Die Verse sind reimlos, schließen jedoch ohne Ausnahme in weiblichen, das heißt zweisilbigen Endungen. Erst am Schluß der Arie tritt bindend und beschließend ein einziges Reimpaar auf: »la vita«, das Leben, ist das letzte Wort des zum Sterben Bestimmten. Von eigentümlicher und nur in der italienischen Sprache möglicher Wirkung ist die Verteilung von Wort- und Sinnbetonungen, da melodische Höhepunkte und metrische Akzente nicht immer zusammenfallen. Hierdurch entsteht in der Prosodie ein wunderliches Ziehen und Dehnen, ein Rubato, das dem eruptiven Gefühlsausdruck auf ungewöhnliche Weise gerecht wird.

Es bleibt noch anzumerken, daß das Motiv der Abschiedsarie auch den Akt und damit das Werk beschließt in einer achttaktigen Zusammenballung nach Floria Toscas Todessprung, aufgellend »con tutta forza e con grande slancio«. Das todesahnende Vorgefühl ist furchtbare Wirklichkeit geworden.

Zum imaginären Stammbaum dessen zu Lerchenau

Es gibt nicht viele Rollen in der Opernliteratur, die sich dem Ochs von Lerchenau, diesem Platzhirschen unter den betrogenen Freiern, vergleichen können. In dem Werk, in dem es sonst von hellen, silbernen Stimmen nur so wimmelt, kommt dieser »aufgeblasne, schlechte Kerl«, dieser vom Stalldunst geblähte Blasbalg von einem Baß in rindsledernen Stiefeln von einem Weinviertler Rübenacker mitten hinein ins Boudoir der erschrockenen Marschallin – durch den hinteren Eingang, versteht sich – bricht dabei beinah die Tür ein, denn »der Baron von Lerchenau antichambriert nicht« und verläßt die Szene nach drei turbulenten Akten wieder durch die Hintertür eines anrüchigen Vorstadtbeisels, mit dem Hut um sich schlagend und von seinem Leiblakai gegen die johlenden Kellner, Kutscher und Hausmeister verteidigt, wutschäumend, fluchend, blamiert und geprellt, aber unverwüstlich wie eh und je und keineswegs auf dem Wege der Besserung.

Zwar ist der Kerl eine Phantasiegestalt, und seine Ahnen sind unter den Faunen und Satyrn der Spätantike, den Renaissancefiguren der commedia und den Barocktypen der buffa zu suchen; er tappt aus einem Rubensgemälde in das Genrebild eines Salons der Empfindsamkeit, daß die Porzellantassen auf dem Frühstückstischchen klirren; aber wenn man ihn sich »von rückwärts anschaut«, sieht man »mit einem Blick« den goldenen Schlüssel, der ihn als einen kaiserlichen Kämmerer ausweist. Und von der Sorte gab es seinerzeit eben nur ein paar Dutzend in den gesamten Erblanden. Da sollte sich seine Spur in den Adelsregistern und Stammbäumen doch auffinden lassen. Wenn er sich mit vollem Namen Baron Leopold Anton Ochs auf Lerchenau nennt, so gibt er durch das Präfix »auf« zu erkennen, daß er auf seinem angestammten Adelssitz residiert und nicht wie ein »Bagatelladeliger«, in einem renomméehalber gekauften Stadtpalais. »Man ist halt, was man ist, und braucht's nicht zu beweisen.« Auch wenn man gar nicht von weit her ist.

Von wo ist er denn her, der Ochs? Hinter dem Bisamberg, dreißig Kilometer nördlich von Wien, liegt am Eingang des Kreuttals das Schloß Würnitz und nahebei das Dörflein Lerchenau. Der Name des Schlosses geht auf einen Gumpo de Wurbec zurück, der um 1136 dort beurkundet ist. Das Gut gelangte nach wechselvollen Besitzverhältnissen im Jahre 1771 in das Eigentum der Freiherrn von Mannagetta-Lerchenau. Diese Familie, deren erster Name gelegentlich auch Managutta geschrieben wird, stammt aus Italien. Gegen Ende des 15. Jahrhunderts wird sie erstmals genannt, als sich ein Valentin Mannagetta in Wilhelmsburg niederläßt. Philipp Jakob Mannagetta-Lerchenau trat als »Raitmarschall« in jungen Jahren zu den niederösterreichischen Landständen über und wurde zum Kreishauptmann des Viertels unter dem Manhartsberg, des heutigen Weinviertels, ernannt. Er verlegte seinen Amtssitz auf das Schloß Würnitz und gründete in den Jahren 1784 bis 1786

in dessen unmittelbarer Nachbarschaft auf seinem Grundeigentum das Dorf Lerchenau samt Meierhöfen und einem kleinen Jagdschlößchen.
Hugo von Hofmannsthal läßt seinen Ochs von Lerchenau jedoch bereits »in den ersten Jahren der Regierung Maria Theresias« sein Unwesen treiben, soll heißen: nach allen Arten von Schürzen, groben wie feinen, und daneben auch nach einer munifizenten Mitgift Jagd machen. Maria Theresia regierte von 1740 bis 1780. »Der Rosenkavalier« spielt also zu einer Zeit, als von einem Adelssitz in Lerchenau noch gar keine Rede war.
Nicht besser ergeht es einem, der die geographische Distanz der Herrschaft Würnitz und des Dorfes Lerchenau von der Wiener Innenstadt berechnet und für die dreißig Kilometer eine sehr bequeme Reisedauer von drei Stunden für die Pferdewagen des Lerchenauischen Haushalts »mit der ganzen Livrée, Stallpagen und anderen« annimmt. »Sitz im Reisewagen seit fünf Uhr früh«, behauptet der Ochs und entschuldigt seinen Appetit auf die Frühstücksreste der Marschallin damit, daß er noch »so gut wie nüchtern« sei. Demnach müßte das Lever der hochadeligen Dame bereits um acht Uhr morgens stattfinden, was nach einer so ereignisreichen Nacht ein wenig überstürzt erscheint. Sollte das Lever doch erst um zehn Uhr beginnen, so hat der Ochs gelogen, was sicherlich nicht zum erstenmal geschah, oder wir müßten das um diese Epoche noch gar nicht existierende Lerchenau um einige Meilen weiter in Richtung Mähren nach Norden verlegen, was auch kein Schaden wäre. Wann aber soll die Marschallin dann »in die Kirchen gehn«? Sie sagt ausdrücklich »Kirchen« und nicht Privatkapelle. Werktags finden nach zehn Uhr keine Messen mehr statt. Und warum kann es nicht Sonntag oder Feiertag sein? Weil sonst kein Notar, kein Tierhändler, kein Gelehrter und keine Modistin sich in ihrem Vorzimmer drängen würden. Es ist also ein Werktag und zwischen acht und neun am Morgen. Es hilft kein Sträuben, Quinquin und Bichette müssen früh aus den Federn. Man sieht, wenn man allzu genau ist, macht man alles nur kompliziert.
Während des Levers wird zwischen dem Baron und dem Notar um die Stipulierung der Morgengabe gestritten. Dabei ist von »Schloß und Herrschaft Gaunersdorf« die Rede. Die sollen an den Baron zurückkehren »von Lasten frei und ungemindert an Privilegien, so wie mein Vater sie besessen hat«. Gaunersdorf, denkt man, das ist ein hübscher Name, für den der Dichter Maß genommen hat am Gesicht des Ochs von Lerchenau. Man irrt. Gaunersdorf nämlich trägt heute den unverfänglicheren Namen Gaweinstal und ist für Pferd und Wagen von Lerchenau aus in nordöstlicher Richtung in einer Stunde zu erreichen. In Gaunersdorf war bis zum Jahre 1735 das Kreisamt des Viertels unter dem Manhartsberg ansässig, und dieses wurde erst 1764 nach Würnitz verlegt. Hierin ist also Hofmannsthal durchaus genau. Und nachdem die geforderte Morgengabe nach der geplatzten Verlobung nicht an den von Lerchenau ausgefolgt wurde, kann es uns auch nicht wundern, daß die beiden Herrschaftssitze nie mehr zusammenkamen.
Größer werden die Konfusionen wiederum, wenn wir uns bei der Ortsbestimmung mit einem Satz behelfen wollen, den Richard Strauss wohlweislich unvertont gelassen hat. »Eh bien, nun plauder Sie uns eins, mir und dem Vetter Taferl«, sagt gutgelaunt der Ochs, indem er die widerstrebende Sophie auf seinen Schoß zieht. »Sag Sie frei heraus, auf was Sie sich am meisten freut. Wird Sie recht umkutschieren auf die Schlösser? Wo mag Sie hin zuerst? Nach Bruck? Nach Stettendorf? Nach Petronell? Gibt kein hochgräfliches Geschloß, das Ihr als meiner Frau nicht täte offen stehn.« Stettendorf, oder richtiger Stetteldorf, liegt

circa dreißig Kilometer gegen Westen, Bruck an der Leitha und Petronell liegen auf der anderen, südlichen Seite der Donau und also nur über die Wiener Brücken erreichbar, etwa achtzig Kilometer gegen Südosten von Lerchenau. Wie hätte die arme Sophie da umkutschieren sollen? Hofmannsthal, der ein geübter Bicyclist war, hat die Straßenverhältnisse um 1745 doch ein wenig überschätzt. Oder meinte er, daß Sophie in ihrer Klosterschul ohnehin nichts von Geographie gelernt habe und man ihr und dem Vetter Taferl alles erzählen konnte?

Nach all dem qui-pro-quo wird es wohl besser sein, wir versuchen nicht weiter, die Bocksprünge des Ochs von Lerchenau mit Jahreszahlen und Wegberechnungen einzugrenzen. Denn Hofmannsthal hat uns nicht nur in seinem Operntext, sondern auch in seinem Filmdrehbuch zum »Rosenkavalier« immer wieder auf falsche Fährten gelenkt. »Es ist lustig«, schreibt er an Carl Burckhardt, »den Ochs durch niederösterreichische Meierhöfe zu begleiten und mit der Marschallin auf der Terrasse eines von Fischer von Erlach gebauten Schlosses zu stehen, das über die March hinüberschaut.« Von den Marchfeldschlössern hat Fischer von Erlach allein das von Niederweiden erbaut, das aber hat keine Terrasse, und hätte es eine, man könnte von dort aus die March nicht sehen. Hofmannsthal dachte wohl an das von Lucas von Hildebrandt erbaute Schloßhof, das er schon früher einmal, in einem kleinen Büchlein über das Leben des Prinzen Eugen, dem Johann Bernhard Fischer von Erlach zugeschrieben hatte. Er benützte, und das ist sein Recht als Dichter, die geschichtlichen und geografischen Fakten eben nur als Requisiten, um eine Zeit und Landschaft seiner Phantasie damit zu möbliere. Doch die Figuren, die er erschuf, sind nichtsdestoweniger allesamt echtblütige Österreicher, wenn auch ihr Nährboden auf keiner Landkarte zu finden ist, sondern in der gemeinsamen Sprache, die er ihnen in den Mund gelegt hat. Und so stimmte Hofmannsthal schließlich sogar zu, daß Robert Wiene, der Regisseur, im Programmheft seines gründlich mißlungenen Films den Adelssitz dessen zu Lerchenau auf »ein verwahrlostes Gütchen in Kärnten« verlegte. Nun ja, es hatte ja schon einmal im ersten Akt der Oper der Ochs höchstpersönlich behauptet, daß der Ahnherr Lerchenau »ein großer Klosterstifter war und Obersterblandhofmeister in Kärnten und in der Windischen Mark«.

Ursprünglich allerdings hatte sich der Dichter in seinen sehr lesenswerten Entwürfen zum Filmdrehbuch ebenso wie in seinem Operntext eindeutig auf die Landschaft des nördlichen Niederösterreich festgelegt. Die Dueña Marianne Leitmetzerin nennt den Lerchenauer in einem Entwurf zum zweiten Akt »kaiserlicher Majestät Kämmerer und Landrechts-Beisitzer in Unter-Österreich«. In einer Regieanweisung werden die Lerchenauischen Gefolgsleute geschildert als wären sie »vom Rübenacker her in die Livrée gesteckt«. Die Rüben, die heute im Weinviertel vielfach angebaut werden, wurden allerdings erst um die Zeit der Kontinentalsperre Napoleons hierzulande eingeführt, nachdem die Zuckerrohreinfuhr zum Erliegen gekommen war. Im ersten Akt der Oper verhehlt der Ochs der Marschallin nicht sein Wohlgefallen an den »jungen Mägden aus dem Böhmischen«, die »auch ansonsten anstellig und gut« sind, und er vergleicht sie dem »deutschen Schlag, scharf und herb wie ein Retzer Wein«. Soll man nun so pedantisch sein und darauf hinweisen, daß es sich wohl nur um mährische Mägde gehandelt haben kann und daß dergleichen Zuzug von Saisonarbeitern aus dem Nachbarland erst zu Hofmannsthals eigener Zeit, nicht aber zu den feudalen Zeiten um 1745 üblich war? Retz immerhin ist ein gutes

Stichwort im Mund des Lerchenauers. Den herben Retzer Wein hat er gewiß tagtäglich zu trinken bekommen, denn allzuoft wird man einem Kerl seinesgleichen nicht einen Tokayer oder Hippokras mit Ingwer kredenzt haben.

Streifen wir zum Abschluß noch ein wenig durch den herrschaftlichen Besitz dessen zu Lerchenau, den uns Hofmannsthal in seinem Filmdrehbuch nicht weniger liebevoll und kenntnisreich vor Augen führt wie die Schauplätze in seiner Oper. Da kommen wir also auf den »verfallenen Edelhof des Barons Ochs, mitten in einer fruchtbaren niederösterreichischen Landschaft«, und über die »Zufahrt vom Schloß mit schönen alten Bäumen und einem verfallenen Parktor« gelangen wir in den »Schloßhof mit einem riesigen Misthaufen und Pfützen voller Gänse und Enten, böser Kettenhunde«; »ein Ziehbrunnen, ein defekter Taubenschlag« vervollständigen die desolate Szenerie. Im Inneren treffen wir es nicht besser. Das Speisezimmer ist »ein verwahrloster ehemals prächtiger Saal mit einem verrauchten Kamin und teilweise durch Bretter ersetzten Fenstern. Gewehr und Jagdgerät unordentlich umhergestreut. Jagdhunde schlafend auf dem Boden, dazwischen Hühner Speisereste aufpickend ...« Wir werden uns hier nicht lange aufhalten. Dergleichen depravierte Schlösser kennen wir aus unseren eigenen Tagen. Wir ziehen uns aber zurück, weil uns ein allzu neugieriger Blick durch einen Türspalt »Seine Freiherrliche Gnaden« im deshabilée gezeigt hat, wie er eben eine junge Bäuerin, die ihm eine Schürze voll frischer Eier gebracht hat, »an der Hand über Treppen und Gänge auf den Heuboden« zieht, um sie dort zu »beschleichen«. Wir wollen ihm wünschen, es möge genug »Heu in der Nähe dabei sein«. Denn aussterben soll er uns nicht, der Faun des Rübenackers. Wohl aber wird er sich demnächst einen anderen Unterschlupf suchen müssen, denn im Jahre 1977 hat man ihm mit der Spitzhacke den Lerchenauer Meierhof mitsamt den Stallungen niedergerissen, auf Anordnung derer, die heute die Herren sind hinter dem Bisamberg.

Hans Pfitzners »Palestrina« oder Der letzte Stein

Es ist eine ganz ungehörige Portion von Selbstüberhebung in diesem schopenhauerischen Willen zur Selbstauslöschung, den Pfitzner ein langes Leben mit sich herumtrug. Ein germanischer Furor gegen die eigene – asthmatische – Brust gerichtet. Der will nicht nur den eigenen Geist in seinem schwachen Leib mit hinabnehmen, sondern auch hinter diesem das Tor zuschlagen. Es soll zu Ende sein mit ihm und nach ihm. Es kommt nichts mehr, heißt das, was wert wäre aufgenommen zu werden in jene große Versammlung der Meister, die seinem Palestrina erschienen, um ihn an die Erfüllung seines Erdenpensums zu mahnen. Er hat gelitten unter dieser selbstauferlegten Berufung, dieser kleine, blasse, schwächliche Mann. Oft schien er unter der Last zu zerbrechen und hat sie doch ein achtzigjähriges Leben lang getragen wie ein Büßer. »Ein schwieriger, wunder, zwiespältiger Mensch«, so charakterisierte ihn Thomas Mann, der zu Pfitzners größten Verehrern gehörte, »der bei aller Liebe zum erlösenden ›Intellekt‹ von der bösen Willenswelt seines zweiten ›Palestrina‹-Aktes ohne Zweifel viel in sich trägt.«

Daß er gestraft wurde für seine intellektuelle, künstlerische und nationale Hybris, entschuldigt ihn nicht. Auch wenn er einem manchmal anmuten mag wie Hiob in der Asche, nachdem er seine Frau durch Entbehrung, seine Tochter durch Selbstmord, seinen behinderten Sohn Paul durch Krankheit, seinen Sohn Peter im Krieg in Rußland verloren hatte, nachdem sein Haus in München durch Bomben zerstört und sein erlöschendes Augenlicht nur durch mehrere Operationen gemindert erhalten wurde. Was war ihm dagegen sein Ruhm?

> »Sein echter Ruhm, der still und mit der Zeit
> Sich um ihn legte wie ein Feierkleid;
> Sollt' er dafür wohl gar noch dankbar sein?
> Ein Heiliger für seinen Heil'genschein?
> Und was denn hat sein Ruhm ihm eingebracht
> als der Kollegen Neid und offne Niedertracht?«

Das hat er von seinem Helden und Vorläufer Pier Luigi Palestrina geschrieben und hat es doch wohl auch für sich gemeint. Es ist eine seltsame Mischung von Demut und Hochmut in dem Meister wie in seinem Geschöpf, in einem Maß, daß man sich nicht so sicher sein kann, wem von beiden welche Rolle zukommt.

Seltsam: ein Mann, der in der Lage ist, ein Buch wie das des »Palestrina« zu schreiben, weiß nichts von solcher alles Durchschnittliche weit überragenden Begabung. Er wagt sich lange nicht an die Niederschrift, fragt vier Literaten weit geringerer Statur, ob sie ihm die ihm unüberwindlich scheinende Aufgabe nicht abnehmen wollen, und macht sich erst, als alle ausweichen oder abwinken, allein an die Arbeit. Und dann entsteht, nach langen historischen Studien, in zweijährigem Wägen und Verwerfen das Buch, das zu den bedeutendsten gehört, die je für die Oper geschrieben wurden, malgré lui, wider eigenes Vertrauen. Otto Klemperer fand dazu in einem Gespräch ein bizarr anmutendes Urteil. »Er war sicherlich begabt«, sagte er etwas gönnerhaft formuliert, »aber ich glaube, er war ein besserer Schriftsteller als Komponist. Der Text von ›Palestrina‹ ist wundervoll. Da gibt es Teile, die man mit Goethe vergleichen kann. Die Musik ist nicht so wichtig, ich meine, sie ist gut, zum Teil sogar wirkungsvoll.« Das ist, was die Dichtung des »Palestrina« anlangt, etwas hoch und, was die Musik anlangt, um vieles zu tief gegriffen. Klemperers Dirigentenkollege Bruno Walter findet wohl auch, aus allzugroßer Nähe, nicht das richtige Maß, wenn er meint, daß Pfitzner »die bedeutendste Gestalt von den schöpferischen Musikern unserer Epoche gewesen« sei. Es ist gewiß schwer, einen Zeitgenossen, der einem womöglich selbst einen Weg öffnet oder versperrt, gerecht zu beurteilen; aber wir neigen heute, in historisierender Zeit, doch allzusehr zu einer Überbewertung der geschichtlichen Komponente. Wir fragen zuerst nach den Folgen eines Werkes und nicht nach seiner innersten Substanz. Wir schätzen die Lehrmeister und Proselytenmacher höher als die Unnachahmlichen. Aber eines sollte auch für uns außer Frage stehen: Pfitzners »Palestrina« gehört zu den unverzichtbaren Meisterwerken einer wahrhaft gesegneten Hoch-Zeit der Operngeschichte, auch wenn nichts Vergleichbares in seiner Art mehr geschaffen wurde. Es ist ein letzter Stein, ein Eckstein jedenfalls, wenn es denn schon, Gott sei's gedankt, kein Schlußstein geworden ist.

Das Buch hat außerordentliche sprachliche Schönheiten und schenkt tiefe Einsichten in die Psyche des einsamen, seinen Visionen und Verzweiflungen ausgesetzten Künstlers. Sein Hauptverdienst ist jedoch die große dramaturgische Architektur, die schier endlose Steigerung des ersten Aktes vor allem, die nach der Exposition durch ein altkluges Knabengespräch über eine in Freundschaft, verantwortungsbewußtem Ernst und endlich in »heiligem« Zorn ausgetragene Konfrontation weltlicher und geistlicher Macht mit künstlerischer Autonomie ihren ersten Höhepunkt und das punctum movens des Dramas erreicht. Aus der nachfolgenden tiefen Verzagtheit erhebt sich der Geist des Titelhelden geprüft und gestärkt durch den Zuspruch seiner großen Vorläufer, der Meister der abendländischen Musik, zu neuer Schaffenskraft, bis endlich über seinem einsamen Schreibtisch sich der Himmel öffnet, um ihm mit jubilierenden Engelschören alle Quellen der Musik zu erschließen. Ein überwältigendes Bild aus den Tagen des heilbringenden Glaubens, vor dem wir heute fassungslos und dennoch getröstet stehen. Es scheint uns, daß nicht auf immer verloren sein kann, was einmal war in solcher Fülle.

Seltsam kleinlaut ist dann im dritten Akt die Freude über den Erfolg der Messe, unspektakulär das Gedränge der Würdenträger in der kargen Studierstube des Komponisten um den rasch beschlossenen und darum auch nur improvisierten Besuch des Papstes, und leise ausklingend, »mehr im Innern« verhallend der Schluß. Der schwache Mensch ersehnt sich, nach dem ungeheuerlichen Ausbruch der Inspiration und der Demütigung der Kerkerhaft, nur mehr den Frieden der Vergänglichkeit. Auf irdischen Lohn zu hoffen, hat er verzichtet.

Das Werk, auch wenn es in der »stillen Freude« des Lebensverzichts endet, hat auch sein Gewalttätiges, lebensvoll Mächtiges in dem grandiosen Tridentiner Akt, einem reinen Männerbild, einer Schlacht mit Worten, einem Kampf um Sitzverteilungen, Rangordnungen, Glaubensdogmen, Weltherrschaft, Nationalstolz, Brot und Wein und endlich auch, am Rande, um das Schicksal der Musik, der mit Messerstichen und Gewehrsalven geendet wird: ein Kostümfest, Ritual der Eitelkeiten und Zeitgemälde ohnegleichen. Hier erweist sich auch einmal Pfitzners männliche, ordnende Kraft in der Bewältigung großer Formen und sein galliger Witz in der Schilderung charakterisierender Details. Man versteht, daß einer, der das geschrieben hatte, darauf bestand, es auch selbst in Szene zu setzen. Da ist mehr, als man glauben möchte, Authentisches aus den Protokollen des Tridentiner Konzils hineingeflochten, das eine bildliche Entsprechung fordert. In Pfitzners Kopf war jeder Gang und jede Geste unabänderlich vermerkt. Er hatte, als er schrieb und komponierte, jeden Meister, Engel oder Kardinal leibhaftig vor sich gesehen und wollte auf den Regieproben keine Abweichungen dulden. Man spürt diese visionäre Kraft auch heute noch, wenn man das Werk inszeniert: Musik und Wort und Bild sind aus der gleichen Imagination entstanden. Hier ist der Fall einer höheren Identifikation, als man ihn gemeinhin in der Oper findet. Hier pocht die Unnachgiebigkeit auf ein unbestreitbares Recht.

Was die Musik anlangt, so hat sich Pfitzner wohlweislich dem übermächtigen Vorbild Richard Wagners entzogen durch die Wahl eines Sujets aus der italienischen Renaissance und eines Titelhelden, dessen Musik, wenn auch kaum je vernehmlich zitiert, wie ein stiller Goldgrund hinter dem Getöse der zeitgenössischen Machtkämpfe steht. Ihm ist das Pathos der Selbstbehauptung fremd, er komponiert in Demut seine »Missa Papae Marcelli«. Symphonisch dicht gewoben sind die Vorspiele zu den drei Akten, abwechslungsreich sind die Szenen vom intimsten ariosen Selbstgespräch bis zu den fugierten Streitchören der politischen Parteien, vom violenbegleiteten höfischen Liebeslied bis zur Orgelfülle der Engelsmesse und vom orientalischen Singsang des senilen Patriarchen Abdisu bis zum übermütigen Mandolinenständchen in den Gassen von Rom. Nicht weniger als sechzig verschiedene Leitmotive hat Pfitzner eingewoben in die gewaltige Partitur. Keines davon aber ist einer Person, einem Ort oder einem Requisit zugeordnet. Pfitzners Leitmotive stellen Zusammenhänge von Gedanken und Empfindungen her, beschreiben die Trauer, den Kleinmut, die Liebe, den Zorn, die Kirchenmacht und die Staatsgewalt, den Nationalitätenhaß, den Spott, den Hochmut und die stille Freude und vieles andere mehr. Die Partitur des »Palestrina« ist reich an Anspielungen und Bezügen und das Werk nicht nur eines erfahrenen Theatermannes, sondern auch eines kenntnisreichen Gelehrten unter den großen Komponisten.

Der »Palestrina« ist in Straßburg entstanden, der wundervollen, alten elsässischen Stadt, in der Pfitzner das Opernhaus leitete. Geschrieben wurde er in den letzten Friedensjahren, komponiert in den ersten Kriegsjahren. Ob der Komponist während der Niederschrift aufgeblickt hat, um zu sehen, wie sich die Welt um ihn verwandelte? 1917 wurde das Werk in München uraufgeführt. Ein Jahr noch und Straßburg sollte verloren sein, für Pfitzner, für Deutschland, nicht für Europa.

Pfitzner übersiedelt nach München, lebt noch lange, unverwandelt, unversöhnlich, gebeugt und nicht gebrochen. Er stirbt in Salzburg in den Jahren nach der zweiten Weltkatastrophe, ist in Wien begraben. Warum in Wien? Hat er die Nähe der Meister gesucht, die er verehrte?

> »Nun schmiede mich, den letzten Stein
> An einem deiner tausend Ringe,
> Du Gott – und ich will guter Dinge
> Und friedvoll sein.«

So singt Pfitzners Alter ego Palestrina, ehe er sich an die Orgel setzt, um leise spielend in musikalische Gedanken zu versinken ...

Ferruccio Busoni oder Die Ästhetik der Tonkunst und die Pragmatik der Bühne

Ferruccio Dante Michelangiolo Benvenuto sollte er heißen, der Sohn des italienischen Klarinettisten Ferdinando Busoni und seiner deutschen Gattin, der Pianistin Anna Weiß, der am 1. April 1866 im toskanischen Empoli geboren wurde. Von der erdrückenden Last solcher Taufnamen hat sich der junge Ferruccio bald befreit, um sich andere Vorbilder zu suchen: Johann Sebastian, Ludwig und Franz alias Ferenc. Eine seltsame Kette geistiger Ahnen für ein italienisches Wunderkind. Das Handwerk des Pianisten hat er von seiner einzigen Lehrerin, der Mutter, erlernt. In Triest hat er mit acht Jahren schon sein erstes öffentliches Konzert absolviert. Mit fünfzehn wurde er in Bologna – wie weiland der gleichaltrige Wolfgang Amadé – als Mitglied in die »Philharmonische Akademie« aufgenommen. Und dann: was für eine Karriere! Man muß hier die Stationen der unaufhörlichen Reise nicht nennen. In Leipzig studierte der junge Mann während einer kurzen, aber bedeutsamen Ruhepause viel deutsche Kammermusik, Beethoven, Mendelssohn, Schumann, versteht sich. Früh schon begann er selbst zu unterrichten, in Helsinki, Moskau und Boston, später dann in Berlin.

Busoni liebte die großen Städte. Mit der grünen Natur hatte er nicht viel im Sinn. Er soll sich sogar, um sich zu entspannen, gelegentlich auf Bahnhöfen aufgehalten haben, ohne Absicht zu reisen, nur, um in einem Gewimmel von Menschen unterzutauchen. Später hat er oft über die Mühsal des Konzertierens geklagt, sei es, weil man dabei so einsam auf dem Podium vor einem schwarzen Möbel saß, sei es, weil er dadurch am Komponieren gehindert wurde. Auch an die Kammermusikabende der Familie erinnerte er sich als an eine lästige bürgerliche Pflichtübung. Er war ein unbehauster polyglotter Wandermusiker mit italienischem Namen, deutscher Muttersprache und einer schwedischen Ehefrau. Das Religiöse spielte keine geringe Rolle in seinem Leben, wenngleich es sich in seinem Schaffen nur in seiner Faust-Oper und in den sieben Elegien für Klavier von 1907 mit Zitaten von Choralthemen anzeigt. Für sein Instrument hat er außer einem mit einem Altsolo und Schlußchor belasteten Klavierkonzert nur wenige Werke geschrieben, am bekanntesten sind wohl die Bearbeitungen von Bach-Toccaten geworden, die dem modernen Konzertflügel virtuose Klangpracht abfordern. Hier scheint sich Busoni bewußt geworden zu sein, daß das von Liszt eingeleitete Zeitalter der romantischen Neuinszenierung historischer Themen an seine Grenzen gestoßen war. Er beginnt nervös nach Auswegen zu suchen. Er spürt den Bruch der Epochen.

Im Jahre 1907 erscheint in Triest sein »Entwurf einer neuen Ästhetik der Tonkunst«, eine Schrift, die viel Unruhe und wohl auch Verwirrung gestiftet hat. Man rechnet sie heute zu den wichtigsten Vorboten der neuen Musik. Busoni träumt darin von der Überwindung der funktionalen Dur-Moll-Harmonik und beschreibt das Wesen neuer Zusammenklänge als ein »Kaleidoskopisches Durcheinanderschütteln von zwölf Halbtönen in der Dreispiegelkammer des Geschmacks, der Empfindung und der Intention.« Er fordert sogar die Unterteilung der Oktave in 36 Intervalle und regt den Bau eines Tasteninstrumentes an, das es in mikrotonaler Stimmung den beweglicheren Saiteninstrumenten gleichtun könnte. Ob er sich wohl gefreut haben würde über die elektronischen Mittel der heutigen Komponistengeneration?

Doch so radikal sich manche seiner Theorien lesen, als weltgewandter Interpret wußte er sich mit der Beherrschung der seiner Epoche verfügbaren Instrumente zu begnügen, und als Komponist gelang es ihm kaum je, die von der Neoromantik gedehnten und verzerrten Spielregeln des 19. Jahrhunderts zu verlassen. Auch in seinem Aufruf zu einer »jungen Klassizität« erscheint er in seinen letzten Jahren eher als ein Eklektiker denn als ein Neutöner. Mag sein, daß Busoni die wertvollsten Keime seines unruhig experimentierenden Geistes in die Heranbildung seines Schülers Kurt Weill gelegt hat, den bald schon keine ästhetischen Skrupel mehr hinderten, der Bühne zu geben, was der Bühne war.

Busoni, der Konzertvirtuose, der Lehrer und Theoretiker, scheint im Musiktheater etwas wie eine religiöse Veranstaltung gesehen zu haben. Er sprach oft vom Tempel der Kunst und bezeichnete seinen »Faust« als Mysterium oder religiöse Handlung. Vielleicht liegt darin eine Antwort auf die Frage, warum er sich von dieser Partitur nicht zu trennen vermochte, über acht Jahre daran schrieb und komponierte und das Werk doch unvollendet hinterließ.

Busonis Opern haben zwei Heimatländer. In deutscher Sprache komponiert und uraufgeführt, wurden sie doch vom Komponisten selbst ins Italienische übertragen. Zwei der Themen sind der deutschen Literatur entnommen, zwei der italienischen commedia dell'arte. Busoni als sein eigener Librettist war dabei selbst der Vermittler zwischen dem literarischen Original und Busoni, dem Komponisten.

»Die Brautwahl« nach einer Erzählung von E. T. A. Hoffmann aus der Sammlung der »Serapionsbrüder« ist Busonis erster Versuch für das Musiktheater. Die abendfüllende Handlung ist in einem phantasievoll dämonisierten Berlin um 1820 angesiedelt. Drei Brautwerber, ein Bücherwurm, ein jüdischer Geck und ein romantischer Maler, bedrängen die hübsche Albertine, der verdächtige Jude Manasse und der hilfreiche Goldschmied Leonhard mischen sich in das Spiel, das – wie in Shakespeares »Kaufmann von Venedig« – durch das Wählen des richtigen von drei verschlossenen Kästchen entschieden wird, zugunsten des längst heimlich geliebten Malers, versteht sich. Eigenartigerweise nützt Busoni die sich bietende Gelegenheit zu vielfältigsten Ensembles nur wenig und gibt auch dem hoffmannesken Spuk der Vorlage nur wenig musikalischen Raum. Die Chöre sind allesamt hinter die Szene verbannt. Hier hat sich Busoni noch nicht so recht hinausgewagt über den erzählenden Autor, hat seiner Musik zu wenig Freiraum geschaffen für szenisch-lyrische Visionen. Nach der Uraufführung 1912 in Hamburg verhinderte wohl auch der Ausbruch des Ersten Weltkriegs eine Verbreitung des Stückes. In Italien wurde es seither nur in Florenz gespielt, dort, wo Busoni vom Vater her Heimatrecht hatte.

Das Libretto zu seiner zweiten Oper, dem einaktigen Capriccio »Arlecchino«, verfaßte Busoni nach Motiven der commedia dell'arte. Die Titelrolle hat er einem Schauspieler zugeteilt, der seine spöttischen Kommentare zu Spiel und Gesang abgibt, indem er als Sprecher aus der Handlung heraustritt. Der Autor hat hier in den frühen Kriegsjahren mit herber Zeitkritik nicht gespart und das Werk später in Essays über den Werdegang und die Deutung des Inhalts noch einmal, selbst heraustretend, kommentiert. Auch die klassizistische Form der traditionellen Nummernoper gibt Anlaß für Parodien und Zitate vor allem italienischer Musik und Theaterbräuche. Uraufgeführt wurde das kurze Stück in Zürich 1917 zusammen mit der zweiaktigen chinesischen Fabel »Turandot« nach Gozzis gleichnamigem Schauspiel von 1764. Es versteht sich, daß auch hier auf die Figuren der commedia dell'arte zurückgegriffen wurde. Kein Zweifel, daß die etwa gleichzeitig entstandene »Ariadne auf Naxos« zu Busonis Kurzopern ein zeitgenössisches Gegenstück bildet. Soll man nach Prioritäten fragen? Die Idee mit den Masken lag in der Luft. Puccini, dessen »Turandot« einige Jahre später konzipiert wurde, hat darauf hingewiesen.

Neu erscheint hier bei Busoni das Eindringen konzertanter und symphonischer Formen aus der Instrumentalmusik in die Dramaturgie der Oper. Das Maskenspiel wird formalisiert. Und diese Mittel der Spiegelung und Distanzierung, die der Grausamkeit der Prinzessin und den Ränken ihrer Minister alles Gift entziehen, mehren den ästhetischen Reiz der Fabel und mindern die frontale Attacke. Die beiden feingesponnenen Stücke werden heute doch hier und da wieder neu interpretiert und fügen sich gut in Thematik und musikalischer Form zueinander.

Busonis magnum opus und ein Werk, das heute wieder vermehrt Aufnahme findet, ist der »Doktor Faustus« nach Motiven des alten deutschen Puppenspiels. In dieses letzte große Sammelbecken von Busonis Kunst münden alle Quellen früheren Denkens und Schaffens. Dem Goetheschen Vorbild hat er bewußt versucht aus dem Wege zu gehen und hat sich an verschiedene ältere Quellen gehalten, um den Text freier seinen musikdramatischen Konzeptionen anzupassen. So umrahmen wohl der Teufelspakt und die Einforderung der verpfändeten Seele durch Mephisto die bunte Handlung, in die Mitte aber rückt die Figur der Herzogin von Parma, mit der Doktor Faustus ein Kind zeugt, durch dessen Unschuld der sterbende Büßer auf Errettung hoffen darf. In diesem mächtigen Werk tritt endlich auch der Chor in seine Rechte, etwa im Credo hinter der Szene oder in der Streitszene der katholischen und protestantischen Studenten, in welcher ein Te Deum laudamus gegen einen Lutherchoral musikalischen Krieg führt, und ein letztes Mal in der Beschwörungsszene des Schlußbildes mit der Erscheinung der Krakauer Studenten. Busonis Musik nützt die theatralische Vielfarbigkeit des Sujets, stellt italienische Hoftänze neben deutsche Choräle, Monologe neben Gebete und Liebesduette. Hier lenkt den Komponisten eine szenische Vision. Von Klassizismus ist wenig mehr die Rede.

Das unvollendete Werk hat Busonis Schüler Philipp Jarnach in raschem und vielleicht ein wenig unbedenklichem Zugriff vollendet, so daß die Uraufführung schon ein Jahr nach dem Tod des Komponisten 1925 in Dresden stattfinden konnte. Wohl zwanzig der großen internationalen Häuser schlossen sich an, ehe das Interesse erlahmte und sich erst in jüngster Zeit wieder deutlich belebte. Mag sein, daß dieses eine ungefüge Werk den theoretisierenden Ästheten Busoni überdauern wird. Denn hier hat der Virtuose einmal nicht die Pranke in die elfenbeinerne Tastatur des Klaviers geschlagen, sondern ins pralle Leben. Hier gibt er als Dichter und Komponist seinem Doppelgespann die Zügel frei und läßt es galoppieren, daß man so recht das Gefühl hat, man wird auf und davon getragen auf gefahrvollen Wegen in ein unbetretenes Land.

Igor Strawinskys
»Histoire du Soldat«

Eine Jahrmarktbude ist die Szene, irgendein Podium, ein Brettergestell, das die Köpfe der näher Sitzenden oder Stehenden soweit überragt, daß auch der kleine Mann von der Straße zuschauen kann, wenn er vorbeikommt. Die Musiker sind auf gleicher Höhe mit den Schauspielern postiert, und nicht einmal der Erzähler ist besser gestellt als die andern. Keiner hat eine Sonderstellung, das Stück funktioniert nur auf der Voraussetzung gleichberechtigter Zusammenarbeit. Es soll sogar Vorstellungen gegeben haben, in denen der Dirigent, mitten unter den Musikern auf einem Barhocker sitzend, in Hemdsärmeln dirigiert hat. Die Zusammenstellung der Instrumente scheint auf den ersten Blick recht willkürlich zu sein. Ein jedes steht für sich allein, hoch und tief treffen ungemischt aufeinander: Geige und Kontrabaß, Klarinette und Fagott, Kornett und Posaune, es fehlen die Mittelstimmen. Das Schlagwerk für einen Spieler, in welchem die Instrumente ohne feste Tonhöhe dominieren, verstärkt den Eindruck des Skeletthaften, es gibt das rhythmische Gefüge, das, mehr als die harmonische Ordnung, den Zusammenhalt sichert. Ungewöhnlich ist auch die Auswahl der Darsteller: ein Erzähler, anderthalb Schauspieler und anderthalb Tänzer. Von einem Sänger ist keine Rede. Damit würde schon der Luxus beginnen. Die Figuren sind wie aus der Kiste eines vazierenden Puppenspielers gefallen: Soldat, Prinzessin und Teufel, der letztere in allerlei listigen Verkleidungen, was fehlt – die Mutter, die Braut, der Herold, der König, der Wirt – wird vom Erzähler zitiert. Kein Versuch von Seelenkunde oder Weisheitsliebe, keine Rechtfertigung. Was geschieht, das geschieht, da ist nichts zu deuten oder zu ändern. Der Teufel holt einen Soldaten, was aus der Prinzessin wird, die der Soldat zuvor geholt hat, das wird nicht recht klar, denn die Prinzessin ist stumm. Der Teufel siegt, die Kiste wird zugeklappt, nichts folgt daraus, als daß morgen wieder gespielt wird für die, die's noch nicht gesehen haben.

Wenn man mehr wissen will, so blättert man in den Memoiren des Komponisten und findet den Satz: »Ich stand also, mitten im Krieg und in einem fremden Land, dem Nichts gegenüber«, und dann noch zwei Sätze: »Ramuz und ich, wir kamen schließlich auf die Idee, mit möglichst geringen Mitteln eine Art Wanderbühne zu gründen, die man leicht von Ort zu Ort schaffen und auch in ganz kleinen Lokalen vorführen konnte ... Wir besprachen den Plan mit Ansermet, dem wir die Rolle des Kapellmeisters bei diesem Unternehmen zugedacht hatten, und mit Auberjonois, der die Dekorationen und Kostüme entwerfen sollte.« Die Uraufführung fand unter Beteiligung des Tänzerehepaars George und Ludmilla Pitoëff und dreier Studenten der Schauspielkunst am 29. September 1918 im Théâtre Municipal von Lausanne statt. »Sie verschaffte meinem Vater«, schrieb Strawinskys Sohn

Théodore, »die größte Befriedigung, die er je bei einer Aufführung eines seiner Bühnenwerke empfunden hat.«

So entstand das »arme Theater«: aus Not und dem Geschöpf der Not, der Phantasie. Die Zeiten haben sich seither gebessert. Damals jedoch brachte die spanische Grippe das mutvolle Unternehmen zum Scheitern. Und es dauerte einige Jahre, ehe sich das ungewöhnliche Stück – nun in einer deutschen Übersetzung von Hans Reinhart, dem Bruder des Schweizer Mäzens und Widmungsträgers Werner Reinhart – durch Aufführungen in Mannheim und Berlin unter – nein: mit Hermann Scherchen durchsetzte. Danach war es nicht mehr aufzuhalten. Und heute weiß ein jeder, daß mit diesem genialen Werk ein neuer Typus von Musiktheater die Bretter der klapprigen Schaubude betreten hat, dessen nachwirkende Bedeutung – auch wenn kein vergleichbares Stück seither geschrieben wurde – kaum überschaubar ist. Sein Vorbild wirkte auf das epische Theater von Brecht und Weill, auf die Märchenspiele von Orff, die Ballette Cocteaus und die opéras minutes Milhauds, auf die szenischen Konzerte der Avantgarde nach dem 2. Weltkrieg und die Experimente von Maxwell Davies und Mauricio Kagel.

»Ich muß Musik auch berühren, nicht nur denken können«, sagte Strawinsky zu Robert Craft. Ein wohltuender Satz im Zeitalter der Elektronik. »Die Geschichte vom Soldaten« ist solche Musik zum Anfassen. Diese Hinwendung zum handwerklich Konkreten, zum Klang als Ergebnis eines Spiels des Menschen mit von ihm selbst erfundenen und beherrschten Werkzeugen, diese Sichtbarmachung des Hörbaren ist zugleich eine Abkehr von spätromantischer Grenzauflösung und metaphysischer Sphärenmusik und die Wiedergewinnung eines festen Knüppelpfades im Morast. Nicht aus Theorien, Utopien oder Träumen ist diese »Geschichte« entstanden und nicht aus dem Fortspinnen traditioneller Muster. Sie setzt frei ein, ohne Stütze, wie ein schwierig zu treffender Ton. Sie ist unerhört und darum unüberhörbar.

Neu ist der Verzicht auf »Ausstattung«, auf Illusion, auf Regie und Beleuchtungseffekte, auf Chor und Ballettgruppen, auf Gesang und auf den Klangteppich aus der »mystischen Grube«. Neu ist die Kürze, die Schmucklosigkeit, die epische Präsentation, die Mischung von Tanz- und Sprechtheater und der Kontrast von Banalität und Raffinement. Und dabei haben sich die Autoren keineswegs gescheut, alte Schablonen als Anregung zu benützen, wohlbekannte Formen zwar nicht nachzuahmen, aber zu »porträtieren«, Versatzstücke einzugliedern, so wie die Maler und Skulpteure ihre »objets trouvés«. Hantiert der Text mit Elementen des russischen Volksbuches (nach Alexander N. Afanassjews berühmter Sammlung), des Märchens und des Jahrmarkttheaters, so montiert die Musik Anleihen aus der zeitgenössischen Tanzmusik (Tango, Walzer und Ragtime), des Solokonzerts (die Violine konzertiert in den Nummern 2, 5, 6, 7 und 11), der Marschmusik und des Pastorales. Das vokale Element wird durch zwei Choräle und ein Teufels-Lied in den Instrumenten ersetzt. Strawinsky ließ sich während der Arbeit von dem vom Zufall herbeigetragenen Material inspirieren. Ansermet hatte ihm Noten originaler Ragtimes aus den USA mitgebracht. Den Tango hat er am Morgen nach einem Traum notiert, in dem ihm eine junge Zigeunermutter erschienen war, die ihr Kind gestillt und gleichzeitig auf ihrer Geige die Melodie gespielt hatte. Den Walzer assoziierte Ansermet mit einem Musette- oder Erntefestwalzer, in dem die Melodie improvisierenden Charakter hat und die Bässe sich nicht immer erfolgreich um eine passende Harmonisierung bemühen. Das Neue wurde nicht krampfhaft herbeigezwungen. Neu war der Entwurf, unkonventionell war die Absicht. Die Mittel fanden sich unterwegs. Was übrig blieb nach all dem Verzicht, war das Wort, die Musik und der darstellende, tanzende, sprechende und musizierende Mensch. Und siehe da, es war für alle gesorgt.

Diese Kampfansage an das Interpretentheater, an seinen Deutungs-, Hinterfragungs- und Überhöhungszauber ist heute so erfrischend wie eh und je. Zwei Nichtexperten machten sich an eine Aufgabe, von deren Schwierigkeit sie damals vielleicht gar keine rechte Vorstellung hatten, ein epischer Schriftsteller und ein Komponist, der für die Bühne bisher nur Ballette geschrieben hatte. Der traditionellen Form der Oper gingen sie dabei wohlweislich in weitem Bogen aus dem Weg. Ramuz hat auch später nie mehr etwas Ähnliches unternommen.

Strawinsky aber hat noch mehrmals den Versuch gemacht, für das Musiktheater zu komponieren, jedesmal von einer anderen Richtung sich nähernd, von historischen Formen des 18. Jahrhunderts in »Mavra« und »Rake's Progress«, vom Oratorium in »Oedipus Rex«, vom Ballett in »Renard« und vom mittelalterlichen Sakralspiel in »The Flood«. Immer kam es zu unerwarteten und bedeutsamen Ergebnissen.

Ein Werk aber wie »Die Geschichte vom Soldaten« konnte nur einmal in einer Epoche entstehen. In seiner unverfälschten Frische und Schlichtheit kann uns dieses einmalige Werk noch lange einen geraden, verläßlichen Weg durch das Dickicht weisen. Sein Verzicht auf alle Umwege kann uns heute, im Zeitalter der Multimedia-Show, der Klangwolke und der Ausstattungsoper zur Besinnung bringen auf die wirklichen Mittel und Ziele des musikalischen Theaters.

Eine Lanze für Janáček

Wenn man nach den bedeutendsten Opernkomponisten unseres Jahrhunderts fragt, so fällt unweigerlich schon nach den ersten paar Fingern, die man abzählt, der Name Janáček. Dabei ist dieser 1854 in der mährischen Provinz geborene und dort sich vor dem Weltruhm verborgen haltende Musiker um eine ganze Generation älter als die »Klassiker der Moderne« Berg, Bartok, Ravel, Hindemith, Martinů, Milhaud und Strawinsky. Erst im Alter von 50 Jahren brachte er, nach zwei wenig erfolgreichen Versuchen, sein erstes musikdramatisches Meisterwerk »Jenůfa« auf die Bühne, und mußte noch weitere zwölf Jahre warten, bis es seinen Weg vom mährischen Brünn bis ins böhmische Prag fand.

Janáček war sich dabei – wie so oft in seinem Leben – selbst in den Weg getreten, denn er hatte als Brünner Musikkritiker einen Einakter seines Kollegen Kovařovic so ruppig zensuriert, daß der Gekränkte sich lange Jahre weigerte, die »Jenůfa« an der Prager Oper, deren Direktor er war, herauszubringen. Gabriela Preissovás Schauspiel aus dem mährischen Bauernleben »Ihre Ziehtochter« war 1890 in Prag uraufgeführt und zwei Jahre danach in Brünn nachgespielt worden. Die Erneuerung der lange Jahrhunderte von der deutschen Kultursprache verdrängten tschechischen Literatur im letzten Viertel des 19. Jahrhunderts hat mit diesem Werk eines ihrer signifikantesten Beispiele erhalten, dessen Wert dem bis zum Chauvinismus patriotischen Janáček sofort klar wurde. Die Dichterin hatte selbst als Ehefrau eines Angestellten einer Zuckerfabrik lange Jahre in der kleinen mährischen Provinzstadt Hodonin verbracht und das ländliche Leben ihrer Heimat aus eigener Erfahrung beschrieben. Nachdem Janáček zuvor schon eine bis dahin unaufgeführte und auch wenig gelungene Einaktoper unter dem Titel »Der Beginn eines Romans« nach einer Erzählung der Preissová komponiert hatte, war das gegenseitige Einvernehmen bald hergestellt. Dennoch vergingen zehn Jahre bis zur Beendigung der Oper.

Das Sprechstück ist zur Gänze in Prosa geschrieben. Janáček entschloß sich, diese Sprachform unverändert beizubehalten und den Text nur an sehr wenigen Stellen fast unmerklich abzuändern, keinesfalls aber neu zu rhythmisieren, wie das bis dahin für jedes Operntextbuch eine Selbstverständlichkeit war. Ein Drittel des Schauspieltextes wurde jedoch gekürzt, dies vor allem im 1. und 2. Akt. Die Striche betrafen vor allem die Rolle der Küsterin, wodurch die Titelpartie der »Jenůfa« in der Oper ein größeres Gewicht erhält und der gewaltigen Figur ihrer Ziehmutter als liebend-leidender Gegenpol durchaus ebenbürtig wird. Dies umso mehr als der Komponist seine wesentlichsten musikalischen Einfälle eben der Partie der Jenůfa zuteilte.

Der Grund dafür mag darin zu suchen sein, daß das Werk dem Andenken seiner einzigen Tochter Olga gewidmet ist. Diese war an einer unheilbaren Krankheit im Alter von nur

21 Jahren eben um die Zeit gestorben, als Janáček die Partitur des 3. Aktes beendete. Aus diesem tragischen Geschehen ist wohl auch das überwältigende Gefühl zu erklären, das aus jeder Note dieses wundervollen Werkes hervorleuchtet.

»Jenůfa« wurde unter dem tschechischen Originaltitel »Její pastorkyňa« am 21. Januar 1904 in Brünn uraufgeführt. Durchgesetzt hat sich das Werk erst nach der deutschsprachigen Erstaufführung in der Übersetzung von Max Brod an der Wiener Staatsoper 1918. Durch dieses Ereignis, vor allem aber durch die endlich gewonnene Unabhängigkeit seines Landes nach dem Untergang der von ihm gehaßten Habsburgermonarchie, schien der Bann gebrochen. In Abständen von kaum mehr als zwei Jahren komponierte Janáček nun ein Meisterwerk nach dem anderen, und sie alle gelangten ohne weitere Verzögerungen zur Uraufführung: »Die Ausflüge des Herrn Brouček«, Prag 1920, »Kátja Kabanová«, Brünn 1921, »Das schlaue Füchslein«, Brünn 1924. »Die Sache Makropoulos«, Brünn 1926, und endlich »Aus einem Totenhaus«, das zwei Jahre nach seinem Tod 1930 auf der Bühne des mährischen Nationaltheaters erschien.

Janáčeks Eigenart, die oft sich bis zu Widerborstigkeit und schroffer Härte steigern konnte, leitete ihn auf einem unverwechselbaren, unabhängigen Weg, der weder Vorbilder anerkennen wollte noch Nachfolger fand. Ungeglättet ist seine Musik, unvermischt die oft grelle Instrumentation, kantig sind seine Rhythmen, und seine Notierung hat schon manchen Experten verwundert. Seine ureigenste Sprache aber fand er in der Behandlung der Singstimme, deren Prosodie er aus der Beachtung des natürlichen Tonfalls seiner Muttersprache gewann: Er selbst bemerkte dazu in seinen späteren Jahren: »Sprachmelodie? Für mich hat die Musik, so wie sie aus den Instrumenten klingt, aus der Literatur, und wenn es selbst Beethoven oder wer immer ist – wenig Wahrheit. ... Töne, der Tonfall der menschlichen Sprache, jedes Lebewesens überhaupt, hatten für mich die tiefste Wahrheit. Und sehen Sie, dies war mein Lebensbedürfnis, Sprachmelodien sammle ich vom Jahre neunundsiebzig ... wissen Sie, das sind meine Fensterchen in die Seele ... gerade für die dramatische Musik hat dies große Bedeutung.«

Wien, auf das Janáček, nach einem bald abgebrochenen Studienaufenthalt in seiner Jugend, sein Lebtag nicht gut zu sprechen war, hat dem schwierigen Komponisten seinen politisch motivierten Widerstand allzu lange mit gleicher Münze heimgezahlt, zum eigenen Schaden. Zwar steht Janáčeks Meisterwerk »Jenůfa« seit dem Jahre 1964 auf dem Spielplan der Staatsoper, die großartige Inszenierung der »Kátja Kabanová« von Joachim Herz aus dem Jahre 1974 wurde jedoch schon nach siebzehn Vorstellungen abgesetzt, und 1981 erging es an der Volksoper dem musikdramatischen Testament des Komponisten »Aus einem Totenhaus« nicht besser. Nun scheint aber, endlich, die Zeit der Versöhnung gekommen. An der Staatsoper wurde die »Kátja Kabanová« wieder aufgenommen. An der Volksoper hatte »Das schlaue Füchslein« eine erfolgreiche Premiere. Und unlängst wurde der Janáček-Zyklus mit der »Sache Makropoulos« komplettiert. Dies wird uns allen Anlaß geben zu staunen über die Schwierigkeiten, die wir so lange einem der bedeutendsten Meister des Musiktheaters in unserem kargen Jahrhundert bereitet haben.

Alban Berg und die Literaturoper

Von den Meistern der Wiener Schule war Alban Berg gewiß derjenige, dessen literarisches Interesse am stärksten ausgebildet war. In der Wahl der von ihm vertonten Texte, seien es Lieder, seien es Opern, bewies er jene glückliche Hand, die seinem Lehrer Arnold Schönberg nur als Titel einer seiner doch eher problematischen Kurzopern diente. Komponierte Berg seine frühen Lieder auf Gedichte von Johann Wolfgang Goethe, Nikolaus Lenau, Friedrich Hebbel, Theodor Storm, Rainer Maria Rilke, Alfred Mombert und Peter Altenberg und die späte Konzertarie »Der Wein« auf drei von Stefan George übersetzte Gedichte von Charles Baudelaire, so wählte er als Texte für seine beiden Opern Schauspiele von Georg Büchner und Frank Wedekind, die er, der sich sonst in keiner Weise schriftstellerisch betätigte, mit großem literarischem Feingefühl und außerordentlichem dramaturgischem Geschick in jene Form brachte, die seinen musikalischen Absichten entsprach. Auf diese Weise schuf er mit »Wozzeck« und »Lulu« zwei der besten und erfolgreichsten Werke des Musiktheaters im 20. Jahrhundert, die in ihrer formalen Dichte und psychologischen Schärfe vielen späterern Versuchen als Vorbild dienten, ohne je hierin übertroffen zu werden. Der Entschluß, Werke des literarischen Sprechtheaters zwar in geraffter Form, nicht jedoch in dramaturgischer Umgestaltung durch einen Opernlibrettisten zu komponieren, war nach Debussys »Pelléas et Mélisande« und Richard Strauss' »Salome« nicht mehr revolutionär, aber immer noch ungewöhnlich genug. Beruhte er doch auf der so oft verlorenen und immer wiedergewonnenen Erkenntnis, daß die Oper nicht vor allem eine musikalische Form, sondern ein theatralisches Ereignis ist, und daß das Wort als Träger der Handlung und der geistigen Haltung eines Bühnenwerkes keine untergeordnete Stellung darin einnehmen kann, wenn der Mensch in seinen existenziellen und gesellschaftlichen Bedingungen in seinem Mittelpunkt stehen soll. Der Dichter als der eigentliche Schöpfer der Figuren und Zeuge ihrer Taten und Leiden trat wieder in seine Rechte. Der ästhetische Zirkus mitsamt seinen brillanten Artisten sollte wieder Sinn und Verantwortung erhalten. Daß hierbei meist nur die Dramen längst verstorbener Autoren zur nachträglichen Vertonung kamen, erwies sich nicht immer als glücklich. Denn einem poetischen Stoff muß die Sehnsucht nach Musik eingeboren sein, in ihm muß Raum geschaffen sein, ihn zu erfüllen. Im Falle der beiden Sujets, die Alban Berg für seine Opern wählte, ist die Verbindung von Wort und Ton in einem hohen Grade gelungen, wenn auch in der unvollendeten Partitur der »Lulu« nicht alle Probleme gelöst erscheinen. Die Gattung der Literaturoper, die in der ersten Hälfte dieses Jahrhunderts große Bedeutung erlangte, hat vor allem im »Wozzeck« einen ihrer Höhepunkte erreicht.

Das geniale Drama des im Alter von nur dreiundzwanzig Jahren verstorbenen Georg Büchner hatte beinahe vierzig Jahre in den Schubladen seiner Nachlaßverwalter unbeachtet liegen müssen, ehe sich 1875 ein Herausgeber fand, der es im Druck publizierte. Und danach währte es unbegreiflicherweise noch einmal vierzig Jahre, bis sich eine Theaterleitung entschloß, es auf die Bühne zu bringen. Daß dies ausgerechnet in Wien zum ersten Male geschah, erscheint bei der geringen Zahl an bedeutenden Uraufführungen, zu denen diese träge Stadt den Mut fand, als ebenso erstaunlicher wie glücklicher Zufall.
Alban Berg, der die Inszenierung des Stückes in den Wiener Kammerspielen in der Rotenturmstraße mehrere Male sah, erkannte schon beim ersten Besuch, daß er hier den lange gesuchten Text für seine erste Oper gefunden hatte, und ließ sich auch durch das Kopfschütteln seiner Freunde und die Bedenken seines Lehrers Schönberg nicht mehr von diesem Entschluß abbringen. Noch im folgenden Jahr 1915 begann er mit der Ausarbeitung der textlichen Einrichtung des »Wozzeck«. Der Umstand, daß sich der Titel der Oper von dem des Schauspiels unterscheidet, ist auf einen Lesefehler der frühen Büchner-Ausgaben zurückzuführen, welche in Büchners Handschrift das y für ein z gelesen und also »Wozzeck« statt richtig »Woyzeck« gedruckt hatten. Alban Berg änderte den Namen seines Protagonisten nicht mehr, nachdem er mitten in der Kompositionsarbeit durch die neueren Werkausgaben von der korrekten Lesart erfahren hatte; denn der kurze, schärfere Klang der ersten Silbe hatte bereits seine prägnante musikalische Gestalt in der Partitur gefunden.
Aus den siebenundzwanzig von Büchner fragmentarisch hinterlassenen Szenen wählte der Komponist fünfzehn aus, kürzte die Dialoge, zog einzelne Handlungsabläufe zusammen, stellte um und gliederte die Handlung in drei Akte zu je fünf Bildern. Die Bilder verband er innerhalb der Akte durch zwölf Zwischenspiele und gewann auf solche Weise die für die Vertonung unerläßliche stärkere Formalisierung. Den Wortlaut und vor allem die gesellschaftskritische Aussage des Werkes ließ er unbeeinträchtigt, verstärkte vielmehr die leidenschaftliche soziale Anklage durch seine Musik bis zum Aufschrei des Widerspruchs, so daß in den ersten Jahren diese Oper unter einer Verfemung als sozialistische Agitation zu leiden hatte.
Büchners Drama ist in knapper, aber bildkräftiger Prosa geschrieben, einer Sprache, die dem Komponisten keine stereotypen rhythmischen Bindungen auferlegt, die vielmehr allein dem geradlinigen Fortgang der tragischen Handlung und der Charakterisierung der Personen dient. Nur hin und wieder sind vom Dichter kurze, meist bald auch wieder unterbrochene Liedverse eingestreut. Die größere Freiheit der Prosa gegenüber dem traditionellen Vers der Nummernoper schuf für die Vertonung jedoch auch neue Probleme, die Alban Berg durch die Unterordnung des Gesanges unter die Gesetze des Dramas, aber auch durch die Verwendung von Formen der Gebrauchsmusik und der abstrakten Instrumentalmusik löste.
Die musikalischen Gestaltungsprinzipien, durch die es ihm gelungen war, die traditionelle Harmonik zu vermeiden und dabei dem Werk doch eine überzeugende formale Geschlossenheit zu geben, legte der Komponist in einem Vortrag dar, den er zuerst im Jahre 1929 und danach wiederholt vor Neuinszenierungen seines Werkes gehalten hat. Demnach griff er bewußt auf traditionelle Tanzformen wie Polka, Ländler, Walzer, Gigue, Pavane und Gavotte zurück und stellte sie neben klassische Kompositionsformen wie Suite, Sonatensatz,

Passacaglia, Fuge, Marsch, Rondo und Variation. Gelegentlich, wie etwa in der Szene von Mariens Bibellesung oder im großen Adagio des letzten Zwischenspiels, sind doch auch wieder tonale Bezüge zu entdecken. Terzen- und Quartenharmonik sowie Ganztonleitern bieten hier und dort harmonische Orientierung. Dogmatische Strenge war nirgends ein Hindernis für den geborenen Dramatiker, dem Bühnenwirkung und Seelenschilderung die dringlichsten Anliegen waren.

»Wozzeck« ist der exemplarische Fall einer durchkomponierten Oper. Es sind kaum gesprochene oder rezitativische Dialoge in ihr zu finden, geschweige denn Arien oder Ensembles, wohl aber eine ganze Skala von Übergängen vom gesprochenen Wort zum weitausschwingenden Gesang. Von seinem Lehrer Schönberg, insbesondere von dessen »Pierrot lunaire«, hat Berg neue Notationsformen für die menschliche Stimme übernommen. Unterschiedlichste musikalische Gestaltung erfahren rhetorische oder lyrische, exaltierte oder meditative Textpassagen, der Kommandoton der Kaserne, die pseudowissenschaftliche Hybris und die grüblerischen Selbstgespräche. Schon in Büchners poetischer Prosa finden sich Kinder-, Soldaten-, Spott- und Tanzlieder eingestreut, eine Märchenerzählung steht neben Bibelzitaten oder einer parodierten Predigt. Für all dies hat Berg ein musikalisches Equivalent zu finden gewußt und kleinere Bauelemente immer wieder zwingend zu größeren Bögen zusammengefaßt.

Ein lehrreiches Beispiel für diese meisterhafte Kompositionstechnik bietet die Szene im Wirtshausgarten, welche innerhalb des symphonisch geformten zweiten Aktes die Funktion eines Scherzos erfüllt. Mit hämischem Ingrimm werden hier die trostlosen sonntäglichen Vergnügungen einer provinziellen Soldaten- und Kleinbürgergesellschaft in einer Atmosphäre von erotischer Derbheit und rührseliger Trunksucht geschildert. Scheinbar unzusammenhängend stehen die miteinander verschnittenen Einsätze der Tanzkapelle, der Sänger, Gröler und Prediger nebeneinander. Doch Wozzecks Schicksal entscheidet sich hier auf diesem Tanzplatz, wo er seine geliebte Marie in den Armen des Tambourmajors findet. Die Stimme des Narren, der Blut und Gewalt wittert, zerteilt wie ein Messer den trüben, stickigen Dunst dieser Szene.

Die zwölf Zwischenspiele des »Wozzeck« sind, trotz ihrer unterschiedlichen Formprinzipien, mit der einzigen Ausnahme des großen Adagios vor der letzten Szene, so knapp gehalten, daß sie jeweils äußerst rasche Szenenwechsel erzwingen und dadurch den Stil der Inszenierung mit sparsamen und leicht beweglichen Dekorationen bestimmen. Die Verwandlungen innerhalb der drei Akte, für die nur dreißig bis höchstens neunzig Sekunden Zeit gelassen wird, müssen auf der Bühne mit der Stoppuhr in der Hand bewältigt werden. Aber auch die dramatische Handlung selbst wird von der Musik in wahrhaft atemlosem Tempo vorangerissen. Einzelne Szenen dauern nur drei oder vier Minuten, keine länger als zehn. Wenn das Werk ohne die früher übliche Pause zwischen dem zweiten und dem dritten Akt gespielt wird, was in letzter Zeit immer häufiger geschieht, hat es eine Gesamtdauer von einer Stunde und dreißig Minuten. Bei guten Aufführungen hat man danach das Gefühl, man hätte die seelische Spannung keine Minute länger ertragen können.

Das Schlußbild, der Epilog der Oper, in welchem keine der handelnden Personen mehr erscheint, entfernt sich von aller lärmenden Finale-Konvention und berührt dadurch auf ganz unvergeßliche Weise. Wozzeck hat Marie erstochen und sich selbst im Dorfteich ertränkt. Kinder tanzen auf der hellen Straße Ringelreihn. Ein Mädchen läuft herbei und ruft

den anderen zu, man habe Marie draußen am Teich tot liegen gefunden. Die Kinder rennen davon, um die Leiche zu sehen. Nur Mariens Knabe, der jüngste von allen, versteht nicht, was da geschehen ist. Er reitet weiter auf seinem Steckenpferd: »Hopp, hopp ... hopp, hopp ...« Dann folgt er den andern. Die Musik, die den Reigen der Kinder noch mitgesungen hat, beteiligt sich nicht an der grausamen Schaulust. Oboe und Xylophon begleiten mechanisch das Hopsen des hölzernen Steckenpferds. Durch die ganze Szene aber zieht eine gleichförmig fließende Bewegung im 12/8-Takt, unbeteiligt und ungerührt, wendet sich ab von dem unbegreiflichen »Gang der Welt«, wendet sich ab und erlischt.
Während der Kriegsjahre 1916 und 1917, in denen Alban Berg im Wiener Kriegsministerium seinen Militärdienst abzuleisten hatte, ruhte die Arbeit am »Wozzeck«. Als 1918 dann die Textfassung fertig vorlag, begann Berg mit der Komposition. Die Bedrängnisse der letzten Kriegsjahre hatten ihn ein tieferes, mitfühlendes Verständnis für die geschundene Kreatur im Soldatenrock gelehrt. Nach einigen Unterbrechungen wurde das Particell 1920 beendet. Die Instrumentation für ein Orchester von hundert Instrumenten nahm ein weiteres Jahr in Anspruch und wurde im Oktober 1921 abgeschlossen. Die Uraufführung des »Wozzeck« fand unter der musikalischen Leitung von Erich Kleiber am 14. Dezember 1925 in der Staatsoper Unter den Linden in Berlin statt. Trotz eines unbestreitbaren Premierenerfolges brachte doch erst die nächste deutsche Aufführung am Landestheater in Oldenburg 1929 den Durchbruch für das geniale Werk, da hierdurch erwiesen wurde, daß die Schwierigkeiten dieser ersten »atonalen« Oper auch von einem kleineren Haus zu bewältigen waren. Ehe sich aber die großen europäischen Bühnen dem vielfach nicht nur aus ästhetischen, sondern auch aus politischen Motiven angefeindeten Werk öffneten, währte es noch eine ganze Weile. Prag und St. Petersburg hatten sich ohne großen Widerhall vorangewagt; dreißig Jahre später erst entschloß sich London, ebenso lange zögerte Mailand, und gar erst vierzig Jahre nach der Uraufführung folgte Paris.
Heute gibt es kaum mehr eine größere oder mittlere Bühne des Musiktheaters, die den »Wozzeck« noch nicht gespielt hätte. Und dennoch haben wir uns noch immer nicht gewöhnt an diesen grellen, erschreckenden Hilferuf, der immer wieder in ein Verstummen abstürzt, an diese so unsentimental formulierte, niemals geschwätzige Musik, die sich Satz für Satz von dem scharf gezeichneten Text leiten läßt und doch die Leerräume des Schweigens, aus denen Büchners schroffe Wortinseln ragen, erfüllt mit atmendem Mitgefühl für die wehrlosen Opfer und mit beißendem Hohn für deren Peiniger.
Nach dem Erfolg des »Wozzeck« war für Alban Berg eine weitere Laufbahn als Opernkomponist vorgezeichnet. Der Entscheidungsprozeß für das nächste Sujet verlief diesmal keineswegs ebenso spontan wie bei seiner ersten Oper. Zunächst schwankte Berg einige Zeit, ob er nicht Gerhart Hauptmanns Schauspiel »Und Pippa tanzt« vertonen sollte, entschied sich aber für ein Projekt, in welchem zwei Wedekind-Dramen, »Der Erdgeist« von 1895 und »Die Büchse der Pandora« von 1902, zu einem einzigen Operntext zusammengezogen werden sollten. Da der Dichter bereits 1918 verstorben war, mußte der Komponist diese Arbeit wiederum selbst übernehmen. Mit Wedekinds Werk war Alban Berg schon seit seiner Jugend durch den von ihm verehrten Herausgeber der »Fackel«, Karl Kraus, vertraut gemacht worden. Der hatte in Wien bereits im Jahre 1905 unter Mitwirkung des Dichters eine private Aufführung der »Büchse der Pandora« veranstaltet und den gesellschaftskritischen Vorläufer des deutschen Expressionismus in Österreich bekannt ge-

macht. Alban Berg war demnach über zwanzig Jahre mit dem Sujet bekannt, ehe er sich zur Komposition der »Lulu« entschloß.

Mit Kürzungen und Szenenzusammenlegungen allein war es bei der Textgestaltung diesmal nicht getan. Über drei Viertel der Schauspieldialoge mußten wegfallen, und danach blieb immer noch ein zu komponierender Text von der doppelten Länge des »Wozzeck«. Auch die Handlungsführung erforderte ein neues dramaturgisches Konzept. Berg entschied sich schließlich für eine Fassung in drei Akten mit einem von ihm selbst verfaßten Vorspiel in einem imaginären Wanderzirkus. In der Mitte des Stückes, zwischen den beiden Bildern des zweiten Aktes, sollte die Handlung sich spiegeln und rückläufig zum Untergang und schließlich zum gewaltsamen Ende der Protagonistin führen. In den ersten Akt verlegte Berg die eher ephemären Episoden Lulus mit dem Medizinalrat, dem Maler, dem afrikanischen Prinzen, in den zweiten ihre Konfrontation mit ihren schicksalhaften männlichen Gegenspielern Dr. Schön und dessen Sohn Alwa; der dritte Akt endlich enthielt die Pariser Affäre mit dem Mädchenhändler und die Schlußstation mit dem Lustmörder Jack the Ripper in London. Als durchgehende Rollen wurden neben Dr. Schön und Alwa die lesbische Gräfin Geschwitz und der zwielichtige Vater oder Zuhälter (oder beides?) Schigolch gestaltet. Wichtige Nebenfiguren sind der Athlet Rodrigo und der als Hosenrolle konzipierte Gymnasiast. Sie alle aber gruppieren sich um die Titelrolle des von ihnen geliebten und mißbrauchten Kindweibes Lulu, einem rätselhaften Zwitterwesen aus Opfer und Verderberin, in dem sie ihr Glück suchen und ihr Unheil finden. Alban Berg hat seine letzte Oper wohl vor allem um dieser kühl schillernden, scheinbar gefühllosen und doch so vielumschwärmten Frauenrolle willen geschrieben. Mit seinem untrüglichen Theaterinstinkt hat er in ihr eine der faszinierendsten weiblichen Inkarnationen des Fin de siècle entdeckt. Und dieser Umstand bewahrt neben Bergs farbenreicher Musik dem unvollendeten Werk bis heute das Interesse der internationalen Bühnen.

Die Schwierigkeiten, diese Oper aufzuführen, erwachsen nicht allein aus dem Umstand, daß der dritte Akt vom Komponisten nur mehr zum geringeren Teil instrumentiert werden konnte, sondern auch aus der dramaturgischen Fassung des Wedekind-Textes, deren Problematik in der von Friedrich Cerha so akribisch wie verdienstvoll fertiggestellten Partitur nur umso deutlicher zutage tritt. Der Umschlag des Bühnengeschehens in der Mitte des zweiten Aktes wird wohl durch eine spiegelbildlich rückläufige Zwischenmusik angezeigt, nicht jedoch auf der Bühne dargestellt. Berg, der sich dieses Mangels offenbar bewußt war, hat angeregt, die zum Verständnis der Handlung nötigen Informationen mit Hilfe eines Stummfilms zu geben, was wegen des Stilbruchs in den seltensten Fällen von den Inszenatoren befolgt wird. Im übrigen hat Berg die Symmetrie der Form ohnehin selbst dadurch gestört, daß er dem Stück einen Prolog vorangestellt hat, in welchem durch einen robusten Tierbändiger Lulu als glitzernde Schlange und Urgestalt des Weibes präsentiert wird. Mit diesem Vorspiel zusammen ergeben sich vor der Spiegelachse fünf und danach nur mehr drei Bilder. Der intendierte Charakter eines Stationenspiels aber wird beeinträchtigt durch die allzulang ausgesponnenen Bilder des zweiten Aktes, die zudem beide in derselben Dekoration ablaufen. Das Pariser Bild endlich, mit dem wir erst durch die Fertigstellung des dritten Aktes bekannt gemacht wurden, ist äußerst verwirrend in der Intrige und bedingt eine Verpflanzung fast des gesamten Personals aus den zuvor in München spielenden Szenen an die Seine. Wenn man sich in diesem, auch musikalisch unbefriedigenden Bild zu Raffungen nicht entschließen will, so verliert die Handlung an einem kritischen Punkt empfindlich an Spannung. Es ist zu fragen, ob dem Werk nicht besser gedient ist, wenn man wie bisher nur die beiden von Berg selbst instrumentierten ersten Akte gefolgt von dem aus der Orchestersuite entnommenen und von einer Pantomime illustrierten Zwischenspiel und dem Schlußgesang der Geschwitz aufführt. Dies ist eine oft erprobte Notlösung, die den Vorzug der dramatisch zwingenden Kürze hat. Es ist nämlich keinerwegs ausgemacht, ob Alban Berg vor Abschluß der Partitur – oder während der Proben zur Uraufführung – nicht doch die eine oder andere Korrektur oder Raffung vorgenommen hätte, was nach den Aussagen seiner Witwe seine erklärte Absicht war. Ein Werk ist eben erst dann vollendet, wenn es der Autor zur öffentlichen Aufführung freigegeben hat. Und darum ist der Hinweis auf die fast vollständig erhaltenen Kompositions-Skizzen allein noch nicht das letzte Wort in der vielumstrittenen Sache.

Dennoch bleibt Bergs »Lulu« schon allein aus musikalischen Gründen ein unverzichtbares Werk in dem an Meisterwerken so armen Repertoire unseres Jahrhunderts. Und ist in jedem Falle ein Meilenstein in der Geschichte der Entwicklung neuer Kompositionsprinzipien. Denn zwischen der Uraufführung des »Wozzeck« und dem Beginn der Arbeit an »Lulu« liegen die Jahre, in denen sich der Komponist mit der von Arnold Schönberg entwickelten Zwölftontechnik vertraut gemacht hat. Sein Landsmann Ernst Krenek kam ihm allerdings in der Anwendung dieser Kompositionsmethode mit den zwölf innerhalb einer Reihe aufeinander bezogenen Tönen der Halbtonleiter durch die Komposition seiner, 1933 vollendeten und 1938 in Prag uraufgeführte Oper »Karl V.« zuvor. Denn Berg fühlte sich anfänglich durch die strengen Prinzipien dieses Systems in der freien Erfindung behindert. Doch machte die Arbeit bald Fortschritte, nachdem er sich entschlossen hatte, aus der Grundreihe weitere Reihen abzuleiten, die für die Darstellung unterschiedlicher dramatischer Situationen sich jeweils als geeigneter erwiesen. Schwierigkeiten bereitete auch das Problem der Ensemblesätze, die im Gegensatz zum »Wozzeck« hier in unterschiedlichster Besetzung wieder in ihre musikalischen Rechte traten. Das simultane Singen verschiedener Personen ohne tonalen Bezug mußte immer wieder zu undurchhörbaren Strukturen führen, was besonders im unvollendeten Pariser Bild offenkundig wird. Doch die Vielzahl der handelnden Personen und die Länge des Werkes erforderten deutliche vokale Kontraste und Stimmenvielfalt.

Im Orchester behielt Berg die große im Grunde spätromantische Besetzung mit vierfachem Holz und dreifachem Blech bei. Einzig das Saxophon kam neu hinzu und flocht eine ganz unverwechselbare Farbe in das buntschillernde Gewebe der Partitur. Heute will uns der Orchesterklang der »Lulu« als der ganz spezifische Ton der zwanziger Jahre unseres Jahrhunderts erscheinen, der uns nach wenigen Takten schon mit kühl-lasziver Sinnlichkeit gefangennimmt.

Alban Berg hatte im Jahr 1927 mit der Texteinrichtung und im Jahr darauf mit der Komposition begonnen. Die Partitur der ersten beiden Akte war 1934 abgeschlossen. Es folgte die Zusammenstellung einer Konzertsuite, für die auch Teile des dritten Aktes vorweg komponiert wurden. Dann unterbrach Berg die Arbeit, um sein seither so berühmt gewordenes Violinkonzert zu schreiben. Als er am Weihnachtsabend 1935 im Alter von erst fünfzig Jahren starb, hinterließ er seine letzte Oper unvollendet.

Egon Wellesz und Hugo von Hofmannsthal

Den Sommer des letzten Kriegsjahres 1918 verbrachte der junge Dozent der Musikwissenschaft an der Universität Wien in Altaussee, dem steirischen Winkel des Salzkammerguts. Dort begegnete er dem, nicht zuletzt durch seine Zusammenarbeit mit Richard Strauss, längst zu internationalem Ruhm gelangten Dichter Hugo von Hofmannsthal, der ebenso wie der Romancier Jakob Wassermann, der Burgtheaterdirektor Leopold von Andrian und Clemens von Franckenstein, der Intendant der Münchener Oper, diese damals noch recht verborgene Landschaft als stillen Sommerwohnsitz und ungestörten Arbeitsplatz erwählt hatte. Auch der Komponist des »Rosenkavalier« kam gelegentlich zu Besuch. Premierenpläne für »Die Frau ohne Schatten« wurden besprochen und – wenn nur erst der Krieg zu Ende sein würde – erste Überlegungen angestellt für die Gründung musikalischer und theatralischer Festspiele im nahen Salzburg. Die Familien der Künstler fanden bald zwanglosen Kontakt. Man ging auf gemeinsame Wanderungen, besuchte einander und war bald in fruchtbare Gespräche verstrickt.

Egon Wellesz, der jüngste in der Runde, hatte als Kompositionsschüler Arnold Schönbergs zum Theater bisher nur distanzierte Beziehungen gehabt. Immerhin, ein Ballett auf ein Libretto von Béla Balázs, »Das Wunder der Diana«, hatte er schon 1913 zu komponieren begonnen, zu einer Aufführung sollte es jedoch erst neun Jahre später in Mannheim kommen. Nun taten die literarischen Einflüsse ihre Wirkung: Lesungen aus eben vollendeten Werken, Gespinste von Plänen, die so nie zur Ausführung gelangen sollten, Diskussionen vor dem bedrückenden Hintergrund der zerfallenden Monarchie.

Im Sommer 1919 lernte der Komponist noch vor der Drucklegung das Manuskript von Wassermanns neuestem Roman »Christian Wahnschaffe« kennen und entschloß sich spontan, den Autor um eine Bühnenfassung der im Schlußkapitel dieses Buches erzählten indischen Legende zu bitten. Daraus entstand seine erste Oper: »Prinzessin Girnara«, die schon 1920 beendet und 1921 in Frankfurt und Hannover am selben Tag uraufgeführt wurde.

Die Sommeraufenthalte in Altausse erwiesen sich als die fruchtbarste Zeit des Jahres. Die Pforten des Theaters begannen sich ihm zu öffnen. Nicht auf dem Asphalt, sondern auf Bergwegen scheint Wellesz den Schlüssel gefunden zu haben. Im musikwissenschaftlichen Institut – das damals noch in der Türkenstraße einquartiert war – hatte der junge Forscher bisher wenig beachtete Quellen erschlossen aus der Frühgeschichte der Oper, aus Florenz, Venedig und aus dem kaiserlichen Wien. Ihm war unter anderem mit seiner Erstausgabe von Johann Joseph Fuxens Festoper »Costanza e Fortezza« in den »Denkmälern der Tonkunst in Österreich«, von seinem Lehrer und Mentor, Guido Adler, dem Begründer des Instituts wie der Publikationsreihe der »Denkmäler«, angeleitet und auf die rechte Spur gesetzt, die wichtige und längst fällige Neubewertung des barocken Großmeisters zu danken. Nun trafen sich seine Erfahrungen mit Hofmannsthals lebenslanger Auseinandersetzung mit dem barocken Welttheater. In einem 1961 für die »Deutsche Rundschau« verfaßten Artikel hat Wellesz über seinen Weg zur Komposition für das Musiktheater und über die Anregungen, die er durch die Bekanntschaft und spätere Freundschaft mit Hugo von Hofmannsthal erfahren hat, Mitteilung gemacht. »Dem österreichischen Musiker«, so schreibt er dort unter anderem, »war es klar, daß die Oper der nachwagnerischen Epoche an die Tradition der Barockoper anknüpfen müsse, die mit Gluck in Wien ihren Höhepunkt und ihr Ende gefunden hatte«.

Galt diese Besinnung auf die hohe Zeit süddeutscher kultureller Identität vor allem der formalen Gestaltung großer Zusammenhänge, so kamen die Sujets für die nun in rascher Folge entworfenen Werke vor allem aus der griechischen Antike. Hofmannsthal war ein Leben lang mit den Stoffen dieser Sagenwelt umgegangen: »Elektra«, »Ariadne«, »Die Ägyptische Helena«, »Ödipus und die Sphinx« waren vollendet. Pläne gingen um zu einer operettenhaft leichtfüßigen Version der »Liebe der Danae«. Für Max Reinhardt und seine Schauspieler war eine deutsche Neufassung des Sophokleischen »Ödipus« entstanden, die in einer Aufführung im Wiener Konzerthaus prägenden Eindruck auf Egon Wellesz gemacht hatte. Aber auch die Stürme der Begeisterung, welche das inzwischen in alle Winde zerstreute »Ballet Russe« vor dem Weltkrieg erregt hatte, wirkten noch nach. Und Hofmannsthal scheint hierin die Überzeugung des Musikers geteilt zu haben, »daß Tanz und Ballett die geeigneten Medien seien, die Fesseln der nachromantischen Oper abzustreifen.«

Die zurückhaltende Aufnahme der »Frau ohne Schatten« bei ihrer Wiener Uraufführung 1919 scheint Hofmannsthal einiges Kopfzerbrechen verursacht zu haben. In seinem Verhältnis zu Strauss war eine Phase neuen Nachdenkens eingetreten. Der Komponist verfaßte den Text zu seiner autobiographischen Oper »Intermezzo«, an dessen Ausführung Hofmannsthal kein Interesse bekundet hatte, diesmal selbst. Und Hofmannsthal schrieb nun also ein Libretto zu einem Tanzdrama für Egon Wellesz. Das Sujet von dem als Mädchen verkleideten Achill, der sich in die Tochter des Königs von Skyros, Deidamia, verliebt und dennoch dem Ruf des Odysseus folgt und die Waffen ergreift, um gegen Troja zu ziehen, war in der barocken opera seria oftmals dramatisiert und vertont worden. Die Fassung des Metastasio mußte zumindest dem Musikwissenschaftler Wellesz bestens bekannt sein. Die Handlung war auch ohne Worte auf der Bühne leicht verständlich zu machen. Spiele und Tänze und schließlich Klagen der Mädchen auf Skyros waren wirksame Motive für das Ballett. Die »Mannwerdung« des jugendlichen Achill konnte durch einen Schwerttanz sinnbildhaft dargestellt werden. Die Uraufführung des 1921 komponierten »Achilles auf Skyros« kam erst im März 1926 in Stuttgart auf die Bühne und wurde überholt durch die Premiere der später entstandenen Oper »Alkestis«.

Im Rückblick schreibt Wellesz von jener Zeit: »Aufführungen Händelscher Opern und Oratorien in Hannover und Münster gaben mir die Überzeugung, daß eine neue Opernregie im Werden sei. Was ich gesehen hatte, gab mir die Zuversicht, den Plan auszuführen, mit dem ich mich seit langem beschäftigt hatte: Hofmannsthals ›Alkestis‹ als Oper zu gestalten.«

»Alkestis« war unter Hofmannsthals abendfüllenden Stücken für das Sprechtheater das erste. Es wurde nach den kurzen, einaktigen »lyrischen Dramen« von dem erst 19jährigen Dichter geschrieben. Auf der Bühne fand es jedoch in dieser Form keine dauernde Aufnahme. Ob Hofmannsthal nun daran dachte, dieses Schauspiel aus seiner Jugendzeit für den damals noch recht unbekannten Komponisten Wellesz selbst zu einem Operntextbuch umzugestalten, oder ob er sich der Bitte durch eine freundliche Geste zu entziehen suchte, ist nicht zu entscheiden. Jedenfalls sandte er dem jüngeren Musiker eine Handschrift von vier Seiten, den Anfang einer Einrichtung für Musik enthaltend, und ermunterte ihn auf solche Weise selbst, das übrige zu tun, mit den Worten: »Machen Sie so weiter. Streichen Sie, streichen Sie sechs Siebentel. Lassen Sie ein Siebentel stehen, das wird genügen.« Und Wellesz fügt der Erinnerung hinzu: »Er war sich stets des Goetheschen Wortes bewußt, daß ›ein Zeug für Musik weitmaschig sein müsse‹.«

Bei Kürzungen allein hat es Wellesz nicht belassen. Zwar folgte er dem Wortlaut der Dichtung bis auf geringe Abweichungen, die der geforderten Verknappung dienten, doch änderte er den Schluß des Dramas, um ihn auf der Opernbühne mit einem Zwiegesang der wiedervereinten Gatten und einem Päan des Chores zum Ruhme des Retters Herakles und einem Freudentanz musikalisch wirkungsvoll zu gestalten.

Der erfolgreichen Mannheimer Uraufführung folgten Inszenierungen an mehreren deutschen Bühnen. Die Wiener Operndirektion unter Franz Schalk hielt sich abseits wie meist in jenen Jahren. Sonst aber begrüßte man das Werk als »Stufe zu einem neuen Weg«, als »entscheidenden Schritt in der Opernproduktion«, als »den bemerkenswertesten Versuch einer Opernform der Zeit«. Der Weg des Egon Wellesz als eines führenden Musikdramatikers seiner Generation neben Alban Berg und Franz Schreker, seinen gleichaltrigen Landsleuten, schien vorgezeichnet. Die Faszination der Bühne hatte von ihm Besitz ergriffen in einem so überwältigenden Maße, daß in einem Dutzend Jahren nach der Beendigung des Krieges aus seiner Feder fünf Ballette und vier abendfüllende Opern kamen. Und an den entscheidenden Punkten war es stets Hofmannsthal, dessen Rat sich fruchtbar erwies.

So auch bei der Entstehung des eigenwilligen, zwischen Ballett und Oratorium angesiedelten, kultischen Dramas »Die Opferung des Gefangenen« in einem Akt für Tanz, Sologesang und Chöre auf einen Text nach dem Mexikanischen von Eduard Stucken. Hofmannsthal hatte die Dichtung in den von ihm herausgegebenen »Neuen Deutschen Beiträgen« veröffentlicht und den immer auf Stoffsuche befindlichen Komponisten darauf verwiesen. Dem Werk lag ein indianisches Tanzdrama aus vorkolumbianischer Zeit zugrunde, das der Abbé Brasseur im Jahre 1856 in Guatemala gesehen und nach dem Diktat eines alten Indianers aufgezeichnet hatte. Eduard Stucken, der neoromantische Dichter eines Dramenzyklus nach Themen der Gralssage und Autor eines damals vielgelesenen Romans »Die weißen Götter«, hatte es ins Deutsche übertragen und nichts weiter daran verändert, als was zur stärkeren Konturierung des dramatischen Ausdrucks nötig schien.

Der gefangene Prinz ist zur Opferung für die Götter bestimmt. »Der Sterbende nimmt Abschied von den Kostbarkeiten der Welt«, so schildert es Stucken. »Im Rausch will er sterben, und er berauscht sich an Kräutertränken, am Anblick des Weibes, an Bergen und Tälern.« Die Handlung vollzieht sich in einem vorgeschriebenen Ritual. Als Hauptdarsteller figurieren durchwegs Tänzer. Als Sänger treten Personen auf, die jenen an Rang am nächsten stehen: die Ältesten des Rates, der Feldherr, der Schildträger des Prinzen. Dazu kommen die Chöre der Krieger und des Volkes, Männer und Frauen.

Das musikalisch eindrucksvolle Werk hat bei seiner Uraufführung im Oktober 1926 in Köln viele Bewunderer gefunden. In einem Essay über »Das Problem der Form« hatte Wellesz wenige Jahre zuvor geschrieben: »Nicht von sich und seinem Schicksal, nicht vom Einzelschicksal überhaupt hat der dramatische Musiker zu reden, sondern von den Dingen, die den großen Zusammenhang von Welt und Überwelt bedeuten. Es schwebt mir die Idee eines dramatischen Kunstwerks vor, in dem neben dem Gesang auch der Tanz im kultischen Sinne vorkommt, so die Bestrebungen unserer Zeit, die bisher losgelöst von der Opernbühne sich offenbarten, einbeziehend in den Rahmen von etwas stetig Vorhandenem.« Es scheint, als hätte Hofmannsthal diese Überlegungen, die wie aus einem Gespräch mit ihm selbst entsprungen anmuten, recht gut vor Augen gehabt, als er den Komponisten auf das Tanzdrama »Die Opferung des Gefangenen« hinwies.

Nach der Komposition einer heiteren Oper in fünf knappen, aber lebhaft bewegten Akten nach Goethes Singspieltext »Scherz, List und Rache«, uraufgeführt 1928 in Stuttgart, war es wieder eine Anregung durch Hugo von Hofmannsthal, die Wellesz zurück in die Antike führte. Der Dichter hatte dem Komponisten von einem schon vor Jahren konzipierten, aber nie ausgeführten Plan zu einem »Pentheus«-Drama erzählt unter freier Benutzung der Tragödie des Euripides. Unter den griechischen Tragikern war es offenbar der jüngste, der mit seiner seelenerforschenden Charakterzeichnung am stärksten in die Zeit zwischen den beiden Weltkriegen wirkte. Es kommen einem hierbei neben den Dramatisierungen der »Alkestis« und der »Ägyptischen Helena« durch Hofmannsthal auch die »Medea« von Hans Henny Jahn und die »Troerinnen« von Franz Werfel in den Sinn.

Im Sommer 1928 begann Wellesz unter den kritischen Augen Hofmannsthals das Textbuch seiner neuen Oper selbst niederzuschreiben. In den folgenden Sommern – der Dichter war unterdessen unerwartet verstorben – entstand die Komposition unter dem Druck eines knapp bemessenen, aber beflügelnden Termins: am 20. Juni 1931 sollte die Premiere an der Wiener Staatsoper herauskommen, eine Aussicht, die einem in Wien geborenen Komponisten als höchstes Ziel erscheinen mußte. Clemens Krauss, der sich für das Opernschaffen des wohl berühmtesten Komponisten seiner Epoche, Richard Strauss, stets mit großer Überzeugung eingesetzt hatte, wollte daneben auch jüngere Zeitgenossen wie Ernst Krenek und eben Egon Wellesz nicht übergehen. Während Kreneks Auftragsoper »Karl V.« wegen der widrigen Umstände der Zeit nicht mehr zur Aufführung kam, gelang es, den Termin der »Bakchantinnen« zu halten. Clemens Krauss dirigierte. In Bühnenbildern des legendären Alfred Roller inszenierte Lothar Wallerstein. Wieder war dem Chor und dem Ballett eine wichtige Rolle zugeteilt. Über Erfolg oder Mißerfolg dieses grellen, leidenschaftlichen Werkes ist schwer Rechenschaft zu geben. Nach zwei weiteren Aufführungen schon verließ Clemens Krauss die Wiener Staatsoper, um nach München zu übersiedeln. Das Stück wurde abgesetzt und kam in Wien bedauerlicherweise nicht mehr zum Vorschein. Erst in den letzten Jahren macht es über Umwege durch Bielefeld und Linz wieder von sich reden. In seiner eigenständigen rhythmischen Kraft und geschärften Harmonik ist es noch lange nicht nach seinem Wert erkannt. Wellesz' Musik für die Bühne ist nirgends, wie man von dem berühmten Musikologen geneigt wäre zu glauben, akademisch. Sein ausgeprägter Sinn für den Rhythmus ließ ihn stets die Wurzel des Tanzes in all seinen dramatischen Stoffen erkennen. Hofmannsthals »Schweig' und tanze« führte ihn nirgends so weit über die Grenzen des Konventionellen der Gesangsoper hinaus wie in der Dithyrambik der »Bakchantinnen«, eines unverhüllt ekstatischen Werkes, das heute im Abstand der Jahrzehnte als eines der bedeutendsten seiner Epoche erscheint.

Am 13. März 1938 fand in Amsterdam unter der Leitung von Bruno Walter ein Konzert statt, bei welchem die fünf Orchesterstücke »Prosperos Beschwörungen« von Egon Wellesz auf dem Programm standen. Es war der dem Tag, an dem die deutsche Wehrmacht die österreichischen Grenzbalken zerbrach. Als der Komponist am anderen Tag von dem unseligen Ereignis erfuhr, entschloß er sich, nicht mehr in seine Heimatstadt zurückzukehren. In Oxford, wo ihm schon Jahre zuvor der Titel eines doctor honoris causa verliehen worden war – als erstem Musiker seit seinem Landsmann Joseph Haydn –, fand er freundliche Aufnahme und einen Lehrstuhl ad personam für Musikgeschichte. Seine Laufbahn als Opernkomponist aber war mit diesem Entschluß beendet.

»Coq et Harlequin« – Cocteau, Satie, Strawinsky und »Les Six«

Phantasievoll und eigenwillig wie eh und je suchten die schöpferischen Geister Frankreichs auch im Musiktheater nach den Umwälzungen, die der Erste Weltkrieg gebracht hatte, ihre eigenen Wege. Ohne ihren Beitrag ist die Neukonzeption der Oper in den ersten Dekaden des 20. Jahrhunderts kaum zu denken. Ihre Versuche waren so zahlreich und vielgestaltig, daß sich stellvertretend nur ein Sektor dieses Kaleidoskops beleuchten läßt, der in den turbulenten Jahren der Zwischenkriegszeit der Gegenstand von ebensoviel Aufsehen wie Widerspruch war.

Daß bei dieser Betrachtung der exzentrische Allroundkünstler Jean Cocteau in den Mittelpunkt gestellt wird, soll weniger seiner oft bestrittenen literarischen Leistung Rechtfertigung verschaffen als vielmehr seiner unbestreitbaren Begabung im Erkennen neuer Tendenzen der Avantgarde und im Aufspüren unerkannter Talente. Er wurde zum Katalysator und Impresario einer ganzen Generation von Musikern, Malern und Theaterleuten. Er brachte jene Querverbindungen der vereinzelten Künste zuwege, die so bedeutsam wurden für die Moderne, er führte Literaten, bildende Künstler, Musiker, Choreographen, Clowns und Kritiker zusammen und öffnete ihnen die Bühneneingänge der Theater, der Varietés und der Zirkusse. Was von seinen literarischen, zeichnerischen oder filmischen Werken die Zeit überdauern wird, das zu beurteilen ist hier nicht der Ort, zumal gerade heute das Verständnis für die Ästhetik dieses großbürgerlichen Zauberkünstlers, dieses »Anarchisten der Luxusklasse« nicht eben groß ist. Daß er seinen surrealen Standpunkt als Traumtänzer eloquent zu beschreiben wußte, das zeigt ein Zitat, das uns Simone de Beauvoir überlieferte: Auf einer Seinebrücke während eines deutschen Fliegerangriffs meinte er, ein Dichter müsse seiner Epoche neutral gegenüberstehen, auch Torheiten wie Krieg und Politik gegenüber müsse er gleichgültig bleiben. Daß die Zuhörer bei diesem Statement Jean-Paul Sartre und Jean Genet waren, vermehrt seine Drastik und zugleich seine Authentizität. »Ich bin ein Akrobat, der auf einer Säule von Stühlen balanciert«, sagte Jean Cocteau von sich selbst. Und es ist nicht zu leugnen, daß auch das Musiktheater in seinen unterschiedlichen Formen einer von diesen Stühlen war. Daß er trotz mancher offensichtlicher Fehltritte sich dennoch über den verrenkten Köpfen seiner Kritiker und Bewunderer stets hoch in der Luft hielt, zeugte von erstaunlicher Balance und ließ dennoch den Verdacht nie zur Ruhe kommen, daß er von gut camouflierten Schnüren und unsichtbaren Händen gehalten wurde. Die große Gesellschaft und ihre Meinungs- und Geschäftemacher liebte diesen Parodisten der Avantgarde, diesen melancholischen Ritter mit dem Schild aus Seifenblasen, diesen Konvertiten und Renegaten, der Maximen und Bonmots aus derselben Tasche zog und offenbar selbst zwischen traurigem Ernst und heiterem Spiel nicht zu unterscheiden wußte. Sie öffneten ihm am Ende eines aus Lastern und Skandalen, aus Mystifikationen und Legenden gewobenen Lebens die »Pforten der Unsterblichkeit«, indem sie ihn aufnahmen in die Académie Française, eine Ehre, die sie Balzac und Verlaine, Baudelaire und Rimbaud verweigert hatten.

Als nach dem Zweiten Weltkrieg die Schranken zwischen den Nationen sich wieder öffneten, war Cocteaus Name unter den ersten, die sich Geltung und Bewunderung verschafften in allen Winkeln Europas. Man las seine Bücher, man diskutierte seine Filme, man bestaunte seine Eskapaden, man gab sich schockiert über den Freimut seines Bekenntnisses zur Homosexualität, und man ahmte seine modische Kleidung nach. Daß er sich stets der unterhaltenden Kunst ebenso zuneigte wie der ernsten, den Tänzer und Schlagersänger nicht geringer achtete als den Tragöden, daß er alte Mythen mit modernen Maschinen in neue Bewegung setzte, das sah man gerne, denn man war der Hierarchien der Künste, Zeiten und Generationen überdrüssig und tauschte leichtherzig den Weihrauch gegen den blauen Dunst seiner Opiumpfeife.

Ich selbst erinnere mich gerne der unter allen Anzeichen einer künstlerischen und gesellschaftlichen Sensation angekündigten Premiere des »Oedipus Rex« an der Wiener Staatsoper im Jahre 1956, bei der Jean Cocteau selbst mit rauher und nasaler Stimme und in unnachahmlicher Eleganz der Erscheinung die Partie des Erzählers übernommen hatte. Und obwohl ich mir damals schon nicht mehr ganz sicher war im Urteil über seine Bedeutung in der uns so lange verschlossenen Welt des französischen Theaters, konnte ich doch den Eindruck nicht abweisen, daß dieser schmale, zierliche Mann deren akkreditierter Botschafter war. Frankreich hat nach Jean Cocteaus Tod keinen vergleichbaren Illusionisten mehr hervorgebracht; es wäre sonst nicht so karg bestellt um sein der Wunder bedürftiges musikalisches Theater.

Unter den wenigen, die eben noch rechtzeitig die Bedeutung des lange verkannten und im Exil einer ärmlichen Behausung in Arcueil zurückgezogen lebenden Eric Satie erkannten, war Jean Cocteau der erste. Im Oktober 1915, mitten während des Krieges, vermochte er es, den scheuen Komponisten zu überreden, es mit dem Theater zu versuchen und ein gemeinsames Projekt zu verwirklichen, in dem sich Elemente des Zirkus, des Balletts und der Revue zu einer neuen musiktheatralischen Form verbanden. Das Stück sollte den Titel »Parade« tragen. Satie willigte ein. Eine Zeitlang schienen die beiden so unterschiedlichen Charaktere unzertrennlich. Als aber Cocteau Pablo Picasso, der damals am Beginn seiner phänomenalen Laufbahn stand, in die Zusammenarbeit einbezog, komplizierten sich die Dinge, da auch Picasso eigene dramaturgische und inszenatorische Ideen entwickelte. So kam er etwa auf den Gedanken, die Figuren der Manager zu beweglichen Bestandteilen des Bühnenbildes zu machen. Nach einigem Zögern akzeptierte Cocteau diesen Vorschlag und schrieb dazu rückblickend in späteren Jahren: »Als Picasso uns seine Entwürfe zeigte, begriffen wir, wie interessant es sein mußte, drei bunte Relief-Poster mit unmenschlichen, übermenschlichen Zügen auszustatten, die letzten Endes die falsche szenische Realität so sehr verkörpern sollten, daß die wirklichen Tänzer daneben nur noch den Eindruck von Puppen machten.«

Am 12. Dezember 1916 hatte Satie seine Partitur beendet. Cocteau fuhr mit Picasso nach Rom, um dort Serge Diaghilew für den waghalsigen Plan zu gewinnen. Die Premiere im Théâtre du Châtelet wurde für den Mai des kommenden Jahres festgesetzt. Apollinaire persönlich schrieb einen Beitrag für das Programmheft, in welchem er das Werk als ein surrealistisches Ballett begrüßte. Damit war der Begriff geprägt, um den es danach zu großen Revierkämpfen vor allem mit André Breton kommen sollte. Die Kriegsereignisse und die erste russische Revolution zogen in jenen Wochen alle Aufmerksamkeit auf sich und verhinderten, daß das neuartige Werk als Sensation oder als Skandal empfunden wurde. Einen größeren Eklat als die Aufführung selbst brachte der Prozeß, den ein von Satie mit einem populären Schimpfwort beehrter Kritiker anstrengte und in dessen Verlauf bizarrerweise der Staatsanwalt von Cocteau eine Ohrfeige verabreicht bekam. Das Stück selbst fand erst sein Publikum bei seiner Wiederaufnahme im Dezember 1920, die allerdings von Satie und Picasso boykottiert wurde, da sie über Cocteaus ehrgeizige Selbstinszenierung verärgert waren. Dennoch verdankt vor allem Satie, der von Natur keineswegs ein echtes Theaterblut war, gerade diesem Werk die Anerkennung durch eine größere Öffentlichkeit und damit eine Neubelebung seiner vergrabenen Talente. Er machte sich unmittelbar nach dem lang entbehrten Erfolg an die Komposition seines symphonischen Dramas »Socrate« nach den Dialogen des Platon. Daß er dabei auf die dramaturgische Hilfe eines erfahrenen Theatermannes verzichtete, geriet seiner stets geistvollen, aber selten kontrastreichen Musik zum Schaden. Die jüngere Generation aber war unterdessen auf sein Werk aufmerksam geworden und umgab den Berührungsscheuen fortan mit einer Aura von Bewunderung und respektvoller Sympathie.

Zu Saties jugendlicher Gefolgschaft gehörten spätestens seit der Uraufführung von »Parade« einige eben dem Konservatorium entwachsene Musiker, die durch Freundschaft und gemeinsame Interessen zu einer kleinen Gruppe zusammengewachsen waren und denen Satie empfahl, sich für ihr Auftreten in der Öffentlichkeit einen Namen zu geben. Sein Vorschlag lautete »Les Nouveaux Jeunes«. Doch erst einige Jahre später sollte die Bezeichnung »Les Six«, die ein Feuilletonist der Zeitschrift »Comedia«, Paul Collaer, für sie geprägt hatte, an ihnen haften bleiben. Jean Cocteau hat Darius Milhaud vermutlich schon früher, als sie beide noch während der ersten Kriegsjahre in der »Maison de la Presse« tätig waren, kennengelernt. Milhaud kam aus einer jüdischen Familie aus der Provence und hatte mit dem von Schweizer Eltern aus Le Havre stammenden Arthur Honegger und dem Pariser Wunderkind Georges Auric gemeinsam studiert. Bald gesellten sich ihnen Germaine Tailefer, Louis Durey und Francis Poulenc hinzu. Man traf sich in Aurics Wohnung, um sich gegenseitig die neuesten Kompositionen vorzuspielen. Ab November 1917 traten sie, von Cocteau empfohlen und protegiert, im Théâtre du Vieux Colombier auf. Im folgenden Jahr erschien ein kleines Büchlein von Cocteau mit dem beziehungsvollen Titel »Coq et Harlequin«, das Georges Auric gewidmet war und fortan als Manifest der »Six« erachtet wurde. Hierin nimmt Cocteau Stellung gegen deutsche und russische »Gefühlsmusik« und fordert Besinnung auf die gallischen Tugenden des Humors, der klaren Form und der Eleganz. Ganz offensichtlich hatte sich der Autor auch schon einige Idiosynkrasien und Neologismen Saties zu eigen gemacht, der alle Prätention verabscheute und unter anderem den Begriff einer »musique d'ameublement« erfunden und »Trois morceaux en forme de poire« sowie eine »Sonatine burocratique« komponiert hatte. Der Hahn und der Harlekin wurden zu Symbolfiguren für die unbekümmerten Weckrufe der neuen Klänge und die buntscheckige Vielfalt ihrer Formen und Farben. »Die Revuen des Zirkus«, so schrieb Cocteau, in dessen Namen sich der Hahn wie in einem Suchbild versteckte, »und die amerikanischen Negerorchester befruchten die Künste nicht weniger als das Leben.« »Les Six« komponierten ganz ungeniert neue Serenaden, Suiten und Pastoralen und scheuten sich nicht vor Modetänzen und Folklore. Neu war die Kürze und Prägnanz der alten Formen und die Würze der Polytonalität.

Als Darius Milhaud, der für zwei Jahre als Sekretär des französischen Botschafters Paul Claudel in Brasilien verbracht hatte, nach Paris zurückkehrte, brachte er zahlreiche Anregungen durch die lateinamerikanische Unterhaltungsmusik mit sich. Cocteau, davon begeistert, konzipierte ohne viel Umstände ein Ballettlibretto für den jungen Komponisten, das den Titel eines brasilianischen Volksliedes tragen sollte. Diese kurze, musikalische Farce, welche die Autoren als pantomimisches Divertissement bezeichneten, kam im Februar 1920 in der Comédie des Champs Elisées, in der Cocteau so etwas wie ein Heimatrecht genoß, zum ersten Mal auf die Bühne. Durch ihre Tango- und Sambarhythmen und durch ihre volkstümlich-exotischen Melodien wurde sie bald so bekannt, daß ein Pariser Nachtclub nach ihr den Namen erhielt: »Le boeuf sur le toit«.

Schon im Jahr darauf gab es die nächste Uraufführung. Cocteau hatte ein Stück geschrieben, das auf den verschiedenen Plattformen des Eiffelturms spielte und zu welchem alle Mitglieder der Gruppe der »Six« ihren musikalischen Beitrag lieferten, so daß es schließlich zu einer Art absurdem Handlungsballett transformiert wurde. Rolf de Maré, der Impresario eines sogenannten »Schwedischen Balletts«, übernahm die Finanzierung der Produktion, Cocteau inszenierte. Es war vermutlich gar nicht seine Absicht, mit einem Werk, in welchem neben einem jungen Brautpaar ein Jäger, ein Vogel Strauß, ein Photograph und ein Phonograph sowie ein General, eine Badeschönheit und allerhand andere interessante Persönlichkeiten auftraten, so etwas wie eine nacherzählbare Handlung zu bieten. Bei der Premiere, die im Juni 1921 im Théâtre des Champs Elisées stattfand, war das von untergeordneter Bedeutung, denn das Publikum hätte auf keinen Fall viel von dem turbulenten Geschehen verstanden, da die Mitglieder des Dadaisten-Clubs die Aufführung durch laute Zwischenrufe sabotierten und damit ungewollt die beste Reklame für ihren Erzfeind Cocteau besorgten.

Die Dadaisten mit ihrem Wortführer Tristan Tsara und die Surrealisten um André Breton, den Herausgeber der Zeitschrift »Littérature«, verfolgten den allzu erfolgreichen Cocteau mit ähnlichen Anfeindungen bei jeder sich bietenden Gelegenheit. Sie beschimpften ihn als Plagiator, Parodisten und päderastischen Pirouettendreher und vergriffen sich dabei nicht so sehr in der Sache als im Ton. Breton etwa schrieb in einem Brief an Tsara über den unliebsamen Rivalen: »Er ist das hassenswerteste Geschöpf unserer Zeit.« Offenbar war neben der Furcht, Cocteau könne durch eine Karikatur der Avantgarde auch deren Ideen zersetzen, auch ein Quentchen Neid bei diesen übertriebenen Invektiven mit im Spiel. Cocteau, der Liebling des noblen Faubourg St. Honoré, fand offene Türen bei fast allen Theatern und Zeitungsredaktionen der Rive droite und machte Anstalten, seinen Fuß auch auf das linke Seineufer zu setzen. In seinem Adreßbuch fehlte kein großer Name der Epoche, seien es die der Maler Picasso, Picabia oder Modigliani, die der Dichter Apollinaire, Gide, Aragon oder Cendrars, die der Tänzer Nijinskij, Karsawina oder Isadora Duncan mit ihrem Tutor Diaghilew oder der des Fliegerhelden Roland Garros, um von den Namen der Hocharistokratie oder des Kapitals nicht zu reden.

So kann man verstehen, daß »Les Six«, kaum daß sie unter die Flügel dieses schillernden

Vogels geschlüpft waren, auch schon in allen wichtigen Konzertsälen oder Musiktheatern offene Ohren und applausfreudige Hände fanden. Cocteau entwarf unterdessen in einer Artikelserie der Zeitung »Paris-Midi« das literarische Porträt eines jeden einzelnen seiner jungen Freunde. Bei einem ihrer Konzerte spielte er sogar am Schlagzeug mit. Unter ihren Kollegen wurden sie bald als die sechs kleinen Millionäre bezeichnet. So nimmt es nicht wunder, wenn nach einer ersten stürmischen Zeit freudiger Eroberung des also bereiteten Terrains der eine oder andere der »Six« sich Gedanken machte, ob er nicht besser auf eigene Faust und Feder seinen Platz im Pariser Musikleben bestimmen sollte. Und so vollzog sich um die Mitte der Zwanziger Jahre eine allmähliche Auflösung der Gruppe, die soviel frischen, belebenden Wind in die Szene gebracht hatte.

Jean Cocteau hatte um 1920 gemeinsam mit seinem literarischen Protégé Raymond Radiguet ein neues Libretto zu einer komischen Oper für Eric Satie geschrieben: »Paul et Virginie« sollte es heißen. Doch der Komponist starb im Juni 1925 während der Komposition und hinterließ ein Fragment, dessen Text erst nach Cocteaus Tod mit dem Nachlaß des frühverstorbenen Radiguet publiziert wurde. Keiner der drei war ein Dramatiker von Geblüt, aber jeder einzelne von ihnen ein Künstler von unverwechselbarer Prägung, und es wäre der Mühe wohl wert, daß man die hinterbliebenen Skizzen auf ihre Aufführungsmöglichkeiten untersuchte.

Im Juni 1924 choreographierte Bronislava Nijinska im Théâtre des Champs Elisées ein neues Ballett von Darius Milhaud, zu welchem Cocteau wiederum die Idee und das Szenario geliefert hatte. »Le train bleu« lautete der Titel, und der Untertitel: »Eine getanzte Operette«. Diaghilew hatte sich nach einigem Zögern überreden lassen, sein berühmtes »Ballet Russe« zur Verfügung zu stellen, was er nach dem vorhergeahnten und prompt eingetretenen Mißerfolg heftig bereute. Doch Cocteau war nicht zu entmutigen. Er arbeitete bereits an größeren Plänen.

Im Jahre 1927 sollten drei Werke von Cocteau auf die Bühne gelangen, an deren Vertonung drei verschiedene Komponisten arbeiteten. Für Darius Milhaud hatte er, wie er behauptete, in einer Zeitungsnotiz den richtigen Stoff für eine kurze Oper gefunden, die den Titel »Le pauvre matelôt« erhalten sollte; Igor Strawinsky hatte ihn gebeten, ihm eine neue Fassung des alten Sujets vom König Ödipus zu schreiben; und Arthur Honegger hatte die erfolgreiche Aufführung von Cocteaus Schauspiel »Antigone« zum Anlaß genommen, um den Autor zu ersuchen, ihm daraus einen Operntext zu formen. Es lag wohl an Cocteaus jeden Umweg einer kausalen Erklärung und jede psycholigierende Seelenschilderung meidenden Dramaturgie, daß alle drei Werke nur zu einer Spieldauer von jeweils etwas weniger als einer Stunde gelangten. Sie kamen an verschiedenen Theatern zur Uraufführung: das erste an der Opéra Comique, das zweite im Théâtre Sarah Bernhardt und das dritte am Théâtre de la Monnaie in Brüssel. Seltsamerweise hat man auch später, soviel mir bekannt ist, nie daran gedacht, sie gemeinsam aufzuführen. Obwohl jedes dieser drei Stücke zu den theatralischen Hauptwerken seines Komponisten gezählt werden muß, haben sie doch über die Spieldauer und das Jahr der Uraufführung hinaus eine Reihe von Gemeinsamkeiten, die auf ihren Autor verweisen. Ihre Handlungsführung gehorcht einem Schicksalsbegriff von wahrhaft erbarmungsloser Konsequenz. Den Wünschen und Hoffnungen der ihm unterworfenen Menschen wird kein Gehör geschenkt. Der heimkehrende Matrose wird um seines Geldes willen unerkannt von seiner eigenen Frau erschlagen. Der durch

Apollons Urteil schuldlos verstrickte Ödipus wird als Blinder ausgestoßen aus der Gemeinde, der er gedient hat. Antigone stirbt in Erfüllung eines göttlichen Gebots und im Widerstand gegen ein menschliches Gesetz, ihr Verlobter Haimon folgt ihr in den Tod, diesem folgt seine Mutter, und sie alle hinterlassen den Herrscher Kreon, der die Ordnung in dem vom Bruderkrieg verwüsteten Land wiederherstellen wollte, in Verzweiflung.

Mit diesen drei bedeutsamen Werken hat Cocteau seine Mission als Inspirator des zeitgenössischen Musiktheaters auf eine Weise erfüllt, von der man hätte erwarten können, daß sie ihm Dank und Anerkennung bringen sollte. Doch das stets prekäre Verhältnis zwischen ihm und Strawinsky verschlechterte sich erneut, so daß es zu keiner weiteren Zusammenarbeit mehr kam. Milhaud, dessen für deutsche Bühnen entworfene opéras minutes nach Texten von Henri Etienne Hoppenot ohne Cocteaus ästhetische Programme nicht zu denken wären, wandte sich danach einer schöpferischen Zusammenarbeit mit dem Dichter Paul Claudel zu und entfernte sich mit seinen monumentalen Spätwerken weit von den leicht gesetzten Spuren seiner Jugend. Auch Honegger, immer schon der ernsteste unter den »Six«, ging andere Wege, die ihn zum religiösen Oratorium einer »Jeanne au bûcher« führen sollten.

Cocteau, der mit seinen Neufassungen der griechischen Dramen die Periode des Neoklassizismus einbegleitet hatte, konnte sich so bald nicht von der neuentdeckten Thematik lösen. Er, dem bisher stets der Atem für die große Form gefehlt hatte, fand in den alten Mythen des klassischen Griechentums die strengen Gerüste, an denen er seine aphoristischen Einfälle und seine skurrilen Imaginationen zu größeren Strukturen montieren konnte. Seine improvisierten Kulissen, von »Geistesblitzen« erleuchtet, sollten endlich Halt bekommen auf alten Fundamenten. In seinen Filmen, für die ihm Georges Auric die Musiken komponierte, kam er wieder und wieder auf den Orpheusmythos zurück. Auric komponierte auch noch ein Phädra-Ballett nach einem Cocteauschen Szenario, das an der Opéra im Palais Garnier uraufgeführt wurde. Daneben entwarf der Unermüdliche Ballettlibretti auch für Jacques Chailly, Richard Bléreau und Gian-Carlo Menotti und schrieb Chansontexte für Edith Piaf. Eines der meistgespielten Cocteau-Stücke, das Monodram »La voix humaine«, das 1930 an der Comédie Française in der Interpretation der bekannten Schauspielerin Berthe Bovy dem Autor einen seiner größten Erfolge eingetragen hatte, wurde von Francis Poulenc, dem sechsten der »Six«, zu einer Oper für eine Sängerin und ein Telephon vertont. Diese letzte seiner vielen musiktheatralischen Premieren erlebte Jean Cocteau am 6. Februar l959 an der Pariser Opéra Comique.

Sein Todestag war der 11. Oktober 1963, sein Sterbeort das Dorf Milly-la Forêt, in dem er ein altes Herrschaftshaus erworben hatte. Als man seinen alten Freund Igor Strawinsky anrief, um ihn zu bitten, gemeinsam mit Picasso und anderen Weggefährten dem sterbenden Zauberkünstler über die Presse seine Genesungswünsche zu übermitteln, da geriet der hochbetagte Komponist in Zorn und beendete das Gespräch mit dem Ausruf: »Nicht einmal sterben kann er, ohne Reklame zu machen.«

Das religiöse Musiktheater des 20. Jahrhunderts

Es ist ein seltsames Phänomen, daß in unserem atheistischen Jahrhundert das geistliche Musiktheater oder, wie man meist vereinfachend sagt, die Kirchenoper zu neuem Leben kam und sich sogar als einer der blühendsten Zweige dieser Kunst erwies. Offenbar hatte sich Widerspruch angemeldet, als Nietzsche Gottes Totenglocke geläutet hatte. Es war schon sein Verdammungsurteil über die »Opernmesse« des »Parsifal« ohne Nachhall und Wirkung geblieben. Dreißig Jahre lang pilgerten die bedeutendsten Musiker von Bruckner und Tschaikowskij bis Debussy und Puccini nach Bayreuth, um das Bühnenweihfestspiel auf dem Grünen Hügel zu erleben. Und als dann das Aufführungsverbot im Jahre 1913 endlich gefallen war, drängten sich die großen Bühnen um erste Inszenierungstermine. Am Züricher Stadttheater wurde der »Parsifal« zum ersten Mal außerhalb von Bayreuth gespielt. Es folgten München und Wien und alle andern, die es vermochten. Zwar waren während des ganzen 19. Jahrhunderts bedeutende Oratorien komponiert worden, doch zu theatralischen Aufführungen dieser Werke war es nur in Ausnahmefällen gekommen. So wurde etwa in Wien Liszts »Legende der heiligen Elisabeth« einige Male szenisch dargestellt und Hector Berlioz' ebenfalls als dramatische Legende bezeichnete »Damnation de Faust« ein Vierteljahrhundert nach dem Tode des Komponisten im Pariser Théâtre Sarah Bernhardt auf die Bühne gebracht; aber diese Ereignisse mußten als Ausnahmen gelten, zumal sich der Widerstand der Kirche gegen alle Sujets, die nur entfernt in das Gehege des Alten oder Neuen Testaments, der Heiligenlegenden oder anderer christlicher Überlieferungen gehörten, noch immer geltend machte. So erhob auch der Erzbischof von Paris seinen Einspruch gegen die für den 22. Mai 1911 im Pariser Théâtre du Châtelet angekündigte Uraufführung von Debussys Mystère »Le Martyr de Saint-Sébastien« auf einen Text von Gabriele d'Annunzio und bedrohte nicht nur die Autoren und Interpreten, sondern auch das Publikum mit der Exkommunikation. Das kirchliche Anathema schreckte offenbar kaum jemanden, denn der Erfolg des Werkes war derart, daß es nach den Kriegsjahren sogar in das Repertoire der Opéra übernommen werden konnte. Ich selbst habe es dort vierzig Jahre später und vermutlich längst in abgewandelter Inszenierung noch gesehen. Das seltsame symbolische Werk, in dem die Titelrolle ursprünglich für die Tänzerin Ida Rubinstein konzipiert worden war, verband Kampfszenen mit Engelschören und laszive Erotik mit Sphärenmusik. Die melodramatische Form und die hymnische Sprache haben den Zeitgeschmack des Jugendstils wohl besser getroffen als den unsrer ausgenüchterten Epoche. Und obwohl Honegger darüber schreibt: »Ich habe nie ›Le Martyre de Saint-Sébastien‹ ohne tiefe Ergriffenheit angehört. Gewisse Stellen erwecken unbestreitbar den Eindruck des Unvollendeten, des Skizzenhaften. Andere sind vielleicht das Schönste, das er je geschrieben hat ... Wunder des Genies!«, hat sich das Werk außerhalb Frankreichs kaum durchsetzen können.

Anders erging es Honeggers eigenen geistlichen Werken. Der Schweizer Autor und Theatermann René Morax hatte seinem Landsmann 1921 den Auftrag erteilt, für sein ländliches Théâtre du Jorat in der Nähe von Lausanne ein biblisches Drama zu komponieren. Das Ergebnis war ein erstaunliches Stück, das einen Meilenstein in der Geschichte des religiösen Theaters bedeuten sollte. Morax selbst verfaßte den Text, inszenierte, organisierte und spielte mit. Honegger berichtet von der Aufführung des »Roi David« in seiner Autobiographie: »Studenten, Bauern, Fachleute arbeiteten in Begeisterung zusammen. Drei Maler ... malten die Kulissen und Kostüme. Es gab siebenundzwanzig Bilder, und es kamen Wagen auf die Bühne, von lebendigen Pferden gezogen. Der Erfolg krönte unsere Mühen.« Warum dieses neuartige Werk aus dem Geist des mittelalterlichen Stationentheaters heute meist nur im Konzertsaal als »Symphonischer Psalm« anzutreffen ist, mag ein anderer wissen. In jedem Fall hat es sich als fruchtbares Vorbild vor allem für französische und Schweizer Komponisten erwiesen. Und wenn bisher die Bühnenwerke religiösen Inhalts vereinzelte Sonderfälle waren, so folgte nun dem »Roi David« ein Schwarm von verwandten oder ähnlichen Stücken.

Da wären zuerst die beiden nächsten geistlichen Dramen von Arthur Honegger zu nennen: »Judith«, wiederum auf einen Text von René Morax für das Théâtre du Jorat zuerst als Melodram mit gesprochenem Text konzipiert und dann als »Ernste Oper in drei Aufzügen« umgearbeitet, und dann, im Abstand von einigen Jahren, 1935 komponiert und 1942 szenisch uraufgeführt, »Jeanne au bûcher«, sein unbestrittenes Meisterwerk, auf einen Text von Paul Claudel. Diesem grandiosen Werk, in dem wiederum eine Schauspielerin die Hauptrolle darstellt und spricht, während den Sängern allegorische Figuren zugewiesen sind, begegnet man auf unterschiedlichen Schauplätzen: in der Oper, im Sprechtheater, auf Freilichtbühnen und im Konzert. Immer ist man von der Glut des Glaubens, der Phantasie der Gestaltung eines aller äußeren Handlung entrückten Ereignisses und der hymnischen Musik tief beeindruckt. Der dem nüchternen Schweizer Protestantismus entstammende Komponist hat sich von der inbrünstigen Leidenschaft des katholischen Dichters zu einem sich selbst entäußernden Glaubensbekenntnis entführen lassen.

Zusammengebracht wurden Honegger und Claudel von Darius Milhaud, der dem älteren Dichter jahrzehntelang über Glaubensgrenzen hinweg freundschaftlich verbunden war. Milhaud selbst hatte schon einige Jahre zuvor die Musik zu Claudels Mysterienspiel »Christoph Colombe« komponiert, das von Max Reinhardt angeregt worden war und 1930 an der Berliner Oper Unter den Linden von diesem als Oper inszeniert wurde. Später wurde das Werk in einer Schauspielfassung mit Bühnenmusik von Jean-Louis Barrault adaptiert und ist seither meist auf der Sprechbühne, unter anderem auch am Wiener Burgtheater, gespielt worden. Darius Milhaud hat nach dem Zweiten Weltkrieg, den er im Exil verbrachte, aus Anlaß der Gründung des Staates Israel eine »David«-Oper geschrieben, die 1954 gleichsam als feierlicher Staatsakt in Jerusalem uraufgeführt wurde.

Als dritter aus der Gruppe der »Six« hat sich danach Francis Poulenc entschlossen, mit der Vertonung von Georges Bernanos' »Dialogues des Carmélites« ein musikalisches Glaubensbekenntnis abzulegen. Das fast ausschließlich für weibliche Interpreten bestimmte Werk über die Lebensfreude und den Todesmut der von den Henkern der Französischen Revolution aufs Schafott geschickten Nonnen hat auf zahlreichen europäischen Bühnen, unter anderem auch an der Wiener Staatsoper, außergewöhnliche Zustimmung gefunden.

Es bietet in einer Fülle von Szenen einige sehr dankbare Rollen und ein beeindruckendes Finale. Poulenc war selbst zur Premiere nach Wien gekommen und konnte den begeisterten Applaus des Publikums für sein spätes Meisterwerk entgegennehmen. Wenig später, im Januar 1963, ist er dann gestorben.

Frank Martin, 1890 in Genf geboren, in Köln als Professor an der Musikhochschule tätig, ist 1960 die Auszeichnung widerfahren, bei den Salzburger Festspielen ein Werk zur Uraufführung zu bringen, das seine Komponistenlaufbahn krönen sollte: »Le Mystère de la Nativité«. Es gründet auf dem spätmittelalterlichen französischen Mysterienspiel des Magisters Gréban, das etwa auf die Zeit um 1450 datiert wird, und zeigt die Geburt Christi, die Anbetung der Hirten, den Jubel der Engel und die ohnmächtige Wut der Widersacher in zahlreichen Stationen, die in der Inszenierung von Margarethe Wallmann auf einer mächtigen Simultanbühne im Großen Festspielhaus dargestellt wurden. Das Werk hat große lyrische Feinheiten und wirkungsvolle Chorszenen. Meisterhaft ist die musikalische Umsetzung der Flexionen und Nuancen der französischen Sprache. Unvergeßlich sind mir die alle musikalischen Geheimnisse aufspürende Sopranstimme von Theresa Stich-Randall in der Rolle der Mutter Maria und der strahlende Tenor des Erzengels von Waldemar Kmentt. Zornigen Protest bei der Avantgarde löste die Zuweisung von dodekaphonischer Musik für die Szenen der Teufel aus. Daß dies der Grund sein soll, warum man diese altmeisterlich gearbeitete Partitur so selten zu hören bekommt, mag ich nicht glauben.

In den Umkreis der französischen Musikszene ist auch der tschechische Komponist Bohuslav Martinů zu rechnen, der fast zwanzig Jahre in Paris lebte und arbeitete. Er hat im Februar 1935 im Brünner Nationaltheater erstmals seine drei »Marienlegenden« zusammen mit einem Prolog von den klugen und törichten Jungfrauen vorgestellt, deren Vorlagen einem mittelalterlichen liturgischen Spiel, einer flämischen Legende, einer mährischen Volksdichtung und einem zeitgenössischen Spiel von Julius Zeyer entstammen. Vielleicht hat die Barriere der tschechischen Sprache es verhindert, daß diese kompositorisch sehr reizvollen und, im Falle der abschließenden Legende von der »Schwester Pasqualina« sogar mitreißenden Stücke nach dem Zweiten Weltkrieg nur sehr selten außerhalb der Heimat des Komponisten zu hören waren. Als dann, im Jahre 1966, der Zyklus erstmals in deutscher Übersetzung von Kurt Honolka in Wiesbaden aufgeführt werden konnte, waren die religiösen Texte der Legenden dem kommunistischen Regime in Prag nicht mehr genehm. Und so blieb die künstlerische Bedeutung von Martinůs »Marienlegenden« bis vor wenigen Jahren ein Geheimnis unter Eingeweihten. Inzwischen hat eine fulminante Aufführung auf dem Konzertpodium im Wiener Musikverein unter Ulf Schirmer den Rang dieser Werke eindrucksvoll bestätigt und gibt Hoffnung, daß der über sie verhängte Bann nun endlich gebrochen ist.

Benjamin Britten, der das englische Musiktheater nach fast zwei Jahrhunderte währendem Schlaf wieder wachgerufen hat, ist der Komponist von vier Stücken für kleine Besetzung, die üblicher- und berechtigterweise in Kircheninnenräumen aufgeführt werden. Sie gelten uns heute als die Paradebeispiele von »Kirchenopern« und gehören zu den erfolgreichsten Werken ihres Genres. Drei von ihnen, »Noye's Flood« von 1958, »The Burning Fiery Furnace« von 1966, und »The Prodigal Son« von 1968, entstanden auf Themen des Alten und Neuen Testaments, das vierte, »Curlew River« geht auf ein altjapanisches Nô-Spiel zurück, dessen Handlung in ein christliches Parabelspiel übertragen wurde. Diese schlichten, aber doch sehr kunstvollen Werke, an denen auch zum Teil Laienspieler und Musikschüler mitwirken können, verdanken ihre Entstehung dem Versuch des Komponisten, in seinem Aldeburgh Festival die alte Tradition der Chester Miracle Plays neu zu beleben. Weit über diesen Anlaß hinaus sind sie jedoch zu wichtigen Bausteinen eines neuen Musiktheaters geworden.

Auch in Italien haben einige der renommiertesten Komponisten schon vor der Jahrhundertmitte sich dem sakralen Theater zugewandt. Zu nennen wäre hier als erster Ildebrando Pizetti, dessen »Debora e Jaele« von 1922 und »Fra Gherardo« von 1928 zu den ältesten Beispielen in unserer Epoche gehören. Seine Oper »Assasinio nella Catedrale« nach dem Schauspiel von T. S. Elliot hat das Leben und Sterben Thomas Becketts zum Gegenstand. Sie wurde 1958 an der Mailänder Scala uraufgeführt und bald darauf an die Wiener Staatsoper übertragen. Herbert von Karajan, dessen Name überraschend oft in diesen Zusammenhängen zu nennen wäre, hat beide Aufführungen dirigiert. Ein besonderes Juwel, das allerdings selten nur ans Licht gehoben wird, ist Luigi Dallapiccolas »Job« nach dem originalen Bibeltext von den Prüfungen des großen Dulders Hiob. Das Stück ist nicht ganz leicht zu spielen und zu singen und eignet sich besser für einen sakralen Raum als für die Opernbühne. Dennoch würde es eine größere Beachtung verdienen, als ihm heute zuteil wird.

Igor Strawinsky, der große Verwandlungskünstler, hat als letzten seiner sehr unterschiedlichen szenischen Versuche eine kurze Fernsehoper komponiert, zu der ihm sein Assistent Robert Craft nach biblischen Quellen den Text verfaßt hat: »The Flood«, ein halbstündiges Werk für Menschen und Tiere in Masken, das, wie könnte es anders sein, wieder einige reizvolle Extravaganzen zu bieten hat. Es gibt da zwei Gesangsrollen: Luzifer wird von einem Tenor gesungen und Gott, der Herr, von zwei Bässen. Beim Chor sind die Bässe ausgespart. Alle anderen Rollen, unter diesen auch Noah, sein Weib und sein Sohn, werden von Schauspielern gesprochen. Das Orchester ist verhältnismäßig umfangreich mit tiefen Holzbläsern, starkem Blech und Schlagwerk, Klavier und Streichern, so daß eine Aufführung in einem meist halligen Kirchenraum nicht gerade erleichtert wird. Das spröde Werk sucht eine Verbindung zwischen mittelalterlicher Mehrstimmigkeit und Zwölftontechnik. Dennoch ist eine gewisse komische Note in den knapp formulierten Szenen nicht zu überhören. Theatralische Effekte werden jedoch mehr angedeutet als wirklich genutzt. Nach der ersten Fernsehproduktion von 1962 wurde das Werk im folgenden Jahr an der Hamburger Staatsoper szenisch uraufgeführt. Weitere Versuche mit diesem in jeder Hinsicht spröden Stück sind seither selten geblieben.

Daß Carl Orff mit einem Oster- und einem Weihnachtsspiel auf seine eigene Weise sich mit der Tradition des geistlichen Spiels nach mittelalterlichen Quellen auseinandergesetzt hat, wird in einem anderen Kapitel besprochen. Wenn man noch Hermann Reutters Kirchenopern »Rückkehr des verlorenen Sohnes« nach Gide und »Saul« nach Lernet-Holenia hinzurechnet, so wären damit die Klassiker des Genres genannt.

Es soll aber nicht verschwiegen werden, daß gerade unter den noch lebenden Autoren und Komponisten das geistliche Musiktheater viel Interesse gefunden hat. In den letzten Jahrzehnten sind so viele Werke hervorgekommen, daß kein Versuch gemacht werden kann, auch nur die wichtigsten davon aufzuzählen. Dazu fehlt mir trotz langjähriger Beschäftigung mit dem Thema noch immer der Überblick. Es seien hier nur stellvertretend genannt: Pendereckis sacra rappresentazione »Paradise Lost« nach Milton, das 1978 in Chicago uraufgeführt wurde; Dominick Argentos »Jonah and the Whale« und »The Masque of Angels«, um zwei amerikanische Beispiele zu geben; Paul Burkhards »Ein Stern geht auf in Jaakob«; Niccolò Castiglionis »Miracle Plays«; Hans Werner Henzes »Moralities« und Ralph Vaughn Williams' »The Pilgrims Progress« nach Paul Bunyans Allegorie.

In Österreich haben sich vor allem die Festspiele des Carinthischen Sommers in Ossiach um die Kirchenoper verdient gemacht. Neben alljährlichen Wiederholungen von Brittens »Verlorenem Sohn« wurden in den letzten Jahren Aufträge an österreichische Komponisten vergeben, von denen ich hier Dieter Kaufmann, Iván Eröd, Kurt Schwertsik, Herbert Lauermann und Franz Thürauer nennen möchte. Andere werden folgen, in Ossiach und anderswo. Die Wiederentdeckung einer großen Tradition und die erneuerte Suche nach religiöser Sinnstiftung hat Unruhe gebracht in die nach neuen Wegen forschenden Köpfe.

Brecht und Weill und
Weill und Brecht

Einer der Unterschiede zwischen Schauspiel und Oper besteht in der bedingungslosen »Gegenwart« des Musiktheaters und der oft beträchtlichen »Abwesenheit« des Worttheaters. Auf der Sprechbühne sieht man oft Szenen, die nicht für sich selber stehen, sondern für andere, unsichtbare; Szenen, die Vergangenes oder Erträumtes kommentieren oder die von Ereignissen sprechen, die keine Wirklichkeit haben und sich in kein Kostüm und keine Maske fügen. Musik dagegen kann nicht prüfen, wägen und urteilen, nicht meditieren über erzählte oder verdeckte Handlungen, Musik will Anteil nehmen am sichtbaren, gegenwärtigen Geschehen. Musik will fühlen. Darum haben unsichtbare Nebenhandlungen, Vorgeschichten und denkbare Varianten samt deren Ankündigungen oder Nacherzählungen in der Oper keinen Platz, auch nicht als Utopien einer bessern Welt. Darum kann auch die Oper an den Verhältnissen nichts ändern.

So muß man sich nicht wundern, wenn Weill und Brecht in ihren gemeinsamen Werken nicht immer ein Herz und ein Hirn waren. Da überschreit die reichlich hemmungslose Musik manchen auch nicht gerade zimperlichen Gedanken, den man nicht ungeprüft wollte passieren lassen. Aber nun ist er, auf Flügeln des Gesanges, uns schon einmal durch die Lappen gegangen, und man zuckt die Achseln und summt mit. Die Rezepte wird man später nachlesen, einstweilen läßt man sich's schmecken. Und dann erfährt man – ohne Angabe der Quelle –, daß es zwischen den beiden Verfassern des »Jasagers« auch gelegentlich zu lautstarken Meinungsverschiedenheiten gekommen sein soll. Brecht soll dabei in einem seiner nicht seltenen Wutanfälle den Komponisten einen »bürgerlichen Möchtegern-Richard-Strauss« geschimpft haben, den er demnächst über die Treppe werfen wolle. Es mag schon sein, daß er, obgleich kein Riese von Gestalt, der bessere Raufbold war, aber der Tonsetzer hat eben im Musiktheater stets das letzte – nein, nicht das letzte Wort, wohl aber die schlagkräftigeren Argumente.

Auf der Leiter des Erfolges ist ein großes Gedränge, und es ist darum keine Seltenheit, wenn einem aus der eignen Seilschaft einer auf die Finger tritt. Doch über die Treppe hinab sollte man eigentlich nur die Rezensenten werfen. Die beiden haben sich, zum eignen und zum allgemeinen Schaden, auch nicht lange zusammen gehalten. In Amerika, im Exil, sind sie einander geflissentlich aus dem Weg gegangen. Was sie aber in den wenigen Jahren von 1927 bis 1930 in Berlin und dann noch einmal, mehr durch böse Gewalt als glücklichen Zufall erneut aneinander geraten, 1933 in Paris gemeinsam schufen, das hat nicht seinesgleichen weit in der Runde und wird's auch lange nicht mehr haben.

Die Eigentümlichkeit des Brechtschen Theaters besteht unter anderem darin, daß der Autor sich stets in die Bühnenhandlung einbringt, um nicht zu sagen einmischt. Er will und kann nicht zurücktreten hinter die Personen der Handlung. Er beansprucht zugleich die Rollen des epischen Erzählers, des Richters und des Lehrers. Und nicht immer ist er uns darin willkommen. Unter den Komponisten ist Richard Wagner derjenige, der nichts, was geschieht, unkommentiert läßt, nur läßt er eben das Orchester für sich sprechen. Mozart und Monteverdi haben sich da herausgehalten, so gut sie vermochten, und haben uns doch nicht weniger Geheimnisse aufgetan. Was nun Kurt Weill angeht, so hat er offenbar mit sicherem Instinkt den richtigen Ton getroffen, um mit Brecht und dessen Problemen fertig zu werden. Er hat die kollektiven Empfindungen angesprochen. Der leichtfaßliche, nachsingbare Song und der Refrain, in den alle einstimmen dürfen, bringt ihn über jede Hürde und seine Musik zu ihrem Recht. Seine Gesänge haben kein Subjekt. Oft fragt man sich: warum singt das der und nicht ein andrer? So etwas wie Arien kennt Weill nicht. Duette zweier wetteifernder oder ineinander sich verschlingender Stimmen sind ihm fremd. Ensembles, ja, die gibt es wohl, wenn alle miteinander grölen, im Suff, aus Angst, aus Übermut; und dann Choräle, wegen der Moral, und Quodlibets, damit ein jeder einmal drankommt. Das war alles nicht neu, aber neu war der Gebrauch, zu dem die alten Formen dienten.

Auch Brecht hat andrer Leute Texte und Ideen oft recht ungeniert als Versatzstücke und Handrequisiten in seine Collagen geklebt. Da gibt es nicht weniges von François Villon aus dem 15., von John Gay aus dem 18. und von Rudyard Kipling aus dem 19. Jahrhundert bei ihm als objet trouvé zu entdecken. Man hat sich auch schon darüber moralisch entrüstet und »Plagiat!« geschrieen, als ob man nach Eigentum fragen dürfte, wenn Anarchie das Thema ist. Es gibt keinen Neubeginn, der nicht aus Altem gewachsen wäre. Auch die Gründung einer Stadt in der Wüste ist nur eine Karikatur der menschlichen Verhältnisse, denen man entrinnen will. Man will von neuem beginnen und bringt doch die alten Wolfszähne und Schafspelze mit. Als man's erkennt, wird die Parodie zur Satire gesteigert und das ironische Lächeln zum Hohngelächter.

Von echten, aus dem Leben gegriffenen Charakteren und ihren Schicksalen ist keine heuchlerische Rede. Die Personen der »Dreigroschenoper« wirken wie aus Karton geschnitten oder aus Sperrholz gesägt, bunt angemalt, geschminkt und durcheinander geworfen. Manche sind wie aus dem Kabarett entsprungen, aus dem Kintopp oder dem Kasperltheater. Die Dummen, das sind die Zahlungsunfähigen, bekommen mit der Bratpfanne oder der bunten Klapper eins um die Ohren, oder man schlägt »ihnen ihre Fressen mit schweren Eisenhämmern ein«. Man drischt das Krokodil, man köpft die Zinnsoldaten und holt am Ende des Königs reitenden Boten aus der Puppenkiste, um den charmanten Schurken vom Galgen zu retten. Und wenn er nicht charmant ist, sondern arm und noch dazu romantisch glotzt, dann brät man ihn auf dem elektrischen Stuhl. Da ist kein Mitleid mit den Dummen. Da wird nicht motiviert, da wird nur einfach angeprangert.

Und die Musik macht das auf ihre Weise und bringt die Leute, ehe sie's merken, auf ihre Seite. Sie öffnet alte Kisten aus der bürgerlichen Rumpelkammer, und hervor kommen Sang und Klang mit Strophen und Refrain, eine Tangoballade, ein Männerchor, eine Operettenouvertüre, ein Drehorgellied mitsamt der Walze, ein flotter Marsch, ein Bänkelsang, ein Seemannssong, ein paar Akkorde aus der Jazzbar oder aus dem Nachtcafé und dann am Schluß ein Potpourri. Das alles aufgemischt für eine Band aus Holz und Blech mit Saxophonen, Banjo und Bandoneon, mit Schlagwerk und Klavier in der »Dreigroschenoper«, und in »Mahagonny« dürfen auch die Streicher wieder streichen. Das Ganze grell geschminkt, schräg aus der Balance kippend, ohne sänftigende Übergänge in den Fugen. Die Melodien sind aus dem Versatzamt der Schlagerbranche und die Harmonien nicht einfach nur gewürzt mit falschen Noten, wie Diaghilew bekrittelte, sondern abgehackt und angestückelt wie ein Puzzlespiel, das man sich mit der Schere gefügig macht.

Es war allerdings ein Irrtum zu meinen, damit wäre eine neue Bahn eröffnet, weil man so kritisch umging mit den Popanzen der öffentlichen Macht und Meinung. Aber es war dennoch mehr als nur ein gelungenes Experiment. Es war ein neuer Geist in alten Flaschen. Brecht und Weill brachten wieder – endlich wieder – Mut und gute Laune und demokratische Verständlichkeit auf die Bühne. Wie nötig und erfrischend es gewesen war, dem neoromantischen Schwulst, dem expressionistischen Bombast und dem neoklassizistischen Eklektizismus mit der großen Klapper eins hinter die Löffel zu hauen, das bewies das fröhliche Gelächter am Kurfürstendamm und bald darauf die vaterländische Empörung aus der Mördergrube. Für allzu kurze Zeit regierte Punch, der große Anarchist, und Mackie Messer war sein Prophet.

Und nebenher ist es nicht wenig amüsant zu beobachten, was für einen intellektuellen Eiertanz der junge Adorno etwa vollführt, um die beunruhigend erfolgreichen ersten gemeinsamen Arbeiten von Brecht und Weill in den kritischen Griff zu bekommen, ohne dabei seine aus der Schönberg-Schule übernommenen Vorurteile zu opfern. Da wird schon in den ersten Sätzen seiner »Dreigroschen«-Kritik darauf verwiesen, »wie fern« dem wohlmeinenden Schreiber »zunächst eine Musik liegt, die nicht aus dem aktuellen Stande des musikalischen Materials die Konsequenzen zieht, sondern durch die Verwandlung des alten, geschrumpften Materials zu wirken versucht«. Dieser Vorbehalt der Intoleranz, die sich in der Vergatterung des Schönberg-Kreises bis zum Bannfluch verstieg, hat noch viel Unheil über die Musik der Jahrhundertmitte gebracht, lange über den Tod der Betroffenen hinaus. Einstweilen aber glaubte Adorno noch die Autoren der »Dreigroschenoper« gegen das »Mißverständnis« ihres Erfolgs in Schutz nehmen zu müssen. Er nennt die Komposition eine »Gebrauchsmusik, die sich auch wirklich gebrauchen läßt«. Und korrigiert sich schon im Jahr darauf und schreibt noch einmal über dasselbe Stück. »Es ist Gebrauchsmusik, die heute, da man im Sicheren ist, zwar als Ferment genossen, nicht aber gebraucht werden kann, das zu verdecken, was ist.«

Nun ja, Adorno hat sich nicht nur geirrt, als er sich im Jahre 1929 in irgendeiner Weise »im Sicheren« wähnte. Nach dem großen »Mahagonny« schon, das im folgenden Jahr schon auf erbitterte Feindschaften stieß, hat der Kritiker zu dem brisanten Thema nichts mehr zu sagen gewußt. Den »Jasager«, den »Lindberghflug« und »Die sieben Todsünden der Kleinbürger« übergeht er mit Schweigen. Später dann, im Exil in Amerika, hat sich Weill in einem Brief von 1941 von Adorno losgesagt. Er war ein Mann, der klare Entscheidungen liebte, auch wenn es nicht immer die richtigen waren.

Mit Brecht, der ihn einmal besuchte, hat er nur noch brieflichen Kontakt gehalten. Aber der hatte mit dem Broadway nichts im Sinn. Die vielen Mißverständnisse waren nicht mehr zu übersehen. Auch wenn sie einst von einer wunderbaren Fruchtbarkeit gesegnet waren.

Paul Hindemith zwischen dem »Neuen vom Tage« und der »Harmonie der Welt«

Am 16. November 1895 in der hessischen Kreisstadt Hanau geboren, hat sich Paul Hindemith schon früh zum Beruf eines Musikers entschlossen und sich am Hochschen Konservatorium in Frankfurt zum Geiger ausbilden lassen. In jungen Jahren spielte er als Konzertmeister im Frankfurter Opernorchester und konnte dort wertvolle Kenntnisse des klassischen Repertoires erwerben. Diese frühe Bindung an das Theater bestimmte sein Verhältnis zur Oper als Komponist in entscheidendem Maße, auch wenn er sich in späteren Jahren als Geiger oder Bratschist eines renommierten Streichquartetts auf die Interpretation von Kammermusik verlegte. Hindemiths Zugang zum Musiktheater war auf solche Weise nicht wie der seiner meisten Kollegen vom Klavier, vom Sologesang oder vom Dirigentenpult aus erfolgt, sondern vom Spiel im Orchester. Das bleibt in vielen, wenn nicht in allen seinen Bühnenwerken spürbar. Streng gegliederte Formen, ausgeprägt musikantische Vorspiele und Zwischenspiele, konzertante Elemente auch in sehr dramatischen Szenen und schließlich symphonische Bearbeitungen von Teilen seiner Opern für den Konzertsaal sind die äußeren Merkmale dieser Haltung.

Hindemith, der sich stets mit allen Bestrebungen zeitgenössischen Kunstschaffens auch auf außermusikalischem Gebiet auseinandersetzte, suchte die Zusammenarbeit mit Künstlern sehr unterschiedlicher Prägung. So brachte er im Jahre 1921 in Stuttgart zwei Operneinakter zur Aufführung, deren Autoren nicht vieles miteinander gemeinsam hatten. Der damals schon ebenso berühmte wie befehdete Maler Oskar Kokoschka schrieb ihm einen pathetisch expressionistischen und wohl auch etwas wirren Text mit dem Titel »Mörder, Hoffnung der Frauen«, und der ästhetisierende Erotiker Franz Blei verfaßte das »Nusch-Nuschi«-Spiel. Mag sein, daß der Komponist die gemeinsame österreichische Herkunft seiner Autoren für die ausreichende Gewähr einer erfolgreichen Verbindung ansah. Die beiden Stücke erwiesen sich jedoch als so knapp, daß sie nur mit einem dritten zusammen einen ganzen Hindemith-Abend füllen könnten. Ein solches drittes Stück bot Hindemith im folgenden Jahr an mit seinem Einakter »Sancta Susanna« auf einen Text von August Stramm. Das irritierend faszinierende Werk zeigt, wie die erotischen Phantasien einer jungen Nonne sich mit religiöser Exaltation zu sündhafter Blasphemie verbinden. Auf eigenen Wunsch wird Susanna endlich von ihren Mitschwestern bei lebendigem Leib im Kloster eingemauert. Diese Thematik erregte bei der Uraufführung in Frankfurt heftigen Widerspruch und hat bis zum heutigen Tag einen Erfolg des musikalisch hochinteressanten Werkes behindert. Mit spätromantischen Orchesterfarben von an Richard Strauss gemahnender Leuchtkraft schildert Hindemith die Seelenqualen der jungen, vom Leben abgeschiedenen Frau in großer lyrischer Intensität. Der erst 27jährige Komponist zeigt sich bereits auf der vollen Höhe instrumentatorischer und dramaturgischer Meisterschaft. Schon die erste Szene evoziert mit einem gefühlsgetränkten, wie gelähmten Rezitativ zweier Frauenstimmen auf schwimmenden Streicherakkorden, unterbrochen von den Lockrufen der Bläser, die Trance der weltverlorenen Nonne, die in einer fliederduftenden Frühlingsnacht vor dem Abbild des Gekreuzigten auf den Stufen des Hochaltars liegt. Es gibt wenig Vergleichbares in jener Zeit.

»Hin und zurück« ist der Titel eines als musikalischer Sketch bezeichneten Werkes. Das nur ganze zehn Minuten dauernde Stück entstand auf einen Text des deutschen Kabarettisten Marcellus Schiffer für das Musikfest Baden-Baden 1927. Die aphoristische Knappheit macht den besonderen Reiz des Werkes aus, verursacht aber die Schwierigkeit, einen geeigneten Rahmen für eine Aufführung zu finden. Der Sketch hat eine Ehebruchszene zum Thema, die in der Art eines kleinen Slapstick-Films abgehandelt wird. Es geht um einen Eifersuchtsmord am bürgerlichen Kaffeetisch, wobei die überraschende Wendung eingeleitet wird durch den Auftritt eines indischen Magiers, der die »Untat« nicht nur ungeschehen macht, sondern sogar rückgängig im wörtlichen Sinn, so daß die skurrile Handlung zwischen Frau, Liebhaber und Ehemann spiegelbildlich zu ihrem harmlos scheinenden Ausgang zurückkehrt. Es versteht sich, daß ein solcher Verlauf den Musicus Hindemith auch zu einem kompositorischen Krebsgang verleiten mußte.

Dieser amüsante Einakter hat in einer ebenfalls von Marcellus Schiffer geschriebenen und 1928 von Hindemith komponierten zweiaktigen Posse ein deutlich längeres Gegenstück. »Neues vom Tage«, ein Werk, welches das Programm des sogenannten Zeitstücks schon im Titel trägt, spielt in einer Agentur für Ehescheidungen, Mondraumschiffahrt und Theatertourneen. In jenen Jahren wurden in der Euphorie des Fortschrittsglaubens Maschinisten, Konzertmanager, Piloten und Photographen zu Opernhelden. Die neuesten Nachrichten drängten auf die Bühne, Medien und Unterhaltungsindustrie drängten hinterdrein. Und so ist schon die flotte Ouvertüre mit ihrem mechanischen Schreibmaschinengeklapper ganz Ausdruck des geschäftig voranstrebenden Zeitgeists. Vielleicht ist gerade diese Hast des gestreckten Galopps der Grund dafür, daß das Stück dennoch Längen hat, »gefährliche Längen«.

Paul Hindemith war 1927 als Professor für Komposition an die Berliner Musikhochschule gerufen worden und in dieser lebensvoll pulsierenden Metropole der zwanziger Jahre in einen saugenden Wirbel literarischer und musikalischer Betriebsamkeit geraten. In kurzen Abständen komponierte er nacheinander zwei Texte des jungen Bertolt Brecht, der mit Recht als das vielversprechendste Talent unter den deutschen Dramatikern galt. Das »Lehrstück« und der »Lindberghflug« entstanden aus dieser Zusammenarbeit.

Brechts Lehren waren schon damals nicht jedermanns Sache. Wer wollte schon allen Ernstes einen Knaben, der einer Expedition nicht mehr zu folgen vermag, über einen Felsen hinabstürzen oder einen Kameraden, der das Richtige wollte und das Falsche tat, in eine Kalkgrube werfen? Und wer würde den geforderten Schluß aus dem »Lehrstück« ziehen und einem gestürzten Flieger raten, die Höhen, die Tiefen und die Geschwindigkeiten zu meiden und sich reglos liegend auf den Tod vorzubereiten. Wer A sagt, muß nicht B sagen, wie die Ideologen allzu lange postuliert haben. Er kann auch innehalten und neu zu denken beginnen. Die eine Lehre aber wollen wir annehmen von Brecht: daß nämlich die Geschehnisse von Menschen gemacht werden und von Menschen auch wieder geändert werden können, die Ausnahmen und auch die Regeln.

Nach der Uraufführung von 1929, die er in Baden-Baden selbst inszeniert hatte, hat Brecht das »Lehrstück« nicht weiter anerkannt, er hat es erweitert und umgeschrieben und ihm einen neuen Titel gegeben: »Das Badener Lehrstück vom Einverständnis«. Paul Hindemith, der ihm hierin offenbar nicht folgen wollte, hat sich schon bald danach von Brechts immer radikaler werdenden Gesellschaftstheorien abgewandt. Das »Lehrstück«, das vermutlich keiner so haben wollte, wie es geblieben ist, dokumentiert die Bemühung zweier Künstler, die sich auf die Suche gemacht hatten nach einer neuen, knappen und klaren Form des Musiktheaters. In den Jahren der Weltwirtschaftskrise reduzierten sie es hier auf »seine kleinste Größe«. Weitgehend verzichtet wurde auf Bühnenbild, Kostüme und Requisiten. Unverzichtbar blieb nur der singende und sprechende Mensch. Der Solostimme des einzelnen gegenübergestellt sind das Ensemble der Gruppe und der Chor der Menge. Um die Besetzung des Orchesters jedem beliebigen Aufführungsort anpassen zu können, wurden nur hohe, mittlere und tiefe Stimmen ohne Angaben der Instrumente notiert. Immerhin wird darüber hinaus ein Fernorchester von neun Bläsern gefordert. Es tönt von draußen herein in die grotesk exemplifizierende Handlung mit langausgehaltenen, intermittierenden Tönen, mit einem Trauermarsch oder Schreittanz und, am Ende, mit den Orchesterklang verstärkenden mächtigen Schlußakkorden.

So stellt das kurze Werk sich dar als profanes Oratorium, als säkularisierte rappresentazione. Und so wie die Sprache Brechts von Martin Luthers Bibeldeutsch herkommt und von den Weisheitssprüchen des Tao Te King, verhärtet von der Überwindung der Ferne, so kommt Hindemiths Musik aus der Welt der Choräle, der Ritornelle und der Psalmodien. Eine Predigt und ein Totentanz unterbrechen die bittere Lektion. Die langausgeführte Szene der drei Zirkusclowns kann – wie es die Autoren im Vorwort ausdrücklich freistellen – für musikalische Aufführungen gestrichen werden. Wer will, kann sie ersetzen durch die Musiknummern »Nebel« und »Schneesturm« aus dem Fragment des »Lindberghfluges«, den Brecht aus Enttäuschung über die politische Haltung seines Titelhelden in »Ozeanflug« umbenannt hat. Das Sterben eines im Irrtum befangenen Menschen ist, wie in einem mittelalterlichen Arme-Sünder-Spiel, das Thema dieses szenischen Oratoriums. Der Chorführer liest aus den sogenannten »Schriften«, die Gruppe der Eingeweihten vollzieht das Urteil, das einer pervertierten Opferung gleichkommt, nicht jedoch durch das Darreichen von Brot oder Wein, sondern durch das Zerreißen eines Kissens und das Verschütten des rettenden Wassers. Und der Chor der Gemeinde dieser belehrenden Menschenfreunde respondiert, das heißt, er stimmt ein und stimmt zu.

So vielgestaltig und zeittypisch all diese kurzen Stücke sein mögen, dem Dramatiker Hindemith würde man wohl heute keine weitere Aufmerksamkeit mehr schenken, hätte er nicht daneben auch die größere Form gesucht und gefunden. Schon im November 1926 hat er an der Dresdener Semper-Oper, die offenbar stets ein guter Boden für Uraufführungen war, seine erste abendfüllende Oper herausgebracht. Mit dem »Cardillac« wird, ohne daß sich der Komponist dessen von Anbeginn an bewußt sein konnte, eine Trilogie eröffnet, deren durchgängiges Thema die leidbeladene und verantwortungsvolle Einsamkeit des schöpferischen Menschen ist. Mag sein, daß diese Thematik, die außer Hindemiths Schaffen zahlreiche Schlüsselwerke der ersten Dekaden des Jahrhunderts zwischen Pfitzner und Schönberg beherrscht, auf dem Vorbild von Wagners »Meistersingern« gründet; doch mit der Wandlung der Welt und ihrer Hinwendung auf ihre nächtliche Seite erreicht sie nun eine ungeahnte Dimension, in der die melancholische Resignation in kaum verhüllte Verzweiflung umzuschlagen droht. Cardillac, Mathis und Kepler heißen in Hindemiths Werk die Leidensopfer dieser Passion.

Mit der Figur des René Cardillac hatte der Textautor Ferdinand Lion in E. T. A. Hoffmanns romantischer Novelle »Das Fräulein von Scudéry« eine Verkörperung dieses Typus des einsam Schaffenden gefunden, die ins Dämonische ragt, einen von seiner eigenen Kraft und Meisterschaft Getriebenen, dessen menschliche Gefühle in der Wut des Schaffens verkümmert sind. Ihm stellte er das zu Beginn aufgescheuchte und verängstigte, am Ende aber blutrünstige und erbarmungslos rächende Volk gegenüber, das den erst bewunderten, dann gefürchteten, jedoch immer unbegreiflichen Einzelgänger auf offener Straße zu Tode schlägt. Paul Hindemith hat zu diesem gewiß inspirierenden Sujet eine Musik gefunden, die zu seinen besten Eingebungen gehört. Einer der Höhepunkte darin ist gewiß der von selbstgewisser Gestaltungsfreude getragene Monolog des Cardillac »Mag Sonne leuchten«, der in ein Duett mit dem Baß des Goldlieferanten mündet. Was die Ensembles in dieser und in anderen Partituren Hindemiths angeht, so wird man ihrer nie so recht froh. Expressis verbis lehnte Hindemith die Komposition eines Liebesduetts aus Scheu vor Sentimentalitäten ab, andererseits schreibt er doch immer wieder mehrstimmige Sätze, vor allem Quartette, in seinen Opern, ohne dabei jedoch zu wortdeutlicher Differenzierung der einzelnen Stimmen und zur Charakterisierung unterschiedlicher Personen zu gelangen. Meist kann man sich des Eindrucks nicht erwehren, daß solche Sätze vor allem der musikalischen Abwechslung dienen. Hindemith bleibt stets der Musiker, der, unter anderem, auch für das Theater schreibt.

In seiner nun eröffneten neoklassischen Schaffensepoche dringen vermehrt konzertante Formen in Hindemiths Partituren ein. So kann man in Gesangsnummern gelegentlich obligate Instrumente bis hin zum concertino eines concerto grosso hören. Man vergleiche hierzu die Arie der Tochter Cardillacs, in welche der Komponist offenbar Zitate flechten wollte aus der Zeit der Handlung, der ersten Dekade des 18. Jahrhunderts. Man glaubt hin und wieder die Gestalt des verbittert alternden Sonnenkönigs als schwarzen Schatten hinter den Geschehnissen zu sehen. Aus älteren Schichten jedoch kommen die Vorbilder zur Hetzjagd, zur Umkreisung und zur Tötung des dämonischen Goldschmieds. Dies geschieht in einem fast rituellen Wechselgesang sakraler Provenienz. Hier wird die Opferung des Auserwählten durch die turba der Volksmenge ohrenfällig. Der Schlußgesang der Tochter und des Offiziers, der Cardillacs letztes Opfer hätte werden sollen, gewinnt hymnischen Charakter über die staccati gedämpfter Posaunen und den kadenzierenden Abgesang der Flöten. Ihre Stimmen vermählen sich in weitausschwingenden Melismen dem Chor zu einem Requiem für Cardillacs verirrte Seele.

Die Urfassung von 1926 hat sich gegen die spätere Neufassung von 1938, die sowohl textliche als auch musikalische Änderungen bringt, durchgesetzt. Obwohl Hindemith nach dem Krieg versuchte, die ältere Version zugunsten der späteren zurückzuhalten, mußte er sich dem Votum der Theaterleute beugen.

Bisher hatte Paul Hindemith mit sehr unterschiedlichen Dichtern zusammengearbeitet, die weder mit ihm noch untereinander große ästhetische oder weltanschauliche Gemeinsamkeiten zeigten. Offenbar hatte er, bewußt oder unbewußt, die Befruchtung durch den Widerspruch gesucht. Oskar Kokoschka, Franz Blei, August Stramm, Marcellus Schiffer, Ferdinand Lion, Bert Brecht und Thornton Wilder, mit dem er in der Emigration die Kammeroper »Das unterbrochene Weihnachtsmahl« schrieb, bilden einen seltsamen literarischen Kreis um den oft etwas ratlos scheinenden Komponisten. Doch irgendwie war es, als läge ein Bann auf diesem Zusammenwirken. Die echte Verschmelzung so verschiedener Metalle schien nicht zu glücken.

Da entschloß sich Hindemith nach langer Denkpause, in die das gescheiterte Projekt einer Oper auf einen Text des Romanciers Ernst Petzold fiel, das Buch seines nächsten Bühnenwerkes selbst zu verfassen und sich mit dessen Sujet den Nöten und Hoffnungen seiner eigenen künstlerischen Existenz zuzuwenden. »Mathis der Maler«, Hindemiths Meisterwerk, war das Ergebnis.

Es war die Zeit der Machtergreifung durch die Nationalsozialisten. Der inzwischen weltbekannte Komponist fühlte offenbar die moralische Verpflichtung, sein eigenes Bild eines deutschen Künstlers dem Zerrbild der faschistischen Propaganda entgegenzuhalten. In der Lebens- und Leidensgeschichte des Mathias Grünewald, der in Aschaffenburg geboren war, in Mainz in kurfürstlichen Diensten gestanden hatte und vereinsamt in Halle an der Saale gestorben war, hatte er in Deutschlands Mitte ein Schicksal gefunden, das dem eigenen verwandt war. Grünewald, der Schöpfer des Isenheimer Altars und des Tafelbildes vom Engelskonzert, war als Täter und Opfer in die Wirren des schwäbischen Bauernaufstands geraten. Und Hindemith sah wohl voraus, daß auch ihm als vielbekrächztem Turmhahn der zeitgenössischen Musik, als Bürgerschreck und Neoklassizisten verschrienem Modernisten, der mit mehr als einem »Volksfeind« gemeinsame Sache, das heißt Musiktheater, gemacht hatte, eine Konfrontation mit den Machthabern des Dritten Reiches nicht erspart bleiben konnte. Obwohl Wilhelm Furtwängler sich mutig für den unbequemen Komponisten einsetzte, wurden tatsächlich schon bald die meisten seiner Werke verboten. Und so konnte auch die Uraufführung seines »Mathis« nicht mehr auf dem Boden des deutschen Staatsgebiets stattfinden. In Zürich kam »Mathis der Maler« 1938 auf die Bühne. Nach Erfolg oder Mißerfolg darf man in solchen Zeiten nicht fragen, und schon gar nicht bei einem Werk, in welchem sich ein Künstler Gedanken macht über Recht und Unrecht in der Welt, über Macht und Ohnmacht eines Malerpinsels oder einer Notenfeder. Man erinnert sich der Klage Brechts über die Zeiten, da ein Gespräch über Bäume zur Schuld wird, weil es soviel Unausgesprochenes einschließt. Abgewandelt hört man das wieder in der ersten Szene von Hindemiths »Mathis«. Der verwundete Bauernführer Schwalb schüttelt den Kopf, als er den Maler an seiner friedlichen Arbeit sieht, und sagt: »Nein, ist das möglich! Man malt, das gibt es noch!« Und Mathis, ahnungslos, fragt dagegen: »Ist das sündhaft?« Und Schalb: »Vielleicht, wo so viele Hände gebraucht werden, die Welt zu bessern.« Es waren da wohl Hände genug am Werk, die Welt zu bessern, in den Bauernkriegen und in den Weltkriegen unseres Jahrhunderts der Wölfe. Besser ist sie davon nicht geworden. Aber verständlich war es schon, daß einem darüber das Malen oder das Singen verging. Es gibt kaum ein Werk aus der Zeit der wachsenden Unterdrückung, in dem der Zwiespalt zwischen menschlichem und künstlerischem Gewissen so deutlich

vor Augen geführt wurde. Der »Mathis« ist im Guten wie im Schlechten seiner Zeit verhaftet, auf eine bessere Weise als das »Neue vom Tage«. Und doch hat dieses Werk als erste unter Hindemiths Opern auch schon jenen Zug ins Zeitlose, der hinauszielt über Krieg und Vernichtung und auch über das Schicksal des darin verschlungenen Helden.
Nach Pfitzners »Palestrina« ist Hindemiths »Mathis der Maler« wieder eines der sehr seltenen Beispiele für ein gleichrangiges Verhältnis von Wort und Ton aus der Feder eines einzigen Autors. Dramatische Szenen wie der Parteienstreit im Ratssaal zu Mainz oder die Bücherverbrennung stehen bildhaften Visionen gegenüber, der »Versuchung des heiligen Antonius« oder dem »Engelskonzert«, beide inspiriert von Grünewaldschen Gemälden. »Es sungen drei Engel ein süßen Gesang ...« tönt es aus einem unschuldsvollen deutschen Volkslied herein in die Apokalypse des Bruderkriegs. Dies ist das Herzstück von Hindemiths Partitur. Wie eigenartig und doch wieder wie wohl verständlich, daß eben diese Musik des »Engelskonzerts« sich losgelöst hat von den Bedrängnissen der menschlichen Leiden und herausgetreten ist aus dem Theater. Sie führt nun ein Eigenleben im Konzertsaal, worüber man sich vielerlei Gedanken machen kann. Darüber mögen andere reden. Ich möchte nur noch hinweisen auf den berührenden Schluß dieser Oper. Da nimmt der gedemütigte und wieder erhobene Künstler Abschied von seinem Fürsten und legt sein Handwerkszeug in eine Truhe, um seine letzten Tage nicht weiter dem Schaffen, sondern nur mehr dem Schauen zu widmen. Ein Lob der Welt, dem alle großen Worte fehlen, und eine erschütternde Szene, die geeignet ist, uns die große Lektion allen Lebens, das würdevolle Sterben, zu lehren.

Paul Hindemiths letzte Oper »Die Harmonie der Welt« versucht die Gegensätze der irdischen Kämpfe aufzulösen, auf daß sie mit einstimmen in das Konzert der Sphärenmusik. Der Astronom und Physiker Johannes Kepler steht mit seinen schauenden Augen im Mittelpunkt des kreisenden Geschehens. Von Prag nach Schwaben und von Schwaben nach Österreich springt die Handlung, als gäb es keinen festen Ort mehr auf Erden. Der Dreißigjährige Krieg droht herein. Als Kepler stirbt, öffnet sich ihm der Himmel, und in visionärer Schau sieht er die irdischen Mächte, unter denen der Kaiser als Sonne und seine Mutter, die Hexe, als Mond, die mächtigsten sind, den Horizont als Gestirne umkreisen. Und all sein Wähnen und Suchen wird aufgehoben in einem Lobgesang der Sphären, der keine Antwort mehr gibt in der Sprache der Menschen, sondern im Tönen einer Musik, die alle einsamen Stimmen zusammenfaßt in einer Harmonie der Welt.
Mag sein, der Komponist und Dichter Hindemith hat diesen gewaltigen Vorwurf nicht gezwungen mit seinen Kräften. Mag sein, man wollte solche Botschaft nicht hören nach einem Krieg, der Millionen von Stimmen erstickt und doch keinen Frieden auf der Welt geschaffen hat. So ging die ambitionierte Uraufführung am Münchener Prinzregententheater im Jahr 1957 ohne Nachhall vorüber. Das umfangreiche, fünfaktige, vielfach geschichtete Werk ist heute so gut wie vergessen. Und das ist sehr zu bedauern. Denn Paul Hindemith war nicht nur einer der großen deutschen Musiker seiner Epoche, sondern auch ein Mann von hohem Verantwortungsgefühl für das auferlegte geistige Erbe und für die unaufkündbare Schuld allen Lebens.

Madeleine vor dem Spiegel

»Capriccio«, die letzte Oper von Richard Strauss, ist ein Abschied. Ein Abschied in Heiterkeit, wie er einem großen, weltgesättigten Geist gebührt, eine letzte Liebeserklärung: wehmütig, spöttisch, liebevoll, aber doch auch schon hinausblickend über den Anlaß. Richard Strauss, der bedeutendste Komponist des Jahrhunderts, dem oftmals wegen seines schier unbegreiflichen Talents von vielen das überdauernde Genie abgesprochen wurde, nahm damit Abschied von allem, woran ein arbeitsreiches Leben lang sein Herz gehangen hatte: vom Musiktheater und seiner prachtvollsten Blüte, der Oper; von einem verblassenden Idealbild edler Weiblichkeit: der großen Dame; von einer Gesellschaft, in der höfliche Distanz nicht weniger geachtet wurde als aufgeklärter Geist und erotischer Zauber; von der Konversation als einer kultivierten Form von Streit und Werbung; von der Liebe in all ihren zärtlichen und leidenschaftlichen Erscheinungen oder Verhüllungen; von der gemeinsamen Arbeit von Musiker und Dichter; von der Farbenpracht des großen spätromantischen Orchesters, die keiner wie er zum Leuchten entfachen konnte; vom Leben endlich, das ihm eine lange Frist gegönnt hatte, um all die empfangenen Gaben mit Wucherzinsen zurückzuzahlen.
Aber »Capriccio« ist nicht nur der Abschied des Richard Strauss. Es ist der Abschied einer Epoche. In der Zeit der gräßlichsten Schändung der abendländischen Kultur, umgeben von den Schrecken der Barbarei, versucht da ein alter Mann, entblößt von allen Waffen weltlicher Macht, sich zur Wehr zu setzen im Namen eines lebenslangen Bekenntnisses zu Toleranz und Humanität. Ist noch keinem der Ankläger aufgefallen, daß dieses in den ersten Kriegsjahren geschriebene und komponierte Werk in unmittelbarer Nähe von Paris, der Hauptstadt des »Erbfeindes«, spielt, in der Epoche der höchsten Blüte aufgeklärten europäischen Geistes? Daß dies dem Komponisten den hirnlosen Vorwurf des Eskapismus, der Flucht vor den »brennenden« Problemen seiner eigenen Gegenwart, eingetragen hat, ist wohl eines der schlimmsten Mißverständnisse politisierender Berichterstatter vom sicheren Ufer. Sollte man den Künstlern gerade in dieser Epoche allgemeinen Mordens Schweigen verordnen? Sollten sie Partei ergreifen mitten im Wahnsinn? War nicht für einen, dem die Flucht nicht möglich war, die unbeirrte Fortführung altgewohnter Arbeit bei gleichzeitiger Distanz von aller kriegerischen, nationalen oder ideologischen Thematik, wie sie sonst so häufig auf Opernbühnen zu finden ist, der einzig ehrenhaft gangbare Ausweg aus der alltäglichen Hölle? Wie immer dem sei, man kann an dieses seltsame Werk nicht denken, ohne den roten Himmel des Weltbrandes hinter seiner Silberstiftzeichnung zu sehen.
Daß Strauss nach der Beendigung der »Liebe der Danae«, der ein Entwurf Hugo von Hof-

mannsthals zugrunde lag, nun auf einen Vorschlag des von den Nationalsozialisten aus seiner Heimat vertriebenen Stefan Zweig zurückkam, ist nicht ohne Bedeutung. Es ist wie eine letzte abschiednehmende Huldigung an die beiden jüdischen Dichter, daß er sich bewogen fühlte, den uralten Streit um den Vorrang von Wort oder Ton in der Oper zum Thema seines letzten Bühnenwerkes zu machen. Das zentrale Problem des gesamten Musiktheaters wollte er musikalisch, szenisch und argumentativ abhandeln, wohl wissend aus langer Erfahrung, daß eine letztgültige Antwort hierin nicht ratsam war. Denn mit ihr würde der innerste Antrieb zu wechselnder Trennung und Vereinigung der ineinander verschlungenen Künste gelähmt.

Daß die schöne Gräfin Madeleine, in deren Hände die beiden liebewerbenden Kontrahenten, der Musiker Flamand und der Dichter Olivier, ihr Schicksal gelegt haben, am Ende ihr schweigendes, lächelndes Spiegelbild befragt, mag bedeuten, daß es sich hier nicht um eine nacherzählbare und darum auch wohl abschließbare Handlung »dreht«, sondern um die gespiegelte Person selbst, die als sinnliche und sinnbildliche Verkörperung der Oper singend oder schweigend die Bühne beherrscht. Dieses melodiengesegnete, nicht enden wollende Finale des »Capriccio« darf als Huldigung an die Schönheit der Frau als Quelle männlicher Inspiration ebenso verstanden werden wie als Reminiszenz der barocken Tradition der Licenza, in der einst der goldene Apfel des Paris keiner der streitenden Göttinnen überreicht wurde, sondern der Kaiserin selbst, deren Geburtsstag und Hochzeit zugleich gefeiert wurden. Madeleine vor dem Spiegel verabschiedet sich nach einem 20minütigen Schlußgesang mit einer ironischen Verbeugung von sich selbst und damit von einem der schönsten Geschenke, das die in jenen Jahren in Trümmer geschlagene Kultur des Abendlandes uns gemacht hat: der Oper. Vor diesem undurchdringlichen Lächeln im Spiegel ist ein Ende erreicht, eine Grenze, die nicht überschritten werden kann. Mag sein, daß die Melancholie des Alters oder die Trauer um die zerstörte Humanität den Komponisten zu diesem Abschied bewegten, der doch nicht ganz ohne Hoffnung ist. Richard Strauss lebte nach der Münchener Uraufführung noch acht sehr lebendige Jahre und schuf mit den »Metamorphosen«, dem Klarinettenkonzert und den »Vier letzten Liedern« einige seiner schönsten Werke für den Konzertsaal. Er hat sogar einige Partiturseiten und Skizzen zu einem szenisch-musikalischen Streit um »Des Esels Schatten« nach Wielands Roman »Die Abderiten« hinterlassen. Aber der Vorhang über der Opernbühne war für ihn gefallen. In einem Brief an den anfragenden Clemens Krauss hat er es gesagt: »Man kann nicht zweimal Abschied nehmen.«

Es wäre nun im einzelnen vieles zu sagen von diesem letzten Meisterwerk eines großen Meisters, ohne daß man fürchten müßte, das Thema zu erschöpfen. Das nächste Wort muß wohl dem einfühlsamen Textautor gelten. Das Buch zu »Capriccio«, das sich so bescheiden als Geschöpf einer »Laune« darstellt, ist voll von offen zutage tretenden oder verborgenen Schönheiten. Eine Fülle kluger Gedanken und weiser Einsichten in das Gewebe der szenischen Kunst kommt nicht aufdringlich dozierend daher, sondern wird so ganz nebenbei in die Konversation eingeflochten, welche den Grundton abgibt für dieses »Konversationsstück für Musik«. Daß Richard Strauss nach einigen vergeblichen Versuchen, den von Stefan Zweig empfohlenen Vorwurf eines Künstlerstreits nach dem von Antonio Salieri vertonten Text des Giovanni Battista Casti »Prima la musica, poi le parole« durch Joseph Gregor bearbeiten zu lassen, auf den Gedanken kam, den Dirigenten und Theaterdirektor Clemens Krauss um seine Mitarbeit zu bitten, war von weitreichender Bedeutung. Es erwies sich in dieser ungewöhnlichen Wahl die vorurteilslose Entscheidungskraft des vielgeprüften und -prüfenden Theatermannes, der wohl weiß, daß sich die Aufgabe eines Librettisten nicht in der sprachlichen Gestaltung eines »Textes« erschöpft; daß von nicht geringerer Wichtigkeit die dramaturgische Ordnung des Sujets für musikalische Zwecke, die Charakterisierung der handelnden Personen, die geistige und moralische Botschaft und letztlich sogar die Sorge um wirkungsvolle Auftritte und Abgänge sind. Daß aber in diesem in langen Gesprächen und Briefen gemeinsam erarbeiteten Werk auch noch die Kommentare geliefert werden zu Form und Inhalt des Stückes aus den unterschiedlichen Gesichtspunkten der Beteiligten, sei es des Theaterdirektors, des Autors, des Komponisten, der Schauspielerin, des gefürchteten Kritikers, des Souffleurs und der Kammerdiener, das bietet einen intellektuellen Reiz von ganz besonderer Art. Mag sein, daß nicht jeder Besucher, der mehr nach Genuß als nach Einsicht verlangt, bereit ist, bei dieser »theatralischen Fuge« auch mitzudenken. In diesem Werk kommen, um mit Mozart, dem großen, lebenslangen Vorbild des Komponisten zu sprechen, »alle Arten von Ohren auf ihre Rechnung, ausgenommen die langen«. Der Spiegelungen sind mehr als nur die eine in diesem Stück. Hier erweist sich über den Abschied von der Tradition hinaus ein hellwaches Verständnis für zeitgenössische Fragestellungen, für wechselnde Beleuchtungen und vielfältige Brechungen einer nicht zu beantwortenden Frage.

Daß Clemens Krauss, der vertrauteste Interpret der Straussschen Opern- und Konzertpartituren, der richtige literarische Partner des Komponisten sein würde, das hatte er selbst nicht gedacht, als er zunächst nur die etwas hilflosen Versuche Joseph Gregors mit dem vorgegebenen Material kritisierte. Wohl hatte er schon bald nach Hofmannsthals Tod seinen Rat bei der Endredaktion der »Arabella« und später auch bei den nie ganz gelösten Problemen der »Danae« angeboten; wohl hatte seine Gattin Viorica Ursuleac alle großen Frauenrollen des Straussschen Œuvres auf der Bühne verkörpert; aber daß er selbst ein Theaterstück verfassen sollte, das kam ihm doch überraschend. Doch geführt vom untrüglichen Theaterinstinkt des älteren Komponisten wagte er sich an die verlockende Aufgabe. Als homme de lettre und Künstler von weltmännischer Prägung war ihm die gewählte Epoche der französischen Aufklärung durchaus vertraut. Die Reformen des von ihm und Strauss gleichermaßen verehrten Christoph Gluck und die Gedankenwelt der Zeitgenossen Mozarts und da Pontes galten ihm als Grundlage des klassischen Musiktheaters. Komponist und Textautor waren mit diesem Sujet als ehemalige Dirigenten und Direktoren der Wiener Staatsoper und des Münchener Nationaltheaters zu einem Bekenntnis persönlichster Art aufgerufen. Viorica Ursuleac war zur Interpretin der weiblichen Hauptrolle, der Gräfin Madeleine, ausersehen. Bei solchen Voraussetzungen erwies sich die Wahl des Autors als Glücksfall. Richard Strauss honorierte seine inspirierende Mitarbeit, die in einem lesenswerten Briefwechsel dokumentiert ist, dadurch, daß er im Untertitel der Oper die Namen von Autor und Komponist gleichberechtigt nebeneinanderstellen ließ. Und dies entspricht in diesem Fall nun auch der Handlung des Stückes vom »edlen Wettstreit« der verschwisterten Künste.

Daß für den Schöpfer der großen Frauenfiguren Salome, Elektra, Marschallin, Ariadne, Kaiserin, Helena, Arabella, Daphne und Danae wiederum nur eine Frau im Mittelpunkt der Handlung stehen konnte, darüber konnte bei seinem Abschiedswerk kein Zweifel walten. Die verwitwete Gräfin Madeleine, unnahbar damenhaft und hingebungsvoll weiblich zugleich, ist die jüngste und vielleicht liebenswerteste einer Reihe von unvergleichlichen Schwestern. Von ihr sich zu lösen fällt dem greisen Meister sichtbar und hörbar schwer. Er überschüttet dieses sein letztes Geschöpf mit einer solchen Fülle stimmlichen und orchestralen Wohlklangs, daß man nicht glauben will, daß es ein Ende nehmen muß. Die Zeit war abgelaufen, mag sein, aber das Füllhorn war nicht leer. Das Wunder der »Vier letzten Lieder« beweist es uns nach dem Ende der Schreckenszeit, fast aus dem Jenseits, noch einmal, als allerletzter nach dem letzten Abschied.

Daß um diesen weiblichen Mittelpunkt ein Rahmen von strenger Selbstbeschränkung gewählt wurde, das brachte das Sujet mit sich: Spielort ist der Salon eines gräflichen Schlosses unweit von Paris in der Epoche des Ancien régime, nur wenige Jahre vor der großen Revolution. Die Einheiten von Ort, Zeit und Handlung werden in aristotelischer Strenge gewahrt. Als Zeitbestimmung aber wird nicht ein Tag, ein Monat oder ein Jahr im Kalender genannt, auch kein Bezug zu einer politischen Koordinate. Die Handlung spielt, so steht es unter dem Personenregister zu lesen, »zur Zeit, als Gluck sein Reformwerk der Oper begann«. Der Altmeister Gluck, wie Strauss in Bayern geboren und zum Weltbürger geworden, der wie keiner vor ihm die musikdramatischen Traditionen der großen europäischen Kulturen zusammengefaßt und zu einem Neuen, Eigenen verwandelt hat, bleibt unsichtbar stets im Hintergrund gegenwärtig. Sein Einfluß ist spürbar von den bedeutsamen Einsichten, die das seither berühmt gewordene »Geleitwort« des Komponisten in die Zusammenhänge von Wort und Ton in der Oper vermittelt, über den Handlungsgegenstand des fruchtbaren Streits zwischen Dichter und Musiker bis zur Huldigung an die »bedeutende Frau«. Dem Verzicht auf jeden Szenenwechsel, jede Dehnung oder Raffung der Zeit entspricht auch die Beschränkung auf eine einzige Handlung. Was immer von Nebenfiguren eingebracht wird, hat nur das eine Thema des Theaters auf dem Theater und den einen Mittelpunkt des Interesses: die Gräfin.

Doch mit welcher Meisterschaft wird von Autor und Komponist das vorgegebene Sujet variiert! Der gleichbleibende Spielort hindert nicht die Einwirkung einer Vielzahl von äußeren Bezügen, sichtbar gemacht etwa durch einen umgebenden Kranz von angrenzenden Räumen: Theatersaal, Orangerie, Musikzimmer, Bibliothek, Küche, Eingangshalle oder Garten. Sie alle spielen von außen herein. Es gibt auch, mit Ausnahme vielleicht von Mozarts »Figaro«, wenige Opern, in welchen Möbel und Requisiten eine wichtigere Rolle spielen. Durch immer neue Gruppierung von Tischen und Sitzgelegenheiten wird Abwechslung geschaffen fürs Auge. Das Servieren unterschiedlicher Getränke und Speisen, wie Schokolade, Wein, Früchte, eine Schlagoberstorte für die italienische Sängerin, beschäftigt auch andere Sinne. Eine Harfe, ein Cembalo, ein Sextett von Streichinstrumenten und später noch einmal eine Geige und ein Violoncello, haben wichtige musikalische Funktionen, unentbehrlich fürs Spiel sind ein Buch, ein Notenblatt mit dem vielzitierten Sonett und ein Fächer. Das Stück spielt, um es wienerisch zu sagen, wirklich alle Stückeln.

Musikalisch nicht minder als szenisch, wie es sich bei diesem Thema gehört: eins untrennbar mit dem andern verbunden. Was phantasierend, dozierend oder kritisierend zur Diskussion gestellt wird, das wird auch gleich handfest vorgeführt. Das bezaubernde Streichsextett des Vorspiels schon ist zugleich das Probestück des Komponisten Flamand; das rezitierte Sonett des Dichters Olivier ist das auslösende Motiv der Liebeszenen im Salon ebenso wie der Höhepunkt des geprobten Theaterstücks; der vom Theaterdirektor Laroche empfohlene große Auftritt der Primadonna »nicht zu Anfang des Stücks« wird mit ironischem Pomp der berühmten Diva Clairon bereitet, die absichtsvoll verspätet erscheint. Daß sie nicht die wahre Heldin des Stückes, sondern nur der »Stargast« des Abends ist, erhöht den Reiz dieses Spiels mit falschen und echten Effekten. Tanz und Gesang, die beiden unverzichtbaren Mittler musikalischen Theaters, werden durch Laroches Künstler sichtbar und hörbar vorgeführt und zugleich genüßlich parodiert. Den dramatischen Höhepunkt erreicht die Handlung durch zwei große Ensembles der acht Hauptdarsteller, das Lach- und das Streitensemble, wobei im letzteren die theoretisch so ernsthaft geforderte Verständlichkeit des Wortes in einem kakophonisch tönenden, aber dennoch klug geordneten Lärm untergeht. Danach wird die allgemeine Erregung kadenzierend besänftigt über die große apologetische Ansprache des Theaterdirektors, die Szene mit dem überraschenden Vorschlag des Grafen, eine Oper mit dem Sujet des soeben Erlebten zu schreiben, die Verabschiedung der Gäste, die amüsant kommentierende Dienerszene bis zur kleinen Groteske um den vergessenen Maulwurf von Souffleur, der im Hinausstolpern kopfschüttelnd fragt: »Ist das nun alles ein Traum? – Oder bin ich schon wach? ...« Und tatsächlich: in das einsickernde Nachtdunkel tritt, umgekleidet für das Souper, die Gräfin noch einmal auf, um in den mondbeglänzten Garten hinauszuträumen, dem beglückenden und verwirrenden Tag nachzusinnen. Und wenn die Lichter ringsum angezündet sind, steht sie im Kerzenschimmer vor uns: nicht mehr nur die Gräfin Madeleine »zwischen zwei Feuern verbrennend«, rätselnd um ihre eignen Gefühle, sondern verwandelt in eine singende Inkarnation ihrer Kunst. Und dem Haushofmeister bleibt nach ihrem leichtfüßig schwebenden Abgang nichts, als die Achseln zu zucken zu einem Hornmotiv in melancholischem Des-Dur, das nichts anderes ist als eine Abwandlung der Melodie des Streichsextetts, die das sich selbst reflektierende Werk nach etwas mehr als zwei Stunden in heiterem F-Dur eingeleitet hat.

Ernst Krenek, Wanderer zwischen den Welten

»Ich lebe überall ein bißchen ungern«, hat Ernst Krenek oftmals mit einem Anflug von ratloser Wehmut gesagt. Es war das seine Art von understatement und meinte doch nichts anderes als der bekannte Schlußsatz des Schubert-Liedes: »Dort, wo du nicht bist, dort ist das Glück.«
Der in Wien geborene Sohn eines altösterreichischen Offiziers aus Böhmen war ein großer Reisender. Ob ihm diese lebenslange Rastlosigkeit im Blut lag oder ob sie ihm aufgezwungen wurde durch die Vertreibung aus seiner angestammten Heimat, wer könnte das entscheiden? Daß er in jener barbarischen Zeit nicht gern und nicht ohne nachhaltigen Widerstand das von ihm so oft beschworene christliche Abendland verließ und übers Meer ging, dafür gibt es viele literarische und musikalische Zeugnisse. Sein letztes in Wien vollendetes und uraufgeführtes Werk etwa war eine Übersetzung und Bearbeitung von Monteverdis »Krönung der Poppea«. Und seine tiefe Verbundenheit mit dem Land seiner Geburt hat er nirgends schöner dokumentiert als in dem berühmten »Reisetagebuch aus den österreichischen Alpen«, in dem es ihm auf so wunderbar diskrete Weise gelungen ist, reflexive Prosa in Poesie zu verwandeln. Er liebte Schubert über alles, und ganz verborgen in manchen seiner Partituren finden sich auch heimliche Huldigungen an den wienerischsten aller großen Komponisten, Josef Lanner.
Ernst Krenek kam am 23. August 1900 zur Welt und hat fast das ganze gewalttätige Saeculum überblickt von den rebellischen Aufbrüchen der sogenannten Moderne bis zu den ratlosen Rekapitulationen dessen, was man heute Postmoderne nennt, wechselnd in Abstand und Nähe zum Weltgeschehen, gestaltend und erduldend in einem Maß, das alles Durchschnittliche weit übersteigt.
Als Schüler Franz Schrekers folgte er dem Lehrer bei dessen Übersiedlung nach Berlin. Die deutsche Hauptstadt wurde auch für Arnold Schönberg, der anderen, entfernteren, aber darum nicht weniger bedeutsamen musikalischen Leitfigur des jungen Krenek, zu einer zweiten Heimat. In Berlin waltete offenbar in den ersten Dekaden des Jahrhunderts eine gedeihliche Atmosphäre, in der die künstlerischen Triebe ans Licht schossen. Hier wurde der junge Rebell, in einer kurzlebigen ersten Ehe mit der Tochter Gustav Mahlers verbunden, zum Zeugen einer Epoche intellektuellen Aufbruchs und politischen Niedergangs.
Kein Wunder, daß es ihn in der Hauptstadt des Expressionismus ungestüm zum Theater drängte. Nach den Uraufführungen seiner szenischen Kantate »Die Zwingburg« in Berlin und seiner komischen Oper »Der Sprung über den Schatten« in Frankfurt wurde Kassel nach der Premiere von »Orpheus und Eurydike« nach einem Text von Oskar Kokoschka so lange zum Zentrum seiner Aktivitäten, bis am 10. Februar 1927 in Leipzig »Jonny« auf-

spielte und danach bald über alle deutschsprachigen Bühnen wirbelte. Den stürmischen Erfolg verdankte das im Grunde eher harmlose Stück der erstmaligen Einbeziehung von Elementen amerikanischer Unterhaltungsmusik und der doch etwas frivolen These, daß die müde abendländische Kunst vor dem frischen Wind aus der Neuen Welt abdanken müsse. Da wachte man auf, das wollte man sich doch ansehen, und als man's gesehen hatte, sagte man: Pah!

Das Werk als »Jazzoper« zu bezeichnen, wie es vielfach noch heute geschieht, ist ein erstaunliches Mißverständnis, das viel falsche Neugier geweckt hat. Nirgends in dieser Partitur wird freie Improvisation ermöglicht oder angeregt, wie es doch für den Jazz unabdingbar ist. Krenek, der um diese Zeit auch nicht viel mehr von amerikanischer Musik kannte als die üblichen Charlestones oder Shimmies, hat eine solche Bezeichnung auch stets zurückgewiesen. Die Popularität des unbekümmerten Stückes, das heute kaum einer mehr zu Kreneks Meisterwerken rechnet, nahm bald solche Ausmaße an, daß eine Zigarettenmarke, die auch heute noch geraucht wird, den Namen »Jonny« bekam. Alban Berg hat seinen jüngeren Kollegen um dieses untrügliche Zeichen öffentlicher Akzeptanz beneidet und – halb im Spaß, halb im Ernst – bei der Österreichischen Tabakregie angefragt, ob man nicht auch nach seinem »Wozzeck« eine Zigarettenmarke benennen wolle. Der Antrag wurde mit dem Ausdruck amtlichen Bedauerns abgelehnt.

Krenek verspürte in jenen Jahren, wie er schreibt, »eine innere Unmöglichkeit«, an einer kanonischen Technik festzuhalten. Seine Kompositionen gerieten ihm unversehens zu einer »in gewissem Sinn potpourriartigen Anlage«. Dies war das Zeichen immanenter Wandlung. Er war wieder einmal unterwegs. Er suchte nach festem Boden.

Die Wende trat ein, als Clemens Krauss, der Direktor der Wiener Staatsoper, dem erst dreißigjährigen Autor und Komponisten den Auftrag für eine große Oper erteilte und dabei einen Stoff aus der österreichischen Geschichte vorschlug. Krenek wählte ohne langes Bedenken den grüblerischen Habsburger-Kaiser Karl V. zum Titelhelden. Ein ganzes Jahr lang bereitete er sich durch historische und politische Studien auf die Niederschrift des Buches vor. Die Komposition begann er im Juli 1932 und beendete sie im Mai des folgenden Jahres.

»Karl V.« wurde noch vor Schönbergs »Moses und Aron« und Bergs »Lulu«, die um dieselbe Zeit begonnen wurden, die erste vollendete Zwölftonoper. Der Komponist, der seine schöpferischen Prozesse stets, als stünde er neben sich, reflektierte und kommentierte, schreibt dazu: »Die Zwölftontechnik, mit ihrem Anspruch auf totale Organisation des musikalischen Materials, empfahl sich als Symbol für die universalistische Orientierung meines Schauspiels; wenn der Kaiser am Schluß sagt: ›Alles ist nur eines, tausendfach verwandelt‹, spielt das Orchester gleichzeitig die vier Grundformen der Zwölftonreihe – original, rückläufig, umgekehrt und umgekehrt rückläufig – aus denen die Musik des ganzen Werkes entwickelt ist.« Hier ist ganz offenkundig im Angesicht der nahen Bedrohung Europas durch die Barbarei ein in Kreneks Schaffen neuer Geist der Verantwortung am Werk, der in einer Apologie der christlichen Reichsidee, da »die Meuchelmörder am Haustor rütteln«, ein geistiges Bollwerk zu errichten sucht, um das große Erbe zu schützen.

Warum es in Wien nicht zur Premiere kam, darüber ist viel gestritten worden. Offenbar wurde sich Clemens Krauss, der eben um diese Zeit einen Ruf an die Berliner Oper bekam, erst spät der politischen Implikationen und der interpretatorischen Schwierigkeiten bewußt. Was von beiden den Ausschlag gab, sei dahingestellt. Prag hat am 22. Juni 1938 die Uraufführung gewagt, kurz bevor die deutschen Truppen einmarschierten. Die erste österreichische Inszenierung hat Graz 1969 herausgebracht. Mit einer Verspätung von einem halben Jahrhundert hat die Wiener Staatsoper die Verpflichtung ihres früheren Direktors 1984 endlich eingelöst. Und auch dann noch war das Ziel nur auf Umwegen zu erreichen. Immerhin wurde bei dieser denkwürdigen Gelegenheit im Beisein des Autors die integrale Gestalt seines opus magnum restituiert, indem entstellende Striche geöffnet wurden, die dem Komponisten zuvor, »um das Werk für die Bühne zu retten« mehr aufgeschwatzt als aufgezwungen worden waren. In freudiger Genugtuung erinnere ich mich der grimmigen Befriedigung, mit der Ernst Krenek nach der mit großem Beifall aufgenommenen Vorstellung bei der lärmenden Premierenfeier auf der Hinterbühne der Staatsoper mitten unter den Künstlern und Technikern saß und mit dem Letzten aushielt beim befreienden Umtrunk, der viel alten Groll hinunterzuspülen hatte.

Kreneks Unbehaustheit erweist sich nicht nur am ständigen Wechsel des Domizils – wenn in Europa Wien, Berlin, Kassel, Leipzig, Velden, Prag, Galtür oder Dellach seine Stationen waren, so waren es in Übersee New York, Mineapolis, Toronto, Los Angeles und Santa Barbara –, Unrast zeigt sich auch im Wechsel der musikalischen Formen. Zu allen Zeiten hat er Heiteres, Ernstes, Satirisches, Kritisches oder Prophetisches in Musik und Literatur dicht nebeneinander gestellt. Er hat Schauspielmusiken neben Opern, Lieder neben Symphonien, Klaviersonaten neben concerti grossi, Orgelkonzerte neben Streichquartetten und Psalmen neben weltlichen Kantaten geschrieben. Man kommt nicht aus dem Staunen bei der Augenwanderung durch das Verzeichnis seiner 236 Werke.

Auch hat er sich nicht einsperren lassen in das, was man den Stil einer Zeit nennt. Er hat Elemente der europäischen und amerikanischen Unterhaltungsmusik, Schlager, Folklore und Tänze ebenso in die Musiksprache seiner Werke aufgenommen wie Anspielungen auf die Musik der Renaissance, des Barock und der Romantik. Sein opus 1 ist eine Doppelfuge, dann folgen Madrigale und Motetten, Serenaden, Suiten und a-capella-Chöre, Violin-, Klavier- und Cellokonzerte und vieles andere mehr. Er hat dodekaphonische und serielle Kompositionsmittel verwendet und Experimente mit elektronischen Klängen und Tonbandeinspielungen gemacht. In seinen letzten Jahren hat er sich noch mit der minimal music auseinandergesetzt.

Nicht danach und nicht davor, sondern gleichberechtigt daneben soll der Schriftsteller Ernst Krenek genannt werden, der, mit einer Ausnahme, alle seine Operntexte selbst geschrieben hat. Darunter mag er manches allzu hastig dem Zeitgeschmack mundgerecht gemacht haben. Ein Text aber wie »Karl V.« in seiner dramaturgischen Vielschichtigkeit und geistigen Eindringlichkeit entsteht nicht alle Jahre. Nicht zu überhören war Kreneks Stimme in den Auseinandersetzungen um Wege und Ziele der neuen Musik. Als Essayist hat er seine fundamentalen Kenntnisse und eigenständigen Überzeugungen mit stilistischer Brillanz vorgetragen. Mit Adorno ist er in einen kritischen Dialog gegen dessen verhängnisvoll autoritären Fortschrittsbegriff eingetreten. Der Briefwechsel der beiden Widderköpfe gehört zum Lesenswertesten über die Tendenzen der Musik in der zweiten Jahrhunderthälfte.

Strawinsky meinte, über Krenek befragt: »Ein Komponist und ein Intellektueller: eine schwierige Kombination.« Daß er ein Schwieriger war, das können wir ihm nicht verdenken. Er trug den Riß, der unser Jahrhundert zerspaltet, in sich und konnte ihn nicht verwinden. Die ihm oft verweigerte Anerkennung hat ihn Abstand gewinnen lassen von österreichischer Behaglichkeit. Er hat als ein unbestechlicher Richter, als nachdenklicher und vorausdenkender Zeitgenosse alle Himmelstürme und Höllenfahrten unseres Jahrhunderts mitgelebt und kommentiert. Er hat, der englischen Sprache rasch und vollkommen mächtig, in Amerika eine neue Generation von Musikern unterrichtet, die ihn nicht nur als einen bedeutenden Komponisten und Autor bewunderte, sondern auch als einen Pädagogen und Zeitzeugen großen Formats.

Es hat einige Jahre gedauert, ehe nach dem Ende des Zweiten Weltkriegs dem eigenwilligen Mann in seiner Heimatstadt Gerechtigkeit widerfuhr. Manchen Sommer konnte er dann mit seiner amerikanischen Gattin Gladys im Mödlinger Haus Arnold Schönbergs verbringen. In einem Wiener Verlag erschienen seine gesammelten Operntexte in drei Bänden. Seine Essays und kritischen Schriften wurden neu aufgelegt. Spät erhielt er die Ehrenbürgerschaft von Wien. Seither trägt auch ein Preis für junge Komponisten seinen Namen.

Und um den Neunzigjährigen zu ehren, schlossen sich im Sommer 1990 alle Wiener Musiktheater unter der Federführung der Staatsoper zusammen und brachten eine veritable Uraufführung im ehemals nur der leichteren Muse gewidmeten Etablissement Ronacher zuwege. Ernst Krenek hatte sein im Jahre 1930 im kärntnerischen Dellach entstandenes zeitkritisches Bühnenwerk »Kehraus um Sankt Stephan« freigegeben. Text und Musik dieses Wiener Volksstücks sind unmittelbar nach der Weltwirtschaftskrise entstanden und zu einer herben Satire auf die Wiener Gesellschaft der zwanziger Jahre geraten, die neben den bekannteren Werken eines Karl Kraus oder Ödön von Horvath durchaus ihren literarischen Rang behauptet, wenngleich auch einige überschwengliche Monologe den pathetischen Stil der Zeit nicht verleugnen können. Musikalisch ist das Stück in der unmittelbaren Nachbarschaft von »Jonny spielt auf« angesiedelt. Es ist noch vor Kreneks Zuwendung zur Zwölftonmusik entstanden und hat recht ungeniert Elemente der Unterhaltungs- und Volksmusik aufgenommen, die dieser flüssig durchkomponierten Dialogoper ein gelegentlich grell geschminktes und fratzenhaftes Wiener Gesicht geben. Das Stück ist in zwei Teile und 19 Szenen gegliedert und verzichtet auf Chor und große Orchesterbesetzung. Dafür aber verlangt es eine Solistenbesetzung von schauspielerisch mehr als nur durchschnittlich begabten Sängern.

In seiner »Selbstdarstellung« schreibt Ernst Krenek über dieses vergessene Werk: »Noch einmal hatte ich das romantische Rüstzeug mobilisiert für ein Bühnenspiel, das die politische und soziale Krise Wiens in der Nachkriegszeit behandelte. Während die Musik immer noch den Schubert-Klang des ›Reisetagebuchs‹ aufwies, war das Libretto scharf kritisch mit Bezug auf die lokalen Verhältnisse und besonders die Haltung Deutschlands gegenüber Österreich. Die Direktion des Opernhauses in Leipzig, das seit dem Triumph von ›Jonny spielt auf‹ das unbestrittene Zentrum meines Wirkens gewesen war, sah Komplikationen voraus und gab ihrem Bedauern Ausdruck. Ich erkannte, daß ich an einem toten Punkt angelangt war. Ich hatte gute Lust, die Musik ganz und gar aufzugeben.«

Daß Ernst Krenek nun ein Werk, das er unaufgeführt in die amerikanische Emigration hatte mitnehmen müssen und das er jahrzehntelang in der Schreibtischschublade versperrt gehalten hatte, in Wien zur Aufführung freigab, erschien uns als ein Zeichen seines wiedergefaßten Vertrauens. Und womit sonst sollte es auch getauft werden als mit Donauwasser? Man verstand hier sehr wohl, daß es sich bei diesem »Kehraus« nicht nur um eine Huldigung an diese schöne Stadt handeln konnte, sondern auch um einen Hinweis auf die nächtig gefährlichen Seiten des Wiener Gemüts, das auch aus den Ruinen zweier Weltkriege wieder mit all seinem hauchdünn vergoldeten Liebreiz zutage gekommen war. Mit der Inszenierung, die durch die grotesken Masken des Karikaturisten Manfred Deix einen besonderen Akzent erhalten hatte, wurde dem anwesenden Autor ein außergewöhnlicher künstlerischer Erfolg und eine Demonstration herzlicher Verbundenheit des Wiener Publikums zuteil, wie er es sich in einem solchen Ausmaß vielleicht gar nicht mehr erhofft hatte.

Es war dies die letzte Uraufführung von einer seiner zwanzig Opern. Als Ernst Krenek erkannte, daß seine Reise ihr Ziel finden sollte, bat er, so erzählt seine Frau, noch einmal ein Lied hören zu dürfen, das er vor vielen Jahrzehnten auf ein Gedicht aus dem Zyklus »Durch die Nacht« von Karl Kraus komponiert hatte. Das Lied beginnt mit den Worten »Ich hab von einem fahrenden Zug geträumt«.

Einundneunzigjährig ist Ernst Krenek am 22. Dezember 1991 in seiner Wahlheimat Santa Barbara gestorben. Einen Monat später trugen wir die Hülle, die er verlassen hatte, in Wien zu Grabe. Er wollte Ruhe finden in der Stadt, in der er seine Reise angetreten hatte durch die Verfinsterungen dieses Jahrhunderts.

Das Musical

Kein Hochmut der Alten Welt sollte uns die Nase so steil in die Luft emporheben, daß wir keinen Blick auf den erfolgreichsten Beitrag der Neuen Welt zum Musiktheater mehr werfen könnten: das Musical. Wenn hier nur wenige Zeilen stehen, die davon handeln, so ist dies ein Eingeständnis mangelnden Wissens und keine Geringschätzung dieser Kunstform, die nun schon fast ein ganzes Jahrhundert lang die Theaterkassen in den Vereinigten Staaten und in England füllt wie sonst keine andere. Deutschland und Österreich haben sich wohl bemüht, von diesem beneidenswerten Erfolg einen angemessenen Anteil in ihre Taschen zu lenken, haben in Hamburg, Berlin und zuletzt vor allem in Wien nicht nur Erfolgsgaranten aus Übersee importiert, sondern auch eigene Versuche in diesem Metier angestellt. Es scheint trotz aller Bemühungen aber nur halb zu gelingen. Woran das liegt?

Zuerst einmal muß man erkennen, daß die Musical Comedy oder – wie man in angelsächsischer Knappheit meist sagt – das Musical ein Gewächs des amerikanischen Bodens ist, das sich nicht ohne Wurzeln verpflanzen läßt. Es ist entstanden als eine Form des Unterhaltungstheaters, und ein jeder weiß, daß zwar die großen Fragen in allen Ländern die gleichen, die kleinen aber sehr verschieden sind. Und über die Späße des einen Landes kann man schon im Nachbarland auf dem europäischen Kontinent kaum mehr lachen. Humor verlangt Vertrautheit, Kenntnis, Einverständnis. Es ist nicht getan mit einer hochdeutschen Übersetzung eines heiteren Stücks, das im New Yorker Slang oder in Mayfair English geschrieben wurde. Und was die Musik anlangt, die, wie man oft sagt, keine Grenzen kennt, so läßt sich gerade im Unterhaltungsgenre nicht alles auf Papier notieren. Wir kennen das vom Wiener Walzer und müssen's anerkennen bei den vielen Formen amerikanischer, hispanischer oder schwarzafrikanischer Folklore, die Eingang gefunden haben in die Partituren des Musicals. Man wird das besser verstehen, wenn man sich einmal einen Überblick verschafft über die verschiedenen Quellen, denen die Musical Comedy ihre Entstehung verdankt.

Da ist einmal zu nennen die englische ballad opera, die aus dem 17. Jahrhundert stammt und sich in den unteren Klassen Englands und später auch Amerikas stets ihre Beliebtheit erhalten hat; dann das französische Vaudeville, das die Siedler aus Paris in die Kolonien mitbrachten; die Pantomime aus den romanischen Ländern; der Zirkus; die Music Hall; die Revue; die Jahrmarktskomödien; das Punch-and-Judy-Spiel; die Burleske; die Burley und die Tom and Jerry Show; die Nachspiele der Komödien des Sprechtheaters; das Melodrama und last not least die Oper und die Operette, die im vergangenen Jahrhundert endlich Fuß fassen konnten an der Ostküste der Vereinigten Staaten. Der große Lorenzo da

Ponte war, das wissen wir, einer der ersten Vermittler. Das alles gärte und kochte in geheimen Töpfen, bis zu Beginn der zwanziger Jahre dieses Jahrhunderts die Deckel sich hoben und eine neue Mischung aus vielen bekannten Ingredienzien sich zeigte, die offenbar so vielen Zungen schmeckte, daß diese kaum genug davon kriegen konnten. Die Musik dazu kam aus den Folksongs, aus dem Jazz, aus den Modetänzen und gewiß auch aus den Filmstudios von Hollywood. Dort fabrizierte man als Begleiter der Stummfilme ein wahres Überangebot an Unterhaltungsmusik, die meist von einer kleinen Band oder auch von einem einzigen Pianisten während der Kinovorführung in den Theatern gespielt wurde. Auf solche Weise profitierten Kino und Musical wechselweise von ihrer wachsenden Popularität, und bald schon waren die Musicals Gegenstand eigener Verfilmungen, zumal nach der Erfindung des Tonfilms in den dreißiger Jahren.

Undenkbar wäre jedoch die sprunghafte Entwicklung des Musicals in der Folge ohne die spezifischen Produktionsbedingungen, die es einer Vielzahl von kleinen und mittleren Bühnen erlaubte, nebeneinander zu bestehen und sich Konkurrenz zu machen. Es scheint diese frühe Blütezeit des Musicals im New York der zwanziger Jahre durchaus dem Siegeszug der Oper in Venedig vergleichbar, wo ebenfalls zahlreiche neue Theater in kurzer Zeit aus dem Boden geschossen waren. Hier zeigt sich noch einmal die fruchtbare Wirkung einer segensreichen Beschränkung. Wenn in Venedig die Theater auf Stücken mit wenigen oder gar keinen Chorsängern bestanden und sich sogar bereit gezeigt hatten, die verfügbaren Kräfte untereinander auszuleihen, so wurden nun in New York unter Mitwirkung der Bühnengewerkschaft Regeln aufgestellt, nach denen kein Theater mehr als 24 Musiker beschäftigen durfte. Dies bewirkte, daß die reicheren Häuser die anderen nicht dadurch ausstechen konnten, daß sie die Kosten einer Produktion durch große Orchester steigerten, was gewiß auch auf dem Broadway seinen Eindruck auf das Publikum nicht verfehlt hätte. Auf diese Art wurden die Musiker gezwungen, verschiedene Instrumente abwechselnd zu spielen, um alle Klangmöglichkeiten auszuschöpfen. Und letzlich kam die begrenzte Lautstärke der Textverständlichkeit zugute, die im Unterhaltungstheater offenbar ernster genommen wird als in der Oper. Auf solche Art erhielten die Stückeschreiber dankbare Aufgaben und die Darsteller wirkungsvolle Rollen.

Mehr als nur einen wichtigen Beitrag hatte von allem Anfang an der Tanz im Musical zu leisten. Bewegung war der Ursprung dieser Form des Theaters, Bewegung blieb weiter der Motor seiner Entwicklung. Eine Aufteilung in Chorsänger und Ballettänzer wie auf europäischen Bühnen ist im Musical unbekannt. Von den Darstellern der meist »Girls and Boys« genannten Gruppenmitglieder wird Singen und Tanzen, und gelegentlich auch das Sprechen kleinerer Dialoge, in professioneller Perfektion verlangt. Um das zu erreichen, wird bei der Ausbildung der Künstler schon ein außerordentlich hoher Maßstab an das körperliche und musikalische Training gelegt. Bei der Auswahl in sogenannten »auditions«, die vor jeder neuen Produktion abgehalten werden, um die besten Kräfte zu engagieren, findet eine Auslese statt, die den gleichbleibend hohen Standard der Truppen garantiert. Schon seit den ersten Tagen des Musicals ist zumindest eine solistische Tanzeinlage eines Protagonisten, der Specialty Dance, ein obligatorischer Bestandteil eines jeden Werkes. Ebenso unverzichtbar scheinen die revueartigen Auftritte der beineschwingenden Girltruppe zu sein.

All diese Elemente bedingen das Zusammenwirken von Regisseur, Choreograph, Bühnenbildner, Kostümbildner und Beleuchter schon in der Vorbereitungsphase der Aufführung. Und auch die musikalische Einstudierung geschieht nicht unabhängig von der szenischen, sondern im gemeinsamen Dienst an einer Produktion, die einen solchen Grad von Perfektion erreichen soll, daß eine Aufführungsserie von mehreren hundert Abenden erreicht werden kann. Dementsprechend ist die Stellung des Dirigenten nicht mit ähnlichen Vollmachten ausgestattet wie in der Oper. Ihm und dem Komponisten an die Seite gestellt sind Arrangeur und Instrumentator der musikalischen Nummern, deren Aufgaben angesichts der erwähnten Orchesterverhältnisse besondere Erfahrung erfordern und nur gelegentlich vom Komponisten oder Dirigenten ausgeführt werden können. Aus all dem entsteht die im Musical übliche Praxis des »team work« und der Anspruch, das Ergebnis solcher gemeinsamer Arbeit auch urheberrechtlich zu sichern, indem Stück und Aufführung aneinander gebunden und nur gemeinsam vermarktet werden.

Es kann kein Zweifel bestehen, daß solche kanonisierten Bedingungen nur in den Weltstädten der Unterhaltungskunst New York und London zu erreichen – andere amerikanische oder englische Städte dienen meist nur als Versuchsstationen der Voraufführungen, »Previews« genannt – und selbst in Paris, Berlin oder Wien nur schwer nachzuvollziehen sind. Es mangelt hier nicht nur an Ausbildungsstätten für den talentierten Nachwuchs an Darstellern, es mangelt vor allem an der zu Spitzenleistungen zwingenden Konkurrenz und an der Beteiligung eines risikobereiten Unternehmertums, welches die riesigen Summen des Produktionsbudgets bereitstellen muß allein aufgrund eines erfolgversprechenden Textbuchentwurfes. In der Musicalbranche herrschen ähnliche Grundsätze wie in der Filmindustrie, und so wie sich in Hollywood oder in Cinecittà die Filmstudios aneinanderdrängen, so findet man auch am New Yorker Broadway oder im Londoner Westend ein Musicaltheater neben dem anderen. Diese Häuser sind den traditionellen Opernhäusern in Mitteleuropa kaum zu vergleichen. Sie beherbergen weit weniger Zuschauerplätze und stellen ihre Bühnen ganz in den Dienst der jeweils aktuellen Produktion, die im einen Fall über Jahre allabendlich wiederholt, im andern von einem Tag auf den andern abgesetzt wird. Dergleichen auf Gedeih oder Verderb ausgerichtete Warenvermarktung entspricht in keiner Weise europäischen Kunstvorstellungen und sozialen Gesetzgebungen. Das »hire and fire« der Künstler ermöglicht zwar einerseits eine außerordentliche technische Perfektion der Darbietung und einen schier unmerklichen Austausch der einzelnen Mitglieder in kleineren und oft sogar in größeren Rollen, bietet auch einzelnen Talenten die Möglichkeit einer raschen, glanzvollen Karriere, bringt aber andererseits neben unübersehbaren sozialen Härten eine maschinelle Entpersönlichung, die auch auf die glänzendste Produktion einen Frosthauch von Kälte legt, was dem Ziel der Unterhaltung mehr entsprechen mag als dem Wesen der Kunst.

All diese teils klugen, teils bedenklichen Gesetze des wohlorganisierten Zusammenwirkens von Kunstproduktion und Warenvermarktung konnten nicht ohne Auswirkung auf Form und Inhalt der Werke bleiben. Es versteht sich, daß ein erfahrener Produzent einem vorgelegten Sujet seine Verwertbarkeit auf dem überschaubaren und beherrschbaren Markt von weitem ansieht. Und daraus folgt, daß sich ebenso marktkundige Autoren und Komponisten herausbilden, die seine Forderungen vorauseilend erfüllen. Daß dennoch immer wieder überraschende »Außenseitersiege« möglich sind, ist ein Zeugnis für die Lebensfähigkeit des Genres und läßt für die Zukunft des Musicals hoffen. Immerhin sind auf diesem Gebiet einige Werke entstanden, die zu den Klassikern des Musiktheaters in diesem Jahrhundert zu rechnen sind.

Es wird Zeit, ein paar Namen zu nennen. Da wären unter den Komponisten vor allem George Gershwin, Cole Porter, Richard Rodgers, Irving Berlin, Frederick Loewe, Leonard Bernstein, Jerry Herman, Jerome Kern, John Kander, Stephen Sontheim, Galt MacDermot und Andrew Lloyd Webber; unter den Textautoren Ira Gershwin, Oscar Hammerstein, Abe Burrows, Alan J. Lerner, Neil Simon, Bella und Sam Spewack, Tim Rice und auch hier Stephen Sontheim. Als einzigem gelerntem Opernkomponisten gelang es Kurt Weill, sich auch auf dem Musicalsektor mit einigen Werken Erfolg zu verschaffen. Mit »Lady in the Dark«, »One Touch of Venus«, »Street Scene« und »Lost in the Stars« konnte er jedoch das künstlerische Niveau seiner Berliner Meisterwerke »Dreigroschenoper» und »Mahagonny« nicht mehr erreichen, nicht zuletzt wohl, weil er im amerikanischen Musical Business keinem Autor wie Bert Brecht mehr begegnete. Daß er sich aber auch am Broadway um literarische Qualität bemühte, beweist seine Zusammenarbeit mit prominenten Dramatikern wie Elmar Rice und Maxwell Anderson.

In Europa haben sich, vor allem im deutschsprachigen Raum, neben den ausschließlich dem Musical gewidmeten Bühnen wie dem Theater an der Wien und dem Raimundtheater in Wien, dem Deutschen Theater in Hamburg und dem Theater des Westens in Berlin, auch einige Opern- und Operettentheater dem Musical geöffnet. Dabei haben sich vor allem die Meisterwerke der Gattung »Kiss me Kate«, »My Fair Lady«, »West Side Story«, »The King and I«, »Candide«, »Cabaret«, »Show Boat«, »Annie Get your Gun«, »Irma la Douce«, »Fiddler on the Roof«, »Sweeny Todd«, »Hair« und die Werke Andrew Lloyd Webbers durchgesetzt. Einige davon werden wohl in das Repertoire der Opernhäuser eingehen, so wie das Dutzend der klassischen Operetten. Daß sie hierzulande nur in deutscher Übersetzung gespielt werden, ist ein interessanter Aspekt. Man hat frühzeitig erkannt, daß diese Werke sich an ein breites Publikum wenden und nicht – wie man bei der Oper oft fürchten muß – an eine absichtsvoll begrenzte Schar von Enthusiasten und Bildungsbürgern. Die von deutschen Autoren und Komponisten gemachten Versuche auf diesem Gebiet sind, mit einigen Ausnahmen, die der Operette nahe stehen, wie etwa Paul Burkhards musikalische Komödie »Feuerwerk«, ohne nachhaltigen Erfolg geblieben.

Ein Werk von großer Eigenständigkeit und überragender künstlerischer Qualität, das weder in der traditionellen Oper noch im kanonisierten Genre des Musicals eine Entsprechung findet, ist George Gershwins »Porgy and Bess«, das nach dem Wunsch des Komponisten nur von schwarzen Sängern aufgeführt werden soll und das gewiß als eines der wichtigsten Werke des Musiktheaters in der ersten Hälfte des 20. Jahrhunderts überdauern wird. Es wurde übrigens 1965 an der Wiener Volksoper zum ersten Mal in der ungestrichenen Originalfassung aufgeführt, nachdem in Amerika seit der unvollständigen Wiedergabe bei der Premiere 1935 stets nur eine simplifizierende Musicalfassung gespielt worden war.

Man wird verstehen, daß ich es bei dem hier Gesagten bewenden lasse in einer Sache, in der ich rasch an die Grenzen selbst erworbener Kenntnisse stoße. Vom Standpunkt des europäischen Musiktheaters kann man dem Genre des amerikanischen und englischen Musicals kaum Gerechtigkeit widerfahren lassen, wenn man es nicht mit dem Maße einer Erfahrung mißt, die man nur in New York oder in London erwerben kann. Immerhin ist

damit genug gesagt, um erkennen zu lassen, daß es sich hier um einen der wichtigsten Versuche unserer Epoche handelt, das musikalische Theater aus den unversiegbaren Quellen des Dramas, der Musik und des Tanzes mit neuem Leben zu erfüllen.
Am Ende dieses Kapitels mag ein Ausspruch Leonard Bernsteins stehen, der das Musical eine dem Singspiel vergleichbare Station auf dem Weg zu einer zukünftigen amerikanischen Oper genannt hat, die noch auf ihren Mozart wartet.

Carl Orffs Volks- und Welttheater oder Die Rückkehr des Dionysos

In unserem von Haß und Hader zerklüfteten Jahrhundert wüßte ich keinen zweiten Theatermann, der sich so viel und so vielerlei aufgeladen und diese Last bis ans Ende eines langen, langen Lebens getragen hätte wie Carl Orff. Der Werk dieses Mannes steht wie eine verlassene Tempelstadt in der zersiedelten Landschaft unseres Musiktheaters. Ich sehe nur Tagwerker in diesem Lebenswerk stochern und einzelne Brocken wenden und beschnüffeln. Sie wollen Schmucksteine oder Briefbeschwerer für den häuslichen Gebrauch davon machen. Aber der Nachlaß dieses Künstlers gehört nicht in private oder städtische Sammlungen. Daß man ihn mit der kleinen Elle der Nörgler mißt, kann den 1982 Verstorbenen nicht mehr betreffen. Unsere Sache wäre es, das ungeheuerliche Werk, das er zusammengefügt und zurückgelassen hat, zu erkennen und zu nutzen. Aber man weicht ihm aus und fährt in weitem Bogen auf dem »mainstream« vorüber.
Es gibt auch heute nicht wenige Musiker und Dramatiker, die reiche Kenntnisse und große Geschicklichkeit haben. Orff war einer, der nicht nur diese, sondern der auch Charakter hatte. Von der Sorte gab es zu allen Zeiten zu wenige. Sein Werk hat die Härte eines Monolithen. Man fragt sich, ob es dem Boden entwachsen oder von weither hereingestürzt ist. Es ist schon wahr, daß sich das Bayerische an diesem Künstler nicht leugnen läßt. Doch war er als Bayer auch innerhalb des Limes des römischen Weltreichs geboren, und er hat aus freien Stücken den Auftrag übernommen, ein jahrtausendealtes Erbe anzunehmen, zu bewahren und durch Verwandlung neu zu beleben. Er bleibt nicht nur mit der Auswahl der geschriebenen und vertonten Sprachen, sondern auch mit der Auswahl seiner Themen allein im Kreis der deutschen und der mediterranen Kultur. Der aus dem Gymnasium vorzeitig Ausgetretene und der christlichen Kirche Entfremdete hat sich nach langer Prüfung dem humanistischen und religiösen Erbe des Abendlandes verpflichtet und mit der Radikalität eines Bekehrten sein Schaffen in ihren Dienst gestellt. Dem griechischen Theater und dem Mysterienspiel hat er sich zugewendet, und bei den Madrigalisten und Monodisten als den ältesten überlieferten Meistern ist er als Musiker in die Lehre gegangen. Er war ein gründlicher Mann und wollte nicht bauen, ehe er seine Fundamente nicht auf gewachsenen Stein legen konnte. Nach ersten tastenden Anfängen hat er alles Spätromantische wie in einem Anflug von Ekel von sich geschoben. Dann hat er als einer der ersten noch aus den zeitgenössischen Manuskripten und Editionen Monteverdis früheste Opern exzerpiert und für die moderne Bühne bearbeitet, nicht immer zur eigenen Zufriedenheit, denn manche dieser Fassungen hat er noch zweimal neu gefaßt. Danach hat er die ehemals Johann Sebastian Bach zugeschriebene »Lukas-Passion« bearbeitet, einstudiert und 1932 im Münchener Bachverein halb konzertant, halb szenisch aufgeführt. Mit 42 Jahren erst

stand er unvermittelt vor dem – allerdings riesigen – Tor zu seinem eigenen Werk. Nach der Frankfurter Uraufführung seiner »Carmina Burana« trennte er sich von seinem Jugendschaffen wie von einer Raupenpuppe, ohne zurückzuschauen, und wußte nun genau, wo sein Ziel lag, verlor es nicht mehr aus den Augen und verfehlte es nicht. Er hat den Kreis abgeschritten. Wenn man sein Werk überblickt, ist nichts zuviel daran und nichts zuwenig. Nicht viele Künstler haben dieses Glück erfahren, das nicht nur ein Glück ist.

In der Dokumentation seines Schaffens, der die Arbeit seiner letzten Lebensjahre galt, ist der erste Band seinen »Erinnerungen« und einer Einführung ins Werk durch Werner Thomas gewidmet. Im zweiten sammelt Orff unter dem Titel »Lehrjahre bei den alten Meistern« vor allem Materialien zu seinen drei Monteverdi-Bearbeitungen »Orfeo«, »Arianna« und »Ballo dell'ingrate«. An deren Aufführung ist heute kaum mehr zu denken, seit Monteverdis Musik ihren eigenen Weg aus der Vergessenheit gefunden hat. Der oftmals abgeschlossenen und doch wieder aufgenommenen Arbeit an diesen szenischen, sprachlichen und musikalischen Neufassungen verdankt Carl Orff jedoch eine ästhetische Schulung, die ihm endlich den eigenen Weg wies und ihm das Maß gab für zeitüberdauernde Theaterkunst. Band III der Dokumentation ist dem Schulwerk zugeordnet, einem pädagogischen und grundlagenerforschenden Unternehmen, das heute in allen Teilen der Welt bekannt ist. Es ist für sich ein Lebenswerk und verdankt seine Entstehung der langjährigen Tätigkeit Orffs als musikalischer Leiter der Güntherschen Tanzschule und dann noch einmal einer Sendereihe des Bayerischen Rundfunks, die nach dem Zweiten Weltkrieg ein unerwartet vielfaches Echo fand. Mit dem Band IV beginnen dann erst die Bühnenwerke, denen er seinen künstlerischen Rang als einer der bedeutendsten Dramatiker unseres Jahrhunderts verdankt. Überschrieben sind die folgenden Bände mit »Trionfi«, »Märchenstücke«, »Bairisches Welttheater«, »Abendländisches Musiktheater« und »Theatrum mundi«. Leicht erkennt man bei näherem Befassen, daß die scheinbar so fremden Zeiten und Ländern entnommenen Stoffe sich ergänzend zueinanderfügen.

Da ist einmal der Triptychon der szenischen Kantaten »Carmina Burana«, »Catulli Carmina« und »Trionfo di Afrodite«, teils der mittelalterlichen Handschrift von Vagantenliedern aus dem Benediktbeurer Kloster, teils klassischen Autoren der römischen und griechischen Antike als Textquellen verpflichtet. Mit ihnen wird der Kreis zum ersten Mal geschlagen, der, wie Fortunas Rad, Unten und Oben zusammenfaßt: das Fundament und den Überbau, bäurische Grobheit und höfischen Glanz, Wehklagen und Triumphgeschrei. Und das in mittelhochdeutscher, lateinischer und griechischer Sprache.

Es folgt Band V mit den Märchenspielen. Zwei davon, »Der Mond« und »Die Kluge«, verdanken ihre Inspiration dem einzigartigen Schatz der Grimmschen Märchen, als drittes ist ihnen die Musik zu Shakespeares »Sommernachtstraum« angegliedert, die Mendelssohns geniale Bühnenmusik nicht verdrängen wird, aber dem Shakespeare-Bild unserer Zeit ein drastisch-derbes, unromantisches Kleid anmißt. Eine Musik, die sich in allen Winkeln des Stückes einnistet und nicht nur die Elfenszenen beflügelt. Orff hat hier sein Anliegen deutlich gemacht, keine Musik zum Text, sondern eine Musik aus dem Text zu schreiben. Von diesen drei Werken ist vor allem »Die Kluge« als eines der meistgespielten Werke unserer Epoche über fast alle Bühnen der Welt gegangen.

Die »Bairischen« Stücke im sechsten Band der Dokumentation umfassen »Die Bernauerin«, ein Schauspiel mit rhythmisierten Chören und geringem Anteil an instrumentaler

Musik, das Orff für seine Tochter Godela geschrieben hat, die dann auch in der Stuttgarter Uraufführung 1947 die Hauptrolle spielte; die Mundartkomödie »Astutuli«; sowie »Das Osterspiel« und »Das Weihnachtsspiel«. Hexen und Teufel treiben hier neben Hirten, Bauern, Bürgern, Soldaten und Gauklern ihr Wesen. Die Sprache ist einmal derb und vulgär, einmal listig trugvoll, dann wieder von einer lyrischen Keuschheit, die kaum ihresgleichen hat. »Und wanns vom roten Wein trinkt,/sagt man,/siegst ihn schier/ihr durch die Kehln laufn«, sagt einer von des verliebten Herzogs Albrecht Freunden von der schönen Agnes. Diese Stücke haben in München zu meiner Studentenzeit Furore gemacht. Ich erinnere mich lebhaft an die Aufführungen der »Bernauerin« und des »Sommernachtstraums« und die nachfolgenden Diskussionen. Es fiel uns sogar ein, im Wintersemester 1955/56 eine Parodie auf die Bernauerin zu verfassen, die wir auf unserer Studentenbühne aufführen wollten. Als dann aber Carl Orff eines Tages ins Seminar zu Artur Kutscher kam, um uns seine »Astutuli« vorzulesen, da waren wir von seiner sprachlichen und mimischen Meisterschaft und seinem Humor so überwältigt, daß wir die Finger von allen Nachäffungen ließen. Orff war als Interpret seiner Stücke am Klavier oder am Lesepult so unvergleichlich, daß man ihn nicht gegen ein hundertköpfiges Theaterensemble hätte tauschen wollen.

Die Tragödien des Sophokles in Hölderlins deutscher Übersetzung dokumentiert der siebente Band: »Antigonae« und »Ödipus der Tyrann«. Auch wenn heute kaum eine Bühne diese beiden in jeder Hinsicht ungeheuerlichen Werke sich zu spielen getraut, so gehören sie doch zu den bedeutendsten Stücken, die das Musiktheater unseres Jahrhunderts hervorgebracht hat. Sie sind aus musikalischem Urgestein gehauen. Mit Kompromissen hat Orff sich nie abgegeben, hier aber ist er nicht mehr durch Türen, sondern durch Wände gegangen. Auch wenn darin Apollon als Gott des Lichts angerufen wird, so spürt man doch erschreckend, daß sein gewalttätiger Bruder Dionysos nahe ist, vielleicht zum ersten Mal wieder seit der Antike. Hier liegt die Form der alten Oper in Stücken. Hier wird nicht geplant, gedichtet, vertont und gesungen. Hier werden mit klingendem Meißel Augen und Ohren geöffnet. Des Sophokles jahrtausendealte Parabeln von Gesetz und Willkür und menschlicher Erbschuld in Hölderlins bestürzender Sprache, gerufen vom Rande des Wahnsinns, von Orff nicht mit Musik umhüllt, nicht beschwingt und nicht beschönigt, sondern bloßgelegt bis auf das Gerippe des Rhythmus, das sie zusammenhält. Man versteht, was der Tanz bedeuten sollte in den Chorliedern der Alten: Anrufung oder Beschwörung, Ergebung oder Triumph. Kein Ballett.

Als wir im Herbst 1960 an der Wiener Staatsoper den »Ödipus« auf die Bühne brachten – Günther Rennert inszenierte in der Ausstattung von Caspar Neher wie bei der Stuttgarter Uraufführung, Heinrich Hollreiser dirigierte das Orchester, das aus sechs Klavieren, Bläsern, einem gewaltigen Schlagwerk und Kontrabässen bestand –, kam Carl Orff zu den letzten Proben nach Wien. Gottfried von Einem und Peter Ronnefeld machten mich, den jungen Regieassistenten, mit dem großen alten Herrn bekannt. Und es gehört zu meinen unvergeßlichen Erinnerungen, daß er mich, in unserem heimatlichen bayerischen Idiom, in manche Gespräche zog, von denen mir vieles noch heute in wörtlicher Erinnerung geblieben ist. Er gab mir manche Gelegenheit zu staunen, nicht allein über seine umfassende Bildung, sondern auch über seinen hintergründigen Humor. Die Aufführung mit dem unvergleichlichen Gerhard Stolze in der Titelrolle gehört zu meinen stärksten Theatererlebnissen. Ich dachte damals, es sei mit diesem Werk eine unüberschreitbare Grenze erreicht. Aber Carl Orff tat noch einen weiteren Schritt.

Mit den beiden Werken, die noch folgen sollten und die als »Theatrum mundi«, als Welttheater, im letzten Band seiner Dokumentation bezeichnet werden, ging Orff zurück bis an den Ursprung des abendländischen Theaters und vor bis ans Ende der Zeiten. Er setzte den »Prometheus« des Aischylos im altgriechischen Original in Musik und beendete sein Schaffen mit der Vigilia »De temporum fine comoedia«. Mich Armen hat er mit beiden Werken weit überfordert. Meine rudimentären Kenntnisse des Griechischen waren der beeindruckenden Stuttgarter Aufführung, die in Wien als Gastspiel gezeigt wurde, nicht gewachsen. Und auch die Salzburger Uraufführung des Orffschen »Endspiels« entließ ihre Zuschauer mehr bedrückt als kathartisch gereinigt. Hier ist jede Handlung aufgehoben, die Zeit zum Stillstand gelangt. Und auch der Spielleiter und Hauptdarsteller, Gott der Herr, zeigt sich nicht mehr als Person. Ich wage mich nicht an ein Urteil und hoffe auf eine klärende Wiederbegegnung mit dem künstlerischen Testament des großen Theatermannes.

Die großen Regisseure der vergangenen Jahre haben sich mit allem Gewicht der Überzeugung für das Theater des Carl Orff eingesetzt. Günther Rennert, Wieland Wagner, Oscar Fritz Schuh, Hans Schweikart und Gustav Rudolf Sellner inszenierten die Uraufführungen, die zumeist in Stuttgart, daneben aber auch in Mailand, Salzburg und Darmstadt stattfanden. Die großen Dirigenten, bis auf Herbert von Karajan, Ferdinand Leitner und Ferenc Fricsay, zeigten Scheu vor dem eigenwilligen Werk. Orffs elementare Klangwelt gab ihnen Rätsel auf, die sie nicht immer zu lösen vermochten. Von den Musikern haben sich Gottfried von Einem, Werner Egk, Wilhelm Killmayer, Winfried Zillig und Peter Ronnefeld für Orff eingesetzt. Nachfolger aber hat er keine gefunden. Und das hat er auch selbst nicht erwartet. Sein Werk steht noch heute groß und fremd in seiner Epoche. Und wird noch lange stehen, wenn vieles, was blühend ins Kraut schießt, vergessen ist.

Alberto Ginasteras Musiktheater der Grausamkeit

Daß die Grausamkeit zu den nicht nur Leben zerstörenden, sondern auch Leben weckenden Kräften der menschlichen Seele gehört, das haben die großen Dramatiker seit jeher gewußt. Und vergeblich hat man diese dunkle Lust immer wieder schamhaft zu verhüllen gesucht. Hinter der Epoche der Empfindsamkeit, die nur die feingeschliffenen Werkzeuge der Bosheit auf der Bühne duldete, trat unvermittelt die alle bemühte Sittsamkeit höhnende Figur des Marquis de Sade hervor. Wenn die Sänger einer italienischen Oper des 18. oder 19. Jahrhunderts ihr schon zur Floskel verkommenes »O crudele!« ausrufen, so liegt dahinter das Wissen verborgen, daß ohne Schmerz keine Liebe sein kann, ohne Gefahr kein Glück und ohne Tod kein Leben. So werden, um diese bittere Erkenntnis auch auf die lebensprühendsten Komödien anzuwenden, scheinbar so heitere Werke wie »Così fan tutte«, »Don Pasquale«, »Falstaff« oder »Gianni Schicchi« von einem unter Scherzen verborgenen Mechanismus von erbarmungsloser Grausamkeit regiert, wodurch die Jungen über die Alten triumphieren, die Klugen über die Dummen, die Gesunden über die Kranken und die Schönen über die Häßlichen. Und am Vergnügen des Publikums hat die Schadenfreude keinen geringeren Anteil als die Mitempfindung des Liebesglücks. Ohne das Salz der Tränen werden die süßesten Küsse schal, ohne die Würze der Bosheit wird jede Konversation zur Belehrung. Um wieviel mehr gilt dies von den Tragödien. Daß ganz ohne Grausamkeit aber auch kaum eine Religion zu denken ist, diese überraschende Tatsache lehren uns nicht nur die griechischen oder germanischen Mythologien, das kann man auch aus dem Buch der Bücher erfahren oder in der Galerie der Heiligenbilder, von denen kaum eines sich ohne ein Marterwerkzeug präsentiert, dem Kreuz des Schmerzensmannes als Schreckensbild vergleichbar.

Wie sollte da die Bühne verzichten können auf diesen Sporn und diese Geißel des Lebens? Der Schmerz ist der Türhüter des Todes. Und der Mensch in seiner irdischen Bedrängnis wendet sich nicht allein verletzend gegen seine Verfolger, er wählt und bietet sich selbst zum Opfer, sei es in der absurden Hoffnung, wider alle Vernunft zu überleben, oder um sich verachtungsvoll für seine eigene Hinfälligkeit zu strafen. In das Geheimnis dieser seelischen Irrsal einzudringen, diese Hilferufe zu entschlüsseln, war den Dichtern und Komponisten seit jeher aufgegeben. Der französische Schauspieler und Dramatiker Antonin Artaud hat in seinem Versuch über das »Theater der Grausamkeit« einiges Licht auf diese dunklen Zusammenhänge geworfen und ein ungeheucheltes Eingeständnis auch der schmerzlichsten Tatsachen gefordert. Seit den furchtbaren Ereignissen der beiden Weltkriege ist es, durch die Dokumentation der Medien, nicht mehr gelungen, den Blick von den unfaßbaren Greueln, die der Mensch imstande ist zu begehen, abzuwenden. Die nächtliche Seite der menschlichen Natur mußte darum zum beherrschenden Thema des zeitgenössischen Theaters werden.

Es mag wohl sein, daß das Musiktheater länger gezögert hat mit dem Einbekenntnis dieser Schuld, gezögert vielleicht im Bewußtsein der mächtigeren Waffen in seinen Arsenalen. Die Hinwendung begann mit der Adaption literarischer Vorlagen. Man suchte in längst vergangenen Zeiten stellvertretende Zeugen für den Schrecken über sich selbst. Elektra, Wozzeck, Ödipus, Cardillac, Robespierre hießen die neuen Helden. In Schrekers Opern, »Irrelohe« oder »Die Gezeichneten« etwa, zeigte sich offen ein fanatisch quälender Zug, nicht anders in Zemlinskys »Geburtstag der Infantin« oder Hindemiths »Sancta Susanna«. Auch in Brechts Texten für das Musiktheater wird nicht ohne Sadismus geprügelt, wenn auch meist mit dem unbiegsamen Zeigestab des Lehrmeisters. Nach dem Zweiten Weltkrieg scheint der Bann endgültig gebrochen. »Die Teufel von Loudon« von Penderecki oder »Le Grand Macabre« von Ligeti übertreten hierin die letzten Tabus, Zimmermanns »Soldaten« wenden die Marter durch bewußte Überschreitung der akustischen Schmerzgrenze auch gegen den Zuhörer der Bühnenhandlung. Die Mitschuld an den geschilderten Verbrechen wird dadurch der Gesellschaft zugewiesen und dem Publikum, als deren erreichbarem Vertreter, um den Hals geworfen. Kein Wunder, wenn es gedemütigt das Theater verläßt. Daß die exzessive Verwendung traditioneller und innovativer Klangkörper nicht nur auf türenknallenden Protest stößt, sondern auch eine narkotisierende Wirkung haben kann, ist uns allen in Theatern und Konzertsälen wie auch in Multimedia-Veranstaltungen und Diskotheken bewußt geworden. Die »Macht der Töne«, einst ein Begriff romantischer Kunstverzückung, wird nun zum Werkzeug physischer Gewalt und unterwirft den Hörer durch Überwältigung jedes Widerspruchs.

Alberto Ginastera, 1916 in Buenos Aires geboren, hat sich mit allen verfügbaren Mitteln der musikalischen Avantgarde der sechziger Jahre dem Theater der Grausamkeit verschrieben. Er ist in seinen drei Opern »Don Rodrigo«, »Bomarzo« und »Beatrix Cenci« bis an eine Grenze gegangen, an der den gequälten Zeitgenossen eine ungeahnte Sehnsucht nach Stille und Keuschheit erfaßt, auf daß sich der Mensch und mit ihm der Künstler vor sich selber rette durch ernüchternde Besinnung und durch Verzicht auf jedes Übermaß der Mittel, die, einmal losgelassen, keinem Zweck mehr dienen als sich selbst. Mit Ginasteras Opern ist gewiß ein Wendepunkt der Entwicklung erreicht, von dem ab der Weg der nachfolgenden Generation nur mehr zur Rückerinnerung auf das unverstellte innere Wesen dieser Kunstform führen kann: den Antagonismus von Wort und Ton, die wechselseitige Durchdringung und Befruchtung von Geist und Gefühl, die Verständlichkeit der Botschaft und die Wahl des kürzesten Weges für ihre Übermittlung.

Alberto Evaristo Ginastera, väterlicherseits von katalanischer, mütterlicherseits von lombardischer Herkunft, entstammt einer bürgerlichen Familie, in der wenig Musik betrieben wurde. Er hat sich jedoch in jungen Jahren schon für eine künstlerische Laufbahn entschieden und Klavier- und Gesangunterricht genommen, ehe er sich in das National-Konservatorium einschreiben konnte. Durch regelmäßige Besuche des Teatro Colón, das als eines der bedeutendsten Opernhäuser der Welt gelten kann, hat er schon bald vor allem in den Ballettabenden mit Werken Strawinskys und Ravels zeitgenössische Musik zu hören bekommen. Sein Kompositionslehrer an der »Schola cantorum« war ein Schüler Vincent d'Indys gewesen. Den Einfluß vor allem der französischen Musik auf die argentinische

Musikszene bezeichnete Ginastera als vorherrschend, wenn er auch selbst Manuel de Falla und Béla Bartók viel zu danken hatte, da sie ihm den Weg wiesen, wie die volkstümliche Musik zum Anlaß für eigenes Schaffen werden konnte. 1930 entstehen die ersten eigenständigen Kompositionen. Nach einer Unterbrechung durch den Militärdienst wird das Studium mit dem Examen 1938 beendet. 1941 schon erhält er eine Professur am Conservatorio Nacional de Música von Buenos Aires. Nach der Machtübernahme durch Perón wird er seines Postens enthoben und emigriert für zwei Jahre in die USA. Zwar kehrt er 1947 in seine Heimat zurück, wird jedoch erst nach dem Tod des Diktators 1955 rehabilitiert und entwickelt danach eine rege kompositorische und didaktische Tätigkeit. So gründet er 1962 im Institut »Di Tella« das Latin American Center for Advanced Musical Studies, in welchem auch ein elektronisches Studio eingerichtet wird. In dieser Funktion war es ihm möglich, alljährlich die bekanntesten Komponisten aus allen Ländern zu Vorträgen und Gesprächen über die neuesten Tendenzen der musikalischen Avantgarde nach Buenos Aires einzuladen. Unter seinen Gästen waren unter anderen Pierre Boulez, John Cage, Luigi Nono und Krzysztof Penderecki. Alberto Ginastera hat durch seine internationale Anerkennung, seine vielfältigen künstlerischen und organisatorischen Tätigkeiten und sein weltmännisch gewichtiges Auftreten den lateinamerikanischen Kontinent in die musikalische Szene eingebunden. Das ist ihm in seiner Heimat nicht immer gedankt worden. Am 25. Juni 1983 ist er, der sich nach 1971 vom Musiktheater zurückgezogen, aber bis zuletzt komponiert hat, in einem Genfer Hospital gestorben.

»Don Rodrigo«, Ginasteras erste Oper, verdankt ihre Entstehung einem Auftrag der Stadt Buenos Aires. Jedoch das Buch des spanischen Dichters Alejandro Casona, das den Kampf und Untergang des letzten gotischen Königs von Spanien gegen die eindringenden Mauren zum Gegenstand hat, bestimmt das Werk des argentinischen Komponisten zu einer spanischen Nationaloper. Die Sage von König Rodrigo und seiner unglücklichen Leidenschaft zur schönen Florinda wurde auf der Iberischen Halbinsel seit dem frühen Mittelalter in vielen Variationen erzählt. Als Opernstoff hat sie erstmals auch Händel gedient. Casonas Stück ist in drei Akte gegliedert, deren erster episches, deren zweiter lyrisches und deren dritter dramatisches Gepräge trägt. Jeder der drei Akte ist wiederum in drei Bilder unterteilt, die durch Zwischenspiele miteinander verbunden sind. Unter den insgesamt neun Bildern markiert das zentrale fünfte, das die Vergewaltigung Florindas durch Rodrigo schildert, den Höhepunkt und die Wende der tragischen Handlung.

Ginasteras Musik bedient sich serieller Strukturen, wobei einzelnen Zwölftonreihen leitmotivische Funktionen zukommen. So lassen sich ein Heldenmotiv, ein Liebesmotiv und ein tragisches Motiv unterscheiden, andere Reihen sind den Protagonisten Rodrigo und Florinda zugeordnet. Die Behandlung der Singstimmen, teils in ungebrochenen Bögen von romantischer Sinnlichkeit, teils in wortdeutlicher dramatischer Deklamation, wird stets der Bühnensituation entsprechend variiert und oft vom melodramatischen Sprechton über den Sprechgesang bis zur kantablen Arie gesteigert. Der Komponist greift in einzelnen Szenen auf alte Gesangs- und Tanzformen zurück und dringt in anderen weit auf das Gebiet avantgardistischer Instrumentalmusik vor. So kommen neben Madrigalen, Caccie, Scherzi und Cavatinen serielle Strukturen und aleatorische Blöcke zu stehen, letztere vor allem in den Zwischenspielen. Das Werk erhält durch diese Mischung von altertümlichen und innovativen Mitteln seine besondere Charakteristik. Dem Chor ist eine wichtige und vielfältige Aufgabe zugeteilt. Frauen- und Männerstimmen werden in einzelnen Szenen auch getrennt eingesetzt. Das Orchester ist, außer mit einem großen Schlagwerk, das nicht weniger als 25 verschiedene Glocken einschließt, mit der ungewöhnlichen Zahl von 18 Hörnern bestückt. Hinzu kommen alte Instrumente wie flauto dolce, viola d'amore und Mandoline. Eine Aufführung an kleinen und mittleren Häusern wird durch solche Anforderungen nicht eben erleichtert. Die Überfülle der technischen Mittel und das Raffinement, mit denen diese gehandhabt werden, entsprechen einer Tendenz der Nachkriegsepoche, in der man sich nicht genug tun konnte an neuentdeckten Effekten und oft glaubte, dem Theater Dinge geben zu müssen, deren es im Grunde gar nicht bedarf.

Ginastera hat sich erst auf dem Höhepunkt seiner Karriere dem Theater zugewandt, was bei den auf das Teatro Colón beschränkten Möglichkeiten seines Heimatlandes verständlich ist. »Don Rodrigo« wurde 1964 in Buenos Aires uraufgeführt. Die Suite aus der Oper für Sopran und Orchester wurde noch im selben Jahr erstmals in Madrid gespielt. Obwohl eine deutsche und eine englische Übersetzung des Werkes vorliegen, ist es jedoch auf europäischen Bühnen nicht heimisch geworden. Bisher haben einzig Lyon und Straßburg den gewaltigen Aufwand einer solchen Inszenierung auf sich genommen. Man wird wohl noch einige Zeit warten müssen, bis sich die neuerrichteten Opernhäuser in Spanien in der Lage sehen, dem Werk eines der wichtigsten Komponisten spanischer Sprache auf ihren Bühnen Gerechtigkeit widerfahren zu lassen.

Was den Aspekt der Grausamkeit anlangt, so werden in diesem ersten Bühnenwerk Ginasteras trotz der Darstellung einer Vergewaltigung, eines Schlangenbisses und einer blutigen Schlacht gegen die Mauren, die traditionellen Operngreuel noch keineswegs bewußt übertroffen. Einige sehr empfindsame lyrische Szenen suchen das Gleichgewicht der Gefühle zu wahren, wenn auch die im Raum verteilten Hörner und Glocken den Zuschauer gelegentlich wie in einem Hinterhalt akustisch umstellen. Alle musikalischen und szenischen Register des Schreckens werden erst in Ginasteras zweiter Oper gezogen.

Nachdem Alberto Ginastera den 1962 erstmals veröffentlichten Roman »Bomarzo« seines argentinischen Landsmannes Manuel Mujica Láinez gelesen hatte, wußte er ohne jedes weitere Bedenken, daß hier ein Stoff vorlag, der für ihn wie geschaffen schien. Es gelang ihm nach eigenen Aussagen nicht mehr, die Gedanken von dem faszinierenden Geschehen um die fiktive Figur des verkrüppelten Herzogs Gian Francesco Orsini und seinem steinernen Garten zu lösen, bis er sich künstlerisch damit auseinandergesetzt hatte. Zuerst, 1964, entstand eine Kantate für Sprecher, Baß und Kammerorchester, die in der Washingtoner Kongreßbibliothek uraufgeführt wurde. Nach der erfolgreichen Uraufführung seiner ersten Oper »Don Rodrigo« faßte Ginastera, der soeben einen Auftrag zu einer weiteren musikdramatischen Komposition von der Washingtoner Opera Society erhalten hatte, den Mut, eben dieses Sujet zur Grundlage seiner zweiten Oper zu machen. Der Dichter, der inzwischen durch Übersetzungen seines Romans über die spanischen Sprachgrenzen hinaus berühmt geworden war, ließ sich von Ginastera bewegen, selbst die Dramatisierung des Textes zu übernehmen, und ging während der gemeinsamen Arbeit bereitwillig auf mehrere Vorschläge des erfahrenen Musikers ein. Sichtlich mit dem Ergebnis, daß hierdurch ein Opernbuch entstand, das alle Gelegenheiten bot zur Entfaltung großer musikalischer Formen und zu effektvoller szenischer Interpretation.

Die Handlung der Oper spielt in der zweiten Hälfte des 16. Jahrhunderts, einer Epoche, die unter der Bezeichnung Manierismus in den Nachkriegsjahren das Interesse der Kunsthistoriker auf sich gezogen hatte. Der mißgestaltete Gian Francesco Orsini, durch den mitverschuldeten Tod seines älteren Bruders und die Intrigen seiner Großmutter zum Herzog von Bomarzo geworden, beschließt, sich für die Demütigungen seiner Kinderjahre zu rächen. Er tötet den jüngeren Bruder, der sich in seine Gattin Julia verliebt hat, zieht in den Krieg gegen benachbarte Fürsten, sucht bei einem dunkelhäutigen Sklaven Trost für den Entzug der Frauenliebe, läßt seine eigenen Schreckensvisionen in einem Garten voll steinerner Ungeheuer Gestalt werden und stirbt endlich, vergiftet von seinem Neffen durch einen Trank, durch den er unsterbliches Leben zu gewinnen hoffte. Das Werk endet nach einer Überfülle an Gewalttaten mit dem Lied eines Hirtenknaben: »Ich wollt' mit dem Herzog nicht tauschen. Was mein ist, genügt mir ...«

Der Komponist nützt jede Gelegenheit, sich in dieser Partitur als Meister seines Handwerks zu erweisen. Klangsäulen, stehende Klänge und Cluster werden von rhythmischen Progressionen wirkungsvoll abgelöst. Geräusche ohne feststellbare Tonhöhen erwecken oftmals den Eindruck konturloser Lavierung, die wohl eher im Medium Film als akustischer Hintergrund ihren Ort hätte. Neben weitausschwingenden Kantilenen sind den Sängern überraschend oft auch größere Passagen im Sprechton oder Sprechgesang zugewiesen und dies auch an Stellen, die starken emotionellen Ausdruck verlangen. Immerhin ist dem Werk große, kompakte Bühnenwirksamkeit zu bescheinigen. An Abwechslung für Auge und Ohr ist während zweier gedrängter Stunden kein Mangel.

Es scheint jedoch, als gelänge der Einstieg in die tieferen Schichten der geschundenen Krüppelseele des sadistischen Fürsten nicht recht. Staunen waltet über die Greueltaten der Mächtigen. Nirgends aber regt sich Mitgefühl oder gar Verständnis für einen Verbrecher, der aus seinen eigenen Leiden keinen anderen Schluß zu ziehen vermag, als Rache zu üben. Dergleichen heillose Gewalttaten, geboren aus verletzten Gefühlen und enttäuschten Hoffnungen, sind leider allzu häufig, als daß sie uns unvergeßlich werden könnten.

Das Aufsehen der internationalen Musik- und Theaterwelt ist dem Werk in reichem Maße zuteil geworden: zuerst in Washington bei der begeistert applaudierten Uraufführung, danach in Ginasteras Heimatstadt Buenos Aires durch das Verdikt der Militärdiktatur gegen eine Aufführung am Teatro Colón, danach in New Yorks City Center Opera, wo der Komponist in Julius Rudel einen kompetenten Dirigenten und überzeugten Förderer fand, aber auch an europäischen Bühnen wie Kiel und Zürich und durch eine Schallplattenproduktion bei Columbia Records. In den vergangenen Jahren ist es etwas stiller geworden um dieses Werk. Aber es kann kein Zweifel daran sein, daß die Diskussion über seinen bleibenden Wert noch lange nicht abgeschlossen ist.

»Don Rodrigo« trägt die Opus-Zahl 31, »Bomarzo« die Zahl 34 und die dritte und letzte Oper Ginasteras bezifferte er als sein 38. Werk. Dieser Komponist, der sein Schaffen ein halbes Jahr vor seinem Tod mit der Klaviersonate op. 54 beendete, war kein Vielschreiber. Die Tatsache, daß er auf dem Zenith seines künstlerischen Weges in gedrängter Folge drei abendfüllende Opern schrieb, spricht für deren Bedeutung innerhalb seines Lebenswerkes.

»Beatrix Cenci«, so lautet der Titel seines letzten Bühnenwerkes, entstand wiederum in Erfüllung eines Auftrags der Opera Society of Washington und wurde in der amerikanischen Regierungsstadt unter der musikalischen Leitung von Julius Rudel am 10. September 1971 uraufgeführt. Das Sujet der Oper stammt, ebenso wie das von »Bomarzo«, aus dem Italien des 16. Jahrhunderts. Es wurde dort seit dieser Epoche mehrfach in verschiedenen epischen Formen erzählt. Überregionales Interesse erlangte das tragische Schicksal der Beatrice, die von ihrem eigenen Vater, dem tyrannischen Grafen Cenci, vergewaltigt wurde und diesen dann mit Hilfe ihrer Brüder und ihres Geliebten Orsini ermorden ließ, erst durch die literarische Gestaltung, die es durch den englischen Dichter Percy B. Shelley und die französischen Autoren Stendhal und Alexandre Dumas père im 19. Jahrhundert erfuhr. Das Zeitalter der Romantik hatte eine makabre Vorliebe für die Mordtaten der Renaissance-Fürstenhöfe, welche die genußvollsten Schauer über die dekolletierten Schultern und unter die weißen Frackhemden rieseln ließen. Der Übersättigung folgte in den ersten Dekaden unseres Jahrhunderts eine bewußte Abstinenz. Erst Antonin Artaud hat versucht, den Stoff neu zu bearbeiten im Sinne seines Theaters der Grausamkeit. Seinen Spuren folgend, konnte auch Alberto Ginastera an solch einem Stoff nicht vorübergehen. Zu Gift, Schlaftrunk, Dolch und Würgeseil kamen hier Blutschande und Vatermord und endlich das Todesurteil für das schuldig gewordene Opfer, um alle Bestien körperlicher und seelischer Gewalt auf dem Schaugerüst der Bühne zu versammeln.

Die Bühnenfassung, die sich der Komponist von William Shand und Alberto Girri nach seinen musikalischen Plänen einrichten ließ, ist eine Synthese der Versionen Shelleys und Stendhals. Sie schildert unbarmherzig alle Greueltaten der historischen Handlung in zwei Akten und vierzehn Szenen und stürzt damit ein neunzigminütiges Pandämonium an Haß, Verrat und Mord auf die Opernbühne, wie es zuvor kaum vorstellbar war. In albtraumhaften Visionen erscheinen dem Tyrannen seine zahlreichen Opfer als monströse Krüppel, klagen ihn seiner Verbrechen an und schwören ihm Rache. Damit nicht genug, heulen im Hintergrund unsichtbar die englischen Doggen des Gewalttäters und verursachen so eine akustische Folter, die den Zuhörer bis zum schrecklichen Ende nicht losläßt. Der stets nach unerhörten neuen Klängen forschende Komponist hat für dieses Hundegeheul ein Instrument mit Namen Flexaton eingesetzt, das mit Hilfe zweier Holzkugeln, die auf ein frei schwingendes Metallblatt treffen, einen gespenstischen Ton erzeugt. Daß das Schlagwerk phantasievoll besetzt ist, um den Hörer durch alle Höhen und Tiefen des Entsetzens zu jagen, versteht sich bei Ginasteras Partituren von selbst. Jedoch auch die Streicher beteiligen sich mit Clustern und Glissandi, die Bläser mit Trillern und Tremoli und wildaufkreischenden Crescendi an der Attacke auf die Nerven des bald überwältigten Publikums, das gewiß das bittere Schicksal der Titelheldin über der eigenen Marter vergißt. Daß Ginastera, als Verehrer Giuseppe Verdis, dabei auch auf ungebrochene Melodik in den Gesangsparts nicht verzichtet, schafft trügerische Inseln des Friedens im Tumult des Schreckens. Dem kommentierenden Chor ist in diesem Werk eine distanzierte Funktion zugewiesen, die vor allem am Beginn und am Ende gelegentlich an antike Vorbilder erinnert. Man kann sich dem Wechsel der Gefühlsregungen und den alle Sinne betäubenden Steigerungen von Ginasteras Musik nicht leicht entziehen und wird wohl erst aus größerer Distanz die eindringliche Botschaft und eminente handwerkliche Meisterschaft dieses Komponisten auf ihre Überlebensfähigkeit prüfen können, wenn die erste Grellheit des Schmerzes, den sie zufügen, abgeklungen sein wird.

Bernd Alois Zimmermanns »Soldaten« oder Das totale Theater

Unstreitig eines der bedeutendsten und folgenreichsten Werke des Musiktheaters der Nachkriegsjahre sind »Die Soldaten« von Bernd Alois Zimmermann, die auf einen Auftrag des Opernhauses Köln entstanden und, nach längeren Widerständen, an diesem Haus 1965 uraufgeführt wurden. Der Oper zugrunde liegt eine vom Komponisten erstellte Textfassung des gleichnamigen Schauspiels von Jakob Reinhold Michael Lenz. Das Werk des Sturm-und-Drang-Dichters hat sowohl von seiner Thematik wie auch von seiner Dramaturgie her eine Qualität, die es trotz aller Gesellschaftskritik weit über die Kategorie eines Zeitstückes hinaushebt. In einem Brief an seinen Freund Herder schrieb Lenz nach der Fertigstellung des Stückes: »Es ist wahr und wird bleiben, mögen auch Jahrhunderte über meinen armen Schädel verachtungsvoll fortschreiten. Amen.« Des Dichters vehementes soziales und menschliches Anliegen findet seine Entsprechung in einer revolutionären Ästhetik, welche die klassischen Einheiten des Aristoteles – »die so erschröckliche jämmerlich berühmte Bulle« – von Raum und Zeit zornig hinwegfegt und allein die Einheit der inneren Handlung weiterhin gelten läßt, mag diese sich auch über Monate und Jahre oder über weitgetrennte Schauplätze erstrecken.

Lenz war ein genauer Zeitgenosse Mozarts. Trotz einer außerordentlichen literarischen und dramatischen Begabung gelang es ihm jedoch nie, einen Erfolg zu erringen, der seinem Leben einen Halt hätte verschaffen können. Immer wieder von Bewußtseinstrübungen gefährdet, starb er nach rastlosen Wanderungen im Alter von einundvierzig Jahren eines jähen Todes. Seine Leiche wurde eines Morgens auf einer Moskauer Straße gefunden. Niemand hat je erfahren, wie er ums Leben kam. Daß Georg Büchner, vierzig Jahre nach Lenzens Tod, sich seines Leidensweges angenommen hat, half das Gedächtnis an den unglücklichen Dichter lebendig zu erhalten, bis endlich auch dessen eigene Werke, vor allem die Schauspiele »Der Hofmeister« von 1774 und »Die Soldaten« von 1776 Aufnahme in den Spielplänen der Sprechtheater fanden. Talente seinesgleichen gab es in Deutschland nicht wenige in jener ungebärdigen Epoche des Widerstands gegen die wohlabgewogenen Tugenden und Vernunftgründe der Aufklärung im Namen eines freien, wildwüchsigen Lebens und einer unverfälschten Empfindung. Friedrich Maximilian Klingers Jugenddrama »Sturm und Drang« gab der Bewegung den Namen. Neben Lenz war Heinrich Leopold Wagner, zumal mit seinem die Soldatenwillkür anprangernden Schauspiel »Die Kindesmörderin« aus demselben Jahr 1776, eine der vielversprechendsten Begabungen. Die existentielle Bedrohung, der sich die jungen »Originalgenies« auslieferten, ist uns heute noch aus den Jugendwerken Goethes, etwa in den »Leiden des jungen Werthers«, oder Schillers, in den »Räubern« vor allem, erkennbar. Kein Wunder, daß sich gerade der junge Georg Büchner, zwei Generationen später, an diesen seinen Vorgängern orientierte, sowohl was die Wahl seiner Stoffe als auch was das an Shakespeare geschulte Handwerk betraf. Und kein Wunder auch, daß in der Nachfolge des Bergschen »Wozzeck«, und wiederum in einer Nachkriegsepoche, sich einer der avanciertesten deutschen Komponisten, Bernd Alois Zimmermann, an die Vertonung dieses Soldatenstücks aus der genialischen Epoche deutscher Selbstbesinnung machte. Georg Büchner und Alban Berg haben ihm Pate gestanden bei diesem ebenso schöpferischen wie zerstörerischen Unterfangen.

Der 1918 in Bliesheim bei Köln geborene Zimmermann wurde aus einem katholischen Priesterseminar in die Hölle des Zweiten Weltkriegs geschickt. Er diente als Stallbursche bei der Kavallerie in Frankreich und Rußland. Sechs Jahre stand er im Feld, vom bitteren Anfang bis zum bitteren Ende. Er wußte, wovon die Rede war in den »Soldaten«. Der Schauplatz der Handlung ist nach Lenz im französischen Flandern. Im Text werden die Städte Lille und Armentières genannt. Daran hat der Komponist nichts geändert. Als Zeitangabe aber hat er über seine Partitur geschrieben: gestern, heute und morgen. Und von Szene zu Szene werden wir mehr verstehen, warum uns dieser Bericht über Ereignisse aus vergangenen Jahren zur Verkündung einer erschreckenden Zukunft werden muß.

Die weibliche Hauptfigur des Werkes mit dem charismatischen Namen Marie erscheint wie die verwundete Seele des Menschen, ausgesetzt in einer Welt von männlicher Gewalt: Liebhaber, Verlobter, Vergewaltiger, Vater und Ehemann, sie alle haben sich gegen die Wehrlose verschworen, die nichts wollte als ihren Anteil an den Freuden der Welt. Sie machen sie zum Werkzeug ihrer Lust, zum Renommierobjekt, zur Dienerin ihrer eigenen Schwäche und stoßen sie fort im Überdruß, ohne in ihr den leidenden Menschen zu erkennen. Was bleibt ihr als der Fatalismus der Selbstverachtung?

> Trifft's mich, so trifft's mich, ich
> sterb nicht anders als gerne,

muß sie schon bald von sich selber sagen. Und ihr Weg endet in einer stummen Szene, in der ihr eigener Vater an der wie vernichtet am Boden Liegenden langsam vorübergeht, ohne sie zu erkennen.

Die Komposition entstand in den Jahren 1958 bis 1960. Während Zimmermanns zweitem Aufenthalt in der Villa Massimi in Rom überarbeitete er jedoch die Partitur noch einmal sehr intensiv und vollendete sie 1964. Die Bandzuspielungen auf sieben verschiedenen Kanälen, die der Komponist zusammen mit dem Elektronikexperten Johannes Fritsch realisiert hat, stellen eine neue Form einer vorgefertigten Interpretation dar, die dem lebendigen Musizieren vor allem in der Schlußszene des vieraktigen Werkes einen mechanischen Raster unterlegen, vermutlich in der Absicht, die Unausweichlichkeit von Maries persönlichem Schicksal – und vieler Schicksale nach ihr – zu vergegenwärtigen. Neben dem denaturierten Klang von Instrumenten und Menschenstimmen verwendet Zimmermann aber vor allem traditionelle Klangmittel in vielfältigsten Schattierungen. Die erschwerte Verständlichkeit des oft in aberwitzigen Lagen und in großen Intervallsprüngen zu singenden Textes zwingt den Zuhörer zu gespanntester Aufmerksamkeit, die immer wieder vom schmerzlichen Lärmen der Schlagzeugbatterien verstört und manchmal gar zur Resignation gezwungen wird. So kann man oft den Eindruck einer Selbstverstümmelung in auswegloser Situation nicht von sich weisen. Die Kraft der Anklage aber erweist sich dem Hörer immer dann, wenn er sich erschrocken eingestehen muß, daß auf andere Art das Schreckliche, das gesagt werden muß, nicht gesagt werden könnte. Dabei verwendet Zimmermann, wie um uns in scheinbare Sicherheit zu wiegen, auch musikalische Formen des 18. Jahrhunderts: Introduktion, Ricercare, Toccata, Präludium, Chaconne, Notturno und Romanze. Er baut behutsam Strukturen auf und wirft sie dann rasch und unversehens wieder über den Haufen, so als gäbe es kein Weiterkommen auf dem eingeschlagenen Weg. Und dennoch hört man ihn bald schon wieder beginnen mit der vergeblichen Bemühung, dem steinrollenden Sisyphus vergleichbar.

Das chorlose Werk hat viele scharf gezeichnete Rollen, aber keine Identifikationsfiguren. Die übereinandergeschichteten Szenen der Komposition und die gehäuften Mittel des »totalen Theaters« mit Filmprojektionen und Kriegslärm aus allen Lautsprechern tragen das Ihre bei zur Entpersönlichung der Protagonisten in diesem Pandämonium des Schreckens. Das vielbesprochene – und schon zerzauste – Wort von der »Kugelgestalt der Zeit« soll uns vor Augen führen, daß Vergangenes und Zukünftiges mit unserem Hier und Heute gleichsam gefangengesetzt sind und wir vergebens zu entrinnen suchen. Der Marschtritt der Soldaten erfüllt am Ende die Szene. Er kann nirgends mehr hinführen als in den Untergang.

Man hat in einer Aufführung von Zimmermanns »Soldaten« – und ich habe davon mehrere gesehen – stets das unabweisliche Gefühl, daß nur ein Teil dessen verwirklicht werden konnte, was in den Intentionen des Komponisten lag. Seine rigorose Forderung nach Einbeziehung aller Künste – er nennt hierbei ausdrücklich »Architektur, Skulptur, Malerei, Musiktheater, Sprechtheater, Ballett, Film, Mikrophon, Fernsehen, Band- und Tontechnik, elektronische Musik, Zirkus, Musical und alle Formen des Bewegungstheaters« – führt zwingend zur Entwicklung einer neuen Architektur eines Theaters, »welches nicht schlechter ausgerüstet sein sollte als ein Weltraumschiff, Weltraumschiff des Geistes«: Es bleibt abzuwarten, ob uns die nächsten Jahrzehnte eine Annäherung bringen an eine solche integrale Inszenierung dieser und zukünftiger Opern oder ob der Weg in eine andere, menschenfreundlichere Richtung sich wendet.

Bernd Alois Zimmermann hat nach diesem seinem magnum opus unter anderem noch einen Totentanz, ein Requiem und, als letztes Werk, die ekklesiastische Aktion »Ich wandte mich und sah an alles Unrecht, das geschah unter der Sonne« komponiert. Sie besteht aus Zitaten der Lutherbibel und Passagen aus Dostojewskijs »Großinquisitor«. Er hat, als ein gläubiger Mensch, ein Äußerstes getan, um sich zur Wehr zu setzen. Dennoch klingt uns heute seine Musik oft wie tongewordene Verzweiflung. Am 10. August 1970 ist er freiwillig aus dem Leben geschieden. Wir alle haben auf seine musikalischen Hilferufe nichts anderes zu tun gewußt, als erschrocken zu applaudieren. Er hat uns zurückgelassen in Ratlosigkeit vor einem schmerzgeprüften, erhellenden, unerträglichen Werk. In seinem Todesjahr hat er an seinen Verleger geschrieben: »... mögen ›Die Soldaten‹ für mich stehen, und ich hoffe, daß sie ihren Marsch durch sehr unwegsame Gefilde einer Zeit fortsetzen, die den Selbstmord der Kunst in so erschreckender Schnelligkeit fortsetzt.« Erinnert er uns damit nicht an die Worte, die Jakob Lenz seinem Stück auf den Weg gab, das, wie er schrieb, sein »halbes Daseyn« mitnahm?

Gottfried von Einem, der Komponist von »Dantons Tod«

In der Schweiz, wo Georg Büchner gestorben ist, im Abseits von den großen Gewalttaten, Umstürzen und Zusammenbrüchen der europäischen Großmächte, wurde Gottfried von Einem geboren, genauer: in Bern, am 24. Januar 1918, dem Jahr des Untergangs der Kaiserreiche. Der Sohn eines ungarischen Grafen und einer deutschen Baronin wurde in der Familie des österreichischen Diplomaten Ernst William von Einem zuerst in seinem Geburtsland, dann in Schleswig-Holstein auf dem flachen Lande zusammen mit zwei Halbbrüdern erzogen. An seiner Sprache ist dies, für den, der es weiß, noch immer erkennbar. Man sage nicht, das sei für einen Musiker ohne Bedeutung. Er ist fern von Wien als Österreicher aufgewachsen ohne raunzende Gemütlichkeit, aber mit zupackendem, ungeduldigem Witz begabt. Daß er nach dem deutschen Abitur an der »Lauenburgischen Gelehrtenanstalt« in Ratzeburg im Sommer 1937 auch noch in Wien die österreichische Matura ablegte, weist schon früh auf seine Absicht, einst in der Heimat seiner Familie zu leben. Auf mehreren Sommerurlauben hatte er sie bereits kennen- und liebengelernt.
Doch zunächst war England das Ziel seiner Wünsche. Ein halbes Jahr verbrachte er auf der Insel, um die Sprache zu studieren, wie es sich für einen jungen Mann aus einer Diplomatenfamilie gehörte. Danach übersiedelte er nach Berlin, wo er bei Paul Hindemith an der Musikhochschule Komposition zu studieren beabsichtigte. Nach dessen Relegierung durch Goebbels wurde er durch Vermittlung des der Familie befreundeten Sängers Max Lorenz als Korrepetitor an die Berliner Staatsoper engagiert und arbeitete dort sechs Jahre bis 1944. 1941 entschloß er sich, privaten Kompositionsunterricht bei Boris Blacher zu nehmen. Diese Entscheidung sollte sich als eine der wichtigsten seines Lebens erweisen, obwohl Blacher später einmal gesagt haben soll, daß der talentierte junge Mann aus Malente damals kaum mehr viel Unterricht brauchte. Die lebenslängliche Dankbarkeit, die Gottfried von Einem seinem Lehrer bewahrte, läßt jedoch vermuten, daß es nicht Formenlehre, Kontrapunkt, Instrumentationskunde und Harmonielehre allein waren, die ihm vermittelt wurden durch den Unterricht Blachers. Von der Schule dieses großartigen Lehrers haben nach diesem ersten Meisterschüler noch viele andere, heute weitum bekannte Komponisten nur in Tönen höchsten Lobes berichtet: Isang Yun, Giselher Klebe, Francis Burt, Heimo Erbse, Peter Ronnefeld und Aribert Reimann, um nur einige zu nennen. Berlin war um die Mitte des Jahrhunderts offenbar zu einer wahren Brutstätte großer Talente geworden.
An einem kalten Wintertag 1940 hatte Gottfried von Einem im erhitzten Zustand eines hochgradigen Fiebers, dem bald eine Lungenentzündung folgen sollte, zum ersten Mal das Büchnersche Drama von »Dantons Tod« auf einer Berliner Schauspielbühne gesehen, hell-

auf begeistert, aber ohne noch den entscheidenden Gedanken zu fassen, daß dies der rechte Stoff für seine erste Oper werden könnte. Er begann vorerst die imposante Reihe seiner Opus-Zahlen mit dem Ballett »Turandot«, das keine geringere Uraufführungsstätte fand als die Dresdener Semper-Oper. Dem folgte das »Capriccio für Orchester«, das von Leo Borchard mit dem Philharmonischen Orchester in Berlin aus der Taufe gehoben wurde, und, nach vier seiner späteren Frau Lianne von Bismarck gewidmeten Klavierstücken op. 3, das »Concerto für Orchester«, von Heinz Tietjen bestellt und von Herbert von Karajan mit der Berliner Staatskapelle uraufgeführt. Der junge Mann begann aufzufallen. Die Reichsmusikkammer prüfte bereits, ob die ungenierten Jazz-Variationen des letzten Concerto-Satzes nicht schon bedenklich in die Nähe »entarteter Kunst« gerieten. Nach einer persönlichen Vorladung und dringlichen Ermahnung ging Gottfried von Einem mit unverfänglichen Liedern nach Texten von Hafis auf Distanz.
In Dresden starb 1944 der General von Einem. Die Mutter übersiedelte mit den nunmehr erwachsenen Söhnen nach Ramsau in der Steiermark, wo die Familie ein Bauernhaus besaß. Unvermittelt findet sich der Komponist in Österreich, da wo er hingehört. Daß er hier bleiben sollte, hat er jedoch damals wohl kaum geahnt. Boris Blacher besucht ihn in Ramsau, um sich von einer Krankheit zu erholen. Und hier beginnt nun die gemeinsame Arbeit an der Textfassung von »Dantons Tod«. Zwischen Sommer 1944 und Herbst 1946, zwischen den Ereignissen des 20. Juli in Berlin und dem Beginn der Nürnberger Prozesse, entsteht die Partitur. Wer anders sollte diesen Stoff von der Willkür der Tyrannei und der Hysterie der Massen komponieren als ein Betroffener? Das ganze Gift dieser Zeit der Hybris und der Erniedrigungen, die ganze Verzweiflung des überwältigten Individuums, der Triumph der Sieger und die Demütigung der schuldigen Opfer flossen in dieses Werk. In ihm wurde wie in keinem anderen Stück des Musiktheaters einer Epoche des Terrors und der Reinigung durch Gewalt der Spiegel vorgehalten. Es war ein gräßlicher Anblick. Der Grind des Aussatzes und der Schorf der geschlagenen Wunden sollten so bald nicht verheilen. Büchners Protest war durch die Musik zum Fanal geworden. Es konnte sich keiner die Ohren zuhalten, der es überhören wollte. Und so gelangte das unabwendbare Werk trotz mancher Abwehrversuche in Berlin, Dresden oder in Zürich dann doch sehr rasch durch Intervention von amerikanischer Seite zur Uraufführung auf die Bühne der Salzburger Festspiele. Dort, in diesem Schatzhaus der freundlichsten Traditionen, hätte man eine Begegnung mit solch einem bestürzenden Werk zeitgenössischen Musiktheaters wohl am wenigsten vermutet. Es gab auch Widerstände. Doch in jenen Jahren des Neubeginns war manches noch möglich, was später nicht mehr sein durfte. Gegen alle Vorbehalte siegte die jugendliche, jähzornige Kraft des »Danton«. Ferenc Fricsay, Oscar Fritz Schuh und der geniale Caspar Neher führten ihn zum Erfolg. Und da der von solchen Eltern war, riß er ein paar Dutzend anderer Bühnen mit sich. Nach diesem bedeutsamen 6. August des Jahres 1947 wurde ein neues Kapitel nicht nur für die Salzburger Festspiele aufgeschlagen. Die Opernhäuser in Wien, Hamburg, Berlin, Hannover, Stuttgart, Bordeaux, Brüssel und New York brachten das Werk in kurzer Frist auf ihre Bühnen und machten den Namen des noch nicht dreißigjährigen Komponisten berühmt. Seit »Rosenkavalier«, »Turandot« oder »Wozzeck« hat es kaum eine Oper gegeben, die sich so unwiderstehlich durchgesetzt hätte wie Einems »Danton«. Die Theater, die seither das Stück gespielt haben, sind kaum mehr zu zählen. Man müßte vermutlich eher danach fragen, wo dies noch nicht geschehen ist.

Der Komponist wurde nach diesem Erfolg in das Kuratorium der Salzburger Festspiele aufgenommen, und seinem persönlichen Einsatz ist eine Reihe von Uraufführungen in den kommenden Sommern zu danken. Unter diesen ist neben Werken von Blacher, Wagner-Régeny und Erbse vor allem seine zweite Oper »Der Prozeß« zu nennen, die wieder mit Hilfe Blachers aus der Vorlage von Franz Kafkas gleichnamigem Roman geformt wurde. Wieder erarbeiteten Oscar Fritz Schuh und Caspar Neher die Inszenierung. Karl Böhm dirigierte die Premiere am 17. August 1953. Gottfried von Einem erzählt, daß er bei der Komposition des »Prozeß« zum ersten Mal die Einbeziehung der Komposition mit zwölf Tönen versucht, sie jedoch für seine Zwecke danach endgültig verworfen und nur einige Zitate an signifikanten Stellen stehengelassen habe, was ihm von betroffener Seite grimmig verübelt wurde. Er aber zeigte hier wie in vielen anderen Fällen seine unabhängige Gesinnung, unterwarf sich dem Diktat keiner Mode, nahm, was ihm diente, und scheute sich nie zu widersprechen. Er ging stets, wie es im Märchen heißt, seiner eigenen Nase nach und zwischen seinen Ohren durch und hat den rechten Weg für sich gefunden. »Könnte ich anders componieren, als ich es tue, ich tätete es tun. Leider kann ichs nit, so tue ich, was ich tun muß.« So lautet seine Antwort an die ernsten Mahner, die dann und wann versuchten, ihn auf den rechten, dogmatischen Weg der Moderne zu führen.

Daß er weiterhin Opern schreiben würde, daran war nicht zu zweifeln. Und es folgten danach auch die lyrische Komödie »Der Zerrissene« nach Nestroys Posse, uraufgeführt am 17. September 1964 in Hamburg, »Der Besuch der alten Dame«, nach Dürrenmatts Schauspiel, mit Premiere in Wien am 23. Mai 1971, und »Kabale und Liebe« nach Schillers Jugendwerk, wiederum für die Wiener Staatsoper, wo Christoph von Dohnany die Inszenierung Otto Schenks am 17. Dezember 1976 dirigierte. Am erfolgreichsten unter diesen Werken, von denen ein jedes ein eigenes Blatt im Kapitel »Literaturoper« verdient, war »Der Besuch der alten Dame«, der auf den meisten deutschsprachigen Bühnen – und vor allem natürlich in der von der beißenden Kapitalismuskritik betroffenen Schweiz – nachgespielt wurde. Mit diesem Werk hat Gottfried von Einem unwidersprechlich bewiesen, daß er den Nerv seiner Epoche zielsicher zu treffen weiß und daß eine Oper nicht nur ein abgehobenes, überzeitliches Kunstgebilde zu sein braucht, sondern Mitsprache einfordern kann bei den großen Themen der Zeit.

Gottfried von Einem war unterdessen längst in Wien, zuerst am Dannebergplatz, dann in der Marokkanergasse, seßhaft geworden. Sein Werk wurde betreut von der Wiener Universal Edition und nach wie vor vom Berliner Verlag Bote & Bock, später dann auch für viele Jahre von Schott in Mainz und Boosey & Hawkes in London. Er ließ sich nicht einfach als österreichischer Zeitgenosse interpretieren. Um den Mann wehte seit jeher europäische Luft. Reisen in fremde Länder hatten früh seinen unabhängigen, weitblickenden Charakter gebildet. Alles Provinzielle liegt ihm fern. Darum blieb auch vielleicht überall ein Anhauch von Fremdheit um ihn. Ein »Einheimischer« ist er nirgends geworden, trotz »Steinbeis-Serenade« oder »Waldviertler Liedern«. Seine Sprache ist kein Dialekt. Gezielt wurde auf die Wunden der Zeit, aber gearbeitet wurde im Abseits, sei es in der Ramsau, in der Schweiz oder im abgeschiedensten Teil des Waldviertels. Und dieser Abstand von allen Moden und Trends ist dem Werk wohl bekommen. Es ist ihm so jene eigene kühle Farbe zugewachsen, die ungetrübte, unverkennbare Einemsche Note.

Der Tod der ersten Gattin, Lianne, hat wohl eine schmerzliche Zäsur gebracht in diesem von äußeren Erfolgen so mächtig beflügelten Leben. Ihrem Gedächtnis ist die Partitur des »Zerrissenen« gewidmet. Langsamer und »reiflicher« erwachsen nun die Kompositionen. Liederzyklen (»Kammergesänge«, »Rosa Mystica«, »Leb wohl, Frau Welt«), Studien für Gitarre, ein Violinkonzert und der Chor »Die träumenden Knaben« entstehen im Sommer auf dem Lande oder im Winter in Wien. Bei der Oper »Kabale und Liebe«, deren Textbuch noch Boris Blacher zu adaptieren begonnen hatte, tritt nach dessen Tod 1975 Einems zweite Frau, die Schriftstellerin Lotte Ingrisch, in die Rolle des Librettisten. Danach beginnt, mit dem 1. Streichquartett op. 45, die Erntezeit der Kammermusik. Mehr als hundert Lieder hat Gottfried von Einem seither geschrieben, Sonaten, Quartette, Bläsermusik und daneben doch auch Kantaten und vier Symphonien. Nach der durch Lob und Widerspruch zu einem der allzu seltenen Bühnenskandale beförderten Mysterienoper »Jesu Hochzeit« auf einen Text von Lotte Ingrisch meinte der Komponist, das Geschäft des Opernschreibens werde nun doch allmählich »allzu beschwerlich«. Immerhin ließ er sich noch einmal verführen, gemeinsam mit seiner Frau das grüne Märchen vom »Tulifant« zu verfassen. Es wurde am 30. Oktober 1990 im Wiener Ronacher uraufgeführt als eine Gemeinschaftsproduktion der Wiener Festwochen und des Theaters an der Wien als Huldigung an den Doyen der österreichischen Komponisten. Ob dies nun den endgültigen Abschied von der Opernbühne bedeutet, will man trotz mancher Versicherung dem Unermüdlichen nicht glauben, der nach wie vor den regsten Anteil nimmt am turbulenten Wiener Operngeschehen.

Auch wenn er zuweilen befürwortend oder polemisierend ins Tagespolitische eingreift, hat er sich doch die zum künstlerischen Schaffen notwendige Distanz immer bewahrt. Von Clans und Gruppen hat er sich ferngehalten. Mit wem auch hätte er paktieren sollen? Doch es war gut und richtig, daß das Komponieren am Schreibtisch nicht sein einziges Tagewerk war. Sieben Jahre hat Gottfried von Einem an der Wiener Hochschule für Musik und darstellende Kunst Schüler aus aller Herren Länder unterrichtet. Von 1965 bis 1970 hat er als Präsident der Verwertungsgesellschaft musikalischer Urheberrechte A.K.M. für seine Kollegen gestritten. Als künstlerischer Berater hat er der Dresdener Staatsoper, als Direktoriumsmitglied den Salzburger Festspielen und der Wiener Konzerthausgesellschaft gedient. Als Mitbegründer der Wiener Festwochen, als Mitglied des Kunstsenats und als Juror hat er ehrenamtlich für die Musik in seinem Lande gewirkt und vielen jungen Musikern selbstlos und ohne zu zögern durch Fürsprachen und Empfehlungen auf die ersten Schritte geholfen. Es ist ihm durch Preise und Ehrenbezeigungen dafür vielfältiger Dank abgestattet worden. Denn man ist sich hierzulande bewußt, daß man es bei Gottfried von Einem mit einer der allzu seltenen überlebensgroßen Figuren zu tun hat, die das künstlerische Gesicht ihrer Epoche bestimmen.

Manchmal gab es trotz aller Erfolge Verfinsterungen und Anfechtungen auch in diesem Künstlerleben. Und nicht immer kamen die Gegner von außen. Mit dem sichtbaren Feind abzurechnen war ihm oft ein männlich-sportliches Vergnügen. Ritter Gottfried der Furchtlose, der Nachfahre der Riesen von Scheurenschloß, legte die Lanze ein, und dann gab es ein Splittern und Krachen und zum Abschluß ein frohes Gelächter. Ließ sich der Strauß auf solche Weise nicht austragen, so wurde die Sache oft recht unbarmherzig im Gedächtnis notiert, in dem nichts verlorenging über Jahrzehnte. Aber die Schläge, die man sich selbst zufügte, die Zweifel und Enttäuschungen, die brachten manchmal die lebensbestimmende Arbeit zum Stillstand und nahmen dem Entmutigten so die einzig heilsame Arznei aus der Hand. Da war es dann gut zu wissen, daß die jüngere, tief im Österreichischen verwurzelte Frau und auch ein paar achtsame Freunde da waren, um die Schatten zu verscheuchen, die ihn umlauerten.

So ist und war Gottfried von Einem stets ein Mannsbild, um das man herumgehen konnte, ein Mensch mit mehreren Seiten, die sich voneinander oft sehr unterschieden: ein Mann des Tages und der Epoche, ein Freund seinen Freunden, ein Liebhaber von Reizen und Schwächen, ein wackerer Trinker und Tafler, ein eloquenter Erzähler aus der Tiefe eines beeindruckenden Lebens, ein Verantwortlicher und Antwortender und vor allem ein großer Musiker und Theatermann. Gäb es nur mehr seinesgleichen!

Zurückgelehnt in seiner Ehrenwohnung in der Alten Hofburg beobachtet er nun schon seit einigen Jahren mitten in Wien und doch auf Distanz das musikalische Geschehen der Stadt. Von weißem Haar umkränzt, sieht man ihn abends oft in einer der Parterrelogen der Staatsoper sitzen oder frühmorgens beim Einkaufsbummel über den Kohlmarkt wandern. In Zemling an den rebenbewachsenen Abhängen des Manhartsbergs hat er sich vor einigen Monaten erst ein sonnengewärmtes Haus erworben, um dort die kalten Tage zu verbringen, in denen die Nebel über seinen abgeschiedenen Landsitz in Rindlberg sinken. Möge er noch lange die reifen Früchte seiner Spätlese ernten und bei blinkendem Glase mit Frau und Freunden immer weniger den Gang der Dinge und immer mehr den Lauf der Welt betrachten.

Luigi Nono, der Träumer als Kämpfer

Unter den italienischen Avantgardisten der Nachkriegsjahre, zu denen vor allem der »Altmeister« der Zwölftonkomponisten Luigi Dallapiccola, der polyglotte Experimentator Luciano Berio, der komponierende Dirigent Bruno Maderna, der nach Deutschland ausgewanderte »Altösterreicher« Renato de Grandis und das malende und inszenierende Multitalent Silvano Bussotti zu zählen sind, war der 1990 in seiner Heimatstadt Venedig verstorbene Luigi Nono eine Ausnahmeerscheinung. Ihm wurde schon seit der Mitte der fünfziger Jahre der Rang eines der bedeutendsten Komponisten Europas zuerkannt. Als Schwiegersohn des »Übervaters« der musikalischen Moderne Arnold Schönberg war er in die Aura eines Kultes eingeschlossen, der jede Kritik zur Blasphemie verurteilte. Bei der unangreifbaren Menschenfreundlichkeit des intellektuellen Marxisten Nono und der auch die verstecktesten Ohren öffnenden Kantabilität seiner unleugbar italienischen Musik war solche Kritik auch nur denkbar von einer Seite, die sonst nicht viel mit zeitgenössischer Kunst im Sinne hatte. Die Irritation, die Nono dennoch bewirkte, wurde nicht verursacht durch seine Musik, sondern durch seine politische Haltung.

Luigi Nono, der Sohn aus bürgerlichem, kunstliebendem Haus, der trotz seiner musikalischen Neigungen auf Wunsch der Eltern in Padua sein Jurastudium abgeschlossen hatte, war 1952 der kommunistischen Partei beigetreten. Und es ist nicht zu vermuten, daß er diesen für sein Leben und seine Kunst so folgenschweren Schritt jemals bereut hat. Er hat sich mehrfach als »kämpfender Künstler« bezeichnet und seine Musik ganz in den Dienst seiner politischen Überzeugung gestellt. Man versteht, daß er sich damit Probleme schuf, derer er sich nicht immer erwehren konnte. Es gab Zeiten, da wurden manche seiner Werke offen oder heimlich boykottiert, in westlichen Ländern wegen ihrer Parteilichkeit, in östlichen wegen ihrer »dekadenten, formalistischen« Ästhetik. Denn Nonos Credo war, daß man nicht eine avancierte Klangsprache mit »reaktionären« Inhalten und nicht ein revolutionäres Klassenbewußtsein mit den traditionellen Mitteln des »sozialistischen Realismus« vereinen könne. »Musik«, so schreibt er, »kann wie ein Bild, ein Gedicht oder ein Buch Nachrichten geben vom desolaten Stand der Gesellschaft, sie kann mitwirken, kann Bewußtsein stiften, wenn ihre technischen Qualitäten sich auf der Höhe der ideologischen halten.«

Daß Luigi Nono viel auf Reisen war, läßt sich daraus nicht schwer erraten. Eine Zeitlang begleitet er den politisierenden Dirigenten Hermann Scherchen auf seinen Gastspielreisen. Ihm verdankt er, wie er oftmals bekannte, wichtige Einblicke in die Avantgardekunst der Zwischenkriegszeit, vornehmlich in ihren lebendigsten Zentren Berlin und Moskau. Das Theater Meyerholds und Piscators wird ihm zum Leitbild. In späteren Jahren wird

Nono fast alljährlich nach Ostberlin reisen, wo Bertolt Brecht an der Schaubühne politisches Theater in exemplarischer Form vorgeführt hat. In Prag wird Nono mit den Techniken des schwarzen Theaters der »Laterna magika« durch Swoboda, Radok und Kašlik vertraut gemacht. 1963 ist er zum ersten Mal auf Einladung des sowjetischen Komponistenverbandes in Moskau. 1967 beginnen die zahlreichen Reisen nach Lateinamerika, die für ihn in vielfacher Hinsicht fruchtbar werden, sei es durch das Erlebnis sozialer Unterdrückung, sei es durch die Begegnung mit den Anführern des Widerstands, sei es durch Eindrücke musikalischer und literarischer Art. Lateinamerikanische Volksmusik, oft aus uralten indianischen Traditionen kommend, und die spanische Sprache der Revolutionäre haben unübersehbare Spuren in Nonos Werk hinterlassen. Unter den Linksintellektuellen der sechziger und siebziger Jahre fand der »kämpfende Künstler« überall Freunde. Er verteidigte seinen Standpunkt in zahlreichen öffentlichen Interviews und Diskussionen, er unterrichtete bei den Avantgarde Festivals in Warschau und bei den Darmstädter Ferienkursen, zu deren Leitfiguren er neben Karlheinz Stockhausen, Pierre Boulez und György Ligeti während der fünfziger und sechziger Jahre gehörte. Luigi Nono war ein Mann, der sich engagierte, der Stellung bezog auf dem Konzertpodium, am Lehrpult, am Schreibtisch und vor dem Mikrophon. Und nicht zuletzt aus diesem Grund war er unter den führenden Komponisten seiner Generation der, von dem man sich am ehesten erwarten konnte, daß er sich eines Tages dem Musiktheater zuwenden würde, um einen Weg zu zeigen aus dem Irrgarten der Theorien. Daß von der Seite der musikalischen Ästhetik mit den oft sehr doktrinären Diskussionen um serielle und aleatorische Techniken, um Vogelstimmenimitationen und die Einflüsse fernöstlicher oder afrikanischer Exotik sich kein neuer Zugang zur Bühne eröffnen würde, das war uns von der nachfolgenden Generation der Darmstadt-Pilger schon bald klar geworden. Und in jenen Jahren war ohnehin mehr vom Ende der alten Kunstform der Oper die Rede als von einem Neubeginn. Das fatale Wort von der Sprengung machte die Runde. Es schien uns mehr der Ausdruck einer Verzweiflung zu sein als der einer Hoffnung. Und dann hörte man, daß Luigi Nono sich an die Arbeit gemacht hatte.

Die Handlung zu seinem ersten Bühnenwerk hat Luigi Nono aus dem Leben gegriffen, in dem er stand. Was ihn betroffen machte in der Zeit, in der er lebte, das fand Eingang in seine Musik, seit jeher, umso mehr also, wenn es galt, das Tribunal des Theaters zu nutzen. Vier Ereignisse hatten in den vergangenen Jahren den politischen Menschen Nono zutiefst betroffen. In der Nähe der belgischen Stadt Marcinelle war durch Mitschuld eines italienischen Gastarbeiters ein großes Bergwerksunglück ausgelöst worden, bei dem es zahlreiche Tote vor allem unter den italienischen Bergleuten gegeben hatte; im November 1951 war der Po über die Ufer getreten, und durch menschliches Versagen und Fehlentscheidungen der Behörden war es dabei zu einer Katastrophe von sintflutartigen Ausmaßen gekommen; der Algerienkrieg kam eben in dieser Zeit durch einen Putschversuch französischer Offiziere in eine entscheidende Phase; und schließlich fanden überall in Italien im Juli 1960 große Volksdemonstrationen gegen Tendenzen zur neofaschistischen Restauration statt. Luigi Nono, der für sich selbst überraschend einen Auftrag für eine Oper vom Intendanten des Teatro La Fenice erhalten hatte, entschloß sich, Partei zu ergreifen gegen jede Form von Ausbeutung, Unterdrückung und Intoleranz. Er wandte sich an den gleichaltrigen Schriftsteller und Slawisten Angelo Maria Ripellino, von dem er einige Publikationen über das experimentelle russische Theater der zwanziger und dreißiger Jahre mit großer Begeisterung gelesen hatte, und bat ihn, mit ihm als Textautor seiner ersten Oper zusammenzuarbeiten.

Luigi Nono war offenbar, wie meist, wenn ihn eine Idee gepackt hatte, in einem Zustand großer Siedehitze. Nach zahlreichen Gesprächen, Briefen und Telephonaten zu Jahresbeginn 1960 begann er, noch ehe die Textfassung im einzelnen feststand, im Frühjahr mit der Komposition. Im Verlauf der Arbeit stellten sich bald frühere Übereinstimmungen zwischen den Autoren als Mißverständnisse heraus. Nonos Vorstellungen zielten auf eine Simultaneität einzelner Szenen und die Kompilation verschiedener Textquellen. Immerhin einigte man sich auf einen Handlungsstrang, der, an einen Protagonisten gebunden, sich durch die wechselnden Stationen der zweiteiligen »azione scenica« ziehen sollte. Die Zusammenarbeit jedoch endete mit einem Brief, den Ripellino entmutigt schließlich an den Verleger schrieb mit der Bitte, seinen Namen als Textautor zu streichen. Auf Wunsch des Komponisten, der danach die Arbeit allein fortsetzte, steht nun im Untertitel zu lesen »nach einer Idee von Angelo Maria Ripellino«. Die Niederschrift der Partitur wurde durch solche Unstimmigkeiten nicht unterbrochen. Am 7. März 1961 setzte Nono den Doppelstrich an ihr Ende.

Den Gedanken an eine Übereinanderlagerung verschiedener Handlungsebenen hat Nono offenbar aufgegeben, verwirklicht aber hat er die Collage von Texten aus den unterschiedlichsten Quellen. Neben längeren Passagen von Julius Fučik, Henri Alleg und Jean-Paul Sartre verwendete er umgangssprachliche Ausdrücke französischer Polizisten und Straßenparolen deutscher, spanischer, italienischer, englischer und französischer Stimmen des Widerstands. Durch dieses Verfahren wurde ein Prozeß eingeleitet, der den Komponisten zum Arrangeur »semantischen Materials« macht. Luigi Nono hat hierin viele Nachfolger gefunden auch unter Komponisten, denen die politische Aussage nicht im selben Maße wie ihm die Quelle aller musikalischen Inspiration ist. Ob der dem Theater wie der Musik gleicherweise fernstehende Theoretiker Ripellino der geeignete Partner für den ungeduldigen Nono war, mag dahingestellt bleiben. Bedeutsam ist, daß an seinem Fall die Verdrängung des literarischen Autors aus dem Musiktheater, die sich schon lange unsichtbar vorbereitete, offen zutage trat. An seine Stelle trat das zitierbare Versatzstück, das »objet trouvé«. Oft schon genügt seither die Nennung berühmter Namen aus der Literaturgeschichte, von Dante Alighieri über Hölderlin bis Lorca, Brecht und Artaud, um das Fehlen einer dramaturgischen Architektur zu verbergen. Der »Club der toten Dichter« kann sich gegen eine solche Verschrottung nicht wehren. Warum auch? Wenn der Dichter im Theater wirklich entbehrlich sein sollte, so wäre es hoch an der Zeit, ihm den Stuhl vor die Tür zu setzen. Ist er es nicht, so wird man ihn in seinen Rechten nicht antasten können.

Die Uraufführung von Nonos »Intolleranza 1960« fand unter großem Zulauf der internationalen Presse am 13. April 1961 im Teatro La Fenice in Venedig statt. Man hatte es eilig gehabt und dem Komponisten wie in guten alten Zeiten die Partitur unter dem Ellbogen weggezogen. Vaclav Kašlik aus Prag inszenierte. Niemand maßte sich an, das lang erwartete Werk nach dieser ersten Begegnung in seiner ganzen Bedeutung bewerten zu können. Man wartete die Folgeaufführungen ab. In Köln fand bald schon die deutsche Premiere statt. Dann aber wurde es seltsam still um Nonos ersten Versuch auf dem Musiktheater. Nürnberg folgte schon in erheblichem Abstand. Und heute, wenn etwa das Stuttgarter

Opernhaus sich an eine Wiederbegegnung mit diesem charismatischen Erinnerungsstück an die heroischen Zeiten des Klassenkampfs wagt, legt man vermehrten Wert auf die Zeitbestimmung 1960 im Titel. Wie wird so schnell Geschichte aus unserer brennenden Gegenwart!
Das Werk ist Arnold Schönberg gewidmet.

Bei Nonos Beziehung zum Theater handelte es sich nicht um eine lustvolle Freuden- oder Leidenschaft, von der er sich auf Verderb oder Gedeih nicht zu lösen vermochte, sondern um eine seltsame Faszination über große Distanz, räumlich und zeitlich. Zehn Jahre währte es, ehe er sich an einen zweiten Versuch wagte. Diesmal distanzierte er sich von allem Anfang an von jedem Gedanken an eine gemeinsame Arbeit mit einem dramatischen Autor. Ein Satz des poète maudit Artur Rimbaud gab ihm die Richtung: »Au grand soleil chargé d'amour« gab ihm den italienischen Titel »Al gran sole carico d'amore«. Und nun begann der mehrmals abgebrochene und wiederaufgenommene Prozeß der Einverleibung heterogener Texte für sein »Theater der Situationen ... als Gegensatz und Überwindung des psychologischen Theaters«. Es ging ihm dabei um »eine radikale Trennung der Elemente« des Gesamtkunstwerks. Musik und Text, Bild und Bewegung sollten einander unverbunden gegenüberstehen. Die Musik sollte keine Vorrechte beanspruchen gegenüber den anderen Künsten, die alle im Dienst der gesellschaftskritischen Idee zu stehen hatten. Im Sinne von Brechts epischem Theater sollten keine Empfindungen ausgelöst, sondern »Erkenntnisse vermittelt« werden. Doch im Gegensatz zu diesem vielleicht bedeutendsten Bühnenautor seiner Epoche wollte Nono eine eindeutig interpretierbare Handlung diesmal nicht dulden. »Al gran sole carico d'amore« ist keine »abstrakte Oper« wie das gemeinsame Werk von Boris Blacher und Werner Egk, das diesen Titel trägt. Es werden nicht allgemein menschliche Leiden und Leidenschaften dargestellt, sondern die Bedrängnisse und Hoffnungen einer Generation im Kampf der gesellschaftlichen Klassen. Aber dennoch ist diese azione scenica ohne nacherzählbare Handlung kein Hohelied des arbeitenden Volkes geworden. Die Hochburg der bürgerlichen formalistischen Kunst, die Mailänder Scala, hat ihre Zugbrücken herabgelassen, um Nonos Aufruf zum »Befreiungskampf des unterdrückten Menschen« zu verlautbaren. So geschehen am 4. April 1975.
Nonos zweite Oper stellt sich dar als ein mit großem Elan vorgetragener Versuch eines neuen »Theaters des Bewußtseins«, das bisher unerhörte Mittel in seinen Dienst zwingt. Es montiert eine Auswahl des Komponisten von revolutionären Texten von Che Guevara, Karl Marx, Tanja Bunke, Bert Brecht, Lenin, Artur Rimbaud, Louise Michel, Maxim Gorki, Eugène Pottier, Antonio Gramsci, Fidel Castro und Georgi Dimitroff zu einem schier unentwirrbaren Knäuel von gutem Willen, akustischer Überanstrengung und szenischer Hilflosigkeit, der jede Kritik verstummen macht. Kann man heute dieses mühsame Werk durch neue szenische Interpretationen besser entschlüsseln? Warum versucht es niemand? Der Niedergang der kommunistischen Weltrevolution in Unterdrückung und Barbarei gegenüber Mensch und Natur kann doch kein Argument sein gegen die Kunst seiner gutgläubigen Vorkämpfer. Sonst müßten auch – nehmen wir ein fernliegendes Beispiel – etwa Händels Jubelhymnen für das oppressive Hannoversche Königshaus auf dem englischen Thron von uns verworfen werden oder mancher Lobgesang auf die missionarische Allmacht der katholischen Kirche.

Nono ist in das ausweglose Dilemma geraten, daß er mit den Mitteln der intellektuellen bürgerlichen Ästhetik die politischen Anliegen der Werktätigen darzustellen versucht hat. Den einen war die Botschaft unwillkommen, den andern die Sprache unverständlich. Allen gemeinsam war der Mann verdächtig. Man öffnete ihm, nach einigem Widerstand, doch endlich die Türen – und ließ ihn ins Leere laufen. Der Mailänder Uraufführung von »Al gran sole carico d'amore« folgte 1978 in Frankfurt ein zweiter Versuch, danach folgte Schweigen.

Aber Luigi Nono war nicht der Mann, der sich entmutigen ließ. Er hegte einen weiteren Plan, der sich um eine musikalische Neuinterpretation des Prometheus-Stoffes rankte. Aischylos sollte der Ausgangspunkt sein. Aber das Werk wollte keine Gestalt annehmen im Reich des Sichtbaren. Schließlich entschied sich der Komponist für eine konzertante Fassung des Materials. Und siehe da, es gelang. Immerhin blieben einige visuelle Elemente in der Uraufführung des »Prometeo« in der Kirche von San Lorenzo in Venedig erhalten: Emilio Vedovas, des alten Freundes und Mitkämpfers, Lichtregie und Renzo Pianos Resonanzraum, einem riesigen hölzernen Schiffsbauch vergleichbar. Nono nennt es ein »phantastisches musikalisches Holzinstrument«. Schließlich aber verweigerte der Komponist eine weitere szenische Umsetzung seiner »Tragödie des Hörens«. Das Werk entzieht sich so dem Theater in eine imaginäre Arena des Klanges, es zerstört die Fußspuren seiner Herkunft hinter sich. Es verflüchtigt sich. Selbst die Texte des »Autorenkollektivs« Aischylos, Hölderlin, Benjamin, Nietzsche und Rilke, von Nonos Freund und literarischem Konsulenten, dem Philosophen Massimo Cacciari, kompiliert, sind wie zerstäubt und aufgelöst in Nonos letzter großer Partitur. Die Uraufführung im September 1984 wird von der Theaterkritik schon kaum mehr registriert. Nono beginnt sich zu entfernen.
Der großgewachsene, elegante, begeisterungsprühende Mann beginnt zu kränkeln. Den Zusammenbruch des »real existierenden Sozialismus« hat er noch miterleben müssen. Seiner Kunst, die alle Nöte einer schweren Zeit tapfer durchschritten hat, ist zu wünschen, daß sie dauert.

Räume und Zeiten – von Geschichte und Zukunft der Opernhäuser

Der Ort, an dem Schein und Sein, Illusion und Wirklichkeit einander gegenübertreten, wird von einem gemeinsamen Dach überwölbt. Die Theatergebäude und, als größte von ihnen, die Opernhäuser gehören, neben Kirchen und Schlössern, zu den repräsentativen Architekturen eines Stadtbildes. Sie bestimmen nicht nur das kulturelle Leben, sondern auch das äußere Erscheinungsbild einer Gemeinde. Der Bühnenboden, der Orchestergraben, der Schauplatz der Handlung und der weite Raum der Phantasie haben sich mit dem Versammlungssaal der Zuschauer ein gemeinsames Haus geschaffen.
In seinen Grundzügen ist die Gestalt dieses Hauses zur Renaissancezeit in Italien entstanden, hat sich in den ersten Jahren der Barockepoche der Musik geöffnet und sich seither kaum mehr entscheidend geändert. Wie eine Burg oder Kirche erkennt man auch ein Theater von weitem. Ein Ritual von Einlaß, Versammlung und Versenkung hat seine steinerne Form geprägt. Wenn es am Abend erleuchtet wird, hat der Alltag seine Macht verloren.
Was treibt uns, Abend für Abend uns zu versammeln um dieses kleine Segment der großen, weiten Welt, diesen aus dem Dunkeln geschnittenen Bretterboden, auf dem verkleidete und geschminkte Menschen einhergehen, singend, redend, gestikulierend, schweigend? Worum kreisen die dort und wovon handeln die miteinander, daß wir, die wir tagsüber kaum jemanden unwidersprochen zu Wort kommen lassen, am Abend so lange wortlos dasitzen, uns kaum zu husten getrauen und angespannt lauschen? Hoffen wir noch auf eine Botschaft, ein Wort, eine Geste, die alles entscheiden? Dort stehen die Sänger und Schauspieler als Stellvertreter des Menschen im Licht und zeigen uns unser Leben. Maske, Verkleidung und Gesang geben uns zu erkennen, daß nicht die Darsteller gemeint sind, sondern wir. Diese stellen uns nur die Fragen. Die Antworten darauf müssen wir geben, wir, ein jeder sich selbst. Und wenn sich einer der seltenen Abende ereignet, auf die wir immer wieder hoffen, dann wird bewirkt, daß wir mit einem Mal einig werden mit den tausend fremden Menschen neben uns, einig in Gefühlen und Gedanken. Betroffen erkennen wir, daß es sinnvoll und gut ist, miteinander zu leben.
»Tua res agitur«, spricht die Bühne zu uns: deine Sache wird hier verhandelt. Und weil wir aus jahrtausendalter Erfahrung ihr vertrauen, wenden wir uns immer wieder an sie, um Auskunft zu erbitten über uns selbst. Wir lernen mit anderen zu leiden und über uns selbst zu lachen, ohne dabei unsere Namen genannt zu hören. Wir wissen: wir sind gemeint und bleiben doch im Schutz der Menge im Saal. Der Mensch tritt auf der Bühne vor sein eigenes Angesicht und ist dabei vor Überraschungen in keinem Augenblick sicher. Dadurch, daß wir uns gleichsetzen mit der vom Autor vorgeschlagenen Figur, lassen wir uns nicht

belehren, sondern lehren uns selbst, erkennen den Sinn und empfinden zugleich die Folgen der geschilderten Handlung. Wir sind ihr Subjekt und Objekt in einem weit vollkommeneren Maße als in irgendeiner der reproduzierenden Künste. Ein Theaterabend ist immer ein einmaliges, unwiederholbares, und das bedeutet: ein lebendiges Ereignis. Und darum suchen und finden wir an diesem Ort der Feier der Vergänglichkeit unsere Antworten immerfort neu. Doch wir werden uns nie mit ihnen zufriedengeben und immer wieder zusammenkommen, um neue Fragen zu stellen, auch wenn wir oft nur betäubt und geblendet auseinandergehen. Denn die Fragen sind älter als die Antworten und sind jünger zugleich.

Ehemals, im alten Griechenland, umgaben Zuschauer und Zuhörer im Kreis oder Halbkreis die Spielenden auf ihrer Szene und in der Orchestra. Sie wandten sich ihnen zu, indem sie selbst der Welt ihren Rücken kehrten. Wie die riesenhaften Schalengehäuse eines längst gestorbenen, vielköpfigen Lebewesens haben sich die Arenen griechischer und römischer Amphitheater bis in unsere Epoche erhalten. Dem Proskenion war das Halbrund der Orchestra vorgelagert, in das der Chor, von Flötenspielern begleitet, tanzend eintrat und zwischen den Rängen der Zuschauer und dem Schauplatz der Handlung Aufstellung nahm, als Mittler dem einen und dem anderen halb zugehörig. Ihm war der Tanz vorbehalten, der Trost und die Beschwörung, die Meditation und die Kritik des Geschehenen, die Einsicht in das Walten der schicksalsbestimmenden Mächte aber war ihm verwehrt. Das blieb in den Händen der Götter. Wenn wir die wenigen auf uns gekommenen Tragödien oder Satyrspiele heute wieder zu beleben versuchen, versetzen wir sie notgedrungen in die Theaterräume unserer Zeit. Das Licht des hellen Tages ersetzen wir durch unsere künstlichen Lampen. Vieles bleibt uns darum, trotz guter Übersetzungen und gelehrter Kommentare, kaum mehr verständlich; denn Dionysos, der Gott der Bocksgesänge, ist uns lange schon fremd geworden. Er stellt sich nicht mehr ein bei unseren epigonalen Festen. Wir fürchten ihn nicht mehr. Und doch ist er auch heute noch mächtig, wenn wir den richtigen Ton finden, um ihn zu beschwören. In Woodstock hat er sich gezeigt und in anderen Bacchanalen der Jugend.

Das Christentum hat unvergleichliche Kirchen gebaut. Viel Theatralisches drang in die Zeremonien des Kults und bestimmte die Gestaltung des sakralen Raums. Introitus und Exodus der Zelebranten, Verhüllungen und Lichteinbringungen, Prozessionen, Kostüme, Gesänge, Gebärden und Orgelspiel führen immer wieder die eine Handlung und Verwandlung vor Augen. Was der Kult dem Theater und was das Theater dem Kult verdankt, ist schwer zu entscheiden. Das eine ist mit dem andern entstanden. Zwar will der Kult die Wahrheit verkünden und das Theater die Fiktion, aber was wäre die eine unabänderliche, unvergängliche Wahrheit ohne Fiktion? Und was die vielen Fiktionen ohne die Wahrheit, aus der sie sich nähren?

Das Mittelalter hat auf offenen Plätzen und Straßen gespielt, hat Prozessionen rund um die Kirchen geführt oder auf Kalvarienberge, hat Passionsspiele begründet, um Buße zu tun in der Nachfolge Christi. Das alles geschah wie in der Antike noch immer am hellichten Tag. Einige Mysterienspiele sind wohl auch in den Kirchen veranstaltet worden. Es gibt da unter anderem einen »Ludus Danielis« in lateinischer Sprache, der in den Klosterneuburger Archiven entdeckt wurde und vermutlich aus dem 10. Jahrhundert stammt. Der

wurde gewiß mit psalmodierenden Stimmen und einigen wenigen Instrumenten im Kircheninnern gespielt, ebenso wie die Weihnachts- und Osterspiele, die zu den heiligen Zeiten Christi Geburt und Auferstehung im Spiel nachvollzogen. Die Spielmannsspiele, wie etwa das französische »Jeu de Robin et de Marion« des Adam de la Halle am Hofe Karls von Anjou in Neapel, werden wohl in Sälen oder Burghöfen dargestellt worden sein.
Im Renaissancezeitalter entstanden in Oberitalien die ersten Schauspieltheater. Das Teatro Olimpico des Palladio ist das berühmteste unter ihnen, und es steht in Vicenza noch heute unversehrt mit seinem Halbrund von Zuschauerrängen und seiner Bühne, von deren Mittelpunkt drei perspektivisch sich verjüngende Straßen auseinanderführen. Dort wurde der Sophokleische »Ödipus« mit Gabrielis Chören erstmals seit der Antike wieder aufgeführt. Auch die sacrae rappresentationes in Florenz gehören in diese Zeit. Sie wurden mit großem Gepränge in den Kirchen gespielt.
Die aus Holz errichteten Bühnen der Shakespeare-Zeit spielten noch immer bei Tageslicht am frühen Nachmittag. Sie kannten weder Kulissen noch Dekorationen. Ringsum saßen und standen die Zuschauer, die Vornehmen auf den Rängen, die Handwerker und Dienstleute im Parterre. Manche Privilegierte setzten sich auch auf die Bühne, um dem fiktiven Geschehen handgreiflich nahe zu sein. Den Schauspielern blieb nur die schmale, mit einem Vorhang bedeckte Wand im Rücken, um sich vor dem Andrang der Neugierde zu schützen, und die beiden Türen, links und rechts, um aufzutreten oder abzugehen. Man sage nicht, eine solche Bühne hätte keine Auswirkungen auf die Dramaturgie der Stücke. Die Wunder, die man sich damals wie heute vom Theater erwartete, fand man in der Dichtung, in der Kunst der Akteure und allenfalls in den Kostümen.
Die Theaterräume der Barockzeit errichteten den ästhetischen Abstand zwischen den Darstellern und dem Publikum. Bald schon nach der Erfindung der Oper wurden Sänger und Zuschauer durch den Orchesterraum getrennt, der vorerst noch auf gleicher Höhe wie die Sitze des Publikums war, aber bald in den Graben versenkt wurde. In Parma entstand in den zwanziger Jahren des 17. Jahrhunderts solch ein Theater. Logen erfand man in Rom, um die geistlichen Herrn von der plebs zu trennen. In Venedig bildete sich um die Mitte des Jahrhunderts schon das vollkommene Logentheater heraus. Der Vorhang verdeckte nun während der Szenenwechsel die Bühne und ermöglichte so die zauberische Verwandlung. »Il meraviglio«, das Wunderbare, hielt Einzug. Schein und Sein wurden durch das Licht getrennt. Längst schon spielte man nun bei Nacht in geschlossenen Räumen. Doch blieb hüben wie drüben keiner im Dunkeln. Ein flammender Kronleuchter im Saal und Kerzenschein in den Logen beleuchteten die Wirklichkeit auf der einen Seite, und verdeckte Talglichter und Fackeln erhellten die Paläste und Gärten der Phantasie auf der anderen Seite des Vorhangs. Durch die neuen Erfindungen der Maschinisten, durch Flüge, Versenkungen, Kulissentausch und gekurbelte Meereswogen löste man sich bald aus den klassischen Zwängen. Die aristotelischen Einheiten des Orts, der Zeit und der Handlung verloren nach und nach ihre Geltung. Das Bühnenbild, eine Erfindung der Renaissance, wurde im Zeitalter des Barock, vor allem im Musiktheater, zum wichtigsten Mittel theatralischer Repräsentation des hierarchischen Weltgebäudes.
In den alten venezianischen Sammlungen finden sich zahlreiche gedruckte Textbücher, deren Seiten mit Wachsflecken betropft sind. Es läßt sich daraus schließen, daß zumindest auf den vorderen Logenplätzen, aber wohl auch im Parterre, die Operntexte während der

Aufführung beim Schein einer Kerze mitgelesen wurden. Offenbar wollte in der Epoche der Aufklärung eine qualifizierte Anzahl von Besuchern keineswegs auf die Verständlichkeit des Wortes und damit des Sinnzusammenhanges der Handlung verzichten. Dieser Umstand und auch der während der Vorstellung durchgehend brennende Kronleuchter an der Decke des Zuschauerraumes geben Zeugnis von der kritischen Distanz des Betrachters zum Bühnengeschehen, die den Besuchern jener Zeit ermöglichte, nicht nur mitzufühlen, sondern auch mitzudenken.

Im Jahrhundert der Romantik versank der Zuschauerraum allmählich im Dunklen. Stendhal gesteht, daß ihm nichts lieber war, als im Hintergrund einer Loge mit geschlossenen Augen dem Gesang zu lauschen. Die Lichter rings im Saal waren erloschen. Es war nicht mehr erlaubt, mit der Nachbarin zu plaudern oder gar den Logenvorhang während der Aufführung zu schließen. Man wollte hineingezogen werden in den Sog des Bühnengeschehens, man wollte nichts wissen von der verdeckten Mechanik unter den Marmorböden oder Blumenwiesen. Das Orchester wurde zum »mystischen Abgrund«. Richard Wagners Festspielhaus auf dem Grünen Hügel nahm wie in allem, so auch in diesem Belang eine Sonderstellung in der Entwicklung ein. Das Orchester, die Riesenharfe des großen Klangzauberers, wurde unter der Bühne verborgen. Der Dirigent war vom Zuschauerraum aus nicht mehr zu bemerken. Der von Wagner erfundene Raffvorhang öffnete und schloß sich wie die Pupille des menschlichen Auges über der Mitte der Szene und ließ nicht mehr, wenn er gehoben wurde, die Füße der Darsteller zuerst erscheinen. Gleich einem geträumten Bild verschwammen die Ränder der Szene im Ungenauen, und das stärkere Gaslicht bündelte sich nun auf den Gesichtern der singenden Menschen. Der Raum versank, und das Dunkel ringsum war von Klängen erfüllt, deren Quelle nicht mehr auszumachen war. Aus dem Unsichtbaren tönte es herein von Pilgerchören oder Engelsstimmen. Geheimnisvolle Gesänge erklangen aus der Höhe und erweiterten den entgrenzten Raum nicht nur in irdische Fernen, sondern auch bis ins Jenseits. Mit dem Raum begann auch die Zeit ihr Maß zu verlieren. Die Sehnsucht nach Ewigkeit dehnte die Stunden. Die Nacht wurde zum Tod, die Liebe zur Welterlösung. Wen wundert es, daß Gurnemanz auf dem Weg durch die Wandeldekorationen des Weihefestspiels »Parsifal« zu seinem Schützling sagen kann: »Du siehst, mein Sohn, zum Raum wird hier die Zeit.« Die Nachbarn im amphitheatralischen Zuschauerraum, in dem es keine Logen mehr gab, konnten einander, obwohl sie Ellbogen an Ellbogen saßen, weder sehen noch spüren. Ein jeder saß für sich allein im Dunkeln, den überwältigenden Bildern und Tönen wehrlos ausgeliefert. Man hat mit einigem Recht, wenn auch nicht ohne kritischen Unterton, die Bayreuther Bühne das Filmlichtspiel des 19. Jahrhunderts genannt.

In unserer Zeit beginnt man diesen magischen Raum zu verlassen. Zwar stehen noch allenthalben die Opernhäuser des bürgerlichen Jahrhunderts mit Logen, Rängen und Galerien, mit Orchestergräben, Vorhängen und elektrifizierten Kerzen, aber die Technik hat für uns neue Spiele erfunden: Drehbühnen, Hubböden, rollende Bühnenwagen, Stahlbauten, Lichtbatterien, Projektionen und Laserstrahlen. Unbenutzt bleibt oft der samtene Vorhang. Schwarze oder weißgekalkte Wände umgrenzen den bespielten Raum, schaffen klare Konturen. Manchmal zeigt sich unverhüllt sogar die nackte Feuermauer des Bühnenhauses. Selbst die Darsteller werden herausgetrieben aus der Rückendeckung der schützenden Räume. Es ist die Eigenart aller Kunstübung unserer Epoche, daß sie strebt, alle Grenzen, kaum daß sie als solche erkannt sind, zu überspringen. Keine Beschränkung wird geduldet, als fürchtete man, daran zum Meister zu werden. Auch die Musik läßt sich nicht länger im Orchestergraben der Opernhäuser festhalten. Sie bemüht sich, den Platz unter den Füßen der Sänger zu verlassen. Seit die synthetischen Klänge aus den Verstärkern hervorquellen, umgibt der Schall von allen Seiten die Bühne, kommt aus der Höhe herniedergeprasselt oder wogt aus der Tiefe der Unterbühne hervor. Wie eine riesige tönende Kugel umgibt er den Theaterraum und drängt die Zuschauer aneinander wie das Ungewitter die Schafherde oder ein künstliches Feuerwerk die staunenden Kinder. Dahin ist der »ästhetische Abstand«, die Reserve des kritischen Individuums. Auch die Scheinwerfer sind nicht mehr hinter dem Portal der Bühne verborgen: Meist sind sie sichtbar im Zuschauerraum angebracht. Irgendwann während der Vorstellung werden sie dann überraschend in den Zuschauerraum geschwenkt. Geblendet biegt man den Kopf zur Seite und ist schon – widerwillig – mitten im Spiel. Bert Brecht hat sich das »romantische Glotzen« verbeten. Er wollte, daß von der Bühne ins Publikum Gleiche zu Gleichen sprechen. So ist nun auf einmal die trennende Rampe im Weg und in der Oper die Klangbarriere des Orchesters. Seit Igor Strawinsky die Instrumentalisten seiner »Geschichte vom Soldaten« auf die Bühne gesetzt hat, sind zahlreiche Werke entstanden, die keine Rücksicht mehr nehmen auf etablierte architektonische Ordnungen, auf die gewohnte Zuweisung der Plätze. Man hat schon Zuschauer auf der Bühne und Darsteller im Parkett gesehen. In Bernd Alois Zimmermanns »Soldaten« werden wir von Batterien von Lautsprechern eingekreist, deren Klangvolumen bis über die Schmerzgrenze getrieben wird. Es kann sich keiner mehr dem Zwang zur Betroffenheit entziehen. Die Welt wird nicht mehr dargestellt auf der Bühne, sondern der Zuschauer wird als Schuldiger vorgeführt. Bei einem künstlerisch eher harmlosen Musical stürzte in einem Wiener Theater allabendlich ein brennender Kronleuchter von der Decke – und wurde knapp über den Köpfen der Zuschauer aufgefangen. Es sollte sich keiner mehr sicher fühlen im Tribunal des modernen Theaters.

Da scheint es nun an der Zeit, daß die Theatralarchitektur nachvollzieht, was seit einigen Jahrzehnten schon von Regisseuren und Bühnenbildnern vorgezeigt wird. Das Musiktheater des kommenden Jahrhunderts kann nicht im Käfig der Guckkastenbühne gefangen bleiben. Es muß seine eigene architektonische Form finden und darf seine kreativen Kräfte nicht immer nur in der Rebellion gegen Althergebrachtes vergeuden. Man sollte Häuser bauen, in denen im Halbrund um den Zuschauerraum auf mehreren Bühnen in wechselnder Höhe Stationentheater gespielt werden kann. Man sollte neben dem einen zentralen Orchester verschiedene Emporen für kleinere Gruppen von Instrumentalisten oder von Chören im Raum verteilen, so wie dies einst in der Markuskirche in Venedig der Brauch gewesen war. Man sollte für die Postierung von Orgeln, Synthesizern und Lautsprechern im Raum Sorge tragen und für vieles andere mehr, was hier nicht aufgezählt werden soll, um der Phantasie keine Grenzen zu setzen.

Das muß nicht bedeuten, daß damit die alten Gebäude verlassen würden, nachdem sie lange genug malträtiert und umgestaltet wurden. Ihre angestammte Aufgabe bleibt ihnen unbestritten für das Repertoire des 18. und 19. Jahrhunderts. Aber die große Zahl moderner Werke, von denen allein die Stücke für ein Solistenensemble und ein Instrumentarium von weniger als zwanzig Instrumenten schon in die Hunderte gehen, muß endlich die Aufführungsstätten bekommen, die ihrer Bilder- und Klangwelt entsprechen.

Wenn das Musiktheater als ein lebendiges Wesen sich entwickeln und sich wachsend verändern soll, muß es sein Gehäuse selbst erschaffen und verwandeln. Die alten Fragen des Menschen werden immer neue Antworten suchen. Aber nur durch variierte Versuchsanordnungen sind neue Erkenntnisse und Einsichten zu erwarten. Möge es den Menschen gelingen, sich in ihren Theatern über sich selbst immer aufs neue in Glück, in Schrecken und in Staunen zu versetzen.

AUSBLICK

Der Ausblick auf die Landschaft des europäischen Musiktheaters, der sich uns heute eröffnet, gibt Anlaß zu einiger Hoffnung. Gewiß ist kein alles überragender Gipfel in Sicht, der das Haupt schon in den Wolken trägt. Die Zeiten der Heldenverehrung sind vorüber, und das hat auch sein Gutes: viel Neues kommt heute nebeneinander zum Vorschein. Wenn eine Pflanze dieses fruchtbaren Erdreichs abstirbt, wachsen die anderen kraftvoller nach. So sieht man die unterschiedlichsten Formen sich entwickeln vom Musical bis zum religiösen Theater, vom elektronischen Multimedia-Spektakel bis zum Experimentalstück der Studiobühnen, vom Puppenspiel zum Melodram, von der szenischen Meditation bis zur Revue. Es sind in den letzten Jahrzehnten Hunderte von Werken für kleine Besetzungen, meist ohne Chor und Ballett, entstanden, die man in allen möglichen Sälen spielen kann, sogar auf traditionellen Guckkastenbühnen. Das Musiktheater für Kinder ist in voller Blüte. Es hat kaum Vergleichbares früher gegeben. Und daß die Wagner-Epigonen damit begonnen haben, will uns heute schier als paradox erscheinen. Selbst die »große Oper« hat sich als lebensfähig erwiesen, auch wenn nach Bernd Alois Zimmermanns »Soldaten« nur mehr wenige Werke Einlaß in das Repertoire der führenden Bühnen gefunden haben. Doch haben sich Komponisten wie Luciano Berio, Krzysztof Penderecki, Alfred Schnittke, Hans Werner Henze, Siegfried Matthus, Aribert Reimann, Wolfgang Rihm, Aulis Salinen, John Adams, Nigel Osborne, Francis Burt, Harrison Birtwistle, György Ligeti, Iván Eröd, Friedrich Cerha und Kurt Schwertsik – um nur wenige zu nennen – im Bewußtsein einer breiten Öffentlichkeit durchgesetzt. Ihre Werke werden in großen Häusern und gelegentlich auch auf Festspielbühnen gespielt. Nicht minder wichtig erscheint mir, daß auch unter den bekannten Schriftstellern unserer Tage sich einige zum Musiktheater haben verführen lassen. Es seien auch hier wieder nur ein paar Namen stellvertretend genannt: Nach den inzwischen verstorbenen Ingeborg Bachmann, Wysten H. Auden und Thornton Wilder sind dies unter anderen Heiner Müller, Tankred Dorst, Peter Hacks, Herbert Rosendorfer, Michel Butor und Italo Calvino. Dabei muß bedacht werden, daß, im Gegensatz etwa zum 18. Jahrhundert, der Komponist oder Autor, der sich dem Handwerk des Musiktheaters zuwendet, unter seinen Kollegen die seltene Ausnahme bildet. Das mag ein Beispiel aus Österreich, das mir an der Hand ist, illustrieren. Unter den etwa 1 500 lebenden Komponisten, die hierzulande in den Berufsverbänden oder Verwertungsgesellschaften registriert sind, haben etwas mehr als 300 eine Ausbildung an einer Hochschule oder einem Konservatorium durchlaufen, und nur etwa vierzig davon haben sich, mit sehr unterschiedlichem Erfolg, als Musikdramatiker versucht.

Der Grund hierfür liegt gewiß vor allem in dem erschwerten Zugang zu den Bühnen. Daß wir in einer Epoche leben, die ihre eigene Kunst geringer achtet als die Kunst vergangener Zeiten, ist in der Geschichte der Kultur wohl eine wunderliche Verirrung oder gar das Anzeichen einer beginnenden Selbstzerstörung. Unser angeblich so fortschrittliches Zeitalter geht rückwärtsgewandt in seine Zukunft. Es will nicht sein eigenes Gesicht im Spiegel sehen, sondern das von erinnerungsverklärten Zeiten. Die Theater als Nervenzentren der Gesellschaft verspüren die Gefahr dieser Lüge. Und in einer Art Selbstzerfleischung machen sie sich daran, den Hort, von dem sie zehren, die alten Meisterwerke, durch »kritische Umdeutungen« zu zerstören. Sie suchen das Geheimnis mit dem Skalpell.

Es ist nun hoch an der Zeit, einen vernünftigen Ausgleich zu finden und die Gesellschaft mit ihrer Kunst zu versöhnen. Eine solche Annäherung kann jedoch nicht von einer Seite allein geschehen. Wo immer die Schuld ihren Ursprung gehabt hat, sie ist nun in allen Lagern verteilt. Die Entfremdung kann nicht durch Aussperrung beantwortet werden. Die schöpferischen Künstler müssen zurückkehren an die Theater. Sie müssen dienen lernen an dem großen Vermächtnis dieser wundervollsten aller gemeinsamen Sachen. Denn nirgendwo ist so genau wie im Musiktheater der Ort, an dem der ewige Geist mit dem lebendigen Fleisch sich schneidet. Man spürt den Schnitt bis aufs Blut.

Wer aber miterlebt hat, wie hoffnungslos die zeitgenössische Oper noch vor zwanzig oder dreißig Jahren sich um Anerkennung und Aufführung mühte, dem scheinen sich nun doch hier und da einige Fenster zu öffnen. Man hält wieder Ausschau aus den Theatern. Und vielleicht werden wirklich bald die großen Tore geöffnet, um die Ausgesetzten zurückzuholen. So würde in den letzten Jahren unseres Jahrhunderts vielleicht doch die Erkenntnis möglich, daß im Schatten des öffentlichen Sonnenlichts eine erstaunliche Fülle und Vielfalt von neuen musikdramatischen Werken entstanden ist, die es zu entdecken gilt.

Die Bruchstelle eines jeden historischen Werkes ist da, wo die Beschreibung des Vergangenen in die des Gegenwärtigen übergehen soll. Totes steht Lebendigem gegenüber, Überliefertes, aus zweiter Hand an eine dritte weitergereicht, tritt in Widerspruch zu Selbsterfahrenem. Der Berichtende verliert seine Objektivität. Die geschichtliche Ebene wird verlassen, wenn über Menschen, die einem selbst nahe stehen, gehandelt werden soll, wenn eine tote Summe gezogen werden soll aus einem noch verwandelbaren Leben, wenn ein Urteil gesprochen werden soll über ein Œuvre, das noch nicht vollendet ist.

Man möge mir verzeihen, wenn ich die Hände davon lasse. Zu sehr bin ich selbst verflochten in die Wachstumsprozesse des Musiktheaters in der jüngstvergangenen Zeit. Für mich ist dieser jüngste, noch nicht verholzte, sondern lebendig blühende Teil des Wunderbaumes Oper der schönste von allen. Aber ich bin nicht imstande, diese Zweige zu vermessen, zu bündeln und in die Scheune einzufahren. Darum gestatte man mir, an dieser Stelle abzubrechen und darauf hinzuweisen, daß alles Studium der Geschichte nur seinen Sinn bekommt durch die Hoffnung auf weiteres Leben und durch den Bezug zur wandelbaren Gegenwart. Der Fluß kann nicht sein ohne seine Quelle und auch nicht ohne sein Ziel, das Meer; aber das lebensspendende Wasser erfahren wir nur an der einen Stelle, an der wir uns niederbeugen, um aus ihm zu schöpfen.

Anhang

AUTOREN
KOMPONISTEN
BÜHNENWERKE

AUTOREN

Adam de la Halle 18, 477, s. a. Komponisten
Adorno, Theodor Wiesengrund 430, 444
Afanassiew, Alexander N. 402
Aischylos 284, 455, 474
d'Alembert, Jean Le Rond 229
Altenberg, Peter 406
Alxinger, Johann Baptist 65, 188
Ancioni, Giovanni Battista 123
Anderson, Maxwell 450
Andreini, Giovanni Battista 61
Andrian, Leopold von 412
Angelus Silesius 68
Anseaume, Louis 147
d'Annunzio, Gabriele 423
Apollinaire, Guilleaume 418, 420
Aragon, Louis 420
Ariosto, Ludovico 40, 43, 178, 278
Aristophanes 284
Aristoteles 19, 130, 462
Artaud, Antonin 456, 461, 472
Auden, Wystan Hugh 333, 481
Auenbrugger, Leopold 173
Aureli, Aurelio 54, 109
Avancini, Nikolaus von 63
d'Avenant, William 82, 85

Bader 178
Badini, Carlo Francesco 178, 180
Badoaro, Giacomo 49
Baigent, Michael 300
Balász, Béla 412
Balducci, Francesco 39, 41
Balzac, Honoré de 306, 418
Banchieri, Adriano 45, s. a. Komponisten
Bardi, Giovanni de' 21, s. a. Komponisten
Bargaglia, Girolamo 21
Barrault, Jean-Louis 424
Baudelaire, Charles 323, 332, 406, 418
Beaumarchais, Augustin Caron de 178, 215, 253, 384f.
Beauvoir, Simone de 417
Bechstein, Ludwig 281
Beckett, Samuel 364
Bembo, Pietro 43
Benserade, Isaac de 79
Berg, Alban 406, s. a. Komponisten
Berlioz, Hector 234, s. a. Komponisten
Bernanos, Georges 424
Bernard, P. J. 144f.
Bernardoni, Pietro Antonio 122f.
Bertati, Giovanni 171, 232
Blacher, Boris 465, s. a. Komponisten
Blau, Edouard 374, 376
Blei, Franz 431, 435
Bloch, Ernst 223, 243
Boccaccio, Giovanni 19
Boito, Arrigo 323, s. a. Komponisten
Bostel, Lucas von 72f.
Bouilly, Jean Nicolas 236, 241
Brasseur, Abbé 414
Brecht, Bertolt 333, 402, 428, 430, 432f., 435, 450, 471ff., 479
Breton, André 419f.
Bretzner, Christian Friedrich 197
Breuning, Stephan von 241f.
Brod, Max 405
Büchner, Georg 406ff., 462f., 465f.
Bunyan, Paul 427
Buonarotti, Michel Angelo 31f.
Burckhardt, Carl 392
Burney, Charles 94
Burrows, Abe 450
Busenello, Gian Francesco 9, 12, 33, 38, 49, 52f., 117
Busoni, Ferruccio 278, s. a. Komponisten
Buti, Francesco 40, 77
Byron, George Gordon Noel Lord 258, 272, 354

Calderón de la Barca, Pedro 11, 38, 56, 58, 60, 73
Calzabigi, Ranieri de 106f., 112, 128, 156f., 164f., 167, 184, 187, 277
Cammarano, Salvatore 262, 307, 316, 333
Campistron, G. J. de 79
Casanova, Giacomo 156, 160, 231
Casona, Alejandro 458
Castelli, Ignaz Franz 174
Casti, Giambattista 106, 171, 174, 438
Cendrars, Blaise 420
Cervantes Saavedra, Miguel de 56, 110, 116f.
Chénier, André 371f.
Chénier, Joseph Marie de 129
Chézy, Helmine von 385
Chiabrera, Gabriello 24, 26f., 32
Chrétien de Troyes 297ff.
Cigna-Santi, Vittorio Amadeo 192
Cini, Francesco 32
Claudel, Paul 420, 422, 424
Claudius, Matthias 216
Cocteau, Jean 402, 417ff.
Collaer, Paul 419
Coltellini, Marco 157f.
Congreve, William 86
Coreggio, Niccolò da 21
Corio, Gioseffo Gorino 151
Corneille, Pierre 73, 78f., 103, 130, 160, 228, 236
Corneille, Thomas 79
Craft, Robert 402, 425
Crébillon, Prosper Jolyot de 160
Crémieux, Hector 364
Croce, Benedetto 332
Cupeda, Donato 64, 117

Dach, Simon 68
Danchet, Antoine 143
Dancourt, L. H. 161, 163
Dante, Alighieri 25, 472
Diderot, Denis 106, 147
Dostojewskij, Fedor 337, 352, 464
Droysen, Johann Gustav 284
Dryden, John 82, 86f.
Du Locle, Camille 318f.

Dumas, Alexandre fils 304, 306f., 316
Dumas, Alexandre père 461
Dürrenmatt, Friedrich 467

Eckermann, Johann Peter 223
Elliot, T. S. 425
Elmenhorst, Heinrich 73
d'Ennery, Adolphe 261
Euripides 17, 165, 167, 236, 284, 415

Faustini, Giovanni 53f.
Favart, Charles-Simon 147, 160
Federico, Gennarantonio 136f.
Feind, Barthold 73
Fénelon, François de Salignac de La Mothe 157, 228
Ferrari, Benedetto 49, 51
Feuerbach, Ludwig 288
Feydeau, Georges 364
Flaubert, Gustave 335, 345
Fletcher, John 87
Fogazzaro, Antonio 333
Fontanelle, Bernard 79
Friebert, Johann Joseph 178
Friedel, Johann 215f.
Friedrich II. 138ff., s. a. Komponisten

Gamerra, Giovanni de 171, 195
Gay, John 109f., 429
Gebler, Tobias von 214f.
Gemmingen, Otto von 214f.
Genée, Richard 364
Genet, Jean 417
George, Stefan 406
Gerhard, Paul 68
Gershwin, Ira 450
Ghislanzoni, Antonio 321
Giacosa, Giuseppe 333, 367ff., 372, 387
Gide, André 420, 422, 425
Giesecke, Karl Ludwig 174, 216ff., 220
Gilbert, William S. 364
Giorgi, Urbani 62
Girri, Alberto 461
Giustiniani, Orsatto 17
Goethe, Johann Wolfgang 169, 214, 220, 224, 236, 284f., 323, 334, 337, 374ff., 395, 400, 406, 415, 462
Gogol, Nikolai 335, 337, 345
Goldoni, Carlo 11, 146, 151, 178, 184, 210
Gorrio, Tobia s. Arrigo Boito
Gotter, Friedrich Wilhelm 140
Gottfried von Straßburg 289, 292
Gozzi, Carlo 117, 278f.
Grazzini, Antonfrancesco 20
Greflinger, Georg 68
Gregor, Joseph 438f.
Grimm, Gebrüder 453
Grimmelshausen, Christoffel von 68
Grünwald, Alfred 364
Gryphius, Andreas 68f.
Guarini, Giovanni Battista 19, 22, 43, 68
Guidiccioni-Lucchesini, Laura 21f., 24, 26, 35, 98
Guillard, Nicola François 167

Haffner, Carl 364
Hafis 465
Hafner, Philipp 173
Halévy, Ludovic 357f., 364
Hammerstein, Oscar 450
Hanslick, Eduard 384
Harsdörfer, Georg Philipp 68f.
Hartmann, Georges 374ff.
Hauptmann, Gerhart 409
Haym, Nicola 109f.
Hebbel, Friedrich 406
Hegel, Georg Wilhelm Friedrich 223, 370
Heidegger, Johann Jakob 110
Heine, Heinrich 257, 280ff.
Hensel-Seyler, Sophie Friederike 217
Herder, Johann Gottfried von 140, 169, 462
Herodot 117
Hindemith, Paul 404, s. a. Komponisten
Hoffmann, Ernst Theodor Amadeus 244ff.
Hoffmann, François B. 236
Hofmann von Hofmannswaldau, Christian 68
Hofmannsthal, Hugo von 10, 79, 100, 137, 177, 279, 391ff., 412ff., 437ff.
Hölderlin, Friedrich 454, 472, 474
Hoppenot, Henri Etienne 422
Horvath, Ödön von 445
Horatius Flaccus, Quintus 130
Howard, Robert 87
Hugo, Victor 258, 304, 316, 332, 383

Illica, Luigi 367ff., 371f., 387
Ingrisch, Lotte 468

Jahn, Hans Henny 415
Janáček, Leoš 404, s. a. Komponisten
Johnson, Ben 81
Juvenalis, Decimus Junius 130

Kafka, Franz 467
Kalbeck, Max 376, 384
Karamsin, Nikolai Michailowitsch 339
Kind, Friedrich 249
Kipling, Rudyard 429
Klinger, Friedrich Maximilian 462
Klopstock, Friedrich Gottlieb 140, 169f., 189
Kokoschka, Oskar 431, 435, 442
Korngold, Julius 386
Kotzebue, August von 100
Kraus, Karl 409, 445f.
Krauss, Clemens 415, 438f., 443
Krenek, Ernst 441, s. a. Komponisten
Krüger, Bartholomäus 72
Kurz-Bernardon, Josef Felix 172f.
Kutscher, Artur 454

Láinez, Manuel Mujica 459
Lauzière, Achille de 319, 321
Le Blanc du Roullet, Marius-François-Louis Gand 155, 165ff.
Le Clerc de La Bruère 144
Le Monnier, Louis-Augustin 161
Le Sage, Alain René 147, 161f., 172

Lee, Nathaniel 85f.
Leigh, Richard 300
Lemoyne, Jean-Baptiste 261
Lenau, Nikolaus 406
Lenz, Jakob Reinhold Michael 462, 464
Leon, Victor 364
Leoncavallo, Ruggero 273, s. a. Komponisten
Lerner, Alan J. 450
Lernet-Holenia, Alexander 425
Lessing, Gotthold Ephraim 140, 178, 214
Lincoln, Henry 300
Lion, Ferdinand 434f.
Livius, Titus 117
Logau, Friedrich von 68
Lope de Vega 38, 73
Lorenzi, Giambattista 178
Lortzing, Albert 277
Luther, Martin 433, 464

Maeterlinck, Maurice 333
Malaperta 266
Mann, Thomas 288, 394
Manni, Agostino 37
Manzoni, Alessandro 316, 324
Mariani, Tommaso 136
Marini, Marino 68
Marivaux, Pierre Chamblain de 136, 143
Massinger, Philip 87
Mazzolà, Caterino 131, 229ff.
Mei, Girolamo 23, 35f.
Meilhac, Henri 357f., 364
Meisl, Karl 173
Mengden, Georgi F. 335
Merelli, Bartolomeo 260, 262, 264
Mérimée, Prosper 357, 359
Méry, Joseph 318ff.
Metastasio, Pietro 64f., 91, 97, 99, 104f., 109, 116ff., 123, 125, 127ff., 134f., 140, 151, 153, 156ff., 173, 176f., 184, 186, 193ff., 198, 227ff., 230, 232, 235, 332, 413
Migliavacca, Giovanni Ambrogio 178
Milliet, Paul 374, 376
Milton, John 82, 427
Minato, Nicolò 12, 62, 64, 73, 79, 109

Mirabeau, Honoré Gabriel de 229
Molière, Jean-Baptiste 73, 78, 80
Moline, Pierre Louis 161
Mombert, Alfred 406
Morax, René 424
Murger, Henry 367, 370
Musset, Alfred de 357
Mussorgskij, Modest Petrowitsch 334, s. a. Komponisten

Nepos, Cornelius 117
Nestroy, Johann Nepomuk 467
Nietzsche, Friedrich 423, 474
Nikolskij, Wladimir Wassiljewitsch 346, 348
Novalis 288

Opitz, Martin, 68f.
Orff, Carl 425, s. a. Komponisten
d'Orneval 147, 162
Ossian 375
Ovidius Naso, Publius 111, 386

Pariati, Pietro 64, 76, 103, 109, 114ff., 123ff.
Parini, Giuseppe 193
Pellégrin, Abbé de 144
Perez de Montelbán 56
Perinet, Joachim 174, 219
Perrin, Pierre 78
Petzold, Ernst 435
Pfeffel, Gottlieb Konrad 178
Pfitzner, Hans 382, s. a. Komponisten
Piave, Francesco Maria 307f., 311, 316, 324, 333
Planché, Richard 385
Platon 24, 284, 419
Plautus, Titus Maccius 20
Plutarch 117
da Ponte, Lorenzo 12, 107, 118, 131, 171, 191, 199, 207, 210f., 213, 215, 217, 219, 227, 229ff., 384f., 439, 447f.
Pope, Alexander 111
Porta, Nicola 178
Praga, Emilio 329
Prehauser, Gottfried 172

Preissová, Gabriela 404
Prévost, Antoine François Abbé 306
Prokopius 117
Puschkin, Alexander Sergejewitsch 272ff., 336, 339, 342, 345f., 350ff., 354f.

Quevedo, Francisco Gomez 56
Quinault, Philippe de 79f., 167f.
Quiñones de Benevente, Luís 56

Racine, Jean 80, 103, 130, 141, 143, 160, 165, 167, 228
Radiguet, Raymond 421
Ramuz, Charles Ferdinand 401, 403
Reinhart, Hans 402
Rice, Elmar 450
Richter, Christian 72f.
Rilke, Rainer Maria 406, 474
Rimbaud, Arthur 418, 473
Rinuccini, Ottavio 21f., 24, 26ff., 30ff., 38, 48, 68, 88, 117
Ripellino, Angelo Maria 471f.
Rist, Johannes 68
Robert de Boron 298
Rolli, Pietro Antonio 109
Romani, Felice 232, 258f., 266f.
Rospigliosi, Giulio 35, 38ff., 137, 181, 182
Rossi, Gaetano 261
Rossi, Giacomo 110
Rousseau, Jean-Jacques 135, 166, 229

Sade, François Marquis de 456
Salvadori, Andrea 32
Salvi, Antonio 75
Sardou, Victorien 387
Sartre, Jean-Paul 417, 472
Sbarra, Francesco 12, 55, 62
Schiffer, Marcellus 432, 435
Schikaneder, Emanuel 65, 173ff., 214, 216ff., 220ff., 225ff.
Schilkowskij, Konstantin 272, 351

Schiller, Friedrich 241, 304, 316ff., 320f., 463, 467
Schönberg, Arnold 411, s. a. Komponisten
Schopenhauer, Arthur 288, 370
Schreker, Franz 414, s. a. Komponisten
Schubart, Daniel 166
Scott, Walter 258, 357
Scribe, Eugène 237, 258, 263, 268ff., 304, 313, 316, 364
Sedaine, Michel 147
Settle, Elkanah 87
Shadwell, Thomas 83
Shakespeare, William 53, 73, 81ff., 85ff., 98, 116f., 214, 258, 304, 324f., 327, 329f., 333f., 339, 346, 399, 453, 463
Shand, William 461
Shelley, Percy B. 461
Simon, Neil 450
Sograffi, Simone 98
Solera, Temistocle 303, 305
Somma, Antonio 313, 316, 333
Sonnleithner, Joseph 237, 241f.
Sontheim, Stephen 450, s. a. Komponisten
Sophokles 17, 335, 413, 454, 477
Speer, Daniel 69, s. a. Komponisten
Spewack, Bella 450
Spewack, Sam 450

Stampiglia, Silvio 110, 123, 125
Stein, Leo 364
Stendhal 254, 266, 461
Stephanie der Jüngere, Gottlieb 65, 106, 171, 174, 196f.
Sterbini, Cesare 253
Storm, Theodor 406
Stramm, August 431, 435
Stranitzky, Joseph Anton 172f.
Striggio, Alessandro 48
Strozzi, Giambattista 21, 23
Stucken, Eduard 414

Taccone, Bernardo 21
Tagliazucchi, Giampietro 140
Tasso, Torquato 19, 43, 49, 68, 178, 278
Tate, Nahum 12, 86
Terrasson, Abbé 217
Terentius Afer, Publius 20
Thukydides 117
Tieck, Ludwig 281
Tirso de Molina 56
Travaglia, Pietro 178
Treitschke, Georg Friedrich 241f.
Tsara, Tristan 420
Tschaikowskij, Modest Iljitsch 272, 354
Tschudy, Ludwig Theodor von 168

d'Urfey, Thomas 86

Vecchi, Orazio 44, s. a. Komponisten
Verga, Giovanni 329
Verlaine, Paul 418
Villon, François 429
Voltaire 128, 140f., 144, 160, 229
Vulpius, Christian August 220

Wagner, Heinrich Leopold 462
Wagner, Richard 222, s. a. Komponisten
Wassermann, Jakob 412
Wedekind, Frank 406, 409f.
Weiße, Christian Felix 172
Wellesz, Egon 122, 125, s. a. Komponisten
Werfel, Franz 415
Wieland, Christoph Martin 169, 178, 216f., 438
Wilder, Thornton 435, 481
Willner, A. M. 364
Wolfram von Eschenbach 286, 294, 297ff.

Zanardini, Angelo 319, 321
Zanelli, Ippolito 123
Zell, Friedrich 364
Zeno, Apostolo 22, 64, 103f., 108ff., 117f., 122, 128, 134, 181
Zola, Emile 306, 372
Zweig, Stefan 438

Komponisten

Abattini, Antonio Maria 182
Adam de la Halle 18, 477, s. a. Autoren
Adams, John 481
d'Albert, Eugen 372, 382
Albinoni, Tomaso 108, 110, 128
Allegri, Lorenzo 32
André, Johann 197
Anfossi, Pasquale 178, 183
Angiolini, Gasparo 162
Archilei, Antonio 21
Argento, Dominick 427
Ariosti, Attilio 110
Asplmayr, Franz 173
Auber, Daniel François Esprit 11, 237, 266, 270
Auletta, Pietro 138
Auric, Georges 419ff.

Bach, Carl Philipp Emanuel 140
Bach, Johann Christian 105, 129, 210
Bach, Johann Sebastian 74, 113, 452
Balakirew, Milij Alexejewitsch 335f., 344f.
Banchieri, Adriano 45
Bardi, Giovanni de' 21, 23ff., 35f.
Barta, Josef 173
Bartók, Béla 404, 458
Bartolaia, Lodovico 62
Bati, Ludovico 29f.
Beethoven, Ludwig van 9, 65, 91, 175, 221, 234, 236f., 241ff., 275, 279, 283, 288, 344, 383, 405
Bellini, Vincenzo 100, 250, 257ff., 266, 331
Benatzky, Ralph 365
Benda, Georg Anton 119, 138, 140, 174
Berg, Alban 404, 406ff., 414, 443, 463, s. a. Autoren
Berio, Luciano 470, 481
Berlin, Irving 450
Berlioz, Hector 11, 234, 344, 423
Bernabei, Giuseppe 67
Bernstein, Leonard 450f.

Bertali, Antonio 55, 62, 67
Berton, Henri Montan 166
Bertoni, Ferdinando Gasparo 97
Birtwistle, Harrison 481
Bittner, Julius 382
Bizet, Georges 357ff.
Blacher, Boris 465ff., 473
Blech, Leo 382
Bléreau, Richard 422
Blow, John 82ff., 124
Boieldieu, François-Adrien 234, 237, 270
Boito, Arrigo 323ff., s. a. Autoren
Bonno, Joseph 64
Bononcini, Giovanni 103, 110, 176
Borodin, Alexander Porfirjewitsch 335f.
Bottesini, Giovanni 329
Boulez, Pierre 458, 471
Brahms, Johannes 234
Britten, Benjamin 425, 427
Bruch, Max 333
Bruckner, Anton 423
Brüll, Ignaz 382
Bruneau, Louis Charles 372
Burkhard, Paul 427, 450
Burt, Francis 12, 465, 481
Busoni, Ferruccio 398ff., s. a. Autoren
Bussotti, Silvano 470
Byrd, William 43, 81

Caccini, Francesca 4, 98
Caccini, Giulio 21f., 24ff., 36, 39, 49, 88
Cage, John 458
Caldara, Antonio 12, 64, 75, 103, 110, 114, 118f., 128f., 131
Cambert, Robert 78
Campion, Thomas 81f.
Campra, André 80, 143
Caprioli, Carlo 77f.
Carissimi, Giacomo 41f.
Castiglioni, Niccolò 427
Cavalieri, Emilio de' 21f., 24ff., 31, 35ff., 49
Cavalli, Francesco 9, 20, 40, 51ff., 77f., 96, 103, 326

Cerha, Friedrich 410, 481
Cesti, Antonio 11, 51, 56, 62, 67, 326
Chailly, Jacques 422
Charpentier, Gustave 372, 382
Cherubini, Luigi 128, 234ff., 270, 307
Cilea, Francesco 371
Cimarosa, Domenico 171, 178, 183, 191, 232, 250
Coleman, Edward 82
Conradi, Johann Georg 73
Conti, Francesco 12, 64, 75, 91, 103, 105, 110, 114
Cooke, Henry 85
Cooper, John 81
Corsi, Jacopo 24, 26f., 29ff.
Croce, Giovanni 44
Cui, César Antonowitsch 272f., 334ff., 348

Dallapiccola, Luigi 426, 470
Danican-Philidor, François-André 80, 147
Dargomyschskij, Alexander Sergejewitsch 11, 272, 335, 344f.
Davies, Maxwell Peter 402, s. a. Autoren
Debussy, Claude Achille 11, 351, 377, 382, 406, 423
Ditters von Dittersdorf, Carl 155, 171, 174, 197
Donizetti, Gaetano 98, 100, 106, 184, 252, 258, 260ff., 331
Draghi, Antonio 12, 62, 64, 67, 79, 326
Duni, Egidio Romoaldo 147
Durante, Francesco 134
Durey, Louis 419f.
Dvořák, Antonin 11, 382

Ebner, Wolfgang 55
Egk, Werner 455, 473, s. a. Autoren
Einem, Gottfried von 454ff., 465ff.
Erbse, Heimo 465, 467
Eröd, Iván 12, 427, 481

Faccio, Franco 323, 328ff., 333
Fall, Leo 365
Falla, Manuel de 458
Ferrabosco, Alfonso 82
Fischietti, Domenico 183
Forster, Josef 382
Förtsch, Johann Philipp 73
Franck, Johann Wolfgang 73
Friedrich II. 138ff., s. a. Autoren
Fux, Johann Joseph 12, 64, 75, 91, 103, 108, 110, 113ff., 131, 412

Gabrieli, Andrea 18, 43, 477
Gabrieli, Giovanni 43, 68
Gagliano, Marco da 22, 24, 27, 30ff., 36, 49
Galilei, Vincenzo 23ff., 31, 36
Galuppi, Baldassare 110, 128f., 176, 178, 182ff., 250
Gasparini, Francesco 109
Gastoldi, Giovanni Giacomo 22
Gaßmann, Florian Leopold 64, 105f., 138, 173, 178, 183f., 197, 231
Gazzaniga, Giuseppe 128, 183, 232
Gerl, Franz Xaver 174, 218
Gershwin, George 450
Gesualdo da Venosa, Carlo 43
Gibbons, Christopher 81f., 84
Ginastera, Alberto 456ff.
Giordano, Umberto 371ff.
Glinka, Michail Iwanowitsch 11, 272, 332, 344f.
Gluck, Christoph 9, 30, 64f., 76, 80, 91, 96, 105, 107, 110, 124, 128, 131, 138, 145, 148ff., 154ff., 159ff., 165ff., 169ff., 176, 186ff., 213, 215, 225, 231, 234ff., 246, 275, 277, 279, 346, 413, 439f.
Goetz, Hermann 382
Goldmark, Karl 382
Gortschakow 348
Gounod, Charles 11, 100, 357
Grandis, Renato de 470
Graun, Carl Heinrich 110, 139ff., 176
Greco, Gaetano 134
Grétry, André Ernest Modeste 197

Gruber, Heinz Karl 12
Guglielmi, Filippo 100
Guglielmi, Pietro 231
Guiraud, Ernest 357f.

Haibel, Jakob 218
Halévy, Jacques François Fromental 234, 270, 273, 357
Händel, Georg Friedrich 74ff., 83, 91, 96, 103, 105, 108ff., 116, 119, 121f., 139, 152, 246, 458, 473
Hasse, Johann Adolf 11, 64, 96, 103, 105, 110, 116, 128ff., 139, 159, 176, 193f.
Haydn, Joseph 90f., 94, 105, 131, 138, 172, 176ff., 183f., 191, 196, 215, 221, 229, 234, 275, 416
Henze, Hans Werner 42, 278, 427, 481
Herman, Jerry 450
Heuberger, Richard 365, 382
Hiller, Johann Adam 172
Hindemith, Paul 404, 431ff., 457, 465, s. a. Autoren
Hoffmann, Ernst Theodor Amadeus 244, 277, 399, 434, s. a. Autoren
Holzbauer, Ignaz 174
Honegger, Arthur 419ff.
Hotteterre, Jacques Martin 80
Humfrey, Pelham 84f.

d'Indy, Vincent 457
Ingegnieri, Marco Antonio 47
Ippolitow-Iwanow, Michail Michailowitsch 348
Isorelli, Dorizio 36f.

Janáček, Leoš 383, 404f.
Jarnach, Philipp 400
Johnson, Robert 81
Jomelli, Niccolò 105, 110, 128f., 176, 182

Kagel, Mauricio 402, s. a. Autoren
Kálmán, Emmerich 365
Kander, John 450
Kaufmann, Dieter 427
Keiser, Reinhard 74f.
Kern, Jerome 450
Killmayer, Wilhelm 455

Klebe, Giselher 465
Klenowskij, Nikolai Sergejewitsch 348, 354
Kozeluch, Leopold 230
Krenek, Ernst 411, 415, 442ff., s. a. Autoren
Krommer, Franz 138
Kusser, Sigismund 70f., 74, 138

Landi, Stefano 38f., 137
Lanner, Josef 262, 442
Lasso, Orlando di 44
Lauermann, Herbert 427
Lawes, Henry 81, 82
Lawes, William 81, 82
Legrenzi, Giovanni 51
Lehár, Franz 365
Leo, Leonardo 103, 109, 182
Leoncavallo, Ruggero 273, 361, 367, 371, 382, s. a. Autoren
Leopold I. 55ff., 62ff., 69, 114, 172
Lesueur, Jean-François 236
Ligeti, György 457, 471, 481
Lillo, Giuseppe 262
Lincke, Paul 365
Liszt, Franz 169, 284, 336, 423
Locke, Matthew 81f., 85
Loewe, Frederick 450
Logroscino, Nicola 182f.
Lortzing, Albert 277, s. a. Autoren
Lotti, Antonio 51, 110
Lully, Jean-Baptiste 40, 54, 70, 73, 78ff., 104, 143f., 146, 167, 316, 321

MacDermott, Galt 450
Maderna, Bruno 470
Mahler, Gustav 242, 381ff., 442
Malvezzi, Cristofano 21f., 26
Mannelli, Francesco 51
Marais, Marin 80
Marazzoli, Marco 38, 40f., 137, 182
Marcello, Benedetto 110
Martin, Frank 425
Martin y Soler, Vicente 183
Martini, Giambattista 235
Martinů, Bohuslav 404, 425
Marzenio, Luca 21, 43
Mascagni, Pietro 361, 371

489

Massenet, Jules 361, 372, 374ff.
Mattheson, Johann 74f.
Matthus, Siegfried 481
Maxwell Davies, Peter 402
Mazzocchi, Domenico 40
Mazzocchi, Virgilio 38, 40
Méhul, Etienne-Nicolas 237
Meligailis 348
Mendelssohn-Bartholdy, Felix 236, 271, 398
Menotti, Gian-Carlo 422
Mercadante, Saverio 128, 252, 258
Meyerbeer, Giacomo 100, 237, 252, 268ff., 316, 321, 329
Milhaud, Darius 402, 404, 419ff., 424
Millöcker, Karl 365
Monsigny, Pierre-Alexandre 147
Monteverdi, Claudio 11f., 20, 31, 33, 36, 43, 47ff., 68f., 89, 91, 103, 279, 326, 429, 442, 452f.
Mozart, Franz Xaver Wolfgang 219
Mozart, Leopold 113, 187, 193ff., 214
Mozart, Wolfgang Amadé 9, 12, 65, 76, 90, 105ff., 110, 124, 131, 136, 138, 140, 156, 160, 162, 171, 173ff., 179f., 182ff., 207, 210ff., 234f., 246, 250, 257, 265, 307, 383ff., 429, 439f., 451, 462
Muffat, Gottlieb 113
Müller, Wenzel 174, 217, 219, 225
Mussorgskij, Modest Petrowitsch 272, 334ff., s. a. Autoren
Myslivecek, Joseph 138

Naumann, Johann Gottlieb 174, 231
Nibbio, Venturo del 29
Nono, Luigi 458, 470ff.

Offenbach, Jacques 11, 306, 357f., 365f.
Orefice, Antonio 137
Orff, Carl 92, 402, 426, 452ff.

Osborne, Nigel 481

Paisiello, Giovanni 105, 128, 178, 183f., 191, 194, 233, 236f., 250, 253, 255f.
Palestrina, Pier Luigi 115, 235, 344, 394
Penderecki, Krzysztof 427, 457f., 481
Pepusch, Johann Christoph 122
Pergolesi, Giovanni Battista 22, 76, 103, 131, 133ff., 182f., 250, 257
Peri, Jacopo 15, 21, 24ff., 47, 49, 88
Pesko, Zoltan 348
Pfitzner, Hans 382, 394ff., 434, 436, s. a. Autoren
Piccinni, Niccolò 105, 110, 128, 167, 182, 187, 197, 233, 275
Pistocchi, Antonio 95
Pistocchi, Francesco 64
Pizzetti, Ildebrando 426
Pollarolo, Carlo Francesco 103, 109
Ponchielli, Amilcare 330, 332f.
Porpora, Nicola 96, 108, 110, 127f., 176f.
Porter, Cole 450
Poulenc, Francis 419f., 422, 424f.
Prokofiew, Sergej Sergejewitsch 11, 278
Puccini, Giacomo 91, 265, 278, 304, 333, 361, 367ff., 377, 382, 387, 400, 423
Purcell, Daniel 84, 87
Purcell, Henry 12, 15, 73, 82ff., 124, 257

Quantz, Johann Joachim 119, 139f.

Rameau, Jean-Philippe 80, 106, 143ff., 167, 321
Rathaus, Karol 348
Rauzzini, Venanzio 95, 98, 195
Ravel, Maurice 348, 404, 457
Reichardt, Johann Friedrich 170, 247
Reimann, Aribert 465, 481

Reiter, Josef 382
Reutter, Hermann 426
Reutter, Johann Adam 156, 161
Reznicek, Emil Nikolaus von 382
Ricci, Luigi 262
Richter, Ferdinand Tobias 69
Rihm, Wolfgang 481
Rimskij-Korsakow, Nikolai Andrejewitsch 272f., 335ff., 345, 348
Rodgers, Richard 450
Ronnefeld, Peter 12, 454f., 465
Rore, Cipriano de 43
Rousseau, Jean-Jacques 135ff., s. a. Autoren
Rossi, Luigi 39f.
Rossi, Michel Angelo 40
Rossini, Gioacchino 98, 100, 184f., 232, 250ff., 258, 261ff., 274, 329, 331, 384
Rubinstein, Anton Gregorjewitsch 344
Ruprecht, Martin 173

Sacchini, Antonio Maria Gaspare 183
Saint-Saens, Camille 333
Salieri, Antonio 64f., 106, 169ff., 173f., 184, 189, 220, 231ff., 262, 275, 438
Salinen, Aulis 481
Sammartini, Giovanni Battista 151
Sances, Giovanni Felice 67
Sarro, Domenico 128, 134
Sarti, Giuseppe 178, 183, 235
Sartorio, Antonio 67
Satie, Eric 417ff., 421
Scarlatti, Alessandro 96, 103, 110, 127, 137, 182
Scarlatti, Domenico 127f.
Schack, Benedikt 174, 217f.
Schebalin, Wissarion Jakowlewitsch 348
Schenk, Johann 174
Schillings, Max von 382f.
Schmeltzer, Johann Heinrich 59, 62, 69
Schmidt, Franz 383
Schnittke, Alfred 12, 481
Schönberg, Arnold 11, 92, 382, 406, 408, 411f., 434,

442ff., 473
Schostakowitsch, Dmitri Dmitrijewitsch 11, 348
Schreker, Franz 11, 414, 442, 457
Schubert, Franz 11, 169, 257, 268, 442
Schumann, Robert 271, 283, 398
Schuster, Joseph 231
Schütz, Heinrich 43, 68f.
Schwertsik, Kurt 12, 427, 481
Seydelmann, Franz 231
Smareglia, Antonio 332
Smetana, Bedřich 11
Sontheim, Stephen 450, s. a. Autoren
Speer, Daniel 69f., s. a. Autoren
Spontini, Gaspare 321
Staden, Theophil 69
Stamitz, Johann Wenzel Anton 138
Starzer, Joseph 197
Steffani, Agostino 67
Stockhausen, Karlheinz 471
Stolz, Robert 365
Stradella, Alessandro 42
Strauss, Richard 79, 91, 100, 137, 143, 382, 384, 391, 406, 413, 437ff.
Strauß, Johann 358, 365f.
Strawinsky, Igor 92, 137, 273, 348, 401ff., 417, 421f., 426, 444, 457, 479
Striggio, Alessandro 44
Strozzi, Pietro 23ff., 29, 31
Subira, Juan 60
Sullivan, Arthur 364
Suppé, Franz von 365f.
Süßmayr, Franz Xaver 90, 174, 197, 219

Sweelinck, Jan 43

Tadolini, Giovanni 253
Taillefer, Germaine 419f.
Tanejew, Sergej Iwanowitsch 348, 351
Telemann, Georg Philipp 74f., 108, 110, 128
Tenducci, Ferdinando 95
Theile, Johann 72f.
Thomas, Charles Louis Ambroise 11
Thürauer, Franz 12, 427
Tommasini, V. 332
Torrejon y Velasco, Tomas 60
Traetta, Tommaso 105, 128, 176, 178
Tschaikowskij, Pjotr Iljitsch 272, 333, 344, 350ff.
Tscherepnin, Alexander Nikolaijewitsch 345, 348
Tuma, Franz 113
Tuschmalow 348

Ulbrich, Maximilian 173
Umlauff, Ignaz 171, 173, 197
Urbanner, Erich 12

Valentini, Giovanni 61, 67
Vaughan Williams, Ralph 427
Vecchi, Orazio 44, 46, s. a. Autoren
Verdi, Giuseppe 222, 235, 252, 257ff., 270, 303ff., 385, 461
Vinci, Leonardo 103, 128, 134
Vivaldi, Antonio 74f., 96, 105, 110, 115, 129, 131, 176
Viviani, Giovanni Bonaventura 67

Wagenseil, Georg Christoph 113

Wagner, Richard 91, 222f., 236, 252, 265, 271, 277ff., 293ff., 323, 329, 346, 351, 376, 385, 396, 429, 434, 478, 481, s. a. Autoren
Wagner, Siegfried 382
Wagner-Régeny, Rudolf 467
Waltz, Gustav 152
Webber, Andrew Lloyd 450
Weber, Carl Maria von 222, 234, 236, 248f., 279, 332, 385
Weigl, Joseph 174, 233, 247, 262
Weill, Kurt 399, 402, 428ff., 450
Weingartner, Felix von 384
Weiß, Sivius, Leopold 125
Wellesz, Egon 109, 116, 119, 412ff., s. a. Autoren
Willaert, Adriaen 43
Winter, Peter von 174, 221, 247
Wolf, Hugo 383
Wolf-Ferrari, Ermanno 382
Wranitzky, Paul 174, 220
Yun, Isang 465

Zelenka, Jan Dismas 113
Zeller, Carl 365
Zemlinsky, Alexander von 11, 382, 457
Ziani, Marco Antonio 109, 114
Ziani, Pietro Andrea 12, 51, 62
Ziehrer, Michael 365
Zillig, Winfried 455
Zimmermann, Bernd Alois 462ff., 479, 481
Zingarelli, Nicola Antonio 258

BÜHNENWERKE

Abaris ou Les Boréades 144
Abu Hassan 249
Achilles auf Skyros 413
Aci, Galatea e Polifemo 111
Acis and Galathea 83, 110f.
Adriana Lecouvreur 371
Adriano in Siria 128, 135, 137
Agrippina 109f.
Aida 317, 323f.
Al gran sole carico d'amore 473f.
Alceste 65, 79, 155, 157f., 164, 167, 187, 189, 191
Aleko 273f.
Alessandro nell'Indie 109, 128, 151
Alessandro Severo 134
Ali Baba 237, 270
Alkestis 413ff.
Almira 74, 109
Amadigi 110
Ambleto 116
Amfiparnasso 44
Aminta 19, 34
Amleto 329f.
Amphitrion 86
Anacréon 145, 237
Andrea Chénier 371ff.
Andromaca 117
Andromeda 40
Angelica e Medoro 99
Angelica vincitrice d'Alcina 123
Annie Get your Gun 450
Antigonae 454
Antigone 421f.
Antigono 129, 156
Arabella 439
Ariadne (Conradi) 73
Ariadne (Kusser) 74
Ariadne auf Naxos (Benda) 140, 400, 439
Ariadne auf Naxos (Strauss) 100, 137
Arianna 30, 32f., 48f., 68, 453
Ariodante 109
Arlecchino 399
Armida 179, 225
Armide 79, 167
Artamene 152
Artaserse 97, 128, 151
Ascanio in Alba 193f.

Assasinio nella Catedrale 426
Astutuli 454
Attilio Regolo 129f.
Atys 79
Aus einem Totenhaus 405

Bajazeth und Tamerlan 73
Ball im Savoy 364
Ballo delle ingrate 33, 48f., 98, 453
Banduca 87
Barca di Venetia per Padova 45
Bastien et Bastienne 160, 174
Beatrix Cenci 457, 460f.
Belisario 260
Betulia liberate 128
Bianca e Faliero 100
Blaubart 358, 364
Boccaccio 364
Bomarzo 457f., 460f.
Boris Godunow 272, 274, 336, 339ff., 347ff.
Boris Goudenov 75
Buovo d'Antona 182

Cabaret 450
Cain und Abel 73
Candide 450
Capriccio 143, 437
Cardillac 433f., 457
Carmen 357ff.
Carmina Burana 453
Castor et Pollux 144f.
Caterina Cornaro 262
Catone in Utica 128
Catulli Carmina 453
Cavalleria rusticana 329
Celos, aun del aire matan 60
Cesare e Cleopatra 139
Chi soffre, speri 38, 40, 137, 181
Chowanschtschina 336f., 344, 346f.
Christoph Colombe 424
Cicalamento delle donne al bucato 44
Ciro riconosciuto 129
Combatimento di Tancredi et Clorinda 48ff., 68, 89
Comus 82

Costanza e fortezza 115, 125, 412
Cora 174
Così fan tutte 65, 90, 106, 163, 210ff., 217, 384, 456
Cristo condannato 115
Crösus 72f.
Cupid and Death 82
Curlew River 425
Cyrus 129

Dafne 21, 26f., 30f., 38
Dafne in lauro 123
Dal male il bene 182
Dantons Tod 465f.
Daphne 69, 439
Dardanus 144
Das Badener Lehrstück vom Einverständnis 433
Das Labyrinth 221
Das Land des Lächelns 364
Das Osterspiel 454
Das Rheingold 285
Das schlaue Füchslein 405
Das unterbrochene Weihnachtsmahl 435
Das Weihnachtsspiel 454
David 117
De temporum fine comoedia 455
Debora e Jaele 426
Deidamia 110
Demetrio 128, 151
Democrito 95
Demofoonte 151
Demophon 236
Der Barbier von Sevilla 98, 183, 253, 265, 384
Der Beginn eines Romans 404
Der Bettelstudent 364
Der Corregidor 383
Der erschaffene, gefallene und aufgerichtete Mensch 72
Der Fliegende Holländer 279ff., 284, 295
Der Freischütz 222, 248f., 275, 332, 385
Der Geburtstag der Infantin 457
Der geduldige Sokrates 75
Der Graf von Luxemburg 364
Der Jahrmarkt von

Sorotschinzy 337, 347
Der Jasager 430
Der Kampf Apollons mit dem Drachen Python 21
Der Lindberghflug 430
Der Mond 453
Der neumodische Liebhaber Damon 75
Der Opernball 364
Der Ring des Nibelungen 222, 280, 285f. 289, 385
Der Rosenkavalier 100, 290, 391ff., 412, 439, 466
Der Schauspieldirektor 106, 174
Der Sprung über den Schatten 442
Der thoreichte Schäffer 69
Des Esels Schatten 438
Dialogue between Charon and Philomel 81
Dido and Aeneas 83, 86, 111
Didone abbandonata 96, 128
Die ägyptische Helena 413, 415, 439
Die Ausflüge des Herrn Brouček 405
Die Bakchantinnen 415f.
Die Bernauerin 453f.
Die Brautwahl 399
Die drei Pintos 385
Die drei Töchter Cecrops 73
Die Dreigroschenoper 429f.
Die Dubarry 364
Die Entführung aus dem Serail 65, 162f., 173f., 182, 188, 190, 192, 196ff.
Die Erlösung des Menschlichen Geschlechts 69
Die Fledermaus 364, 366
Die Frau ohne Schatten 279, 412, 439
Die Geschichte vom Soldaten 401ff., 479
Die Gezeichneten 457
Die glückliche Hand 406
Die Großherzogin von Gerolstein 358, 364
Die Harmonie der Welt 431, 436
Die heilige Eugenie 73
Die Heirat 335, 345
Die Hochzeit des Figaro 64f., 90, 163, 184, 190, 200, 215, 275, 383f.

Die Jungfrau von Orleans 350
Die Kluge 453
Die Legende der Heiligen Elisabeth 423
Die Liebe der Danae 437, 439
Die Liebe zu den drei Orangen 278
Die lustige Witwe 364
Die lustigen Weiber von Windsor 325, 331
Die Meistersinger von Nürnberg 91, 277, 283, 434
Die Opferung des Gefangenen 414f.
Die Perlenfischer 357
Die Rauchfangkehrer 65, 173
Die Rose vom Liebesgarten 382
Die Rückkehr des verlorenen Sohnes 426
Die Sache Makropoulos 405
Die schöne Galathee 364
Die schöne Helena 358, 363f.
Die sieben Todsünden der Kleinbürger 430
Die Soldaten 462ff., 479, 481
Die Teufel von Loudon 457
Die verkaufte Braut 366
Die Vermeinte Brueder- und Schwesterliebe 69
Die Walküre 385
Die Zauberflöte 65, 91
Die Zauberin 354
Die Zerstörung Jerusalems 73
Die Zirkusprinzessin 364
Djamileh 357
Doktor Faustus 399f.
Don Carlo 311, 316, 329
Don Chisciotte 115f.
Don Giovanni 90f., 179, 184, 190, 198, 207ff., 230, 282, 384
Don Juan ou Le festin de pierre 175, 190, 192, 199, 215ff., 219ff., 232, 279
Don Procopio 357
Don Quichote 86
Don Quichote aus dem schwartzen Gebürg 75
Don Rodrigo 358, 457ff.
Donna Diana 382

Echo und Narziß 154, 167
Ein Sommernachtstraum 453
Ein Stern geht auf in

Jaakob 427
Eine Nacht in Venedig 364
El Cid 358
Elektra 413, 439, 457
Elisa 124, 231, 236
Elisabetta regina d'Ingliterra 254
Eliogabalo 54
Emma und Eginhard 75
Enea negli Elisi 125
Enrico IV 75
Ercole amante 54, 78
Erindo 74
Erismena 54
Ernani 264
Erminia sul Giordano 40
Ero e Leandro 329
Eugen Onegin 272, 274ff., 350ff.
Euridice 28f., 33, 47, 88
Euryanthe 385
Ezio 109, 128, 152

Falstaff 323ff., 330ff., 456
Faniska 237
Faust 100
Fedora 371
Festino 45
Feuerwerk 450
Fiddler on the Roof 450
Fidelio 65, 175, 237, 241, 247, 279, 383
Finta pazza Licori 48
Flavino Bertaridus 75
Fra Diavolo 270
Fra Gherardo 426
Fürst Igor 344

Gasparone 364
Gianni Scicchi 265, 456
Giasone 53
Gioco della primiera 44
Giovanna d'Arco 306
Girello 95
Giroflé-Girofla 363
Giulio Cesare 109f.
Giulio Cesare Dittatore 53
Giustino 109f., 127
Gli amori di Dafne e di Apollo 9, 52
Gli inganni felici 115
Gli orti esperidi 127
Götterdämmerung 285, 385f.
Gräfin Mariza 364
Günther von Schwarzburg 174

Hair 450
Haman and Mordecai 83
Hercules 110
Hérodiade 376
Hin und zurück 432
Hippolyte et Aricie 144
Hoffmanns Erzählungen 306

I Capuleti e i Montecchi 100
I fratelli nemici 141
Idomeneo 191f., 199, 214f.
Idropica 22
Il crociato in Egitto 100
Il difacimento di Sisara 126
Il Flaminio 134f.
Il gioco della cieca 26, 36
Il governatore 182
Il maestro di musica 182
Il matrimonio annascuso 182
Il mondo della luna 179
Il natale d'Ercole 32
Il palazzo incantato 40
Il Paratajo 182
Il Parnaso confuso 157
Il pastor fido 19, 34
Il pomo d'oro 11, 55, 62
Il prigionier superbo 135
Il rapimento di Cefalo 29, 32
Il re pastore 131, 140
Il ritorno d'Ulisse in patria 49, 51
Il sogno di Scipione 131, 193f.
Il Sant'Alessio 38f.
Il satyro 26, 35
Il Sidonio 62
Il Tigrane 151
Il trionfo 41
Il trionfo dell'onore 103, 137, 182
Il trionfo di Clelia 157
Inès de Castro 100
Intolleranza 1960 472
Ipermestra 151
Iphigenie 164
Iphigenie auf Tauris 65, 167, 188f., 275
Iphigenie in Aulis 91, 105, 155, 165f., 190, 284
Ippolito 151
Irma la Douce 450
Irrelohe 457
Issipile 156

Jeanne au bûcher 422, 424
Jenufa 382, 404f.

Jephte 41f.
Jesu Hochzeit 468
Jeu de Robin et de Marion 18, 477
Job 426
Jonah and the Whale 427
Jonny spielt auf 443, 445
Judith 69, 269, 424
Julius Caesar 76
Julo Ascanio re d'Alba 122

Kabale und Liebe 467f.
Karl V. 411, 415, 443f.
Kaspar, der Fagottist 219, 225
Kátja Kabanová 405
Kehraus um St. Stephan 445f.
King Arthur 83, 87
Kiss me Kate 450
Klage des Grafen Ugolino 25
Klagen des Propheten Jeremias 25
König Hirsch 278

L'Africaine 269ff.
L'Alceste 64
L'amante di tuti 184
L'amore artigiano 173, 184
L'anima del filosofo 180
L'arbre enchanté 161, 166
L'elisir d'amore 260, 265ff., 270
L'eroe cinese 128
L'Étoile du Nord 270f.
L'hotellerie portugaise 236
L'impresario 106
L'incontro improvviso 196
L'incoronatione di Poppea 33, 49, 51, 53, 442
L'infedeltà delusa 179, 184
L'Ipermestra 64
L'isle de Merlin 161
L'isola disabitata 91, 131
L'italiana in Algeri 265
L'Olimpiade 135
L'opera seria 106, 184
L'Oranzebe 106
L'osteria del Marecchioro 183
L'yvrogne corrigé 155f., 159, 161
La Betulia liberata 131, 193
La Bohème 367ff., 377, 382
La buona figliola 183
La caccia felice 61
La caduta dei giganti 152
La calamità dei cuori 210

La Calisto 53
La cambiale di matrimonio 261
La canterina 179
La catena d'Adone 40
La Cithère assiègée 166
La clemenza di Tito 128, 154, 192f., 219, 228ff., 233
La contesa dei Numi 152
La contessina 173, 184
La corona 64, 157
La critica 106
La dame blanche 270
La Didone 20, 52
La disperazione di Fileno 26, 35
La fausse esclave 161
La fede sacrilega 115, 126
La fedeltà premiata 184
La Fenice sul rogo 134
La fiera di Farfa 40
La fille du régiment 260, 267
La finta semplice 187
La Flora 32
La Galathea 128
La gara 62
La Gioconda 332
La guerra d'amore 32
La jolie fille de Perth 357
La Juive 270
La Maddalena 61
La morte d'Orfeo 77
La morte di Abele 115
La muette de Portici 270
La nobia barbuda 57ff.
La passione di Gesù Christo 128
La Pellegrina 21, 36
La pazzia senile 45
La precedenza delle dame 32
La princesse de Navarre 144
La púrpora de la rosa 60
La rencontre imprévue 155ff., 161, 163, 173, 187, 190, 196, 215
La scuola dei gelosi 231f.
La Semiramide riconosciuta 65, 128, 150, 159
La serva padrona 76, 135, 137
La Sofonisba 151
La sonnambula 258
La Statira 43
La Traviata 306ff., 320, 327
La veglia delle Grazie 32
La voix humaine 422

La zimarra 371
Lady in the Dark 450
Lamentationes Hieremiae Prophetae 36
Lamento di Arianna 48f.
Landro 95
L'ascensione del nostro Salvatore 36
Le bal masqué 270
Le boeuf sur le toit 420
Le cadi dupé 155f., 159, 161
Le canterina 106
Le cinesi 131, 156, 160
Le convenienze ed inconvenienze teatrali 98, 106, 267
Le devin du village 174
Le diable à quatre 161
Le diable boiteux 172
Le Docteur Miracle 357
Le martyr de Saint-Sebastien 423
Le médicin malgré lui 357
Le Mystère de la Nativité 425
Le nozze di Peleo e di Teti 77
Le nozze di Teti e di Peleo 52
Le pauvre matelôt 421
Le pazzie d'amore e dell'interesse 95
Le petit Marat 371
Le philtre 266, 270
Le Prophète 270f.
Le roi David 424
Le temple de la gloire 144
Le train bleu 421
Le Willi 333
Lehrstück 432f.
Les Abencérages 237
Les deux journées 236
Les dialogues de Carmélites 424
Les fêtes d'Hébé 144
Les fêtes d'Hymen et de l'Amour 144
Les Hugenots 270f.
Les Indes galantes 144
Les surprises de l'Amour 145
Les Vêpres Siciliennes 270
Li prodigi della divina grazia 134
Liebe im Narrenhaus 175
Linda di Chamonix 261, 263
Livietta e Tracollo 136f.
Les paladins 144
Lo frate 'nnamorato 136f.

Lodoiska 236
Lohengrin 279, 283ff., 329, 385
Lord Haye's Masque 81
Lo sposalizio di Medoro e di Angelica 32
Lost in the Stars 450
Louise 372
Lucia di Lammermoor 260f.
Lucio Silla 192
Lucio Vero 115
Lucretia 72
Lucrezia Borgia 100, 260
Ludus Danielis 476
Luisa Miller 306, 317
Lulu 406, 409ff., 443
Lutto dell'universo 63

Madame Butterfly 382
Mahagonny 430, 450
Mam'zelle Nitouche 363
Manon Lescaut 371, 377
Maria di Rohan 262
Maria Padilla 262
Marienlegenden 425
Mascherata di Ninfa de Scursa 32, 44
Masepa 272
Mathis der Maler 434ff.
Mavra 273, 403
Medea 140
Médée 237
Mefistofele 323, 329ff.
Merope 141
Mikado 364
Miracle Plays 427
Miriways 75
Mitridate, re di Ponto 192, 194
Moloch 383
Montezuma 141
Moralities 427
Mörder, Hoffnung der Frauen 431
Moses und Aron 443
Mozart und Salieri 275
My Fair Lady 450

Nabucco 201ff.
Narciso (Monteverdi) 33, 48
Narcisio (Pistocchi) 95
Nero 72
Nerone 332
Neues vom Tage 431, 436
Norma 258f.

Notre Dame 383
Noye's Flood 425
Nusch-Nuschi 431

Oberon 279, 385
Oberon, König der Elfen 216f., 220
Oberto 304
Ödipus 17, 296, 477
Ödipus der Tyrann 454, 457
Oedipus 86
Oedipus Rex 403, 418, 421f., 457
Olimpia 247
Olimpiade 133
One Touch of Venus 450
Orantes 72f.
Oresteia 12
Orfeo 19ff., 117ff., 453
Orfeo y Euridice 57ff.
Orlando 109
Orphelin de la Chine 128
Orpheus and Euridice 82
Orpheus in der Unterwelt 364, 366
Orpheus und Eurydike 65, 123, 155ff., 166, 187, 279, 442
Osiride 231
Otello 311, 324, 330ff.
Ottone 75
Ozeanflug 433

Palestrina 394ff., 436
Pianto della Madonna 48
Parade 418
Paradise Lost 427
Paris und Helena 65, 154ff., 165
Pariser Leben 358, 364
Parsifal 280, 285, 293ff., 376
Partenope 110ff.
Paul et Virginie 421
Pelléas et Mélisande 351, 382, 406, 423
Per il giorno della resurrezione 41
Phèdre 422
Pietas victrix 63
Pimmalione 237
Pimpinone 75, 114, 136
Pique Dame 272, 274, 354ff.
Platée 144f.
Polly 11
Poltawa 272

Pomone 78
Porgy and Bess 450
Poro 75, 109
Porsenna 75
Prima la musica, poi le parole 65, 106, 438
Prinz Jodelet 74
Prinzessin Girnara 412
Prometeo 474
Prometheus 455
Proserpina rapita 51
Psiche 124

Radamisto 75, 109
Rappresentazione di anima e di corpo 36ff.
Renard 400
Richard II. 85
Rienzi 284, 332
Rigoletto 306, 317
Rinaldo 109
Robert-le-Diable 269ff.
Roberto Devereux 263
Rodelinda 75, 109, 139
Rodrigo 109
Roland 167
Ruggiero 129, 193f.
Ruggiero e Bradamante 231
Rusalka 382
Ruslan und Ludmilla 272, 275, 332
Russalka 272, 275

Salammbô 335, 345, 348
Salome 382, 439
Salustia 134
Samson 144
San Giovanni Battista 42
San Tommaso 41
Sancta Susanna 431, 457
Sant'Elena in Calvario 128

Scherz, List und Rache 415
Schwester Pasqualina 425
Seelewig 69
Semele 110
Semiramis 72, 141, 155, 164
Serse 109f.
Show Boat 450
Sieg der Schönheit 75
Siegfried 279, 285, 289, 296
Sig des Leydens Christi 69
Silla 141
Simon Boccanegra 317, 324, 330
Siroe 109, 128
Socrate 419
Stiffelio 306
Street Scene 450
Sweeny Todd 450

Tamerlano 109
Tancrède 80
Tancredi 254, 261
Tannhäuser 277, 280ff., 289
Tetide 32
Telemaco 155, 157
Temistocle 198
Thamos, König in Ägypten 190, 215, 217
The Beggar's Opera 11, 109f.
The Burning Fiery Furnace 425
The Fairy Queen 83, 87
The Flood 403, 426
The Indian Queen 87
The King and I 450
The Libertine Destroyed 85
The Masque of Angels 427
The Old Bachelor 86
The Pilgrim's Progress 427
The Prodigal Son 425, 427
The Prophetess or The

History of Dioclesian 87
The Rake's Progress 403
The Siege of Rhodes 82, 85
The Tempest 87
Theodosius 85
Timon of Athens 86
Titus (La clemenza di Tito) 90
Torvaldo e Dorliska 253
Tosca 382, 387ff.
Trionfi 453
Trionfo di Afrodite 453
Tristan und Isolde 91, 277, 285ff., 294, 323, 332, 376, 385
Tulifant 468
Turandot 278, 400, 466

Un ballo in maschera 263, 270, 313ff., 327
Un giorno di regno 304, 324
Undine 245, 247

Venus and Adonis 83, 85f.
Victoria und ihr Husar 364
Viva la mamma 98
Von dem Erhöhten und Gestürzten Cara Mustapha 72

Werther 374ff.
West Side Story 450
Wiener Blut 364
Wozzeck 405ff., 443, 457, 463, 466

Xerse 54, 78

Zaïde 174, 196, 215
Zaroastro 144
Zita n'galera 134